Biblioteca Era

Jorge Aguilar Mora
Una muerte sencilla, justa, eterna

Jorge Aguilar Mora

Una muerte sencilla, justa, eterna

Cultura y guerra durante la
Revolución Mexicana

Ediciones Era

Primera edición: 1990
ISBN: 968-411-324-2
DR © 1990, Ediciones Era, S. A. de C. V.
Avena 102, 09810 México, D. F.
Impreso y hecho en México
Printed and made in Mexico

Índice

La historia de los trece césares

Inicié esta historia en 1979, muy lejos de México. Varias promesas matrimoniales me condenaban a vivir en el extranjero para siempre o, por lo menos, hasta que dos hijos que había adoptado al casarme adquirieran la madurez para independizarse de su madre y de su padrastro. Aunque parecía claro el término de mi compromiso, yo huía con frecuencia de él: era como una condena. Huía y regresaba a la ciudad de mi infancia, donde recuperaba la libertad que había perdido en un momento de extravío y desatención.

Estaba equivocado. No era una condena vivir en el extranjero, ni era un alivio regresar a la patria. Creerme condenado era la pena, y el alivio era la sombra de estar siempre solo.

En 1979 inicié esta historia, muy lejos de mí mismo, pero satisfecho en compañía de mis obsesiones y a gusto con el dolor y con mi terquedad por reparar los errores pasados con nuevos errores, las destrucciones irreparables con destrucciones aún más devastadoras. Ningún hijastro me retenía en el extranjero; me retenía solamente la incapacidad de tener hijos propios y la ceguera de no ver que mi esterilidad me seguía más de cerca y con mayor temeridad que cualquier ave de mal agüero.

Para tranquilizar la mala conciencia que la ausencia de México me regalaba, concebí el remedio de conocer el país que había dejado; y de entenderlo con la ventaja, según dicen, de la distancia. Y el pretexto fue el libro de Suetonio, *Historia de los doce césares*. Me sedujo cómo disponía Suetonio, con espíritu clásico, que sabe esperar, los rasgos de los emperadores romanos según su naturaleza. Por un lado, los hechos heroicos, los decretos políticos, las acciones de gobierno; por el otro, los raptos de crueldad, los caprichos inauditos, los actos soberbios y perversos. Con un golpe de estilo, el historiador romano pasaba de una parte a otra de sus biografías con magistral serenidad. Sin embargo, ningún recurso estilístico suyo me pareció más admirable que aquél con el que hizo la transición en su retrato del emperador Calígula. Contra los lugares comunes, que ya sabía evitar, el historiador romano inició su retrato del emperador enumerando y describiendo las grandes obras civiles y políticas que éste había emprendido y acabado. Y al terminar con ellas, se dispuso a pasar, con una sola frase, sencilla y magistral, a la captura del personaje excéntrico, malvado, crudelísimo. Por encima de mi mala memoria, aún hoy recuerdo la frase de Suetonio: "Ya hablamos del hombre, ahora hablemos del monstruo".

Una tarde de verano, húmeda y doméstica, estaba yo en una biblioteca pública del país extranjero de mi gemela condena, y un impulso irresistible me dirigió a la sección de historia. Era de esperarse que no hubiera una colección exhaustiva de libros sobre México; sin embargo, había más de los que hubiera podido leer en toda mi vida, de haberme quedado en aquel país. Y muchos eran libros que alguien en los años veinte se ocupó de conseguir para esa biblioteca y que no se encuentran siquiera en la Nacional de México. ¿Fue algún exiliado de la Revolución que no se repatrió con la restauración obregonista? Quizás, porque muchos de esos libros únicos trataban, en efecto, de Álvaro Obregón, su vida, su carrera militar y su gobierno.

Hice la cuenta: de Obregón a López Portillo habían ejercido el poder doce presidentes: hombres y monstruos al mismo tiempo. De todos se podía describir su transcurso como jefes de Estado, pues sobraban los libros, folletos, panfletos y testimonios sobre sus hazañas, casi todos, por desgracia, mentirosos; y muy de acuerdo con el discurso de la casta pensante del país, siempre lista a acomodarse en los privilegios que el poder gustosamente le ofrece. Y también de todos los presidentes se podía encontrar, aquí y allá, los chismes que daban fe de su calidad de monstruos.

En mi suma había hecho yo trampa: de Obregón a López Portillo había trece mandatarios, no doce, pero al hacer mi primera cuenta decidí excluir a uno, a cualquiera, de los tres que ocuparon la presidencia durante el Maximato para que el número coincidiera con el número de césares de Suetonio.

Fueran doce o trece, o catorce incluso, si incluía a Carranza, de cualquier manera no podía, ni quería, dejar fuera a López Portillo: con él parecía regresar en pleno, paródica y trágicamente, el porfiriato. El porfiriato y también toda la maldición criolla desde el siglo XVI regresaban con él a un país donde la guerra de conquista aún no ha terminado. Además, López Portillo había llevado sus pretensiones de recuperar su pasado hispánico a la altura de política de Estado, y con ese gesto se podían describir las insulsas pretensiones criollas y aristocratizantes de una casta que la Revolución no pudo y no quiso destruir; casta que, después, con la complicidad de los nuevos césares, ha ido poco a poco, como una marea nocturna insidiosa e hipócrita, ejerciendo cada vez más públicamente el poder que nunca perdió por completo.

En ese momento pensé también que quizás no tenía que hacer ninguna trampa y que en vez de la historia de doce césares podía hacer la de trece, sin que por ello traicionara el espíritu de mi imitación de Suetonio. Como título, *La historia de los trece césares* no estaba del todo mal y, si se perdía la alusión evangélica del número doce, se ganaba en cambio el aire maléfico del trece. Y que perdonaran los estudiosos clásicos, quienes después de todo tendrían que tolerar desde el principio la osadía de querer rivalizar con ese maestro del estilo y de la historia romanos.

A Suetonio no lo leí en latín; lo leí en una traducción que entonces —y hoy todavía en mi memoria— me pareció asombrosa por el clasicismo de un estilo sinuoso y sensual que sólo los clásicos españoles del Siglo de Oro han logrado en nuestra lengua.

—Probablemente es la de Carlos Coloma —me dijo un amigo mío, cuando le conté mi recuerdo de este libro—, se hizo en el siglo dieciséis y se ha reimpreso con algunos cambios, desde entonces.

Yo no sabía latín, y de historiografía romana nada sabía tampoco, ni entonces, ni ahora. Cuando decidí imitar al historiador romano nunca creí que mi libro sería propiamente una historia, ni originalmente revelador del espíritu mexicano: ¿para quién podía ser novedad la dualidad monstruosa y humana de esos presidentes que se creen muy dioses y muy mexicanos al mismo tiempo? Ya en 1979 era un lugar común comparar, como lo hacía Octavio Paz, a los presidentes mexicanos con los tlatoanis aztecas. No, mi libro no sería de historia, ni de revelaciones biográficas. Sería simplemente un libro de estilo. Un libro donde el estilo serviría para hacer económica una imagen que ciertos mexicanos tenemos en la imaginación, en nuestra convicción y en la memoria; pero que no tenemos en la escritura. Me parecía entonces necesario que la literatura tuviera entre sus imágenes la imagen de un presidente mexicano robándose documentos del Archivo General para ocultar su enriquecimiento con propiedad de la nación que pretendía gobernar, o la de otro quemando archivos municipales para ocultar su pasado delictuoso, o la de otro más lamiendo los zapatos del cacique omnipotente de la región para ascender en el escalafón político, o la de otro huyendo de la mujer que, como el Espíritu Santo, lo iluminó con el amor y la sífilis para refugiarse en los brazos de la hija de un terrateniente astuto y rico... y así todos y cada uno con sus dos rostros. Jano y la historia de México...

Ambos rostros están en la boca de los rumores de todos nuestros días, en las calles, en los hogares, en los documentos, en los libros de memorias de contemporáneos suyos; pero no están en la literatura, y la literatura en estas historias de vileza y de esfuerzo tiene, según yo, una tarea decisiva: convertir los hechos históricos en acontecimientos lingüísticos y en propiedad colectiva y anónima. Esa función cotidiana y luminosa de la literatura permite transfigurar el dolor colectivo en voluntad, y la voluntad en imperativo moral, sobre todo en los momentos en que el tiempo histórico mismo oscurece nuestro futuro más inmediato. A través de los vericuetos del estilo, la literatura puede ofrecernos la perspectiva de la vida intensa, liberada, rebelde a los designios y a los caprichos de los mismos poderosos que describe.

11

En aquellos días, Gabriel García Márquez había convertido las frases luminosas y decisivas de la historia en materia común de la lectura y el discurso literarios en América Latina. Uno de los rasgos de su maestría novelística en *Cien años de soledad* consistía en cruzar, con direcciones opuestas o al menos diferentes, la narración propiamente dicha y las exclamaciones en estilo directo, provocando de esa manera la sorpresa relampagueante:

"Al cabo de dieciséis derrotas, el coronel Aureliano Buendía salió de la Guajira con dos mil indígenas bien armados, y la guarnición sorprendida durante el sueño abandonó Riohacha. Allí estableció su cuartel general, y proclamó la guerra total contra el régimen. La primera notificación que recibió del Gobierno fue la amenaza de fusilar al coronel Gerineldo Márquez en el término de cuarenta y ocho horas, si no se replegaba con sus fuerzas hasta la frontera oriental. El coronel Roque Carnicero, que entonces era jefe de su estado mayor, le entregó el telegrama con un gesto de consternación, pero él lo leyó con imprevisible alegría."

"—¡Qué bueno! —exclamó—. Ya tenemos telégrafo en Macondo."

La mayoría de las novelas en aquellos años, desde Argentina hasta los Pirineos, trataba de imitarlo. Y en el Caribe, donde yo vivía, el esfuerzo era más concienzudo, porque muchos escritores de la zona consideraban que imitarlo era no tanto una justificación de su carencia de talento como un deber de rescatar las tradiciones fantásticas de esa región del mundo injustamente olvidada por el discurso occidental y merecidamente descubierta por la literatura. En México se recurría también a otro modelo: Juan Rulfo, quien era amorosamente copiado, porque aquí se sentía, por mero instinto, que en él había fuentes originales donde García Márquez había abrevado. Y era cierto, pero se ha vuelto ahora para mí más importante reconocer que Juan Rulfo a su vez fue a las fuentes de la Revolución, cuyas historias anónimas y novelas desconcertantes siguen todavía, excepto por Rulfo, intactas.

Si en *El llano en llamas* y en *Pedro Páramo* aparecían directamente las vivencias de los campesinos que Rulfo había conocido y frecuentado, también se encontraban en la intensidad de su literatura los relámpagos de sabiduría, los instantes irrepetibles que reconocemos como originales de muchos autores de la Revolución, literarios o no. Ahí estaban Nellie Campobello, Rafael F. Muñoz, el Doctor Atl y muchas crónicas que han guardado las actitudes únicas de innumerables combatientes que supieron burlar la muerte y apoderarse de la historia con una sola frase, con un solo gesto, con un solo cuerpo.

Si la poesía y la narrativa mexicanas habían logrado transfigurar muchas imágenes de la historia en imágenes singulares, faltaba ahora recuperar las imágenes puras de la historia y convertirlas en la prosa del mundo rescatando su verosimilitud y su voluntad moral. La literatura podía pagar la deuda que tenía con la historia de la Revolución y al mismo tiempo, con la perspectiva de volverse memoria colectiva, podía cumplir con un propósito original: convertirse en escritura de algo ya escrito, sí; en mera recreación de algo ya vivido para siempre, sí, también. Repetición, sí, pero repetición de la salud, repetición de la salud para resucitar a los muertos.

En este libro hablaré una y otra vez de la repetición, porque la repetición es como una medicina, pero una medicina que brota de la tierra, y que no regresa a la tierra, porque se queda entre nosotros, se vuelve parte de los árboles, del aire, de nuestros cuerpos, de las costumbres de los animales. Pero no quiero hablar de la repetición mecánica, que no es sino una mera abstracción, una construcción de nuestra mala conciencia, sino de la repetición que al repetirse nunca es igual a sí misma, la repetición que al repetirse siempre se repite diferente y que al repetirse se vuelve otra afirmación y se vuelve el rasgo distintivo de todo lo que es singular e irrepetible.[1] De la repetición que no es ideal, ni vicio de la cobardía, sino modo de vida, modo de aprehender la vida. Y quiero hablar de esta repetición, porque en la Revolución Mexicana muchas historias y a veces muchos hechos que no duraron más que segundos fueron repeticiones, pero repeticiones siempre diferentes de otra vivencia, de otro hecho, de otra palabra. La diferencia de esa repetición, por paradójico que parezca, era por supuesto lo que las definía. Y en la voluntad de repetir estaba la salvación personal, de la historia y de la patria para muchos personajes que poblaron y murieron en esos años de este país llamado México.

Aquella tarde de verano salí excitado de la biblioteca con varios libros sobre la vida de Álvaro Obregón. El primero que leí fue —ahora puedo reconocer que no por casualidad— *La niñez de personalidades mexicanas* de Hernán Rosales. No me detuve en las semblanzas de la infancia de Sor Juana, ni de Hidalgo, ni de Benito Juárez; fui directamente a la de Obregón. Y en ella encontré el insustituible testimonio de Rosa, una de las tres hermanas que criaron al benjamín de una familia de dieciocho hijos. La primera página de esta semblanza contenía ya una anécdota digna de Suetonio, de Rulfo y de García Márquez. Según la hermana de Obregón, todos en su familia llegaron a creer que éste había nacido inválido porque llegó a los dos años, y a los tres, y a los cuatro, y a los cinco, y no hablaba, "ni siquiera monosílabos".[2] Álvaro tenía cinco años cuando su madre lo llevó junto con su hermano Carlos a conocer Álamos; y ya en Álamos, doña Cenobia fue un día de visita a casa de una prima suya. Ésta se alegró de recibir a Cenobia y a sus sobrinos; y una vez familiarizada con los niños, la tía en un momento de entusiasmo exclamó: "¡Qué niño más precioso es Carlitos, pero en cambio, lo que es Alvarito me parece un chango!" Álvaro se quedó viendo fijamente a su tía; se acercó a ella y de pronto se oyó que decía, suave y claramente: "¡Vieja changa!"[3] A pesar del desconcierto, todos se alegraron de que al fin hubiera hablado. No obstante, nadie hasta la fecha se ha preguntado qué se pudo decir a sí mismo Alvarito Obregón durante los primeros cinco años de su vida.

La literatura, sin duda, envidiaba también el capítulo sobre la infancia de Calles, aunque de manera diferente: en comparación con el desparpajo de Obregón, las palabras de Calles sobre su propia infancia eran demasiado sobrias y además confirmaban la leyenda de que su pasado era impenetrable quizás hasta para él mismo. Un rumor muy persistente en su época afirmaba que Calles había mandado quemar un archivo municipal para borrar toda evidencia de que en un tiempo había sido sospechoso de haberle puesto fuego a una cantina donde trabajaba, con el fin de cobrar el seguro. No obstante, en palabras del propio Calles, él no había sido "más que un niño sencillo que supo de necesidades y obligaciones desde que tuvo uso de razón".[4]

Obregón fue un maestro en los ritmos dramáticos y cómicos, y en el arte difícil de la ironía. La historia de su hermana Rosa puede ser apócrifa, pero no es inverosímil. No importa si el niño dijo esas palabras o no, porque toda la vida pública de Obregón confirmó el destello básico de la anécdota infantil: en innumerables ocasiones, Álvaro demostró su talento para sorprender con cambios de humor y con frases veloces, precisas, centelleantes. De su primeras palabras a sus palabras finales, hay en la vida de Obregón una consistencia lingüística que lo convirtió en un personaje único de la historia mexicana de este siglo por su talento para incidir en el lenguaje de la nación y en el cinismo puro de sus nuevas castas gobernantes. Él fue el maestro de la corrupción política e intelectual, y quizás más de la intelectual que de la política, porque ésta tenía poco que aprender de él, aunque él tuviera mucho para burlarse de ella.

Varios escritores, y no políticos (entonces), adujeron en 1980 la singularidad de Obregón para explicar el silencio que el aparato político mexicano guardaba ante el primer centenario del nacimiento del caudillo sonorense. Sin duda, para definir esa singularidad no se podía prescindir de su uso del lenguaje, ni de los ritmos de su pensamiento irónico.

A Calles, por el contrario, lo abrumaba el lenguaje y le disgustaba visceralmente la ironía. No era un hombre de máscaras, era un hombre de hipocresías. No era indio, era taimado como los indios, según la expresión típica de los criollos. Y a cambio de su naturaleza taimada, Calles pudo manipular mejor que nadie una maquinaria política que estaba todavía muy tierna, y pudo mejor que nadie entender que en esos años de ternura todos los errores políticos, mientras no fueran fatales, se perdonaban y se olvidaban y se agregaban a una cuenta infinita que la nación nunca iba a cobrar, porque, aunque no era indio, después de todo para eso México era un país de indios.

Con esas dos imágenes comencé a escribir este libro: sólo mentalmente durante los primeros cinco años. Esas dos imágenes han guiado en parte la recopilación de datos desde 1979; aunque fundamentalmente mi recolección haya sido más bien caprichosa y obediente al gusto de mis momentos.

Este libro no nació como libro de historia, y con los años no ha cambiado mucho su naturaleza original. Pero sí cambió la intención inicial de reescribir, a la mexicana, el libro de Suetonio.

La lectura de varias biografías de Obregón me persuadió de que era imposible retratarlo sin retratar a todos aquellos que, alrededor suyo, le habían permitido ser quien era. Anecdóticamente Obregón fue el presidente cuyo carácter se definió más y mejor en función de su exterioridad, y en eso también fue excepcional; aunque no se debe olvidar aquella obsesión de Carranza por ser fotografiado en cualquier lugar y en cualquier ocasión. Era paradójico. Sin embargo, a medida que leía más sobre Obregón, más necesidad sentía de definirlo con la vida de los otros, con los motivos históricos que las biografías mutilaban cuando iban mucho más allá de la vida del biografiado. Entonces, para entender a Obregón consideré indispensable conocer a Venustiano Carranza, a Francisco Villa, a Ignacio Pesqueira, a Lucio Blanco, a Adolfo de la Huerta, etcétera... Y al agregar nombres y más nombres me surgían de dentro *unas ganas ubérrimas* de reír, de desfondarme de la risa. Era ya el placer de las múltiples y azarosas apariciones de los personajes y de los clandestinos contactos de los personajes con mi escritura y con mi piel. *Unas ganas ubérrimas* de reír, como cosquillas en los dientes, que respondían a la aparición de nuevos personajes, cada vez más desconocidos (¿para quién?, ¿según qué criterio?), hasta llegar al polvo de los nombres, a los nombres hechos polvo, a los nombres en la tierra, numerosos, generosos y anónimos por voluntad propia. Renuncié, pues, al ejemplo de Suetonio y tuve que aceptar la necesidad de recurrir a fuentes históricas más directas para familiarizarme con las figuras secundarias.

Del día en que consulté por primera vez un archivo histórico guardo dos imágenes: la de una mañana de marzo que aún recordaba que la luz del Valle de México había sido una vez atributo divino y la de la firma de Venustiano Carranza al pie de un documento.

Hospedado en casa de amigos, esa mañana caminé al Centro de Estudios de Historia de México, patrocinado por Condumex, en la casa que, dicen, fue de Federico Gamboa.

—No —me dijo José Emilio, el amigo que me había dado el nombre

15

del traductor de Suetonio— , Gamboa nunca pudo comprar casa en Chimalistac. Tal vez haya pasado una temporada en esa casa, en 1911... Sería bueno que vieras su diario...

Debí acudir a *Mi diario* de Gamboa y no lo he hecho. Está bien, la casa que alberga el archivo de Condumex no es la de Gamboa, pero yo en marzo de 1981 entré por primera vez ahí como si hubiera sido suya y como si el hecho se dispusiese a marcar mi investigación.

Cuando recibí la primera carpeta del fondo XXI (manuscritos de Venustiano Carranza) y vi en un documento la firma del Primer Jefe del Ejército Constitucionalista sentí lo que los historiadores sienten probablemente todos los días: una emoción muy primitiva de sorprender a mis abuelos en su juventud, jóvenes como nunca los conocí, en un momento de estupenda intimidad que nunca me dejaron ni imaginar. Ese día de principios de marzo de 1981, recordé por primera vez en muchos años a mi abuela paterna, a la que por muchas razones había tratado de olvidar.

En plática con los amigos que me hospedaban, hablé esa noche de los documentos que había encontrado en el archivo Carranza y de las historias que mi abuela me había contado de la batalla de Zacatecas. Mi abuela, la madre de mi padre, era un venero de historias y, según yo, todas de mala fe, porque estaba empeñada en degradar de una o de otra manera a la familia de mi madre. Pero en la noche de mi primer día en Condumex, entendí al fin la historia, oída una y otra vez en mi infancia, mientras mi abuela y yo a solas en la casa escuchábamos las radionovelas de la doble U, de que ella había estado a punto de acostarse con Pancho Villa, historia que ella siempre resumía con un suspiro y mirándome como si no me conociera: "¡Y pensar que pudiste haber sido nieto de Pancho Villa!" Su insinuación me dolía doblemente, porque esa posibilidad de otro abuelo condenaba la realidad de tener el padre que yo tenía, y porque a mi abuelo paterno, al padre de mi padre, al esposo de ella, que me estaba diciendo todo aquello, nunca lo conocí. Mi abuela paterna era inalcanzable, y con aquella historia sólo expresaba el dolor de su desubicación, el dolor de no estar donde quería estar. Mi abuela era también una campesina herida de reumatismo por la ciudad y por el abandono de más de diez hijos muertos prematuramente.

Aquella noche de marzo de 1981 la entendí y ya no pude decir nada: pasé frente a la revelación, la reconocí, y seguí hablando con mis amigos sin detenerme. Ya a solas, en la cama, lloré por primera vez la muerte de mi abuela. Y lloré por todas las cosas que aun hoy necesitan tanto tiempo y tanto dolor para que yo llegue a entenderlas; y aun entonces muchas veces pálidamente. Lloré, lloré solo, y estaba en México.

En 1965 mis padres se separaron y no se volvieron a ver, ni siquiera para divorciarse. Lo que durante años me pareció una aberración, hoy me parece, natural; pero no porque los entienda mejor, simplemente porque ahora soy un mejor heredero de sus miedos. No soy más sabio que antes, sólo me parezco más a ellos.

Una noche de octubre de 1968, fui a despedirme de mi padre a su trabajo, en una clínica del Seguro Social por las calles de Héroes, atrás del cine México. Me iba del país y probablemente no vería a mi padre en mucho tiempo. Él me escuchó, no me dio consejos porque nunca conoció los consejos (de conocerlos, hubiera sido buen consejero); conocía en cambio las órdenes, pero esa noche tampoco me dio órdenes. Estaba triste y la tristeza nunca se había acercado sobriamente a mi padre. "Se murió tu abuela", me dijo, y no sé si los detalles que ahora recuerdo me los contó él o los he inventado con el tiempo. Seguro estoy, sin embargo, que me dijo que había muerto en Chihuahua. Dónde más iba a ser. Y yo no había vuelto a verla desde la separación de mis padres en 1965.

En marzo de 1981, al día siguiente de mi primera visita al Centro de Estudios de Historia de México-Condumex, fui a ver a mi padre, ya entonces jubilado. La noche anterior me había sentido un bastardo expulsado de sus propios recuerdos y había decidido recuperar a mi abuela y todo lo que había oído de ella sin haberlo escuchado. Era demasiado tarde. Mi padre mismo había perdido las historias.

Sólo un hecho me consoló: mi padre tampoco había conocido a mi abuelo. Todos los hermanos de mi padre habían muerto prematuramente y él había nacido cuando su padre también había desaparecido, demasiado temprano. "¿Cómo murió?", le pregunté. "En la Revolución", dijo mi padre, "uno de tantos que nunca volvieron".

Uno de tantos que nunca volvieron: en ésos estaba yo pensando cuando vi el polvo en los nombres, en los nombres hechos polvo. Y en ese polvo tocaba a los que no volvieron y que muchas veces ni nombre, ni casa, ni tumba tuvieron. Anónimos... qué fácil decirlo, sobre todo si se dice desde la propiedad del nombre... yo que tengo tanto apego a llamarme como me llamo. A pesar de que no me importa mucho mi número de registro federal de causantes, no vengan a decirme que perdí mi nombre, que no tengo nombre, que no saben reconocer los documentos donde están bien establecidos mi nombre de pila y mis dos apellidos.

El contraste profundo entre la anonimia popular que es parte de una perspectiva vital y la anonimia atemorizante pequeño-burguesa donde la propiedad del nombre es el principio básico de todas las otras propiedades me despertó la curiosidad por investigar detalladamente a Villa y destejer la maraña de sus nombres y seudónimos. Se me volvió fundamental tratar de entender —aunque fuera imposible vivirla— esa anonimia vital que no se define por ninguna dialéctica, ni por mera negación, ni por carencia de un centro; era vital —para mí— tocar al menos esa anonimia, aunque no pudiera teorizarla; al menos tocarla, digo, aunque después se me escapara como un puñado de arena entre los dedos. Y en la curiosidad por Villa intervino decisivamente la frase de mi abuela, que se me volvió un estribillo: "¡Y pensar que pudiste haber sido nieto de Pancho Villa!"

Volví al archivo y desde entonces he regresado con frecuencia obsesiva. Al segundo día ya me había yo impuesto otra condena, para probarme que nadie puede ser mejor verdugo de mí mismo que yo. Y si con el tiempo me libré de las otras, de ésta aún soy reo.

Los documentos del archivo de Carranza fueron ofreciéndome nombres y hechos siempre nuevos, siempre diferentes. Y yo anotaba todo porque si tenía la esperanza de reconstruir alguna vez el paso por la tierra de algún nombre hecho polvo y del polvo hecho nombre, no podía concederme la libertad de decidir a ciegas qué nombres eran relevantes y cuáles no: todos eran nuevos para mí, pero al mismo tiempo tenían ya el sabor de una probable y gozable totalidad.

Si yo debía excluir alguno, los nombres mismos tendrían que decidirlo, cuando todos estuvieran de nuevo juntos y el hecho mismo de estar juntos les devolviera a cada uno su lugar. Pero en ese momento, quizás imposible, quizás real sólo como esperanza, ningún nombre sería irrelevante, porque todos y cada uno tendrían su lugar, su sentido.

La nueva condena es la totalidad. Sólo hay una manera de saber: saber todo. Y una vez alcanzada, la totalidad se convierte en una humilde palabra, en un concepto muy modesto: no la verdad, ni siquiera la intención de encontrarla, sólo la dirección del deseo. Con el todo en los brazos, lo único deseable es el deseo mismo: deseo de crear otra vez todo y que la totalidad de lo diferente nunca se parezca a sí misma. Árbol distinto del árbol, muerto distinto del muerto, ojo distinto del ojo, dado distinto del dado, y siempre el deseo confundido con mi cuerpo.

Esas elucubraciones, que hicieron de Hegel y Nietzsche dos alucinados, no hacen de mí sino un esperanzado ambicioso. Desde el principio, me propuse consultar todos y cada uno de los diez mil documentos del archivo de Carranza, y los del archivo de Félix Díaz, y los del archivo de Manuel W. González, y así sucesivamente. Los nombres caerían en su lugar por su propio peso, los acontecimientos reencontrarían su consistencia de antaño a pesar de la destrucción del olvido y de la devastación de aquellos mismos que los vivieron. Pero es falso: no hay descripción posible de la totalidad, frente a ella sólo existen perspectivas, puros horizontes, puros retornos, como si nuestra mirada fuera los objetos y los hechos mismos. Todas las historias son historias regionales de la vida, del país, de la idea.

Han pasado ocho años. A los archivos de Condumex se han agregado otros: el de Jacinto B. Treviño, el de Gildardo Magaña, el de Obregón/Calles, el de Francisco L. Urquizo, el de algunas dependencias del gobierno federal estadunidense, el del archivo municipal de Chihuahua, el de Silvestre Terrazas, el de Lázaro de la Garza, etcétera. Y etcétera en este caso no es un atajo, ni una virtualidad donde caben instancias semejantes a las ya enunciadas; es un favor que le pido al lenguaje: que detenga los eslabones de la condena... Y el lenguaje me concede el favor, con una palabra muy suya. "Templar", me dice, aunque es obvio decir que la intensidad no es ninguna garantía de coherencia; es obvio y hasta estúpido, porque decirlo es ya una forma de esperanza de que la intensidad sí pueda sostener al organismo. Pero menos obvio resulta creer que la intensidad pueda volverse, por sí misma, una condición de la causalidad.

Aún hay otra paradoja más de la totalidad, pues ésta excluye cualquier posibilidad de repetición numérica o mecánica, e incluye la idea de una consistencia sin fisuras donde domina absolutamente lo diferente (cada hecho tiene que ser diferente para que la totalidad sea totalidad y la repetición puramente cuantitativa no cabe en ella). De esa manera, sólo el conocimiento de todos los hechos puede asegurar que se produzcan las causas o que se vuelvan opacas y tangibles; de otra manera, mientras reine la relatividad y sólo se perciba un bosque de hechos repetidos mecánicamente, similares y siempre idénticos, no hay causa posible ni en los hechos, ni en el conocimiento de los hechos. Mientras no haya totalidad, sólo puede haber abstracción, construcciones mentales y de mala conciencia.

Al reconocer esta nueva condena de la escritura, comprendí la frase secreta de Macaulay: "La historia comienza en la novela y termina en el ensayo." Entre el hecho absolutamente singular de la novela y el concepto renovador y abstracto del ensayo, está el acontecimiento de la historia donde la causalidad y la casualidad se juntan como dos hermanas incestuosas que deciden jugar con sus cuerpos en busca de una vocal, de un átomo, de la diferencia más pequeña posible. Para nuestra vida, la causalidad es la hija de la coherencia incomprensible de la totalidad; para nuestra vida, la casualidad es el excedente constante de esa coherencia, que no cabe en sí misma, pues de conformarse con su perfección nada se movería, nada sucedería. Siempre sobra algo del todo, y es siempre singular: nunca hay sólo doce césares, los césares siempre son trece. Sin el último, o el primero, los otros doce nunca sabrían de su amable simetría.

También la biblioteca de Babel es insoportablemente simétrica. Sólo así es posible empezar la búsqueda del nombre de Dios.

Los muertos, con nosotros

Muchos muertos, uno carga con muchos muertos. A veces me acompañan con la serenidad que les da saber que no serán olvidados, y a veces los llamo porque quiero ser como ellos, porque ansío morir en vida, porque la vida se me vuelve una carga y una infinita cobardía. Y los arrastro como si fueran mi cruz, mi ambición de grandeza y eternidad. Y nada pesa más que un cadáver, aunque esté vivo. Porque los muertos, como la verdad, no mueren, decía Laura Riding en un silogismo poético de rigor exasperante y sin esperanza: "¿Son los muertos la verdad? Sí, porque ya no viven. ¿Es la verdad los muertos? No, porque ya no viven. ¿Qué es la verdad? La verdad soy yo mismo vivo. ¿Entonces la verdad vive? No, la verdad no muere. La verdad y los muertos no mueren. Respeto por la verdad y los muertos."[1] Porque nadie, como decía Augusto Comte, enseña mejor a vivir que un cadáver, aunque esté muerto.

En el verano de 1984 fui a Chihuahua a investigar y a echarme más cadáveres encima. Pero también quería recorrer las calles de Villa, de Martín y Pablo López, de mis abuelos, de mis padres, de mis hermanos: las mismas calles en épocas distintas, y también los mismos años en distintos barrios... De la familia de mi padre no queda rastro, pero aquí y allá, en alguna esquina o en algún café de hotel, alguien asiente al oir el apellido Salas Porras que pertenece a mi madre. O, mejor, que pertenece a mi abuela materna, pues en las largas y numerosas sesiones que ella presidía en el comedor de su casa siempre dejaba en claro que si alguna identidad había en esa familia a ella se le debía y a su apellido: Salas Porras.

Tuvo que suceder el terremoto de septiembre de 1985 para que surgiera de mis escombros el recuerdo del otro terremoto, el de julio de 1957.

Los sábados en la noche mi madre me dejaba en casa de mi abuela y yo dormía con ella en su cama de emperatriz mientras mi abuelo, impedido por varias embolias, roncaba en su cámara de enfermo, del otro lado del corredor que le daba la vuelta al departamento. Uno de esos sábados fue el del temblor de 1957, cuando los muros y los ventanales de aquella construcción porfirista que era su casa se derrumbaron con desesperante parsimonia. Mi abuela me abrazaba y yo me hundía en su cuerpo y me hundía más y más perdiéndome en su cuerpo de recuerdos que por un momento ella había descuidado. Nunca estuve más cerca de ella, nunca estuve más dentro de ella, de ella que gustaba enfatizar su distancia de todo lo mundano y de todo lo divino. Y la distancia que más me dolía era la que ella mantenía frente a mi padre y a la madre de mi padre. Era una decisión muy suya, por la que podía hacerme sufrir para toda la vida y para eso me salvaba de las furias del temblor.

Mi abuela materna era de una familia de aristócratas venidos a menos de Parral y de Chihuahua. Entre sus parientes, se distinguía Guillermo Porras, tío de mi abuela, que había sido gobernador interino de Chihuahua a principios de siglo y que fue connotado contrarrevolucionario; aunque decir que se distinguió quizás sea un abuso porque Francisco Almada ni siquiera lo incluye en su *Diccionario biográfico, histórico y geográfico del estado de Chihuahua*. De todos modos, Guillermo Porras fue una figura incrustada en la historia de la Revolución y, menor o no, dejó un rastro que podemos seguir.

Mi abuela materna era alta, muy esbelta, de pocas palabras; no era cariñosa, era matriarcal; y antes que lamentar la pérdida de su fortuna, soportaba la tenacidad empeñosa de mi abuelo, muy chaparro, sólido de cuerpo, autoritario y evasivo. En la gran mesa del comedor de su casa se sentaban mis abuelos, mis tías y mis tíos, mis primas y mis primos, mi madre (y nunca mi padre) y yo. Y junto al asiento de mi abuela siempre se colocaba, prendido, un calentador de petróleo al que se le colocaba encima una olla con agua y hojas de eucalipto cuyo aroma, acompañado siempre del olor a petróleo, envolvía las largas discusiones de sobremesa. Yo me aburría; pero me quedaba mirando a mi abuela y no necesitaba mirar más.

Mi abuela hablaba poco. Se contentaba con mirar desde su cabecera a la familia reunida; y después de que mi abuelo enfermó y quedó paralítico, habló aún menos. Cuando murió su esposo, después de diez años de apoplejía y de celos irracionales, mi abuela dejó de hablar. Murió unos meses después, sin haber pronunciado palabra. Al morir ella, la familia se disgregó.

Quizás por eso volví a Chihuahua.

Y de las sobremesas en casa de mi abuela sólo recuerdo haber puesto atención a las pláticas que ocurrían cuando llegaban de Chihuahua mis padrinos, a quienes yo llamaba tercamente tíos porque yo así lo quería y así les halagaba a ellos, aunque no fueran ni padrinos ni tíos míos. Don Julio y doña Elvira habían sido vecinos de mis padres desde que éstos se casaron en Chihuahua y hasta que emigraron a la ciudad de México. Dejé de verlos durante muchos años. Pero a fines de los años cincuenta iniciaron su costumbre de visitar la ciudad de México cada tres o cuatro meses. Mi tío era un hombre ennoblecido por la fealdad y decididamente enamorado de su talento para recordar lo que todos los demás preferían olvidar. Y con la ayuda de su saliva, que chisporroteaba por toda la mesa, corregía y completaba los recuerdos de mis abuelos y de los hermanos de mi madre, a quienes terminaba seduciendo con su humor.

Mi tía era delgada, siempre sonriente, hasta que su sonrisa se volvía impotente para ocultar su alma de sorna e ironía. Obedecía el autoritarismo de mi tío con un mimetismo que se volvía burlón, y así a veces hasta se adelantaba a las órdenes perentorias de su esposo y lo ponía amorosamente en ridículo.

Con ellos, me acercaba yo al punto ciego que define las historias familiares; frente a ellos, me permitía yo la tentación de descubrir la novela de mi familia. Ellos sabían todo, ellos sabían lo que había sucedido en la noche de bodas de mis padres... Yo trataba de imaginar lo que mis tíos —ellos que sabían ya que nunca habrían de tener un hijo— habían escuchado aquella noche con ternura y con morbo, a través de la pared que separaba su comedor de la recámara nupcial de mis padres. Y a eso fui a Chihuahua el verano de 1984: a escuchar que mi tía respondiera mi pregunta única, suplicante, radical; aunque suspendiera cada frase para lamentar la muerte de su esposo irreparable.

Mi tía abrió la ventanilla de la puerta interior de su casa y se alegró cuando creyó reconocerme: "Manuel, Manuelito, qué gusto verte; pásale, pero mira nada más." Mi madrina tenía la voz más dulce que he oído en esta tierra; no sé cómo le hacía, no sé si Dios se la había dado para que aliviara la vida de aquella ciudad siempre amagada por el desierto; tenía la voz más dulce, y la vejez y la muerte de su esposo le habían agregado un matiz de escepticismo, de amargura, de disonancia, que no solamente seducía, que también enloquecía. Ya no tenía a quién obedecer y ya no tenía razón para burlarse de nada: su vitalidad burlona vagaba en busca de fantasmas por una casa donde nunca se prendía la luz cuando se dejaba caer el crepúsculo sobre el desierto.

Dejé que mi tía siguiera hablando mientras abría la puerta interior y luego la reja exterior, y mientras cerraba la reja con candado y la puerta con doble chapa; y no me molestó que me confundiera con mi hermano mayor.

La sala, a la derecha del comedor, estaba clausurada; y mi tía me ofreció asiento en un vestíbulo que recibía la luz a través de dos filas de vidrios, muy sucios, en lo alto de uno de sus muros. Estaba muy oscuro, y mi tía se había encorvado y también era evidente y doloroso que había decidido anunciar a todo el mundo que quería morirse para reunirse con su muerto, con su único compañero. No sé si me creyó esa tarde que yo no era Manuel. No sé si quería creer que yo era Manuel. No sé si me estaba pidiendo que yo fingiera ser Manuel. Siguió oscureciendo y mi tía se me fue perdiendo en la penumbra. Era adrede. Pero ella no sabía que yo iba a agradecerle aquella desaparición porque así me dejaba a solas con su voz. Mi madrina Elvira tenía la voz más dulce que yo haya escuchado en esta tierra. No era una voz de cantante; no era lo que se dice una buena voz, como la de Lucia Popp o la de Jessye Norman, que son mis voces. No, era una voz que parecía estar inventando con cada palabra nuevas modulaciones, nuevas formas de hablar, como si estuviera pisando siempre senderos desconocidos.

En ese verano de 1984, vi sólo tres veces a mi madrina, y tres años después, mientras tomábamos un café en la plaza de Oaxaca, mi madre me dijo, sin preámbulo, como frase caída del cielo: "Se murió Elvira, tu madrina". Y nada más. Y después de un año de cargar con la noticia de su muerte, aún no puedo llorarla. Y aún no puedo entenderla. Y no sé si es posible reconstruir algo o si todo se ha perdido.

Sólo una vez, de las tres que la vi, se confió a mí la tía Elvira; pero lo que dijo fue suficiente. Yo no quería datos, quería sentir la pasión de una sobreviviente. Y ella había conocido a Pancho Villa. De niña había vivido a la vuelta de la Quinta Luz, la casa de Villa en Chihuahua, y ahora museo de la Revolución. Mi tía había visto varias veces salir al general de la Quinta Luz; y también lo había visto llegar de las batallas. Y en una ocasión lo vio entrar a su propia casa, sin ocultarle a nadie, ni a su esposa Luz Corral, que iba a visitar a una prima de mi tía, de la que Villa estaba enchulado. Después Villa se volvió el hombre más poderoso del país y después sufrió las derrotas más costosas de la Revolución. Y ya derrotado, en diciembre de 1915, antes de abandonar la ciudad de Chihuahua rumbo a la vida de guerrillero, Villa fue a despedirse de la prima de mi madrina. Según ésta, en esa ocasión el general le confió a su prima varias bolsas de monedas de oro que ella escondió emparedándolas en un muro de su cuarto. "¿Y sabes qué pasó con ese dinero?", me preguntó mi tía, con un acento extraño. "¿Y sabes qué pasó con ese dinero?", repitió y me di cuenta entonces que no me lo preguntaba a mí. No sé si se lo estaba preguntando a sí misma o a su prima. Nada podía darme más placer en ese momento que mi tía repitiera sus frases. Sabía repetirlas exactamente, sin mayor ni menor énfasis, sin ningún cambio de acento, ni de matiz. Las repetía como si repitiera en el piano una melodía o en una escalera unos pasos de baile. Como si sus manos o sus pies se estuvieran viendo en el espejo de la primera y única ejecución de un rito familiar.

Mi tía se llamaba Elvira Terrazas, y siempre negó que su familia hubiera tenido relación alguna con la de don Luis Terrazas, el cacique grande de Chihuahua. No estoy seguro que estuviera diciendo la verdad. En el caso de mi tía, sus mentiras eran tan inocentes que en vez de provocarme desconfianza, me daban más fe en ella.

Aquella noche de sus confidencias, que fue como un crepúsculo interminable, mi tía no contestó la pregunta sobre el dinero de Villa. Pero sí obtuve respuesta a muchas preguntas que yo tenía sobre varias familias de Chihuahua y sobre varios acontecimientos de la Revolución. Hasta donde he podido verificarlos, todos los datos que ella me dio eran correctos. Y en especial le agradecí que me confirmara algunos detalles del fusilamiento de Pablo López, ocurrido el 5 de junio de 1916. Pero mi tía no quiso contestar ninguna pregunta sobre mis padres. Decía que no recordaba nada y pasaba a confundirme con mi hermano mayor.

Para cuando llegué a Chihuahua en 1984 el fusilamiento de Pablo López me obsesionaba. Lo había conocido por fotografías, pero unas fotografías muy excepcionales que nunca he visto, que sólo he leído: las fotografías que Martín López, el hermano de Pablo, enseñaba a todos los que se encontraba en su camino y que Nellie Campobello describió en su libro *Cartucho*: "Martín López tenía una colección de tarjetas. En todas las esquinas se ponía a besarlas, por eso lloraba y se emborrachaba. Martín López era general villista, tenía los ojos azules y el cuerpo flaco. Se metía en las cantinas, se iba por media calle, se detenía en las puertas, siempre con los retratos en la mano; adormecido de dolor recitaba una historia dorada de balas. 'Mi hermano, aquí está mi hermano, mírelo usted, señora, este es mi hermano, Pablo López, lo acaban de fusilar en Chihuahua, aquí está cuando salió de la Penitenciaría, está vendado de una pierna, porque salió herido en Columbus —enseñaba la primera tarjeta temblándole la mano flaca y los ojos azules—, aquí lo tiene frente al paredón, tiene un puro en la boca, véalo, señora, sus muletas parecen quebrarse de un momento a otro. BALA TIZNADA PESADA COMO LOS GRINGOS. Si mi hermano Pablito no hubiera estado herido, no lo hubieran agarrado' (y se le salían los mocos y las lágrimas, él se limpiaba con la manga mugrosa del chaquetín verde, falto de botones. Seguía enseñando la herencia, así la llamaba él). Aquí lo tiene usted con el cigarro en la mano, está hablando a la tropa, mi hermano era un hombre; ¿no lo ve cómo se ríe? Yo tengo que morir como él, él me ha enseñado cómo deben morir los villistas. En éste ya va a recibir la descarga, ¡cuánta gente hay viendo morir a mi hermano! Mire usted, señora, mire, aquí ya está muerto. ¿Cuándo me moriré para morir como él? (decía dándose cabezazos contra las paredes). Mi hermano terminó como los hombres, sin vender las veredas de los jefes, allá en la sierra. ¡Viva Pablo López! (gritaba con alarido de coyote). ¿Sabe lo que hizo? (decía en voz de confidencia) Pues pidió desayuno, ¡ay qué Pablito! (exclamaba riéndose como un niño) ¿Sabe otra cosa?, pues mandó retirar a un gringo que estaba entre la multitud, dijo que no quería morir enfrente de un perro. ¡Pablo López! —gritaba Martín calle arriba, dando tropiezos con sus pies dormidos de alcohol— ¡Pablo López! ¡Pablo López!"[2]

Todavía hoy que transcribo estas líneas, después de haberlas leído muchas veces, tantas quizás como las veces que Martín enseñó sus tarjetas, se me hace un nudo en la garganta y otro nudo en el corazón y me duelen los ojos como si se me quisieran desprender de puro dolor.

Me confieso hoy, 7 de julio de 1988, que siempre había visto en estas líneas una de las imágenes magistrales de la lengua mexicana sobre la historia de los mexicanos y que siempre me habían conmovido profundamente; pero que nunca había reconocido cuánto me identificaba con Martín López por la pérdida de su hermano.

En el año 81, cuando le enseñé a un amigo el inicio de un poema, que se convertiría en libro, éste me regresó el manuscrito y me dijo con tono fastidiado que yo no sabía hablar más que de un solo tema. Ese tema era la muerte de un hermano mío. Y mientras pasaban los autos por la avenida Copilco, en la ciudad de México, enceguciéndonos con sus fanales, recibí el comentario con incredulidad y con suspicacia. Varios años después reconozco con orgullo la verdad de aquella frase dicha con acento de repudio y ahora mi suspicacia se ha vuelto irónica.

Mi incredulidad era una forma de rechazar la presencia de aquel cadáver en la entraña de mi vientre y de negarme a hacer el duelo de esa muerte. Yo no tengo tarjetas como las de Martín López para enseñárselas a nadie, ni tengo tampoco esa determinación de Martín de imitar la muerte de su hermano. Él nunca se despidió de su hermano muerto, nunca hizo el duelo de su muerte. Yo ya me he despedido del mío y he tomado otro camino que no es el que regresa eternamente al momento de su muerte: todo lo contrario, es el sendero que me lleva a todo lo que David, que ése era su nombre, tuvo de más vital. Sin embargo, hay una frase de Martín que me parece única: "¿Cuándo me moriré para morir como él?" Y única porque no es la petición de un destino, sino de una imagen: el destino está supuesto, la imagen está ansiada. Es un puro devenir, es el tiempo puro en busca de una imagen, la imagen de una repetición. Pero también esa repetición buscada, deseada, es una exigencia al tiempo: que entregue, que identifique el secreto de su diferencia: "¿*Cuándo* me moriré...?" Y finalmente, si la pregunta tiene fin, el acontecimiento personal de la muerte se quiere ajeno al suceder objetivo, se busca reflexivo, se busca vuelto sobre sí mismo, como escapándosele al tiempo y entregándosele mejor al destino: "¿Cuándo *me* moriré...?"

Siento que he contado infinidad de veces la muerte de mi hermano. Y sólo sus asesinos supieron cómo murió. Porque ni siquiera el cadáver se recuperó. Dispusieron de su dignidad, de su vida, de sus restos: dispusieron de todo.

Fue a fines de 1965. Ya era obvio que David, el segundo de los tres hermanos, apenas un año menor que Manuel, estaba en una de las guerrillas de Guatemala. Lo había capturado la policía mexicana unos meses antes cruzando ilegalmente la frontera y huyendo del ejército guatemalteco. Lo torturaron en las mazmorras de la Secretaría de Gobernación y lo soltaron, advertido de que la próxima vez... Al día siguiente, entré al baño mientras él estaba en la regadera. Él no me había oído entrar; y cuando abrió la cortina de la regadera se cubrió pudorosamente el pecho. Pero ya había yo visto varias llagas en su cuerpo. Le pregunté qué le había sucedido, y él respondió como sólo él sabía responder esas cosas, sin énfasis, sin juicio, que los agentes de Gobernación lo habían quemado con cigarros. David tenía la convicción de los mártires cristianos, y su estoicismo. A los pocos días ya había partido de nuevo a Guatemala... esta vez con Eunice Campirano, su esposa.

Y dos meses después llegó el mensaje de Eunice diciendo que David había desaparecido y que yo debía ir a reclamarlo a la policía guatemalteca como ciudadano mexicano que era.

Siento que lo he contado tantas veces... y en realidad sólo me lo he contado a mí mismo, una y otra vez, repasando cada momento de aquel viaje para saber si hubo un momento que pudo haber sido la salvación de David y que yo dejé pasar... Me lo he contado una y otra vez, lo he repasado mentalmente cientos de veces... No me olvido de la ciudad de Guatemala, donde me recibieron el padre de mi cuñada y un abogado obeso, joven, de pelo sospechosamente rubio, para dirigirme a la Central de Policía, al Ministerio de Asuntos Exteriores, a las cárceles; y para llevarme a todas las redacciones de periódicos, a las estaciones de radio, a las estaciones de televisión. El embajador mexicano en Guatemala me recibió después de varios intentos de entrevistarme con él. Ya conocía el caso, pero dejó que yo expusiera todas las circunstancias y los documentos, y luego me dijo con parsimonia de burócrata corrupto que por lo que a él concernía a mi hermano se lo podía muy bien llevar la chingada. Y se sentía su satisfacción de poder decir: "se lo puede llevar la chingada", y que su rango de embajador se enalteciera con sus insultos tan mexicanos. No omito aquí el nombre de ese embajador, simplemente no lo recuerdo. Él sabrá cómo se llama o cómo se llamaba en diciembre de 1965 en Guatemala. Hoy puede ser Ministro de Relaciones o algo así, lo mismo da; muchos iguales a él y otros peores que él gobiernan este país.

A David Aguilar Mora lo capturó la guardia judicial a mediados de diciembre de 1965. No sé la fecha exacta de su muerte, pero lo fusilaron en el interior de la base de Zacapa, y sus verdugos fueron el subteniente Carlos Cruz y Cruz, "El serrucho", y los G2 César Guerra Morales y Rigoberto García, "El gato".[3] Para cuando yo llegué a Guatemala, el 20 de diciembre, probablemente ya estaba muerto. Y probablemente ya habían tirado su cadáver al mar desde un helicóptero, como lo confesó uno de sus asesinos, capturado posteriormente por la guerrilla. Si alguien tomó fotos de su tortura y de su muerte, sólo sus asesinos lo saben. De cualquier manera, desde entonces ésa fue mi manera de morir.

Era el mismo camino que había escogido Martín López; pero él sí había decidido cumplir su elección repitiendo el acto del fusilamiento de su hermano. Su camino era más heroico. Yo en un momento de horror y de relámpagos renuncié a ese heroísmo, quizás porque no lo merecía, y me alejé de la posibilidad de repetir en mi cuerpo la muerte física de mi hermano. Pero la decisión de Martín López lo volvió inolvidable para mí. Desde aquí aún puedo ver su vida, lo veo siguiendo los senderos del bosque cuya espesura a veces lo oculta, y llego a ver su muerte. Que ya no es la mía. Pero veo su muerte. Algún día llegaremos a ella, ustedes y yo, en el itinerario de este relato.

Seguí escribiendo aquel poema, que se convirtió en libro, y yo seguí convencido de que no trataba de la muerte de mi hermano. Trataba sin duda de la muerte de un hombre entrañable, lamentada por una voz masculina que quería rescatar los momentos de una amistad. Y hubo otros amigos que entendieron esa amistad como una relación homosexual. Era legítimo, aunque según yo desatinado. Pero yo, para entonces, era un lector más y mi opinión una opinión más. Y si ahora me detengo a pensar en el poema, pienso en el diálogo de mi amistad con un hombre que amé y con otro que nunca conocí. El muerto de mi poema era un amigo italiano, quien entre otras cosas fue traductor, por gusto, de novelas latinoamericanas y se llamó Enrico Cicogna. Pero el muerto también era un escritor inglés que vivió en México y murió en Italia llamado D. H. Lawrence.

Sin embargo, el comentario del primer lector del poema persistió como una pregunta, como un nudo que yo no sabía desatar y que se me atoraba en mis pensamientos provocándome terror: podía ser evidente para todos, excepto para mí, que el muerto no era ni Enrico ni Lawrence sino David.

Hasta que un día reencontré a Celia y una noche ella preguntó por mi hermano, y con su pregunta creo que al fin pude cortar el nudo, como si hubiera sido gordiano. Me deshice de un cadáver y me gané un tema para toda la vida.

El terremoto del 19 de septiembre de 1985 derrumbó muchas paredes del departamento donde yo dormía. Con ellas se derrumbó también la columna de mis costumbres. Instintivamente comencé a buscar viejos soportes, lugares comunes, raíces fantasmales. Heinrich von Kleist decía que todo indicaba que Dios no existía, pero también que todo pedía que existiera. Después del temblor, yo tenía presente esa frase casi con obsesión y en vez de Dios pensaba en el destino. Y creo que así fue como encontré a José Balp, después de quince años de no verlo, y a Celia después de más de veinte años de no recordarla.

José y yo nos abrazamos desesperadamente, y durante muchos días anduvimos como dando manotazos de ahogados para no perdernos en el marasmo de nuestros recuerdos. Los dos sentíamos que había un cambio irreversible en nosotros: nuestra amistad estaba intacta, pero no nuestras vidas. Era como si al vernos nos viéramos en un espejo y reconociéramos, gracias a la imagen del otro, que nuestro cuerpo se había alterado en forma sutil, pero con otro horizonte. Era como si hubiésemos cambiado de naturaleza. No era triste, pero había cierta desesperanza de que cada uno por su lado hubiera caído en todas las trampas posibles y de que todas las trampas nos las hubiéramos puesto nosotros mismos. Un recuerdo que nos venía una y otra vez era el de las noches de enero de 1966 que habíamos pasado juntos recogiendo firmas para una carta pública al presidente Díaz Ordaz en donde se pedía su intervención para el rescate de mi hermano.

Unos días después del terremoto de 1985 asusté a mi madre pidiéndole que me dijera dónde estaba la tumba de mi abuela. No supe darle explicaciones porque todavía no he aprendido a hablar con ella. Nos amamos, nos gritamos, nos replicamos, nos contestamos con silencios, pero nunca hemos desmadejado las palabras de nuestra relación en un hilo continuo y bien cardado. Me dio las instrucciones para llegar a la tumba de mi abuela, aunque con titubeos, que no supe en ese momento si eran de su memoria o de su indecisión. Y en el cementerio me di cuenta que mi madre no sólo recordaba dónde estaba enterrada su madre; también recordaba ya dónde sería yo enterrado; y regresé a su casa preparado a agradecérselo desde el momento en que me abriera la puerta.

No abrió ella, sino Celia, una vieja amiga suya que estaba de visita. Más que aquella presencia me asombró primero que yo hubiera olvidado tan secretamente a aquella mujer, y después me entregué a admirar y rescatar a quien durante muchos años de mi infancia y de mi primera adolescencia había sido el primer espejismo de mis deseos sexuales. Fernando, su hijo, había sido amigo íntimo mío hasta mi entrada en una preparatoria religiosa. Y yo sé que aquella mujer no había alejado a su hijo de mí. Yo mismo durante el primer año me había aislado de casi todo el mundo, pues diariamente salía de la preparatoria para irme al Conservatorio. Y los fines de semana trabajaba en el negocio de mi padre con la ingenua intención de ahorrar para comprar un piano.

Se me hicieron eternos los minutos que transcurrieron hasta el momento que entendí, cuando la vi levantarse del sofá, que Celia estaba despidiéndose. Salí de mi ensimismamiento y escuché las últimas frases de su diálogo.

—Gracias por venir a verme —decía mi madre—, yo aquí sola. Ya sabes cómo son los hijos, siempre desbalagados.

—No te preocupes, Ester —le respondió Celia, fingiendo que no me veía—, acuérdate que a veces siguen siendo niños y que siguen jugando a las escondidillas.

—Pues sí, pero una ya está vieja, y ya no tarda el Señor en llamarme...

Miré a Celia y sorprendí en sus labios, no una comprensión, pero sí una impresión. Quizás de la misma edad que mi madre, Celia llevaba su vejez con serenidad y suficiencia. Yo sabía que en la hora de su muerte no pediría la presencia de un cura y que moriría contenta de simplemente morir.

—Es que tú también sigues jugando, Ester... —dijo Celia, casi por decir, como si no le bastara la evidencia de su frase, como si se escondiera de sí misma.

La cortesía de mi madre no le permitía darse cuenta de lo que le decía su amiga, y menos aún ofenderse; a menos que, al estar ganando en memoria, estuviera perdiendo en oído, porque mi madre le contestó: "No, si no es que esté siempre llorando, pero es que cuando estoy sola me agarra la tristeza...y cuando una está vieja, pues parece que agarra más fuerte". Celia no dijo nada, besó a mi madre, y justo antes de salir se volvió hacia mí y me hizo un gesto de despedida que yo me quedé interpretando el resto del día como si hubiera sido un sueño.

Terminé sintiéndome ignorado y con deseos de buscar a Celia y herirla; me sentí privilegiado y me dieron ganas de buscarla y hacerla mi confesora. Celia no había perdido su fuerza de antaño, había ganado en perfección, en una perfección relampagueante, como si con ella se encontrara no tanto lo que se había perdido o lo que nunca se había tenido, sino lo último que podía dar sentido al momento de morir.

Aún extraviado oí que mi madre me decía que Celia había perdido un hijo y su frase me produjo un terror, el terror de pensar por un instante que Fernando había muerto y que Celia, al despedirse, me había querido decir que yo también había muerto para ella, volviéndome indigno de ofrecerle mis confesiones.

—¿Se murió Fer?

—No, Fernando no, Celia tuvo otro hijo después. Tú nunca lo conociste. Pero por eso ha sido más difícil para ella, porque era muy joven.

Durante dos semanas visité a mi madre todos los días con la esperanza de encontrar a Celia. Ella no volvió y yo tuve que arriesgar mi secreto y pedirle a mi madre la dirección de su amiga. Yo sabía que mi madre percibiría en la pregunta transparente mis intenciones, y así fue. Antes de responderme, me miró como si yo estuviese a punto de traicionarla. Buscó en su agenda y me leyó la dirección. Yo salí corriendo, como si hubiera cometido un crimen vergonzoso, sin despedirme y sin volverme a recibir su reproche.

Celia me recibió sin sorpresa, e incluso había un acento en su saludo en el que yo creí escuchar que preguntaba por mi tardanza. Y ese día hablé y hablé los recuerdos que se me derramaban por todas partes, como si estuviera sudando sangre.

Eran los días definitivos de la disolución de mi matrimonio, los días en que la lejanía y los meses transcurridos en México sin regresar al país extranjero de mi exilio ficticio me dejaban ver, sin posibilidad de recurrir a ningún engaño, los espejismos de aquella vida. Le quería contar a Celia los hechos y me daba cuenta que había vivido tratando de entender palabras que valían más por su sombra, tratando de vivir con palabras que negaban su sentido y que traicionaban su definición, tratando de asirme a palabras que valían por lo que no decían o que decían lo que nadie quería que dijeran. Y se volvía infinito el relato de mi matrimonio, porque, antes que los hechos, tenía que explicar las palabras de un trágico y vertiginoso malentendido. Las amistades caritativas explicaban el malentendido con mi pareja como una incompatibilidad cultural, pero la caridad no explicaba la persistencia de los engaños, ni la sordidez de las chicanerías. No culpo a los amigos por su incomprensión, siempre será difícil entender los espejismos ajenos, incluso los más cercanos.

Y yo quería decirle a Celia dónde comenzaban las huellas de mis engaños y dónde las de mi pareja. Y tenía que regresar a las palabras. Todo estaba en las palabras. No había habido hechos propiamente engañosos, porque todo hecho había estado precedido de una mentira. Celia escuchó pacientemente, y cuando terminó mi relato, inició con naturalidad otra conversación. Me habló de Fernando y de su vida en Europa, de donde venía cada año a visitarla.

—Siempre te recuerda, te tiene siempre presente— eran las palabras exactas para ese momento. En los laberintos de su vejez se veían relámpagos de precisión, resplandores de forma perfecta para recibir el cuerpo de los otros.

En los meses siguientes, la visité por lo menos dos veces por semana. Y la única vez que sentí una debilidad en ella fue cuando cerca de Navidad me anunció que Fernando no iría a México ese año. Y que en su carta me mandaba recuerdos.

En febrero de 1986 terminaba mi estancia en México. No regresaría yo al Caribe. Con la ayuda de varios amigos obtuve un nombramiento temporal en la Universidad de Maryland, en los suburbios de Washington, que me permitiría investigar en el Archivo Nacional de Estados Unidos. Pocos días antes de partir, Celia me invitó a cenar a su casa y me pidió que llevara a José Balp, quien se había vuelto una presencia constante en nuestras conversaciones de esos meses. Y José no titubeó un instante siquiera cuando le hablé de la invitación de Celia.

—Pasen, pasen —nos dijo—. Siéntense —y nos ofreció dos copas de jerez. Había un ritmo muy calculado en los movimientos de ella, como el de una respiración de alguien que sueña en su momento de mayor plenitud. Hacía pausas inesperadas cuando nos acercaba las copas y cuando ella se servía, ya sentada en su sillón. Estaba a punto de probar su jerez y detuvo la copa en la orilla de sus labios; nos miró con alegría, regresó la copa a la mesa de centro y se levantó diciendo que faltaba la música. Había un ritmo en sus movimientos muy cuidadoso de los instantes de inmovilidad, casi imperceptibles. Se sentó, bebió al fin de su copa y mirando familiarmente a José comenzó a hablarle como si fuera yo y como si ellos dos estuvieran solos. Y no me dio tiempo de preguntarme si se había vuelto loca, porque al decirle a José: "A ver, Jorge, cuéntame otra vez cómo te imaginas que murió tu hermano David" exploté por los ojos, por la boca, por el vientre en un espasmo de dolor que se prolongó toda la tarde hasta que ya no pude llorar más, ni mi boca pudo pronunciar otro alarido, ni mi vientre pudo soportar otro temblor.

Ya era de noche cuando me desperté, tirado en la alfombra del departamento de Celia. Las luces estaban apagadas. José se había ido y yo no quise saber si Celia estaba en su recámara durmiendo. Salí del departamento y cerré la puerta con mucho cuidado, con mucho cuidado.

Salí a la ciudad de noche librado de un cadáver y convertido en hombre de un solo tema para toda la vida. Era mejor morirse de hartazgo por un tema único que quedarse a esperar que llegaran los temas a escogerme. Era como un cuerpo nuevo que le daba nuevas formas al movimiento, al aire, a la diversidad del mundo. Era el tema único el que se volvía inagotable en mí.

Mijail Bajtín afirmaba hablando de Dostoievski: "El espíritu único en devenir, incluso como imagen, es totalmente extranjero a Dostoievski. Su mundo es profundamente *plural*... Para él, pensar el mundo era pensar sus diferentes contenidos en su simultaneidad y *conjeturar sus relaciones bajo la perspectiva de un momento único*".[4] En esa pluralidad de perspectivas y en esa pluralidad de mundos se reconocen los temas de Dostoievski, hombre esencialmente polifónico, para decirlo con la terminología de Bajtín. Pero el crítico ruso estaba más interesado en definir un género literario inusitado que en buscar las consecuencias de esa pluralidad. Por eso se dedicó después a buscar antecedentes de esa singularidad de Dostoievski y, por paradoja e ironía, descubrió que no era tan singular. Que no era tan singular porque el análisis de Bajtín estaba hipnotizado por las formas y sólo por las formas que podían ser deslumbrantes, sin duda, como en el caso de Rabelais, pero que terminaban perdiendo su diferencia y su poder: el análisis seguía encontrando más y más ejemplos de un género secreto y Bajtín, hipnotizado por su descubrimiento, terminaba por reconocerlo como omnipresente. Ahí se perdió Bajtín. Afortunadamente, antes había encontrado pruebas formales de una actitud que siempre había estado ahí, aunque sin formas: la actitud de la disensión inquebrantable, de la oposición terca contra los métodos y los sistemas generalizadores, de la negación a perder la singularidad del *momento único* de Dostoievski. La actitud del relámpago.

Por eso los temas únicos son difíciles de describir: en el fondo, son instantáneos. Por economía, para no entrar en explicaciones complicadas, uno dice: "Bueno, mi tema es mi hermano muerto. Punto". O si no: "Mi tema es el abandono de mi madre. Y ya". O: "Mi tema es la máscara, el disfraz, el rostro. Y nada más". O también: "Mi tema es la podredumbre de la familia. ¿Qué otra cosa podría ser?" O hasta: "Mi tema es la idea del tiempo cíclico".

Sin embargo, sabemos que el tema en nuestra vida no es un hecho, ni una imagen, ni una idea, ni una obsesión; sabemos que es una postura de nuestro cuerpo como la postura de un planeta respecto del sol o del mundo, y sabemos también que el hecho o la imagen o la idea que aceptamos como principio de nuestro tema es un mero simulacro de una operación profunda y esencial que nuestro cuerpo realiza con su exterior y con el tiempo. "Es que cada cosa comienza con una pregunta, pero no se puede decir que la pregunta misma comience. La pregunta, así como el imperativo que ella expresa, ¿no tiene acaso como origen *la repetición*?"[5]

Del tema sólo se puede hablar con metáforas o imágenes aproximativas o comparaciones, y al hablar de él, hay que aceptar que se escabullirá, que se deslizará, que fluirá por los intersticios de las palabras, por los descuidos del tiempo, y que tomará formas inefables o será, simplemente, las distintas formas que adopta nuestra vida.

Cuando salí de la casa de Celia mi vida estaba como abocada a la noche, y Celia era una vocación secreta. Su rostro llegaba a mí una y otra vez atravesando el cuerpo de José y me tocaba como si quisiera arrancarme de mí mismo como un fruto, como un ofrecimiento, como una manera de reposar en el tiempo, el tiempo reposado.

Primero una novela y al final un ensayo

Las distintas formas que adopta nuestra vida... Pero en México hablar de esas formas es una impudicia que no se tolera o que no se perdona o que impasiblemente se ignora. La intimidad del discurso biográfico propone al lector una complicidad que éste no puede rechazar. Y no se acepta la complicidad pública en una sociedad católica donde los secretos se trasmiten en el confesionario y detrás de los muros domésticos, y menos se acepta en un país donde la voz pública es la voz de unas cuantas familias que se han visto y se siguen viendo como las únicas representantes y dueñas de la nación. La cantidad puede aumentar con la intromisión de otras de menor categoría o disminuir con la adaptación y asimilación de las intrusas en el ámbito preestablecido de los privilegios; pero no cambia la imagen básica del país como una casona o un casco de hacienda donde viven los autoelegidos, rodeados por la gran masa analfabeta o ambiciosa o rencorosa: despreciable. Me importa insistir en esto último: la oligocracia mexicana ha sido muy perceptiva de la envidia de las clases inferiores, sobre todo cuando descubrió la existencia de "las clases medias"; pero no ha correspondido a esa percepción con una reafirmación de sus propios valores. Salvo raras excepciones, su discurso siempre se ha apoyado en la mala conciencia para justificarse. Eso no le ha impedido hacer intentos de aniquilar física, política y culturalmente al resto de los grupos sociales que le estorban, no sin antes invocar una justificación defensiva, nunca la afirmación de un valor propio. A menos que aceptemos como valor la identidad tautológica: la oligocracia se define a sí misma como civilizada y decente, y la civilización y la decencia son ella misma. Y para darle fundamento a esa tautología, esta casta ha traducido todos los valores culturales europeos a la situación mexicana, incluso en los momentos más inoportunos.

Con esa imagen del país y de sí misma, la oligocracia mexicana no puede concebir la existencia de una autobiografía. Para ella, la verdadera vida se dice en el confesionario o en los rincones más oscuros de las alcobas, y su difusión es una forma de debilidad. Todos se están cuidando de todos en una sociedad casi conventual.

Las biografías son aún más indeseables, ya que por definición, aunque sean literalmente superficiales, no pueden ser sino intrusas. En un grupo de núcleos cerrados sobre sí mismos, que no establece relaciones verdaderamente sociales, sino familiares, que no tiene valores propios que afirmar, al tiempo que acapara las instituciones públicas, cualquier hecho personal es esencialmente frágil.

Una biografía necesita un nombre como centro: el pueblo puede prescindir de las biografías porque en la anonimia popular otras cosas están sucediendo, muy distintas de las relaciones de hechos individuales. Por otro lado, en los años de su constitución, mejor dicho, en los años en que surgió una conciencia de clase de la clase media mexicana, a fines del siglo pasado ésta, tan amante de su propio nombre, no soportaba la intimidad, ni la publicidad. Además, su imitación de la oligocracia llegaba sólo hasta la copia de los objetos y de su uso, pero no de las costumbres, que eran intrasmisibles e inimitables.

A cambio de la biografía, la oligocracia mexicana ha practicado la exhibición de sus pretensiones nobiliarias. Ante la cercanía del Centenario de la Independencia, las grandes familias no dejaron pasar la oportunidad de reafirmar su pertinencia histórica, es decir, de reclamar que eran ellas las dueñas del país. Y para sustentar esa atribución, un acucioso genealogista, Ricardo Ortega y Pérez Gallardo, se empeñó en la elaboración de tres tomos monumentales que se titulan: *Historia genealógica de las familias más antiguas de México* (1905), y que Ortega había iniciado en 1902 con otro libro, *Estudios genealógicos.*[1]

Acabo de decir que la proximidad del centenario de la Independencia estimuló la escritura de libros que reafirmaban la "pertinencia histórica" de la oligocracia; pero los libros de Ortega no pertenecen estrictamente hablando a esa justificación histórica. Son autores como Justo Sierra, como Francisco Bulnes, como Carlos Pereyra, como José López Portillo y Rojas, los instrumentos más directos de la oligocracia para expresar intelectualmente esa justificación.

Y uno de los gestos más comunes y sinceros de esa justificación fue el argumento contra la existencia de los indios. El mejor ejemplo lo dio José López Portillo y Rojas en su folleto: "La raza indígena", publicado por primera vez en 1904 y reproducido en 1906 por la *Revista Positiva* en una serie de seis capítulos.[2]

Los libros de Ortega y Pérez Gallardo estaban dirigidos a una justificación no menos importante, ya que su "ciencia" genealógica quería mostrar que el dominio oligárquico estaba inscrito en la sangre y se trasmitía por herencia. En la presentación de sus *Estudios genealógicos* decía con agradecible candor: "Basada en la teoría, admitida por los más notables filósofos, de la herencia de las cualidades morales, de cultura intelectual y, por ende, de preponderancia social, la Genealogía nobiliaria nos presenta los grandes modelos que imitar, al describir la ascendencia de las generaciones contemporáneas, remontando su estudio hasta llegar al hombre insigne, hasta el varón esforzado que se ennobleció a sí mismo y ennobleció a su raza toda..."[3] La oligocracia criolla necesitaba justificarse no sólo como una clase *independiente*; tenía que ir más allá, hasta recuperar en una continuidad natural, inquebrantada, la nobleza de los conquistadores; y con ese fundamento, podía proponerse como una clase moderna, pues, como decía Ortega, el objeto de las instituciones aristocráticas "era y es [...] eminentemente progresista".[4]

Todos estos argumentos desembocaban en la declaración esencial que no necesitaba de ningún fundamento (como lo demostraban muchos discursos decimonónicos): "Que en el mundo ha existido, existe y existirá siempre una aristocracia, un grupo de hombres escogidos que sobresalga del vulgo, es indudable; necesidad universal es la de que los hombres superiores guíen a los inferiores... México tiene mucho que agradecer a la aristocracia constituída en su suelo desde la época colonial; a ella debe la formación de la sociedad honrada, amable y virtuosa".[5]

No me parece feliz la elección de los tres últimos adjetivos; sólo muestra que la construcción "teórica" de los argumentos de Ortega era de pacotilla, de puro relleno. Ninguna de las tres atribuciones ejemplifica un valor afirmativo, por cruel que éste pudiera ser. Al mismo tiempo, la imagen de la sociedad con tres características de mera galantería responde a la debilidad moral de esa aristocracia y a su inseguridad en la definición misma de la división de las clases.

Entre octubre de 1900 y enero de 1901, se celebró en la ciudad de México un Concurso Científico Nacional donde se expusieron diversas soluciones a problemas sociales mexicanos. Una de las últimas conferencias fue dada por Ezequiel A. Chávez y se titulaba: "Ensayo sobre los rasgos distintivos de la sensibilidad como factor del carácter mexicano".[6]

A reserva de analizar después con debido detenimiento las tesis de Chávez, baste por ahora señalar un hecho notable de esa conferencia.

El autor dividía a la sociedad mexicana en grupos raciales, que eran: los indios, los extranjeros (incluidos los criollos) y los mestizos. Este último grupo lo dividía a su vez en dos: el de los mestizos vulgares y el de los superiores. Y era aquí donde el pensamiento de Chávez se volvía significativo en el contexto de la conciencia social e histórica de la "aristocracia" mexicana: el mestizo vulgar tenía como antecesores, según Chávez, "individuos fortuitamente unidos en desamparado tálamo de incesantes amasiatos"; y por lo tanto, "el que tiene así la desgracia de ser hijo, nieto y biznieto de efímeros azares [...] forma el bajo fondo de la sociedad, es la hez de la misma".[7]

El mestizo superior era completamente distinto, pues éste había tenido "antecesores constituídos en familias estables", "un árbol genealógico de familias constituídas que le [habían] dado una educación social y le [habían] formado un alma de cooperador orgánico".

La identidad nacía en la solidez familiar y de la mezcla racial hecha con la razón de la ley y sancionada por la religión católica. Sin duda, el mestizaje tenía algo de destino no querido, de destino impuesto por circunstancias inevitables, y de esas circunstancias inevitables, con toda su violencia y toda su ilegalidad, nada se decía, a pesar de que se había publicado en 1901 un libro, muy comentado, donde Genaro García narraba todas las atrocidades de la conquista: *Carácter de la conquista española en América y en México según los textos de los historiadores primitivos.* Todos los rasgos naturales que la avaricia y la lujuria de los mismos españoles imponían en sus descendientes eran omitidos por Ezequiel A. Chávez. Para éste, el mestizaje era ya un hecho, pero el hecho tenía calidades diferentes según se viera su perpetuación: fuera o dentro de la alcoba legalmente establecida. De hecho, la *estabilidad* de la que hablaba Chávez en su conferencia era más bien un *efecto*, casi una figura meramente metafórica que ocultaba el verdadero argumento: había una hez de la sociedad que no era india, ni era extranjera, y que no podía ser sino mestiza; y había una aristocracia que no era india, ni extranjera tampoco, y que no podía ser sino mestiza. Y entre ambos mestizajes tenía que haber una diferencia no sólo de grado, sino casi de naturaleza histórica. Ya Chávez hablaba de lo que Paz consagraría medio siglo después: la conciencia de ser mexicano. Paz reprodujo en *El laberinto de la soledad* el criterio positivista de Chávez que le negaba a los indios la mexicanidad por carecer de la conciencia de ser mexicanos y por lo tanto se les retiraba la posibilidad de ser objetos de reflexión "mexicanista" o de formar parte del carácter mexicano. Todo su empeño no impidió que ambos autores terminaran por contradecirse sin el menor pudor; pues al final de sus argumentos o en el corazón de ellos, ambos reintrodujeron la *diferencia* de la presencia india en la naturaleza del mexicano. Chávez lo decía claramente en su conferencia: el indio "casi de todo es indiferente, de aquí resulta que no concibe aún la patria mexicana";[9] pero al final nada se entendía sin él: "la rápida excitabilidad y la dinámica deliberación del mestizo superior pudieran ser funestas sin la insistente solidez del indio ilustrado...".[10] Al final, en efecto, para Chávez valía más la diferencia inasimilable del indio que la constitución del mestizo vulgar, pues éste sólo había llegado a "la categoría de un útil peligroso".[11]

La separación y caracterización del "mestizo superior" fue sin duda un hallazgo urgente para gran parte de la aristocracia porfirista: era urgente, en efecto, incluir nuevas familias, racialmente diferentes de las criollas, que se habían introducido en los rangos aristocráticos; pero también era perentorio distinguirse socialmente de la plebe.

Las autobiografías de la Revolución se incluyen siempre en la lista de novelas, y el hecho no es raro. La inclusión puede ser inocente, pero en casos tan extremos como el de la autobiografía de Vasconcelos el gesto de la inclusión no delata sino miedo a la complicidad. Se habla de la obra de Vasconcelos señalando su calidad de excepción, pero no se tocan sus paradojas, destructoras de tantos lugares comunes del discurso histórico y del discurso literario en México.

Éste, sin embargo, no es el momento de recorrer los detalles de esa autobiografía. Por ahora, me basta con señalar la paradoja inicial de *La tormenta*, la mejor "novela" de la Revolución que escribiera Vasconcelos. Desde el preámbulo, Vasconcelos mezcló dos alimentos ideológicos que el pensamiento de este siglo —con escasísimas excepciones— ha considerado antagónicos: el vitalismo nietzscheano y la mala conciencia católica. Con el primero, Vasconcelos logró darle a su expresión profética una velocidad inusitada; con la segunda, su análisis psicológico alcanzó grados de sutileza casi dolorosa: no en balde decía Nietzsche que los hombres más atormentados por la mala conciencia son los mejores psicólogos, porque viven envidiando y analizando al hombre de valores afirmativos.

El gran hallazgo de Vasconcelos fue haber logrado reunir ambos principios para explicar una vida; y eso lo logró con un mecanismo ideológico típicamente latinoamericano: el eclecticismo.

El mismo Vasconcelos definió su lugar histórico y la evaluación de su vida y de su obra con una frase lúcida, única e irremediablemente ecléctica: "[...] como yo me creía inventor de puntos de vista revolucionarios, me desconsolaba que Adriana no me reconociese en lo que yo creía lo mejor de mi persona: el destino espiritual de definir ideas, coordinar doctrinas".[12] Así ha sido siempre el eclecticismo latinoamericano: una forma de definir, y no de crear, ideas; y una forma no de estructurar sistemas propios, sino de coordinar doctrinas ajenas. Ya desde 1842, el extraordinario publicista argentino Juan Bautista Alberdi había definido esa naturaleza del pensamiento latinoamericano. En "Ideas para un curso de filosofía contemporánea", Alberdi, con una admirable ceguera y con un triste optimismo, proclamaba: "En América no es admisible la filosofía en otro carácter. Si es posible decirlo, la América practica lo que piensa Europa. Se deja ver bien claramente, que el rol de la América en los trabajos actuales de la civilización del mundo, es del todo positivo y de aplicación. La abstracción pura, la metafísica en sí, no echará raíces en América. Y los Estados Unidos del Norte han hecho ver que no es verdad que sea indispensable de anterioridad un desenvolvimiento filosófico, para conseguir un desenvolvimiento político y social".[13]

No se ha seguido debidamente en la geografía del pensamiento latinoamericano esta idea de Alberdi: ¿idea, una idea de cómo no podemos tener ideas? Quizás por eso sea tan importante esa "idea": porque es una profecía involuntaria de una impotencia y el signo vivo de una enfermedad continental. Rodó en *Ariel* agregaría a este argumento sólo tres cosas: la primera, la corrección de que los latinoamericanos somos europeos; la segunda, la atribución de que los Estados Unidos son los verdaderos americanos (nosotros especulamos y ellos son prácticos); y la tercera, mera palabrería.

En el caso particular de Vasconcelos, el eclecticismo era el método para coordinar a Nietzsche con San Agustín y, al mismo tiempo, el resultado de esa coordinación, la prenda con la que Adriana, al recibirla, le devolvería su culpa de marido desdichado y de pecador feliz.

Se necesitaba que en los años treinta Vasconcelos recuperara la ultranza de su catolicismo para que pudiera violar el secreto básico de su religión de la infancia; pero también se había necesitado que en 1910 Vasconcelos hubiera repudiado el positivismo, para que durante los años de la Revolución pudiera practicar el principio mismo de ese positivismo, gracias a un método de pensamiento que nunca repudió, quizás porque nunca tuvo conciencia de él: el ecléctico que, como corriente filosófica, se remonta al siglo XVIII español e hispanoamericano, y define precisamente las culpas y el deseo de *aggiornamento* del catolicismo hispánico de ese siglo frente a los descubrimientos insoslayables de la Ilustración.

La invención de puntos de vista revolucionarios, la definición de ideas y la coordinación de doctrinas equivalen a lo mismo: la práctica refinada del eclecticismo como método filosófico propio del latinoamericano, y sobre todo "para un pobre enfermo de la América española, donde todo es recomenzar y desistir hoy de lo que se intentó ayer".[14]

Si, como decían los románticos alemanes, la vida de un poeta es más artística que su propia obra, la de Vasconcelos en la época de la Revolución era, entre otras cosas, la tensión constante entre dos principios opuestos trenzados en el mismo cuerpo y en el mismo nombre; y fue también la expresión de una verdad desesperada ante el destino de una nación débil: "Reviso en estas páginas uno de los períodos más confusos, perversos y destructores de cuantos ha vivido la Nación; y también la época más dispersa, pecadora y estéril de mi vida".[15] ¿Su vida posterior fue más fértil, más consistente, más pura? Quién sabe. Es dudoso, incluso si se tiene muy presente su labor como Secretario de Educación; lo importante en todo caso es la perspectiva que Vasconcelos decidió adoptar frente a esos años, contrastada con lo que dice dentro de la narración misma. Sí, la vida de Vasconcelos era más ambigua y más fascinante que todo lo que escribiría después, incluyendo su autobiografía. Lo sé, ésta es otra paradoja... pero ésa es la lógica interminable de la vida y de la obra de Vasconcelos. Habrá alguna vez que detallar esa proliferación de paradojas, ese trenzado de elementos extremos y opuestos; y ese acompañamiento de lucidez con inconciencia piadosa.

Sin embargo, hay que insistir, por ahora, en el hecho de que Vasconcelos es una excepción; pues otros católicos a ultranza, pero menos extremistas y menos eclécticos, no dejaron ningún testimonio autobiográfico; y cuando lo dejaron, fue sólo para atestiguar de su felicidad y de su armonía consigo mismos, con su familia y con el mundo entero, como en el caso de *El río de mi sangre* de Genaro Fernández Mc Gregor o los diarios de Federico Gamboa y de Nemesio García Naranjo. Estos últimos escribieron no para hacer una autobiografía, sino para reafirmar una imagen social y autoritaria, puramente externa y sin fisuras (aunque nos legaron imágenes memorables de otros que no eran ellos mismos).

No obstante, nada podía sustituir la lucidez de la desesperación: su lujo es la verdad, y su razón de ser es que no sólo debemos vivirla, también tenemos que merecerla. ¿Y cuándo se puede decir que ya se ha hecho lo suficiente para desesperarse?

Durante los años de mi investigación sobre la Revolución, se fue dejando ver, cada día con más evidencia, que los datos históricos que me atraían y que yo perseguía por libros y por archivos eran transfiguraciones de hechos de mi propia vida. Sin embargo, mientras no encontrara la relación entre ambas dimensiones, no podría penetrar de verdad en el ritmo propiamente histórico; porque, al no liberarme de mis hechos personales, los otros, los del pasado ajeno, sólo se adherían a mi piel y a mi dolor sin concierto, según yo, y con un desorden abigarrado. Y aun así, éstos eran más comprensibles que mis propios hechos.

Sí, el tema de mi vida era la muerte de mi hermano, pero esa muerte se tenía que transfigurar para convertirse en otra vida, para que yo pudiera vivir mi vida con esa forma, y con ese cadáver. Sin embargo, aunque llegué a reconocer ese hecho, pasó mucho tiempo antes de que pudiera reconocerlo en algunas imágenes de la Revolución que se habían vuelto obsesivas. Y ninguna ha sido tan obsesiva y poderosa como la de Martín López enseñando las fotos del fusilamiento de Pablo, su hermano.

En la tarde del 23 de julio de 1984 estaba yo en el restorán del Hotel Misión de Chihuahua, descansando la vista después de consultar por varias horas el periódico villista *Vida Nueva*. En una de las mesas, un viejo norteño refutaba en voz alta, contando sus recuerdos, las afirmaciones de un grupo de jóvenes sobre ciertos hechos de la Revolución que sólo conocían ellos por los libros. El viejo no era el único en aquel café que hablaba casi gritando, y de lo que él decía yo oía solamente palabras sueltas. De pronto escuché el jirón de una frase y fue como si el sentido de mi viaje a Chihuahua apareciera como un relámpago en un cielo estrellado: "...si te digo que a Pablo López lo fusilaron aquí en la Tercera y Libertad". Al restorán había llegado Pablo López y yo no titubeé en atribuir su presencia a un favor especial que me hacía el azar. ¿Era el azar o era ya un encuentro exigido por la acumulación de signos y pasiones? ¿Era el azar o era ya la fuerza de la acumulación de datos?

Esperé que el café se vaciara y que se fueran los jóvenes que acompañaban al viejo. Ya lo había visto yo otras tardes sentado a solas en una de las mesas leyendo las noticias vespertinas. Me acerqué a él con la excesiva timidez y cortesía del chilango y le pregunté si podía contar de nuevo la historia del fusilamiento de Pablo López.

Pablo López nació en la Hacienda del Charco, colonia agrícola del estado de Chihuahua, en 1889. Perteneció al cuerpo de Dorados, aunque no él sino su hermano, Martín, fue quien apareció en una foto famosa y única de esa élite de guerreros villistas tomada probablemente a fines de 1913 o muy a principios del 14. Pablo alcanzó el grado de coronel como Dorado y cuando se disolvió la División del Norte en diciembre de 1915 se convirtió en uno de los hombres más entusiastas del villismo. Con otros dos jefes, asaltó el 10 de enero de 1916 un tren en Santa Isabel y atrapó a diecisiete (¿o dieciocho?: en los informes no hay acuerdo) norteamericanos, a los que fusiló sumariamente a un lado de la vía. Dos meses después Pablo López estaba entre los mexicanos que entraron a saco al pueblo de Columbus, Nuevo México, y en el tiroteo fue herido. Se escondió en la Sierra de la Silla, pero lo delataron al coronel Reyna, quien lo aprehendió y lo condujo a Chihuahua, donde fue condenado a muerte.[16]

Hasta aquí me bastaban los documentos y los diccionarios, pero yo quería más, yo quería saber los detalles del fusilamiento de Pablo López, yo quería haber estado allí y no estuve. Y con esa impotencia en el cuerpo escuché la narración de aquel viejo.

El 5 de junio, temprano en la mañana, Pablo López salió de la Penitenciaría rumbo al paredón. Era una mañana chiquita donde no cabían los pájaros, que volaban desesperadamente de una orilla a otra de la luz, como buscando escaparse de ese día. Pablo no se había curado de la herida de bala en una de sus rodillas y caminaba con muletas. Traía los pantalones que usaba cuando lo atraparon, ya desgarrados, y no soltaba su sombrero huichol, serrano, de tejido muy cerrado. No obstante, alguien le había regalado una camisa blanca y purísima para que la estrenara el día de su muerte; y así lo hizo.

Antes de subir al carro de caballos que lo llevaría al paredón, se detuvo, sonriente, para que le tomaran una foto. Pablo López tenía veintisiete años y toda la ciudad ya estaba preparada para asistir a su ejecución. Había soldados por todas partes y un destacamento de caballería, con las carabinas listas, escoltaba la calesa. El general Jacinto B. Treviño, jefe de la plaza y del Cuerpo de Ejército de Oriente, quien había ocupado Chihuahua justo después de disolverse la División del Norte, no quería arriesgarse a que Villa lo pusiera en ridículo, pues corrían muchos rumores de que mi general no iba a permitir que mataran a uno que veía como hijo suyo. Al mismo tiempo, Treviño quería que la muerte del bandolero sirviera de advertencia a los que todavía albergaran simpatías villistas. Por eso había dispuesto que se fusilara a López en pleno centro de la ciudad; contra el muro de un terreno baldío de la calle Libertad.

Desde la calesa, Pablo iba mirando el bullicio que creaba su próxima ejecución y parecía que hasta le divertía. Cuando llegó al lugar donde iba a morir, la multitud ya había ocupado toda la calle. Pablo López bajó apoyándose en sus muletas; aceptó un puro que le ofrecieron y miró hacia una cámara fotográfica echando el humo en la lente. Después le preguntaron cuál era su última voluntad y Pablo López dijo que era un vaso de agua mineral, pues el desayuno y el puro le habían dado agruras. Se dice, sin embargo, que Pablo López tenía ya tiempo de sufrir de gastritis, y que ésa fue la razón de que pidiera el vaso de agua mineral como celoso en verdad de cumplir con una receta del doctor.

Pablo agradeció sinceramente el vaso de agua que le trajeron; y ya le faltaban unos minutos para morir.

En ese momento, sucedió el primer hecho inesperado de aquella mañana. Pablo recargó una de sus muletas contra la calesa y luego se inclinó a recoger una piedra del tamaño de una canica, de una canica pequeña, de una agüita. Echó la piedra en el vaso de agua mineral y esperó unos momentos antes de beberla. Le regresó el vaso a un soldado y ahí quedó la canica, en el fondo del vaso ya vacío. Entonces Pablo se dirigió hacia el lugar donde esperaría la descarga, y al ponerse de frente a la multitud y al pelotón recorrió con su mirada el rostro de los mirones y de pronto se detuvo en uno y se le descompuso la serenidad. Ya había pedido su última voluntad, pero no dudó ni un instante antes de gritar: "Saquen a ese gringo de aquí, yo no voy a morir enfrente de un perro". El gringo era Marion Letcher, y además era el cónsul del gobierno norteamericano en Chihuahua; pero el jefe de la tropa accedió inmediatamente a la petición de Pablo. El oficial carrancista sabía muy bien que la multitud, que había recibido con aprobación las palabras del reo, podía iniciar en cualquier momento un motín para liberarlo, a causa de la simpatía natural que muchos sentían por Pablo, a causa de la sensación ineludible de que el ejército carrancista era en Chihuahua un ejército de ocupación y a causa de la propaganda maligna de varios agitadores, como el doctor alemán C. L. Knopff, quien en los últimos días había expresado en varios lugares públicos que los chihuahuenses debían proteger a López pues era un patriota que había hecho una hazaña al matar a dieciocho (¿o diecisiete?: los testimonios de la época nunca se pusieron de acuerdo) "sucios americanos" en Santa Isabel.[17]

Cuando Letcher desapareció, estuvo listo al fin Pablo López para recibir la muerte: se colocó el puro en la boca y regresó a él la serenidad con tanto gusto que la ceniza no se desprendió del puro hasta que las balas sacudieron su cuerpo como si... Pero antes de terminar la comparación ya estaba muerto.

El viejo que me contó la anécdota y que no me dio su nombre tenía seis años cuando aquello sucedió. No me la contó con la misma emoción que le había yo escuchado unas horas antes... quizás estaba cansado de contarla por segunda vez en la misma tarde o tal vez necesitaba el interés de un público numeroso y la algarabía del recinto. Siento no haber recogido su nombre, pero él se reconocerá aquí y aquí puede encontrar mi agradecimiento.

Cuando el viejo chihuahuense terminó de contarme el fusilamiento de Pablo López estaba cayendo la tarde y el restorán del hotel Misión ya estaba vacío. Un mesero platicaba con la cajera y por la ventana pude ver, contra la luz mortecina del crepúsculo, que también caía la lluvia. Hubo algo en aquella lluvia de desierto que me tranquilizó muy hondamente, como si de pronto hubiera entrado hasta los mismos recuerdos de mi cuerpo y los hubiera saciado después de muchos años de inasible sed.

Esa lluvia del desierto desmorona piedras y en unos minutos fluyen ríos en las tierras más baldadas y unos minutos después se levanta la piel del desierto y de aquella sobriedad brotan corazones brillantes o las formas más disparatadas de vida con movimientos de relámpago y de hielo. Salí del hotel y caminé por calles solitarias. Entre el hotel y el paseo Bolívar, por detrás de la Quinta Gameros, percibí otro rasgo de la vida en el desierto: las casas de un solo piso, como agachadas, como muy pegadas al suelo para mitigar el castigo del sol; tan agachadas y tan pegadas que me sentía capaz de mirar por encima de sus azoteas con el único esfuerzo de pararme sobre la punta de los pies. En Chihuahua se vive siempre con el anhelo de meterse adentro de la tierra y de sacar la cabeza, como el topo, sólo en la noche, y aún así sólo de lado. Pasé frente a la Quinta Gameros y me senté luego en una banca del Parque Lerdo. Veinte años antes, en mi primer viaje a Chihuahua, había conocido momentos inconfundibles de soledad en ese parque, que desde entonces no parecía haber cambiado mucho, apenas de estación: fue en invierno que hice mi primer viaje a Chihuahua, cuando tenía catorce años. Es difícil lograr la soledad en el desierto: hay demasiado espacio y demasiados detalles en el paisaje como para que la soledad encuentre su gusto; pero si lo encuentra, entonces nada es más poderoso que ella.

La lluvia siguió su camino y las veredas del parque Lerdo empezaron a humear. Yo estaba sentado en una banca, a la orilla del paseo Bolívar, y traté de reconstruir las descripciones que había leído ese día en *Vida Nueva* de las kermesses y de las jamaicas organizadas por los oficiales del general Felipe Ángeles y por las señoritas de la ciudad enamoradas de esos galanes militares egresados del Colegio Militar. Me pregunté si por ahí había pasado Pancho Villa en 1910 en búsqueda de su compadre Claro Reza para matarlo por delator. El hecho era formidable no por el tamaño de la venganza, sino por la azorada distancia que había recorrido Villa en pleno día, por en medio de la ciudad, mientras todos lo señalaban como uno de los hombres más buscados de Chihuahua. En *El verdadero Pancho Villa*, Silvestre Terrazas daba el recorrido que había seguido Villa, pero yo me preguntaba si había cruzado al menos por aquel paseo de ida o de regreso: siguió "toda la calle Veintidós, hasta desembocar en la Avenida Cuauhtémoc, y encaminándose rumbo a la Avenida Zarco, al llegar al puente junto al monumento levantado en honor del Coronel D. Joaquín Terrazas [...] a la orilla de ese puente se encontraba Claro Reza rodeado de algunas personas".[18] Yo entonces todavía no conocía el libro de Teodoro Torres, *Pancho Villa. Una vida de romance y tragedia*, que daba una versión muy similar, pero que acentuaba más la osadía de Villa al narrar que éste había atravesado la ciudad casi con lentitud, casi exhibiendo sus intenciones de venganza por todas las calles, casi anunciándole a Claro, su amigo, que iba por su vida, y que no saldría de la ciudad sin ella.[19]

Luego busqué la casa donde según Silvestre Terrazas se encontraron por primera vez Abraham González y Pancho Villa, en la calle Tercera.[20] Y después me dije que era una estupidez buscar los sitios de Pancho Villa en la ciudad. Con nadie se podía identificar más esa ciudad que con Pancho Villa; nadie, ni siquiera don Luis Terrazas, había dejado su huella tan ubicuamente como Pancho Villa... de tal manera que hacer la historia de la ciudad en este siglo era como hacer la historia de Villa; o hacer la biografía de Villa era, entre otras cosas, hacer la biografía de Chihuahua. Me imaginé describiendo lugares de la ciudad al mismo tiempo que narraba hechos del villismo, en el intento de trasmitir la naturaleza casi mineral, casi vegetal de esa insurrección. Pensé también que a través del retrato de Villa, quizás el personaje anónimo más famoso de nuestra historia nacional, se podía rescatar y revalorar la irrupción de los verdaderos revolucionarios anónimos en el Norte.

Pero Nellie Campobello ya había dado descripciones inigualables de esos guerreros norteños. ¿Qué me correspondía a mí, si no pretendía glosarla a ella?: obsesionarme, tratar de inmiscuirme por los intersticios que habían quedado en las narraciones de Campobello en *Cartucho*. Una de esas narraciones era la de Martín López mostrando las fotos del fusilamiento de su hermano. No resisto el deseo de transcribirla de nuevo, como se repite en una jornada una melodía seductora: "Martín López tenía una colección de tarjetas. En todas las esquinas se ponía a besarlas, por eso lloraba y se emborrachaba. Martín López era general villista, tenía los ojos azules y el cuerpo flaco. Se metía en las cantinas, se iba por media calle, se detenía en las puertas, siempre con los retratos en la mano; adormecido de dolor recitaba una historia dorada de balas. 'Mi hermano, aquí está mi hermano, mírelo usted, señora, este es mi hermano, Pablo López, lo acaban de fusilar en Chihuahua'..."[21]

Leía y leía esta semblanza y llegué a aprendérmela de memoria. Fue la mejor manera que encontré de tener siempre presentes distintos temas críticos del relámpago villista y del fenómeno revolucionario en su conjunto. Primero, el nerviosismo de la prosa de Nellie Campobello era la carnada para atrapar lo inefable, para describir la postura de sus personajes ante su destino. La frase: "era general villista, tenía los ojos azules y el cuerpo flaco" no revelaba ninguna técnica "surrealista-ultraísta", como un crítico superficial había afirmado;[22] era el atajo lingüístico de Campobello para describir los inefables del destino de Martín López, quien al enseñar fotos de la muerte de su hermano estaba mostrando cómo habría de morir él mismo. Y él mismo en efecto lo decía: "Yo tengo que morir como él, él me ha enseñado cómo deben morir los villistas". Martín López murió como él, fusilado, villista, sin traicionar "las veredas de sus jefes", bien aprendida la lección de sus fotos, su única herencia.

Nellie Campobello no sólo estaba nerviosa al escribir cada frase, estaba nerviosa al concebir la estampa completa. Describía primero en una secuencia cronológica las estaciones del martirio de Pablo López; pero al final regresaba a dos detalles, desprendidos de la secuencia, sacados de la cronología para destacar su intensidad: "¿Sabe lo que hizo? [...] Pues pidió desayuno [...] ¿Sabe otra cosa?, pues mandó retirar a un gringo que estaba entre la multitud, dijo que no quería morir enfrente de un perro". De nada vale declarar simbólicos esos dos gestos, sería lo mismo que deshacerse de ellos o arrumbarlos en un inventario de recursos literarios. Volverlos símbolos sería en este caso devaluar la posición de Pablo López en el momento de su muerte. Al pedir el desayuno e iniciar un proceso de digestión que se prolongaría durante toda la mañana, más allá de la hora establecida para el fusilamiento, y todavía más, al pedir un vaso de agua mineral como última voluntad, Pablo López asumía hasta el último momento la responsabilidad de su vida y llevaba esa vida hasta la orilla extrema de sí misma. Pablo López no sólo se mantuvo íntegro frente a sus verdugos; también se mantuvo íntegro ante su muerte, y de esa manera él se llevó consigo lo único que sus verdugos no podían quitarle: la identidad con su propia vida.

El mayor triunfo de los verdugos no es matar sino recibir su poder asesino del miedo de las mismas víctimas. Pocos pueden decir de antemano, con la seguridad de Martín López, que morirán como mueren los villistas: sin entregar su vida al verdugo. Los verdugos, los enemigos federales, los enemigos carrancistas o constitucionalistas, los enemigos gringos, los enemigos, los enemigos siempre podían darles su muerte a los villistas, pero los villistas que morían como Pablo López no entregaban su vida al enemigo. Podían ofrecerla temerariamente a las balas, podían descubrirla para blanco de ametralladoras y cañones, pero siempre era suya, porque la mayoría de esos soldados lo único que tenían era eso: su propia vida. Perderla con temeridad, casi con alegría, no era machismo, era una declaración rotunda y casi insultante de que la explotación podía haberles quitado todo —desde la dignidad hasta la humanidad—, pero la Revolución les daba la oportunidad de mostrar que ese todo no incluía el poder que tenían sobre su vida. Ese poder y esa vida eran suyos, y si no querían morir frente a un perro, todos los demás podían estar seguros de que no morirían frente a un perro. Por eso el jefe de las tropas carrancistas obedeció rápidamente a la exigencia de Pablo: sabía que era una determinación que podía provocar un motín.

Esos rasgos de intensidad en la muerte de Pablo López no fueron únicos. Aparecen en decenas y decenas de narraciones de fusilamientos. Los historiadores y ensayistas y cronistas que declaran machistas a los mexicanos que esperaban hasta con humor el relámpago de esas balas tiznadas y pesadas como los gringos siguen negándoles a las víctimas la capacidad de decidir los límites de su vida. El término "machista" aplicado a esos valientes es la manera más despectiva y económica que han encontrado muchos intérpretes de la Revolución para confesar su incapacidad de comprensión.

¿Cómo hablar de esos actos de los fusilados? ¿Cómo decirles nuestro agradecimiento por todo lo que nos enseñan y que hemos querido ignorar a como diera lugar, acumulando historiografías que dieran cuenta de ellos con cifras o con frases de sociología abstracta? ¿Bastaba proponer el caso de Pablo López como ejemplar? ¿Hablar de un solo caso, aunque fuera ejemplar, no era traicionar de una manera más sutil al resto de los casos? ¿Cómo hablar de cada uno de ellos sin repetir una y otra vez ese momento único en el que el condenado asume la vida hasta el final de su vida?

Nellie Campobello escribió en "Las tarjetas de Martín López" (año de 1932) la versión única, la más singular de un fusilamiento, pero su intensidad abrió, en vez de clausurar, el horizonte a las descripciones de esos fusilamientos. Ella entendió muy bien dónde estaba la riqueza vital de esos actos y también percibió que la etiqueta de machismo o el recurso a la generalización eran variantes de una misma manera de traicionar, por decencia o por miedo, esa riqueza. Su breve texto sobre las tarjetas de Martín López es una negación radical —en lo vital y en lo literario— de esa estampa de los fusilamientos que en estilo decente escribió Julio Torri. Con "De fusilamientos" (año de 1915), Torri se incluía activamente en la creación de un proyecto específico de la literatura mexicana. Ese proyecto se volvió el dominante en este siglo y nos ha entregado la imagen de una literatura mexicana bastante empobrecida con los Contemporáneos como el paradigma "culto" y "moderno", y con la ausencia de todo aquello que no se conforme a ese patrón. La debilidad del proyecto no consistía en su dependencia de los modelos franceses; no, pues de ahí había venido la fuerza del modernismo y la fuerza de los misterios de López Velarde. La debilidad de ese proyecto residía finalmente en su desesperación por establecer diferencias de clase ocultándolas bajo el criterio del conocimiento literario. Según ese proyecto, para escribir bien, para ser escritor, no bastaba escribir bien, era necesario además saber literatura. Y a veces era más importante el conocimiento literario que la práctica de la escritura. Y fue así como grandes escritores surgidos fuera y muy lejos de la sabia "república de las letras", residente en la ciudad de México, fueron ignorados y excluidos de la literatura.

Para imponerse, ese proyecto decidió que las riquezas vitales de la Revolución no debían contaminar el culto linaje literario y que por lo tanto la violencia de la prosa de una Nellie Campobello o de un Rafael F. Muñoz le estorbaban y, aún peor, que desenmascaraban su miedo profundo a la intensidad histórica. Esta visión era tan profunda, que los mismos rechazados la aceptaban y la incorporaban a su visión de sí mismos como escritores. Por una ironía del destino, Rafael F. Muñoz fue escogido para ocupar la silla de Julio Torri en la Academia Mexicana de la Lengua. Pero sin ironía, y sin azar, en el discurso que preparó para su recibimiento en la Academia y que la muerte no dejó que leyera en público Muñoz señalaba, con vívida justicia, que no podía haber dos escritores más opuestos, tanto en sus vidas como en sus obras, que Julio Torri y él: "Julio Torri emprendió la marcha hacia lo más lejano y dejó vacío un sillón de la Academia Mexicana [...] Y había que buscar a quien ocupara el sillón vacío. Era difícil hallar otro como él y, entonces, ¿quién sugirió recurrir al contraste? Porque Julio Torri ha sido relevado por quien no tiene una sola de sus características [...] La diferencia es honda. Torri escribió sobre lo que había leído. El otro, sobre lo que había visto. Uno, literatura del mundo; otro, vida de México. Uno, pensamiento; otro, acción. Uno, bellas letras; otro, la revolución".[23] Es una fortuna que Muñoz no escribiera "bellas letras"; y es revelador que él contrastara así su obra: revolución/bellas letras, porque sin asomo de ironía estaba estableciendo una tipología en base a un valor: unos autores no viven y sólo reproducen lo ya escrito, y otros tratan de reproducir la vida. No sería raro que Muñoz se estuviera colocando en un nivel inferior en la jerarquía artística al compararse con Torri; pero éste, con toda su perfección y finura e ironía, nunca llegó a retar la intensidad del lenguaje como lo hizo el novelista chihuahuense en muchas páginas de *Se llevaron el cañón para Bachimba* o *Vámonos con Pancho Villa*. La literatura es algo más que "bellas letras", a pesar de los deseos de los Contemporáneos.

Julio Torri no cerró los ojos a la existencia de los fusilamientos, pero su mirada escéptica los redujo a datos de estadística, y su conclusión —que era el inicio de su tratamiento literario— fue convertirlos en "una institución que adolece de algunos inconvenientes en la actualidad", según sus irónicas palabras.[24]

Torri no estaba nervioso, como lo estaría Nellie Campobello, pues ante una institución no se responde con los nervios; sí con la distancia. Sin embargo, esa distancia, que parecía anunciar la descripción de algunos "inconvenientes", se traicionaba a sí misma, y por ausencia terminaba convirtiéndose en una burla de la institución y en consecuencia de los fusilamientos mismos. Los inconvenientes, según él, son: la mala educación de los jefes de escolta, el deplorable aspecto de los soldados rasos, la pésima calidad del tabaco o licor que se ofrece al condenado, la tosca sensibilidad, el pésimo gusto y el mal vestir del público, y la carencia de especialistas para la descripción en la prensa de ese acontecimiento.

En efecto, todas las descripciones de los fusilamientos incluyen o deberían incluir esos rasgos, y uno más percibido por Torri, aunque no incluido dentro de los "inconvenientes": el hecho de que todos se practicaran "en las primeras horas de la mañana".[25]

Frente a la historia, frente al testimonio de tantos fusilados, es difícil, si no imposible, demostrar que la ironía de Torri lograba su probable cometido: demostrar y condenar de pasada la barbarie de esos hechos. Y quizás también sea imposible demostrar que Torri fracasó. Pero al colocar su texto junto al de Nellie Campobello, al menos sucede un acontecimiento que no se puede soslayar: ante ambos textos se tiene que hacer una elección, y la elección va más allá de ser un mero hecho de crítica literaria. Sin duda es importante reconocer que los dos son textos ejemplares de caminos muy distintos recorridos por la literatura mexicana; pero más importante aún es aceptar que son también posturas muy diferentes no sólo de la literatura sino de la interpretación histórica mexicana ante el comportamiento de otros mexicanos.

En el terreno puramente literario, sin embargo, no se puede decir únicamente que Julio Torri fuera un modelo de la literatura culta cuyos lugares comunes, creados a principios de este siglo, fueron canonizados por los Contemporáneos y obedecidos desde entonces por los aspirantes a pertenecer, en los términos que usó Francisco Monterde en 1925, "a la república de las letras";[26] ni que Nellie Campobello sólo representara el género de la "Novela de la Revolución Mexicana", pues, para comenzar, la misma delimitación del género llamado "Novela de la Revolución Mexicana" fue producto de muchas mediaciones y de la intervención directa de la corriente literaria culta.

A fines de 1924 y principios de 1925 se escribió una serie de artículos en pro y en contra de la existencia de una literatura que hubiera compendiado y cifrado "las agitaciones del pueblo en todo ese periodo de cruenta guerra civil [...]".[27] Lo verdaderamente irónico es que los distintos argumentos que se opusieron para proponer y para rechazar a *Los de abajo* como una novela representativa de la literatura de la Revolución terminaban complementándose en una imagen genérica e ideológicamente inofensiva de esa literatura. Desde sus oscuros resentimientos de escritor porfirista, Victoriano Salado Álvarez no dejaba de tener cierta razón cuando decía que la obra de Azuela era "neta y francamente nihilista: si alguna enseñanza se desprendiera de ella [...] sería que el movimiento ha sido vano, que los famosos revolucionarios conscientes o de buena fe no existieron o están arrepentidos de su obra y detestándola más que sus propios enemigos".[28]

Si Salado Álvarez hubiera conocido la historia de las ediciones de *Los de abajo*, probablemente no la hubiera llamado "nihilista", pero él sólo conocía la última versión, la de 1920. Y la primera versión de *Los de abajo*, de 1915, ofrecía la perspectiva privilegiada para entender que el llamado "nihilismo" de la reedición de 1920 no era sino un acomodo a las exigencias ideológicas del momento. No obstante, con la lectura de cualquier versión, Salado Álvarez hubiera insistido, y con razón, en lamentar la ausencia de "literato[s] impregnado[s] en las opiniones y en las tendencias de los tiempos actuales".[29] Después de las dos ediciones de El Paso, Texas, en 1915 y 1916, Azuela hizo cambios sustanciales en la siguiente edición, publicada en 1920 en la ciudad de México. Según el autor, con esa revisión sólo había querido reforzar ciertos personajes y escenas; pero no modificar su estilo.[30] Sin embargo, la introducción de un nuevo personaje, el loco Valderrama, en la tercera parte, es ya un síntoma de que las intenciones de Azuela iban más allá de un mero reforzamiento de escenas y personajes. Además, una de las declaraciones de Valderrama era bastante reveladora de que Azuela se había vuelto aún más "nihilista". De acuerdo con las investigaciones de Stanley Robe, una de las declaraciones de Valderrama no podía haber aparecido en las dos ediciones de El Paso, porque Azuela usó casi literalmente una conversación real con José Becerra, un amigo suyo, aparentemente ocurrida poco después de la aparición de *Los de abajo* en El Paso.[31] Lo importante es que Azuela consideró oportuno incluir en la edición de 1920, por boca del loco Valderrama, una declaración de "nihilismo" político que neutralizaba cualquier posible entusiasmo por Villa expresado en las primeras dos partes de la novela. "¿Villa?... ¿Obregón?... ¿Carranza?... ¡X... Y... Z ...! ¿Qué se me da a mí?... ¡Amo la Revolución como amo al volcán que irrumpe! ¡Al volcán porque es volcán; a la Revolución porque es la Revolución!... Pero las piedras que quedan arriba o abajo, después del cataclismo, ¿qué me importan a mí?..."[32] La última parte de esta efusiva declaración era una repetición apenas variada de la frase emocionada de Alberto Solís, otro intelectual, cuando contemplaba la batalla de Zacatecas, en la primera parte de la novela: "¡Qué hermosa es la Revolución, aun en su misma barbarie!"[33]

La equivalencia de Villa, Obregón y Carranza con X, Y y Z, iba muy a tono con el desencanto ante la Revolución de una parte considerable de la pequeña burguesía; pero revelaba también una actitud bastante conformista en el clima político que se vivía poco antes y después del asesinato de Venustiano Carranza en mayo de 1920, año de la publicación de esa edición revisada de *Los de abajo*. Esta vez, Azuela no estaba dispuesto a ofrecer su entusiasmo a ningún cabecilla revolucionario; y prefería adherirse a una posición política ya entonces corriente que consideraba la Revolución tanto una serie irracional de hechos como un acontecimiento abstracto, históricamente necesario o inevitable.

Otros cambios significativos de la edición de 1920 indicaban claramente que Azuela había renunciado a cualquier entusiasmo revolucionario —por matizado que éste fuera—; y sobre todo que deseaba borrar sus simpatías villistas —por tenues que éstas hubieran sido—. En uno de esos cambios, Azuela había borrado dos renglones de puntos suspensivos al final de la novela. En el original, esos dos renglones establecían una ruptura de nivel temporal justo antes de que el narrador tuviera que decidir si relataba o no la muerte de Demetrio Macías, ya solo y rodeado de enemigos.

El enemigo se disemina, persiguiendo a los raros fugitivos que quedan ocultos entre los chaparros.

Demetrio apunta y no hierra un solo tiro..... ¡Paf!... ¡Paf!... ¡Paf!...

Su puntería famosa lo llena de regocijo; donde pone el ojo, pone la bala. Se acaba un cargador y mete otro nuevo. Y apunta...

....
....

El humo de la fusilería no acaba de extinguirse. Las cigarras entonan su canto imperturbable y misterioso; las palomas cantan con dulzura en las rinconadas de las rocas; ramonean apaciblemente las vacas.

La sierra está de gala; sobre sus cúspides inaccesibles cae la niebla albísima como un crespón de nieve sobre la cabeza de una novia.

Y al pie de una resquebrajadura enorme y suntuosa, como pórtico de vieja catedral, Demetrio Macías, con los ojos fijos para siempre, sigue apuntando con el cañón de su fusil...[34]

En 1920, Azuela no cambió nada de esta versión de 1915; sólo eliminó las líneas de puntos suspensivos, pero esto fue suficiente para que destruyera ese final alegórico y formidable, lleno de esperanza, concebido justo en los días en que se desintegraba la División del Norte: recuérdese que la última entrega de *Los de abajo* apareció en el periódico *El Paso del Norte* el 21 de noviembre de 1915.[35]

Sin los puntos suspensivos, el humo de la fusilería, el paisaje casi arcádico y, de nuevo, la postura de Demetrio a punto de disparar se presentaban como una mera continuación anecdótica del acto de apuntar. Se podía interpretar el final de 1920 como ambiguo: los ojos de Demetrio, "fijos para siempre", ¿son los de un muerto o los de un rebelde que no se rinde y que está a punto de morir? La ambigüedad, en todo caso, no dejaba de ser anecdótica.

En cambio, en la versión original, desde "Y apunta..." hasta "El humo de la fusilería..." se atravesaba por las líneas de puntos suspensivos no tanto un lapso indefinido de tiempo como una metamorfosis del texto, se pasaba de una narración anecdótica a una relación intensamente alegórica. El paisaje de pronto arcádico era el marco eterno para la lucha eterna de Demetrio, donde éste se transformaba en el epítome del guerrero eterno e invencible. Ya no importaba si Demetrio tenía o no buena puntería; no importaba si estaba a punto de morir, porque quien combate eternamente contra la injusticia siempre está apuntando, con los ojos eternamente fijos.

El miércoles 27 de octubre de 1915, el periódico *El Paso del Norte*, de El Paso, Texas, había publicado la primera entrega de un folletín titulado *Los de abajo. Cuadros y escenas de la Revolución actual*; y el domingo 21 de noviembre, como ya dije, la última.[36] Mariano Azuela, que había pertenecido a un grupo villista, había huido hacia Chihuahua siguiendo más o menos el itinerario de la retirada de la División del Norte. En agosto, septiembre y parte de octubre de 1915, Azuela residió en la ciudad de Chihuahua, componiendo, entre otras cosas, un montón de notas que había escrito durante la campaña en Jalisco a principios de año. A mediados de octubre se fue a Ciudad Juárez en busca de un editor para la novela que estaba terminando. El hambre lo obligó a comprometer su manuscrito al periódico *El Paso del Norte*, editado por Fernando Gamiochipi.[37]

El 19 de septiembre Villa había llegado a la ciudad de Chihuahua e inmediatamente había acelerado los preparativos de su último recurso para salvar a su ejército del desastre. Cuatro días después los primeros contingentes de infantería salieron hacia Casas Grandes, vía Ciudad Juárez.[38]

Así se iniciaba la expedición villista a Sonora, que sería una de las empresas más desastrosas y patéticas de la Revolución.

Azuela contempló todo ese febril movimiento de tropas y artillería, y sin duda percibió que el final de la División del Norte se acercaba. Y supo, como todos en la ciudad, que Villa se preparaba él mismo a partir para tomar el mando de sus tropas.

El 7 de octubre en Chihuahua llegó la mañana con un frío premonitorio. Todos los cocheros de la ciudad habían estado desde la madrugada llevando civiles a la estación del Central, pues la noticia de la partida de Villa se había visto como un abandono y había provocado el pánico.[39] Es probable entonces que Azuela haya salido de Chihuahua a mediados de octubre, como tantos otros civiles, asustados ante la posibilidad de quedarse solos en la ciudad; y no, como él afirma, para ir a Ciudad Juárez en busca de editor, pues la tercera parte no estaba ni escrita ni pensada, según él mismo lo confesó después.

En El Paso Fernando Gamiochipi puso a su disposición, en los talleres de su periódico *El Paso del Norte*, una máquina de escribir para que Azuela emprendiera la escritura de esa parte que le faltaba, la cual se iniciaba precisamente con una carta de Luis Cervantes escrita en El Paso, que, según Robe, "en cierta medida reflejaba la situación que vivía el mismo Azuela entonces, su estado emocional en ese momento en que escribía esa parte de la novela, su falta de recursos económicos, su preocupación por la comida, y una punzante ironía que supuestamente esconde la realidad de las cosas al mismo tiempo que se la revela a los lectores".[40] Si se lee con atención la primera versión de esta carta, se reconoce inmediatamente la justeza de esa afirmación de Robe: Azuela estaba desesperado por terminar la novela, tan desesperado que cometía errores garrafales en la verosimilitud de la historia. En efecto, al principio de la tercera parte aparecía la carta que Luis Cervantes le había escrito desde El Paso, Texas, el 16 de mayo de 1915, a su compadre Venancio, quien seguía en plena campaña con Demetrio Macías. En esta primera versión: "Venancio acabó de leer su carta y muy triste se puso a meditar". Y justo a continuación de esta frase, "asomó Juchipila a lo lejos".[41]

Más tarde alguien tuvo que decirle a Mariano Azuela o éste tuvo que darse cuenta que el hecho era inverosímil: si Venancio andaba en campaña, si ni siquiera había llegado a Juchipila, ¿cómo lo había encontrado el cartero?

En la edición de 1920, Mariano Azuela no contestó tampoco esa pregunta, pero la evitó corrigiendo y apuntando que Venancio "acabó de leer la carta casi por centésima vez, y, suspirando, repitió su comentario: ¡Este curro de veras que la supo hacer!"[42]

Si esto es cierto de la carta, más cierto puede ser de toda la tercera parte, sobre todo si se piensa no sólo en la situación personal del autor, sino en el estado de la Revolución precisamente en esos días de mediados de octubre hasta mediados de noviembre de 1915, en los que, mientras se publicaban los capítulos ya preparados, Azuela escribía la última parte.[43] Y el estado de la Revolución en esos días sufrió un cambio definitivo: el 19 de octubre, el gobierno norteamericano reconoció a la facción de Venustiano Carranza como gobierno *de facto*. Villa estaba atravesando la Sierra Madre rumbo a Sonora; Obregón estaba en Torreón organizando el envío de las tropas que en Piedras Negras cruzarían la frontera para dirigirse desde ahí, por territorio norteamericano, a Agua Prieta, en Sonora, donde se esperaba el primer gran ataque de Villa.

Plutarco Elías Calles, comandante de la plaza de Agua Prieta, resistió el ataque villista gracias a los refuerzos que le había enviado Álvaro Obregón. Villa, desilusionado, despechado, furioso, se retiró hacia Naco. Y allí, guiado por informes de sus espías en Estados Unidos, redactó un manifiesto en el que acusaba a Carranza de haber comprometido en varios sentidos la soberanía nacional a cambio del reconocimiento.[44]

El manifiesto de Naco fue un documento clave para entender diversos acontecimientos posteriores; pero también fue decisivo para establecer en la mente y el recuerdo de muchos norteños o residentes de la zona fronteriza que el villismo, en los momentos de su derrota nacional e internacional, era una fuerza de lucha inacabable, infinita, incesante hasta la consecución de sus fines.

Este documento se publicó en la primera plana del diario villista *Vida Nueva*, el 21 de noviembre de 1915: ese mismo día aparecía en El Paso la última entrega de la novela de Mariano Azuela.

Y los dos textos terminaban con la misma convicción: la derrota villista no era el final de la Revolución porque la Revolución continuaría hasta el cumplimiento de los cometidos de la rebelión popular. Mientras tanto, Demetrio Macías y Pancho Villa, "con los ojos fijos para siempre", seguirían apuntando con el cañón de su fusil...

El 15 de diciembre de 1915, Villa, en plena derrota, regresó a Chihuahua. "En todas las caras se pintaba el miedo, y era raro el que no trataba de escapar, a tal punto, que el grupo de los fieles se quedó reducido a un puñado; aquella cobardía que por todos lados se respiraba, hasta parecía contagiarme, pues aunque yo me hubiera imaginado perder, y me hubiera hecho el cálculo de comenzar de nuevo mis fatigas, la realidad era más dura de lo que yo me suponía. Pero imposible dejar que el miedo me ganara: mi signo era pelear toda la vida [...] el día que se hizo necesario abandonar la población porque defenderla hubiera sido inútil, me despedí de mi gente, y la dejé en libertad para que se rindiera; yo me retiro, les dije, mientras Carranza hace el gobierno, y me voy pobre, porque aunque he andado sobre los millones, no me ha tentado la codicia. Quisiera de buena gana que éste fuera el final de la lucha, que se acabaran los partidos políticos y que todos quedáramos hermanos, pero como por desgracia será imposible, me aguardo para cuando se convenzan ustedes de que es preciso continuar el esfuerzo, y entonces... nos volveremos a juntar."[45] Éstas son las mismas palabras de Villa, según Ramón Puente.

Parece ser que ese mismo día, en la noche, el general Villa reunió a sus generales en la Quinta Luz, su residencia personal, y allí les dijo: "*Resistiré. Siempre estaré en pie de lucha, hasta que se presente la oportunidad de asumir la fuerza necesaria para derrocar a Carranza o morir en mi afán*".[46]

Ese día era el 19 de diciembre de 1915, el día en que Villa disolvió la División del Norte.[47]

El testimonio de Puente se encuentra en un libro que éste publicó en 1919, en Los Ángeles, con el título: *Vida de Francisco Villa contada por él mismo*. Junto con *Los de abajo*, este libro de 1919 es el más coherente testimonio de la determinación de Villa de continuar la lucha hasta la muerte o hasta la consecución de las demandas populares.

La polémica de 1925 en torno a *Los de abajo* determinó el establecimiento de un género nuevo en la literatura mexicana; pero no de una nueva manera de evaluar esa misma literatura. Además, la coincidencia de los argumentos de sus apologistas con las críticas de sus detractores le dio desde el principio al género una validez muy ambigua. Seguramente, Monterde conocía alguna de las ediciones iniciales de aquella novela, pues en 1919 había hablado de ella en *Biblos*, es decir, antes de la primera edición corregida y aumentada de 1920. Pero Monterde nunca propuso los verdaderos valores de la obra, como si en el fondo estuviera de acuerdo con los argumentos de que la novela presentaba una visión nihilista de la Revolución. Al joven crítico le bastaba reivindicar su valor muy abstracto como "creación vigorosa de sociólogo y artista".[48] Y contra Salado Álvarez y Julio Jiménez Rueda pudo atribuirle el mérito de ser la pionera del género y, sin sacar sus conclusiones del texto mismo, pudo defender la Revolución contra los embates conservadores.

Pero no lo hizo, y sí defendió en 1925 la Revolución con argumentos generales. Esa actitud, en aquellos momentos, no significaba sino la indirecta obediencia a los deseos de los gobiernos "revolucionarios" de Obregón y de Calles; a los propósitos de instaurar un discurso oficial que le quitara a la Revolución sus contenidos inasimilables por un Estado burgués y casi criollo, y sus convicciones radicales de rebeldía. Que se olvidara, en otras palabras, la intransigencia de Zapata y la determinación villista de seguir luchando hasta después de la muerte. En las campañas educativas y en los programas económicos los gobiernos de Obregón y de

Calles se preocuparon por confundir los discursos populares para establecer el dogma de que el pueblo no sabía para qué había luchado en la Revolución.

Cuando se estableció que *Los de abajo* era el paradigma del nuevo género, no tardó mucho en escucharse la voz de críticos y novelistas confirmando la calidad ejemplar de esa novela y tratando de borrar la ambigüedad implícita en el nacimiento de la novela de la Revolución. Si Mariano Azuela había escrito, en palabras del mismo Monterde, una obra con "cierto descuido en su factura",[49] su obra era paradigmática sólo en la medida en que un grupo de escritores necesitaba una coartada para no escribir ellos lo que ni querían leer, ni podían entender; o para borrar de sus propuestas literarias iniciales el empeño que habían puesto en desprestigiar a la Revolución real que ahora querían exaltar como Revolución abstracta. La ambigüedad quedó consagrada para siempre cuando la revista *Contemporáneos* se unió a la corriente general de elogiar a Azuela como novelista de la Revolución. Lo que éstos no le perdonaron a su rival Manuel Maples Arce, que escribiera "mal" o, como decía Cuesta, con "deplorables regresiones románticas",[50] lo pasaron por alto en Azuela. Pero antes que ellos, a principios de la década de los años veinte, escritores como Carlos Noriega Hope, como Xavier Icaza, habían publicado cuentos y reportazgos donde se ofrecía ya una visión pesimista (¿nihilista?) de la Revolución y ridícula de los soldados revolucionarios, y no de los nuevos jerarcas en el poder. Unos años después, cuando la generación de los Contemporáneos decidió unirse a una tradición publicando, entre otras cosas, una antología de la poesía mexicana que fuera el relevo de la antología de Genaro Estrada de 1916, los nuevos escritores, incrustados ya en los aparatos de poder, decidieron que no eran ellos los indicados para crear ese género narrativo de la Revolución, tan necesario en la literatura mexicana.

Con el tema de la continuidad de la lucha, que aparecía en el final de *Los de abajo*, en el final del Manifiesto de Naco, en la despedida de Villa el 19 de diciembre de 1915, en el final de la autobiografía de éste redactada por Ramón Puente, comenzó a interesarme la relación de Azuela con Ramón Puente, la de Ramón Puente con Rafael F. Muñoz y la de éste con Nellie Campobello. Si no en sus vidas, al menos en sus obras había un tejido muy profundo, y casi secreto, de relaciones que los unía o los separaba; pero que deseaba verlos siempre en la misma perspectiva.

Esas relaciones tal vez no eran, repito, biográficas; pero en cierto sentido podían ser más profundas porque se trababan en un punto que no era anecdótico, ni siquiera ideológico, sino propiamente histórico. Desde diversos puntos de vista, desde diversas edades, desde diferentes estilos, los cuatro habían en un momento escuchado un latido profundo de la historia con distintos grados de compromiso, pero con el mismo sentido de nitidez.

La ocasión histórica decisiva que permitió la conjunción textual de esos cuatro monstruos fue la despedida de Villa de Chihuahua, el 19 de diciembre de 1915, desde un balcón del Palacio de Gobierno. Allí fue donde y cuando Villa expresó ese profundo latido de la historia mexicana. La lucha perpetua como definición de la Revolución y hasta como caracterización de la vida social mexicana no era, para mí, propiamente una idea. Una idea se incorpora a un discurso generalizador, abstracto, que busca expresar leyes y que quiere traducirse en sociología, en "ciencia" de la política o en sistema ideológico. Nada de eso buscaba la resistencia villista, la virtualidad eterna del "nos volveremos a juntar", la lucha infinita a despecho de la muerte. La decisión y la declaración villistas rompían el tejido social que los mecanismos de poder le habían impuesto al movimiento popular; y desenmascaraban los votos de falsa pacificación del capital extranjero y de las élites criollas que se estaban repartiendo el país. Una vez más.

El nombre de Pancho Villa

A la saturación del nombre y al taxidermismo de la jerarquía, hazañas que las élites criollas cumplían subiendo y bajando por los árboles genealógicos, respondía la estrategia del anonimato que usaban las capas más oprimidas y perseguidas de la nación mexicana. Un caso ejemplar de ese vacío de nombre o del uso del nombre propio como un espejismo sin fin fue Pancho Villa.

Existen varias versiones sobre el verdadero nombre de Pancho Villa. La opinión más común, fundada en el acta de nacimiento, dice que su nombre verdadero era Doroteo Arango Arámbula. En muchas ocasiones, sin embargo, a esta opinión se agrega el comentario de que su padre era hijo ilegítimo de un hacendado de apellido Villa. De ser cierto este comentario, se podría deducir que, ya mayor de edad, Pancho Villa quiso recuperar el nombre que le correspondía a su padre y que se le había negado por su condición de bastardo.[1] Si de esa manera se explica por qué también sus dos hermanos adoptaron ese apellido, pues a Hipólito y a Antonio se les conoce únicamente con el apellido Villa, queda todavía por aclarar la razón que tuvo Doroteo Arango para escoger a Francisco como nombre de pila.

Existe otra explicación del cambio de nombre que tal vez sea más conocida: Doroteo Arango adoptó el nombre del jefe de la banda de abigeos que lo había aceptado entre sus filas después de una de sus primeras escapatorias de la cárcel de Durango. Pero en este caso, entonces, no se explica por qué sus hermanos llevaban ese apellido y por qué sólo se les conoce con ese apellido.

En otra familia de versiones, Ramón Puente señala que Villa se llamaba originalmente Doroteo Arango Germán, pero no dice qué razones tiene para separarse de las versiones más comunes, basadas otra vez en el acta de nacimiento de Villa, que le dan a su madre el apellido Arámbula.[2] Ahora bien, Ramón Puente no es el único en hacer uso del apellido Germán en relación con Villa, pues Antonio Castellanos, uno de los biógrafos más tempranos de éste, dice que su verdadero nombre era Francisco Germán, "pero lo cambió por el de Francisco Villa; en primer lugar, porque recordaba que durante sus aventuras al lado de Ignacio Parra, un señor D. Agustín Villa ayudó en su ausencia a su señora madre; y en segundo lugar, para despistar a sus perseguidores, y para más alejarse del peligro que tenía siempre encima".[3] A su vez Castellanos coincide, sorprendentemente, con Benedicto Franco Arámbula y Francisco Álvarez, ambos primos de Villa y miembros del cuerpo de Dorados, al atribuir a un hombre bueno y protector el origen del famoso apellido. Los dos Dorados afirmaban que el general les había confesado en Canutillo que había adoptado el nombre de "aquel hombre bueno que vivía en nuestro pueblo, quien era un escribano que todos respetábamos".[4] Si estos tres están en lo correcto, falta no obstante explicar de dónde procede el nombre de Francisco o el de Doroteo, según se vea el problema.

Y finalmente, la versión más sorprendente. Gracias a los homenajes anuales a Villa en Parral, un historiador chihuahuense llamado Benjamín Herrera conoció a un viejo villista, Asunción Ochoa Tostado, quien le contó que en El Rodeo, Durango, vivía Primitivo López, medio hermano de Villa por parte de padre. Cuando Herrera fue a El Rodeo, Primitivo ya había muerto; pero la hija y el yerno de éste le informaron que cerca de ahí vivía el último de los hermanos López, Laureano, quien "afirmó y reafirmó lo que había declarado su hermano Primitivo, confesándonos honradamente que ellos, los López, ignoraban por qué su padre don Juan López llegó a ser el verdadero progenitor del famoso y legendario Pancho Villa".[5] Según Laureano, el nombre completo de su padre había sido Juan López Villa, hijo de Cipriano López y de Manuela Villa.[6] Y según Herrera, de Villa mismo habían oído Benedicto Franco y Francisco Álvarez que mi general había usado el nombre de Juan López en Parral en los años en que huía de los rurales. Ésta es una sólida versión, pues reúne dos fuentes lejanas entre sí; y a pesar de eso, deja en el aire por qué Villa adoptó el apellido materno de su padre y por qué lo unió al nombre de Francisco.

De acuerdo con el relato de los primos de Villa, éste llegó de incógnito a Parral y consiguió trabajo en la mina La Verde, donde casi seguramente conoció al famoso minero don Pedro Alvarado. Sin embargo, dolido por una herida de bala en la pierna, Villa decidió cambiar de oficio y se inició como ayudante de albañil. Pero hasta Parral llegaron los rurales de Durango en busca del fugitivo. Su patrón en ese momento, un hombre llamado Santos Vega Beltrán, encubrió a Villa, ya para entonces maestro de obras. Cuando los rurales se alejaron, Santos Beltrán se acercó al habilidoso maestro y le dijo:

—Oye, Juanito, dime la verdad: ¿es cierto que tú eres el famoso bandido Pancho Villa? Te lo pregunto porque se acaba de ir una escolta de rurales que vinieron de Durango, al mando de un tal Trinidad del Toro, que vinieron a llevarte, pero yo te negué con ellos, diciéndoles que ni siquiera te conocía. ¿Es verdad entonces que tú eres Pancho Villa?

—Sí, don Santos, yo no soy Juan López. Yo soy Pancho Villa. Me cambié otra vez de nombre porque quise cambiar de vida por súplicas de mi madre; pero perros rastreadores no me dejan ser bueno.[7]

Pancho Villa nunca olvidó ese hecho. Muchos años después, cuando ya era gobernador de Chihuahua y uno de los hombres más poderosos de México, le encomendó a don Santos la reconstrucción de la Quinta Luz, la de la casa de descanso llamada "La Boquilla" y además la edificación de su propia capilla mortuoria en el Panteón de la Regla de Chihuahua.

Mucho más tarde, en los años en que regresó a la vida de guerrillero y de bandido, oscilando entre las dos naturalezas, y muchas veces cerca de la autodestrucción, Villa regresó al gusto por los seudónimos. En muchos cables recogidos por el servicio de inteligencia militar de Estados Unidos se hablaba de la posibilidad de que Villa fuera tal y cual general que había atacado distintas poblaciones del estado de Chihuahua. Villa estaba borrando tanto la huella de su nombre que hasta él mismo se estaba perdiendo en esa multiplicidad de pseudónimos.

Si Villa usó el nombre de su padre, López, para emprender una vida sedentaria, ¿de dónde procedía su más famoso seudónimo, con el cual llevaba la vida nómada? ¿Procedía éste último del bandolero duranguense que, al morir, le heredó su poder, su título y también su nombre?

Hay maneras, es cierto, de cercar a Villa en un terreno de resonancias de sangre, porque en diferentes testimonios encontramos afirmaciones sobre parientes suyos, de los cuales varios pertenecían a la escolta de los Dorados. No es difícil creer que Benedicto Franco Arámbula y Villa fueran primos, ambos por parte de madre, pero esta atribución nos lleva otra vez a preguntarnos por el apellido Germán: ¿era el segundo apellido de la señora Micaela? Según el acta de nacimiento de Doroteo Arango, no lo era, era Álvarez, ya que la madre de Micaela se llamaba María de Jesús Álvarez.

En sus memorias, *A sangre y fuego con Pancho Villa,* Juan B. Vargas afirma que el dorado Joaquín Álvarez (no Francisco) era primo hermano del general, y éste es el único caso en el cual Vargas hace una afirmación tan precisa y tan contundente, pues de otros como Benedicto Franco, Juan Velázquez y Nieves Quiñones sólo dice que tenían cierto parentesco con Villa.[8] Benjamín Herrera, por otro lado, quien conoció personalmente a Franco y a Francisco Álvarez (no Joaquín) señala claramente que ambos eran primos del general. Lo importante es que en todos estos casos el parentesco se establecía por la línea materna. ¿Francisco y Joaquín Álvarez eran hermanos? Supongamos que lo fueran: por el acta de nacimiento de Villa, se puede establecer que eran primos suyos por ser hijos de un hermano de su madre... recuérdese que la madre de Micaela Arámbula se llamaba María de Jesús Álvarez.

No hay duda de la fundamental inseguridad de todas las versiones. Aun así, de las distintas relaciones entre los apellidos y nombres, auténticos o postizos, se puede desprender una consideración importante: en el espacio onomástico de Villa hay una lucha interminable entre la línea materna y la paterna; pero el hecho de que no hubiera una decisión clara entre ambas provocaba, siguiendo la lógica de los valores patriarcales, que la paterna se reforzara con la aparición de figuras masculinas dominantes, ya simbólicas (el jefe de bandoleros que le heredó su nombre), ya bienhechoras (el escribano del pueblo).

De cualquier manera, domina la impresión de que el nombre era un espacio vacío cuya función se determinaba según las necesidades y las pasiones del momento: el agradecimiento, la asunción de un linaje guerrero, la restauración de una legitimidad negada a un padre bastardo... El nombre como una caja de resonancia, una caja para el eco del anonimato: se grita un nombre y se recibe otro, ¿su gemelo? ¿su nombre idéntico pero no su igual?

Esta inquisición sobre el nombre de Villa quiere contrastar con los minuciosos análisis de Ricardo Ortega y Pérez Gallardo, cuya validez depende de la saturación de la línea y de la impecable legitimidad de cada eslabón de la cadena genealógica. Por este lado, la plenitud del nombre; por aquél, el vacío; por aquél, la deshilada red de relaciones, con extremos sueltos, irreparables ya; por éste, el de los criollos, todas las líneas conectan con otra, todos los nudos o niveles adquieren su sentido de acuerdo a su posición en un orden inflexible. En Villa, el nombre es un instrumento, un útil, como el fusil o la espátula, y es tan anónimo y tan singular como la tierra misma. En la aristocracia es un símbolo en un sistema, en un macrosistema, en una familia cósmica y finalmente única.

Aún más importante es el hecho de que en el fondo del nombre villista el vacío se traduce en anonimato, y que ese anonimato es el fondo mismo de la identidad popular. Tantos nombres y tantas versiones sobre quién fue el padre de Villa y sobre su verdadero nombre no son excepcionales: éste es simplemente el caso paradigmático de un fenómeno común a gran parte de su tropa. En efecto, son abundantes los casos de soldados que apenas conocían su nombre o que lo conocían *gracias a que otros lo decían*. Pero se podría afirmar que esa inseguridad sobre el nombre de Villa provenía más bien de un deseo inconfesado de ocultar la ilegitimidad de su nacimiento. Puede ser, pero entonces ¿por qué había la misma confusión en el origen de su seudónimo? ¿Cómo se explica que en este caso también existieran diferentes versiones?

Para culminar con este vano intento de definir el origen de los nombres de Villa, hay que recordar que él mismo se entregó, por decirlo así, a esa indeterminación: en varias ocasiones, Pancho Villa usó por lo menos seudónimos para disimular su primer seudónimo, sobre todo entre 1916 y 1920, cuando regresó a su naturaleza original de bandido en perpetua fuga.

Así pues, con Doroteo Arango estamos ante el caso de una anonimia latente; con Pancho Villa no estamos tanto frente a un nombre individual como ante una consigna, una contraseña para salir del terreno de la historia y perderse en su verdadero mundo, la sierra y el desierto. Y con los últimos seudónimos, nos encontramos ante el disfraz del disfraz mismo, el vértigo infinito del nombre que es todos los nombres. Y gracias a ese vértigo, corría con mayor fuerza y mayor seguridad la confianza entre Pancho Villa y sus tropas, pues todos se identificaban con la falta de identidad y con la anonimia. En ese terreno, inaprensible para quien lo contempla desde fuera, Villa tenía asegurada su supervivencia y su fuerza.

La inexistencia de un individuo distinguible y preciso no significa de ninguna manera que detrás del nombre propio hubiera una soledad esencial o irremediable. Por el contrario, detrás de la máscara había una multitud, había una efervescencia, una turbulencia de rostros, de pasiones, de caminos sin fin. Esa multiplicidad destruía la pretensión del nombre propio de definir a *una* persona.

En el problema de determinar el verdadero nombre de Villa aparece, además de la anonimia, otra veta importantísima: la función de la línea de sangre o de la bastardía. La versión de Antonio Castellanos, por ejemplo, apunta claramente a ese problema: que Villa fuera el apellido de un hombre que había ayudado a su madre da a entender que Agustín Arango no era su verdadero padre y que en realidad Doroteo ¿Arango, López, Villa? era hijo de un hacendado rico que no quiso reconocerlo. Esta interpretación encuentra cierta solidez en el hecho de que Castellanos le atribuía a Villa el apellido de su madre, como si Francisco, hijo bastardo, hubiera originalmente usado sólo ése por imposibilidad de utilizar el de su padre. De cualquier manera, la figura del padre en el caso de Villa es importantísima por su misterio e indefinición al principio de su vida y por su influencia en el comienzo de la madurez, cuando Villa prestó fidelidad a Abraham González y a Francisco Madero, a los que claramente veía como dos figuras paternas.

En un somero y brillante análisis de la figura de Villa, Jim Tuck señala que hasta 1910 Villa parecía tener una doble personalidad, la de un bandido y asesino y la de un ladrón generoso, sobrio, inteligente, emprendedor. Y a continuación concluye: "El milagro de 1910 es que esa división se curó. Los dos Francisco Villa que hasta entonces se encontraban enfrascados en una lucha mutuamente destructiva de pronto hicieron las paces y comenzaron a trabajar en conjunto. Esta fusión se logró por obra de Abraham González. Éste le dio un sentido a la furia del violento Villa y la dirigió hacia las metas de la revolución. Nunca más sentiría Villa vergüenza de matar y de robar; de ahora en adelante estas actividades estaban al servicio de una noble causa".[9]

La lucha por la legitimidad y el derecho al anonimato del bastardo son los dos polos entre los cuales se mueve la primera parte de la vida de Villa. Más tarde, cuando Villa se identificó con la hijez de la chingada de sus tropas, cuando ellas reconocieron en él a su representante, él impuso su propia legitimidad (aunque de ninguna manera monogámica): parece ser que reconoció a todos sus hijos, por lo menos a aquellos de los que tuvo noticia.

Está claro que la obsesión de seguir los rastros borrosos de los nombres ajenos sólo disimulaba, y a veces apenas tenuemente, la obsesión de nunca detenerme a mirar por un momento mi propia imagen. Mi pérdida descubría la otra, y se distinguía: no había manera de confundir un extravío con un modo de vida. Y de ese modo de vida, yo sólo podía rescatar palabras. No sé si era suficiente.

No, no era suficiente: había que enfrentarse a la insidiosa y eterna caracterización de Villa como un monstruo de dos extremos que la razón no puede reconciliar sin negarse a sí misma: el asesino salvaje y el héroe amantísimo de los niños desamparados.

¿Cuándo sería suficiente?

61

La pólvora y su claridad

A lo largo de su accidentado camino de superación, la tecnología ha hecho la repetida promesa de resolver los problemas humanos, los más inmediatos y los más trascendentales. Con cada nuevo paso en su perfeccionamiento infinito, el término del cumplimiento de aquella promesa se ha anunciado próximo y consecuente, como la mejor antítesis del otro prometido final, el del Apocalipsis.

Los descubrimientos científicos se han presentado como derivaciones racionales del humanismo porque, al traducirse a la práctica, han querido mostrar su capacidad de arrancar del fondo oscuro y sereno de la naturaleza fuerzas que cambiaron nuestro mundo y nuestra manera de ver nuestras propias vidas.

Y así, con cada descubrimiento, la naturaleza ha revelado, aparentemente, habilidades antes insospechadas para transformar el mundo del hombre: los elementos realizan operaciones sorprendentes, reacciones milagrosas surgen de su combinación; la flora y la fauna proveen instrumentos de progreso casi a pesar suyo. Y con esta eterna primavera del conocimiento y de la técnica humanos siempre ha venido también, de añadidura, la imagen de una naturaleza bondadosa, aquiescente, interesada en el bienestar de su vástago predilecto.

La tecnología ha introducido en la esperanza humana la final reconciliación con la naturaleza y, con esa reconciliación, el pensamiento de que la armonía universal se acerca cada vez más, y más, al momento de su cristalización.

A fines del siglo pasado, un nuevo invento introdujo un huésped inesperado y decisivo en ese ámbito de la reconciliación entre el hombre y la naturaleza. El invento fue la pólvora sin humo y el huésped fue la guerra.

Aunque los experimentos para su producción empezaron desde mediados del siglo XIX, no fue sino hasta 1886 que la pólvora sin humo se incorporó oficialmente al armamento de un ejército europeo, el francés.

Efecto de múltiples azares y descubrimientos, esta invención tuvo múltiples y decisivos efectos, los cuales a su vez, cada uno por separado, produjeron cambios fundamentales en la logística, la estrategia y la táctica militares.

Con el mayor poder explosivo de la pólvora sin humo, se pudo reducir el calibre y aumentar la capacidad destructora de las municiones; se pudo reducir el peso y aumentar la certeza y la capacidad de tiro de los fusiles. Apareció la bala de acero, que no se deformaba con el impacto, y el fusil de repetición, que no se tenía que cargar con cada disparo. Esta nueva pareja poseía una efectividad extraordinaria: en un terreno plano y a una distancia de 600 metros, las nuevas armas eran 100% infalibles; las armas anteriores, en cambio, sólo cubrían con efectividad una distancia de 130 metros.

Es claro que no fue la pólvora sin humo el descubrimiento inicial que produjo, como una secuencia lineal de causas y efectos, el resto de los avances en la tecnología bélica: la relación trabada de descubrimientos está por hacerse, así como lo hizo Lucien Febvre para todos los acontecimientos que llevaron en el siglo XV a la creación de la imprenta en su obra memorable *La aparición del libro*, donde se mostraba magistralmente que todos los descubrimientos formaban un sistema donde no había origen, ni principio, ni finalidad, ni término.

La destrucción que anunciaba el nuevo invento de la pólvora sin humo era impredecible, porque las aplicaciones de ésta no se limitaban a los fusiles de infantería. La función y efectividad de la caballería también cambió radicalmente; y la artillería, sobre todo, sufrió alteraciones decisivas.

La motivación principal para la investigación que había llevado al invento de la pólvora sin humo no fue el aumento en la fuerza de proyección de la pólvora corriente, sino el remedio a "los inconvenientes que producía su uso, y sobre todo la eliminación de la considerable emanación de humo que cubría el horizonte".[1]

Es decir que, además de su poder devastador, tanto en fusiles como en cañones, el nuevo invento introdujo en la guerra una dimensión olvidada desde el uso generalizado de la pólvora: la visibilidad. Con la pólvora sin humo, el tirador no delataba su posición al enemigo; y además, podía disparar con mayor rapidez y certeza. Pero sobre todo, con la nueva pólvora, el tirador podía ver la efectividad de sus disparos.

Complementariamente, los medios de hacerse invisible adquirieron una nueva pertinencia: la trinchera, la emboscada, la lobera, los fosos, las nubes de polvo (no de pólvora), volvieron a aparecer en los tratados de estrategia de los ejércitos europeos.

La guerra se volvió un espectáculo para la mirada; y para la imaginación, un estímulo. Las nuevas reglas de la guerra tuvieron como eje principal esta relación complementaria de la visibilidad con la invisibilidad.

Sin embargo, a principios del siglo XX, cuando ya los ejércitos estaban preparados con el nuevo armamento, se habían peleado sólo guerras periféricas que apenas permitían elucubrar sobre ciertos resultados de una guerra general europea. Y fue por eso que la mirada y la imaginación, además de ser instrumentos de la estrategia, se volvieron también las mejores aliadas de la paz.

En realidad, la alianza de la mirada y la imaginación con la paz era un argumento de los militares y de los científicos belicistas para aliviar su mala conciencia ante las nuevas dimensiones de muerte y devastación que anunciaban las armas modernas. Según ellos, dado que la pólvora sin humo permitiría contemplar *ipso facto* los estragos de las batallas y de imaginar la amplitud de esos estragos en el resto del campo de batalla, los combatientes se horrorizarían de sus propios actos y serían los primeros en promover la paz.

Ni a los defensores de esta tesis, ni a sus detractores, se les ocurría dudar por un momento de esa concesión de poder a la imaginación, pues todo el argumento dependía de la fuerza de convencimiento de una metonimia de la primera imagen mortal. Todos estaban convencidos de que los avances de la tecnología eran irreversibles y naturales. A nadie se le ocurría tampoco pensar que en el argumento de la pacificación por medio del horror había un contrasentido: en efecto, para que la tropa se convenciera de la necesidad de la paz, había que declarar primero la guerra.

La primera Guerra Mundial probó muy rápidamente que ese argumento no remediaba la destrucción producida por la nueva pólvora, ni evitaba la reaparición de las guerras; y corroboró la visión de varios lúcidos estrategas de principios de siglo, visión en la que las batallas de la próxima conflagración europea se prolongaban indefinida y dolorosamente. La virtud antidialéctica de los avances tecnológicos se hizo evidente inmediatamente: el exceso de destrucción no produjo su antítesis; por el contrario, reveló que no había antítesis posible para ese poder. Y puso en crisis la confianza en la mirada y en la imaginación humanas: ¿cómo era posible que los soldados vivieran en el horror diario de las trincheras durante meses y años sin ninguna reacción de rechazo? ¿Quería decir entonces que la mirada y la imaginación no tenían ninguna comunicación con el sentido moral del ser humano? ¿O, peor aún, acaso el ser humano tenía una capacidad inagotable de ignorar el sufrimiento propio y el de su prójimo?

Cualquiera que fuera la pregunta pertinente, sólo hubo dos respuestas importantes que, por ser opuestas, daban a entender que la Guerra Mundial no había ayudado en mucho a las esperanzas de una paz duradera: la primera refutó el humanismo y todas las versiones religiosas y seculares que veían al ser humano como un ente especial; y la segunda culpó a la guerra, y sobre todo a sus horrores, de haber quitado a los combatientes la capacidad de juicio. En ambos casos, el ser humano había perdido su naturaleza, su propiedad de ser humano; en el primero, porque nunca había podido serlo; en el segundo, porque no sólo el ser humano, sino también el hecho de ser humano, se convertía en el blanco preferido de las nuevas armas.

Ninguna respuesta, sin embargo, refutó la guerra *per se*, aunque ya se estaba muy lejos, y quizás en el punto opuesto, de la tesis hegeliana según la cual "el sentido del valor de la guerra es el valor de la historia; [pues] *resulta ridículo pensar contra su propio tiempo*".[2] De donde se concluía que, en el sentido clásico del término "filosofía", no podía haber una filosofía de la paz. Sólo una filosofía de la guerra era posible; ya que, al identificarse la guerra con la historia, aquélla se volvía el objeto único del pensamiento.

Por lo que sé, el antecedente filosófico más directo de lo que he llamado la virtud antidialéctica de los avances tecnológicos se encuentra en *La Guerre et la Paix. Recherches sur le principe et la constitution du droit des gens* de Proudhon. En este libro de 1861 el gran polemista francés se propuso en cierta forma ampliar la visión hegeliana de las relaciones entre la filosofía y la guerra. Y digo en cierta forma porque Proudhon no sabía alemán y no conoció sino indirectamente, gracias a su amistad con Marx y Grün, la obra de Hegel, que para entonces no estaba aún traducida al francés. Aun así, Proudhon declaró explícita y repetidamente que tanto su método de exposición como el movimiento de la realidad eran dialécticos: regidos por la lógica de la tesis, la antítesis y la síntesis. Y con la declaración de su método, se eliminaba ya desde entonces cualquier malentendido posible ante ciertas frases suyas que, sueltas, se han hecho famosas: "Viva la guerra"; "La humanidad ya no quiere la guerra".

El corazón del análisis de Proudhon era muy claro: la guerra es un atributo natural del hombre e inherente al desarrollo de la sociedad humana. Nada de la historia del hombre se puede entender sin la guerra: "es un elemento moral que la convierte al mismo tiempo en la manifestación más hermosa y más horrible de nuestra especie".[3] Negarla sería absurdo, y querer sustituirla con la paz, también, puesto que la paz es la condición *sine qua non* de la guerra. Proudhon fue el gran visionario que logró percibir con una claridad hasta ahora insuperada que "El estado social es siempre, de hecho o de derecho, un estado de guerra".[4]

Pero nada de lo anterior convertía a Proudhon en un belicista: con la dialéctica en la mente, Proudhon esperaba que el reconocimiento y hasta cierto punto la exacerbación de la calidad natural y ética de la guerra, y de su correlato, la paz, conducirían a la superación necesaria de ambas, y llevarían al hombre a un estadio *cualitativamente* diferente: el de la religión del hombre.

Cualquier parecido con Comte, primero; y con Nietzsche, después, no fue mera coincidencia. Sólo que, del francés, Proudhon era deudor; y del alemán sería acreedor.

Es importante establecer la relación de Proudhon con Augusto Comte porque éste se presentaba con una determinación antibélica (no necesariamente pacifista). Si ambos tenían como meta la realización de una religión de la humanidad, Comte concebía el camino para alcanzarla de la manera más antidialéctica posible. La dialéctica, para éste, no era ni un método de análisis, ni una lógica objetiva, era una visión distorsionada de la realidad que se imaginaba a sí misma como método y pensaba el objeto como dialéctico. Aún más, desde sus obras juveniles, Comte siempre afirmó que tanto su método como el movimiento real seguían una lógica científica, que para él era antidialéctica porque era la lógica de la inmediatez. Y en esto la deuda de Comte con Feuerbach no era nada despreciable; por el contrario, era definitiva: "La verdad automediatizadora es *la verdad aún abrumada con su opuesto*. Empezamos con ese opuesto, pero posteriormente lo trascendemos. Pero si es algo que debe ser trascendido, si es algo que debe ser negado, ¿para qué empezamos por él, por qué no ir directamente con su negación? [...] ¿Acaso lo que es verdadero y auténtico *por sí mismo* no es superior a lo que es verdadero a través de la anulación de su opuesto? ¿Quién, pues, puede elevar la mediación a la calidad de necesidad, a la calidad de ley de la verdad? Sólo aquel que está todavía atrapado en lo que debe ser negado, aquel que *está luchando todavía contra sí mismo y no ha arreglado cuentas consigo mismo*".[5]

En el rechazo de la mediación nadie fue tan coherente como Comte desde sus primeros escritos: tuvo, entonces, muchos años de práctica antifilosófica. Para Comte, como para Nietzsche después, era más peligroso, hasta cierto punto, el pensamiento filosófico (abstracto, conceptual) que el teológico. En éste, al menos, había residuos de naturalidad, de fuerza vital pura, de virtudes gregarias; mientras que en el filosófico ni se reconocía lo vital, ni se aspiraba a lo propiamente humano (o sobrehumano, para Nietzsche): se perdía en meras especulaciones y justificaciones morales.

Para Comte la guerra y la paz no eran atributos de la Idea inherentes a la naturaleza humana; eran meros estados sociales producidos por la confusión mental del hombre en su etapa teológica y seguidamente en la metafísica (es decir, filosófica). Por eso se negaba a recurrir a los llamados imponderables y reiteraba enfáticamente que tratar con las ideas era inútil. De su dependencia de los sentidos, en contra de la especulación o mediación, se puede decir que fue la justificación *sociológica* (pues sería injusto llamarla filosófica, en contra de todas las declaraciones del mismo Comte) del argumento la que veía en los avances de la tecnología bélica los mejores aliados de la paz. En efecto, la mirada como instrumento de convicción y la imaginación como su función complementaria venían de Comte. Pero sobre todo se debía a él, en última instancia, esa confianza en el desarrollo tecnológico como el medio más efectivo para lograr la armonía social.

Y de Proudhon venía el recurso a una lógica dialéctica. Y que diera él instrumentos de justificación a las mentes más belicistas de Europa no era ninguna ironía, era uno de tantos resultados de la imposibilidad de fundar la religión del hombre. Aunque quizás, para Hegel, podía ser una manifestación más de ese asombroso invento suyo que fue la "astucia" de la razón, es decir, el comportamiento irracional o imprevisible de la razón misma. Paradójicamente, esa imposibilidad de lograr el objetivo metodológico al que aspiraba Proudhon hace más que nunca actual su pensamiento, porque su análisis de la guerra y de la paz es quizás más revelador y necesario ahora que en el siglo XIX. Su lúcido diagnóstico: "El estado social es siempre, de hecho o de derecho, un estado de guerra" puede dar hoy sus mejores frutos.

Nada de eso quiere decir que Proudhon estuviera de lado de los militares y científicos que en el principio de este siglo defendían el uso de las nuevas armas temibles como el mejor camino para lograr la paz. Formalmente, el argumento podía ser el mismo, pero en Proudhon se insistía en la dimensión ética de la guerra y en la importancia que ésta tenía para la culminación de la filosofía, y finalmente para la consecución de una nueva humanidad. En los militares y científicos de mala conciencia, en cambio, no había una superación del eterno ciclo de guerra-paz-guerra-paz... La paz lograda por el horror de las armas modernas no era diferente a las anteriores y por lo tanto sólo se podía esperar que, en efecto, la próxima guerra fuera más horrorosa que las anteriores y menos devastadora que las siguientes. Así pues, no sólo se estaba muy lejos de la propuesta de Hegel de que sólo podía haber filosofía de la guerra; también se había perdido cualquier posibilidad de pensar filosóficamente la guerra. Esta pérdida fue uno de los resultados más nefastos de la influencia positivista; aunque no haya sido, afortunadamente, una pérdida completa, pues durante la misma guerra de 1914 Georg Lukács pondría los cimientos de lo que sería después la filosofía más coherente de ese estado social, de hecho o de derecho, en guerra perpetua: la *Dialéctica negativa* de Adorno.

Es cierto que muchos movimientos revolucionarios europeos de la posguerra fueron un resultado de aquel argumento de los belicistas, resultado que probablemente éstos repudiaron; pero dos hechos más son también ciertos: la única revolución triunfante de la posguerra, sin haber realizado la religión del hombre, disfrazó rápidamente la pertinencia de la declaración de Proudhon o redujo sus alcances a una guerra dentro de un partido. Y en segundo lugar, antes de la guerra mundial de 1914 hubo otras guerras, civiles e internacionales, que, dentro de su especificidad, expusieron la nueva lógica creada por las armas modernas basadas en el uso de la pólvora sin humo. Una de esas guerras fue la de los Boers en Sudáfrica, otra la ruso-japonesa y otra la Revolución mexicana. Lo cual, por supuesto, no quiere decir que antes de la Revolución nunca se hubiera utilizado en México la pólvora sin humo, y desde mucho tiempo antes; quiere decir que fue entonces cuando las consecuencias epistemológicas de ése y de otros descubrimientos bélicos (como el mejoramiento del cañón Saint Chaumond por un artillero mexicano y el uso de la ametralladora como el arma clave de la línea frontal de fuego, por ejemplo) adquirieron un sentido totalizador: no sólo social, sino histórico y terrenal, mítico y material, cósmico y ridículamente personal. Por ejemplo, Villa finalmente pudo aplicar todos los descubrimientos propiamente guerreros de más de un siglo de lucha contra los apaches; por ejemplo, muchos combatientes de la guerra de los boers llegaron a México a ofrecer su innovadora experiencia: la guerra con alambres de púas electrificados, los nuevos sistemas de trincheras...

En medio de la humareda blanca de la fusilería y los negros borbotones de los edificios incendiados, refulgían al claro sol casas de grandes puertas y múltiples ventanas, todas cerradas; calles en amontonamiento, sobrepuestas y revueltas en vericuetos pintorescos, trepando a los cerros circunvecinos. Y sobre el caserío risueño se alzaba una alquería de esbeltas columnas y las torres y cúpulas de las iglesias.

— ¡Qué hermosa es la Revolución, aun en su misma barbarie! —pronunció Solís conmovido. Luego, en voz baja y con vaga melancolía:

— Lástima que lo que falta no sea igual. Hay que esperar un poco...

Mariano Azuela no se equivocaba —la pólvora sin humo sí desprendía humo—, pero sí exageraba al decir que "en medio de la humareda blanca de la fusilería [...] refulgían al claro sol casas de grandes puertas y múltiples ventanas", porque la humareda blanca no era densa, ni notable: se podía distinguir, pero sólo por la enorme cantidad de disparos en el momento más intenso del ataque villista a Zacatecas en junio de 1914, y tan translúcida era que permitía ver con claridad que las múltiples ventanas estaban "todas cerradas".[6] A pesar de los incendios, pues, Alberto Solís y Luis Cervantes, revolucionarios de tintero, podían contemplar el espectáculo de la Revolución. La pólvora desprendía humo, pero dejaba ver la batalla, tanto a los participantes como a los espectadores: y todos pudieron ver que fue una de las batallas más sangrientas de la historia de México.

Sin embargo, entre la mirada de Azuela y la de Solís parece haber una importante discrepancia: aquél describe la ciudad y éste juzga la batalla; aquél entra en un rapto descriptivo de la pintoresca disposición de la ciudad, mientras el otro mira la heroicidad de los soldados y la rapiña de las soldaderas: "y en aquel hacinamiento de cadáveres calientes, mujeres haraposas iban y venían como famélicos coyotes esculcando y despojando".[7]

Azuela no escribió otra novela donde apareciera tan marcado ese doble registro del discurso en el que el narrador habla de una cosa mientras los personajes están viendo otra. Al principio de *Los de abajo*, esta dualidad es el resultado puramente azaroso de la anacronía de Azuela, donde una descripción costumbrista con toques de modernismo cansado enmarca una narración casi naturalista. Casi, porque la fuerza de los hechos supera los reflejos casi condicionados de retórica naturalista tan patentes en otros textos suyos.

En *La Guerre et la Paix*, Proudhon decía que "lo que sabemos de la guerra se reduce, más o menos, a los hechos y gestos externos, a su escenificación, al ruido de las batallas, a la destrucción de las víctimas. Los más estudiosos analizan la estrategia y la táctica; otros se ocupan de las formalidades: de todo aquello que es a la guerra lo que los procedimientos y las penas son a la justicia o los ritos a la religión; formalidades, pero que no son la guerra así como las fórmulas de derecho no son el derecho ni las ceremonias del culto son la religión. Todavía nadie ha intentado captar la guerra en su pensamiento íntimo, en su razón, en su conciencia, digámoslo de una vez, en su alta moralidad".[8]

En la crítica literaria e ideológica de la novela de la Revolución se ha confundido, muy malamente y hasta la saciedad, la moral de los autores con esa "alta moralidad" de la guerra de la que hablaba Proudhon. No es extraña esa persistencia de la crítica. Los intelectuales de los años veinte en México establecieron la pauta de una vez por todas, y los demás no han hecho sino repetir la misma cantilena sobre los juicios morales de Azuela, de Rafael F. Muñoz, de Nellie Campobello, de Martín Luis Guzmán, etcétera. Sin duda, estos juicios morales existen en las obras; pero la crítica ha hecho que estos juicios también hayan ocultado durante años la moralidad de la guerra; y en eso ha prevalecido el miedo pequeñoburgués y burgués a la revolución. Y cuando es obvio que la moral personal de autores como Rafael F. Muñoz o de Nellie Campobello es irrelevante, se les atribuye entonces a éstos una "capacidad para inventar y volver creíble la 'mentalidad campesina en la Revolución', en su confección de relieves míticos"[9] o para presentar "exclusivamente aquellos aspectos de la Revolución que, contemplados subjetivamente, parecen brutales y sin sentido".[10] Y así quedan clasificados, por un lado los moralistas: Azuela y Guzmán; y por el otro, los mitificantes y anecdóticos: Muñoz y Campobello. Una manera muy fácil de volver inofensivos a los verdaderos cronistas de la "alta moralidad" de la guerra civil mexicana.

Que el estado social fuera siempre, de hecho o de derecho, un estado de guerra era una pesadilla para los intelectuales mexicanos de los años veinte. Para aquellos que se vanagloriaban de pensadores independientes, sin por ello dejar de mantener estrechas relaciones con el poder político, era vital desprestigiar los levantamientos populares de la década anterior e ignorar el latente estado de guerra; y para los que sentían orgullo de pertenecer al aparato político, la guerra sólo era un fenómeno externo compuesto por batallas en forma. De cualquier manera, para ambos grupos desconocer la continuación de la guerra era una necesidad imperiosa si querían afincarse en sus nuevos privilegios. En cierto sentido, los jóvenes o nuevos pensadores mexicanos que surgieron durante o después de la Revolución eran más hipócritas que los mismos pensadores porfiristas. Éstos, aunque con instrumentos positivistas groseramente deformados, hablaron de la sociedad mexicana como de una sociedad en guerra; guerra en la que, por supuesto, las capas civilizadas y decentes tenían que recurrir a cualquier recurso que les permitiera triunfar, ya que cualquier posibilidad de una tregua con la plebe provocaba el horror. Las medidas propuestas por los porfiristas fueron crueles, inhumanas, genocidas, pero al menos los autores se atrevían a afirmarlas públicamente. En el nivel simbólico, se puede decir que dos de los ejemplos culminantes de este discurso bélico fueron el texto titulado "Papel social de la guerra", que Agustín Aragón leyó el 18 de junio de 1904, en la inauguración de las conferencias de dicho año de la Asociación del Colegio Militar; y el proyecto de ley que en 1906 Querido Moheno le presentó al Vicepresidente de la República, Ramón Corral, sobre la creación de *Colonias Penales* para desterrar a la hez de la sociedad que eran prácticamente todos los pobres de la ciudad de México.[11]

En cambio los pensadores que se hicieron durante la Revolución e inmediatamente después de ella, aunque aprobaban métodos muy similares, nunca los sostuvieron abiertamente. Pero sí entregaron todos sus esfuerzos a quitarle sentido a la lucha armada, a burlarse de la conducta popular, a desvalorar los símbolos surgidos durante la Revolución, a despreciar a los muertos inútiles de batallas inútiles... Y ¿realmente era una cuestión de hipocresía? ¿O siempre fue una cuestión de claridad? ¿No era acaso demasiado claro lo que había sucedido y lo que estaba sucediendo? Si algo les debemos de verdad y profundamente a los políticos y a los intelectuales mexicanos que se asociaron con las facciones triunfantes del carrancismo, primero, y del obregonismo, después, es su visceral aversión a la verdad.

Lo malo no es que entren

En las filas villistas había varios soldados que podían decir, con autoridad, de las balas de los fusilamientos: "Lo malo no es que entren, lo malo es que también salen". Y sabían muy bien lo que decían, porque habían sido fusilados una vez y las balas que realmente habían puesto en peligro su vida eran las que habían salido, permitiendo que se desangraran. A las otras, las que se quedaron dentro y que siempre los acompañaron, ellos sabían cómo chiquearlas para que no se alebrestaran. Uno de esos soldados era un dorado de nombre Nieves Quiñones, que además era pariente del general Villa, y al que por cierto llamaban "El muerto".[1]

Una mañanita de fines de febrero de 1913, en los patios de la Penitenciaría de Lecumberri, se formó un pelotón de soldados federales para fusilar a un hombre que decía llamarse Dantón. Al jefe del pelotón se le olvidó pedirle su última voluntad, porque no se resignaba a ejecutar a uno que obstinadamente quería morir con un nombre que no era el suyo. Pero finalmente colocaron al reo frente a unos costales mal apilados; y cuando el pelotón estaba listo en espera de la voz de fuego, el oficial comenzó de pronto a bajar el brazo donde sostenía la espada, los soldados se desconcertaron y se miraron unos a otros atónitos y al borde del pánico, al tiempo que también bajaban sus fusiles. El condenado sonreía. Es que estaba amaneciendo y el sol deslumbró al sargento, y luego al pelotón.

El hombre que insistía en llamarse Dantón no tenía la esperanza de que un milagro lo salvara de morir fusilado; pero se regocijó del hecho mero y simple del amanecer, justo antes de morir. Así como su nombre quería apuntar a la pureza y a las contradicciones de la Revolución; aquel amanecer, que era como su extremaunción, anunciaba la llegada de mejores días no sólo para México sino para todos los pueblos oprimidos del universo.[2] Finalmente, las que mataron a Dantón, como diría el soldado villista, no fueron las que entraron, sino todas las que salieron. Y así como las balas lo atravesaron, así lo atravesaron también los nombres históricos, las repeticiones voluntariosas de los acontecimientos monumentales.

Los verdugos nunca supieron el verdadero nombre de Dantón. Nosotros sí lo sabemos: se llamaba Juan Rivera. Era no sólo el hombre del nombre común y genérico, también era el del apellido de los que viven al margen de los acontecimientos, viendo pasar la corriente, pero que tam-

71

bién, en el momento último, saben ser ríos, sólo por un segundo, sí, pero ríos felices.

Ramón Puente terminó su novela *Juan Rivera* no sólo con la muerte de un testigo que nunca supo ser protagonista, la terminó también con el canto de un himno universal: la Marsellesa ya no era un patrimonio nacional, era un generoso don del espíritu universal a todos los oprimidos del mundo. Como muchos otros novelistas de la Revolución, Ramón Puente culminó su narración ahí donde su propia vida revolucionaria empezó. Ese fue uno de los rasgos esenciales de una rama de las novelas de la Revolución: concluían donde empezaba la acción. En ese sentido, ese grupo de novelas se puede definir como la especie opuesta al *Bildungsroman*. Eran novelas de aprendizajes fallidos, eran novelas en las que los protagonistas no lograban colocarse a la altura de los acontecimientos. Y por ello eran personajes que no estaban nunca preparados para la acción. Y la acción estaba representada por hechos históricos *comunes*, hechos donde la memoria social se podía encontrar. Todos podían recordar el día de la primera gran manifestación en contra de Porfirio Díaz, el 11 de septiembre de 1910: en ella participaron el protagonista de *El señor diputado* de Genaro Saide y el de *En el sendero de las mandrágoras* de Antonio Ancona Albertos, y además participaron de manera muy notable, pues según Saide (pseudónimo de Diego Arenas Guzmán), el protagonista de su novela, Carlos Macías, muy transparente disfraz del autor, fue uno de los principales instigadores de la multitud, dispersada por la Policía Montada, aquel 11 de septiembre de 1910.

Todos podían también recordar las violentas jornadas del 24 y 25 de mayo de 1911, cuando miles de manifestantes trataron de llegar a la calle de Cadena, cerca de las Capuchinas, donde estaba la casa particular del presidente Porfirio Díaz, y con osadía nunca antes concebible varios oradores pidieron la renuncia del presidente (según Adolfo León Ossorio, él fue el principal orador en la primera jornada, pero León Ossorio sufría de megalomanía y su testimonio es dudoso, aunque no lo sea su presencia en la multitud).[3] Las jornadas no terminaron ahí: el 25 los manifestantes, ante la imposibilidad de penetrar en la calle de Cadena, protegida como un cuartel en estado de alerta, se dirigieron hacia el Palacio Nacional y en varias encrucijadas la Policía Montada y la de a pie cargaron contra la multitud.[4] Ahí andaban los personajes novelísticos del brazo de los actores históricos, y los actores históricos todavía no sabían cómo se sentía el ser histórico. Los personajes de novela sí sabían muy bien lo que era la historia: iban a los lugares sabiendo de antemano que ocurriría un hecho memorable. La dificultad de estos personajes era la comunicación: vivían tan conscientes de su función que terminaban inadvertidamente en un solipsismo.

¿Y qué les daba a esos hechos la calidad de históricos? ¿Su capacidad de ser la medida de las memorias más ajenas? ¿Su posibilidad de permitir el encuentro de los recuerdos disparatados de miles de seres humanos desconocidos? En ese sentido, haber estado o no en aquellos hechos no importaba, importaba que todos supiéramos qué estabas haciendo, dónde estabas aquel dos de octubre de 1968 mientras el ejército mataba a cientos de ciudadanos en Tlatelolco. ¿Dónde estabas ese día? ¿Qué estabas haciendo? La posibilidad de situarse en el espacio en un punto preciso de la historia abría vasos comunicantes en la vida de todos los que iban a esos hechos para rememorarlos y para declararlos como históricos. Historia no quería decir monumento, quería decir memoria colectiva; colectiva, pero una a una; colectiva, pero de secreto en secreto; colectiva, pero de intimidad a intimidad.

¿Dónde estabas el 10 de noviembre de 1910 durante la manifestación de estudiantes y empleados que protestaban por el linchamiento del mexicano Antonio Rodríguez en Texas? ¿Dónde estabas cuando se supo que el gobernador del Distrito, don Guillermo de Landa y Escandón, había casi justificado el linchamiento diciendo que no sólo se linchaba negros y mexicanos sino también italianos y franceses? ¿Dónde estabas cuando la manifestación recorría las calles del Reloj hasta entrar al Zócalo? Sabemos que Carlos Macías, protagonista de *El señor diputado*, estaba en la cárcel; y también sabemos que Francisco J. Múgica, entonces empleado de la droguería "El Coliseo", se unió a la manifestación en la esquina de Bolívar y Plateros. Según su biógrafo Armando de Maria y Campos, esa noche fue la primera vez que Múgica hizo una alocución política en público. No fue una noche que Múgica olvidaría, porque más tarde participó en lo que fue casi la destrucción de las oficinas y los talleres de *El Imparcial* en la 1a. calle del Puente Quebrado.[5]

De Antonio Rodríguez, el mexicano linchado en Texas, no sería la última vez que Múgica oyera su nombre.

Para ser el reverso de la *Bildungsroman*, el negativo del aprendizaje forzoso y doloroso y redundante que requiere la maduración, la novela urbana de la Revolución pedía personajes adecuados: protagonistas de clase media, provinciana o capitalina, de profesión letrada, de ambición insensata y de resentimiento inconmensurable. Juan Rivera, Juan Ampudia de *En el sendero de las mandrágoras*, Federico Andrade y José Tafolla de *La ruina de la casona*, Sofía Lavín de *La fuga de la quimera* eran esos protagonistas.[6] Todos empeñados en ascender a las cimas de la gloria con su talento y sólo con su talento: no tenían dinero, no tenían linaje, no tenían pasado, tenían talento verbal y tenían ambición moral y tenían individualidad señera. Ramón Puente, Antonio Ancona Albertos, Esteban Maqueo Castellanos, Carlos González Peña describieron el fracaso de la clase media por alcanzar la posición que ésta creía ya suya gracias a las nuevas armas de la lucha social. Mariano Azuela lo intuyó de otra manera; pues para él la clase media, al ascender, se topó con una rebelión popular que la corrompió. Irónicamente, esta corrupción se consumó porque el pueblo no estaba preparado para apreciar lo que era suyo, y porque la clase media, que se había educado en la moralidad idealista de Guyau y Fouillée —traducidos por las prédicas del Próspero uruguayo de principios de siglo—, se encontró sin la voluntad histórica que daba fuerza y discernimiento, pues la plebe gastaba y malgastaba esa voluntad con su violencia y su autodestrucción; por eso Demetrio Macías le puede decir a Luis Cervantes: "Déjelo todo para usted... De veras, curro... ¡Si viera que no le tengo amor al dinero!... ¿Quiere que le diga la verdad? Pues yo, con que no me falte el trago y con traer una chamaquita que me cuadre, soy el hombre más feliz del mundo".[7]

Pero ¿corromperse por falta de voluntad no era de hecho un signo de una cobardía más profunda? ¿corromperse no era el reconocimiento de una incapacidad histórica de llegar a los extremos, de afirmar las intensidades últimas? La peor acusación que le hicieron a la clase media los novelistas fue su mediocridad: mediocridad emocional, mediocridad intelectual, mediocridad de ambiciones, mediocridad de proyectos, mediocridad de corrupción, en suma, mediocridad histórica y esencial.

Y el novelista modelo de esos retratos de la mediocridad había sido Balzac. Nadie como él podía dar las claves de los lugares, de los ambientes, de las situaciones, de los fraseos, de los contrapuntos que definen la actuación de los arribistas. En *La fuga de la quimera*, González Peña se solazó en varias ocasiones con la ambigüedad de la cita literaria y de la reproducción realista: "Ocupaba Berta una linda casa en la calle del Eliseo —misteriosa, discreta—, al fondo de ancho jardín. El salón, que propiamente semejaba bazar de antiguallas, pletórico de invitados se veía: banqueros, comerciantes, ministros, periodistas, todo revuelto entre familias de esa alta clase media que en México se apellida la *high life*, por más que se encuentre lejos de la semiaristocracia de las viejas casas de colonial abolengo. Pululaba allí la turba de encumbrados por aventura o por dinero, entre los cuales el abuelo había sido albañil enriquecido por las contratas, o general regodeado por el pronunciamiento, o abogado cuyo bufete prosperó al amparo de las dictaduras... *e tanti altri!*"[8] Todos los rasgos distintivos de Balzac están en estas líneas: el salón de Berta quien, aunque casada, opacaba al marido "chaparrito... trigueño... insignificante"; la sociedad reunida en una fiesta, los contrastes sociales de la clase media arribista con la clase de linaje; el despliegue de la falsa opulencia que delataba los verdaderos signos de la riqueza:[9] "La princesa habitaba en la calle

74

de Miromesnil, en una pequeña mansión, donde alquilaba, a precio módico, la planta baja. Ella había sacado partido de lo que había quedado de su riqueza magnífica. En su casa se seguía respirando su elegancia de gran señora. Se había rodeado de objetos hermosos que hablaban de una existencia superior. Se veía sobre su chimenea una magnífica miniatura, el retrato de Carlos X, de madame de Mirbel, bajo el cual estaban grabadas estas palabras: *Ofrecido por el rey* [...] Sobre una mesa refulgía un album de todo lujo, que ninguna de las burguesas que andan presumiendo actualmente en nuestra sociedad industrial y aturdidora nunca se atrevería a exhibir. Esta audacia era sumamente reveladora de esta mujer. El album contenía retratos entre los que se encontraba una treintena de amigos íntimos que el mundo había declarado amantes suyos..."[10]

La relación de González Peña con Balzac era demasiado estrecha (¿era casualidad que en la novela del mexicano uno de los protagonistas se llamara Bazán?), y tanto que quizás el fracaso de *La fuga de la quimera* se puede deber a que sus descripciones estaban condensadas en párrafos excesivos, abigarrados, donde no había la respiración de la que Balzac nunca se privó con sus reflexiones morales, estéticas, sentimentales, psicológicas o puramente especulativas... González Peña era un discípulo demasiado obediente y disciplinado de la retórica escolar francesa, de la gramática española y de las clases de sociología de Carlos Pereyra y de Antonio Caso.

Pero Maqueo Castellanos, sin los cursos de Pereyra o de Caso, también incurrió en las lecciones elementales de sociología mexicana. En esa sociología, no se descubrió la existencia de la clase media, pero sí se estableció su posición epistemológica. Un gran novelista de costumbres —aunque muy poco acostumbrado a novelar—, Pablo Zayas Guarneros, se apresuró a declarar, justo a finales del siglo XIX, que la única clase social destinada por exclusividad histórica a ser feliz era la clase media, "porque es el eje, el corazón de [la sociedad], y allí se encuentra la necesidad, el trabajo científico, la economía, la conformidad, la esperanza, la inteligencia y la virtud".

Herencias de bienes robados de Zayas Guarneros era la novela antinaturalista por excelencia, pues negaba las determinaciones biológicas y los vicios hereditarios: sus herencias eran económicas, no orgánicas, ya que defendía la estabilidad de la clase media, única clase que podía reclamar el derecho a la felicidad, precisamente porque se mantenía justo al margen del proletariado y de la aristocracia, clases éstas *en perpetuo y desgastador movimiento biológico y pasional. Herencias de bienes robados* se anticipaba a las novelas de Maqueo Castellanos, de Puente, de González Peña, de Ancona Albertos para decirle a la clase media que creara valores propios, que no cambiara su "bienestar positivo por una mera vanidad", que no se fuera a sufrir y padecer "en el círculo aristocrático que no es el suyo".[12]

Pero Zayas Guarneros no pudo detener la historia: la lucidez del protagonista de su novela no sería imitada por los jóvenes de la clase media. Todo lo contrario: apenas trece años después, "la turba de encumbrados por aventura o por dinero", y siempre por fraude, llenaban en *La fuga de la quimera* el salón de Berta Güemes en la calle del Eliseo aquel sábado 8 de febrero de 1913, cuando su amiga Sofía Lavín llegó a visitarla, justo antes de que se iniciara la Decena Trágica y el desenlace fatal de la novela.[13]

En efecto, Zayas Guarneros no concebía en 1899 que pudiera ocurrir un acontecimiento que pusiera a prueba el equilibrio de la clase media como clase feliz. Era incapaz de concebir una manifestación como la del 11 de septiembre de 1910 o la del 24 de mayo de 1911, y le era aún más inconcebible la destrucción de la ciudad de México a mediados de febrero de 1913.

Lamentablemente los personajes de *La ruina de la casona* de Maqueo Castellanos actuaban demasiado advertidos de los sucesos futuros. Por ello mismo, no era una novela de personajes sino de actores, de malos actores que en el primer acto adelantan con sus gestos lo que ocurrirá en el tercero. Pero si no hubieran sido actores no habrían sido los representantes de un país, cargo que Maqueo Castellanos les impuso sin darles oportunidad de apelar. Y la casona, la vecindad, se derrumbó al final de la novela devorada por el fuego y abrumada por su papel de símbolo de toda una sociedad. El eje de la novela era, igual que para Zayas Guarneros en 1899, el eje de la sociedad, la clase media; pero a diferencia de 1899, en 1921 Maqueo Castellanos tenía como imagen central y decisiva de la historia de México los días de la Decena Trágica y el error capital de Madero de haberse sostenido en el poder, permitiendo con su actitud que estallara sin control la fuerza de los envidiosos, de los resentidos, en fin, de la clase media inconforme con la felicidad que Zayas Guarneros le había asignado.

La Decena Trágica fue sin duda un acontecimiento que alteró para siempre la compostura de la sociedad mexicana; pero sobre todo la capitalina quedó afectada en el centro mismo de su visión de mundo: "En su absorta tristeza, tal parecía que la masa ignara era la única bien posesionada, aunque no lo revelara, del porvenir sombrío", mientras la "semiaristocracia" se alegraba con el triunfo de Félix Díaz y la clase media trataba de acomodarse con el mejor patrón.[14]

En *La fuga de la quimera*, la Decena Trágica fue el acontecimiento crítico que rompió el nudo del adulterio de Sofía Lavín. En *Juan Rivera*, los mismos diez días le dieron al protagonista la posibilidad de redimirse y éste se convirtió, con un gesto último y radical, de paria en Dantón. En *En los senderos de la mandrágora*, Juan Ampudia aprovechó la confusión de la matanza y de los cañonazos para consumar su más profundo rencor y matar al esposo de la que era y habría de ser su único amor. Pero no sólo en la narración de las novelas apareció la Decena Trágica como el gran acontecimiento de la metamorfosis, también se incrustó en la matriz de la visión de mundo y de la concepción de la Revolución de muchos escritores-militares, de muchos escritores-militantes... Entre ellos se debe incluir a Francisco L. Urquizo, a Genaro Saide, a Ramón Puente...

Que la Decena Trágica formara parte de la narración de muchas novelas es un hecho que necesita interpretación, ya que no demostración; pero que influyera en la forma profunda de la imaginación de los escritores requiere una explicación.

Sin duda, Maqueo Castellanos no se engañaba cuando hablaba del "porvenir sombrío" que seguiría a la Decena Trágica. En lo que, más que engañarse, se mentía, y descaradamente, era en la naturaleza de la sombra que recorrería el país. Maqueo Castellanos era un fervoroso felicista que celebró la victoria de los rebeldes de la Ciudadela al mismo tiempo que lamentaba que el triunfo debiera compartirse con ese político advenedizo y militar sospechoso llamado Victoriano Huerta. Maqueo Castellanos era tan fervoroso felicista que no se detuvo a pensar para emitir juicios indignos, moralmente repugnantes y patentemente mentirosos sobre Madero: "Desgraciadamente, el bello gesto del Presidente Madero, defendiendo su investidura, estaba contradicho por dos errores monumentales: el uno, el haberse cegado a tal extremo que no se percataba que su defensa estaba confiada a malas manos, en su prurito de considerarse superior al error; el otro, haber dirigido al presidente Taft, de los Estados Unidos del Norte, un humillante mensaje cablegráfico 'rogándole' que no desembarcaran fuerzas americanas en Veracruz, con la promesa de que la rebelión quedaría muy pronto subyugada. Con este cable, y el acto de debilidad de su renuncia, y en plena justicia histórica, el Presidente Madero se cerró por propia mano las puertas de la inmortalidad y borró su nombre del catálogo de los gobernantes heroicos para el sacrificio".[15] Este párrafo insultante, donde se habla como si Madero no hubiera sido asesinado, era representativo de la doble moralidad de la aristocracia criolla mexicana: Maqueo Castellanos criticaba a Madero por su nota a Taft, pero el supuesto nacionalismo digno de personajes como Gamboa, Casasús, el mismo Maqueo Castellanos y otras gentes de esa ralea no les impidió refugiarse en el puerto de Veracruz en julio de 1914 y pedir la protección y la ayuda del ejército invasor norteamericano para salir del país en sus barcos de guerra.

Finalmente, esa doble moralidad era una ceguera que le impidió a Maqueo Castellanos entender el sentido de los acontecimientos.

Un porvenir sombrío se fue levantando en el horizonte de la imaginación de todos los que día a día vivían la Decena Trágica inmediata o mediatamente. Y con el asesinato de Madero esa sombra creciente y ominosa se definió como una figura apocalíptica del fin de los tiempos. Ya en septiembre de 1910 había aparecido el cometa de Halley, dejando estelas de devastación en forma de malas cosechas, de dispendios, de llamados a la lucha armada; y luego en 1911, el día de la entrada de Madero a la capital de la República, la ciudad había vivido signos de aniquilamiento con un terremoto de insensata fuerza; pero la destrucción impune de la ciudad durante diez días y el asesinato del Presidente y del Vicepresidente, el 21 de febrero de 1913, vinieron a confirmar profecías que corrían de boca en boca con la autoridad de una legendaria elegida de la Virgen y de Cristo llamada la Madre Matiana: "¡Guerra, hambre, peste! El fin del mundo, *mialmas*... Si yo me lo figuré desde que apareció *la cometa esa* del Centenario y leí las profecías de la madre Matiana...", dice uno de los personajes centrales de *La ruina de la casona*.[16]

La Decena Trágica fue el modelo apocalíptico de muchos de sus protagonistas y testigos que luego escribirían novelas. Pero si el fin del mundo no ocurrió física, concretamente, no por ello el Apocalipsis perdió su autoridad como imagen y como libro ejemplar del fin y de los finales. "El Apocalipsis [...] ofrece el modelo de una predicción constantemente negada y sin embargo nunca desacreditada, y por lo tanto el modelo de un fin que se pospone infinitamente. Por otro lado, y por implicación, la negación de la predicción referente al fin del mundo ha provocado una transformación propiamente cualitativa del modelo apocalíptico: de inminente, el fin se ha convertido en inmanente. El Apocalipsis, entonces, desplaza los recursos de su cúmulo de imágenes sobre los Últimos Tiempos —tiempo del Terror, de la Decadencia y de la Renovación— para convertirse en mito de la Crisis."[17]

Con la muerte de Madero, el mundo no llegó a ese fin que anunció la Madre Matiana; pero a su fin llegaron el optimismo y la ingenuidad. La inmanencia del modelo apocalíptico, es decir, la crisis instalada en el centro del acontecimiento, destruyó el paradigma que le daba fin a la historia en general y al hecho en particular: con el fin del mundo inmanente en la historia, acabó la posibilidad de entender los fines como fines en sí. La crisis fue también crisis del fin y así la historia y el hecho histórico se volvieron transiciones en constante crisis y en incesante fin.

Muchos vieron en la Crisis de esos diez días el nacimiento de una crisis natural en la sociedad mexicana, de una crisis perdurable e irreparable: esta visión se convirtió en un molde de comportamiento que se puede considerar la forma de ser de la época.

A esta crisis la llamaron unos "la revolución social"; y de éstos, el más representativo fue Francisco L. Urquizo: "Todo lo narrado anteriormente se puede considerar tan sólo como un preámbulo ligero, para dar comienzo a la verdadera lucha, a la que inició el egregio varón de Coahuila, don Venustiano Carranza, en contra del usurpador Victoriano Huerta [...] La Revolución, en realidad, principia a raíz de los acontecimientos de la Ciudadela y la muerte del apóstol Madero; es entonces, verdaderamente, cuando el pueblo se yergue ofendido y vuelve por los fueros de su dignidad ultrajada por el militarismo brutal. Es un ansia de venganza, una sed de justicia, un deseo vehemente de mejoramiento social que palpita en el pecho de cada revolucionario del año 1913. Hay anhelo de matar, afán de destruir, de incendiar, de demolerlo todo para construir después una patria más pura, más limpia; es necesario lavar la afrenta hecha al pueblo por un puñado de pretorianos, pero hacerlo como sólo se lavan esas manchas: con sangre; purificar como sólo se purifican: con fuego [...] La revolución constituye los anhelos de todo un pueblo oprimido, es inconmensurable; son ideas afines sintetizadas en una sola: la 'revolución social'".[18]

Urquizo hablaba con la misma furia con la que habló Silvino García en uno de sus artículos publicados en el periódico *Tierra*: "Aquel Pueblo, como éste, no pudo ya imponer otro castigo a los déspotas que el de la muerte, y aplastando de un golpe los sentimientos piadosos de su gran corazón, sólo hizo caso al supremo deseo de justa venganza, atizado por muchos siglos de sufrimientos y de resignación".[19]

La diferencia entre Urquizo y García estaba en la imagen que servía de conclusión a ambas justificaciones de la venganza popular: en Silvino, la asombrosa imagen de la guillotina; en Urquizo, la "revolución social". En Urquizo encontramos la proposición de una entidad que resume los anhelos del pueblo, más allá, siempre más allá de los hechos; en Silvino, la repetición del pasado para que de ella pueda surgir la verdadera diferencia, la verdadera originalidad mexicana en su propia historia.

Para otros, sin embargo, la Decena Trágica fue el inicio de una crisis permanente de la percepción de los hechos históricos. Significativamente, fue el mismo Urquizo quien puso en boca de uno de sus personajes de *Tropa vieja* la mejor descripción de esta actitud durante el asedio a la Ciudadela: "'El Tlacuache' hacía sus comentarios conmigo: 'Yo estoy viendo esto muy raro —me decía—, ¿cómo es posible que las fuerzas del Gobierno no puedan tomar esa casa? Aquí hay gato encerrado y algo han de estar tramando los de arriba, no te quepa la menor duda'".[20]

El gato siguió encerrado y muchos temieron lo peor: que este gato fuera más peligroso que el anterior, y para colmo sin la aristocracia que el porfirismo había por lo menos mantenido. Diego Arenas Guzmán, en *El señor diputado*, no pudo reprimir su deseo de expresar "cierta angustia, cierto temor indefinibles" de que se estuviera luchando para derrocar una dictadura "que, a pesar de sus yerros, representaba un gigantesco paso evolutivo [...] para sustituirla con una tiranía más odiosa aún, con la tiranía de la masa ignara, sacudida por epilépticas convulsiones de destrucción y por bárbaros instintos de subversión de todos los valores morales colectivos".[21] Sí, el secretario de Alfredo Robles Domínguez coincidía, en los momentos extremos, con los felicistas más rabiosos como Maqueo Castellanos; pero ninguno de los dos pudo entender que su temor de la *masa ignara*, designación usada por ambos, no era sino un efecto más de la sospecha creada por los mismos líderes que ellos defendían: la sospecha del gato encerrado, la sospecha de que siempre había algo más que se estaba tramando "allá arriba", más arriba siempre, incluso para los que se creían en la cima.

Los creadores de la sospecha fueron también sus víctimas: como si el gato encerrado se ocultara él mismo para que nada ni nadie lo sacara de su propia prisión.

Urquizo volvió una y otra vez sobre los acontecimientos de la Decena Trágica. Aparecen en *Tropa vieja*, en *¡Viva Madero!*, en *Páginas de la Revolución*, en *La Ciudadela quedó atrás*, en *Memorias de Campaña*. No era para menos: a él le estaba hablando "El Tlacuache" cuando tuvo esa sospecha de que lo que estaba viviendo no era en realidad lo que estaba sucediendo. Era una escena autobiográfica. No obstante, si la visión de Urquizo no era cómplice de la de Arenas Guzmán, y menos de la de Maqueo Castellanos, sí compartía con ellas —dos caras de un mismo destino, dos alternativas únicas de un mismo volado— una forma paradigmática de comprender la historia: la superación de la Decena Trágica como fin de la historia se pagaba con una prolongación infinita de la crisis, prolongación que se transformaba en una "revolución social" permanente o en una desconfianza histórica crónica. Pero ambas, revolución o desconfianza, eran radicalmente distintas de la lucha popular, de la venganza popular, de la tiranía de la masa ignara, de las epilépticas convulsiones y de los bárbaros instintos de destrucción de la plebe. La diferencia no era meramente conceptual, ni era tampoco una diferencia de grado. Entre la venganza, por un lado, y la abstracción y la desconfianza, por el otro, había una diferencia de naturaleza. Entre ambas actitudes en su estado puro no había posibilidad de dialéctica. Transformadas aquí y allá, traicionadas por aquí y por allá, podían adquirir modalidades de transición, de parentesco. Pero ése fue otro problema.

La lucha armada, según Urquizo, tenía que transformarse en una lucha perpetua contra el enemigo, y el enemigo sería siempre el que no aceptara la validez de esa lucha perpetua contra el enemigo. El círculo vicioso no se rompía recurriendo al Plan de Guadalupe, pues éste a su vez volvía a desencadenar la lógica viciosa de la lucha perpetua contra el enemigo:

—Yo soy igual que ustedes —nos decía—. Bueno, mejor que ustedes porque yo peleo un Plan mejor que el que ustedes traen.

—¿Cuál es el Plan tuyo?

—El Plan de Ayala. Repartir la tierra a los pobres y sacarlos de parias. ¿Y el Plan de ustedes cuál es?

—El Plan de Guadalupe.

—¿Y ése es un Plan de santos o qué? ¿Qué prometen ustedes a los labriegos?

—No prometemos nada como no sea puros trancazos. Acabar con los de Huerta y vengar la muerte de Madero.

—Bueno, pues eso ya se acabó. Ya se fue Huerta. ¿Ahora qué?

—Ahora quedan ustedes y los inconformes de Villa.[22]

La fuerza del Plan de Guadalupe estaba en la venganza como justificación de muchos seguidores suyos; pero no en una represalia política por el asesinato del Presidente y Vicepresidente de la República, pues Carranza había querido omitir cualquier mención a Madero. Para Villa la venganza de la muerte de Madero ocupaba toda su imaginación, y el Plan de Guadalupe y su autor no tenían mucha imaginación. Pero hay que decidir entre la imaginación y la astucia política... O mejor dicho, entre el poder y la lucha permanente.

Murió Dantón fusilado. Y como muchos otros novelistas de la Revolución, Ramón Puente culminó su narración ahí donde su propia vida revolucionaria empezó. Ése fue uno de los rasgos esenciales de una rama de las novelas de la Revolución: concluían donde empezaba la acción: la vida revolucionaria de Ramón Puente comenzó sin duda en Matamoros con su discurso del 30 de agosto de 1913, en la ceremonia en que Lucio Blanco hizo la primera repartición de tierras de la Revolución constitucionalista. Y en esa ceremonia se ejecutó, justo antes del discurso inaugural de Puente, el himno de la Marsellesa. Era normal y es notable ese hecho: normal por la arraigada admiración que muchos de los oficiales y jefes ahí presentes tenían por la Revolución francesa; y notable porque la connotación ideológica, al ser ignorada por los sujetos mismos de la ceremonia, los campesinos, se convertía en una cita misteriosa, y notable también porque era una declaración de gusto simbólico de muchos jefes revolucionarios: ah, el gusto de repetir a la mexicana la revolución que, a la francesa, era el paradigma del cambio social.

La calle que tú amaste

La ciudad de México no se recuperó nunca de la Decena Trágica, ni de la Revolución. A los edificios mutilados y a los muros baldados de febrero de 1913 replicaron las casas ocupadas por los jefes constitucionalistas y sus tropas en agosto de 1914. Y a las casas violadas, a los pisos de parquet consumidos para calentar tortillas, a las lunas bohemias hechas trizas para retar a la mala suerte, a las persianas de seda destrozadas para burlarse de la intimidad, siguieron las plagas que repartieron cadáveres por todas las calles de la ciudad en el año aciago de 1915: cayó la plaga del tifo en una ciudad y un país desprovistos de los medios básicos para combatir epidemias, se agotaron los bosques de Anzures por la carestía del carbón, los acaparadores incubaron su riqueza ocultando el maíz y la harina de trigo, los mendigos invadieron las aceras de la ciudad, y en las noches cientos de ellos murieron de hambre y de frío; y a veces hasta de miedo por los tiroteos continuos de los carrancistas contra los convencionistas...

En *La fuga de la quimera*, en *En el sendero de las mandrágoras*, en *La ruina de la casona*, en *Juan Rivera*, en *Tropa vieja*... se describió el calvario de la ciudad entre 1913 y 1915. Pero en este punto se vuelve fundamental atender al año de publicación de estas novelas, porque la relación entre la escritura y los hechos descritos, por un lado, y la relación entre la escritura y su época contemporánea, por el otro, definen el sentido de esa descripción.

La primera apareció en 1919; las dos siguientes a principios de los años veinte (la de Ancona Albertos en 1920, y la de Maqueo Castellanos en el 21). Las otras dos fueron expresiones tardías: la de Ramón Puente se publicó en 1936; y la de Francisco L. Urquizo en 1938. De acuerdo con esto, son las tres primeras las que ofrecieron una imagen sociológica de la ciudad: sociológica en el sentido weberiano de una acción subjetiva (interna o externa) enlazada a la conducta de los otros para la mejor orientación de su propio desarrollo.

En efecto, la pasión con que Maqueo Castellanos y Ancona Albertos hablaban de la destrucción —física y moral— de la ciudad durante la Decena Trágica sacaba su forma y su fuerza de muchos otros discursos de esos mismos años, en los que también se hablaba de la ciudad pero ya como ciudad extranjera, como espacio irreconocible física y socialmente, como ámbito inhóspito.

Fueron los escritores de la aristocracia porfirista de pacotilla, los de la burguesía ambiciosa y desconcertada, y los de una clase media próspera, urbana y educada, los que resintieron más dolorosamente la desaparición de la ciudad del *ancien régime*.

Podían ser o no ser revolucionarios (en su mayoría no lo eran o eran demasiado jóvenes en 1913 y en 1915), pero los artistas que pretendían su aceptación en la república de las letras se creían primero urbanos y después muy mexicanos, y todos lamentaban que la ciudad de su niñez no volvería nunca a ser igual. Ya en 1918, un joven y veterano revolucionario, Adolfo León Ossorio, escribía décimas a la agonía de Plateros:

Mi calle de Plateros,
mi calle recta y blanca;
la que escuchó mil veces
el frú-frú de tus faldas;
la calle que tú amaste
cuando eras colegiala;
mi avenida nocturna,
elegante y mundana,
donde se daban cita
de amor las mexicanas.[1]

Quizás los combates de flores tuvieran todavía el mismo colorido y la misma algarabía, pero ya estaban sucediendo escenas extrañas que daban fe de cambios irreversibles: "Las mujeres son soñadoras y se enamoran de los militares, a los que nimba el prestigio de sus aventuras".[2] Los uniformes podían ser tan elegantes y pulcros como los de antes, pero los uniformados ya no eran los mismos: eran generales que nunca habían pasado por la escuela militar, y a veces ni por la escuela a secas; eran coroneles de baja ralea que podían disfrazarse de lo que no eran y derrochar el dinero que Carranza ofrecía en abundancia para ganarse el apoyo de todos; eran capitanes de piel morena, cobriza, broncínea, de bigotes ralos y lacios, de barba lampiña... y todos ellos se consideraban con derecho a cortejar a las damas decentes, de tez blanca, de alcurnia venida a menos, es cierto, pero por culpa precisamente de esos bandidos, asesinos, carranclanes, que todo lo habían robado, saqueado, violado, arrasado.

Muchos padres de familias venidas a menos aprovecharon, sin embargo, el interés de los nuevos militares y de los nuevos políticos para ofrecer a sus hijas en prenda de alianzas comerciales y de esperanzas de recuperación. Entre muchos viejos porfiristas y muchos nuevos carranclanes se inició la trata de hijas como si fuera trata de blancas para la fundación y el establecimiento de la nueva sociedad. Este fenómeno sociológico fue aprehendido con suma rapidez y lucidez por un joven escritor llamado Xavier Icaza en su novela *Dilema*.[3]

Aunque el comercio de hijas se inició en el período constitucional carrancista (de 1917 a 1920), muchos porfiristas no regresaron durante la presidencia de Carranza, pues tenían otra esperanza: Félix Díaz estaba de nuevo levantado en armas. Después del fracaso de 1913 en lo que a sus ambiciones políticas concernía, Díaz había reiniciado en 1916 la rebelión militar, ahora contra Carranza. Y desde 1916 hasta 1920, los felicistas recurrieron a todas las intrigas más sucias posibles para que el gobierno de Estados Unidos reconociera la rebelión como beligerante. Nada sucedió como querían los felicistas, y la pusilanimidad de su líder no ayudó mucho a que fuera de otra manera, y con el golpe de estado del Plan de Agua Prieta, en abril de 1920, lo mejor que pudo hacer Félix Díaz fue aceptar la amnistía que le ofreció el nuevo gobierno y exiliarse en Estados Unidos. Paradójicamente, con el exilio de su líder, muchos porfiristas finalmente decidieron regresar al país: después de todo, por lo menos Carranza estaba muerto.

Así pues, la fuerza de la imagen que Maqueo Castellanos, Ancona Albertos y, en menor medida, González Peña ofrecían de la ciudad provenía de otros discursos en los que grupos extraños de clase media arribista ocupaban los viejos barrios —hasta los aristocráticos— y fundaban los nuevos en colonias como La Verónica, la extensión de la Roma, la Del Valle. La aristocracia que podía ser renuente a las mezclas y a los contubernios familiares con los militares y burócratas arribistas se fue a las Chapultepec Heights, donde cada cuatro años se abrían nuevas secciones por la demanda abrumadora de terrenos. Por supuesto, entre los nuevos colonos se colaron, con el poder bruto del dinero, muchos revolucionarios indeseables. México parecía, de pronto, la Francia de la Restauración...

Las ruinas de la casona

Repartidos en tres pisos, alrededor de un solo patio, todos los tipos y todos los matices de la clase media ocupaban la casa número 277 de la segunda calle de Las Moras, "en esta adobada, presuntuosa y polifásica Capital".[1]

La descripción de esta vecindad seguía el modelo balzaciano más clásico usado en *Le Père Goriot*: comenzando por la patrona, se recorría físicamente la casa para presentar a los inquilinos. Y en el último piso de la vecindad mexicana, como en las buhardillas parisinas, vivían los estudiantes pobres y ambiciosos. Llegados de provincia, como el Rastignac de Balzac, en la casa de doña Nacha Barbedillo se hospedaban los estudiantes Federico Andrade, Melchor Tenorio, José Tafolla y Agustín Chaneque.

Federico Andrade, el casi protagonista de *La ruina de la casona*, si no fuera porque la casona misma con todas las vicisitudes de sus inquilinos se gana la primacía, tenía almas gemelas en otras novelas: por ahí, cerca de la calle de las Moras, vivía Juan Ampudia, protagonista él sí de *En el sendero de las mandrágoras*; y también cerca de ahí, visitando los mismos bares, frecuentando las mismas redacciones de periódicos, andaba Juan Rivera.

Andrade estudiaba leyes; Ampudia era periodista; y Juan Rivera había sido en provincia un notable estudiante de leyes cuya carrera interrumpió la leva forzosa después de que Rivera pronunciara un discurso fogoso contra don Porfirio. La vida de los tres siguió un modelo similar, casi idéntico: de jóvenes llenos de ideales honestos y de ilusiones de triunfo se fueron convirtiendo, con un proceso, largo, tortuoso, ineluctable, en cínicos, drogadictos, oportunistas; pero llegados al fondo de su degeneración los tres se redimieron con súbitos gestos redentores y suicidas.

Si Andrade y Ampudia fueron los modelos de Ramón Puente para la caracterización de su Juan Rivera, entre Andrade y Ampudia es difícil decir cuál de los dos fue primero. Es claro que Maqueo Castellanos publicó *La ruina de la casona* en 1921; pero no es tan claro que la novela de Ancona Albertos, *En el sendero de las mandrágoras*, haya aparecido en 1920, como lo consigna John Rutherford en su bibliografía de las novelas de la Revolución.[2] Y por desgracia Rutherford es casi el único investigador o crítico que habla de esta novela.

El ejemplar que conozco de la primera edición de la novela no tiene fecha. Para resolver las cosas con imparcialidad, Juan B. Iguiniz, en su bibliografía de novelistas mexicanos de 1926, ofrecía la siguiente referencia bibliográfica de la novela: "[Ancona Albertos] Ha publicado *En el sendero de las mandrágoras*, s.p.i., 2 v. en 4o. de (2), 215 y 230 p.", y hasta aquí coincidía con el ejemplar que conozco; pero Iguiniz agregaba inmediatamente, sin aclaración ninguna: "Impreso en la oficina del Gobierno del Estado, Mérida, 1920".[3]

De algún lado, que desconozco, habrán sacado ambos autores el último dato, a menos que Rutherford lo haya copiado así nada más de Iguiniz. Y no parece ser así, pues su comentario de la novela, aunque desafortunado, indica al menos que la leyó. Si existe alguna edición de la novela que lleve fecha, no la conozco.

No obstante, si se quiere usar este protagonista como modelo, los criterios de originalidad o de influjo no son útiles, pues el personaje de Ampudia recogía su singularidad precisamente del hecho de ser un tipo, reconocible en muchos personajes históricos y en otros tantos literarios. La categoría de modelo sirve, en cambio, para identificar las posibilidades esenciales que los novelistas de cierta época escogieron como suyas para dar verosimilitud a sus personajes.

Y el modelo básico de Ancona Albertos era un personaje hecho a la altura, no de los acontecimientos, sino de las lecturas de periódicos, de ese género común de la época que se llamó "Apuntes para la historia" y de novelas francesas.

Juan Ampudia lo dijo muy bien en el prólogo a su propia biografía: "Fui de muchacho, romántico y optimista y tuve siempre un proyecto en la sesera [...] Pero proyectista y lo demás, huí siempre de la aventura peligrosa y en ella anduve metido hasta los codos contra mi voluntad, si es que alguna vez la tuve. Estriba en eso la diferencia que existe entre Tartarín de Tarascón y yo [...]".[4] La prueba más contundente de que Ampudia vivía primero sus modelos literarios y después sus dilemas ante los acontecimientos reales no estaba tanto en su confesión como en el hecho de que este prólogo a su "biografía" lo estaba escribiendo el protagonista antes de que sucedieran los hechos, pues esta advertencia de "Juan Ampudia a sus detractores" estaba fechada en agosto de 1912. ¿Es decir que todos sus reproches a su biógrafo ("Mi biógrafo habrá logrado lo que desea: exhibirme y ridiculizarme"[5]) eran ya parte de su "proyecto", es decir, de sus ideales? ¿O la fecha del prólogo era un engaño más y Juan Ampudia, quien según el autor murió en 1915, estaba escribiendo desde la Muerte? De cualquier forma, lo único cierto parecía ser lo que él mismo afirmaba: "Y es claro que también agradeceré los ataques y las burlas: para eso salí del mundo de las letras, después de haber vivido lastimosamente en el mundo de los hechos".[6] La inclinación de los tiempos verbales de esta declaración delataba a Juan Ampudia: su advertencia era la advertencia de un muerto.

Ampudia, Andrade, Rivera aparecían ya muertos en las novelas no porque éstas fueran autobiografías disfrazadas de los autores, sino porque los personajes habían muerto desde antes de comenzar la novela *como lectores que se habían identificado con los personajes de otras novelas*. Esas otras novelas eran las novelas de Víctor Hugo primordialmente, y después las de Daudet y Anatole France: "Pero entre todos los personajes novelescos, predilectos para Andrade, ninguno como aquel Enjolrás de Víctor Hugo en *Los miserables*. Ése era su más acabado tipo; y cuando lo estudiaba y lo meditaba, llegaba a sentirse algo Enjolrás", decía Maqueo Castellanos de su personaje.[7]

Y Ramón Puente, quince años después, habría de ser, como siempre, abundoso en su descripción: "Y cómo le hizo daño al pobre Rivera el autor de *Nuestra Señora de París*. Lo leyó temprano, lo leyó desde su pueblo, fue como el agua bautismal de su espíritu. Le hizo daño en sus amores, en sus ambiciones, en su sueños. Con la lectura de *Los miserables*, se echó a cuestas los dolores ajenos, sintiéndose un redentor de la gleba y, al estilo de Mario, buscó en vano una Coseta; con *El Noventa y Tres*, se enamoró de la revolución como de una deidad, fue revolucionario idealista hasta el final de su existencia; y con la de *Los Castigos*, se creyó el llamado a derrocar tiranías y a ser el azote de todos los violadores del derecho".[8]

Junto al hecho capital de que la repetición de la Revolución Francesa fuera la condición para crear una revolución propia, una nueva y verdadera revolución mexicana, este gusto de la vida por repetir las gestas literarias era como un antídoto contra la acción, contra la misma historia: "Y así meditaba, con los ojos clavados en el desteñido cielo raso; las manos enclavijadas en el occipucio, sirviéndole de almohada; tumbado sobre la cama y divagando deliciosamente sobre aquellas perspectivas que le atraían y le atraían irresistiblemente, cuando se acordó de que en aquella tenía una cita..."[9] Esto que se escribió de Andrade se hubiera podido escribir de Juan Rivera, y lo que Juan Rivera pensó poco antes de cometer el acto que lo llevaría al paredón también lo hubiera aceptado como suyo Andrade: "De los veinte años plenamente conscientes de su existencia, sólo de los cinco primeros estaba satisfecho; los demás, habían sido de amargura, de abatimiento, de insignificancia".[10]

La redención de esos años de amargura y abatimiento se alcanzaba con la historia, pero con la historia apasionadamente; hundiéndose en el corazón de los hechos hasta convertir al tiempo en un relámpago de júbilo: con un júbilo instantáneo y con un instante que transformaba las acciones históricas en algo parecido a la materia pura del desengaño. En el caso de estos personajes, la relación sanguínea del júbilo con el instante nacía de la naturaleza misma de los hechos vividos durante la Decena Trágica: dentro o fuera de la Ciudadela, voluntario felicista o fervoroso maderista, sólo se podía creer en las batallas si se afirmaba su fugacidad, su oblicuidad, su distanciamiento. Las avanzadas federales no llegaban a la línea de fuego, eran aniquiladas mucho antes; los bombardeos se podían prolongar por horas alucinantes, pero siempre eran oblicuos o abstractos: los federales no tenían artillería capaz de penetrar la fortaleza felicista, y ambos bandos lo sabían, como lo repetía entonces y después Guillermo Rubio Navarrete, el encargado mismo de atacar la Ciudadela con la artillería federal; y por su parte los rebeldes disparaban para destruir sin discernimiento. Esta forma fue la forma que adoptó la guerra en la ciudad de México: tenía el disfraz del instante y la esperanza de superar la moral.

En aquellos años, ya muchos lectores mexicanos habían percibido, aunque atenuados, aunque desfigurados, los relámpagos de los aforismos nietzscheanos. Sin embargo, los personajes literarios o históricos no sentían gran atracción por Nietzsche; a lo mucho, les llegaron tropos del pensador alemán a través de glosadores, quienes usaban más bien ciertos términos nietzscheanos para beneficio de su propia retórica y para disfrazar su oportunismo. En esta época y con la ventaja de la distancia, el publicista peruano Francisco García Calderón supo percibir lúcidamente este fenómeno: "Nietzsche también tuvo sus discípulos y sus comentaristas. Traducido al castellano y vulgarizado, sus doctrinas fueron la biblia del egoísmo exacerbado. Sin embargo, no perciben su estoicismo, su culto de la vida heroica y de la aventura trágica. Ministros concusionarios, mestizos ávidos de poder se creen sus seguidores porque acallan cualquier escrúpulo para su inmoral ascenso. Una generación que está más allá del bien y del mal, practica en América el arribismo, disocia la política y la sociedad y atropella el código de la dignidad humana".[11]

Uno de esos "ministros concusionarios", de los más insignes, fue Vargas Vila, admirado por Federico Andrade en *La ruina de la casona*, y por Álvaro Obregón en la presidencia de México, y originario de Huatabampo, Sonora.

La aspiración de amoralidad, pues, no era nietzscheana, aunque algunos autores utilizaran al alemán para disfrazar, por pruritos muy morales, sus verdaderas fuentes, de las cuales la más prestigiosa era la filosofía idealista francesa. No era difícil desprender de la moral sin obligación y sin sanción de Guyau, y del voluntarismo individual que éste reivindicaba, un egoísmo pragmático y hedonista. Y con Guyau llegaban también los ecos de la decadencia francesa, y muchas veces más que los ecos, pues muchos escritores de ese *fin de siècle* que no eran Víctor Hugo, ni Flaubert, ni Guyau, ni Le Bon, eran aún más leídos que éstos, pero relegados a un inconsciente casi colectivo de donde no salían con sus nombres, aunque sí con sus perversiones, muy pegajosas; con sus lugares comunes, muy insidiosos; y con sus posturas supuestamente amorales, muy atractivas. Entre los más famosos de estos autores estaban Xavier de Montépin con sus *Tragédies de París*, sus *Filles de plâtre* (que le valió a su autor, en 1856, tres meses de prisión y 500 francos de multa); Michel Zévaco y su *Fausta* y su famosa serie de los Pardaillan; y Ponson du Terrail y su serie de Rocambole, donde aparecía esta clásica descripción de una prostituta: "Era, en toda la acepción del término, el salón de la pecadora en ciernes, es decir, de un lujo miserable... Pero la impresión desagradable que se sentía al entrar en esta guarida desaparecía súbitamente en presencia de la diosa que ocupaba este Olimpo de cinco centavos. Era una muchacha de diecinueve a veinte años, pequeña, frágil, delicada, de cabellos rubios, de grandes ojos de un azul oscuro, que parecían reflejar el azul de un cielo oriental, los pómulos con una encantadora hendidura. Su talle, esbelto, suave, ondulante, como una culebra [...] A los veinte años, Jenny ya sabía todo lo que debe saber la mujer que entre en esta arena mortífera en donde el hombre se convierte en el enemigo, en la ciudad sitiada, en la víctima ofrecida a los dioses infernales, el Prometeo cuyo corazón será entregado a estos buitres de garras rosadas, a los labios de carmín, a los dientes deslumbrantes de blancura, entre los cuales se desliza eternamente la sonrisa impía del escepticismo y de la insensibilidad".[12]

Pero quizás ni siquiera ésos más famosos fueron los más leídos: quizás *Gigolette* de Pierre Decourcelle, quizás *Chaste et flétrie* de Charles Mérouvel, quizás *Ces Dames au salon et à la mer* de Dubut de Laforest, quizás *Luxure et chasteté* de Jules Boulabert, quizás éstas dejaron una huella más profunda con sus descripciones aún más brutales, aún más escabrosas, de violaciones, de actos homosexuales, de crímenes crapulosos, de experimentos biológicos para restituir la virginidad, etcétera.

Para botón de muestra se puede escoger la lista de libros que a principios de 1915 ofrecía el periódico villista de Chihuahua, *Vida Nueva*, a sus lectores. Ahí aparecían justamente, y en forma destacada, Ponson du Terrail, Xavier de Montépin (novelas obsequiadas: *La matrona*, *Su Alteza el Amor*), Paul Feval (*Los amores de París* y *Las hijas de la luna*); pero también estaban Henri Germain y Pierre Decourcelle (con *Las dos golfas*)...[13]

A todos ellos había leído Vargas Vila, más que a Nietzsche; y fueron ellos los modelos que el escritor colombiano y muchos de sus congéneres trataron de copiar. Esos mismos autores fueron los que perduraron por debajo del modernismo —de poco talento narrativo, que no es lo mismo que prosístico—, para reaparecer cuando aquel ánimo estilístico se debilitó y se transformó en una miríada de individualidades inabarcables por una denominación única.

En América Latina muchas novelas decadentes se sirvieron magníficamente de la teoría naturalista, con su discurso cientificista, enemigo de las metáforas, para disfrazar con ella su verdadero origen, el de la novela libertina y semipornográfica. Uno de los casos más notables fue el de *Santa*, que logró adaptar a la realidad mexicana las versiones más disímiles de la mujer corrompida y corruptora que aparecía en las lecturas secretas de aquella época. Al asociarse con las novelas clínicas de Zola, y especialmente con *Nana*, *Santa* pudo aparecer como un retrato objetivo, supuestamente científico, de un mal social mexicano. Sin embargo, aunque *Santa* fuera una reproducción de la novela naturalista, siempre fue más que eso. En la misma medida en que las novelas de Zola eran más que novelas naturalistas originales, porque las novelas del francés rebasaban la categoría mecánica donde se las colocaba.

La obra de Gamboa tenía sus fuentes en las novelas galantes de la decadencia francesa, pero la aceptación de ese origen no era un gesto que diera prestigio. La etiqueta de naturalista, pues, le permitió a *Santa* sobrevivir con atributos extraliterarios, cientificistas, sociologizantes, y a la sociedad lectora le permitió recibirla sin reconocer la descripción que hacía Gamboa de la función crónicamente degradada de la mujer en la sociedad mexicana.

Otros autores de la época continuaron escribiendo sus retratos de mujeres galantes, de cadáveres femeninos exquisitos, de muchachas en flor y mancilladas. Algunos, como Efrén Rebolledo, José Juan Tablada, Amado Nervo y Ramón López Velarde, trataron de dar mayor fuerza erótica a esas imágenes colocándolas en el contexto morboso y sensual del catolicismo. Pero ellos fueron sólo los más conocidos y los más talentosos. En su antología de la poesía mexicana de 1916, Genaro Estrada incluyó a otros, hoy casi olvidados, como Roberto Argüelles Bringas, Eduardo Colín, Rafael López, José de Jesús Núñez y Domínguez... Este último nunca logró superar esa imaginería morbosa que terminó convirtiéndose en un lugar común: en 1926, publicó *El imaginero del amor. Prosas deshilvanadas* donde incluía una estampa titulada "La muerta desconocida" y que se leía francesamente así: "Entre los desechos de la gran ciudad, medio enterrada en los residuos que acumula la desidia vecinal, entre el fiemo pestilente y la boñiga, yacía la sin ventura con los ojos entreabiertos, aún azorados por lo horrible de la postrera visión [...] Sin vida ya, el cuerpo venusto se encontraba en el abandono supremo y se extendía en una actitud casual [...] Y por ese cuerpo, horas antes quizás, hombres conscientes de una alta misión en la existencia o patibularios hampones, hubieran hecho trizas un corazón, hubieran chafado las rosas de todas las conveniencias sociales y hubieran renegado hasta de sí mismos, poseídos del demonio de la voluptuosidad y de la lascivia [...] Ahora ella se hallaba allí [...] Se encontraba allí, y sus carnes de alabastro, que sintieran la cosquilla de la seda y del lino, el mordisco del ósculo lúbrico y la frígida caricia del perfume, eran husmeadas por los famélicos canes vagabundos [...]".[14] Más que por el demonio de la voluptuosidad y de la lascivia, Núñez y Domínguez estaba poseído por el demonio de los contrastes terribles, grotescos, cotidianos y estilísticamente sublimes, el cuerpo de alabastro husmeado por los perros callejeros, contrastes que la decadencia francesa utilizaba para manifestar su ambigüedad frente a la mujer.

La imagen decadente de la mujer no desapareció en los años de la Revolución. La antología de Genaro Estrada quiso ser, entre otras cosas, una demostración de ello. Después, con el triunfo de Venustiano Carranza y su tolerancia de una nueva casta de hombres poderosos que hacían uso de su título de generales como de un título nobiliario, se le agregó a la mujer una nueva función: la de seguir siendo la misma de siempre en una nueva situación histórica. En parte responsable de la definición de esta nueva función fue una notable mujer llamada Hermila Galindo, quien con su revista *La mujer moderna* estableció las premisas básicas para que, respondiendo a las luchas feministas europeas y norteamericanas, la mujer fuera aceptada por los nuevos gobernantes.

No sorprende que *Santa* resurgiera poderosamente entre 1918 y 1920. Era el modelo de la novela galante y libertina que en esos años creció en México con una fuerza inusitada y que nadie se atrevía a explicar. Y eran los escritores jóvenes quienes con mayor asiduidad practicaban el género con novelas y novelettes como *Carne y alma* (1921) de Gilberto Aguilar, *La inmaculada* (1921) de Catalina D'Erzell, *El automóvil gris* (1922) de José Ascensión Reyes, *Las tragedias de la carne* (1918) y *¡Lujuria bendita!* (1919) de Gilberto Torres. Pero también había libros de poemas como *Mis triviales pecados* (1916) de Armando de Maria y Campos; y libros de prosas o semblanzas poéticas como el ya citado de José de Jesús Núñez y Domínguez, *El imaginero del amor*.

No obstante la relación genérica con la obra de Gamboa, gracias al puente privilegiado de un escritor de talento (Efrén Rebolledo en *Cara Victrix* y *Salamandra*), estas novelas y novelettes que imitaban la galantería y pornografía francesas eran compañeras de aquellas otras que querían retratar la coquetería y la inmoralidad norteamericanas con protagonistas que eran *flappers* venidas directamente del Norte a escandalizar con su escaso apego a la virginidad femenina y otras virtudes. La buena sociedad de la época expresaba su juicio de la *flapper* (que ricos y pobres podían contemplar en las vistas cinematográficas) con este virtuoso silogismo: "Una americana libre, tan libre, que, a no dudarlo era una mujer de la calle".[15]

Y lo que delataba el parentesco de ambos tipos de novela era la clara seguridad masculina (incluso cuando la novela no había sido escrita por un hombre) de que la mujer se revelaba y rebelaba sólo para consumar mejor la unidad de la pareja. Al hombre no lo distraía, lo fascinaba la presencia de ésta que parecía una nueva mujer, quien, dueña de su cuerpo y con pleno sentido de propiedad y racionalidad, se ofrecía al hombre sin metáforas y pedía opiniones también sin metáforas: "¿Te gusta mi cuerpo, Gonzalo? Quiero oir tu opinión acerca de mi carne".[16] Y Gonzalo le contestaba a su amante con frases abundantes de figuras retóricas como si no tuviera otro camino que el de la palabra para responder a frase tan concisa, científica y comercialmente romántica. Y finalmente efectiva: al final de "Carne y alma", la novelette de Gilberto F. Aguilar que le daba título a su libro, la pareja consideraba que su unión se volvía una verdadera unión cuando al fin un hijo se anunciaba...[17]

Pero al mismo tiempo que la mujer parecía alcanzar su libertad, su autonomía, y reclamaba su lugar propio no sólo en la sociedad sino en las relaciones amorosas, la nueva situación política en México convirtió a la mujer en el valor absoluto de las relaciones entre las clases antes irremediablemente separadas. La mujer, para muchas novelas de los años veinte, era de pronto lo único que había permanecido inalterable o intacto durante la violencia revolucionaria. Y a través de ella se definían entonces las nuevas aptitudes, las nuevas posibilidades de consumo de los caudillos triunfantes, de un consumo aparentemente ajeno a las luchas de poder, pero que era de hecho el último signo de la victoria, pues la mujer se presentaba como lo último que le quedaba por vender a la aristocracia porfirista para no caer definitivamente en la ruina: desde novelas como *La hija del ministro* de Jacoba Avendaño, *Dilema* de Xavier Icaza, *En el sendero de las mandrágoras* de Ancona Albertos, e incluso *El Indio* de Eduardo Luquín, hasta *Lupita* de Alfonso de Icaza, *La sombra del caudillo* de Martín Luis Guzmán y *¡Hiedra!* de Irma Bizeña describían esa nueva función de la mujer. En algunas de estas novelas se presentaba la maniobra de las clases porfiristas y el oportunismo de los revolucionarios con todo su cinismo; pero en otras simplemente se presentaba como una nueva *narratividad* de las relaciones sociales en la ciudad de México, como un nuevo mundo. Nuevo mundo que se necesita recorrer paso a paso, pero comenzando quizás con esa "partidaria acérrima de las ideas ultramodernistas" cuyas novelas son inencontrables y que se llama Francisca Betanzo ("Chanteclair").[18]

No sé de ella más de lo que Iguíniz refiere en su *Bibliografía de novelistas mexicanos*: que nació en Tehuacán, donde se educó, y que vivió en España y Francia consagrada al periodismo. Más abundante es la lista de sus obras, y más atractiva. He aquí los títulos que más me impresionaron:

La Peña del infierno, Sociedad de Ediciones Literarias y Artísticas, Librería Paul Ollendorf, París. Subscrita en París, el 16 de julio de 1909.

Brumas alcohólicas, F. Granada y Cía. Editores, Barcelona. Subscrita en Barcelona, el 26 de agosto de 1909. (Seguida de *Sangre y Fuego*.)

Asceta y Suicida, Sociedad de Ediciones Literarias y Artísticas, Librería Paul Ollendorf, París. Subscrita en París, en febrero de 1911.[19]

En la Biblioteca Nacional de París no existen ejemplares de las novelas editadas en esa ciudad; ni *Brumas alcohólicas* aparece en el catálogo de la biblioteca de Barcelona. En la Biblioteca del Congreso en Washington no hay nada de ella, ni tampoco en las bibliotecas universitarias de Estados Unidos que se encuentran asociadas a un programa inter-universitario de préstamo de libros. Y en la Biblioteca Nacional de México tampoco hay obras suyas.

Pero quizás haya buscado muy lejos, quizás está, como la carta robada de Poe, frente a mí, ahí donde menos la estoy buscando... quizás en la biblioteca del abuelo de un amigo mío... quizás... Entretanto queda sólo como un horizonte más: recorrer con la literatura femenina, desde Francisca Betanzo hasta Irma Bizeña y Nellie Campobello, las comarcas desconocidas de una violencia soterrada, de una conciencia en constante desgarramiento...

Como falta también recorrer los vericuetos sórdidos de la historia de otro personaje literario de la época, quien aparece acompañando a la mujer en todos su avatares: la plebe. En este caso, el talento estilístico de Gamboa era incomparable con la torpeza narrativa de un Quevedo y Zubieta, quien en una novela como *La camada* pretendía rescatar la degeneración de la plebe urbana. Sin embargo, después de la Revolución, para representar la degeneración social, ya no hubo necesidad de recurrir a los borrachos y asesinos de la colonia Romero Rubio o al lumpen que se amontonaba incestuosamente en la colonia de la Bolsa: para eso estaban las turbas revolucionarias, que habían dado más pruebas, y también más peligrosas y contundentes, de degeneración que todas las que se hubieran podido encontrar en la ciudad de México.

Dos historias y una misma repetición: ¿cómo mantener la misma función de esos agentes sociales en una situación histórica radicalmente distinta?

¿Qué es un mes de agosto si no es eso?

Dije ya cómo se unieron hechos cotidianos y cómo de ellos se desprendió la necesidad de escribir la recreación de un antiguo libro de historia con nuevos personajes tan viejos como el mundo. Pero ni me eduqué en la historia, ni me criaron con sentido histórico. Más aún: mis mejores maestros de literatura fueron antihistóricos o meramente indiferentes a la historia.

Y quizás sea tiempo de hablar de ellos porque, en la raíz de cada frase, en mi manera de concebirlas, están ellos de maneras muy secretas, y ya no inconfesables: "Porque ¿qué es un mes de agosto sino la unión imprevista de claros aspectos con acontecimientos que no siempre escapan de cualquier memoria? ¿Qué sino la aparición de sucesos en los que se reconocen vestigios ya lejanos, naturalezas obvias, parentescos profundos con fábulas e historias algo más que empolvadas? ¿Qué sino el estremecerse de un germen subterráneo, el florecimiento poco inteligible de la vida?"[1]

Sí, ¿qué puede ser un mes de agosto si no es eso? Pero ¿qué es *eso*? *Eso*, si entiendo bien, es una relación muy personal entre un período arbitrario de tiempo y entidades de suprema elegancia y de mediterráneos secretos. ¿Cuáles "vestigios lejanos", cuáles "naturalezas obvias"? ¿Cuáles, carajo? Lo pregunto y lo pido con desesperación, no con ironía.

En la visión de Sergio Fernández hay una tensión casi dolorosa y también casi excesiva. Su tensión es la de una cuerda tendida que un dedo índice cualquiera está a punto de templar y de romper. Su tensión es la de un equilibrista que no quiere tocar la cuerda que lo hace equilibrista porque sabe que la cuerda se romperá y ni siquiera por lo más delgado. Veinticinco años después de haber leído ese párrafo por primera vez, me sigue conmoviendo, y sigo entendiendo que tanta intensidad es deudora de un silencio, quizás de un orgullo, quizás de una soberbia o quizás de un miedo. No lo sé, después de veinticinco años no sé a qué le debe más esa tensión aparte del silencio. Sé que le debe a Góngora, pues la relación entre un objeto tan arbitrario como el mes de agosto y términos tan vagos y generales como "sucesos en los que se reconocen vestigios ya lejanos", "naturalezas obvias", "parentescos profundos con fábulas e historias algo más que empolvadas" es una relación doblemente metafórica o de una metaforización al cuadrado; pero el autor nos ha escamoteado la primera metáfora, la que une al objeto con sus primeras imágenes, con sus parientes de sangre, por decirlo así. Sin duda el trabajo estilístico de Fernández es el de un meticuloso orfebre del lenguaje, pero su material de trabajo es un material incomprensible o invisible, y no, como el de Góngora, un material accesible por el conocimiento común de los mitos. El hecho de que, a final de cuentas, Sergio Fernández se guarde los sentidos de su "segunda metáfora" (¿como un segundo sueño?) va en detrimento de su propia escritura: no llega a ser poesía, porque no hay nada común entre su agosto y el mío, y su visión no es la visión de alguien que ve la raíz del mes o de los objetos, es sólo la voluntad que le da a su propia vida el sentido que él y sólo él conoce; y en ese sentido no es tampoco narración, porque no hay ninguna intriga posible entre agosto y sus vestigios, entre agosto y sus naturalezas, entre agosto y sus parentescos... ¿Qué quiero yo saber de ese agosto? Nada... ¿O qué revelación guardan esas líneas? Ninguna...

No se puede rechazar esa labor intensa y obsesiva *sobre* el lenguaje, como la de un grabador; pero no poder saber nada de ese mundo ni recibir ninguna revelación de él resultan en un distanciamiento inevitable. Si puedo agradecerle que me ofrezca "el florecimiento poco inteligible de la vida", no tengo en cambio deseos de esperar que ese metalenguaje sobre lo más inefable que todos tenemos se decida al fin a hablarme, a verme, a mí, su lector. Sí, un lenguaje solipsista, pero desgraciadamente sembrado con modalidades peligrosas y autodestructivas, y en esta cita yo subrayo: "Porque ¿qué es un mes de agosto sino la unión imprevista de claros aspectos con acontecimientos que *no siempre* escapan de *cualquier* memoria? ¿Qué sino la aparición de sucesos en los que se reconocen vestigios ya lejanos, naturalezas obvias, parentescos profundos con fábulas e historias *algo más que* empolvadas? ¿Qué sino el estremecerse de un germen subterráneo, el florecimiento *poco* inteligible de la vida?"

Estos modos del adjetivo y del adverbio son los gérmenes subterráneos cuya virtualidad llevan a la corrosión de este estilo: modos oblicuos, de indefinición, y también de complicidad, pero de complicidad siempre con otro lector que no es ni tú, ni yo, ni el lector que está leyendo la novela; guiños a un lector invisible que está leyendo por encima de mi hombro y que yo no conozco y que no quiero conocer. A quien quiero conocer es al autor, no a sus cómplices. Y el autor en estas líneas es inaccesible, siempre lo será.

Nunca conocí a Sergio Fernández, de hecho. En 1965, era de los profesores temidos en la Facultad de Filosofía y Letras, a cargo de uno de los cursos más evadidos, el curso sobre los Siglos de Oro españoles.

Sergio Fernández llegaba con unas hojas encuadernadas bajo el brazo, y en la hora de clase leía sus análisis de escritores españoles clásicos con intimidante fervor, quizás porque ya eran parte de su próximo libro: *Las grandes figuras españolas del Renacimiento y el Barroco*.[2] Era imposible hacerle una pregunta a *ese* lenguaje tan metafórico como los textos mismos que comentaba. Y tampoco a ese profesor que medía, con un metro bien escondido, la distancia con los alumnos. Pero sus clases eran un estímulo siempre sorpresivo. Nunca supe por él cuándo había nacido Góngora, ni qué autores clásicos había leído, ni los avatares de las ediciones de sus obras. Era lo de menos; me deslumbraba el horizonte de ese lenguaje, el espacio que cubría y los territorios que abría como virtuales. Eso bastaba: la voluntad de su estilo.

Muy distinto era Antonio Alatorre. Salir de la clase de Siglos de Oro para ir a la de Teoría Literaria era atravesar una frontera más contrastante que la de México y los Estados Unidos. Antonio Alatorre era la persona de la creatividad espontánea o al menos así lo dejaba ver. No recuerdo que llevara nunca un apunte: llegaba simplemente con el libro de texto bajo el brazo, lo abría en el capítulo pertinente y después de leer una frase comenzaba a recorrer caminos y caminos de la literatura universal que, entre más numerosos, eran más seductores. No contaba anécdotas como solían hacerlo otros profesores como Ermilo Abreu Gómez y Amancio Bolaño e Isla. Ni guardaba silencios eternos y elocuentes, mientras fumaba y se perdía con la mirada en los vericuetos de los jardines de Ciudad Universitaria, como Luis Rius. Antonio Alatorre decía la literatura como una anécdota vital y no como una anécdota biográfica suya, y no como una forma que se pretendía alcanzar. Con él aprendí que la literatura podía ser un acontecimiento vital, y nada más lejano de ello que vivir literariamente.

De Sergio Fernández había aprendido para siempre que volver a los escritores del Siglo de Oro era como volver a la fuente que nos rejuvenece y, para decirlo adrede con un galicismo, nos desaltera. Pero con Antonio Alatorre, desde entonces hasta hoy, que no ha cesado mi gusto de acercarme a escucharlo, he conocido los nombres y los rostros de los escritores más fecundos y de aguas más perennes.

Es difícil hablar de alguien que, por decisión unilateral, mía, en este caso, se ha convertido en casi un padre adoptivo. Y de alguien que tiene la virtud de dejar recuerdos que no se fijan como imágenes, pues fluyen como ríos en el pasado. Y no es que se confundan, es que fluyen como ríos y son pasado. Sólo hasta que yo muera serán imágenes.

Después de la Universidad, Antonio Alatorre siguió siendo mi maestro en el Centro de Estudios Lingüísticos y Literarios de El Colegio de México, a donde ingresé gracias a una invitación suya.

Durante mucho tiempo, no leí nada suyo. No daba la impresión de escribir o no escribía. Pero yo veía en su cubículo de El Colegio de México un mueble que cubría un muro entero y que contenía miles de fichas que esperaban ansiosamente convertirse en piedras del Libro. El Libro de Antonio Alatorre... Años después supe el contenido del Libro, pero en mis años de estudio en El Colegio entraba a su cubículo con veneración a secas, con respeto a secas, y con un disco de las sonatas para órgano y orquesta de Mozart. Años más tarde supe el contenido del Libro, cuando ya Antonio había abandonado la ambición de escribirlo; y si me pareció natural que el Libro fuera imposible de escribir, no dejé de admirar, aún más, la mera idea de concebirlo. Su tema: la Totalidad.

Varios de los estudiantes del Centro de Estudios Lingüísticos y Literarios de El Colegio de México, entre 1966 y 1968, estábamos impresionados con el proyecto de Alatorre —quien era además director del Centro— y nos sentíamos a un tiempo privilegiados e intimidados de estudiar tan cerca de ese cubículo y de ese monstruo. Fue entonces cuando una compañera me regaló los dos tomos de la obra de Curtius, *Literatura europea y Edad Media latina* con la siguiente dedicatoria: "Ojalá algún día podamos entre todos terminar con nuestra complicidad la obra del maestro".

Pero el maestro ha logrado encontrar el camino para escribir versiones pequeñas de la totalidad. En esas versiones encuentro siempre la virtualidad más voluntariosa: "hicimos de usted buenas ausencias", parecen estarle diciendo las pequeñas obras maestras de Antonio Alatorre a la totalidad del conocimiento humano.

Mi residencia en El Colegio de México fue interrumpida, no desagradablemente, por el movimiento estudiantil de 1968.

En tres años yo no había conocido a ningún estudiante de los otros centros del Colegio, a pesar de que todos nos cruzábamos en las escaleras del estrecho edificio de la calle Guanajuato o nos apilábamos en un elevador poquitero y ridículo.

Cuando una asamblea del Colegio me escogió, junto con otros alumnos, para servir de observador en el Consejo Nacional de Huelga, yo no sabía aún que así conocería a un amigo eterno. Se llamaba Guillermo y estudiaba Historia de México. Y los dos comenzamos a protestar ante la Asamblea permanente del Colegio por la limitación de asistir como meros observadores a las sesiones del Consejo Nacional de Huelga, función que nos impedía participar con claridad en los acontecimientos. Hasta que la Asamblea se dividió y los profesores, con un digno (con esa dignidad muy propia, oportunista y decente del Colegio) sentido de la jerarquía, decidieron deliberar por separado de los estudiantes. Y lo inevitable sucedió: la Asamblea estudiantil decidió irse a la huelga en contra de la resolución expresa del profesorado.

Ya para entonces el señor Víctor Urquidi, entonces director del Colegio, nos había señalado a los cuatro representantes del Colegio ante el CNH como rojillos agitadores de las buenas costumbres colegiales. La clarividencia del señor Urquidi era, nada sorprendentemente, compartida por muchos profesores; y lamentablemente también por muchos estudiantes, compañeros nuestros, aunque en éstos contaban menos las consideraciones autoritarias que los cálculos de becas y de carrera política: qué duda cabe de que sea síntoma de aquellos y de estos tiempos que esos alumnos que no quisieron participar en el Movimiento estudiantil, que en 1968 consideraron la defensa de la democracia un riesgo muy peligroso para sus carreras, se han convertido en estos años en los grandes enemigos del PRI antidemocrático, en los grandes denostadores de la falta de crítica en nuestro país. Sin duda, los nuevos profetas de la democracia tienen mucho que aprender de sí mismos: por lo pronto, de su falta de memoria y de su hipocresía solapada: uno de ellos fue Subsecretario de una secretaría de gobierno y después renegó de su partido porque es amante de la democracia. Recuerdo todavía su congoja cuando nos dijo que no podía comprometer su nombre con una huelga. Así como él muchos otros futuros ideólogos de movimientos revolucionarios o de proyectos políticos izquierdistas, o progresistas profesores de historia contemporánea de México, también se retiraron prudentemente de una actividad que parecía, y sólo parecía, muy riesgosa, como era la de representar al Colegio ante el CNH: porque los que verdaderamente se arriesgaban eran otros; eran los adolescentes de las preparatorias y de las vocacionales que hacían propuestas geniales y únicas en las reuniones del Consejo, como aquella inolvidable que proponía recoger todos los perros callejeros de la ciudad y convertirlos en propagandistas ambulantes del movimiento con pancartas colgadas de sus lomos; o aquella que un futuro ingeniero imaginó con cálculos matemáticos precisos y que consistía en elevar varios globos que, arrastrados por las corrientes naturales de aire, dejarían caer exactamente sobre el Estadio de la Ciudad Universitaria miles de panfletos denunciando la represión militar, justo cuando el pacifista presidente Díaz Ordaz estuviera inaugurando los Juegos Olímpicos.

Yo entendía poco de lo que pasaba; por incapacidad natural, me costaba trabajo seguir los vericuetos de las grillas cada vez más densas y cada vez más ocultas del CNH. Poco a poco se iban definiendo los líderes decisivos del movimiento y Guillermo iba sintiéndome como una rémora. Pero el ejército ocupó la Ciudad Universitaria y Guillermo fue a buscarme a mi casa para darme la noticia y para informarme que tendríamos que abandonar nuestros domicilios, conocidos por la policía.

Esa noche la pasamos en el departamento vacío de un saxofonista moto y ensimismado, y en la mañana nos rasuramos las barbas, nos pusimos corbatas, y acudimos a una sesión secreta del comité de huelga del Colegio. Y nos enteramos que todos los miembros del CNH que no habían sido detenidos en la Ciudad Universitaria también andaban en la clandestinidad, sin barbas y de corbata. Los días siguientes anduvimos a salto de mata en casas ajenas y desconocidas; íbamos a citas clandestinas en iglesias vacías, en fondas repentinas, en mercados confusos y bulliciosos; y teníamos claves para identificarnos y para despedirnos.

Suena a juego, y lo fue, frente a la masacre del 2 de octubre.

A dos amigas y a mí nos sorprendió la entrada del ejército en la explanada. Intentamos correr hacia la parte trasera de la iglesia y no llegamos. Nos quedamos en una zanja prehispánica, justo en la orilla de un pequeño talud de césped y justo frente al edificio Chihuahua. Varias decenas de mujeres y hombres nos apiñamos en la zanja y servimos de trinchera a soldados que, con ametralladoras, tenían al edificio en la mira. Así pasamos la masacre: a nuestra izquierda, en la explanada, se veían decenas de cadáveres; en el talud había varios muertos. Una muchacha pedía a gritos una ambulancia y abrazaba el cuerpo inerte de su novio, que tenía un orificio sin sangre en una mejilla. Y en la balacera, casi irreal porque las armas parecían disparar proyectiles fingidos, seguían cayendo víctimas. Los soldados gritaban órdenes contradictorias y uno de ellos estuvo a punto de disparar su ametralladora sobre nosotros cuando alguien dijo: "Aquí está uno con pistola, aquí está uno con pistola." Nietzsche tenía razón: no hay nada peor que la mentira de un cobarde.

Al anochecer, nos llevaron a la pequeña explanada al costado de la iglesia, frente a su puerta lateral, que nunca se abrió, a pesar de que en la balacera muchos habían pedido refugio a gritos y con desesperación. Unos jóvenes rapados a la bros, con pañuelos amarrados en la mano derecha, ordenaron que nos quitáramos los cinturones y las agujetas de los zapatos. En esos momentos, se oían a lo lejos, en los corredores de edificios fantasmagóricos, gritos de alguna orden o de algún insulto, seguidos por ráfagas de ametralladoras... Si nadie del gobierno mexicano se ha dignado explicar los acontecimientos de la explanada ese 2 de octubre de 1968, a pesar de que sus imágenes recorrieron y siguen recorriendo el mundo, mucho menos habrá alguien de ese mismo gobierno que alguna vez se proponga al menos corroborar ese recuerdo mío. Las imágenes de la explanada me persiguen aún hoy, pero aquellos gritos y aquellas ráfagas en aquel mundo de edificios a oscuras y como abandonados no me persiguen, son la persecución misma. Cuando en un momento de alarma los prisioneros formamos un montón de cuerpos humanos empavorecidos, ahí mismo, junto a la parte lateral de la iglesia, los empleados municipales todavía no comenzaban a limpiar la sangre de la explanada central, porque antes tenían que retirar e incinerar las decenas de cadáveres que le daban el aspecto, no de un lugar ritual, sino de un espacio bárbaro y político.

Después nos llevaron al claustro del viejo convento de Tlatelolco y ahí separaron a los hombres de las mujeres, y a los hombres nos condujeron al estacionamiento del edificio Chihuahua. Estaba amaneciendo. Allí me encontré a Guillermo, de quien me había separado al comienzo de la masacre. Pasamos varios días en la cárcel de Santa Marta Acatitla. Yo salí primero, y a los pocos días, con la ayuda de amigos, estaba ya en el extranjero. Gracias a una beca que había solicitado un año antes, dos amigas entrañables, Madame X, de la Embajada francesa, y Alba Rojo pudieron llevarme hasta al avión de Air France y mandarme a París.

Fue el puro azar lo que me permitió estudiar con Roland Barthes. O, mejor dicho, fue el alcohol.

En 1967, yo había solicitado una beca al gobierno francés para estudiar teoría literaria en París el año siguiente. Según parece, los miembros del comité calificador de candidatos no conocían a ese crítico y, aunque me otorgaron la beca, me exigieron que escogiera otro director de estudios. No sé qué nombre escogí de una lista de profesores de la Sorbona (ojalá hubiera sido Raymond Picard) y todo quedó solucionado.

Ya en París, en noviembre de 1968, los empleados encargados del proceso burocrático de la beca me dijeron que no tenía obligación ninguna de inscribirme en la Sorbona si lograba que me aceptaran en la Escuela Práctica de Altos Estudios, donde Barthes dirigía un seminario.

Me inscribí de todos modos en la Sorbona, pero también fui a la secretaría de la Escuela Práctica a informarme de los requisitos para seguir el curso de Barthes. Todo lo hacía yo sin verdadera convicción. Quizás influía en mi estado de ánimo la partida súbita de México, o el hecho de que desde antes del 2 de octubre yo hubiera creído que la beca estaba perdida; o mi ignorancia del francés o la llovizna persistente y aplastante de ese otoño.

En la secretaría de la Escuela Práctica me informaron que para inscribirme en el seminario de Barthes sólo necesitaba su aprobación y me dieron el número de teléfono de su casa para que yo concertara una cita con él. Y dejé correr el tiempo, renunciando a la ambición desmesurada de seguir su seminario.

Pero unos días antes de que se cerraran las inscripciones llegó de Toulouse una amiga, y desde que llegó, al mediodía de un jueves nublado y oprimente, hasta que nos fuimos a la cama de un hotel de la Place Vichy en la madrugada del día siguiente, no dejamos de beber, recorriendo todos los cafés del Barrio Latino y muchos otros de Montmartre.

En una de esas estaciones, ella me convenció de que nada perdía si Barthes no me concedía la entrevista, o si después de la entrevista no me aceptaba. Envalentonado por los coñacs, decidí hablarle.

Por teléfono, la cortesía de Barthes fue corazonadora. Y la entrevista en su estudio de la calle Servandoni fue muy breve, quizás porque había interrumpido su ejecución de una sonata de Scarlatti, pero me aceptó en su seminario. Y cuando me despedía yo de él, prometió presentarme a varios amigos suyos latinoamericanos. No olvidó su promesa: después de la primera sesión del seminario me presentó a dos amigos suyos que se volvieron, y son, amigos míos. Gracias a esa presentación y a la cena que siguió a esa primera sesión, dejé de pensar en el seminario como una oportunidad de aprender y comencé a sentirlo como la ocasión de presenciar una inteligencia y de vivir la experiencia de un pensamiento activo. Cada viernes, a esa experiencia le seguía otra, la de la cena en algún restorán con algunos amigos y discípulos de Barthes. Yo no era ni una cosa ni otra; pero en las conversaciones que siguieron a varias películas de Buñuel que vimos juntos, se fue formando en mí una relación que era una mezcla de pasión y aprendizaje.

Al final de ese año, Barthes terminó la exposición de su análisis de "Sarrasine" de Balzac, y a los pocos meses publicó su libro llamado *S/Z*.

Ahora puedo escoger mis recuerdos, pero entonces, en 1966, 1967, 1968, los acontecimientos de mi propia vida tenían la inflexible costumbre, para decirlo por boca de un tipógrafo, de empastelarse. Y sobre todo, de perderse en sí mismos, como un espejismo.

En un cuento inolvidable, Isaac Bashevis Singer narra la historia insólita de una emigrante judía que desde el barco que la lleva a Estados Unidos pierde los objetos más preciados de manera inexplicable. Ya en Nueva York, el narrador se casa con ella, pero su esposa sigue perdiendo hasta lo más indispensable para la sobrevivencia, como el sueldo de su marido. Para colmo, los objetos y el dinero se pierden en el departamento mismo donde vive la pareja, y ambos son presa de un estado constante de perplejidad e inquietud. Pero sólo después de que la pareja concibe un hijo, el narrador llega al clímax de su terror: que un día su esposa misma se pierda, y que con ella desaparezca su hijo.

Así fue creciendo mi terror en esos años, a medida que los hechos se me perdían con el mínimo descuido, con la menor distracción. Y cuando murió mi primer amigo, amigo a secas, llamado Enrico Cicogna, me di cuenta no sólo que nacía con esa muerte un vacío irreparable sino que también había perdido, por torpeza mía, la oportunidad de rescatar mis gestos, sus gestos, mis palabras y sus palabras, la trabazón de una amistad, la trama que es la amistad. Gracias a esa muerte, aprendí a desconfiar de las ausencias y de esas convicciones —difíciles de calificar— según las cuales se puede sobrevivir a la muerte de esta o de aquella manera... plantar un árbol, tener un hijo, escribir un libro... el sentido de estos actos no es vencer a la muerte, es ahondar la vida hasta el punto donde la muerte no puede llegar, y nada más.

Los nombres de mis amigos muertos siguen aquí, junto a mí, siempre presentes, pero siempre vacíos. Los toco y se me deshacen en las manos, los miro y mi mirada los atraviesa cruelmente, les hablo y mi voz sacude su ramas secas...

El espacio simbólico de la amistad es el falansterio: el lugar donde quiero que algún día, al final de tantas vicisitudes, al final de tantos desvíos —desvaríos, iba a decir—, se reúnan conmigo mis amigos.

El sentido simbólico de la amistad es la amistad de todos mis amigos entre sí por el mero hecho de que yo los quiero a todos: el momento feliz en que todos se saluden, se reconozcan, se amen "porque tú eres amigo de Jorge y yo también".

Su sentido y su espacio son también mi muerte y mi capilla funeraria. La muerte es el revés de la amistad; así como el amor es el revés del cuerpo. La amistad no tiene ni el vértigo, ni el dulce torbellino de la pasión amorosa, porque la amistad siempre anda disfrazada y con su fina elección de máscaras les hace perder a las parcas el hilo de sus historias y de sus decisiones. No hay otra herida en la realidad por la cual podamos escapar más impunemente a la muerte que la amistad. Por eso es tan exigente ella, y tan cuidadosa del contrato como si en ello le fuera más que la vida. Morir de amor es un destino; morir por amistad, una trágica victoria. Por eso la muerte se aprovecha de esa inocencia de la amistad para apoderarse de nosotros, sabiendo que no podrá jamás derrotar a nuestro cuerpo: es el momento en que pensamos que la amistad debe llegar a alguna parte, que debe convertirse en el hogar final, en el filo de la navaja tangible y tranquilizador.

Lo que el amor toca se vuelve cuerpo; y lo que la amistad escoge se vuelve sendero, itinerario, y también fruto de Tántalo. El amor transforma, la amistad elige, y siempre elige una forma de estar siendo, una forma intensa de devenir... En nuestro mundo de ilusiones igualitarias, el amor es más democrático, y la amistad más aristocrática, más selectiva. Pero todo lo que no es poder, es amistad, y también es pura voluntad, y pura decisión de descifrar misterios: cada palabra de amigo es la solución de un misterio que antes no conocíamos y también el sutil inventario de la vida que antes no medíamos.

Morir de amor es un destino; morir por amistad, una trágica victoria. Y cuando el amor muere, no se lleva la tierra conquistada por los cuerpos, ni nos quita los mundos que ya fueron para siempre nuestros; pero la muerte de la amistad saca de raíz la mandrágora, la deja pudrirse a ras de tierra y termina dejándonos desnudos, inermes, inconsolables.

Amor de lejos es amor de pendejos, dice el dicho; pero la amistad de lejos nunca desmerece: es el mejor reto de la sabiduría.

De niño siempre soñé que, algún día en una conversación fatal con un amigo, yo o él diría señalando algo fuera de nosotros y enredado entre nosotros como una telaraña: "Ahí está nuestra amistad"; y que la acariciaríamos o la desgarraríamos o la manosearíamos o la guardaríamos en algún lugar secreto, y que finalmente nos quedaríamos satisfechos y sonriendo y ya viviendo en otra vida.

Pero quizás el tiempo finalmente me ha confesado su propia naturaleza secreta revelándome que esa escena es imposible, que la amistad siempre está un instante más atrás o un instante más allá del presente. Como ese pasado del que habla Platón que nunca llegó a ser presente y que siempre estará en nuestro futuro; pero sin el cual nuestro presente no podría suceder.

Cuando al tiempo le da por esas confesiones, es que quiere ser nuestro amigo. Quizás por eso, mientras tengamos amigos, no moriremos. Ellos nos dan la posibilidad que nos da la vida de ser profetas en nuestra propia tierra: ni más ni menos que la tierra que pisamos, ni más ni menos que la profecía de un instante más atrás y también más allá del presente. Una de las mejores pasiones de la vida es localizar a los amigos: buscar su lugar sin libros de texto, sin instrumentos de navegación, sin tablas de la ley, sin mapas. La geografía de la amistad es una de las tareas que me detienen en esta vida; por gozosa, por dolorosa que sea esa geografía.

Aquí, en este libro, se han reunido todos los amigos. Se ha cumplido finalmente la utopía. Y no es casual que este libro sea precisamente un espacio ausente, un espacio siempre virtual. Aquí están, en noches y noches, de conversaciones y pasiones, los amigos y mis hermanos... con su ira, con su amor a México, con su indignación moral ante la lenta masacre diaria y el horroroso saqueo cotidiano. No los nombro, ellos saben quiénes son, y si no son ellos quienes lo saben... ¿qué importa que lo sepan otros?

Por aquí andan las frases, los gestos, las presencias, los modos de caminar de todos ellos, y para mí son tan personajes de esta historia como Lucio Blanco y Álvaro Obregón y Silvino García y Fortino Ibarra de Anda... Hay frases que son hijas de los espejos donde una amiga se pierde en su búsqueda del hecho único y de las escuelas de palabras que lo pueblan; hay temas que salen furiosos y caritativos de los ojos cerrados de Enrico Cicogna a exigir que la naturaleza los reconozca como suyos; hay mapas de la desesperación de un sentido histórico que un amigo judío teje de día y desteje de noche; hay voces de todos ellos en días precisos e inolvidables e irrecuperables y en momentos que son de todos nosotros o quizás sólo míos porque yo me he vuelto nosotros gracias a todos ellos.

Aquí están todos, vivos y muertos, y aquí quedarán. Yo me moriré y ellos quedarán... como han quedado Lucio Blanco y Álvaro Obregón y Silvino García y Ramón Puente y Rafael F. Muñoz... Es que la verdad y los muertos no mueren, como decía ya saben quién, y agregaba: "La verdad es la persona viva que sale a pasear todas las tardes, después del día y antes de la noche; sale a pasear con los muertos".[3]

A Chihuahua... *siempre al norte*

En el verano de 1984, gracias a Alfonso Escárcega, cronista de la ciudad, tuve la oportunidad de indagar en el archivo de la municipalidad la vida de Chihuahua en sus años villistas. Pero antes de tres semanas, regresé a la ciudad de México sin consultar otros archivos fundamentales. Cuando se me metió en la cabeza la locura de consultar todos los archivos existentes, no logré ser tan ingenuo de creer que la totalidad de datos sería inmediatamente asequible. Su inaccesibilidad me reveló, sin embargo, un aspecto de la investigación histórica que yo ignoraba, y profundamente: que el discurso asertivo de los historiadores es un recurso retórico y económico para no declarar que cada frase es una mera aproximación. Y quizás es otra cosa también, y más importante: la reiteración de que la única posibilidad de verdad no se encuentra tanto en los datos mismos como en la disposición de esos datos en una perspectiva, en un horizonte de sentido. Si esto era cierto, cierto para mí al menos, entonces el estilo del historiador, más que un conducto o un puro instrumento, era la definición, la construcción y la formación de esa perspectiva.

Los límites de la totalidad por mí deseada o los límites de mi deseo me dejaron sentir, con el cuerpo vivo, que la respiración de la historia no puede ser sino la proposición de un valor. Un valor y no una opinión, ni siquiera una idea: un valor, una postura vital, una perspectiva de los hechos, y no los hechos en perspectiva.

Y ahí quizás intervenía la pregunta: ¿si la verdad no era asequible a través del camino de la Totalidad, cuál era la exigencia mínima de datos "objetivos" para fundar sobre ellos aquel valor o aquella perspectiva o aquel horizonte de sentido?

No había exigencia mínima, porque de hecho la pregunta misma era literalmente *impertinente*: no se trata de una mayor o menor objetividad, ni de una menor o mayor subjetividad... La perspectiva o el horizonte de sentido es una voluntad; y desde el momento en que se reconoce como voluntad, es una voluntad de valor: "¿Qué es esto *para mí*?", preguntaba Nietzsche, y el *para mí* no era mayor o menor subjetividad, era la subjetividad misma; y por eso mismo, era también la objetividad misma: ninguna cantidad de datos "objetivos" es garantía de verdad; pero tampoco ninguna declaración de buenos propósitos "personales" (ideológicos, morales, patrióticos, académicos) lo es. La única garantía o la única medida es la proposición de un valor: ¿qué posición frente a la vida? No frente a la historia, no frente a la academia, frente a la vida: qué valores defiendes y propones, más allá de la moral, y de las ideas, y de tus ambiciones en el escalafón académico... Y no es una mera cuestión de estilo: atribuirle al estilo —al estilo a secas— tanta responsabilidad o tanto sentido es una exageración. La perspectiva de los datos se compone con el estilo y con otros elementos igualmente fundamentales; pero en aquella etapa de la investigación yo necesitaba exagerar, por mera estrategia, para decidir la forma tentativa, o mental, que quería darle a mi versión de la historia o a mi modo de trasmitir los datos que encontraba: necesitaba exagerar para que el valor de ciertas propuestas pudiera introducirse subrepticiamente en la fortaleza bien protegida de mis lugares comunes, de mis prejuicios bien aprendidos y bien grabados hasta en la reacción más automática de mis huesos.

Alfonso Escárcega me recibió en su casa de la calle Nicolás Bravo. Era un hombre sumamente frágil y debilitado por una reciente operación. Su pasión por la historia de Chihuahua era contagiosa, y más contagiosa aún, su generosidad. En dos o tres ocasiones, lo acompañé de su casa al Palacio de Gobierno o al Archivo Municipal. Su convalescencia no tenía buena cara. No obstante, él no perdía el optimismo y en nuestras caminatas se emocionaba respondiendo a mis preguntas de historia.

Cuando salí de mi primera visita a su casa, iba con las manos llenas de libros, libros suyos, libros de otros historiadores de Chihuahua y libros con las ponencias de varios Congresos Nacionales de Historia de la Revolución Mexicana que se realizaban en la ciudad desde hacía varios años. Mi estancia precisamente coincidía con la reunión del XV Congreso y Alfonso Escárcega no se olvidó de invitarme a asistir a sus dos sesiones.

La sala donde se realizaba el congreso estaba en un edificio anodino y casi patético si se pensaba que ocupaba el lugar del que había sido el teatro de los Héroes, y los participantes estaban sentados alrededor de una larga mesa de reuniones burocráticas. Yo me senté en una hilera de sillas dispuesta en uno de los costados de la sala. Durante dos mañanas y dos tardes me recorrieron varias emociones, intensas y contradictorias, contemplando la vanidad de algunos ponentes que leían pequeños discursos confusos y priístas presentados como trabajos de historia; la pasión de otros ponentes que narraban sus investigaciones de archivo y sus entrevistas con personajes claves en acontecimientos revolucionarios; la obsesión de otros con temas que sólo a ellos interesaban; la ecuanimidad de otros al revelar detalles desconocidos por todas las historias corrientes y extraordinarias sobre la Revolución. No estaba presente en el Congreso ningún historiador famoso, connotado o multicitado en libros académicos. Tampoco estaba Francisco Almada, ya muy anciano y enfermo para asistir a tan prolongadas sesiones. Y todos eran historiadores de provincia. Al menos en eso brillaba por ausencia el centralismo.

Después de la primera sesión, el sábado en la noche, consulté en mi cuarto de hotel los volúmenes con las ponencias de los anteriores congresos. Me pareció que podía ver a los participantes en los diferentes años, así como había estado viendo a los de ese sábado de 1984. Ese día yo había escuchado a varios que habían asistido a muchos de los anteriores congresos.

El domingo 22 de julio, en la mañana, una mujer inconfundiblemente norteña entregó a varios asistentes lo que de lejos me parecía el programa para un evento social. A riesgo de mostrarme entrometido, me acerqué a la mesa para averiguar el acontecimiento al que estaba invitando aquella mujer. No era un programa, ni una invitación lo que repartía: era un folleto con una biografía de Silvestre Terrazas, su padre.

Conocer a la hija de Silvestre Terrazas no me hizo más real al gran periodista chihuahuense, fundador y director de los periódicos *El Correo de Chihuahua* y *Patria*, Secretario de Gobierno del régimen villista en Chihuahua, encargado de la oficina de bienes confiscados y autor de unas memorias excepcionales, *El verdadero Pancho Villa*. Pero sí definió las sensaciones contradictorias que durante dos días me mantuvieron en zozobra escuchando las ponencias de aquel congreso.

El estilo confuso de casi todas las ponencias, de las leídas en esos días y de las publicadas en años anteriores, era resultado de la incongruencia entre la narración escrita y la oral. Para entender muchas de las frases de esos escritores se debía imaginarlos en una plática donde la virtualidad de la réplica y la cadencia de las pausas respiratorias y emocionales era esencial. No era, pues, historia oral lo que estaba sucediendo ahí, sino historia platicada. Todos aquellos historiadores transmitían a través de la escritura una impotencia de la memoria.

A la confusión del estilo, se tenía que agregar una evaluación implícita de los acontecimientos históricos que muchos historiadores catalogan, fácilmente, como hechos de historia regional, sólo con el propósito de delimitar una nueva disciplina. Pero el concepto de historia regional tiene el defecto congénito de definirse gracias a varios sobrentendidos: que la historia se compone por acumulación; que las historias regionales son partes de una historia nacional; que existe una visión centralizadora que les da sentido a las regionales. Aunque cada uno de esos sobrentendidos tenga su propio interés, independiente de los otros, los tres se justifican con una impresión de coherencia natural. Sin embargo, la evaluación que aquellos historiadores de provincia hacían de los acontecimientos históricos no era una parte de una totalidad, ni un argumento para la coartada de una capital centralista y asfixiante. En su discurso había una diferencia fundamental con las historias nacionales y con las historias centralistas de temas regionales. Todos ellos les negaban a los conceptos sociológicos cualquier pertinencia en la interpretación de los hechos. Esa negación equivalía a la afirmación de la intensidad moral de los hechos, y a su vez, esa afirmación los conducía a definir el *interés* de los mismos hechos.

Con la confusión del estilo, los autores reconocían que su memoria era defectuosa porque ellos mismos, como interlocutores de la historia, eran deficientes; pero no más ni menos que la mayoría de los historiadores. Su diferencia genérica era su respeto por el interés y el deseo de los hechos mismos; y su diferencia específica era su misma confusión, con la cual abrían el diálogo, se abrían al diálogo, con los hechos. Ese diálogo se distinguía por ser, en su misma torpeza, como un milagroso diálogo mayéutico. En efecto, algo estaba naciendo allí, algo estaba surgiendo: único, esperanzador, nimio, vital, y quizás tan mínimamente significante como una diferencia infinitesimal e imprescindible.

Mi zozobra en esos días del congreso no se debía al estorbo de los que aprovechaban el foro para agregarle un grano de arena a sus escalones políticos; ante esos demagogos disfrazados de historiadores era suficiente el fastidio para olvidarlos. Después de todo, a muchos como ésos se les encuentra a diario en la ciudad capital de la República, y con ambiciones nacionales. Provocaba la zozobra, en cambio, contemplar la lucha de los verdaderos historiadores por aprender los movimientos de la mayéutica de la historia. Maltratados y a pedazos, los hechos lograban poco a poco aparecer, imponerse con su exterioridad y afirmar su interés y su deseo. A veces el sentido de los hechos parecía irreconocible, como si tuviera el rostro lleno de sangre, pero terminaba por brillar como un relámpago.

En una de las ponencias del décimo congreso, celebrado del 19 al 21 de julio de 1979, encontré un ejemplo de esa confusión de estilo unida a la evaluación del hecho histórico. ¿Era una casualidad que se tratara de la narración de un fusilamiento? ¿No era más bien que mi deseo le imponía al azar esos encuentros? Entre mi deseo y el azar infinito de ocurrencia y hechos se estaba ya formando una complicidad: la ambición de totalidad iba poco a poco a dejar sentir su presencia, pues los nombres más ignorados, menos importantes, comenzarían a unirse a los personajes más decisivos y a definir los hechos con su diferencia infinitesimal. Sin duda, la totalidad siempre estaría ausente, pero yo podría decirle siempre con todo respeto, como le decía a Cándido Aguilar un amigo suyo, cuando le relataba que había estado comiendo con el general Jara el día anterior: "Hicimos de usted buenas ausencias".[1]

En 1979, el coronel Ignacio Fuentes había iniciado su ponencia de esta manera: "Yo combatí a Villa. No una. Varias ocasiones. Yo caí prisionero y herido.

"Me llevaron a su presencia. Me vio de arriba a abajo y de abajo a arriba y de pronto dijo a un capitán: Fusílenme este muchachito."[2]

El resto del relato, hasta la escena del fusilamiento anunciada al principio, se desarrolla con cuadros autosuficientes, pero en diálogo constante con otros cuadros y con otros discursos. Al llegar al momento del fusilamiento, que ya sabemos que no se consumó, encontramos un acontecimiento singular, absolutamente único, resistente a cualquier pretensión de generalización y que, por ello mismo, entra en diálogo con otros de su misma naturaleza, naturaleza que se define al permitir que los hechos sean radicalmente diferentes entre sí, al mismo tiempo que tienen una naturaleza común: la de ser diferentes, y después similares, y luego diferentes, y a continuación similares... y así hasta la saciedad.

La voz del coronel en 1979 se mezcla con su propia voz de 1916 y con el discurso totalmente ajeno de su ejecutor:

El capitán más cercano me jaló de la manga y con las palabras muy corteses de 'Ora, carranclán, jijo de la. Orita le vamos a dar su agüita' me echó a en medio de sus soldados que me llevaron a las volandas a espaldas de una construcción de adobes, me ordenaron algo que obedecí sin saber qué y pronto me vi de espaldas al paredón y con cinco soldados y un cabo frente a mí, con las armas descansadas.

Pero pronto una voz, la del capitán, supongo yo, ordenó:

¡PREPAREN! Se oyó el chasquido de los cerrojos abriéndose y cerrándose al empujar a la recámara los cartuchos.

¡APUNTEN! Los fusiles se tendieron a la altura de la vista apuntando hacia mí. Ya no se veían las cinco bocas de los fusiles. Se veía una línea negra corrida. Una leve presión del dedo índice de cada soldado, y uno solo hubiera bastado, y ahí terminaba una mísera existencia. La mía.

Doy a ustedes mi palabra de honor de que en los casos más difíciles de mi vida NUNCA HE PERDIDO LA FE. Aun en este momento en que ya tenía los rifles tendidos hacia mí, listos para disparar, confiaba en que todavía hay, SIEMPRE, una Providencia.

Y esta fe me ha salvado.

La voz de fuego no llegó y la espera NO DESEADA se hacía interminable.[3]

Había en esta escena una radical otredad que me conmovió y que me sigue conmoviendo, sobre todo porque el coronel no se detuvo, en su narración y en su honestidad, a darles metáforas a esos instantes interminables ("la línea corrida" formada por las bocas de los fusiles); sobre todo porque el coronel se quedó con meras palabras y eso fue lo único que ofreció en su testimonio. "Cuando se acerca el fin, ya no quedan imágenes del recuerdo; sólo quedan palabras", dijo Homero en un cuento de Borges.[4] Y el coronel Ignacio Fuentes también se quedó con meras palabras: la fe, una providencia, una espera no deseada... ¿y no son meras palabras si la fe era esperanza, si la providencia fue el general Buelna, "Granito de oro"; y si la espera no deseada seguía siendo LA VIDA? *"Cuando se acerca el fin*, escribió Cartaphilus, *ya no quedan imágenes del recuerdo; sólo quedan palabras."*[5] Palabras, palabras desplazadas y mutiladas, palabras suyas, fue la riqueza que le dejaron las horas y los años: "Ya no tengo enemigos. Hoy solamente tengo amigos. Ya no llevo arma en la mano. Hoy esgrimo la pluma..."[6]

La palabra dialógica, para volver al término de Bajtín, no es enemiga, ni amiga, es otra, es diferente, y siempre es el encuentro de perspectivas autónomas, propias, singulares. Esa palabra dialógica, esas perspectivas únicas en busca de sus interlocutores eran la causa de mi zozobra en aquel fin de semana del congreso de historiadores: esa perspectiva única, singular, que no era individual, que no se opone a lo genérico, sino a lo cósmico, a lo universal; esa perspectiva única, singular, era la perspectiva del valor, el horizonte del ¿qué es esto para mí? que está más tan adentro de lo subjetivo que no puede ser sino objetivo a la vez, o no ser ni uno ni otro, sino la afirmación de un modo de vida que desconoce, gracias a Dios, lo subjetivo y lo objetivo.

Por otro lado, la confusión del estilo de estos escritores, debida a la esgrima de la pluma, provenía de la falta de interlocutores reales, a pesar de que todos ellos, cada uno en su obsesión, estuvieran insistentemente proponiendo perspectivas de diálogo.

Al caminar el domingo en la tarde hacia mi hotel fui construyendo la imagen de una reunión de historiadores de Chihuahua: puse la ecuanimidad y la precisión de Francisco Almada junto a la parsimonia positivista de José María Ponce de León; en la pasión de Alfonso Escárcega, hice lugar para la ansiedad del doctor Osorio; a la lucidez bárbara de Francisco Jordán, le di por compañía la maestría clasicista de Martín Luis Guzmán; adopté la sabiduría sutil de Ramón Puente y la honestidad de Silvestre Terrazas; y los imaginé a todos juntos platicando regaladamente afuera de la sede de la Sociedad Chihuahuense de Estudios Históricos, aprovechando la compañía de un cielo cómplice y rebosante de soberbia, mientras llegaba la hora de abrir la sesión de esa noche y mientras los veía, socarronamente, desde el otro lado de la calle, el siempre inconforme y siempre inquieto Zacarías Márquez Terrazas.

Es incongruente y anacrónico pensar en una escena de ese tipo, pero reunir a esos historiadores es una virtualidad de la imaginación y un regocijo del lenguaje. No renuncio todavía a fabricar esa reunión y a confrontar esos discursos solitarios y bárbaros para aliviar un poco del duro monólogo del discurso centralista y académico.

Sin duda, el discurso centralista y académico ha descubierto la trama clasista de la historia, ha revelado los engranajes económicos del desarrollo nacional, y también ha enseñado que el país se ha entendido desde el centro y desde la perspectiva de los intereses criollos. Pero aun así muchas perspectivas y muchos discursos se han perdido y se siguen perdiendo en la "cientificidad" del método sociológico y del económico. Y aun así, ese discurso ha servido de muy poco, porque ha sido incapaz de proponer precisamente lo más básico y lo más deseado y, finalmente, lo más natural: un valor. En ese discurso encontramos muchos engranajes, mucha denuncia clasista, mucha indignación liberal; pero también una ausencia desoladora de perspectivas, de autocrítica, de radical visión de la otredad, y de reflexión profunda en las entrañas del país... Mucha academia y poca vida.

No había terminado de regresar de Chihuahua cuando ya estaba pensando en el próximo viaje, en el próximo viaje que hoy 17 de julio de 1988 no he hecho. Recordé la entrada de *La crónica de un país bárbaro* de Francisco Jordán: "[...] me preguntó: '¿A dónde vas ahora?' Le dije: 'A Chihuahua'. Quedó un segundo pensativa, intentando en vano cazar alguna pista en su rudimentario conocimiento de la geografía. Volvió a interrogarme: '¿Dónde está Chihuahua?' Le respondí: 'En el Norte'. Movió entonces perezosamente la cabeza y comentó con un gesto aburrido de sus ojos y de sus manos: '¡Siempre el Norte!'"[7]

Siempre el Norte... mis elucubraciones no lograban escapar del norte y quizás bastaba que yo reconociera que se trataba simplemente de lo que se llama, como si fuera lugar común o figura retórica, "la vuelta a las raíces": Jorge Aguilar Mora nació en Chihuahua, pero un año después sus padres emigraron a la ciudad de México. En treinta y ocho años, de 1946 a 1984, sólo visitó su ciudad natal en tres ocasiones. En la tercera visita, en el verano de 1984, intentó recuperar la historia de su familia, tanto materna como paterna, para darse un sentido de continuidad con una sangre, con una memoria familiar. Era un recurso cualquiera para aliviar una nostalgia enfermiza por pertenecer a su apellido y por adquirir un sentido de comunidad.

Pero fue en México, y no en Chihuahua, donde, a lo largo de varias sobremesas y en distintas servilletas de restorán, pude reconstruir con mi madre su árbol genealógico chihuahuense. Escuchándola en busca de los nombres de sus abuelos, yo no podía dejar de lamentar la pérdida de su memoria, y no por mí, sino por ella, cuya salud parecía depender tanto de los recuerdos de todos sus muertos. Pero también me regocijaba que al reparar en esa pérdida yo podía entender al fin dónde estaba la zona ciega que durante años me había impedido concebir que mi madre hubiera alguna vez sido niña, adolescente, novia, esposa... En una foto única que conservo de ella (la destrucción de la familia ha significado, entre otras cosas, la desaparición de las fotos personales), foto probablemente anterior al primer encuentro con su futuro esposo, mi madre aparece en cuclillas mostrando a la cámara un puñado de tierra. Parece estar en un jardín privado y, no sé por qué, parece domingo en todo el mundo. Pero la singularidad de la foto está en la mirada: mi madre no está mirando a la cámara, no está mirando su propia mano, está como mirando la ausencia de Dios, como si le ofreciera a la muerte, desde entonces, toda la sabiduría de la tierra con que la hicieron. Si se quiere, está mirando al futuro que sólo ella puede ver (¿quién tomó la foto, mamá?); si se quiere, está mirando ya al que está mirando la foto, pero como si ése no hubiera podido ser nunca yo o como si ella no fuera la que pudo alguna vez concebirme. Me siento fuera de lugar siempre que miro esa foto; más que fuera de lugar, me siento fuera de la muerte, fuera del árbol, me siento solo, solo y con mi madre.

Y del árbol genealógico que ella reconstruyó para mí, curiosamente, pude encontrar un día, por mera casualidad, no sólo confirmación, sino descripciones, anécdotas, historias, perfiles, semblanzas en un libro de Salvador Prieto Quimper llamado *El Parral de mis recuerdos*.[8] Y resulta que la familia de mi madre es de vascos gambusinos y comerciantes de Parral. Mi abuela Ignacia Salas Porras, la matriarca que se sentaba a presidir las reuniones familiares en su departamento señorial de la avenida Bucareli y que una mañana de julio de 1957 me abrazó profundamente para protegerme de las destrucciones de un terremoto, era hija de Francisco Salas Aizpuru e Ignacia Porras Irigoiti. Esta bisabuela mía era hermana de Guillermo Porras y de Manuel Porras. Guillermo fue un conocido porfirista, abogado de las familias y las compañías más importantes de Chihuahua; fue por lo menos una vez gobernador interino de Chihuahua y también Secretario General del Estado durante la gubernatura de Enrique C. Creel. Guillermo Porras nunca se casó.

El bisabuelo Francisco Salas Aizpuru era hijo de Juan Salas y de Amada Aizpuru, quien enviudó y se casó en segundas nupcias con Juan Quimper. Una hija de este matrimonio, también Amada, se casó con un Prieto, y éstos tuvieron cinco hijos, hasta donde mi madre recuerda: Salvador, Juan, Elena, Amada y Concepción. El autor de *Parral de mis recuerdos* era pues medio primo de mi abuela. Juan Prieto Quimper pertenecía a los mejores clubes de Chihuahua y presumo que tuvo varios puestos en los gobiernos porfiristas del estado, pero uno de ellos me interesa particularmente: el de miembro del Consejo de salubridad de Chihuahua, donde en 1910 compartió la responsabilidad de la salud pública del estado con el doctor Guillermo Shaw, con el profesor Pedro de Lille y con el oftalmólogo Ramón Puente, que aún no había descubierto sus dotes magníficas de historiador y novelista.[9]

No me daba identidad el árbol, no me daba seguridad; en realidad, el árbol dejaba de ser árbol, el seguimiento de las huellas del pasado dejaba de ser seguridad y la orfandad se volvía sendero de un bosque coronado. Con ese relato de mi madre, mi rostro se llenaba de caminos que se cruzan, de singularidades que se bifurcan infinitamente y que para seguir bifurcándose, como gustosas de un vicio, necesitan, piden, exigen orfandad, más orfandad... Y la orfandad se volvía entonces una voluntad, voluntad sin objeto, voluntad pura de exterioridad. Y ya daba lo mismo que fuera orfandad con árbol o sin él, porque en mi lado paterno no había árbol que seguir, ni que subir, ni que inventar. En efecto, nunca conocí a mi abuelo paterno, ni siquiera mi padre conoció a su padre, y más allá o a los lados, nada, nada, orfandad y nada más, orfandad poblada de quizás: "Y pensar que pudiste haber sido nieto de Pancho Villa", seguía diciendo mi abuela paterna... Pero no lo fui. Y basta.

Entonces ¿cómo nombrar ese mecanismo —de máquina obediente a sus enmohecidos engranajes—, ese juego —de pieza respetuosa de unas reglas que se ha impuesto a sí misma y que nunca ha conocido— con el cual uno se dirige a su lugar y llega al sitio más lejano del lugar deseado? Detrás siempre de la ambición de obtener la totalidad absoluta de datos, o quizás empujado sin darme cuenta por esa ambición, me fui al norte, pero demasiado al norte, y terminé en el Archivo Nacional de Washington.

Ignorante de los pasos que por esos corredores de laberinto han dejado historiadores notables de la Revolución mexicana, me dirigí a la sección de documentos militares, *Old Military Files*, es decir, documentos anteriores a 1929, y pedí que me mostraran su acervo de la Revolución mexicana.

—Tiene que decidir qué quiere —me dijo el encargado de la sección—. Tenemos más de dos millones de documentos sobre la Revolución mexicana.

No sé si exageraba; sí sé que quiso impresionarme, porque me condujo a los laberintos interiores y me hizo recorrer durante varios minutos las estanterías, de varios niveles, repletas de cajas; y en varios momentos se detuvo, sacó una caja, la abrió y me mostró algunos documentos. Me dio vértigo. Al ver las hojas escritas a renglón seguido y por ambas caras, cubiertas de nombres y datos, sentí que se me iba no sólo la ambición, sino la decisión y la esperanza. Era el mismo vértigo que me hubiera dado si me hubieran enseñado el acervo del Archivo General de la Nación en México. En México me lo ahorraron, en Washington lo provocaron por mero prurito de presunción. Pero me propuse engañarme y al salir del edificio, por una puerta como secreta de la avenida Pennsylvania, ya me estaba diciendo que poco a poco iría recogiendo los datos de esos documentos y poco a poco iría entendiendo algo más de la Revolución. Me propuse engañarme y lo logré. Cuando salí de mi ensimismamiento, me di cuenta que estaba parado frente al edificio monótono y lleno de ojos del FBI y al lado de una tienda de películas y revistas pornográficas.

Los empleados del Archivo Nacional de Washington parecen ex-agentes de algún servicio de espionaje o de seguridad nacional de Estados Unidos que se han retirado a un trabajo sin tensiones y sin riesgos. Y es un trabajo sin tensiones y sin riesgos, pero los empleados en realidad siguen siendo agentes de espionaje, como pude rápidamente darme cuenta, pues en el Archivo todavía existen cientos de documentos relacionados con la Revolución mexicana de carácter secreto. Por los resúmenes de los índices la mayoría de esos documentos son pruebas de las traiciones a la patria que muchos mexicanos cometieron, vendiendo su información o su colaboración a los intereses norteamericanos. A veces los personajes aludidos en esos resúmenes son protagonistas prestigiados de nuestra Revolución. Aun así, confiándome a la complicidad del azar y a una inconciencia del deseo, encontré pruebas de una conspiración de villistas para sabotear instalaciones de servicios básicos en la frontera norteamericana, con el propósito de desviar la atención del gobierno de Estados Unidos hacia México y lejos de Europa; me topé con un diagnóstico de sífilis de Obregón y con sus favores secretos al gobierno norteamericano cuando estaba encargado de la Secretaría de Guerra, favores que en cualquier país equivaldrían casi a una traición; y me fui dejando llevar por los datos insistentes de una conspiración, llamada Plan de San Diego, para rescatar en 1915 y 1916 los territorios que México perdió en 1848...[10]

Pero el engaño también hacía su tarea de destrucción: mi obsesión de apuntar cualquier nombre que apareciera en los documentos, con el pensamiento de que tarde o temprano ese nombre encontraría su pertinencia, era al mismo tiempo un reflejo, casi condicionado, de perderme en el dato simplemente por el deseo de perderme, porque al salir del Archivo mi vida personal no tenía ni dirección ni forma; y más allá de la investigación yo sólo tanteaba, muy a ciegas, para detener mi cuerpo en su caída y en su desperdicio. A veces me veía en unos años más convertido en uno de esos catalogadores que me traían los documentos y que con seguridad hasta dormían entre los papeles y las cajas del Archivo: me daba satisfacción su inocultable soledad. Y a veces sentía cómo mi cuerpo quería hacer preguntas, salir de su cárcel, acabar con su dolor, desprenderse de su ceguera, y obligarme a reconocer que todos esos datos, que todos esos nombres, que todas esas indagaciones, que todos esos misterios sólo ocultaban mi incapacidad de aceptar que esos datos eran también *como* datos de mi vida; y esos nombres, *como* nombres de mi vida; y esos misterios, *como* espejismos siempre al revés, como los guantes, que me veían para que yo no los viera.

Todas las indagaciones históricas eran un anticipo hiperbólico de una molesta pregunta sobre mí mismo que yo no me atrevía a hacerme. Y mientras esa pregunta no se hiciera y no hubiera, por supuesto, una respuesta, los hallazgos de pruebas de sabotaje villista, de favores ilícitos de Obregón a un gobierno extranjero, de la trama de una conspiración enloquecida y asombrosa, etcétera, no tenían tampoco sentido. No eran descubrimientos, ni eran acontecimientos: ningún mérito, ni utilidad tenía sentarse durante horas y horas en la revisión de miles y miles de papeles, y en la elaboración de páginas y páginas de fichas que luego se redactarían de la manera menos burda posible y que, colocadas una detrás de otra, se publicarían como un nuevo libro de historia.

Sin embargo, al lado de la posibilidad de responderme la pregunta personal, el viaje a Chihuahua me había permitido ya el contacto —quizás sólo el vislumbramiento del contacto— con cuatro presencias poderosas de esa ciudad: Rafael F. Muñoz, Nellie Campobello, Mariano Azuela y Ramón Puente. Los cuatro eran grandes narradores, y sobre todo eran monstruosos contempladores de la fuerza de la Revolución. Y Chihuahua, en ese momento mío, era el espacio privilegiado de aquella fuerza, porque aún parecía sentirse la despedida de Villa de Chihuahua, el 19 de diciembre de 1915, desde un balcón del Palacio de Gobierno... Ese momento en que Villa expresó el profundo latido de la historia mexicana: la lucha perpetua como definición de la Revolución y como caracterización de la vida social mexicana. Y su despedida no era una idea, no era un proyecto teórico; ni era un proyecto ideológico, ni una imitación histórica, ni una concepción de la totalidad nacional, ni una disquisición vacía sobre la reforma agraria (cuyos conceptos básicos hasta los mismos legisladores como Luis Cabrera ignoraban), ni traducción desesperada del modelo de Estado o de la ambición de "lo moderno": era precisamente un horizonte de valor, quizás el más vital de toda la revolución... era el valor mismo de la lucha de clases desde la perspectiva de los oprimidos. Y Villa lo ofrecía como la visión paradigmática de la historia de México. Lo importante, por encima de la objetividad o subjetividad, era su realidad; su realidad mayor que todos los fines y propósitos de la burguesía y de la aristocracia mexicanas.

El sueño villista de lucha permanente y de un país sembrado de colonias militares (unidas por las líneas del telégrafo) era probablemente, como dijo David Pastrana Jaimes refiriéndose a proyectos semejantes, antieconómico y antijurídico,[11] y podríamos agregar que antimoderno y antioccidental, pero estaba más cerca de la realidad y de la felicidad de la mayoría del pueblo mexicano que muchos otros proyectos. Con mucha perspicacia, Pastrana Jaimes, pensando en los reclamos de un regreso a una vida comunitaria armónica y equilibrada, dijo que quizás "los recuerdos de aquella felicidad real estén ejerciendo aún alguna influencia sobre los millares de mexicanos que con sobrada justicia piden algo de tierra [...]".[12]

Según parece, la felicidad no es un concepto que quepa en el discurso de los políticos, de los sociológos o de los historiadores mexicanos. Hasta por lo menos los años setenta, sólo hubo un sociólogo que se acercara a ella con ojos y con alma de auténtica *simpatía*, buscando en ella lo que en ella había y que se había enterrado como estorboso e indeseable. Ese sociólogo se llamó Fortino Ibarra de Anda.

La despedida de Villa

En la madrugada comenzó a llover. Era una lluvia como intrusa y como distraída que con el amanecer se fue adelgazando hasta convertirse en nieve. El viento del desierto azotaba, contra la fachada del Palacio de Gobierno, ese telón que el desierto había escogido para terminar una revolución: blanco, frío, triste y lleno de recuerdos. Terminaba la revolución, pero no la guerra; la misma guerra de siempre, de toda la vida, de muchas vidas. Así amaneció el 19 de diciembre de 1915 en la ciudad de Chihuahua.

La noche anterior había corrido el rumor de que Villa repartiría entre la tropa el oro que quedaba en las arcas del Pagador de la División del Norte. Muchos soldados, que se habían incorporado a la División en el centro de la República y que se sentían diferentes de los veteranos norteños, fueron los primeros en salir a las calles con la premura de no perderse la repartición del botín. Los comerciantes que no habían emigrado a los Estados Unidos abrieron temprano las puertas de sus negocios y anunciaron sus mercancías con grandes rebajas.

Pero los veteranos de la División del Norte sabían ya, por instinto, que las decisiones de Villa no se conocían por rumores; y tenían muchas razones para dudar del rumor. Y aun así, fueron sobre todo ellos, no más de cuatrocientos, los que acudieron a la Plaza Hidalgo y aguantaron la nieve de media mañana. Muchos iban hasta con sus familias, ya listos para regresar allá, a mi tierra, pero no querían perderse por ningún motivo el último discurso de su general Villa.[1]

Era ya casi el mediodía y parecía que el sol no saldría nunca más, ni ese día, ni ningún otro, hasta que todos murieran: la nieve arreció y caía "con ese peculiar chasquido tan parecido al que producen al quemarse 'las luces de estrellas de Navidad'".[2] Los veteranos soportaban los azotes de los grandes copos de nieve mientras los villistas de última hora comenzaban a protestar, desengañados de sus esperanzas de recompensa monetaria ya antes de que apareciera Villa.

Entonces se abrió el balcón central del Palacio de Gobierno; pero no salió Villa, salieron varios curros. Eran Francisco Escudero, el doctor Cárdenas, Miguel Díaz Lombardo y el profesor Enrique Pérez Rul. Por ellos nadie se hubiera quedado esperando, y ellos mismos estaban ansiosos de que apareciera Villa, quien al fin salió y se colocó en medio del grupo. Mi general estaba vestido "con un pantalón de casimir color gris, con mitazas y calando perfectamente su gorra de general de División".[3] Un joven, más periodista que soldado, y más huérfano que subalterno, vio "con los ojos bien abiertos"[4] ese momento como un momento que estaba sucediendo demasiado tarde. Y no pudo sino llorar ante la inactualidad del hecho. Se llamaba Rafael F. Muñoz. Era un adolescente, hijo de buena familia chihuahuense, que se sentía a sus anchas entre los soldados, las soldaderas, los niños mocosos, sobre todo si estaban derrotados. Era un periodista que nunca fue gran periodista porque le provocaban demasiada simpatía los vencidos. Y fue quizás por eso un gran novelista.

La mayoría de los que estaban en la Plaza Hidalgo habían participado en la campaña de Sonora y casi todos sabían lo que iba a decir su general. Pero nadie que de veras se sintiera villista hubiera querido perderse ese momento, porque la imagen de Villa en el balcón atraía con la misma fascinación que atraían los condenados a muerte cuando se paraban arrogantes ante el pelotón de su fusilamiento. Era sin duda una atracción morbosa, aunque irresistible, de contemplarse a sí mismos a punto de morir. Al verlos, Rafael F. Muñoz sintió que esa escena era una repetición: con ella regresaba la imagen de su padre abandonando su posición, su pasado, su propia vida, para recluirse en un exilio de íntima renuncia. En efecto, después del triunfo de Madero, dos gringos acusados de asesinato habían hecho falsas imputaciones contra el Presidente del Tribunal Supremo del Estado de Chihuahua, y éste en vez de defenderse de tan absurdas imputaciones había renunciado y se había alejado para siempre de la vida pública. Era el padre de Rafael.

Cerca del futuro novelista, había otro espectador que también perpetuaría aquella escena, aunque con un acento muy distinto. Se apellidaba Muñoz, igual que Rafael, pero no tenía ningún parentesco con éste, y ni siquiera lo conocía. Y su nombre de pila era Ignacio.

Ignacio Muñoz venía de servir en la frontera tamaulipeca con Estados Unidos como encargado de los bienes confiscados de La Sauteña y en esa posición había colaborado, por órdenes del general Emiliano Nafarrate, con Luis de la Rosa y con Aniceto Pizaña en el inicio de la guerra contra el gobierno norteamericano conocida como el Plan de San Diego. Los avatares de la guerra habían convertido a Ignacio Muñoz de conspirador constitucionalista en prisionero villista. Ignacio nunca tuvo el talento literario de Rafael, pero sí rivalizó con él en la narración de hechos inusitados de la Revolución; y tuvo además un talento muy propio para discutir los acontecimientos históricos con quien tuviera la osadía de corregirlo. Escribió varios libros, todos caóticos, pero ricos en información. De ellos, yo he llegado a conocer los cuatro tomos de *Verdad y mito de la Revolución mexicana*, el único volumen de *La verdad contra los gringos*, y una colección de estampas titulada *Defendámonos*.[5] Ningún historiador se ha detenido a considerar los libros de Muñoz como fuentes dignas de crédito. En otro libro, donde narre las campañas villistas, me gustaría discutir y utilizar los libros de Ignacio Muñoz, porque muchos datos y muchos juicios de diversos orígenes, y casi todos fidedignos, corroboran sus aseveraciones; y muchas de ellas son únicas, pues Ignacio Muñoz tenía una gran afición por el dato ambiental y estereoscópico, por la perspectiva infinitesimal del hecho, por la mirada subterránea de la historia. En ocasiones se le olvidaba decir en qué año sucedió un hecho, o dónde; pero nunca dejaba de observar la fugacidad, la inclinación y el humor del hecho. Ese talento es raro: muy pocos cronistas de la Revolución lo compartieron con Muñoz, y esos pocos son casi todos desconocidos, pues ninguno de ellos pertenecía a la república de las letras y en consecuencia la aristocracia letrada mexicana, conservadora como siempre, los ha olvidado. La única excepción de este olvido: Martín Luis Guzmán.

A mí, además, me gusta la pasión de Ignacio Muñoz por el secreto y la fuerza de su imaginación en el descubrimiento de conspiraciones. Todo eso junto le daba una sensibilidad única para percibir los momentos históricos trascendentes que, significativamente y por desgracia, muy pocos historiadores de la época recogieron. Haya colaborado con el Plan de San Diego o no, Ignacio Muñoz da en uno de sus libros detalles valiosos para la comprensión de ese hecho misterioso de la historia de México. Haya estado o no el 19 de diciembre en la Plaza Hidalgo de Chihuahua —y no tenía por qué mentir—, Ignacio Muñoz en unas cuantas líneas supo darle un sentido a ese día: "Una mañana de diciembre de 1915, poco antes de abandonar la plaza de Chihuahua, Villa emocionado habló al pueblo congregado bajo los balcones del Palacio de Gobierno.

"Y en aquella ocasión sus palabras fueron revelaciones sensacionales, por desgracia escuchadas por un reducido grupo de mexicanos [...]"[6]

Pero antes había hablado el doctor Cárdenas y el suyo fue un "modesto discurso de circunstancias".[7] Díaz Lombardo, quizás enfermo, seguramente desalentado, habló también, pero con voz tan apagada que nadie supo qué estaba diciendo. Luego Pérez Rul emocionó al público, aunque sólo unos cuantos entendieron su comparación de Villa con el personaje mitológico que al caer por tierra, aparentemente derrotado, recuperaba toda su fuerza porque era hijo de la misma tierra, quien lo nutría y le daba fuerza para seguir luchando. Sí, muy pocos entendieron siquiera el nombre de Anteo; pero ya todos sentían que mi general Villa estaba a punto de recobrar todas su fuerza original regresando y confundiéndose de nuevo con el desierto y la sierra, con los senderos cósmicos, con la madre que nunca los abandonaba.

Cuando le tocó el turno al general, dejó de nevar, como si las nubes también hubieran decidido escucharlo. De muchas casas vecinas a la plaza

118

salieron curiosos o admiradores tímidos, aprovechando la tregua de la nieve.

Un mes antes se había publicado el Manifiesto de Naco, donde Villa había manifestado que, al reconocer el gobierno de Carranza, Estados Unidos se vengaba de él por haberse negado a vender a México. Este día de diciembre, Villa repitió la historia. Contó que Carothers, el representante especial del gobierno norteamericano, le había propuesto unas semanas antes en El Paso que aceptara ciertas condiciones que su gobierno ponía para darle su reconocimiento oficial. Entre las condiciones estaban la cesión del territorio de Baja California, la concesión por 99 años de una franja del Istmo de Tehuantepec y la prerrogativa de nombrar a los ministros de Guerra, Hacienda y Comunicaciones en el gabinete villista. Villa no dio más detalles. No era necesario.[8] Eran revelaciones en verdad "sensacionales" y todos le creían, todos estaban dispuestos a aceptar la conspiración carrancista y gringa, pues en la preparación de la defensa con que Calles había esperado a la División del Norte en Agua Prieta había sido clara la complicidad norteamericana con el gobierno carrancista, al que acababa de reconocer como legítimo. Todo eso Villa lo había expuesto ya en el manifiesto de Naco un mes antes, pero ahora lo decía como una declaración de guerra: para ojos perspicaces, estaba anunciando su ataque a Columbus, New Mexico. Es raro que Ignacio Muñoz no haya relacionado este discurso con la sorpresiva incursión de Villa en territorio norteamericano; de hecho, que yo sepa sólo Friedrich Katz hace unos años ha percibido la conexión del Plan de Naco con el ataque a Columbus.[9]

De cualquier manera, Ignacio Muñoz fue capaz de percibir que las revelaciones de Villa eran "sensacionales", y esa capacidad suya era excepcional.

La despedida de Villa, después de la revelación, no fue una renuncia: el general hizo un llamado ferviente a todos nuestros hermanos de raza para que continuaran la lucha, que no podía abandonarse hasta que reinara la justicia en esta tierra. Era también como una oración, y Villa ya no se dirigía realmente a sus soldados ni a los de abajo de todo México: Villa se dirigía a la tierra y le pedía como otro hijo más, en nombre de todos los presentes y de todos los ausentes, que restaurara el equilibrio perdido por las injusticias de este mundo.

Y luego, mirando de nuevo a los veteranos que lo habían seguido de ida y de vuelta por la sierra y por una campaña enloquecida en Sonora, terminó casi con una profecía: "Quisiera de buena gana que éste fuera el final de la lucha, que se acabaran los partidos políticos y que todos quedáramos hermanos, pero como por desgracia será imposible, me aguardo para cuando se convenzan ustedes de que es preciso continuar el esfuerzo, y entonces... nos volveremos a juntar".[10] Así fue el fin de la División del Norte.

Y yo creo que en ese momento Rafael F. Muñoz sintió que la imagen más íntima de su vida se reproducía en la historia más pública de la nación, y que esa repetición le daba un sentido único y vital: Muñoz tardó veinticinco años en precisar su sentido y en percibir su forma; esperó veinticinco años para encontrar la historia que reuniera las dos imágenes, la suya de niño abandonado y la del villista que se queda sin líder: la historia fue una novela y se llamó *Se llevaron el cañón para Bachimba*. Y en ella, Rafael F. Muñoz reunió las dos dimensiones de su orfandad.

La novela se abre con una escena memorable: ante la proximidad de las tropas orozquistas, un terrateniente del que nunca sabremos el nombre prepara su partida. Álvaro, su hijo, todavía un niño, contempla los preparativos. Cuando todo está listo, el padre, para sorpresa mía y seguramente también del hijo, se despide de él con una frase cierta: "Todavía te faltan muchos años para ser hombre."[11] Pero también absurda: el padre castiga al niño por ser niño con la orfandad, porque sin más explicación lo deja solo. A los trece años y apenas en las primeras páginas de la novela, Álvaro ya ha merecido su apellido: Abasolo. Se queda, sin explicación alguna, huérfano, y en compañía de un viejo criado, Aniceto, quien, por lo demás, morirá poco más tarde baleado accidentalmente por Marcos Ruiz, el orozquista que ocupa la casa de Álvaro y que se vuelve el padre del niño.

La escena de la partida del padre natural de Álvaro es tan inverosímil que no puede ser sino simbólica, y profundamente autobiográfica; pero el genio de Muñoz supo darle una proyección de intensidad histórica muy pocas veces lograda en la literatura mexicana: se acercan las tropas de la Revolución, se acercan los orozquistas, y un padre abandona a su hijo para que éste crezca, se haga hombre, con sus peores enemigos. *Se llevaron el cañón para Bachimba* es una *Bildungsroman* de extraña naturaleza: es la historia de un rito de pasaje a la madurez, pero el rito es dirigido por el enemigo mortal del padre natural del niño.

El rechazo de la paternidad, el súbito temblor de la orfandad, la cancelación de todo un futuro social y económico está, supuestamente, justificado con una hermosa frase: "Todavía te faltan muchos años para ser hombre". Se puede suponer que, ante la proximidad de los orozquistas, el padre de Álvaro huye tan precipitadamente quizás porque era muy conocida su afiliación maderista. Así huyeron muchos maderistas de Chihuahua cuando Orozco se declaró en rebelión. Pero el padre en la novela no dice nada de eso. Por el contrario, parece que quiere atribuirle a su hijo la responsabilidad de su huida. ¿Acaso con su frase quiso decirle que se iba porque su propio hijo no podía defenderlo? Psicológicamente la escena es inverosímil; pero Muñoz sacrificó la verosimilitud psicológica para darle a su novela un sentido alegórico inmediato: por boca del padre de Álvaro no hablaba un mero maderista, hablaba el maderismo. La escena sucede en marzo de 1912, en una hacienda del estado de Chihuahua. Las versiones oficiales y las extraoficiales aseguraban que Orozco había sido tentado por la oligarquía chihuahuense para que reclamara con las armas todo lo que se merecía y que Madero no le había concedido; y para que su rebelión sirviera a los propósitos de los recalcitrantes porfiristas como los Enrique Creel, los Martín Falomir, los Guillermo Porras, etcétera. Pero muchos de aquellos que habían disfrutado la gran época galante del porfirismo chihuahuense y que se habían opuesto inicialmente al maderismo, no quisieron seguir en 1912 la aventura orozquista. Era como si a su pesar fueran ya maderistas por la fuerza misma de los hechos, por la configuración misma de la realidad, por eliminación, por la fatalidad de la historia. Uno de ellos fue el padre de Rafael F. Muñoz. O sea, que Muñoz no cambió el signo político de su propia autobiografía, pero le dio una nueva dimensión a la disidencia de su padre y a la aparición del orozquismo en la historia: con *Se llevaron el cañón para Bachimba*, aparece en la historia la imagen más pura de un movimiento que quería ser, en muchos sentidos, tan radical como los más radicales de la Revolución, y que fue trágicamente aplastado. En la novela, Muñoz insinúa con lucidez que el fracaso del orozquismo no se debió a su falta de fuerza sino a su falta de parque: un artículo reciente, basado en documentos de la época, le da un fundamento muy sólido a la intuición de Muñoz, al mostrar que el gobierno norteamericano fue muy efectivo en su determinación de impedir que los orozquistas consiguieran armas y municiones.[12]

Es como si Muñoz hubiera sentido que el orozquismo no podía ser derrotado por su enemigo frontal, descubierto; que se había necesitado de otro enemigo, el enemigo sordo y trasero, el gobierno norteamericano, para influir decisivamente en la derrota de Orozco. Y es que con Orozco no sólo estaban los orozquistas: la de éste fue la rebelión más famosa; pero, en marzo de 1912, pululaban por el norte del país grupos de rebeldes antimaderistas de distintas filiaciones, y muchos de signo magonista. Y de simpatías magonistas serían también muchos de los que se levantaron con el mismo Orozco, como José Inés Salazar...

En cierto sentido, Muñoz equipara al orozquismo con su padre: ambos estaban fuera del movimiento histórico, ambos eran gestos incomprendidos de moralidad que no tenía cabida en la política ni en la Revolución. Por eso Mario Ruiz, el cabecilla orozquista, hace culminar el rito de iniciación de Álvaro tan súbitamente como empezó. La novela tiene un abrupto y paradójico principio; y tiene también un final abrupto, aunque nada paradójico, pues cuando Marcos Ruiz deja a Álvaro, aquél ya está derrotado y éste ya es un hombre.

Como *Bildungsroman,* es decir, como novela de iniciación, como rito de pasaje a la madurez, hay que leerla, porque sólo así se cumple con el deseo del autor expresado en el título: *Se llevaron el cañón para Bachimba...* A Bachimba, llevó Guillermo Rubio Navarrete cuatro baterías y un cañón "que era la pesadilla de los orozquistas" y que se llamaba El Niño.[13]

Para El Niño y para Álvaro, la batalla fue un estadio decisivo en su proceso de madurez, aunque a El Niño y a Álvaro les faltara todavía el recorrido por la Revolución Constitucionalista y por la guerra civil de 1915, ese recorrido que ambos harían con el ejército villista... Habría muchos cambios de bandos: El Niño, que en Bachimba era federal, pasaría a manos de los orozquistas; y a finales de 1913, en la batalla de Tierra Blanca, Villa se lo arrancaría a sus odiados colorados u orozquistas, y ya en la División del Norte sería uno de los cañones favoritos de la tropa, quizás sólo por su nombre, ya que se les antojó a los villistas volverlo a bautizar sólo por jugar: así como lo llamaban El Niño, también lo llamaron El Rorro.[14]

Cuando se disolvió la División del Norte y salieron los últimos villistas de Chihuahua, quedó detrás un arsenal formidable: seis cañones Saint Chamond-Mondragón, dos cañones de marina en sus bases, un cañón Hotchkiss, más de mil granadas de percusión Saint Chamond, Hotchkiss y Canet; dos cañones Mendoza de 37 mm., más de dos mil rifles Mauser, 30-30 y Remington, centenares de cajas de cartuchos; trece ametralladoras Hotchkiss y Colt, cuatro de ellas aún en sus fundas, cientos de cofres con municiones para ametralladoras, una caja con ochentaiséis bombas "Martín Haley"; cuerpos de cañones sin acabar, armones para granadas, cureñas, boleas de combinación, bastos, tripiés para ametralladoras, horquillas, collares para guarniciones, ejes para cañón, naguillas, esqueletos para cadena, cinchos para atalaje, marrazos, ruedas de cañón, cofres de acero para granadas, sables, cananas, estribos para monturas, tercerolas, cabezadas, más cajas de granadas, cajas de resortes para freno de cañón, pistolas de diferentes calibres, nuevas y usadas; camillas de lona, y todo tipo de atalaje y herramienta para artillería.[15]

Probablemente uno de los seis cañones Saint Chamond-Mondragón era El Niño: es difícil hacer la biografía de este infante, pues no todos los partes de guerra lo nombraban y la mayoría de las veces se le daba por sentado. Lo que me sigue intrigando es la razón por la cual ese cañón en particular fuera distinguido con tanto afecto y con tanta nitidez. ¿Qué tenía que lo hizo tan singular? ¿Era un Saint Chamond-Mondragón especial? ¿Era el más grande y poderoso de todos los cañones de la guerra? Hasta la fecha no lo sé.

Del otro infante, Rafael F. Muñoz, hay más datos, pero no necesariamente más reveladores, pues de sus actividades durante la Revolución muy poco sabemos, a pesar de que la obsesión de su vida serán hechos ocurridos entre 1912 y 1916.

Rafael F. Muñoz Barrios nació el primero de mayo de 1899 en Chihuahua. Por parte de padre, al menos, pertenecía a una de las familias más notables de Chihuahua en el siglo XIX, que se enorgullecía de poder exhibir testimonios de sangre que probaban la calidad de cristianos viejos de sus fundadores.[16]

Uno de los bisabuelos de Rafael, Higinio Muñoz, había sido capitán de caballos y corazas en el ejército realista durante la guerra de Independencia; pero se dice que el fusilamiento de Hidalgo lo hizo cambiar de bando. Higinio era regidor del Ayuntamiento de Chihuahua cuando se celebró la junta en la que se juró la independencia de acuerdo con el Plan de Iguala.[17] Higinio fue padre, además, de varias figuras destacadas de la política estatal y nacional en el siglo XIX: Manuel, José Eligio, Juan, Jesús y Laureano Muñoz, éste último abuelo del novelista de la Revolución.

Manuel Muñoz fue alumno fundador y luego director del Instituto Científico y Literario de Chihuahua, fue diputado al Congreso de la Unión, defensor del Molino del Rey contra las tropas estadunidenses, opositor de los Tratados de Guadalupe Hidalgo y luego coautor de un libro: *Apuntes para la Historia de la Guerra entre México y Estados Unidos*, que Santa Anna mandó recoger y quemar.[18] José Eligio Muñoz fue un liberal de hueso colorado, director también del Instituto, varias veces juez de distrito, fundador de varios periódicos de oposición, muchos de ellos clausurados y perseguidos, y también varias veces gobernador del Estado.

Laureano, el abuelo de Rafael, fue también alumno y director del Instituto, fue ardiente liberal como su hermano José Eligio, concertó tratados con los apaches y comanches en su primera gestión como gobernador de Chihuahua, fue diputado y senador federal, y fue dos veces Presidente del Supremo Tribunal de Justicia del Estado como lo sería medio siglo después su hijo Carlos, padre de Rafael. Laureano fue también uno de los principales socios de la empresa que inició la construcción del primer ferrocarril entre Chihuahua y Ciudad Juárez.[19]

Carlos Muñoz, el padre de Rafael, también estudió en el Instituto, se recibió de abogado, fue varias veces magistrado del Tribunal Supremo de Justicia del estado y llegó a ser su presidente ya al fin del porfiriato, hasta 1911, "cuando los villistas entraron y liberaron a todos los presos. Al quedar libres, unos envenenadores yanquis pidieron la cabeza de don Carlos, quien se vio obligado a huir a los Estados Unidos con su hijo Rafael".[20]

Significativamente, al narrar las vidas de Higinio, Manuel y Carlos Muñoz en su *Diccionario de Historia, Geografía y Biografía Chihuahuenses*, Francisco Almada destaca en la familia un rasgo de carácter que parece ser el que Rafael captó magistralmente al inicio de *Se llevaron el cañón para Bachimba*: en momentos moralmente intolerables, los Muñoz abandonaban todo y preferían exilarse a consecuentar la situación. Las explicaciones del súbito retiro de Carlos Muñoz de la vida pública que aparecen en "La narrativa de Rafael F. Muñoz", tesis de Antolín Monge, y en el diccionario de Almada reproducen punto por punto la imagen simbólica de la novela de Rafael F. Muñoz.[21]

Éste siguió la instrucción primaria en la escuela de los paulinos y en la de la Sociedad Filomática; y cursó la secundaria en el Instituto Científico y Literario, consciente de que varios parientes suyos habían sido directores de la escuela.

Después de terminar la secundaria, Rafael fue enviado a la ciudad de México a continuar los estudios, interrumpidos muy pronto por la Decena Trágica. De regreso a Chihuahua, se inscribió de nuevo en el Instituto Científico y Literario y ahí mismo estaba cursando el segundo año de Preparatoria cuando ocurrió la ocupación de Chihuahua por la División del Norte, en diciembre de 1913.[22] Monge y otros dicen que, a partir de entonces, se incorporó a la División del Norte en calidad de reportero y luego de corresponsal del periódico chihuahuense *Vida Nueva*. Pero Muñoz mismo, en una entrevista con Emmanuel Carballo, no habla de estas actividades: "No tuve que ver nada con la División del Norte: no fui Dorado ni fui, como alguien dijo, empleado en la secretaría particular de Villa",[23] Esta declaración es típica de Muñoz: acaba con un mito, pero deja otro viviente, ya que no niega haber participado como reportero durante la Revolución...

Al final de *Se llevaron el cañón para Bachimba* ocurre el segundo abandono de la novela, y en la narración de cómo se despide Marcos Ruiz del niño Álvaro Abasolo, Muñoz incorporó la huella y la intensidad de la segunda escena obsesiva de su vida: el adiós de Villa a la División del Norte el 19 de diciembre de 1915.

Después de la derrota orozquista, Marcos Ruiz y Álvaro Abasolo huyen hacia la Sierra Madre y particularmente hacia "la región de los minerales de Batopilas".[24] Y Marcos le va anunciando a Álvaro su regreso a la tierra: "Conozco cada montaña y cada vereda; conozco cada mina. Si algún día los federales llegan a venir por aquí, me sumerjo en la profundidad de la tierra y nadie se atreverá a buscarme [...]".[25]

Más adelante, Marcos se despide veladamente de Álvaro con advertencias y consejos envueltos en una reflexión sobre la guerra: "Ya no tengo nada que hacer: los 'colorados' hemos fracasado. Otros tendrán que venir, los que son más jóvenes que yo y de más edad que tú. Quizá también a ti te toque actuar algún día; tienes modo de instruirte y serás abogado, o ingeniero, o cosa así. Probablemente no haya otra revolución, pero la inquietud subsistirá mientras el pueblo sienta la miseria. Entonces, recuerda estas luchas y estas derrotas, y estas huidas... No mires la guerra como una belleza, sino como un horror".[26] Pero un horror que es el último recurso de los desesperados, de los desesperados que como él se pueden ocultar en las sierras y confundirse en la naturaleza por los años de los años. A la mañana siguiente, sin explicación, Marcos ha desaparecido y sólo ha dejado como despedida una frase "lacónica, seca, definitiva como él mismo: 'Nadie me encontrará'".[27]

Es en estas palabras donde reaparece la escena que más de veinte años antes Rafael F. Muñoz había contemplado: así también el 19 de diciembre de 1915 había salido Villa de Chihuahua, para regresar a la Sierra, para volver a confundirse con sus veredas, con sus cañadas, con sus desfiladeros.

No tengo ninguna prueba de que ese día de la despedida, también Ramón Puente estuviera en Chihuahua. Pero tampoco hay ninguna evidencia en contra de esa suposición. No me atrevo a colocarlo también a él en la Plaza Hidalgo oyendo el discurso de Villa; sí me pregunto qué le hubiera podido impedir a Ramón Puente asistir a ese momento, a él que fue uno de los villistas más lúcidos, incluso muchos años después de la muerte del mismo Villa y de la claudicación de la mayoría de sus seguidores. Si no estaba en la Plaza, no es nada improbable que estuviera en alguno de los salones del Palacio de Gobierno.

Nada raro sería que ahí hubiera comenzado, inconscientemente por supuesto, esa relación compleja y entrañable que mantendrían casi explícitamente Ramón Puente y Rafael F. Muñoz por lo menos a partir de 1923. En esa relación, Puente pareció asumir la función de padre intelectual de Muñoz, y Muñoz la del discípulo que supera rápidamente al maestro. Y ambos alrededor de temas obsesivos: Orozco, Villa, la paternidad, la fidelidad... Aunque sólo aparentemente, pues Muñoz continuaba los gestos del maestro al mismo tiempo que los negaba.

En 1912, Ramón Puente escribió uno de los libros más furiosos contra el orozquismo y contra Orozco: *Pascual Orozco y la revuelta de Chihuahua.*[28] Es probable que la familia Madero o algún ministro del mismo gobierno maderista haya financiado el libro, pues su tiraje de quince mil ejemplares era inusitado para la época. Es probable también que la edición se hubiera terminado de imprimir poco antes de la caída de Madero, pues cientos, y quizás miles, de ejemplares quedaron sin distribuir. En todo caso, el libro de Puente era el libro más feroz y razonado del maderismo contra su antiguo aliado. Curiosamente, es contra ese libro que parece haberse escrito *Se llevaron el cañón para Bachimba*, novela publicada en 1942. Este gesto de Muñoz no era inusitado: desde 1915 hasta 1940, Ramón Puente había sido la figura dominante en su vida; con la obra de Puente, había crecido como novelista y cuentista, había aprendido a amar y a desentrañar a Villa y el villismo.

No es una casualidad que el primer libro que publicó Rafael F. Muñoz fuera la continuación y terminación de uno de Ramón Puente. En 1919, éste había publicado, en una empresa editorial del periodista y zapatista Octavio Paz, una *Vida de Francisco Villa contada por él mismo*. La narración era por supuesto en primera persona y terminaba precisamente con el discurso que Villa pronunció el 19 de diciembre de 1915 desde el Palacio de Gobierno de Chihuahua. Las páginas finales parecían una letanía trágica y admirable: "nos volveremos a juntar", "seguiré siendo enemigo de Carranza", "he peleado y seguiré peleando mientras una bala no corte derecha o traidoramente el hilo de mi vida"...

Y en 1923, una bala traidora cortó el hilo de su vida, y con su muerte se volvió un tema de actualidad. Fue entonces cuando el redactor de *El Universal Gráfico* encomendó a uno de sus jóvenes periodistas, originario de Chihuahua y, según se decía, antiguo reportero del diario villista *Vida Nueva*, que completara la biografía de Puente.

El folleto que publicó *El Universal Gráfico*, y que costaba quince centavos, se titulaba: *Memorias de Pancho Villa*. En el reverso de la portada, se incluía una nota aclarando que la biografía ya había sido publicada en 1919 y que ahora, en 1923, el reportero Rafael F. Muñoz agregaba un interesante apéndice con el resto de la vida de Villa desde 1915 hasta su muerte: escrito "de prisa, sin consultar apuntes, libros, atenido tan sólo a mis recuerdos".[29] Del autor de la biografía de 1919 no se daba su nombre en la portada, ni se decía nada en ese folleto: sólo al pie de la página 40, donde terminaba la primera parte, aparecía, pequeñito, el nombre del doctor Ramón Puente. La ignorancia comercial insiste en atribuirle al vástago la obra del padre: el folleto de *El Universal Gráfico* ha sido reeditado en la colección de Populibros La Prensa con el título de *Pancho Villa, rayo y azote*, y todas estas reediciones le atribuyen la biografía en su totalidad a Muñoz y apenas si se hace mención de Puente.[30] Por poco interesante que fuera el apéndice de Muñoz, era el principio de una obra única donde el lenguaje de la narración adquirió la dimensión de sus personajes y guardó silencio cuando sólo le quedaba su destrucción; donde el lenguaje entendió la inmanencia de sus paisajes y sintió la intensidad de los hechos anónimos. Las primeras obras maestras de Muñoz fueron cuentos; y luego vino *¡Vámonos con Pancho Villa!*, en 1931, que algunos críticos han tratado más bien como colección de cuentos. No tiene sentido reivindicar esta obra como novela para entrar en una mera discusión de terminología o de retórica de los géneros literarios. De hecho, los críticos que la han catalogado como narraciones tenuemente hilvanadas y sin unidad se han quedado en una mera clasificación de la obra, y se han olvidado de leerla.

Quizás el mismo Muñoz dio una pista para entender su obra cuando a unos relatos —*Si me han de matar mañana*— les dio el nombre genérico de *novelas*: hablando en términos tradicionales, los textos de este libro pertenecerían al género del cuento; pero a Muñoz no le interesaban ni los términos tradicionales, ni los géneros: su designación de novelas no alude a la longitud, ni al desarrollo propiamente dicho del texto, sino a sus intensidades. No sé si Muñoz conocía los "cuentos" de Heinrich von Kleist, pero hay en el mexicano un espíritu que se deja pintar de manera muy parecida al del alemán: en los "cuentos" de ambos, no importa tanto el desenlace de la historia, el tristemente famoso "dato escondido" de Vargas Llosa; lo relevante son los movimientos afectivos de la historia, de las imágenes, de los personajes... Los personajes mueven la historia con sus pasiones; no es la historia la que lleva a los personajes por sus vericuetos; y con las pasiones en movimiento, la historia adquiere una espesura inusitada, una densidad y un capricho de lava descendiendo del volcán: sus cuentos, retóricamente hablando, son novelas porque la historia se abre, si no a una virtualidad de la totalidad, como le gustaba pensar a Lukács al hablar de la novela occidental, sí a una virtualidad de la profundidad, de lo más terrenal que hay en nuestros sentimientos y en nuestra mirada.

En ese mismo sentido, hay que cambiar radicalmente la visión típica de *¡Vámonos con Pancho Villa!* y decir que a la obra no la componen varios cuentos apenas hilvanados, sino varias novelas que crean una macronovela: la gran novela de la pasión villista.

En la noche del 19 y parte del 20 de diciembre de 1915, los villistas de última hora, que se habían incorporado a la División en su recorrido por el centro y el oeste del país, se despidieron de la ciudad saqueando las tiendas, sobre todo las de los extranjeros, en cuya labor les ayudaron algunos habitantes de la misma ciudad de Chihuahua. Los saqueadores no sólo se llevaban mercancías, se llevaban todo lo que encontraban, hasta "la ropa y los trastos", y "en algunas casas de particulares se han guardado hasta cojines de los carros pulman". En un caso, por lo menos, el saqueo terminó en incendio.[31]

En realidad, para muchos, la participación del pueblo de Chihuahua había sido muy moderada, si se tenían en cuenta los abusos que habían cometido en las últimas semanas los comerciantes, cuando ya las autoridades villistas eran impotentes para mantener la vigilancia, y para impedir el acaparamiento y el ocultamiento de los alimentos básicos.

Al discutir el saqueo, el Ayuntamiento de la ciudad decidió que todo quedara "entre nosotros", ya que afortunadamente en esta ocasión el pueblo había sido muy parco en sus actos; y que se echara la culpa de los hechos a esa gente del sur que "lanzaba palabras subversivas al pueblo chihuahuense y que decía: 'Vamos robando, al cabo que nosotros no somos de aquí'".[32]

A las puertas de la ciudad estaban ya las avanzadas del Cuerpo de Ejército que mandaba Jacinto B. Treviño.

El guajolote

Cuando llegó el capitán Ontiveros al cuarto donde lo tenían detenido, el soldado, cuyo nombre nadie se preocupó por trasmitirnos, no sabía aún que lo iban a fusilar por un inocente robo. Pero, al ver que el capitán lo empujaba hacia el cementerio, vislumbró que era el fin y que lo iban a matar por culpa de un guajolote.

Se lo había robado para comérselo con sus amigos en la cena de Nochebuena, para olvidarse un poquito de ese frío con aires enloquecidos que venía del Cofre de Perote. Y al soldado lo iban a matar en serio, porque ya estaba esperándolo el pelotón de fusilamiento. El soldado también reconoció al secretario del general, al que llamaban *El callitos*, porque los callos de los pies no lo dejaban caminar a gusto; y *El callitos* miraba la escena como si quisiera escabullirse. Pero nadie le había pedido a Justino Palomares, cronista de muchas batallas y muchas vidas revolucionarias, que presenciara el fusilamiento; el general no quería ninguna narración del hecho, porque para eso había ordenado que esperaran su llegada antes de ejecutar al ladrón.

Ya estaba todo listo cuando apareció el general Magaña para cerciorarse de que se cumpliera su sentencia. Todos consideraban que era muy severo, pero él quería dar el ejemplo, a pesar de que la dueña del guajolote ya se había arrepentido de haber delatado el robo. Ella no sabía que el general iba a ponerse así, tan furioso y tan cruel. La dueña le pedía al general que se olvidara del guajolote, le lloraba diciendo que se lo regalaba al soldado para su Nochebuena, que ya no lo quería. Pero el general era terco y además ya no se iba a echar p'atrás, ahora menos que nunca. El capitán había recibido la orden con reticencia y había intercedido por el soldado ("...es un viejo constitucionalista del batallón Cándido Aguilar, mi general..."); pero ahora menos que nunca iba a echarse p'atrás mi general, y ahí estaba para que se cumpliera la orden. El capitán Ontiveros le dijo al sargento Vigueras que se encargara de la ejecución. Fue en ese momento cuando el general preguntó por el guajolote. ¿El guajolote? ¿Cuál guajolote? Entonces el general le gritó al capitán Ontiveros que sus instrucciones habían sido claras y tajantes: que el soldado tenía que morir con el guajolote en sus brazos. ¿Dónde estaba el guajolote?

Mandaron a varios soldados a buscar el guajolote y no fue fácil atraparlo en el corral de su dueña, pues parecía que el animal sabía para qué lo andaban buscando.

Finalmente llegó un cabo con el guajolote agarrado por la patas y se lo entregó al soldado, a quien le ordenaron que lo cargara, a pesar de que él apenas podía sostenerse en pie... No obstante, lo cargó y ya no se supo si dijo algo o no porque el guajolote seguía cacareando desesperadamente. Quien sabe si fue adrede o por casualidad, pero al caer muerto el soldado, el guajolote quedó ileso a su lado y como sereno del susto. El sargento Vigueras se acercó al cuerpo y le dio el tiro de gracia; el guajolote no se asustó, vio los sesos desparramados del cadáver y comenzó a picotearlos con el regocijo de encontrar un nuevo alimento. Al ver la impudicia del animal, muchos de los presentes sintieron náusea. Y ya nadie quiso tocarlo, ni la dueña, ni los soldados, ni el general, ni nadie. El guajolote que iba a servir para la cena de Nochebuena se quedó por ahí en el cementerio buscando los sesos frescos de su ladrón.[1]

Hay imágenes que se desprenden de los hechos como si fueran su sombra o su espíritu o su fantasma y que adquieren vida propia, independiente del transcurrir desgastador de la historia. Se desprenden de los hechos y hasta huyen de la memoria; se quedan en el presente como si fuera una cuerda floja y ahí, en la zozobra perpetua, sobreviven siempre relampagueantes porque nunca pasan, porque no son pasado, porque no quieren nada, sólo quieren acompañar al tiempo. Se olvidan de que alguna vez fueron hechos, acontecimientos, de carne y hueso; pero no, no se vuelven ideas, aborrecen las ideas, las ideas con su abstracción, las ideas con su falsa pulcritud, las ideas con su asepsia. Estas imágenes son imágenes, no son metáforas, no son ideas. Son imágenes que viven de los instantes y que se alimentan con la vida: mejor dicho, en ellas, la vida se vuelve imagen.

Estas imágenes no seleccionan, ocupan el instante completo, lo abarcan totalmente y en ellas no hay transcurso, sólo palpitación: nuestro pasado las envidia, nuestro futuro las ignora, nuestro presente las soporta y, según su humor, las goza.

Es imposible vivirlas constantemente: como los orgasmos, su imaginación de ser es la instantaneidad, es su vida fronteriza, su vida de equilibrio y de peligro... Pero sin ellas no hay salud posible del alma, no hay sanidad posible en el pasado, en el pasado puro, en el puro pasado.

Estas imágenes son como las olas: son la forma del agua que nos permite nadar. Son como el viento: son la forma del aire que nos permite huir. Son como la luz: son la forma del sol que nos permite soñar. Nos ofrecen formas para vivir, nos ofrecen formas para nadar, huir, soñar.

Las ideas se pueden intercambiar por ideas: Anaxágoras habló del *Nous* y Hegel del Espíritu, y ambas ideas se pueden intercambiar. Demócrito habló de los *átomos* y Leibniz de las *mónadas*, y ambas ideas se pueden, hasta cierto punto histórico, intercambiar. Son como productos, o mercancías, o monedas. Basta con encontrar el precio exacto para el intercambio: al *Nous* de Anaxágoras hay que agregarle la astucia para que el *Espíritu* de Hegel encuentre su precio aproximado. A los *átomos* de Demócrito hay que agregarles la unidad en la diferencia infinitesimal y las *mónadas* aceptarán el intercambio. Las ideas son económicas.

E incluso podemos intercambiar ideas por hechos, y hechos por ideas. Generalmente los hechos, como fenómenos, son encarnación de ideas, y casi siempre las ideas "aparecen" en los hechos, como en una epifanía. Según la perspectiva que adoptemos, será nuestro discurso: o vamos de los hechos a las ideas y entonces tenemos un discurso metafórico, un discurso selectivo ("esto representa esto otro", "esto significa aquello"); o vamos de las abstracciones verídicas a sus realizaciones individuales, del género a la especie, y obtenemos un discurso mítico, explicativo, reiterativo ("por ejemplo", "por ejemplo"). Y ambos son discursos finalmente económicos.

Pero las imágenes de la vida no se intercambian por nada; es imposible encontrarles precio; y sin precio no hay intercambio. No hay forma de generalizarlas para usarlas como leyes, ni de individualizarlas para usarlas como ejemplos: no son ejemplos, ni abstracciones. El soldado anónimo que muere fusilado con un guajolote en la mano es una imagen que no sirve para nada. No ilustra nada. En este caso, como muchos otros de fusilamientos, ni siquiera sirve a los ávidos sociólogos y epistemólogos del machismo mexicano. Totalmente inútil, inservible; y sin embargo, hay en ella una forma que es la forma de un instante, el instante en que aparecen juntas las dos víctimas, y el soldado acepta sostener a su presa para morir con ella. La vida se vuelve monstruosa, etimológicamente monstruosa: está para *ser mostrada* y *contemplada*. Nietzsche decía que el ojo existe para ver, pero que primero tuvo que haber algo que fuera visible. Quizás lo primero que se dejó ver fue la complicidad de la vida con la muerte.

En la Revolución, nunca se mostró mejor la vida que en el anuncio de la muerte y fueron los fusilamientos los momentos favoritos de estas imágenes para encarnar. Cualquier ojo aguzado se daba cuenta que por ahí rondaban sin falta las entrañas de la vida. En cualquier fusilamiento se podía ver cómo aparecían, quién sabe de dónde, las imágenes para apoderarse del hecho, para revitalizarse con su fuerza y para irse a vivir a la cuerda floja, al instante, al relámpago; y cómo surgían, quién sabe cómo, los hombres valientes, y más que valientes: los hombres amorosos de su vida.

Esas imágenes de fusilamientos no necesariamente se apoderaban de un hecho heroico, de un acto patético o de un gesto gozoso incluso en su mismo tono macabro; a veces eran hechos banales y a veces eran hechos que se prolongaban infinitamente durante años, que no terminaban, y que culminaban repentinamente, con el asesinato del verdugo, del jefe del pelotón...

Si esas imágenes tienen algo en común, eso no las hace iguales, paradigmáticas, como quería Julio Torri, escritor de mirada roma. Las imágenes son tan parecidas y tan diferentes entre sí como son indistinguibles pero completamente diferentes dos gemelos: tienen casi el mismo rostro, pero difieren en la forma de la singularidad. Y en el caso de las imágenes que escogieron esta forma de vida, la diferencia está en una forma de perdición, en una forma de perderse a sí mismas, de dejarse llevar por la chingada como si no se supieran inmortales. Ellas mismas son más irónicas que todo lo que Torri pudo concebir.

Quizás nada pueda definir mejor esas imágenes que un verso de Rimbaud: *Par delicatesse, j'ai perdu ma vie.* Sin embargo, las imágenes no son poéticas, ni son lingüísticas siquiera (aunque a veces haya palabras en ellas); son la visibilidad misma, son aquello que permite que el ojo exista. Fueron para ser vistas, fueron para ser contempladas. Y gracias a ellas, el lenguaje adquiere su sentido real, su labor majestuosa: hacer visible un pasado irrecuperable para colocarlo en la fisura del presente, en la herida del presente que permite que las cosas pasen.

¿Cuántas de estas imágenes se han perdido? No sé, quizás miles; pero cuando recuperamos una sola, *sabemos* que en ella resuenan muchas otras y que por ella accedemos a la vida. Y entonces se vuelve cuestión de vida o muerte el verso de Rimbaud... Y entonces, por favor, no lo olvides...

En las imágenes de fusilamientos de la Revolución que he encontrado —para este libro y quizás para otros más— sobrevive magníficamente la delicadeza, la cortesía con la vida o el cariño que le tienen a la vida los fusilados; y en todas hay también un sentido sordo, violento, ahogado, de perdición, de perdición en su sentido corporal: el cuerpo se pierde a sí mismo, el cuerpo se cae en sí mismo, el cuerpo en el mismo cuerpo, el cuerpo dentro del cuerpo...

Oh sí, el verso de Rimbaud es difícil de soportar si se lee para medir con él nuestros fracasos morales; pero leído para recoger con él, como se recoge una ceniza, lo que una vida sigue diciendo después de muerta, entonces se vuelve lo más humano que he encontrado para definir esas imágenes.

Pero ahora no voy a hablar de la muerte, ahora voy a hablar de esas imágenes que son muchas veces, al fin y al cabo, lo único que tuvieron muchos de los fusilados. Traducido a otros términos, aunque no a otra moneda, ni a otro valor: esas imágenes son los momentos únicos e irrepetibles en que muchos oprimidos agarraron su vida e hicieron finalmente con ella lo que les dio su regalada gana. Esa imagen era literalmente lo único que muchos despojados de todo y humillados por todo *poseían*.

Por eso convertir el fusilamiento en una institución, en una descripción paradigmática de momentos repetidos y generales, es una traición a estos hechos puros e insustituibles, o un pretexto para lucir el estilo. Esa es la distancia, y enorme, que hay entre Nellie Campobello y Julio Torri. Y ésa es también la pobre medida de los juicios de nuestra república de las letras: que Julio Torri se edite y reedite, y que Nellie Campobello sea inasequible.

"La guardia de prevención del cuartel servía también en el calabozo; y todos los casos a describir sucedieron siempre al amanecer. Este caso se trata de tres neveros que, cuando a la hora de la comida dejaban entrar a los comerciantes ambulantes a vender comida, golosinas y fruta, cometían sus delitos; eran zapatistas, enemigos y espías que lograron envenenar a cinco soldados; otros fueron salvados a tiempo por el servicio médico. Hago la aclaración debida; eran tres los próximos a fusilar: uno, el del cuartel de San Cosme; dos, el del cuartel de la escuela de tiro, y tres, del cuartel de artillería de Tacubaya. La policía militar del cuartel general, muy competente por cierto, investigó y aprehendió a los tres citados neveros zapatistas. Se les acusaba de la muerte de diez soldados en total, por envenenamiento intencional. Lo notable y raro del caso fue que colocados en el paredón y listo el pelotón para ejecutarlos, cuando el oficial comandante dio la voz de "apunten" los tres al instante se descubrieron el pecho y gritaron a una voz: 'Tírenle a su bandera, hijos de...' No alcanzaron a decir más porque el oficial ya había pronunciado 'fuego'. Cayeron los tres de inmediato, el del centro hacia atrás y los otros dos a sus costados, como un triángulo horroroso, macabro e impresionante. El mayor médico, que siempre estaba presente en las ejecuciones para certificar las muertes, rápido se acercó y arrancó a los cadáveres los listones tricolores ensangrentados que a semejanza de las bandas que usan los presidentes portaban aquellos infelices fallecidos."[2]

"Se trata de un sacerdote católico que según se averiguó, era párroco de Milpa Alta o Topilejo, no quiso decir su identidad; pero lo cierto es que fue aprehendido en las goteras de Xochimilco por los soldados yaquis destacados en esa línea de fuego. Lo sorprendieron comprando parque para los zapatistas; le encontraron un morral con tortillas, para despistar; y diez 'paradas' de cartuchos, o sea diez cargas de cinco balas cada una, para fusiles máuser de siete mm. La policía militar lo trajo al cuartel de San Cosme, que era como la capilla de los prisioneros de guerra.

"Así sucedió: Como siempre, al amanecer, previo el comunicado de órdenes escritas y todo lo relativo al caso, el pelotón fatídico condujo al sacerdote hasta el paredón que por cierto no eran más que unas cuantas vigas de madera de esas anchas, clavadas, como de tres metros de altura. El oficial ejecutor, me acuerdo muy bien porque era de mi batería (la cuarta) y de nombre Marcelino, lo tomó del brazo y lo puso en su lugar; el 'padrecito' (así lo mencionábamos) miraba al cielo, y cuando oyó la voz de 'preparen', violento sacó un crucifijo, no sé de dónde, y se lo puso a la altura de la frente, y se desplomó lentamente sobre su costado derecho, con el crucifijo aún en la mano derecha. El mayor médico comisionado corrió hacia el caído y lo quiso levantar, pero no pudo; le auscultó el pecho y los ojos, y le dijo al teniente Marcelino: 'Retire a su pelotón, este hombre está muerto. Voy a levantar el acta para darle parte al preboste, y usted al capitán de cuartel. No tiene caso balacearlo'."

Julio Torri vio con perspicacia los rasgos repetitivos que hacían irónicamente de los fusilamientos "una institución" y estas dos descripciones corroboran su visión, aunque sin su altura estilística: "todos los casos a describir sucedieron siempre al amanecer", "Como siempre, al amanecer...", y luego venían los actos sorpresivos de las víctimas justo antes de recibir los disparos... En las descripciones hay una evidente conciencia de puntos comunes, de actitudes definitivas, de formas previas al hecho mismo que guían, por así decirlo, la conducta de las víctimas y los verdugos; y que dan, finalmente, la imagen final del hecho. Pero esta institucionalización le quita al hecho su fuerza y su evaluación profunda de la vida. Los fusilados redimen su vida con un gesto, con la singularidad de su gesto, que no por repetitivo deja de ser único e intransferible: en estas descripciones, las víctimas hacen en el último momento un gesto decisivo y con ese gesto escapan de sus verdugos y toman posesión de su vida: la hacen suya, infinitamente suya.

No saben para quién mueren

En un viaje a provincia durante el año de 1920, el escritor Carlos Noriega Hope aprovechó su visita a una hacienda para hacerle unas preguntas a un veterano de la revolución:

—Oye, "Antiparro", me dicen que tú anduviste en la bola. Cuéntame cómo estuvo.

El aludido sonrió levemente y no dijo nada por algunos segundos. Quizás buscaba en su caletre los viejos recuerdos de la campaña. Por fin principió pausadamente:

—Sí, jefe. Yo anduve por "munchas" partes hace dos años. "Juí" hasta Morelia y "aluego" a Querétaro y llegué hasta México... yo conozco México... "nomás" que sólo llegué a la estación porque la verdad no me "arriegué" a meterme en las calles. ¡Es eso muy grande!

Reí su prudencia, interrumpiendo:

—¿Y tuviste muchos combates?

—"Munchos"... El de las cuestas de Sayula, el de Queréndaro y más de seis... Pero nunca me "clerearon".

Y como la cosa más natural del mundo le dije así:

—¿Y de cuál partido eras?

El llamado "Antiparro" rascóse largamente la cabeza. Pensó mucho tiempo. Contrajo su ruda frente en un esfuerzo terrible y por último murmuró:

—La verdá, jefe, yo no sé... Yo andaba con el mayor Ramos.[1]

Con esta respuesta, Noriega Hope se emocionó y no pudo reprimir una inmediata advertencia a los lectores. La frase del campesino era tan importante que merecía romper con todas las convenciones de este libro de cuentos, *La inútil curiosidad*, incluso si estos cuentos estaban disfrazados de crónicas. O quizás era todo lo contrario: quizás eran crónicas disfrazadas de cuentos y el llamado a los lectores no era impertinente, pero entonces se volvían superfluos los ejercicios de su imaginación, que de por sí no era muy vigorosa. He aquí el aparte que el autor considera necesario hacer: "Lectoras y Lectores: [...] Estoy seguro de que es la confesión más grande que ha hecho un indígena de diez años hasta la fecha sobre la génesis de nuestras revoluciones [...] Editoriales enteros podrían escribirse sobre la heroica respuesta del 'Antiparro', respuesta que darían casi todos nuestros 'juanes' si alguien tuviera la paciencia de interrogarlos. Ellos no sabían por qué peleaban... Carranza... Huerta... Madero... Obregón... *¡quién sabe!* Lo que les importaba única y exclusivamente era el jefe, el caudillo, el hombre que podía 'voltearse' a su arbitrio sin consultarles su opinión y sin informarles siquiera el nombre de su partido. Ellos mataban y estaban listos a dejarse matar... por el mayor Ramos, por x o por z".[2]

En ese mismo año de 1920, un oscuro escritor de provincia, ya residente en la ciudad de México, editaba por segunda vez una novela que había publicado cuatro años antes en El Paso, Texas. Y para esta edición, el escritor Mariano Azuela había decidido hacer cambios importantes en la perspectiva del texto. Y el más decisivo era eliminar la inclinación villista de la primera versión e incorporarle una actitud más bien escéptica ante las luchas de la Revolución. Para expresar esta actitud, Mariano Azuela imaginó un nuevo personaje llamado Valderrama, quien aparece en la tercera parte casi con el único propósito de enunciar este parlamento: "¿Villa?... ¿Obregón?... ¿Carranza?... ¡X... Y... Z! ¿Qué se me da a mí?... ¡Amo la Revolución como amo al volcán que irrumpe! ¡Al volcán porque es volcán; a la Revolución porque es Revolución!... Pero las piedras que quedan arriba o abajo, después del cataclismo, ¿qué me importan a mí?..."[3]

Es poco probable que Noriega Hope conociera *Los de abajo* cuando escribía *La inútil curiosidad*; y Azuela tampoco sabía del texto de Noriega Hope, que para 1920 no se había escrito o estaba en forma de manuscrito. La coincidencia de los textos de Azuela y Noriega Hope corresponde al espíritu de la época: el fin del régimen carrancista y el principio de la restauración obregonista. El golpe de estado del Plan de Agua Prieta que llevó a la muerte a Carranza y al poder a Obregón fue en mayo de 1920.

El tono escéptico de aquellos textos estaba en el aire; pero aun así, la dirección, el sentido, de cada uno era muy distinto: en *Los de abajo*, ya desde la primera versión, se dejaba ver, aunque en germen, el desencanto y la desilusión de la lucha, e incluso la decepción de los villistas ante el mismo Villa, cuando en la tercera parte de la novela los soldados se preguntaban por qué andaban con ellos los federales contra los que habían estado luchando poco antes.

En el texto de Noriega Hope, era el mismo autor quien aprovechaba la declaración del veterano revolucionario para enfatizar la coartada preciosa de los intelectuales de la época: si el pueblo mismo no sabía por qué había luchado durante la Revolución, ¿qué razón había para que ellos trataran de entender lo incomprensible o eso que no tenía sentido llamado Revolución? Pero el estilo mismo de la reflexión de Noriega Hope revelaba que ésta era también la expresión del sentido común intelectual y político del momento. Y el mínimo de sentido común que se necesitaba para identificar al 'Antiparro' como indígena era el mismo requerido para identificar la individualidad con el uso de razón, el uso de razón con la sensatez de la historia y la sensatez de la historia con la conciencia de los fines últimos de una raza superior...

Como "El Antiparro" no tenía conciencia de individualidad no poseía uso de razón, y eso le impedía acceder al sentido histórico, lo cual era lógico pues pertenecía a una raza en estado primitivo, a una raza natural, que no tenía conciencia histórica y que por lo tanto no deseaba llegar a las profundidades de la conciencia individual... El círculo lógico, y vicioso, aplicado a los indios, era perfecto... Los intelectuales de los años veinte no se habían educado en vano con la *Lógica* de Porfirio Parra, el discípulo predilecto de Gabino Barreda y defensor a ultranza del positivismo... Atribuirles a los intelectuales de la época carrancista y obregonista una lógica positivista no es un abuso del lenguaje: en realidad, fue gracias a eso que Vasconcelos, un renegado del positivismo, pudo instaurar la educación nacional sobre bases firmemente positivistas.

Aunque de sentidos distintos, los juicios de Noriega Hope y de Azuela necesitaban unos cuantos años para volverse complementarios. Francisco Monterde e Icazbalceta, prologuista de *La inútil curiosidad* de Noriega Hope, usaría en 1925 el libro de Mariano Azuela en una polémica sobre el afeminamiento de la literatura nacional y, de pasada, sobre la existencia o inexistencia de una novela sobre la Revolución. Ése fue el momento en que *Los de abajo* comenzó verdaderamente su camino hacia la calidad de clásico: pero antes se necesitó que se republicara en la colección de la novela semanal de *El Universal Ilustrado* cuyo director era... Carlos Noriega Hope.

En sus memorias, Daniel Cosío Villegas escribió: "Lo verdaderamente maravilloso de estos años de 1921-1924 fue, sin embargo, la explosión nacionalista que cubrió todo el país. Desde luego, era un nacionalismo sin la menor traza de xenofobia. No era anti nada, sino pro México".[4] Lo cierto de ese párrafo era sólo la primera parte. A Cosío Villegas lo traicionó la memoria porque gran parte de ese nacionalismo se definió por oposición muy clara a Estados Unidos y también por simpatía muy nostálgica de la *hispanidad*.

Para la oposición habría que recordar el libro de Rafael López, *La bestia de oro y otros poemas*, en donde se definía lo mexicano como la labor de Cortés y como la oposición a los valores de "la bestia de oro" (los Estados Unidos) y se lamentaba que la falta de patriotismo volviera posible que algún día flotaran "las *barras* con las turbias *estrellas* [...]sobre el antiguo palacio de Cortés".[5]

Para la simpatía habría que recordar la recuperación de la época colonial en casi todas sus manifestaciones culturales, recuperación que, es cierto, se había iniciado desde la época carrancista, pero que con el obregonismo adquiriría legitimidad histórica: las ceremonias del Centenario de la consumación de la Independencia en 1921 festejaban la continuidad de la cultura hispánica en México, no la ruptura. Signo de la afirmación de esa continuidad fue la novela de la Colonia que, en algunos casos, como el de *Pero Galín* de Genaro Estrada, iba más allá del rescate de un "atrás" colonial, iba en busca de las imágenes españolas incontaminadas, propias de México, y que en cierto sentido la misma colonia había desvirtuado. *Pero Galín* era, en palabras de un amigo, no de Estrada sino mío, "el Quijote del Colonialismo, y su antimodelo era Hollywood". Otro signo notable fue la empresa de Francisco y José Elguero, quienes en abril de 1921 sacaron el primer número de *América Española*, "Revista quincenal destinada al estudio de los intereses más importantes de la patria mejicana y de la raza española y a la propagación de todo linaje de cultura en Méjico", en la que se atacaban todas las debilidades jurídicas de la revolución carrancista, se desmitificaba la pretendida unidad del *signo nacionalista* (con ensayos que se burlaban de la moda azteca en pintura y arquitectura como "La obsesión del trapecio" de Ramón Mena).[6]

Para continuar con la cita de Cosío Villegas: otro escritor que abrazó el "nacionalismo" de esa época fue José Juan Tablada, quien expresó inmejorablemente lo que ese movimiento nacionalista encontró en la búsqueda de su definición. En una carta de marzo de 1925, Tablada le decía al "Abate" de Mendoza que, mientras no hubiera leído el *Tertium Organum*, "no sabrá del espíritu ni de sus maravillosas y extrahumanas posibilidades como debemos saberlo [...] quienes nos encaminamos a la superhombría [...] Un fenómeno espiritual: cada día me vuelvo *más español* [...] Mi descubrimiento es ése, Abate [...] que a fuerza de avanzar, nos encontramos en el corazón del Polo, sobre nuestras propias huellas, viendo que lo que creíamos futuro y *más allá* es pasado y *atrás* remotísimo".[7]

Estos planteamientos nacionalistas llegarían hasta finales de la década, más decantados, más purificados, pero aún falsificados por un defecto esencial: se proponía, se pensaba, se practicaba el nacionalismo como un *signo*, es decir, como un lugar ideológico donde se encontraban, para decirlo en términos hjemslevianos, que de pronto parecen adecuados, la forma de la expresión y la forma del contenido de las ideas mexicanistas: la forma de la expresión se podría ejemplificar con la tarea de Best Maugard de fundar una nueva pintura mexicana exclusivamente con las líneas usadas por el arte azteca, y con la del Doctor Atl quien recogió como arte de élite la artesanía popular anónima; y la forma del contenido se resumiría con el hallazgo sintético de Vasconcelos: "Por mi raza hablará el espíritu" y con el centro preciso de *La raza cósmica*.

Jorge Cuesta quiso atacar de frente la falsedad de ese signo, pero hubo algo que se lo impidió: el espejismo de una dicotomía o de una opción maniquea, opción que ya había expresado el rector de la Universidad Nacional de México, Ezequiel A. Chávez, cuando en 1924 se despidió de Pedro Henríquez Ureña: "Para terminar, invoco los dos lemas que han guiado la labor de usted como las de la Facultad de Altos Estudios y las de la Universidad misma, el de la primera: *Por la investigación y la ciencia al amor y al servicio universales*; y el de la segunda: *Por mi raza hablará el espíritu*".[8] En realidad, la unión de la forma de la expresión y la forma del contenido no era natural: había, en efecto, una conciencia muy clara de que el nacionalismo mexicano no era verdaderamente un *signo* mexicano, pero se prefería seguir manipulando entidades falsamente unidas como extremos de una dicotomía a confesar que ese proyecto "nacionalista" era literalmente la culminación del genocidio cultural que no había podido consumar el porfirismo.

Cuesta fue el que estuvo más cerca de resolver esa dicotomía que él mismo aceptó como su trampa. Cuesta trató de quitarle el contenido al nacionalismo. Con mucha lucidez, Cuesta dejó de pensar el nacionalismo como prenda de intereses hipócritas y mezquinos, para concebirlo coherentemente como una fuerza, como un sentido. Pero había algo en Cuesta que se resistía a incorporar esa fuerza, ese sentido, a una fisiología, a un organismo histórico. Prefirió la solución más inmediata y más fácil: la asimilación de la cultura nacional a la perspectiva del universalismo. Él quiso creer que el universalismo era la verdadera fuerza, quizás porque con esa creencia podía arrancarle su legitimidad a todo el discurso seudorrevolucionario de su época. Sin embargo, el enemigo no era la nueva retórica. El engaño de Cuesta era más complejo, pero muy similar al de Nemesio García Naranjo cuando éste regresó de su exilio a mediados de los años veinte. El antiguo Secretario de Instrucción de Victoriano Huerta percibió muy claramente que "el 'folklorismo' que hoy impera todo lo confunde y se hallan en completa boga los sarapes de Saltillo, los jarritos de Guadalajara, los bastones de Apizaco, mientras el ambiente se satura de 'Borrachitas' y de 'Cucarachas'. Las falsificaciones coloniales en arquitectura y las falsificaciones aztecas en alfarería se consideran como conquistas supremas del Arte. Con este movimiento retrógrado tenemos encantados a los turistas que gozarían viéndonos como 'mexican curiosities' a perpetuidad".[9]

Su nítida percepción del falso nacionalismo lo llevó a creer que éste era también culpable de un cambio en el género del discurso político mexicano: "Hoy el Estado no patrocina el discurso retórico, con exordio, proposición, confirmación y epílogo, sino esa otra cosa que se ha dado en llamar ensayo, y que encierra el menor número de ideas dentro de unas cuantas palabras pedestres".[10] Cuesta no lamentaba la desaparición del viejo género retórico, porque él era uno de los practicantes más talentosos de "esa otra cosa" llamada ensayo (escribía ensayos hasta en verso, como su "Canto a un dios mineral"); pero sí creía que, desaparecido el género, no había claudicado el contenido retórico. O que éste se había apoderado del género nuevo que él tanto estimaba.

En realidad, Cuesta perdió de vista las verdaderas conexiones de la nueva retórica con los viejos contenidos en un juego de prestidigitación que realizaron los viejos ateneístas. Entre 1908 y 1910, éstos hicieron creer que rechazaban el positivismo y que iniciaban con el vitalismo bergsoniano una nueva época en el pensamiento mexicano; pero cuando el régimen de Obregón le dio el poder cultural a Vasconcelos, por primera vez en la historia de México se aplicó radicalmente —es decir, a fondo, en la raíz, en el alma— el positivismo. Nunca antes había tenido el positivismo tanta vitalidad como a principios de los años veinte. Lo único que había cambiado era el nombre: ahora se llamaba educación nacionalista; y unos años después, se llamaría "educación socialista", para indignación de Vasconcelos, quien no pudo o no quiso ver que su proyecto y el proyecto "socialista" eran no sólo similares, sino también el eco fiel de los proyectos positivistas más genuinos.

El juicio de Noriega Hope a la respuesta del "Antiparro" fue un síntoma de un hecho decisivo que estaba ocurriendo en esos momentos en el discurso histórico mexicano. Con la certeza de que la misma respuesta "darían casi todos nuestros 'juanes' si alguien tuviera la paciencia de interrogarlos", se estaban poniendo todos los elementos necesarios para impedir el nacimiento de una historia "dialógica". Con esa certeza no había posibilidad alguna de que se escuchara o se dejara hablar al discurso radicalmente diferente de los luchadores anónimos, de los "juanes", de los "antiparros"... Erróneamente se creía que ese discurso negaba el discurso aceptado por las buenas conciencias, como la de Noriega Hope, y por las buenas autoridades, como la de Vasconcelos; pero no se equivocaban al temerle: si el otro discurso no negaba nada, porque no pretendía ser cultamente dialéctico, tampoco tranquilizaba las conciencias. Todo lo contrario: daba testimonio de un mundo diferente, inasimilable, y siempre presente, siempre marginal, siempre ahí al lado, nunca más allá, ni más atrás, siempre al lado, siempre insistente y al mismo tiempo sobriamente solipsista. Contra la imposición del monólogo que inició la cultura mexicana a principios de los años veinte, contra el rechazo de constituirse en una cultura dialógica, surgió y se perpetuó el discurso villista. La figura de Villa, ella sola, perpetuaría el discurso de los juanes, de los antiparros, de los anónimos, de los que no sabían porqué luchaban. Carente de base social, carente de medios de difusión, inclinado naturalmente a la autodestrucción, el monólogo radical de ese discurso terminaría por agotarlo, no sin que antes produjera obras maestras como *Cartucho* de Nellie Campobello, *Memorias de Pancho Villa* de Martín Luis Guzmán y *Vámonos con Pancho Villa* de Rafael F. Muñoz.

Sin duda, los temas que se deben pensar dentro de estas novelas son muchos y muy intensos; pero el que se desprende de esta discusión, iniciada por la cita de Noriega Hope, es el de la relación del individuo con la masa.

¿Cuál era la relación del individuo con la multitud? ¿Qué se necesitaba para que esa relación determinara acciones reales? ¿Cómo determinaba esa relación el tipo de individuo y el tipo de multitud?

Para los críticos más violentos de la Revolución, los revolucionarios eran una masa amorfa en la que, con excepción de los caudillos, no había individuos, sino meras hordas de la historia, y anónimas, desarraigadas, sin valores, absolutamente ignorantes, y completamente indiferentes incluso a su propia vida.

Los caudillos, en cambio, eran herederos de los atávicos caciques; se aprovechaban del culto a la personalidad, inherente a las masas campesinas; abusaban de la fidelidad de sus seguidores cambiando de facción según sus intereses propios y sin consideración de los deseos de sus tropas. Unos y otros, caudillos y soldados, carecían de ideas, pero no de astucia para robar y matar.

Se puede creer que muchos estudios modernos han acabado ya con ese tipo de generalización maniquea, superficial y tendenciosa. Quizás sea cierto para algunos caudillos, pero aún carecemos de una biografía de Pancho Villa, de Obregón, de Calles, de Maycotte, de Francisco Murguía, de Jacinto B. Treviño, de Benjamín Argumedo, de Cheche Campos, de Marcelo Caraveo, de Manuel Chao, de Toribio Ortega... De otros como Lucio Blanco y Antonio Villarreal tenemos biografías, pero sumamente esquemáticas, con una carencia absoluta de criterio histórico.

¿Y de los soldados, de la tropa, de los miles de soldados muertos y de los miles de sobrevivientes, de la masa, de las multitudes? ¿Qué tenemos de ellos?

Muchos estudios han destruido estereotipos, pero en su lugar han construido otros. Por razones misteriosas, que se deben estudiar, la iconoclasia y la ortodoxia parecen llevarse muy bien, como si fueran hermanas.

Por dónde comenzar...

Cuando en mi cuarto de hotel de Chihuahua leí el testimonio del coronel Ignacio Fuentes imaginé escenas nocturnas antes de una reunión de historiadores provincianos, escenas minoritarias y oscuras de discusiones irrecuperables sobre detalles aparentemente insignificantes de la historia, y luego, como movido por un péndulo, pensé en la vieja discusión sobre la primacía de la teoría ante la historia, y si era cierto que la teoría siempre precedía a la historia, pues hasta la narración más anecdótica de un acontecimiento presupone una idea sobre ese acontecimiento. Al mismo tiempo dejé que mi imaginación visitara todos los rincones de los historiadores olvidados, de los historiadores menores, mientras mi otro yo se entretenía decidiendo si había o no algo que se pudiera llamar *una historia menor*. Yo mismo me dividía entre la primacía de la teoría y el privilegio de la anécdota; y la división misma era ya una derrota.

En realidad, estas elucubraciones eran una variación más sobre un tema que desde hacía tiempo me venía y me volvía con la insistencia de un círculo que yo quería considerar vicioso simplemente porque no sabía qué otra definición darle. El tema se me presentaba con una sencillez temible porque parecía un reflejo de mi propia ineptitud para manejar ideas. Pero sencillo o no, yo lo veía siempre como la relación de los enunciados generales con los particulares o de las proposiciones abstractas con los objetos concretos o de la teoría con la historia.

Mi enunciación del problema, según yo, era una motivación para echar a andar mi propio discurso, pero en realidad el vicio del círculo era su gusto para arrancarme de raíz mis capacidades de escritura. Yo me lo presentaba así: ¿son los actos humanos los que buscan una asimilación o condensación en las fórmulas teóricas o son los enunciados generales los que necesitan que un ejemplo les dé realidad? La precedencia histórica de la teoría frente a la historia tenía un aspecto sospechosamente paradójico, y hasta parecía personaje de Chesterton de *The Club of Queer Trades*.

En el otro extremo estaba el mensaje de Chiaromonte en su bello libro *La paradoja de la historia*: la primera Guerra Mundial, según él, destruyó nuestra fe en la historia, precisamente porque la historia exhibió en ese hecho su máximo poder. Cuando las vidas se volvieron más históricas que nunca, se desencantaron de la historia que les daba sentido.[11] En la perspectiva mexicana, algo similar había sucedido en la Decena Trágica, según yo, pues ésta había revelado un lado inquietante del hecho histórico: su indecibilidad. Y la frase del *Tlacuache* en *Tropa vieja* durante el asedio a la Ciudadela me regresaba y regresaba con una nitidez casi dolorosa: "Yo estoy viendo esto muy raro [...] ¿cómo es posible que las fuerzas del gobierno no puedan tomar esa casa? Aquí hay gato encerrado y algo han de estar tramando los de arriba, no te quepa la menor duda".[12]

Chiaromonte enfocaba su análisis en un género de acontecimiento donde se reúnen todas las tendencias de los comportamientos humanos: las batallas. Su elección era muy lúcida porque con la infinitud de sentidos que una batalla exige para poderse desarrollar, llevaba su argumento al punto extremo donde la historia se refleja en sí misma. La teoría tiene su desenlace en las batallas y en ellas se desmenuza, se pulveriza, y se transforma en millones de balas, millones de miedos, de miradas, de muertes, de cobardías y de actos inmemorables: "Si la batalla no es un acontecimiento entre otros muchos, sino el Acontecimiento en su misma esencia, se debe a que sin duda la batalla se realiza de muchas maneras a la vez y a que cada participante puede aprehenderla en un nivel de realización diferente en su respectivo presente [...] Pero se debe también sobre todo al hecho de que la batalla *sobrevuela* su propio campo, neutra ante todas las realizaciones temporales, neutra e impasible ante los vencedores y los vencidos; ante los cobardes y los valientes; y por ello mismo más terrible: porque nunca está presente, porque siempre está en el porvenir y ya es pasado, porque no puede ser aprehendida sino por la voluntad —inspirada por ella misma— de ser anónima; voluntad que debemos llamar 'de indiferencia' en un soldado mortalmente herido que ya no es ni valiente ni cobarde, y que no puede ser ni vencedor ni vencido, pues está ya más allá, pues está ya en el Acontecimiento, participando así de su terrible impasibilidad. ¿'Dónde' está la batalla?"[13]

El discurso novelesco ha siempre gustado precisamente de esos hoyos de la memoria histórica, esos "¿dónde?", para incubar en ellos sus narraciones, sus perspectivas y sus profecías: Chiaromonte y muchos otros, como lo señala Gilles Deleuze, fundan su teoría de la historia en gran medida en la "perspectiva" de la batalla que aparece en *Rojo y negro* de Stendhal, en *Los miserables* de Víctor Hugo, en *La guerra y la paz* de Tolstoi...

La paradoja de Chiaromonte consistía, sin embargo, en la destrucción del círculo vicioso: con la primera Guerra Mundial, la vida del hombre común ya no soportó la historia y destruyó cualquier intento de generalizarla, de abstraerla (y entonces daba lo mismo que fuera la vida o la historia). Complementaria y solidaria de la paradoja de Chiaromonte, parecía la paradoja de Foucault: la historia como crónica no de secuencias sino de discontinuidades, de rupturas de niveles y de perspectivas; y con ella, la visión que le daba salud a la historia, en vez de negar su pertinencia.[14]

No obstante, viéndolo bien, la paradoja de Chiaromonte y la de Foucault no eran para nada complementarias o no lo eran, al menos, en el mismo nivel. Porque Chiaromonte no hablaba del discurso histórico, sino de las vivencias históricas, de la historia vivida y de los que vivían la historia; mientras que Foucault trasmitía su paradoja y su esperanza a través de la recuperación de un nuevo discurso historiográfico.

Con ello volvía yo otra vez a la dicotomía inicial, pero quizás levemente ampliada: porque la teoría podía desdoblarse en un discurso de proposiciones puramente abstractas, no necesariamente conectadas con la historia, y en un discurso histórico abstracto, generalizador (el de Foucault, que era un discurso metahistoriográfico); y la historia también se desdoblaba, en una dualidad muy conocida: en la historia como discurso que narra los hechos y la historia que son los hechos.

La primera dualidad era otra manera de expresar una vieja rivalidad entre la filosofía histórica y la filosofía de la historia. Y la segunda, también otra manera de plantear lo que Hegel ya había dicho sobre la dependencia mutua de los hechos y la narración de esos hechos. Hegel, por supuesto, había llegado más lejos: la conciencia histórica nace con la conciencia de historiar o, lo que es lo mismo, no hay hechos históricos sin la narración de esos hechos.[15]

La observación de Hegel me hacía regresar a la anécdota de Noriega Hope, a su asombro clasista y propiamente histórico: "Estoy seguro de que es la confesión más grande que ha hecho un indígena de diez años hasta la fecha sobre la génesis de nuestras revoluciones..."[16]

La verdad, jefe, yo no sé...
La verdad, jefe, yo no sé...
La verdad, jefe...
Por dónde empezar... ¿por esa frase?

Para el caso, podríamos empezar *¡Vámonos con Pancho Villa!* y la frase de Tiburcio Maya, opuesta a la del "Antiparro", gracias a su conciencia y a su memoria:

"—¿Mujer? ¿Hijos? Me los asesinó Pancho Villa.

"El sargento [norteamericano] se quedó con la boca abierta, no acertando a comprender: ¿Pancho Villa matarlos? ¿Tú seguir a Villa?

"—Sí.

"—¿Tú obedecer Villa? ¿Tú defenderlo?

"—Sí.

"—Tú estar loco.

"—Loco... Sí..."[17]

Los dos discursos, el de Noriega Hope y el del sargento norteamericano, son igualmente acuciosos, apremiantes. Y las dos respuestas son igualmente sobrias. El "Antiparro" y Tiburcio Maya están igualmente locos y la locura está en su relación con el jefe. Ambas relaciones llevan a la muerte y a morir por un no sé qué que queda ignorado o por un sí sé qué de locos. Quizás entonces la locura no estaba en la relación pura y simple, sino en algo que contenía la relación o en algo que los locos daban a la relación, superándola. Quizás la relación de subordinado-jefe fuera precisamente un concepto impuesto por el interrogatorio de Noriega Hope y del sargento norteamericano: "Y como la cosa más natural del mundo le dije así: '¿Y de cuál partido eras?'" La aclaración de Noriega Hope de que se trataba de la cosa más natural era una confesión de interés que negaba la naturalidad declarada; y la exclamación del sargento de que Tiburcio estaba loco era un recurso para salvarse él del vértigo de la incomprensión, y no para comprender a Tiburcio.

El "Antiparro" y Tiburcio vivían muy lejos de esa relación o estructura subordinado-jefe que no soporta la violencia de la muerte. La sobriedad de ambos transformaba la relación y la estructura, y liberaba el contenido de la muerte: le daba a la muerte su libertad.

Pero nosotros ¿cómo llegaremos a entender esa relación? ¿Llegaremos? ¿En dónde está nuestro discurso? ¿Cómo explicar la relación de los juanes anónimos con los jefes o con el jefe llamado Pancho Villa sin acudir al término *relación*? La pregunta no tiene respuesta por el momento. Por el momento, el único camino abierto a una respuesta es la descripción de esa relación para intentar el rescate de eso que la transforma, con sobriedad, en una intensidad, en una singularidad.

Porque, en efecto, los anónimos juanes no eran individuos en el sentido histórico, pero eran singularidades inconfundibles.

De pronto, pienso que existe un testimonio precioso de descripción de esas singularidades, porque no describe dos o tres, sino un grupo completo, y un grupo que como tal tenía además un sentido propio, un grupo que era además otra singularidad inconfundible elevada a una potencia casi impensable. Ese testimonio ocupa toda la primera parte de *A sangre y fuego con Pancho Villa* de Juan B. Vargas, titulada: "Los dorados".[18]

No voy a reproducir los retratos magistrales que hace Vargas de cada uno de ellos, es imposible e inútil: para gozar esos retratos remito al lector al libro. Lo que me queda a mí es hablar del grupo como grupo, porque es un "cuerpo de guardia" único en la Revolución y quizás porque su peculiar relación con Villa lo vuelve algo único en la historia de mi país.

(Silencio. Pausa. Oscuridad. Se oye voz:) "Villa siempre rondando por ahí; Villa siempre insistiendo..."

144

Ése que se llama Villa, ésos que se llaman Dorados

"Ese tipo extraño, rara combinación de crueldad y ternura, impulsivo, dinámico, patriota, confiado en la seguridad de su destino...", así describió Ramón Puente a Villa en 1936.[1] Y unos años después, Silvestre Terrazas lo recordó de esta manera: "Perdonaba y castigaba con mano firme, salvando a reos o ejecutando combatientes en sus actuaciones que las Leyes internacionales catalogan como delitos de lesa humanidad y la razón declara crímenes o que la misma humanidad reconoce como misericordias de un buen y piadoso sentir. Era tal su transformación por momentos, que no se le podría aquilatar cuándo era el hombre bueno o el hombre malo y su normal modo de ser".[2]

Los testimonios de Puente y de Terrazas son apenas dos casos de muchas decenas que se pueden dar; pero también son paradigmáticos porque los dos autores conocieron a Villa con lucidez y profundidad. Además, en ambas descripciones aparecen los elementos más reveladores del problema: la extraña amalgama de crueldad y ternura; la oscilación de Villa de lo humano a lo inhumano; y la dificultad de determinar la posición de su identidad debido al rápido movimiento de sus sentimientos...

Los testimonios de Puente y de Terrazas tienen, además, la capacidad de juntar los extremos que se han definido más y más hasta volverse irreconciliables en la apreciación de Villa desde que se hizo de fama a fines de 1913: Villa el animal y Villa el modelo de cristiano y de patriota. Al retrato sórdido de Villa que ofrece Celia Herrera en *Pancho Villa ante la historia* corresponde la idealización amorosa de Nellie Campobello en *La vida militar del general Francisco Villa*.[3] Ambas imágenes ofrecen juntas la misma dualidad que vieron Puente y Terrazas: igual de enigmática, de incomprensible, de inexplicable.

Pero los soldados de Villa no daban ni pedían explicaciones de esa dualidad irreconciliable: ellos la seguían, por instinto, por similitud... eran igual que él.

Todo esto quiere decir que en más de setenta años no se ha llegado a saber nada de Villa más allá de que sus soldados lo seguían por la íntima convicción de que seguían a uno de ellos. En otras palabras, en más de setenta años nada sabemos de él.

Pero ¿quiénes son ese "nosotros" del "nada sabemos de él"?

Los soldados que seguían a Villa y daban su vida por él, y daban a su familia por él, y daban todo por él, no pedían explicaciones "discursivas" o epistemológicas o históricas. Simplemente lo seguían.

Que "nosotros" no sepamos quiere decir que Villa, más intensamente que nadie, establece la división de clases como una separación radical e inasimilable no sólo de *modos* de vida, sino de *materia* vital; no sólo de posesión y posición de bienes de producción, sino de posesión y posición del concepto mismo de propiedad y de la idea misma de perspectiva; no sólo del poder, sino de la genitalidad del poder. Nadie como él reflejó con su "división" la inasimilable separación del oprimido. Por eso, "nosotros" no tenemos otro recurso que la exterioridad, que el discurso fronterizo: ese horizonte del oprimido que Villa representó nunca lo alcanzaremos, nunca podremos reproducirlo desde su interior. Lo que otros han vivido genitalmente, nosotros apenas queremos saberlo. Y por eso las caracterizaciones de Puente y de Terrazas son un fracaso: ambos pudieron admirar a Villa y quizás quererlo, pero insistieron en entender la personalidad de Villa con los criterios de la otra ribera de la división de clases, con la medida ideológica de la burguesía.

Y si en una ribera de la división no se puede entender, sino vivir; y si en la otra sólo se puede entender con criterios que no pueden entender la especificidad de un Villa que a veces ni siquiera los niega, que simplemente los ignora, ¿qué queda pues para acercarnos a ese *monstruo*? Sin duda, no es la psicología la que puede ayudar a entenderlo: Puente y Terrazas eran buenos psicólogos y de buena voluntad, y la división de Villa los dejaba perplejos. Quizás pueda ser entonces no una ciencia de las pulsiones, sino un mapa de las pasiones: no una lógica de los sentimientos generalizables, sino una física aproximativa de estados nucleares, estados seminales, estados celulares, y siempre en movimiento vertiginoso.

Pasiones, y no sentimientos, movían a Villa. Pasiones que lo dividían entre actitudes polarizadas, pero no exclusivas o disyuntivas. No eran estados de ánimo que se desarrollaban según una progresión de matices, sostenidos por causas relativas y con fines más o menos calculados. Sus arrebatos no eran ataques de locura, aunque mucha gente *razonable* así lo considerara. Para quienes estaban dispuestos a entenderlo, o al menos a justificarlo, como Puente o Terrazas, esos súbitos cambios de humor obedecían a insondables motivaciones raciales, de clase o de simple personalidad. Y entonces, si no era loco, era raro, "un tipo extraño".

Con toda su buena voluntad, Puente y Terrazas le quitaban a Villa, y a todos sus seguidores, su derecho a ser ellos mismos, no a ser raros, simplemente a ser *singulares*. No individuos, no, quizás no personas: cada soldado era una multitud, cada soldado era una turbulencia de pasiones, un mapa único de movimientos acelerados e imprevisibles. Cada soldado pertenecía a otra categoría, a otra perspectiva, donde dominaban la intensidad, la velocidad, la instantaneidad.

En la pasión de Villa y en la de cada uno de sus soldados operaban la intensidad de la anonimia personal y masiva, la exaltación de una justicia vengativa y casi indiscriminada que, según el caso, podía ser racial, de clase, o puramente individual; la intensidad de la geografía que buscaba la perpetuación de los lugares y no la memoria de los hechos; la dilapidación del tiempo para la conquista de un instante de plenitud intransferible; la aceleración del reconocimiento de las proezas únicas, solitarias, irrepetibles. Desde nuestra perspectiva, en esta pasión todo parece frágil porque los valores están invertidos, no por negatividad, no como parte de un proceso que exige la realización de una dialéctica, sino por pura afirmación, *como forma autónoma de comportamiento.*

Las causas, en esta conducta pasional, parecen anárquicas, caprichosas, insensatas, gratuitas, dilapidadoras. Y hay, sin duda, en todo ello un sentido muy extraño de "lujo" afectivo: vale más el reconocimiento de los amigos que la victoria en la batalla, vale más el cariño que el dinero, vale más la impresión de valentía que la vida misma.[4] Y en efecto, muchos testimonios coinciden en señalar que en varias ocasiones las temerarias cargas de la caballería villista se hacían más en función de los que quedaban atrás, como "espectadores", que de los enemigos. En sus memorias, *A sangre y fuego con Pancho Villa,* Juan V. Vargas habla constantemente de las proezas de los dorados como alardes de valentía entre ellos mismos, muestras del valor personal para impresionar a los otros. La temeridad no era tanto, según lo que comúnmente se dice recurriendo a la fácil categoría del "machismo", desprecio de la vida o indiferencia ante la muerte; como ansia de aceptación, esfuerzo supremo de ser al fin *reconocidos,* de ser de alguna manera *valorados.* Y la Revolución ofreció esa posibilidad a miles de proscritos de ser vistos, de ser envidiados, de ser escuchados, de ser recordados... y por sus iguales. Nadie mejor que ellos mismos para llamarle entonces a esa reunión: *la bola.*[5]

El primero de octubre de 1913, Pancho Villa, recién nombrado jefe de un núcleo de ejército formado por diversos contingentes del estado de Chihuahua y de la región lagunera, tomó por primera vez la ciudad de Torreón. Pasarían siete meses antes de que se la arrancara por segunda vez a los federales; pero durante esos siete meses se convirtió en el general más importante y famoso del Ejército Constitucionalista. Con la primera toma de Torreón aisló al ejército federal de Chihuahua el tiempo suficiente para emprender el ataque a la capital de este estado. El ataque falló, pero sirvió para que Villa ideara la toma sorpresiva de Ciudad Juárez. En la madrugada del 15 de noviembre entró a la población fronteriza escondido en un tren federal y ya dentro no necesitó mucho esfuerzo para apoderarse de la guarnición. Su talento de repetir la astucia de los griegos para introducirse en Troya le ganó la fama y la admiración del mundo. Una semana después destrozó en Tierra Blanca el contingente de federales y "colorados" (orozquistas) que envió el general Salvador Mercado para recuperar Ciudad Juárez; un mes y medio más tarde había acabado con gran parte del ejército orozquista y con la División del Norte federal, y dominaba todo el estado de Chihuahua (el 10 de enero de 1914 con la toma de Ojinaga). Fué en esa época que se creó el famoso cuerpo llamado de los dorados.

Así pues, en la vida de Villa de pronto todos los elementos esenciales de su caracterización de caudillo confluyeron con soberbia naturalidad: fue el guerrero astuto, como Odiseo, que usó el tren como moderno caballo de Troya; fue también un Agamenón que retó a las autoridades haciéndose nombrar gobernador sin la aprobación de Carranza; fue al mismo tiempo el caudillo que se rodeaba con su "guardia de cuerpo", un selectísimo grupo de grandes tiradores y héroes de proezas inauditas: en ese grupo la gran hazaña era "resucitar", como en el caso del famoso "Muerto" Nieves Quiñones, quien en una ocasión fue tomado preso por los federales y fusilado. Pero el futuro dorado no murió: se levantó del paredón, se sintió herido y fue a pedirle a sus verdugos que lo mataran de nuevo. Los federales consideraron que la exigencia de Nieves Quiñones era tan descabellada que lo tomaron por loco y lo dejaron vivo.

Y en esos momentos Villa era también el hijo pródigo que reconquistaba su patria adoptiva, Chihuahua; y era el vengador de su(s) padre(s) al acabar casi con los contingentes orozquistas. Todo se juntó en esos momentos, que fueron, por así decirlo, los de una actualización magistral de su vida: ganó una batalla con la astucia, ganó otra con la caballería y otra (la de Ojinaga) casi con su puro nombre, pues realmente la toma de esa población no requirió sino de su presencia (recuérdese que Natera había fracasado): "[...] en sólo quince minutos fueron derrotadas las fuerzas federales de los Generales Orpinel y Rojas; [...] por el sur de la plaza las de los Generales federales Salazar, Mancilla y Castro casi no opusieron resistencia, y [...] por el occidente, que fue donde más se combatió, al cabo de cuarentaicinco minutos de lucha los atacantes hicieron huir a las tropas del General Caraveo; de manera que la plaza fue tomada una hora y cinco minutos después de haberse iniciado el ataque [...]".[6]

El núcleo villista era un compuesto; un híbrido en el que hay que seguir las líneas de filiación de una manera muy detallada. Por un lado, está la imagen de los trenes cargados de caballos y de familias: movilización no sólo del ejército sino del pueblo entero. Por otro lado, el movimiento asombroso, el desplazamiento por el mapa terrestre y por el mapa emocional se hacía con velocidad sin matices, de un punto a otro punto, de un extremo a otro sin transición. Estas dos líneas no se contradecían, eran parte de la misma naturaleza. Por ejemplo, en una batalla tan "profesional" como la de Zacatecas fue importantísima la presencia de las mujeres, de las soldaderas: "Todo el día ve uno a las mujeres bajar y subir por las incómodas escaleras de los carros. A los soldados se les cae la baba de repente. Ellas, para no enseñar las pantorrillas, se prenden las faldas, por entre las piernas, con un broche de alambre. Sin embargo, en honor de la verdad y deshonra de aquellas hijas de Eva, diré que he hecho la siguiente observación: Las que más se empeñan en no enseñar las zancas, son aquéllas que las gastan flacas o prietas o ...qué sé yo.

"A las mujeres livianas, que abundan, les dicen los soldados 'ametralladoras'; y es tan común ese apodo que suele haber en la conversación serios equívocos."[7]

Y, en el otro extremo, en una campaña tan típicamente "villista", tan impetuosa, como la que siguió a la toma de Torreón en abril de 1914 no había ninguna mujer: "Durante la campaña de San Pedro de las Colonias... pasé diez días cabalgando con dos brigadas de caballería (cuatro mil a caballo) y durante todo el tiempo nunca pasamos más de una noche en un mismo lugar. El recorrido promedio por día era de 15 a 25 millas. En una ocasión, cuando sufrimos el primer serio revés en San Pedro, cabalgué la mitad de la noche y todo el día siguiente, 45 millas en total [...] Durante todo este tiempo nunca sufrimos por falta de agua, comida o forraje, aunque siempre estaba el problema de si conseguiríamos algo al día siguiente. En toda esta campaña ni una mujer acompañó a las tropas, una innovación en los métodos bélicos de los mexicanos [...]"[8]

Pero el híbrido es aún más complicado: dentro del ejército operaba un grupo selecto que no se puede entender sólo como una escolta cualquiera: definitivamente los dorados no eran lo mismo que el 4o. batallón de Sonora que Obregón le dio a Carranza para que lo protegiera. Los dorados no eran una escolta de Villa y por lo tanto tampoco se pueden comparar con el batallón de Supremos Poderes que luego organizó Urquizo para acompañar a Carranza cuando éste se encontraba en Veracruz.

A pesar de que había un jefe, en realidad los dorados no eran ni un batallón, ni un regimiento. Tampoco funcionaban como una escolta, pues muchas veces Villa era protegido por su estado mayor (que no era "dorado"); y finalmente, para ser dorado no se requería ser el más valiente, ni el más veterano: Rodolfo Fierro no era dorado, ni Tomás Urbina, ni muchos otros que anduvieron con Villa desde sus años de bandolero. Así pues, se puede conocerlos más por lo que no eran que por lo que eran: reproducían la resistencia que tenía Villa a organizar un ejército formal, jerárquico, escalonado, como el ejército que pidió Ángeles después de la segunda toma de Torreón.

El lunes 20 de abril de 1914 el periódico villista de Chihuahua, *Vida Nueva*, anunció la llegada de Ángeles a la ciudad y reprodujo una entrevista con el general en la cual éste señalaba que había hecho un plan de reorganización del Ejército Constitucionalista y que Villa lo estaba "emprendiendo con gran entusiasmo" (y pasaba a detallar cómo se componían las unidades de caballería, las de infantería y las de artillería).[9] Esta organización se trataría de poner en efecto para la batalla de Zacatecas, pero en vez de perder pertinencia, los dorados se volvieron cada vez más importantes porque la composición de la División del Norte como ejército era muy heterogénea, y Villa lo sabía. Es cierto que antes de la batalla de Zacatecas había recibido un voto de confianza de sus generales; pero las luchas políticas apenas se anunciaban (el caso del general Chao durante la estancia de Carranza en Chihuahua era ya un antecedente claro de la fragilidad de las alianzas: Chao después de su "infidelidad" fue persistentemente villista, pero no muchos otros). Los dorados reproducían entonces la fidelidad que Villa más apreciaba: la línea invisible de la similitud, de la imitación, que no era sino una pasión inusitada de movimiento constante: "¿Por qué tanto odio y tanta saña? ¿Por qué tan grande encono hacia nosotros, que no hacíamos otra cosa que cumplir con un deber, la lealtad, el don más preciado de los hombres rudos?" Este testimonio de un dorado no podía ser más claro en mostrar cómo la lealtad o fidelidad de ese "cuerpo" pasaba de la obligación al talento, de la imposición externa a la constitución natural, y que era difícilmente localizable.[10]

Y así como los odios personales de Villa aseguraban a sus tropas que él nunca las traicionaría, asimismo él necesitaba de un "modelo" concentrado, en esencia, de su relación con el cuerpo social que lo mantenía en el poder: ese modelo, ese cuerpo diminuto eran los dorados, y es en el sentido de concentración, de esencia, que se puede decir que eran "un espíritu de cuerpo" (un *esprit de corps*). Otro elemento importante es que los dorados negaban un elemento que Villa detestaba en otros Cuerpos de Ejército: el nepotismo. Revelador de este hecho es que Antonio Villa no era dorado. Pero ¿cómo explicar que sí había primos suyos en ese cuerpo? Sin nepotismo, porque ninguno de ellos gozaba de privilegios especiales: en ese cuerpo había una tendencia a negar la formación del ejército jerárquico y a reproducir los lazos genealógicos. Para Villa, la fidelidad última estaba en la raíz hundida en la tierra o en el puñado de estrellas disperso en el cielo, y era a partir de esa raíz y de esas estrellas que él reproducía su imagen de nación, de país y de Estado. Lo cual quiere decir que en el fondo sus imágenes de la nación, del país y del Estado eran, por decir lo menos, singulares, si no es que antagónicas de todo lo que podía ser real y factible ya en ese entonces. En ese sentido, es por un lado conmovedor y por otro lado admirable cómo Villa veía el gobierno que quería imponer en el país según el sentido de fidelidad, según la línea de fidelidad pasional, y según su imagen de la raíz y del polvo de luces disperso en el cielo. En su defensa ante el tribunal que terminaría condenándolo a muerte, Ángeles relató (muy de pasada porque para él era una locura de Villa, y por supuesto que para un militar creyente en el ejército y creyente en el Estado debía serlo) una conversación significativa con Villa. Habla Felipe Ángeles: "Si los intelectuales hubieran seguido una causa noble, ésta hubiera triunfado y tendría que sostenerse por ser la causa de la inteligencia. Ahora me acuerdo de que Villa dijo en cierta ocasión que llegamos a un pueblo: 'General, pues ya ve, no nos siguen más que puros vaqueritos; así es que tendremos un gobierno de puros vaqueritos...' 'Bueno sería —dije yo—, y divino resultaría el gobierno'".[11] Por supuesto, Ángeles murió gracias a esas contradicciones suyas de creer que los intelectuales actúan para y por la inteligencia; y por no darse cuenta que el pensamiento de Villa era un pensamiento tan lógico como el de cualquier intelectual o político, pues un gobierno de vaqueros no era necesariamente peor que uno de políticos o uno de pequeños burgueses o uno de militares ilustrados. Villa tenía razón: en los vaqueritos que lo seguían estaba el único fondo de valor, la fidelidad.

Un dorado de nombre Mariano Estrada Ramírez expresó esa idea con el acento angustiado de preguntas abrumadoras que nadie le respondió: "¿por que tan grande encono hacia nosotros, que no hacíamos otra cosa que cumplir con un deber, la lealtad, el don más preciado de los hombres rudos? ¿Que todavía no hemos podido entender las excelencias de aliarse mañana con el enemigo de hoy y estrechar entre los brazos al que incendio la casa paterna, mancilló el honor de una hermana y ultrajó al pobre viejo...?"[12] En los dorados estaba condensado y concentrado todo: el agravio original, la fidelidad *personal*, la perspectiva intransferible del hombre rudo. Esta perspectiva le devuelve a la entidad "política" el valor humano que los políticos, al burlarse de tanta "lealtad" con sus discursos y sus actos, han convertido en la medida de su corrupción.

Para el dorado esa lealtad era precisamente un don, es decir, un valor: la fundación de una tipología de los combatientes y no el cálculo de un botín.

Sin embargo, lo que he llamado el núcleo villista no era un círculo, sino una línea, una línea en el desierto y en la sierra que recorría el trayecto mil veces recorrido por Villa en sus años de abigeo y de fugitivo. Observando con detenimiento la descripción que hace Juan B. Vargas de los dorados, surge un hecho sorprendente: en los lugares de procedencia de estos guerreros hay cuatro puntos fundamentales: San Juan del Río (Durango), Parral, la Hacienda Rubio y San Andrés... estos cuatro puntos forman un territorio, un mapa que señala claramente la trayectoria desde el origen familiar de Villa, su dirección hacia el norte y la frontera, y su apropiación de nuevas fidelidades.

En efecto, los cuatro puntos son esenciales para entender a Villa, y más importante que el territorio que delimitan es la línea que los une, la línea que siguió Villa en un recorrido vital y siempre en fuga. San Juan del Río es el lugar de nacimiento, aunque no necesariamente el origen; en Parral, el nudo de la vida sedentaria donde Villa tenía una carnicería, pero también el crucero de alianzas y enemistades; en San Andrés, los lazos de sangre: de ahí era su primera esposa, Luz Corral, y salieron muchos dorados de ahí porque era el punto de entrada a la sierra o de salida de ella, como se quiera. Ahí se realizó una de las primeras batallas verdaderamente villistas, la del 26 de agosto de 1913, en la que Villa derrotó a los federales y a los colorados que llegaron al mando del brigadier irregular Félix Terrazas. Además, no se debe olvidar que Villa no perdonó la vida a ningún prisionero colorado, que mandó fusilar a todos: 237 en total. En cambio, incorporó doce federales a su contingente.[13]

Y finalmente de la Hacienda Rubio eran las alianzas comerciales y patriarcales: de ahí salieron dos guerreros asombrosos, los hermanos Martín y Pablo López.

Como se ve, la línea se multiplica. Todo comenzó con un agravio, según parece, cuya venganza se convirtió en un movimiento popular de dimensiones hasta entonces desconocidas. En los dorados se reproducía el núcleo inmenso del cuerpo villista: en ellos estaba la valentía suprema, en ellos estaba la fidelidad absoluta, en ellos estaba la esencia del Villa caudillo, y sin ellos Villa no hubiera sido sino su propia negación. Ramón Puente observó muy perspicazmente que, en su retiro en Canutillo, Villa se volvió alcohólico, vicio que negaba de pronto la calidad de sobriedad perfecta que siempre guardó Villa durante su caudillaje: "Cuando se siente celado en su misma casa, por alguno de los que fueron sus viejos compañeros de lucha, comienzan los disgustos y un cambio completo en su carácter. Hasta con Miguel Trillo (Trillito), su secretario, que es el que más influencia tiene en su ánimo, las discusiones se agrian y los choques se repiten. El impulsivismo fácil de Villa se exacerba con el alcohol, con el uso inmoderado del tabaco o con los insomnios frecuentes".[14] Este final de Villa reproduce de hecho escenas que narran algunos que lo conocieron antes de su entrada a la Revolución: Villa gustoso de beber, de fumar y sujeto a su impulsivismo.

Pero decir que su sobriedad durante la Revolución era un cálculo para crearse una imagen es desconocer todo el proceso interno de su caudillaje. Su figura de caudillo está siempre entre las fronteras del instinto y de la intensidad: el instinto para el mando le indicaba que debía tener un control absoluto de sí mismo, y la intensidad de sus afectos le señalaba que un vicio no era tanto una debilidad personal como una debilidad ante el destino. Un vicio era la marca de una cicatriz que la Revolución le borró y que la derrota le devolvió.

Si el alcohol, si la gran borrachera de la historia de los oprimidos era una forma de supervivencia, Villa entendía que esa supervivencia era mortal, opaca y estéril; y que había que canalizar la fuerza de sus tropas hacia otra táctica de supervivencia, igualmente mortal pero abierta y fructífera: el reconocimiento de sí mismos. Y era por eso que prohibía estrictamente la bebida entre sus dorados.

Villa vivió siempre en las fronteras: geográficas, históricas, temporales, afectivas; por eso es tan difícil de seguir su proceso si se quiere definir una figura única, reconocible, con atributos evolutivos pero fijos, con rasgos psicológicos cambiantes pero únicos. En él no hay mucho de eso. Enrique Krauze ha dicho que Villa estaba entre Ángeles y Fierro.[15] Por desgracia, esa afirmación parece más un hallazgo estilístico que una revelación histórica, porque Krauze no estaba interesado en detenerse frente a su personaje. Aquella frase se hubiera podido acercar a cierta precisión si se hubiera agregado: después de la batalla de Zacatecas, pues en esa batalla perdió Villa a alguien que era el verdadero contrapeso de Ángeles y uno de los polos de atracción más decisivos de Villa: Toribio Ortega. Este guerrero tenía su origen en las colonias militares y también mostró en su conducta el proceso típico de los generales más fieles a Villa, aunque no necesariamente villistas (en el sentido de pertenecer a la estirpe del caudillo como lo fueron los hermanos Martín y Pablo López, por ejemplo): cuando Villa dominaba Chihuahua Toribio Ortega (como muchos otros, repito) decidió volverse empresario y registró varias minas a su nombre. Villa toleró esta ilusión de propiedad que despertó el poder entre algunos de sus generales porque sabía que era la manera más económica (en todos los sentidos de la palabra) de conservar su fidelidad. Con otros la situación era mucho más difícil e inestable, como en el caso de Maclovio Herrera. Por eso se puede hablar de fronteras temporales en la definición del villismo: diciembre de 1913 y enero de 1914 fueron dos meses fronterizos donde se condensaron muchos rasgos de toda su vida y toda su naturaleza. Después, con el gobierno de Chihuahua Villa dejó ver sus desconciertos y sus contradicciones. En la batalla de Torreón adquirió la División del Norte su apogeo: para ninguna batalla se preparó mejor Villa que para ésta, desde el punto de vista táctico, estratégico y sobre todo logístico. La organización de los trenes sanitarios y de abastecimientos era ejemplar para un ejército mexicano de entonces. Con la batalla de Zacatecas, la División del Norte aparecería más completa, pero menos villista. Y la crisis política con Carranza lo demostraría: algunos de los aliados de Villa lo dejarían, como Maclovio Herrera. Y después Eugenio Aguirre Benavides y otros. Pero la entrada de Villa al centro de la República trajo también una consecuencia importante: la incorporación de tropas cuyos métodos de guerra no eran los naturalmente villistas. Eso lo habría de sentir durante toda la campaña contra los carrancistas, hasta las derrotas del Bajío.

Pero antes de Torreón la frontera política también se había definido con un hecho muy importante en sus relaciones de poder con Carranza. La ejecución del inglés William Benton provocó un conflicto internacional: su muerte no fue un asesinato, aunque tampoco fue resultado de un juicio. Según todos los datos más fidedignos Benton fue con una actitud muy violenta a ver a Villa y éste, al darse cuenta que el otro venía armado, lo mató. Hasta el Departamento de Estado norteamericano, representante de Inglaterra en el asunto, reconoció (obviamente no en público) que Benton era un tipo de muy malos antecedentes; pero protestó ante Villa porque tenía que guardar las formas de la reclamación diplomática. Los norteamericanos tenían toda la mejor voluntad de no molestar a Villa y sólo le pedían, sin decírselo directamente, que fingiera que había habido un juicio, que les mandara un acta (fabricada post facto, claro) y que dejara entrar a la viuda a recoger el cadáver. El acta fue enviada y todo estaba por concluir con la entrada de la viuda cuando Carranza tomó cartas en el asunto y negó el permiso de entrada a la viuda. Carranza insistía que para otorgarlo, el Departamento de Estado tenía que dirigirse a él, que era la autoridad suprema del gobierno constitucionalista. Y tenía razón. Pero también tenía otra intención: prolongó y complicó el asunto para que el caso le restara a Villa apoyo de Estados Unidos y credibilidad política en México, y para que no se olvidaran tan fácilmente los métodos bárbaros que usaba éste para ejecutar a sus enemigos. Ambas cosas logró Carranza y Villa perdió una batalla política muy importante.

Otra que perdió ocurrió después de la batalla de Torreón con la invasión de Veracruz. Su comportamiento, independiente de la actitud oficial de Carranza, ni le ganó prestigio entre las filas de los constitucionalistas, ni tampoco entre las suyas propias: Carranza estaba en Chihuahua y al día siguiente de la invasión Villa viajó a la frontera. Al principio se produjo el pánico en El Paso, creyendo que Villa se dirigía en plan agresivo, pero muy pronto todos se tranquilizaron cuando éste declaró, con poco tacto político, que su viaje era "enteramente particular para saludar a sus amigos los americanos".[16] Poca habilidad política, porque con una actitud más callada hubiera logrado lo mismo que logró, la preferencia del gobierno norteamericano, pero sin pérdida de autoridad política entre sus generales y en el Constitucionalismo.

Muchos de los grandes jefes de la Revolución Mexicana fueron hombres de contradicciones. Pero a diferencia de otras figuras contradictorias, Pancho Villa sigue siendo, aparentemente, un personaje insoluble, sobre todo cuando se insiste en aprehenderlo con métodos intransigentemente racionales. Los términos opuestos de su personalidad, por su esencia misma, no permiten que se le vea sino como un *personaje*, y no como un político. Un personaje que pertenecería más al género novelesco que al histórico; un personaje repleto de anécdotas, y no de comportamientos políticos; un personaje útil para definir, con imágenes, la "esencia del mexicano"; pero inservible para entender, en un nivel abstracto, los cambios históricos y sociales promovidos por la Revolución, a no ser que se le incluya en la categoría general de "campesino". En el mejor de los casos, se identifica a Villa como caudillo; pero se sufre mucho para incluirlo coherentemente en una argumentación fundada en los criterios científicos de la sociología, de la economía y hasta de la historia.

Últimamente se ha llegado a reconocer la presencia definitiva del caudillo en la Revolución y se ha hablado de la existencia de múltiples rebeliones que rompen con la concepción de *una* Revolución. Pero aun así no se ha hecho una descripción de las *funciones* del caudillo. Es cierto, se ha hablado de su actuación como intermediario entre los grupos sociales orgánicos y las distintas instancias del poder centralizador, aludiendo de esa manera a su antecedente histórico, el cacique; es cierto también que se ha señalado su importante papel de promotor de las rebeliones y de unificador de los grupos rebeldes. Sin embargo, no existe una explicación de cómo se insertan todos los rasgos inherentes al caudillo en todos los procesos de la sociedad; como si esos rasgos fueran sólo pertinentes en un nivel anecdótico o legendario, e irrelevantes en una comprensión más racional, teórica o abstracta de los hechos.

Si existió durante la Revolución un caso que definiera la categoría de caudillo, ese caso fue Pancho Villa. Sin duda, hubo caudillos con mayor talento militar que él; hubo otros con mayor sentido de las reformas sociales necesarias; pero ninguno encarnó como él la figura del caudillo, si entendemos ésta como una relación del individuo con el grupo en términos personales: lealtad, afecto, vida cotidiana; y no obediencia militar, admiración y reclamaciones abstractas. Si entendemos el caudillaje como una relación ambulante entre un cuerpo de pasiones y una geografía, no una cronología: relación donde la geografía termina por ser otra seguidora del caudillo.

Ahora bien, la fidelidad del caudillo adquiría formas diversas, muchas de las cuales eran, para aquellos que no compartían la perspectiva de aquél, meras formas de traición o de inconsecuencia o de veleidad o de locura. Villa no compartía, por supuesto, el concepto del "honor" caro a los jefes políticos o militares, y por ello era acusado repetidamente de violar la palabra que había dado (y que, en efecto, le gustaba mucho dar); y tampoco compartía el concepto de justicia de los legisladores: por eso sus actos aparecen muchas veces como atentados contra los valores básicos humanitarios. Con Villa, entonces, tratamos otro tipo de justicia, otro tipo de fidelidad, otro tipo de legalidad, otro tipo de cuerpo social.

Si ese movimiento no era un desarrollo histórico, se puede entender, en cambio, como un proceso afectivo, en el cual la pasión prevalecía ante el método, el movimiento era preferible al cálculo y la destrucción de la organicidad del Estado se sobreponía a la tentación de los conceptos abstractos de ley, autoridad, Constitución. Villa era un apasionado de la tierra que pisaba, no era político. Cuando cayó en la tentación de representar el papel de político, siempre salió perdiendo; pero aún así nunca confundió la nación con el Estado. Villa era mexicano, pero nunca quiso ser un ciudadano mexicano, y cuando finalmente lo aceptó se resignó a su destrucción. Villa fue un revolucionario cuyos actos lo llevaban ineluctablemente a enfrentarse a todos los aliados y enemigos suyos que querían consolidar el Estado.

Pero su fuerza destructiva tenía como contrapartida la instantaneidad de sus acciones: Villa como fenómeno y como función del caudillaje fue un relámpago, "rayo y azote", como diría Rafael F. Muñoz. Los momentos en que se comportó como un verdadero caudillo duraron poco. Apareció y desapareció intempestivamente. La persona del caudillo pudo sobrevivir, pero estaba despojada de los rasgos inherentes a su caudillaje. Los intentos de revivir la efectividad de su función harían de su persona una caricatura de sí misma o una sombra que actuaba para su propia destrucción: muchos de los actos de Villa, después de la derrota definitiva de la campaña de Sonora, a fines de 1915, no se pueden entender sino como parodias de sus mejores momentos entre 1913 y 1915; y su conducta en la Hacienda de Canutillo, a partir de 1920, fue un lento y disfrazado proceso de autodestrucción en varios aspectos básicos de su personalidad.

Pero en esa instantaneidad Villa tuvo características únicas e indestructibles. Villa, como caudillo, es inaceptable y no necesita ser aceptado; ni quiere él, por otro lado, ser aceptado. Quien lo acepta lo tiene que aceptar haciendo la guerra, la guerra siempre. Y en esa guerra lo que él nos propone es una perspectiva nueva.

Para terminar y para tratar de expresar la herencia más importante de Villa como caudillo, sin tener que recurrir a las mismas categorías políticas que él rechazaba, no he encontrado otro término más voluntarioso que el de *mito*, según lo define Georges Sorel en *Réflexions sur la violence*. El mito soreliano no es un espacio del pasado, sino una fuerza que actúa en el presente desde el porvenir; es una *construcción* "de un futuro indeterminado en el tiempo".[17] No es una definición ni antropológica, ni simbólica, ni política: es una definición de intensidad, una definición de perspectiva, un horizonte que se define por ser horizonte, que tiene su fuerza porque es futuro en el presente. La relación de Sorel con Nietzsche parece, en este punto, innegable.

Y en ese sentido, Villa al despedirse de sus tropas a mediados de diciembre de 1915 se convirtió en un mito, porque se postuló desgarradoramente como la perspectiva de nuestro presente, el futuro inherente a nuestro presente: "yo me retiro, les dije, mientras Carranza hace el gobierno, y me voy pobre, porque aunque he andado sobre los millones, no me ha tentado la codicia. Quisiera de buena gana que este fuera el final de la lucha, que se acabaran los partidos políticos y que todos quedáramos hermanos, pero como por desgracia será imposible, me aguardo para cuando se convenzan ustedes de que es preciso continuar el esfuerzo, y entonces...nos volveremos a juntar".[18] Pero ¿se puede terminar con la despedida de Villa? ¿Hay manera de terminar con él? Nadie mejor que él y sus dorados pudieron encarnar aquella memorable frase de Alfred de Vigny en el prefacio a su entrañable libro *Cinq-Mars*: "La historia es una novela cuyo autor es el pueblo".

Lucio Blanco

Es cierto: Lucio Blanco era un hombre fascinante. Fascinaba a las mujeres, fascinaba a sus soldados, fascinaba a los cronistas, y fascina aún al que
se detenga brevemente a contemplar su vida. Me ha fascinado a mí también: al principio, por prurito de unirme al entusiasmo ya histórico; pero
después porque sospechaba que podía identificarme con él en un punto
decisivo de su carácter: la indecisión. En sus propias circunstancias, él
también había visto llegar los acontecimientos y no había sabido descifrar-
los, no había podido encontrar en él mismo un sentido para imprimirles la
dirección de su voluntad. El hizo, sin embargo, el primer reparto de tierras de la revolución constitucionalista, y por ello es famoso; pero a medida que avanzaba mi investigación y que regresaba y regresaba yo a observar las fotos que se tomaron aquel 29 de agosto de 1913 de la ceremonia
de entrega de títulos, una duda se iba imponiendo en mi ánimo: ¿cuáles
fueron los alcances reales de aquella repartición? ¿Blanco había querido
verdaderamente ir a la raíz del problema? La fila de prominentes militares
y civiles criollos y mestizos, todos sentados a manera de espectadores a los
lados de una mesa detrás de la cual estaban Blanco y Francisco J. Múgica,
su secretario, repartiendo los títulos a los campesinos que humildemente
entraban en foco al acercarse a los oficiantes de la ceremonia, cada vez me
dejaba más insatisfecho. Entre esa fila de eminencias y el grupo de campesinos agraciados había una mesa, pero también había un río, el río eterno
del cambio constante y de la guerra perpetua.

Por la misma época, me regalaron un ejemplar de una pésima edición
del diario de Múgica. Es un libro rico en datos y la infame transcripción
del original nos priva de muchos otros. Sin duda, las declaraciones del autor sobre sus nobles propósitos de repartir la tierra a *sus* campesinos de
Michoacán (el posesivo es de Múgica) son conmovedoras; pero debo confesar que, después de encontrar otras fuentes sobre los mismos hechos que
narra Múgica en su diario, he llegado a la conclusión de que era un hipócrita. Y, además, que su diario —aunque mal hecho— estaba pensado no
como un diálogo consigo mismo sino con la posteridad: al escribirlo, ya
estaba pensando en el día de su publicación.

Pero aparte de la luz que ofrece sobre su autor, el diario es importante
porque da una imagen poco común de Blanco: la del putañero. Imagen
opuesta o muy lejana de la otra más común, la del hijo ya héroe que pasea

del brazo de su madre por la plaza del pueblo. Ambas imágenes eran muy lejanas, pero no eran contradictorias... y entre ambas cabían las otras: la del gallardo jefe revolucionario, la del preocupado líder reformista, la del valiente militar conciliador... y la del político tan ingenuo que conmueve y da pena.

En la narración cronológica, sin embargo, había que toparse primero con la toma de Matamoros y luego con el reparto de tierras de la hacienda Los Borregos: éstos eran los dos hechos decisivos de la primera parte de la Revolución Constitucionalista y de la vida revolucionaria de Lucio Blanco.

Era inevitable, entonces, fijar en él mi atención, e indagar, a medida que trataba de entenderlo, si en verdad sus indecisiones históricas eran el rasgo con el cual yo me identificaba.

Esta indagación era un camino azaroso, y quizás me llevaría por senderos que no permitían el regreso al punto de partida. Por un lado, yo agradecía la imposibilidad del retorno, y por otro lado, no tenía nada que agradecer porque ese punto de partida no existía. Precisamente, el inicio de esta narración es el problema mismo de la narración. ¿Cómo iniciarla? no es una pregunta que se deba contestar, ni practicar; es simplemente el tono de la narración, la inclinación que define la pertinencia misma de ésta. Sin la pregunta, la narración no existiría; y hasta ahora la narración extiende la pregunta, la desparrama por todas las proposiciones y todos los datos. Y también por la nostalgia de encontrar, sí, *un principio*. Pero ese principio lo imagino como una puerta de doble hoja, remachada con florones de bronce, sin cerrojo, y hundida en el sol de la mañana.

En su primera *empresa* dijo Diego Saavedra Fajardo que "nace el valor, no se adquiere", y luego en la cuarta le dio, según yo, su culminación a la sentencia inicial: "Para mandar es menester sciencia; para obedecer basta una discreción natural".

Es casi seguro que Lucio Blanco no leyó la *Idea de un príncipe político-cristiano representada en cien empresas* de Saavedra Fajardo. En las primeras líneas hubiera encontrado las sentencias decisivas de su vida y hubiera adquirido, si no "sciencia", al menos advertencia, de su falta fundamental: la falta de sentido político, incluso en los momentos en que lo único que se podía y se quería vivir era la política. En esas ocasiones, Blanco se volvía paranoico y hacía protestas exageradas y enfáticas de que no se dejaría manipular por nadie, ni ordenar en contra de sus ideas. Y con ello sólo expresaba su desconcierto en situaciones que no entendía, porque nunca tuvo ideas políticas, sólo tuvo ideas morales.

Pero ¿se le podía culpar por esa falta de claridad? Cobarde no era, y tenía ideas de justicia social que convertía en actos concretos. Además, entendía de estrategia militar, y había leído a Víctor Hugo, a Zola y a Lamartine. Aun así, no supo nunca qué posición tomar en las alternativas políticas que la historia le ofreció. Las circunstancias siempre decidieron por él, cuando ya era imposible mantener la indecisión.

Sociológicamente era un caso típico de pequeña burguesía liberal que en momentos de transición se desconcertaba porque no entendía de matices, ni de compromisos con *su* realidad, ni de flexibilidad ante sus propios imposibles; de una pequeña burguesía radical que juzgaba con principios morales, bastante maniqueos, y que en su comportamiento político daba la impresión de una falta completa de congruencia porque pasaba por encima de los hechos para alcanzar su idealidad abstracta.

Blanco, con su visión moral, llegó a darle a la historia una apertura inaudita; con su voluntad puso en Matamoros la energía necesaria para que, a partir de ese punto fronterizo, se desarrollaran diversas y asombrosas series históricas. Después de la Decena trágica, pocos acontecimientos hubo en 1913 que crecieran y se diversificaran de manera tan compleja, tan contradictoria y tan preñada de otros hechos igualmente ricos en virtualidades como la toma de Matamoros.

Lucio Blanco no tenía un carisma popular, ni dotes oratorias para exaltar multitudes. Lo suyo era la inteligencia dúctil y la simpatía que atraía la fidelidad de sus soldados más sencillos. Y sobre todo, lo suyo era el gesto de aristocracia nunca poseída pero nunca falsamente ostentada: sí, había en él como una aristocracia que exigía distancia. Y es que en el fondo, en el fondo Lucio Blanco tenía una soberbia infinita, que fue uno de sus peores enemigos.

Psicológicamente, era como un joven padre bondadoso y comprensivo para los soldados de su brigada; y para enfatizarlo, le gustaba pasearse del brazo de su madre por la plaza de Matamoros mientras la banda tocaba la serenata. En efecto, era demasiado joven, por eso los soldados lo querían y los jefes de las otras brigadas preferían envidiarlo.

No sé si de su falta de sentido político derivaba su debilidad fundamental o ésta sólo era un caso particular de aquélla. Blanco sufría de indecisión crónica. Aplicaba con resolución sus ideas, aunque nunca se pudo quitar la sensación de no pertenecer al mundo y al momento histórico que estaba viviendo. Nunca creyó afirmativamente que su proyecto "socialista" era posible; y, al mismo tiempo, sin creerlo imposible, se desconcertaba tanto en los momentos decisivos que los momentos se cansaban de esperarlo.

El paso de las ideas a los hechos era lo más difícil para Blanco: se dice que participó en la rebelión magonista de Jiménez en 1906, y se dice también que se carteó con los hermanos Flores Magón; y que leía mucho. Y no hay duda que participó en la revolución maderista, al lado de muchos jefes que después participarían en la constitucionalista: Cesáreo Castro, Poncho Vázquez, Pablo González, Andrés Saucedo...

No obstante, entre sus proyectos y las posibilidades que la realidad le ofrecía nunca encontró el puente, ni la clave para ponerlos en el mismo lenguaje. Lo poco que hizo fue obra de su sentido moral, de su profunda compasión, de su arraigada convicción de justicia. Si era un justiciero implacable, no sabía decidir los motivos de una acción ni entendía las múltiples posibilidades de un hecho.

Quizás logró superar algo de esa incapacidad después de su juicio militar, en 1916, en el que estuvo en juego su vida; pero en su manera de morir se ve que nunca llegó muy lejos en la comprensión de las motivaciones humanas. Como buen moralista, prefería reconocer las acciones bien intencionadas y cegarse ante las intenciones oscuras y posibles de los malvados.

Uno de los momentos más importantes de su vida fue la toma de Matamoros. Con esa hazaña hubiera podido crear un cuerpo de ejército único y poderoso, hubiera podido crear en la ciudad un centro precursor de difusión de ideas, hubiera podido fundar muchos proyectos decisivos en la revolución, y no lo hizo. Ramón Puente definió mejor que nadie la oportunidad perdida de Blanco cuando comparó el Matamoros de la ocupación de Blanco a Capua, la ciudad que ablandó el ímpetu conquistador de Aníbal.[1]

Otro hecho de importancia capital sucedería un año después, cuando, a la vanguardia de los ejércitos constitucionalistas, el 14 de agosto de 1914 entró Blanco en la ciudad de México con sus tropas. La historia le ofreció la oportunidad de demostrar que había aprendido la lección de Matamoros, y Blanco, para tristeza de muchos, la había olvidado. Ya para entonces estaba demasiado fascinado con su propia imagen.

Lucio Blanco pertenecía a una familia cuyas ramas paterna y materna habían brotado y crecido en Monclova y en Múzquiz, Coahuila. Para encontrar a un extranjero en esos dos lugares, había que remontarse a su bisabuelo paterno, porque Víctor Blanco había nacido en Texas e incluso había llegado a ser gobernador de ese territorio.[2] Su abuelo paterno, Miguel Blanco, había sido ministro de guerra en el gabinete de Juárez durante la invasión francesa; y su padre, Bernardo, se había dedicado a la ganadería.[3]

Lucio nació el 22 de julio de 1880, el tercero de una familia de cuatro hermanos. Sobre el lugar de su nacimiento, sus biógrafos discrepan: Armando de Maria y Campos y Ramón Puente dicen que fue en Nadadores, y Fausto Garibay en Monclova. Pero el acta de nacimiento, que el primero de ellos transcribe, dice claramente que Blanco nació en Nadadores, aun-

161

que fue presentado al registro civil en Monclova, lo que explica el error de Garibay.[4]

De cualquier manera, en Monclova cursó Lucio sus estudios primarios; y los superiores en Saltillo y en Texas. Se dice que en Texas aprendió a hablar perfectamente el inglés. Y al terminar sus estudios regresó a Nadadores.

Me es difícil describir su vida más precisamente con los datos que poseo: una fuente señala que de regreso a México, su padre le ofreció la oportunidad de responsabilizarse de su propia empresa ganadera, si se hacía cargo de un rancho de la familia llamado Los Ojos de María que se encontraba en Múzquiz. Otra fuente dice que a los veinte años, o sea, en 1900, Blanco estaba trabajando en Torreón.[5]

También se dice, sin pruebas, que Lucio con tres o cuatro vaqueros más, armados con carabinas Winchester 30-30, participaron en el ataque magonista a Jiménez en 1906 que estuvo comandado por Juan H. Rangel, el jefe de la Tercera Zona militar de la organización magonista. Así como se dice de él, se dice de otros que serían revolucionarios de importancia entre 1910 y 1915, como por ejemplo Roque González Garza.[6] El ataque a Jiménez fracasó, entre otras razones, por la delación de un compañero: una madrugada el grupo ya crecido de magonistas fue atacado y dispersado por un destacamento federal. Unos cruzaron el río Bravo y se internaron en Texas; y debemos suponer que Lucio regresó, sin ser identificado, a su rancho.

Desde ese fracaso hasta el siguiente levantamiento, en noviembre de 1910, Lucio Blanco no parece haber roto sus relaciones con el magonismo; no, al menos, con las ideas básicas de su anarquismo. Pero también en esa época se dedicó a crecer leyendo con avidez, sobre todo "libros de ideas socialistas como las obras de Zola", con cuya prosa "sentimental" "empapó su cerebro".[7] Su socialismo anarquista y utópico lo llevó a querer convertirse en un campesino u obrero para así tener la capacidad de entender las ideas que defendía. En aquella época, esa táctica revolucionaria provenía de una influencia muy directa de Saint Simon. Así, para 1910 ya había cambiado de oficio: trabajaba entonces en una mina de carbón de Sierra Mojada, Coahuila, desde donde —se dice— mantuvo correspondencia con Madero. Cuando Lucio Blanco, para apoyar a éste, tomó las armas, se unió a Luis Alberto Guajardo, según Armando de Maria y Campos. Otro de sus biógrafos, Ramón Puente, indica que fue posteriormente, en la campaña contra el orozquismo, que Blanco se incorporó a las tropas de Guajardo.[8] De cualquier manera, de la revolución de 1910 queda una espléndida foto de varios jefes subordinados de Pablo González entre los que destaca Blanco.

Para muchos de sus contemporáneos, Blanco era meramente un hombre contradictorio. Y en parte tenían razón; pero nadie quiso ver que todas sus contradicciones surgían siempre en el ámbito de la indecisión. No obstante, la vida de Blanco no se define solamente por sus indecisiones ideológicas, porque de hecho sus momentos de desconcierto no se dieron ante opciones idénticas o similares; más aún, se puede decir que las ideas de Blanco permanecieron inalterables a pesar de todas las vicisitudes. En su vida, además de indecisiones, hubo fidelidad de hijo pródigo: en 1914 le dio la espalda a Carranza y obligó a éste a salir de la ciudad de México; pero luego de su juicio en 1916, del que salió absuelto, Blanco regresó a apoyar a don Venustiano hasta el final: él fue el instrumento "oficial" de Carranza para imponer a Ignacio Bonillas en 1920 y por lo tanto fue uno de los provocadores del Plan de Agua Prieta. Y con la muerte de Carranza, Blanco planeó en el exilio varias conspiraciones para vengar su muerte y para derrocar a Obregón.

Le llamaban el Boyardo de la Revolución; pero hubiera sido más adecuado compararlo con un dubitativo héroe de tragedia, pues su indecisión tenía raíces echadas muy profundamente en el tiempo y en la tierra de la nación. Y conocerla es una de las lecciones más amables de esta historia.

La travesía

El 8 de marzo de 1913, el Cuartel General Constitucionalista fue desalojado por el general Trucy Aubert de la Hacienda de Anhelo. La propaganda huertista aprovechó este hecho para difundir la falsa noticia de que Venustiano Carranza se dirigía hacia la frontera con intenciones de cruzar el río y refugiarse en Estados Unidos. Carranza decidió, contra el consejo de varios jefes suyos, atacar Saltillo para "dar a conocer al país la falsedad de los hechos propalados por el gobierno huertista".[1]

Los servicios de espionaje de los rebeldes no eran muy buenos, porque Carranza ordenó el 21 de marzo que el principal contingente de su caballería ocupara Arteaga para preparar allí su ataque sobre Saltillo en la madrugada. Pero no sabía que justo a esa hora la plaza apenas contaba con cuatrocientos soldados de infantería bajo el mando del coronel Rojas, y que con una buena disposición de sus tropas podía contrarrestar el avance del general Casso López que se acercaba con 480 infantes más. No lo hizo. Esperó la madrugada, y para entonces ya Casso López había dispuesto las defensas de la ciudad de manera muy astuta, y seguro además de que ese día 22 en algún momento llegaría el coronel Peña con por lo menos doscientos hombres de caballería.

A las dos de la mañana del día 22 comenzó el ataque por el sureste de la ciudad, dirigido a la toma del fuerte; y dos horas más tarde, por el otro extremo, contra los trenes donde acampaba la tropa de Casso López. Y ya a las nueve el tiroteo se había generalizado por toda la ciudad. Los carrancistas entraban cuantas veces querían hasta el centro de la ciudad, pero los federales tenían sus mejores defensas justamente allí, desde donde hacían retirarse a los carrancistas de nuevo hacia las afueras. En todos los intentos de tomar el Palacio de Gobierno los rebeldes dejaron muchos muertos, hasta que se volvió evidente que para alguno de los jefes rebeldes o quizás para el mismo Carranza la toma del edificio era una cuestión simbólica y de orgullo. Pero no lo lograron. Y con la llegada de los refuerzos del coronel Peña las entradas carrancistas a la ciudad se hicieron más difíciles. Además, cayó la noche, y si se siguió combatiendo, ya nunca hubo peligro alguno de penetración. En la tarde del día 23 los carrancistas comenzaron a retirarse por el rumbo de Ramos Arizpe...[2] Había terminado, como se lo esperaban muchos jefes rebeldes, un ataque desorganizado, mal planeado y de mera bravuconería, que costó la vida a más de ciento veinte soldados constitucionalistas.

Las primeras quejas contra la estrategia del mando superior no se tardaron en oir; y también las tendencias siempre latentes de separatismo o independencia empezaron a manifestarse reciamente. Lucio Blanco decía en voz alta a quien quisiera oirlo el deseo que tenía cada jefe de operar por cuenta propia; y hasta amenazaba veladamente con retirarse a los Estados Unidos de ignorarse lo que parecía casi un ultimatum suyo a Carranza. Los oficiales menores no hacían nada tampoco por ocultar su desesperanza ni sus críticas a Jacinto Treviño, el jefe del Estado Mayor del Primer Jefe.[3]

Carranza demostró patentemente ante todas sus tropas que su terquedad, benéfica quizás en cuestiones políticas, era una desventaja muy grande en las militares. Al día siguiente de la retirada, en Mesillas, cerca de Paredón, mientras parte de la tropa se reponía de muchas horas de hambre asando un rebaño de cabritos, el enemigo que venía en su persecución finalmente alcanzó a los rebeldes y atacó el campamento por sorpresa. Era de noche y de fogata en fogata corrieron los sustos, los gritos, las voces de mando confusas y contradictorias. "No corran", "No corran", gritaba todo el mundo mientras el mundo entero corría desordenadamente. Y en tanto Jacinto Treviño trataba de salvaguardar al Primer Jefe llevándoselo de huida, éste se obstinaba en regresar a presentarle resistencia a los federales.[4] Finalmente, la amenaza fue contenida. Y ya para cuando muchos jefes habían encomendado muy encarecida e irritadamente a su memoria ese nuevo gesto de terquedad del Primer Jefe y se habían propuesto que éste no interviniera en la táctica militar, se supo que los federales que habían atacado no eran tropas federales de Saltillo que iban en su persecución, sino un destacamento de seiscientos federales que venía del norte a reforzar Saltillo y que se había topado con ellos por pura casualidad. La sorpresa del ataque se había logrado gracias a la mejor disciplina de las avanzadas federales.[5]

Para todos fue evidente —aunque tampoco nadie lo quisiera admitir públicamente— que las tropas rebeldes estaban mal entrenadas, carecían de organización y con frecuencia recibían órdenes poco juiciosas militarmente. Y en el ataque a Saltillo, al menos, se habían enfrentado a batallones bien entrenados, serenos y con jefes que sabían defender sus posiciones con mandos sensatos.

No fue probablemente la opinión de los subordinados lo que convenció a Carranza, demasiado terco de por sí, sino los hechos mismos, contundentes, que resultaron de su incapacidad como estratega militar: en el ataque a Saltillo habían muerto más o menos cientoveinte constitucionalistas; otros tantos fueron heridos; y cerca de ochenta quedaron prisioneros de los federales.[6] Lo que verdaderamente indignaba a muchos jefes rebeldes era que más de la tercera parte del total de sus tropas se hubiera perdido en una acción de guerra que varios de ellos habían considerado perdida de antemano, y que Carranza había emprendido sólo para demostrarle a Huerta que no estaba huyendo.

Como se trataba de una acción de guerra en la que había participado el Primer Jefe, no parece haber existido ningún parte oficial en el bando revolucionario; pero sí existe el testimonio de Juan Barragán, quien trató de reducir la responsabilidad de Carranza en el desastre de la siguiente manera: "Fijada la fecha del ataque para el 20, ese mismo día (Jueves Santo), los Tenientes Coroneles Pablo González y Jesús Carranza deberían batir al General Trucy Aubert sobre la línea de Monterrey a Laredo, pero el ataque simultáneo no pudo realizarse sobre Saltillo, debido a que fuerzas federales, en número de seiscientos hombres, llegaron a dicho lugar, procedentes de San Luis Potosí, la mañana del 20. Sin embargo, como no fue posible comunicar a todos los Jefes la suspensión del ataque, las fuerzas de Francisco Coss iniciaron la acción el día 21, acudiendo en su auxilio don Venustiano Carranza con los otros Jefes... pero no en la forma táctica preparada".[7]

Gracias al diario de Francisco Múgica, quien participó en la batalla y a quien no se puede acusar de complicidad con los federales, sabemos que no llegaron a Saltillo seiscientos federales de refuerzo, sino un poco más de cuatrocientos; que la ofensiva no la inició Coss, sino contingentes dirigidos directamente por Carranza, quien al recibir una información de que el tren de refuerzos no había llegado y por lo tanto la guarnición estaba casi desamparada "se entusiasmó y ordenó marchar luego sobre la plaza";[8] que Trucy Aubert nunca constituyó una amenaza inmediata para los atacantes; que Coss y Luis Gutiérrez no participaron sino mínimamente en el ataque. De hecho, si Carranza hubiera mantenido su primer impulso de ataque, el resultado probablemente hubiera sido diferente, porque en la mañana del 21 de marzo, la plaza en efecto estaba desguarnecida. Pero el informante dudó y Carranza dudó con él y detuvo la marcha.[9] Unas horas después, a las tres de la tarde, mientras muchos rebeldes dormían, entraron sin obstáculo alguno los 450 soldados del general Casso López. La ayuda decisiva no fue sólo el aumento de número, sino la presencia de un comandante que dio organización y seguridad a la defensa.

La veracidad del testimonio de Múgica está corroborada por el parte de guerra del general Casso López, quien, en su narración desde el otro lado de la batalla, coincide punto por punto con él. Lo único cierto del relato de Barragán es la motivación de Carranza: "dar a conocer al país la falsedad de los hechos propalados por el gobierno huertista".[10] Grave cálculo el suyo, pues de cierta manera le quitaba a sus tropas el estímulo básico de cualquier combatiente en cualquier batalla: ganar. Y en efecto, perdieron.

Cierto es que, una vez desatado el poder de su terquedad, Carranza no retrocedía hasta que los hechos le daban la razón o la culpa; pero también es cierto que después de esos estados de poseído sabía ponderar las circunstancias. El 25 de marzo él debió ser el primero en sentir que estaban a punto de abandonarlo muchos de los oficiales y de los jefes más fieles. Hábil como pocos en el manejo del ánimo ajeno, Carranza debió pensar todo ese día con enorme desesperación para encontrar un medio de impedir ese desastre. Era obvio que no existía un jefe militar capaz de unificar la estrategia revolucionaria y contener los deseos, separatistas unos y localistas otros, de casi todos los jefes: unos querían actuar solos, independientes, y entre ellos estaba Blanco; otros, como Luis Gutiérrez y Coss, querían hacer campaña en sus lugares de origen. Por el momento, la dispersión era la tendencia natural, y Carranza la aceptó. Pero antes de permitir que unos tomaran el rumbo de su puro gusto y que otros regresaran a su terruño donde se sentían seguros, Carranza decidió imponerles a todos una guía política que sirviera al menos de precedente de que él era quien mandaba y quien ofrecía la perspectiva general, sin la cual la guerra se volvía un asunto de intereses particulares y regionales.

El gran miedo

El día 25 de marzo, a las cuatro de la tarde, la columna rebelde llegó a la Hacienda de Guadalupe. La tropa, los oficiales y los jefes tenían entendido que se dirigían a Monclova, que era su base de aprovisionamiento; pero Carranza y Treviño, como si entre ellos hubieran concebido una nueva estrategia durante el camino, insinuaron que probablemente se cambiaría el rumbo hacia Nuevo León.[1] La decisión les pareció a muchos un nuevo intento de Carranza de probarle a Huerta que no estaba huyendo hacia la frontera; y les pareció también una mala decisión. Entonces, un grupo de oficiales, en su mayoría del Estado Mayor, encargó a uno de ellos, Aldo Baroni, que le expresara al teniente coronel Treviño lo que era casi una orden a su propio superior; y era que Carranza se dedicara a los asuntos políticos y que no interviniera directamente en los militares.[2] Probablemente, Carranza recibió con suma rapidez el mensaje. Al anochecer, se encerró en sus aposentos y le ordenó al capitán Breceda que no se apartara por ningún motivo de un cuarto que le servía de oficina, y le aclaró que además la orden era confidencial. A las ocho y media de la noche, Treviño se dio cuenta que Breceda no estaba haciendo la guardia que le correspondía, según la orden de servicio; lo encontró en la oficina del Primer Jefe y sin más lo regañó. Breceda, obedeciendo la aclaración del Primer Jefe sobre la confidencialidad de su comisión, no le dio ninguna explicación a Treviño; y cuando éste le gritó acusándolo de desacato, se limitó a alegar, bastante extemporáneamente, que él era secretario particular del Primer Jefe.

Carranza seguía encerrado: parecía que se había ido al monte Sinaí a recoger las Tablas de la Ley. En algún momento durante la noche debió llamar a Breceda y revelarle lo que había estado elucubrando. Y en algún momento, durante esa misma noche, le dictó a Breceda su versión de un plan político para la Revolución. El Plan de Guadalupe, según parece, lo concibió Carranza con prisa y con ansiedad. Estaba otra vez posesionado por su terquedad; y en la mañana, cuando convocó a los oficiales y jefes rebeldes al comedor del casco de la hacienda, presentó el documento como si esperara que todos lo firmaran sin chistar. Es cierto que, después de exponerles la razón para reunirlos, Carranza se retiró, "para que deliberaran con toda libertad"; pero su actitud impositiva era evidente.[3] Ninguno de los presentes, con la única excepción quizás de Breceda, se repuso rápidamente de la sorpresa; nadie, de nuevo con excepción de Breceda, parecía estar al tanto de la existencia y mucho menos del contenido del documento; con lo cual la presunción de Carranza de que todos lo firmaran sin ninguna objeción resultaba doblemente pasmosa. Blanco, quien presidía la reunión, estaba desconcertado y no sabía qué hacer. Y como él, estaba, y quizás más, el resto. Múgica leyó el plan y cuando se hicieron los primeros reparos Breceda inició la defensa incondicional del documento. Tal vez la resistencia irrazonable de Breceda ayudó a sus contrincantes a elaborar mejor sus objeciones; y las argumentaron tan bien que Breceda fue en busca de su Jefe; pero ni con la intervención de Carranza quedó el plan como él quería.[4] Esta vez, Carranza hizo patente a todos sus oficiales y jefes que estaba poseído por su terquedad y su pasión autoritaria, y hasta un oficial tan predispuesto a su favor y tan poco gustoso de criticar a sus superiores como Francisco J. Múgica quedó mal impresionado por la actitud del Primer Jefe. En la discusión, alguien llegó a irritarse tanto que, con gran clarividencia, se quejó: "este hombre sería un Dictador si llega a la Presidencia".[5] Ese alguien no sabía que en los próximos meses, muchos más repetirían su frase, casi palabra por palabra.

Carranza redactó el plan muy apresuradamente. Es probable que hubiera pensado en un documento de ese tipo desde tiempo antes; pero es más probable aún que las circunstancias lo hayan tomado también a él desprevenido.

La versión del Plan que conocemos es la siguiente:

PLAN DE GUADALUPE. Primero. Se desconoce al General Victoriano Huerta como Presidente de la República.- Segundo. Se desconoce también a los Poderes Legislativo y Judicial de la Federación.- Tercero. Se desconoce a los Gobiernos de los Estados que aún reconozcan a los Poderes Federales que forman la actual administración, treinta días después de la publicación de este Plan.- Cuarto. Para la organización del Ejército encargado de hacer cumplir nuestros propósitos, nombramos como Primer Jefe del Ejército, que se denominará "Constitucionalista", al C. Venustiano Carranza, Gobernador del Estado de Coahuila.- Quinto. Al ocupar el Ejército Constitucionalista la ciudad de México, se encargará interinamente del Poder Ejecutivo el C. Venustiano Carranza, Primer Jefe del Ejército, o quien lo hubiera substituído en el mando.- Sexto. El Presidente Interino de la República convocará a elecciones generales tan luego como se haya consolidado la paz, entregando el Poder al ciudadano que hubiera sido electo.- Séptimo. El ciudadano que funja como Primer Jefe del Ejército Constitucionalista en los Estados cuyos Gobiernos hubieren reconocido al de Huerta, asumirá el cargo de Gobernador Provisional y convocará a elecciones locales después de que hayan tomado posesión de sus cargos los ciudadanos que hubieren sido electos para desempeñar los altos Poderes de la Federación, como lo previene la base anterior.- Firmado en la Hacienda de Guadalupe, Coahuila; a los veintiséis días del mes de marzo de mil novecientos trece.[6]

Juan Barragán escribió de la concepción del plan como de un destino natural. Sin razón inmediata, sin ninguna consideración de los hechos del momento, Carranza, según Barragán, "estimó necesario proceder a la formulación de dicho plan".[7] Nació como nacen las montañas, nació como nacen los días memorables, nació como nacen los mitos, en esta versión de Barragán.

Manuel Aguirre Berlanga, mucho más perspicaz en cuestiones políticas que Barragán, al escribir *Revolución y Reforma. Génesis legal de la Revolución Constitucionalista*, su versión de los primeros meses de la rebelión carrancista contra Huerta, se enfrentó al problema de explicar por lo menos el apresuramiento en la redacción del plan que provocó tantas objeciones de los oficiales y jefes rebeldes: "Después de largas controversias sobre los artículos, lo aprobaron, agregándole los considerandos que lo preceden. El señor Carranza lo había forjado sin considerandos, por estimar que siendo tan claros los hechos que le dieron origen y tan elocuentes los puntos resolutivos del Plan, por sí mismo [sic] tenían una significación tan visible que no requería exposición alguna de motivos. Cerca de medio día se firmó el Plan [...]".[8]

Aunque Aguirre Berlanga enfatizó que la ausencia de considerandos había sido el tema central de la discusión y además dio a entender que los artículos, a pesar de las largas discusiones, se aprobaron tal y como fueron presentados por Carranza, la opinión de un participante en la discusión difiere de la suya. Múgica anotó en su diario esa misma noche que la versión original del plan era muy distinta de la versión que se dio a conocer, y que él mismo colaboró en la nueva redacción. Con lo cual da claramente a entender que el resultado de la discusión no fue el mero agregado de los considerandos. Y a continuación agregó: "se firma por la tarde para imprimirse".[9] Con esta precisión de Múgica se destruye también la insinuación de Aguirre Berlanga de que la discusión no había sido tan larga, pues, según éste, "cerca del medio día se firmó el plan y entonces, por telégrafo, por teléfono y por correo, se dio a conocer a los coroneles Pablo González, Jesús Carranza y demás Jefes con mando de fuerza que habían secundado la actitud del Gobernador de Coahuila".[10] Aguirre Berlanga tenía mucha prisa, según parece, porque Múgica dice claramente en su diario que el Plan no se publicó sino cuatro días después, cuando los rebeldes estaban en Monclova, y aun entonces había sufrido nuevos cambios pues él mismo se lo leyó a Rafael Saldaña, una vez, y a Aldo Baroni, otra vez, ambos firmantes del Plan.

"Es de observarse que el Plan de Guadalupe es un estatuto austero y discreto...", continuaba Aguirre Berlanga.[11] Otros han opinado que era, en realidad, un astuto plan político porque evitaba cualquier referencia a las reformas sociales que, según la opinión de muchos de los oficiales y jefes constitucionalistas que firmaron el plan, era necesario proclamar y realizar.

Si se manifestó esa opinión, ¿con qué argumentos convenció Carranza a sus defensores para que no apareciera ninguna mención a esas reformas en el plan? Si a cambio de esta eliminación, Carranza accedió a que se incorporaran los considerandos, ¿qué valor político tenían éstos para él y para quienes los propusieron? Es difícil creer que la claridad de los hechos que dieron origen al plan haya sido, como dijo Aguirre Berlanga, la razón que tuvo Carranza para no incluirlos. Algún motivo más poderoso debía tener porque tres semanas después, el 18 de abril, para ser preciso, cuando se elaboró el acta de la Convención de Monclova, con la cual los rebeldes de Sonora y Chihuahua se unían en el reconocimiento de Carranza como Primer Jefe, éste cuidó muy bien que en la transcripción del Plan de Guadalupe no aparecieran sus considerandos.[12]

¿Carranza seguía pensando que los hechos históricos causantes de la revolución eran demasiado conocidos? ¿O estaba Carranza muy consciente que la función de los considerandos en los planes mexicanos era de apelar al pasado y se negaba a insistir o a recordar la Decena Trágica y el asesinato de Madero? ¿Qué podía encontrar Carranza de estorboso en el recordatorio de esos hechos?

Los considerandos del Plan de Guadalupe decían:

"Considerando: Que el General Victoriano Huerta a quien el Presidente Constitucional, don Francisco I. Madero, había confiado la defensa de las instituciones y legalidad de su Gobierno, al unirse a los enemigos rebeldes en armas en contra de ese mismo Gobierno, para restaurar la última Dictadura, cometió el delito de traición para escalar el Poder, aprehendiendo a los ciudadanos Presidente y Vicepresidente, así como a sus Ministros exigiéndoles por medios violentos la renuncia de sus puestos, lo cual está comprobado por los mensajes que el mismo General Huerta dirigió a los Gobernadores de los Estados, comunicándoles tener presos a los Supremos Magistrados de la Nación y a su Gabinete.

"Considerando: Que los Poderes Legislativo y Judicial han reconocido y amparado en contra de las leyes y preceptos constitucionales al general Victoriano Huerta y sus ilegales y antipatrióticos procedimientos y considerando, por último, que algunos gobiernos de los Estados de la Unión han reconocido al Gobierno ilegítimo impuesto por la parte del Ejército que consumó la traición mandado por el mismo general Huerta, a pesar de haber violado la soberanía de los mismos Estados, cuyos gobernadores debieron ser los primeros en desconocerlo, los suscritos jefes y oficiales con mando de fuerzas constitucionalistas, hemos acordado y sostendremos con las armas el siguiente Plan."[13]

Una revisión exhaustiva de los *planes* mexicanos, este género típicamente nacional, muestra que hasta 1913, por lo menos, "los *Considerandos* tratan, a veces de manera desconsideradamente larga, de un pasado muerto, pero no enterrado. En una sola cosa insisten los Planes: el Pasado no debe resucitar".[14]

¿Sería muy arriesgado pensar que Carranza, obedeciendo inconscientemente a sus deudas con Bernardo Reyes, hubiera querido todo menos que resucitara Madero? Muchos lo acusaron de ello, y violentamente: T. F. Serrano, en su libro *Ratas y ratones*,[15] publicado en El Paso a principios de 1914, fue quien en aquellos momentos reunió el mayor número de datos y de indicios para fundamentar esa acusación.

Pero hay matices más sutiles que podrían sustentar las sospechas de que Carranza era en el fondo antimaderista convencido. Y uno de esos matices era la influencia de Bernardo Reyes que el Primer Jefe Constitucionalista reconocía. Y comenzando por el término mismo de *constitucionalista*: hasta Thomas B. Davis y Amado Ricon Virulegio, que hicieron una extraordinaria recopilación de los planes políticos mexicanos del siglo XIX y del siglo XX,[16] se lo atribuyen a Carranza. Y el término no era suyo: Bernardo Reyes lo había usado en su manifiesto de Soledad, Tamaulipas, el 16 de noviembre de 1911, cuando se levantó en armas contra el gobierno de Madero.[17]

El Plan de Guadalupe fue el talismán legal del poder de Carranza. Y no cabe duda que esa noche de retiro en un cuarto de la Hacienda de Guadalupe, antes de aparecer con las tablas de la Ley, nos hace ver en Carranza el genial usuario de mitos antiguos y potentes. El Plan de Guadalupe operó prodigios de fidelidad y de superstición: el precedente de haber sido el primer documento de los rebeldes que contemplaba la continuidad legal y la supervivencia del aparato estatal le dio poderes inusitados al documento y a su supuesto detentador.

Numerosos documentos del archivo Carranza repiten una y otra vez la condición del Primer Jefe para aceptar la fidelidad de otros rebeldes: que reconozcan el Plan de Guadalupe. Con todos y contra todos, el Plan de Guadalupe por delante.

Y cuando sucede la escisión del ejército constitucionalista y Villa se opone a Carranza, éste defiende su poder recurriendo a los términos del Plan de Guadalupe.

El Plan de Guadalupe fue, pues, el recurso legal que Carranza defendió para sobrevivir políticamente; y fue también como el talismán que le otorgaba legitimidad al poder de Carranza frente a los generales revolucionarios.

Los planes de Bernardo Reyes y de Venustiano Carranza tenían como objetivo mantener la continuidad de la identidad del Estado que, según el primero, Madero había quebrantado; y que, según el segundo, el cuartelazo de Huerta había destruido. El mantenimiento de esa continuidad, en el caso del Plan de Guadalupe, fue paradójica pues si Carranza se apresuró a darle cuerpo al Estado que quería salvar, también propició el surgimiento de fuerzas que se dieron como fin la destrucción de ese Estado. Villa podía declarar su fidelidad a la continuidad de su amor por Madero, pero la violencia de su fidelidad lo llevaba a la destrucción del Estado que Madero y Carranza defendían. El Plan de Guadalupe era el centro de la legalidad carrancista, y también era el gozne donde se abrían otros deseos de otros Estados.

Carranza, sin embargo, no esperaba un acuerdo de estas fuerzas con su propuesta legal. Su legitimidad la basaba en otro sustento: el reconocimiento de los jefes militares procedentes de la burguesía y de la pequeña burguesía. Y con ellos contaba para la continuidad del Estado. Por eso la Convención revolucionaria que se instaló en la ciudad de México el jueves primero de octubre de 1914 fue un acontecimiento decisivo en la historia del México moderno: allí se decidió la suerte del Estado cuya continuidad Carranza defendía y se definió la naturaleza de la burguesía y de la pequeña burguesía en este paradójico país que éstas querían radicalmente nuevo y fiel a su imagen diaria.

A la convención, que Carranza inauguró a las cinco de la tarde del viernes 2 de octubre, no asistían los villistas, ni los zapatistas: asistían todos los que lucharían contra Villa y Zapata en unos meses más como Obregón, Francisco Murguía, Jacinto B. Treviño... y también los que primero se unirían en noviembre y diciembre al gobierno villista-zapatista y que luego romperían con éste en enero, como Eulalio Gutiérrez y Lucio Blanco.

Dos días bastaron para llevar a la convención a su momento crítico: la división entre los militares y los civiles, y la decisión sobre la naturaleza de la revolución. En la primera sesión del sábado 3 de octubre, Lucio Blanco, José Gallegos y Salvador Herrejón presentaron por escrito "una proposición pidiendo que las personas no identificadas con la Revolución carezcan de derecho para ser delegados".[18] Y a continuación Manuel García Vigil hizo la propuesta decisiva de que la Convención se declarara soberana.[19] Sin solución a ninguna de estas propuestas, la sesión se suspendió hasta las 6:15 de la tarde de ese mismo día, y a esta hora la discusión se inició alrededor de la moción de Manuel Bauche Alcalde, Luis G. Cervantes y Pablo A. de la Garza para que dentro del recinto de la Cámara no se reconocieran las jerarquías militares a los miembros de la Convención.[20]

La paradoja estaba dada: romper el escalafón del ejército carrancista, cuya esencia era jerárquica, para dejarlo con su naturaleza guerrera, significaba nada menos que convertirse en el ejército villista o zapatista.

Establecer en esos términos la Convención era abrir una brecha por donde toda la fuerza del villismo y del zapatismo como máquinas puramente guerreras, y no jerárquicas; como organizaciones del pueblo en armas, y no ejércitos, podía entrar e invadir el recinto carrancista que con tanto celo había elaborado su artífice para impedir precisamente que el pueblo impusiera sus términos a la revolución.

Cuando se iba a iniciar la tanda de oradores, se anunció la llegada de Venustiano Carranza y una comisión formada por Obregón, Blanco, Coss, Dosal y Jesús Agustín Castro salió a recibirlo. Entonces E.W. Paniagua tomó la palabra para oponerse a la propuesta porque, decía, a los valientes no les debía importar si había superiores o no escuchándolos. David Berlanga le replicó que él era valiente y que no tenía miedo de sus superiores, pues "a los honrados no les importan las charreteras".[21] Pero el teniente coronel Marciano González refutó violentamente a Paniagua aclarando que era un hecho que los generales usaban su superioridad para obligar a sus subordinados a seguir su línea política. Luego agregó: "Nosotros [...] somos solamente una multitud de hombres civiles convertidos de momento y por causas muy especiales en militares [...] Desechando esta proposición daremos nacimiento a un nuevo y odioso despotismo, crearemos de nuevo la casta de los dictadores, la casta de los militares" Y concluyó: "Abajo las jerarquías".[22]

Fue un momento excepcional. En realidad nadie le estaba haciendo caso a Marciano González, pues casi todos estaban pendientes de la entrada de Carranza. Fue un momento excepcional porque lo más importante parecía estar sucediendo fuera del recinto, en algún salón o en el vestíbulo de la Cámara de diputados, donde se celebraban las sesiones. En realidad, ambos acontecimientos, el discurso de Marciano González y la llegada de Venustiano Carranza, eran complementarios y enemigos, y muy pronto sólo el sentido de uno de los dos podría sobrevivir.

Carranza venía a dar su renuncia a la Convención, según los acuerdos de Torreón —celebrados entre la División del Norte y los representantes de Carranza—, que habían modificado el Plan de Guadalupe, y que lo obligaban a renunciar ante la junta de generales que se reuniría al triunfo de la Revolución.

Por otro lado, Marciano González hablaba de la desaparición de jerarquías. Y finalmente, en los dos días de sesiones, y con las propuestas de Blanco y García Vigil de esa misma mañana, se estaba peleando la constitución del próximo cuerpo gobernante del país: o formado por puros militares o integrado por militares y civiles. La propuesta de Blanco estaba dirigida contra los civiles y la de García Vigil, también, ya que hasta el momento las bases de la convención sólo reconocían como miembros suyos a generales y gobernadores de estados (los de menor jerarquía como el teniente coronel Marciano González eran representantes de los generales ausentes).

La renuncia de Carranza era, pues, decisiva: los militares carrancistas, después de derrotar a Huerta, estaban a punto de asumir el poder y en ese momento podían cambiar la estructura del Estado que el Primer Jefe había tratado de conservar.

Cuando Carranza entró al recinto, se suspendió la discusión entre Paniagua y González. Pero logró aprobarse la moción de Bauche Alcalde, Cervantes y De la Garza, estableciéndose que ningún delegado a la Convención podía ser aprehendido por expresiones que hiciera en sus sesiones.

No obstante, el intento de borrar las jerarquías había quedado suspendido. Aunque nadie lo anticipara, el discurso de Carranza pondría a prueba esa osadía no sólo por ese día sino por el resto de este siglo mexicano. En realidad, el discurso de Carranza como contenido no era importante, lo decisivo era su gesto de renuncia. Esa noche entregó el poder a la Convención y se retiró.

Se retiró, pero no se retiró totalmente: dejó a Luis Cabrera en el recinto para que les recordara a los delegados que ahora sí estaban solos con el poder y para que les hiciera la pregunta que nadie esperaba: ¿y ahora qué van a hacer?

Nadie sabía qué hacer con el poder: desde Lucio Blanco hasta Álvaro Obregón, desde Marciano González hasta Francisco Murguía, nadie parecía haberse detenido a pensar que algún día iba a enfrentarse con el momento de decidir qué quería hacer con el poder aparte de mandar tropas y de carrancearse casas de porfiristas y de acariciar su futura fortuna.

Luis Cabrera era un consumado retórico y no perdió tiempo en rodeos para enfrentar a la Convención con la necesidad de responder a la pregunta. Y mientras Lucio Blanco creía resolver el problema tratando de encontrar una solución a la disidencia de Villa y Zapata, enredándose en ambiguas y débiles negociaciones; Álvaro Obregón presentaba un rostro patético de pobre político y una brillante imagen de politiquero: saltó a la tribuna a declarar que consideraba la renuncia de Carranza como inoportuna, pero que era inevitable que "nosotros debemos tomar una resolución, crear o no un nuevo gobierno, designar una junta de guerra que gobierne la nación o elegir un nuevo Primer Jefe encargado del Poder Ejecutivo".[23] Como respuesta, no podía ser más redundante. Eso era lo que Cabrera preguntaba, pero pedía acciones concretas, ideas tangibles, propuestas sustanciosas.

Ese momento fue decisivo, y como todos los momentos únicos de la historia, nunca regresaría. El carrancismo definió ahí el destino del Estado mexicano, y los posteriores gobiernos de Obregón y Calles sólo lo reforzarían: era un Estado de la impotencia política, y era más, aún más...

Cabrera presionaba a la sesión y la confrontó tan intensamente con su inmenso poder y con su soledad para asumirlo que Eduardo Hay, antiguo jefe del Estado Mayor de Madero, dinámico inválido de la Revolución maderista que había perdido un ojo en la batalla de Casas Grandes, ardiente jacobino, y entonces jefe del Estado Mayor de Ramón F. Iturbe, subió a la tribuna para declarar con una frase inolvidable que, al oir la renuncia de Venustiano Carranza, "nunca había sentido tanto miedo en mi vida".[24]

Frase inolvidable y decisiva: no sólo fue impotencia, fue también miedo lo que perpetuó el Estado que Carranza había pensado. Y así nació un Estado que era el mismo, enemigo de la participación popular; y que era también otro, que reconocía la rebelión del pueblo, pero que sacaba su fuerza del miedo de sus líderes a quedarse huérfanos de un padre que pensara por ellos la forma del Estado.

La renuncia del Primer Jefe no fue aceptada. Con este poder, Carranza pudo proclamar, el 12 de diciembre de ese mismo año, las Adiciones al Plan de Guadalupe, donde se establecía sutilmente la legitimidad del poder personal del Primer Jefe, que le permitió iniciar en pleno su política agraria, obrera y social.[25]

Continúa la travesía

Con la proclamación del Plan de Guadalupe el 30 de marzo de 1913 en Monclova, Carranza aparentemente estaba satisfecho de la firmeza de su liderazgo. Ese día todos los oficiales y los jefes respiraron con alivio porque al fin lo veían resuelto a acatar la opinión general de que su función era la de estadista, la de cabeza política, y no la de militar.[1] En cierto sentido, todos se engañaban, pero por lo pronto Carranza dejó en libertad a sus jefes para que tomaran el rumbo que quisieran y él se dispuso a contemplar las batallas desde lejos.

Se decidió en consecuencia que Lucio Blanco con su columna y que los coroneles Portas, Millán y Ricaut con la suya salieran ese día, por rumbos distintos, en dirección de Mier. Pero Blanco pospuso su salida, quizás para esperar la llegada del emisario de Pablo González y Jesús Carranza, quienes acababan de tomar Lampazos.

Fernando Peraldi era el emisario y llegó a Monclova el día último de marzo con los informes de la toma de Lampazos. Aunque era sobrino de Venustiano y de Jesús Carranza, o quizás por eso, Fernando Peraldi, ya entonces capitán primero, no perdía ninguna oportunidad de manifestar rebeldía ante sus tíos, quienes tal vez por el parentesco y por la edad de Fernando tendían a considerarlo con naturalidad un incondicional o, en caso contrario, un mero muchacho inmaduro, actitud ésta que exacerbaba aún más la rebeldía del sobrino. Sin embargo, la conducta de Peraldi daba a entender que desde antes de la Revolución ya había definido su posición ante sus tíos, a quienes quizás veía simplemente como adultos autoritarios, pues a pesar de su rebeldía nunca manifestó poseer un criterio político ni más conservador ni más radical que el de éstos. No obstante, al menos en la campaña contra Huerta, Peraldi siempre aprovechó cualquier oportunidad de mostrar su independencia: la acción de Lampazos fue una de las primeras; y su alianza con Villa en 1914, una de las últimas.

Según el testimonio de Peraldi, él mismo había iniciado el ataque a la población a las nueve y media de la mañana del 28, y los contingentes de Pablo González y Jesús Carranza habían tenido que entrar al combate para no abandonar a las tropas ya empeñadas en la batalla.[2] El triunfo constitucionalista no fue muy rotundo, pero sí fue necesario para levantar la moral de los rebeldes.

Esta acción, una de las primeras de Pablo González en la campaña constitucionalista, no era sino un anuncio de lo que sería el resto de los combates de este general: precarios, costosos, casi pírricos. De las veintisiete bajas constitucionalistas, diez cayeron sólo en el intento de tomar el casino de Lampazos colocando en su puerta central un barril de pólvora. A nadie se le ocurrió pensar en otra estrategia que no fuera la misma que, según la leyenda, había utilizado el Pípila en la toma de la Alhóndiga en Guanajuato.[3]

Después de oír estos informes, Blanco decidió la partida de su columna. Mientras Millán, Ricaut y Portas tomaban por el Oro, Blanco se dirigió hacia Candela. Si ambas columnas tenían como meta la villa de Mier, Blanco tenía además otro objetivo en mente, y ése para él solo: probar su capacidad militar y política con acciones inauditas y espectaculares.

Los jefes más importantes que acompañaban a Lucio Blanco eran los tenientes coroneles Andrés Saucedo y Cesáreo Castro; el mayor y doctor Daniel Ríos Zertuche; y los capitanes primeros Gustavo A. Elizondo, Francisco J. Múgica, Alejo G. González y Benecio López. Además de ellos, iban con él doscientos cincuenta soldados de tropa.

La travesía comenzó errática y accidentada: el 2 de abril la columna se perdió en la niebla y de pronto se encontró sin saber cómo en Puerto Blanco en vez de llegar al rancho El Camileño. El día 4 al fin reunida la columna con sus avanzadas se reinició la marcha hasta el rancho del Cué. Ahí recibió Blanco la información de que Trucy Aubert estaba en Bustamante, que Naranjo estaba en Salinas y Argumedo estaba en camino de Los Pedernales. Las jornadas eran agobiantes por el frío, la escasez de comida y la falta de pastura para los animales. El sábado 5 de abril amaneció más frío que nunca y las montañas en la sierra de los Picachos estaban cubiertas de nimbos. Iba a llover temprano, que era lo de menos si no hubiera sido porque la lluvia se anunciaba fría, bien húmeda, pegajosa. Y así llegó a las seis de la tarde, cuando la columna entraba a Las Gomas, donde descansó, en preparación de la travesía nocturna que haría para cruzar la vía del ferrocarril a Laredo sin peligro de ser avistada. Siguió lloviendo, y la lluvia con la noche se hizo más fría e insidiosa.

El domingo en la mañana llegaron los revolucionarios a la hacienda de Mamulique, pero las ganas de encontrar un buen resguardo del clima y del hambre obligaron a continuar la marcha. En la tarde de ese día llegaron a El Guaje, donde muchos soldados aprovecharon que se elaboraba mezcal para emborracharse, a pesar de las órdenes de Blanco. Era el único consuelo de ese ir como solos en el mundo, de paisaje en paisaje impenetrable, respirando un aire frío y agresivo, atravesando noches engañosas, caminando sin rumbo, por más que Lucio Blanco supiera bien adónde lo llevaba su ambición. El único consuelo de la tropa era emborracharse y desobedecer, para volver al día siguiente a la rutina, evitando siempre al enemigo para no caer en celadas desventajosas o en enfrentamientos suicidas.

El día 8 lo pasaron en Sombreretillo: poblado de encinas, álamos y sauces que provocaban las ganas de meditar, de perderse en los recuerdos y hasta de hacer manifiestos. Y uno se hizo.[4]

El coronel Blanco tenía un grave defecto: creer que lo que él pensaba y deseaba era obvio para todo el mundo; a veces incluso llegaba a creer que había dado las órdenes o que había comunicado sus ideas; y en realidad, la mayoría de las veces no había abierto la boca. El resultado era que nadie le obedecía; el resultado era que él gritaba con suma frecuencia cuando no le obedecían; y entonces todos se miraban extrañados y a veces llegaban a creer que desvariaba. Y si sus propios oficiales no sabían interpretar sus pensamientos, menos podían hacerlo quienes lo conocían apenas, como los oficiales de Cesáreo Castro, aficionados a la indisciplina y a la obediencia muy dilatada de su propio superior.

Las desobediencias continuaron y se volvieron embarazosas para los mismos jefes, quienes terminaron considerando que la situación podía afectar su propia autoridad, pues la tropa podía darse cuenta del hecho. Sólo un jefe no se preocupó: Cesáreo Castro se consideraba independiente de Blanco y condonaba los préstamos forzosos que hacían sus soldados de dinero, comida, enseres y caballos.

Andrés Saucedo, Gustavo Elizondo, Francisco Múgica y Alejo González se alarmaron cuando, antes de atacar Cerralvo, el miércoles 9 de abril, un mayor de las tropas de Cesáreo Castro resistió una orden de Lucio Blanco de devolver unos caballos y se salió con la suya. Los jefes temían que en una próxima batalla, cuando se necesitara la disciplina, sería demasiado tarde para recuperar la autoridad. Pero ésa no fue la última desobediencia de la tropa de Cesáreo Castro: después de ocupar Cerralvo sin ninguna resistencia y de recoger mil quinientos pesos de préstamo forzoso, Blanco ordenó que se pagara cinco pesos a cada soldado por los haberes atrasados. En contra de la autoridad de Blanco, los de Cesáreo Castro se negaron a recibir una cantidad que consideraron ridícula; preferían quedarse sin nada a dar la impresión que cedían a la terquedad del Comandante de la columna. Y así las diferencias y las rencillas se fueron ahondando y Blanco no hacía nada para remediarlas, y no daba tampoco ninguna muestra de querer hacerlo.

Y la travesía continuaba como si no fuera a tener fin, aunque Blanco quizás ya estuviera creyendo que para todos era evidente cuál era su verdadera meta, su meta secreta, que ahora ya compartía con todos ellos. Ni sus tropas ni el resto de los constitucionalistas percibían los propósitos de Blanco, pero los federales al menos sí tenían en cuenta el avance de la columna. Después de una escaramuza con un tren federal, en la que participaron las tropas de Alejo González, las de Gustavo Elizondo y las de Andrés Saucedo, pero no las de Cesáreo Castro, que quedaron en la retaguardia, la columna llegó a Villa Coss, donde se recibieron las noticias de los pronunciamientos de Rafael Cantú Peña y de Porfirio González en pueblos vecinos. Este último se les unió en el siguiente punto de la travesía, en General Bravo, el lunes 14 de abril, con muy pocos de sus hombres, ya que la mayoría carecía de monturas. Blanco le proporcionó cien caballos y le asignó a Saucedo para que lo acompañara de regreso a China, donde ambos debían esperar la columna.

China era un pueblo de casas de piedra con muros viejos y ruinosos que estaba como recargado en el bosque de la sierra y como hundido en una torpeza que le daba a sus piedras una pátina verdosa, casi adormecida. Los habitantes de China no estaban convencidos de la causa revolucionaria y las tropas de Blanco tuvieron que recurrir a la fuerza para procurarse víveres; pero no a la fuerza que les hiciera desconocer los límites de la autoridad: a un oficial que tomó objetos de una tienda perteneciente a Luis Pérez Salinas, el alcalde de China, se le arrestó por ladrón y por el agravante de ser de Nuevo León. Los tiempos azarosos seguían despertando el sentido localista y ni siquiera porque los revolucionarios estaban en territorio reyista se perdía de vista la marca local.

Una noche de inalcanzable luna llena ocurrió un hecho que llenó de pavor a la tropa y avivó los miedos ocultos de muchos soldados de que Blanco no sabía para dónde iba y que el mismo cielo se lo advertía a todos los que quisieran entenderlo. Fue cerca de la medianoche. De hecho, algunos aseguran que fue exactamente a la medianoche: la tropa estaba despierta porque se había servido el rancho muy tarde y en diferentes corrillos se cantaban canciones añejas y se murmuraba la inquietud de ese día. De pronto, todos vieron cómo corría por el monte un fantasma esquelético jalando un inmenso telón casi transparente y opaco que iba cubriendo la lucidez de la luna. Y el fantasma siguió corriendo, desnudo, terrible, demasiado obediente, y siguió acercándose al campamento mientras la noche seguía hundiéndose en la oscuridad. Y los soldados se espantaron, se levantaron de los alrededores de las fogatas y echaron a correr hacia quién sabe dónde, porque por todos lados la oscuridad los esperaba. Entonces el doctor Ríos Zertuche, de mente científica y utópica, gritó la palabra eclipse, eclipse, eclipse, que espantó aún más a los soldados, como si fuera el nombre de la peste.

Tuvieron que salir el general Blanco y los demás jefes a recorrer el campamento y sus alrededores para calmar a los soldados diciéndoles que miraran cómo se iba a descubrir la luna regresándoles la claridad de medianoche. Y así fue. Al día siguiente todos estaban desvelados y preguntándose, sin entender siquiera la pregunta, cómo la tierra podía interponerse entre el sol y la luna en plena noche. Todavía en el día...

A varios grupos de viajeros que iban de Terán hacia Monterrey los soldados les preguntaban si huían del eclipse, y todos los viajeros respondían que no, que huían porque en Terán no había nadie, pero van a llegar ustedes y detrás de ustedes llegarán los federales, y entonces no va a caber nadie. Ni ustedes, ni nosotros, ni los federales. Y los constitucionalistas siguieron de frente hacia Terán, preparados para otra ocupación sin resistencia.[5]

Enrique Loubbert, teniente coronel del ejército federal, los estaba esperando desde las nueve de la mañana, bien apertrechado. El teniente coronel y sus tropas habían llegado en tren a Montemorelos a las tres de la mañana de ese 17 de abril y, en conocimiento de los informes del avance enemigo, habían reiniciado inmediatamente la travesía, a pie y a caballo, para llegar a Terán después del amanecer.

Terán estaba rodeado por un espeso bosque de encinos; por el oriente corría el río y también por el oriente estaba el único claro, de cerca de tres kilómetros, ocupado por labores y atravesado por el camino de Santa Engracia. Loubbert previó que el ataque se realizaría por el norte o por el occidente, donde estaba la parte más densa del bosque; pero rechazó rotundamente que atacarían por el claro del camino de Santa Engracia, aunque los informes le hubieran dicho que los rebeldes estaban en esa congregación.

Los revolucionarios, por su parte, se encontraron en Santa Engracia con viajeros que habían salido de Terán antes de las nueve de la mañana y que no habían visto la llegada de las tropas federales. Cuando Blanco dio la orden de avance no tomó la precaución de disponer una vanguardia de vigilancia; de tal manera que los revolucionarios llegaron hasta las goteras de la ciudad desaprendidos de que los federales estaban esperándolos.

El mensajero de éstos que llevó la noticia a Loubbert de la proximidad del enemigo informó que éste venía en una vanguardia muy "concentrada" porque a nadie se le ocurría pensar que la vanguardia era en realidad el grueso de la columna rebelde.

Loubbert respondió a la noticia con el envío de los dragones y el despliegue de tres columnas de infantería por el norte y el este de la población.[6] Para cubrir la retaguardia de los dragones designó a los del 42o. batallón irregular que eran los más deseosos de probar su eficacia y animosidad, y que eran también los que gozaban de la desconfianza del jefe federal; para ocupar el panteón, al norte, éste envió a los infantes del 1er. batallón y comisionó a una parte del 9o. el dominio del claro que se abría por el oriente de la población.

Y para evitar una sorpresa Loubbert ordenó al resto del 9o. batallón que protegiera el ala derecha; pero ya era una certeza, para entonces, que los dragones estaban dispersando al grueso de la columna de los rebeldes.

Aunque Múgica en su diario de campaña señaló que los revolucionarios sí se dieron cuenta a tiempo, ya en las goteras de la ciudad, de la presencia del enemigo, todo parece indicar que los federales los tomaron por sorpresa. Por fortuna, los dragones federales eran escasos en comparación con los jinetes revolucionarios, y la dispersión provocada por el primer embate no culminó en una persecución general. Parece ser que los primeros sorprendidos fueron de las tropas de Castro y que, detrás de ellos, los soldados de Alejo González, por un lado, y los de Blanco y Elizondo por el otro se abrieron en dos columnas, la primera para el sur y la segunda para el norte. Las del sur fueron perseguidas por los dragones y tiroteadas por los del 9o. batallón federal que dominaban todo el claro por el oriente. La de Blanco y la de Elizondo tuvieron que dar un gran rodeo para apoderarse de varias posiciones en un jacalón y varias casas de adobe abandonadas alrededor del jacalón. Ahí resistieron durante varias horas, hasta que la columna de Elizondo se separó para atacar hacia el sur la posición federal del panteón, mientras en el jacalón se quedaban veinte hombres de los de Lucio Blanco, de los Libres del Norte, resistiendo el embate del 42o. batallón irregular; pero la llegada de refuerzos hizo la superioridad numérica tan abrumadora que los Libres del Norte abandonaron apresuradamente sus posiciones.[7] Mientras tanto, en el sur Elizondo atacaba por el panteón y los Libres del Norte que huyeron del jacalón acudieron a reforzar ese ataque. Ante estos rápidos desplazamientos, el jefe federal tuvo que ordenar a una de las columnas de dragones que abandonara su persecución de un grupo de rebeldes y que regresara al pueblo a rechazar a los atacantes del panteón, en lo que llegaba la infantería que había estado en el asalto al jacalón. Este último ataque de los revolucionarios no tenía la esperanza de romper las defensas federales; era ya una mera cuestión de orgullo; y, tan convencidos estaban aquéllos que su día de campaña estaba perdido, que dos oficiales del estado mayor de Blanco hicieron una incursión suicida dentro de la ciudad sólo para demostrar que los revolucionarios no eran ningunos miedosos.

Desgraciadamente, en ese momento los hombres de Cesáreo Castro, los regionales de Coahuila, se estaban retirando por el camino por donde habían llegado y donde precisamente los habían sorprendido los federales.[8]

Finalmente, los hombres de Elizondo y los veinte de la brigada "Libres del Norte", que estaban en el jacalón, se retiraron rumbo a Montemorelos, perseguidos por la caballería federal. Ésta, sin embargo, desistió muy pronto ante el peligro de ser sorprendida en la noche, ya fatigada por las seis horas de combate y por la larga travesía del día anterior. Pero ya no importaba: la derrota de los revolucionarios era completa.

Los revolucionarios dejaron detrás carabinas (dieciséis, no más); pistolas (apenas cuatro); sables estilo alemán (dos tan sólo); cajas de medicina y un estuche de cirugía de urgencia con un grabado que decía: "Doctor Ríos Zertuche". Pero lo más valioso y significativo que dejaron fueron veinte monturas, siete acémilas y setentaicinco caballos. De casualidad los federales encontraron además dos grandes costales que contenían diez mil volantes de una proclama revolucionaria que se había redactado y firmado diez días antes en Sombreretillo.[9]

Los rebeldes se reagruparon en una hacienda cercana y con la llegada de un nuevo grupo levantado recuperaron su buen ánimo. Quizás herido en su orgullo y en compensación de sus pérdidas personales, el doctor Ríos Zertuche se aplicó con especial celo a recoger las libretas de los peones para quemarlas públicamente en un espectáculo anunciado con su verbo poderoso y evangélico. A muchos, sin embargo, el gesto del doctor les pareció un mero engaño. "La trácala más grande", decían los rancheros.[10]

Al salir de la hacienda de la Peña, los rebeldes de Lucio Blanco cruzaron la frontera del estado y pisaron Tamaulipas. Y la travesía continuó por bosques espesos regados por el río de las Conchas; por cañadas abruptas; por lomas montuosas y altivas; por picachos desnudos y azules; por valles que parecían pozos y por pozos *que parecían lomas*, cada vez más profundos, cada vez más abruptos.[11]

En San Fernando, encontraron un preciado botín: la casa del general Cuéllar del ejército federal. Blanco permitió el saqueo después de ordenar que sacaran el gramófono para uso de su Estado Mayor. Poco antes de continuar la marcha, el telégrafo les anunció la toma de Mier por la columna de Ricaut, Millán y Portas y de pasada les informó que Matamoros estaba desguarnecido.[12]

Éste fue el momento decisivo: cuando al fin se le hizo obvio a toda su tropa que el objetivo deseado de su jefe era Matamoros. Todavía faltaban varios avances y varios retrocesos, y sobre todo muchos días de preparación desde el cuartel general que se puso en Colombres, estación de tren muy cercana a Reinosa y oficina central de la gran hacienda —una de las más grandes de México— La Sauteña; pero la gran hazaña que culminaría esa travesía penosa y difícil estaba a la vista: la toma de Matamoros.

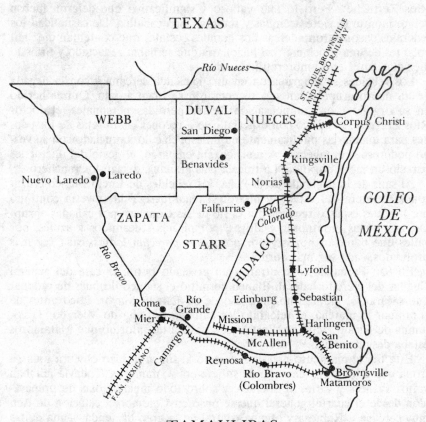

TEXAS

Río Nueces

WEBB

DUVAL

San Diego

NUECES

Corpus Christi

ST. LOUIS, BROWNSVILLE AND MÉXICO RAILWAY

Benavides

Kingsville

Nuevo Laredo · Laredo

Norias

ZAPATA

Falfurrias

Río Colorado

GOLFO DE MÉXICO

STARR

HIDALGO

Río Bravo

Lyford

Roma

Río Grande

Edinburg

Sebastián

Mier

Mission

Harlingen

Camargo

McAllen

San Benito

F.C.N. MEXICANO

Reynosa

Río Bravo
(Colombres)

Brownsville
Matamoros

TAMAULIPAS

El Sur de Texas en 1910

Fuentes:
Evan Anders, *Boss Rule in South Texas*
NAW, RG 165, MID 8526-10
NAW, RG 165, MID 8526-45
MWG 2224

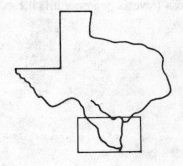

Esa frontera...

En 1894, Frederick J. Turner publicó su ensayo *The Significance of the Frontier in American History*, y ya para comienzos de este siglo se había vuelto un texto clásico de la sociología norteamericana. En 1900, en México, Justo Sierra escribió, como parte de su colaboración para la obra colectiva *México, su evolución social*, los capítulos "Historia política" y "La era actual", ambos reunidos después con el título: *Evolución política del pueblo mexicano*.

Así pues, entre 1894 y 1900, las élites de ambos países expusieron los términos decisivos para definir su identidad nacional. Ambos libros fueron al mismo tiempo una respuesta a la situación histórica propia de Estados Unidos y México, y también un cuestionamiento de la lógica del desarrollo social. Mientras en el libro de Turner, Estados Unidos aparecía como un país definido por sus fronteras sucesivas de colonos blancos; en el de Sierra se definía, con palabras de Edmundo O'Gorman, "la manera más aguda a que pudo llegarse a principios de este siglo en la comprensión del pasado mexicano",[1] y esa manera fue el destino histórico de México visto por la lógica positivista. Al final del siglo XIX Sierra presentó a México como el resultado ineluctable del progreso social y de la atrofia política: "En suma, la evolución política de México ha sido sacrificada a las otras fases de su evolución social...".[2]

El libro de Turner y el de Sierra fueron decisivos en la mirada que cada país dirigía sobre sí mismo; y también en la imagen que cada uno se había hecho del otro, aunque fuera implícitamente.

El libro de Turner no era la primera vez que los estadunidenses se preguntaban por sus fronteras y por las orillas de su identidad; pero sí era la primera vez que la frontera parecía al fin estacionada y que esa percepción coincidía con una mirada mexicana de intenciones semejantes. En efecto, para Justo Sierra era fundamental tomar en cuenta la naturaleza de la expansión del país fronterizo, ya que por primera vez en el pensamiento político mexicano se reconocía que los límites de la evolución social de México estaban estructuralmente ligados a los de Estados Unidos: "Colonización, brazos y capitales para explotar nuestra gran riqueza, vías de comunicación para hacerla circular, tal era el *desideratum* social; se trataba de que la República (gracias principalmente a la acción del gobierno, porque nuestra educación, nuestro carácter, nuestro estado social así lo exigían) pasase de la era militar a la industrial; y pasase aceleradamente, porque el gigante que crecía a nuestro lado y que cada vez se aproximaba más a nosotros, a consecuencia del auge fabril y agrícola de sus Estados fronterizos y al incremento de sus vías férreas, tendería a absorbernos y disolvernos si nos encontraba débiles".[3]

La interpretación de Turner y la de Sierra se trenzaban en la frontera geográfica, aunque es probable que ninguno de los dos haya prestado particular atención a ese tejido histórico que estaba ocurriendo ante sus propios ojos. No obstante, el imbricamiento de ambos discursos y de las imágenes fronterizas es de fundamental importancia en la historia que quiero contar: la larga agonía de la frontera como futuro histórico, como estímulo de la identidad y como punto de fuga en la perspectiva anglosajona provocó en las poblaciones mexicanas fronterizas, de un océano a otro, levantamientos y luchas de supervivencia. Y luego las arrasó.

Fue a lo largo de la frontera texana, siguiendo el cauce del río Bravo, donde el imbricamiento de las fronteras se dio de manera más aguda y más violenta. En esa inmensa línea de conflicto, una región se distinguió a principios de siglo: la zona delimitada por los ríos Nueces y Bravo en el rincón sudoriental de Texas, cuyo centro social y político, si no geográfico, fue Brownsville hasta 1889, luego Laredo hasta 1904, y Brownsville de nuevo hasta 1920.

La situación social, política, mítica, económica de esa región durante los últimos veinte años del siglo XIX y los primeros quince, al menos, del XX fue ejemplar de aquel trenzado y de aquella agonía. Los acontecimientos, nimios y singulares, de esa región tuvieron repercusiones decisivas en el desarrollo de la Revolución mexicana y definieron muchas de las características que la Revolución le debió a la frontera como identidad, a la frontera como límite, a la frontera como zona de contacto, de pasaje y de transgresión.

Así pues, por una especie de fenómeno de gravedad, todo lleva hacia el Plan de San Diego: el recorrido de Lucio Blanco hacia Matamoros y los actos que allí realizó fueron hechos que pusieron en movimiento una compleja red de ideas, pasiones, deseos que conducirían (misteriosamente, hay que reconocerlo) a la elaboración y al desarrollo de ese Plan. Y luego, por otro lado, por el de la reflexión sobre la posición de la frontera mexicana frente a la estadunidense, se destacaba la región del Nueces, región donde precisamente, por sus condiciones históricas, sería casi natural el desarrollo del Plan de San Diego. Otra vez.

Dos fueron las conclusiones básicas de Turner en su definición de la frontera occidental estadunidense: primero, que era una frontera conquistada no sólo contra los indios americanos sino también contra los franceses y los españoles y los mexicanos, y por lo tanto que su naturaleza era intrínsecamente blanca y anglosajona; segundo, que de todos los pioneros, "el granjero era con mucho el más constructivo en su trabajo" y por lo tanto quien definía mejor que nadie la frontera.[4]

A finales de siglo, cuando la frontera pareció al fin detenerse, la interpretación de Turner revolucionó la historiografía norteamericana porque puso a la frontera en el centro de la evolución de la sociedad, de la economía y de las instituciones políticas de ese país. Según Turner, las poblaciones fronterizas, unidas por experiencias, problemas y necesidades comunes y urgentes, eran las que habían exigido constantemente del gobierno medidas administrativas, legislativas y de política internacional que aseguraran su arraigo; y además esa presión había resultado en el desarrollo y afinación de las instituciones norteamericanas, incluyendo la promoción de los experimentos sociales democráticos.

Turner respondía con su libro al hecho crítico de que la frontera se había vuelto al fin definible gracias a que había dejado de avanzar; y respondía también al hecho, igualmente crítico, de que la frontera por primera vez había fracasado en su papel esencial de determinar los rumbos de la nación norteamericana.

Un discípulo de Turner, Frederic Paxson, en su *History of the American Frontier*, libro que se proponía desarrollar las tesis del maestro, especificó cinco momentos decisivos en la relación de la frontera con la nación: el primero, el levantamiento contra los Tories ingleses encabezado por George Washington. El segundo, la revuelta de Thomas Jefferson, quien recurrió a la frontera de los Apalaches para que lo ayudara en su enfrentamiento contra las medidas de Hamilton refrendadas por Washington. El tercero, la campaña de Henry Clay a favor del productor fronterizo, campaña que triunfó gracias a Andrew Jackson de Tennessee. El cuarto tuvo su apogeo en la obra de Lincoln, con cuya generación "el sur dejó de ser el oeste... pero el oeste no dejó de ser el oeste".[5]

En 1896 se dio el quinto momento decisivo de la frontera; pero, a diferencia de los anteriores, en esta ocasión la fuerza de la frontera ya se había agotado al mismo tiempo que desaparecían las tierras baldías y que el ferrocarril alcanzaba y rebasaba su eterna travesía. El ferrocarril llegó del Este a la frontera con su carga de maquinaria agrícola, de créditos; pero vino sin demanda, porque el Este se encontraba en deuda con los capitalistas extranjeros. La respuesta de los granjeros del Oeste fue la fundación del movimiento populista, que se apoderó del Partido Demócrata y que con William Jennings Bryan a la cabeza quiso imponerse al país, como lo había hecho la frontera en las cuatro ocasiones anteriores. Pero esta vez fracasó: en 1896, Bryan, que sería Secretario de Estado de Woodrow Wilson y uno de los hombres clave en la vida de Francisco Villa, perdió el nombramiento de su partido como candidato a la presidencia. Con ese fracaso, que era el fracaso de los granjeros pioneros, la frontera había ahora sí llegado a sus confines y había dejado de ser frontera, y quizás con su estancamiento parecía que la diferencia entre el Este y el Oeste finalmente desaparecería. Lo cierto fue lo contrario: la diferencia se hizo más grande que nunca, quizás ya no como dos direcciones geográficas, pero sí como dos nuevas realidades, lo urbano y lo rural.[6]

Mientras la frontera como categoría pasaba por esta agonía de su enfrentamiento con la ruptura tajante de lo urbano y lo rural, y con el precio de la mecanización; en la región texana del Nueces todo ese proceso de expansión por las tierras de mexicanos e indios, y de perturbación social por la llegada del ferrocarril, estaba apenas por iniciarse; y cuando se inició, en los últimos años del siglo XIX, todo lo que había sucedido a nivel nacional en los últimos cincuenta años se repitió ahí, paso por paso, en eco y en escala. Sí, las dimensiones del fenómeno fueron menores; el dolor y las muertes, no.

En el extremo sureste de Texas, entre el curso del río Nueces y el curso del río Grande, se perpetuó durante varias décadas, después de la guerra civil norteamericana, una situación radicalmente distinta de la prevaleciente en el resto del estado de Texas: esta situación se caracterizaba por una coexistencia de muy frágil equilibrio entre una minoría de vaqueros anglosajones, otra minoría de herederos de ricos terratenientes españoles y una mayoría de mexicanos pobres para quienes la frontera ya definida por los tratados de Guadalupe Hidalgo no había cambiado nada del rostro ancestral del río Bravo, ni había alterado la plática inagotable y siempre misteriosa de sus dos riberas. Los tratados tampoco cambiaron mucho la situación social de la región. La atribución legal de propiedad de la tierra era en muchos casos tan problemática que ahuyentaba a los colonizadores anglosajones que querían seguir el ejemplo de Richard King y Mifflin Kenedy, quienes a mitad de siglo habían comprado grandes extensiones de tierra a familias criollas atemorizadas por la nueva situación política y por las incursiones de los indios apaches. Pero en otros casos las grandes extensiones de tierra se fueron dividiendo de generación en generación y para comprarlas se requería la autorización de varias decenas de dueños.

Para 1900, Corpus Christi, en la desembocadura del Nueces, y Brownsville, en la desembocadura del Bravo o Grande, según de qué lado se viera, eran en esta región las únicas poblaciones de cierta relevancia: aunque la distancia económica entre una y otra era enorme debido a que el ferrocarrill pasaba por la primera y no por la segunda.

En 1900, la región abarcaba siete condados: Webb, Duval, Nueces, Zapata, Starr, Hidalgo y Cameron. Diez años después comenzó el desenlace de muchas pugnas políticas sostenidas, algunas, por más de treinta años; y para 1915, casi todos los condados de la región se habían reducido para permitir la creación de cinco condados más que eran, en el mismo orden anterior: Kenedy, Kleberg, Brooks, Jim Wells y Jim Hogg. Y para este mismo año de 1915 estalló en la región una de las rebeliones más singulares de esa época llena de planes y proyectos descabellados, utópicos, anacrónicos, visionarios. Se le llama la rebelión del Plan de San Diego porque en febrero de 1915 se conoció un plan para un levantamiento armado de mexicanos que debería liberar Texas, Nuevo México, Arizona y California de la tutela del gobierno norteamericano; y porque el plan estaba supuestamente firmado en San Diego, cabecera del condado de Duval, al oeste de Corpus Christi.

Los discursos de Turner y Sierra se encontraron, pero el encuentro definió con mayor claridad que nunca la diferencia entre las fronteras: no la frontera física, sino la idea de frontera que quería formar parte de una conciencia nacional en ambos países.

La visión de Turner mostraba que la frontera norteamericana se había desarrollado con un sentido histórico naturalizante, por decirlo así: sentido de la etapa o las etapas que precedían al nuevo movimiento de avance y progreso, y sentido de la acumulación de experiencia.

La visión de Sierra volvía evidente que para la conciencia nacional mexicana (de las castas que podían y querían tenerla) la frontera era un concepto geográfico y no histórico. Ya Mariano Otero, cincuenta años antes, había percibido muy claramente que la pérdida de la mitad del territorio nacional había sido, al fin, el encuentro de la mirada de los criollos con un límite comprensible y aceptable... era como si los criollos mexicanos hubieran estado deseando desde la Independencia que alguien redujera las dimensiones del país... Con Sierra llegó a su grado más alto de sutileza la imagen criolla de la frontera como una geografía.

La revolución aparentemente acabó con ella: al recuperar las ideas y los discursos sofocados durante un siglo, la Revolución recuperaría también el sentido histórico... Sin duda, los exámenes de conciencia de los criollos mexicanos (en armonía con los mismos exámenes que se hacían todas las castas criollas en América Latina) ya habían preparado el camino para una concepción histórica de la frontera; pero la Revolución impuso —aunque fuera sólo momentáneamente— su propia idea histórica...

Pero en esos mismos años, el capitalismo norteamericano, expandido por Europa con la primera Guerra Mundial, comenzaba su vocación universal, y las fronteras antes históricas de Estados Unidos se volvían, ya no geográficas, sino la Geografía misma... Parecía que los criollos nunca estaban a tiempo en la hora de las ideas universales y mucho menos en la hora de los desarrollos económicos planetarios...

Tamaulipas

Según el censo de 1910, para ese año Tamaulipas tenía 249 641 habitantes en una extensión de 79 861 kilómetros cuadrados. Sólo había cinco poblaciones cuyo número de habitantes pasaba de cuatro mil: Ciudad Victoria, la capital; Nuevo Laredo; Matamoros; Tampico y Tula. De acuerdo con el mismo censo, en el estado había 186 haciendas y 2 880 ranchos repartidos en cuatro distritos.[1] Sin embargo, ese mismo año Adalberto Argüelles, en su *Reseña del estado de Tamaulipas. 1810-1910*, daba las cifras de 153 y 1 390, respectivamente.[2] Argüelles tuvo acceso a los archivos del registro de la propiedad del estado, y por ello la enorme discrepancia entre sus cifras y las del censo es reveladora: legalmente había menos pequeñas propiedades registradas de las que existían de hecho. Los 1 490 ranchos que no aparecían en la cuenta de Argüelles y sí en el censo eran propiedades en disputa o localidades que ya habían sido tragadas por las grandes haciendas y que seguían identificándose, esperanzadamente, como separadas de su nueva entidad.

La distinción entre ambas cuentas es muy importante para dos hechos que habrían de ocurrir en Tamaulipas, uno a mediados de 1913 y otro a principios del año siguiente, en relación con la propiedad de la tierra: respectivamente, el reparto agrario de Lucio Blanco en la hacienda Los Borregos y la fundación de la comisión agraria del estado por órdenes de Pablo González. Sabemos que en el primer caso el estudio sobre la situación de la propiedad rural en Tamaulipas se hizo con el censo de 1910 a la vista. Por eso la Comisión agraria de Lucio Blanco contó como unidades distintas, por ejemplo, las fracciones de la gran hacienda La Sauteña que estaban repartidas por todo el norte del estado, a veces separadas entre sí y también de la porción principal de esa enorme propiedad, y siempre con nombres propios. Era lógico que así sucediera, pues en el censo no existía ninguna referencia a la hacienda más grande del estado y una de las más grandes de México.[3]

Argüelles, en cambio, consideró probablemente como unidades las propiedades que tenían el mismo dueño o que se atribuían a la misma sociedad anónima.

La discrepancia en el número de ranchos procede de esa misma situación: Argüelles tomaba en cuenta sólo a los propietarios de los ranchos y de los ejidos que fueron registrados a partir de la repartición ordenada por la ley de 1906, mientras que la Comisión de Lucio Blanco tomaba en

cuenta los ranchos y los ejidos registrados en el censo, que no necesariamente correspondían a la realidad desde el punto de vista de la propiedad:
varios "ranchos" al este de Matamoros pertenecían, otra vez, a La Sauteña, y eso el censo no lo registraba.

Las cifras del porfirista Argüelles eran, pues, más realistas. Por desgracia, éste no desglosó sus números según los distritos. Aun así, de haberlo hecho, la cifra de las haciendas en el distrito norte del estado, que
es por ahora el que me interesa, no podría diferir de la dada por la Comisión: nueve eran las haciendas comprendidas por los municipios de
Laredo, Guerrero, Mier, Camargo y Matamoros. O sea, en el distrito
norte había sólo el 6% del total de las haciendas del estado, pero una
sola de ellas, La Sauteña, abarcaba el diez por ciento de todo el territorio de Tamaulipas. Y era en ese mismo distrito, y en relación con esta
misma hacienda, que se litigaba en las cortes el mayor número de demandas de despojo de tierras. Por lo demás, durante varios años ningún
litigio de tierras se había decidido en contra de aquella hacienda, que en
realidad para 1910 se había dividido en hacienda y compañía agrícola.[4]
Estos hechos no sorprendían a nadie que supiera los nombres de algunos de los dueños de la hacienda y de la compañía: Iñigo, Remigio e
Ignacio Noriega; Indalecio Sánchez Gavito, Demetrio Salazar, Fernando
Pimentel y Fagoaga; unos españoles puros y otros auténticos *criollos se-
ñores*, como los llamaba Molina Enríquez.[5]

De cualquier manera, a principios del siglo XX estaban en litigio los
118 sitios de la orilla del río Bravo que formaban parte de la hacienda
desde 1798, los cien que estaban al sur y que la hacienda había vendido
entre 1833 y 1844, justo antes de que se declarara la Independencia de
Texas y durante el periodo de disputa sobre la región al norte del río Bravo; y todos los sitios colindantes con el perímetro de la misma Sauteña.[6]
Sin duda alguna, esta hacienda era la devoradora más grande de pequeña
propiedad que había en Tamaulipas, aunque proporcionalmente la acumulación de tierras se había realizado con mayor rapidez en el resto del estado. Pero la dinámica de La Sauteña era síntoma de un fenómeno particular de los municipios fronterizos: una transformación aceleradamente
capitalista que quería imitar e ir a la par de la que se estaba dando exactamente del otro lado del río, en la región del Nueces.

Argüelles ofrecía tres razones para el estancamiento de la agricultura en
Tamaulipas: la falta de mano de obra, los métodos atrasados de cultivo y
la carencia de capital. Y agregaba que la carencia de capital era aguda sobre todo en Tamaulipas donde "a excepción de las fincas de La Sauteña,
la Cruz, la Clementina, el Conejo y el Cantón, que pertenecen a Compañías Anónimas y que es de suponerse que se hayan constituido con capita-

les de alguna consideración [...] los demás propietarios de fincas agrícolas existentes de Tamaulipas, carecen del capital circulante necesario para aplicarlo al ensanche de sus campos de cultivo y a la compra de implementos de agricultura, máquinas y a las construcciones de obras de regadío, para hacer de sus fincas verdaderos centros de producción [...]"[7]

Los agricultores del estado se concentraban en la producción de maíz, ixtle y caña de azúcar, y de estos productos se habían formado industrias muy rudimentarias de aguardiente de caña y de piloncillo. Otros productos importantes eran las maderas preciosas, así como la leche y las pieles de ganado vacuno. Tamaulipas era un estado fundamentalmente ganadero. Todos los ranchos, grandes y pequeños, criaban ganado vacuno, caballar y cabrío. Y a pesar de ello, en la primera década del siglo XX, la ganadería tamaulipeca entró en clara decadencia: una prolongada sequía destruyó muchos pastizales y redujo la capacidad de los subsistentes para mantener un gran número de criaderos; por lo demás, los ganaderos tamaulipecos no tenían potreros especiales para el repasto del ganado y preferían dejarlo que engordara naturalmente, con lo cual éste se desvalorizaba cuando cruzaba la frontera. Y aún peor, los ganaderos del estado nunca consideraron necesario mejorar la raza del ganado orejón, el ganado natural de la región, mientras en Texas los ganaderos ya estaban condenando ese ganado a la extinción o a los museos. Sólo ciertos ranchos tamaulipecos, pertenecientes a empresas norteamericanas, consideraban de importancia capital el cruce del ganado orejón con sementales Durham, Hereford, Holstein y Jersey. Entre las propiedades mexicanas, sólo un empresario llamado Francisco Ramírez Leal, dueño del rancho El Carmen, y sólo una compañía agrícola, La Sauteña, importaban sementales para el cruce y hembras para la reproducción del ganado fino.[8]

Después de todo, era sabido que a los ganaderos mexicanos no les interesaba ni mejorar las razas, ni cuidar los ganados: en las épocas de ascenso de precios se apresuraban en vender todo lo que tenían, sin preocuparse por la continuidad de la crianza. Esta actitud era tan conocida que decidió la inexistencia de escuelas de veterinaria en el país, pues los Consejos de Educación no veían razón de que el gobierno gastara en una disciplina que a los ganaderos les parecía, más que benéfica, estorbosa.

Y en ninguna parte se realizaba con mejor puntualidad esta actitud que en la frontera.

Matamoros

En 1821, Matamoros tenía el nombre de Congregación de Refugio y fue sólo hasta 1826 que recibió su nombre actual. El general Taylor la ocupó en 1846 y los franceses en 1866. En 1913, Matamoros tenía aproximadamente dos mil quinientos habitantes, más las familias extranjeras y la población flotante inevitable en un puerto de ese tipo.[1]

Después de la independencia de Texas, la planta de Matamoros, que originalmente había sido un perfecto cuadrado de cuatro sitios de ganado mayor, quedó reducida a un triángulo invertido cuya base era el cauce del río Bravo, y a una superficie de dos sitios de ganado mayor, o sea, 4 713 hectáreas.[2] Matamoros fue el puerto principal en la región oriental de la frontera norte de México durante casi toda la segunda mitad del siglo XIX. En la guerra civil estadunidense, se volvió importantísimo para el comercio de los confederados sureños, a través de una población llamada Bagdad, que estaba en la mera desembocadura del río Bravo en el golfo. Y así siguió prosperando Matamoros, hasta que llegó el tren a Laredo y Nuevo Laredo, en 1889. Y entonces comenzó el deterioro de Brownsville y de Matamoros; pero el de esta última era cada año más alarmante. En 1892, el mismo gobernador de Tamaulipas, el ingeniero Alejandro Prieto, reconocía que la decadencia del puerto mexicano era "muy marcada".[3] Una década antes su población había alcanzado la cifra de quince mil, y algunos recordaban los años en que el auge comercial de Bagdad había hecho crecer la población de Matamoros hasta 35 mil habitantes.[4] En diez años el número se redujo a menos de dos mil quinientos.

En 1904 finalmente llegó el tren a Brownsville y a Matamoros, y éste último resurgió, aunque nunca recuperó su empuje de antaño. Para 1913, seguía teniendo dos mil quinientos habitantes y se seguía diciendo que su población normal debía ser de doce mil personas.

Cuando Lucio Blanco lo ocupó en junio de 1913, Matamoros era un pueblo atravesado por la vía del tren y con calles rectas, anchas, al estilo español: las que iban de norte a sur estaban numeradas del 1 al 19; y las que corrían de este a oeste tenían nombres de héroes patrios. Y además había cuatro plazas: la Plaza Libertad, antes de los Arrieros; la Plaza Hidalgo o plaza de armas, rodeada por edificios de dos pisos, protegida por hermosos árboles, recorrida por anchas banquetas de ladrillos: al este de ella se encontraban la Catedral y la Aduana, y al oeste el Palacio Municipal; la Plaza Allende, también conocida como la plaza de la Capilla, y finalmente la Plaza Independencia, a tres cuadras del río. Frente a esta plaza, una cuadra al sur del río, estaba un viejo edificio de ladrillo que servía de puesto de vigilancia y que se conocía con el nombre de la Casa Mata. Había profundos fosos alrededor de la manzana donde se encontraba la Casa Mata, fosos que recordaban la función militar del edificio. Para 1913, no había construcciones de piedra o cemento; en la plaza de armas y en la calle 6a., la principal del pueblo, estaban casi todos los edificios de dos pisos: el correo, el teatro y el consulado de Estados Unidos. En la esquina noroccidental de la calle Guerrero, entre la 8a. y la 10a., se levantaba un edificio muy grande y sólido de dos pisos que había sido un almacén de la casa Milmo; y de hecho todos en el pueblo hablaban de él como Milmo a secas. Los depósitos del ferrocarril estaban en la parte norte de la ciudad, a medio kilómetro del puente internacional.

Militarmente, la ciudad era notable por su sistema de trincheras que, en forma de U, rodeaban la ciudad propiamente dicha, dejando la base del triángulo protegida por el cauce mismo del río. Las trincheras tenían distintas dimensiones: en algunos puntos alcanzaban hasta tres metros de altura. Por el oeste, a partir del río, más allá de la planta eléctrica de luz, la línea de trincheras se extendía media milla hacia el sur, con dos salientes: el fuerte Paredes y el fuerte Bravo. El primero vigilaba el río, y el segundo, junto con el fuerte Monterrey, en el ángulo suroccidental de la línea de trincheras, se encargaba de vigilar los caminos al oeste de la ciudad. Por el sur, en dirección al este, las trincheras recorrían un tramo de dos y medio kilómetros con cuatro salientes importantes: los fuertes Monterrey, Iturbide, San Fernando y uno sin nombre. El único documento que he encontrado con una descripción de las trincheras tal y como estaban alrededor de 1913 afirma que el tercer punto de esta línea no tenía nombre. Este punto se contaba como tercero seguramente porque se pensaba que el fuerte Monterrey pertenecía más bien a la línea occidental de las trincheras. Me parece raro que ese tercer punto careciera de nombre, pero no he encontrado manera de remediar esa afirmación.[5]

Finalmente, la línea que corría de sur a norte, por el oriente de la ciudad, tenía más de un kilómetro de largo y tres fuertes: el Matamoros, el Puertas Verdes y, en la orilla del río, el Estero.[6]

El terreno de la ciudad y el de sus alrededores eran completamente planos y fácilmente inundables, de tal manera que un defensor avisado podía utilizar las trincheras y la anegación del terreno para volver casi inexpugnable la ciudad. Los atacantes, por su parte, no podían confiar que el fuego de fusilería tomaría las trincheras y, además, el de artillería tenía que dirigirse desde muy cerca del río para evitar cualquier posibilidad de disparar contra Brownsville, en el lado estadunidense.

Esas fueron las condiciones que en junio de 1913 no supieron aprovechar Lucio Blanco y el resto de los jefes rebeldes para tomar la ciudad con rapidez, y fueron también las mismas que el general Emiliano Nafarrate sí utilizó para impedir que el general Rodríguez, villista, la tomara en abril de 1915. Dos hechos de opuesto sentido, pero de igual importancia en esta historia.

El hecho y sus hechos

Cuando Blanco llegó a la frontera, sintió como si hubiese salido de un túnel que durante varias semanas lo hubiera aislado del resto del país y que finalmente lo hubiera llevado al encuentro de un paisaje largamente añorado. Por eso lo primero que hizo fue escribir a Venustiano Carranza para decirle que al fin "he podido interiorizarme perfectamente bien del incremento que la causa del pueblo acaudillada por usted ha tomado en toda la república".[1] Blanco tenía entonces la necesidad física e intelectual de *interiorizarse* en todo y de todo: así como se había sumido por más de un mes en una campaña casi sin sentido, así también se hundía emotivamente en las noticias que Carranza le enviaba; y de la misma manera trataría de meterse en la piel de los campesinos para saber lo que necesitaban. Era ciertamente retórico, pero la retórica le ayudaba a definir sus propias ideas, sobre todo en esa época en que todos le hacían creer que era un elegido de la fortuna. Al Primer Jefe no le importaban esos apoyos retóricos, siempre y cuando pudiera presionar mejor a Blanco y utilizar sus medios de persuasión para que éste incrementara su campaña, pues a Carranza le parecía que Blanco daba muchos rodeos. Uno de esos medios de persuasión fue el ascenso a coronel, que Carranza le anunció el 17 de mayo, y que Blanco recibió el día 20.[2] El ascenso fue un instrumento de Carranza para que Blanco entrara en acción, quizás porque Carranza acababa de darse cuenta de la hazaña de Blanco de haber atravesado Coahuila, Nuevo León y Tamaulipas, y de que la meta secreta de Blanco, desde el principio de su campaña, era la toma de Matamoros.

Blanco no pudo demostrar en ésta su primera acción importante de guerra sus dotes de coronel de caballería. Trató, sin duda; pero la disposición del terreno y la defensa del enemigo le impidieron usar su caballería con la destreza que luego mostraría de sobra y hasta casi peligrosamente en su campaña con el ejército de Obregón. En la campaña con el Cuerpo de Ejército del Noroeste, Blanco contaría con la ayuda de dos hombres que habían nacido para ser, y muy buenos, lugartenientes: Miguel Acosta e Ivor Thord-Gray. Por desgracia, para el ataque a Matamoros, el 3 de junio de 1913, Blanco carecía de ese tipo de subordinados: los jefes bajo su mando se inclinaban más por la indisciplina que por las operaciones concertadas. Aunque sí había diestros vaqueros en sus tropas, faltaba la coordinación necesaria de las órdenes que un comandante seguro y convincente sabía imponer con naturalidad a través de los jefes inmediatos. Blanco no era ese comandante: ni seguro, ni convincente; era retórico, era apuesto, era ambicioso, era apasionado, era revolucionario, y era un poco ingenuo. Era todo eso, pero todo eso junto no alcanzaba a ofrecer una imagen de decisión en los momentos críticos. En esos momentos, Blanco era impredecible, aunque nunca perdiera la compostura, ni su pose arrogante.

Al despuntar el 3 de junio de 1913, el Cuartel General salió de la hacienda de Las Rusias rumbo a Matamoros.[3] Procedente del oeste, por la orilla del río, Blanco esperaba atacar de súbito el fuerte de Casa Mata, al tiempo que el resto de los elementos montados hacía su movimiento envolvente del puerto. Sin embargo, el enemigo había salido de sus trincheras y parapetos, y ocupaba en diseminados grupos de tiradores el viejo vallado sobreviviente de las guerras del siglo XIX.[4] Esos grupos impidieron el ataque al fuerte y obligaron a los revolucionarios a tomar posiciones que no habían previsto y a abandonar su plan de ataque original. Ahí terminó la ilusión de Blanco de dar con la caballería "un ataque simultáneo y por tres rumbos de la población para que la acción de mis columnas fuera rápida y en breves horas se resolviera el resultado",[5] y comenzó la desorganización de un ataque que duraría inútil y sangrientamente casi veinticuatro horas.

Además, un contingente revolucionario desobedeció las órdenes y los federales evitaron la sorpresa del ataque. Los documentos no identifican ese contingente, pero, de manera indirecta, un cronista presente en la batalla, Fausto Garibay, parece confirmar que las avanzadas sorprendidas en un movimiento apresurado y prematuro fueron, una vez más, como había sucedido en Terán, las de los Regionales de Coahuila comandadas por Cesáreo Castro. En su versión de la toma de Matamoros, Garibay escribió: "Eran las 10.15 a.m. cuando los defensores de la planta eléctrica rompieron el fuego sobre la columna del coronel Castro, que, en tiradores, avanzó resuelta sobre la posición enemiga, y acto continuo, se generalizó el combate sobre la ciudad".[6] Era lógico que Garibay se equivocara al creer que el ataque había comenzado a las 10.15 de la mañana y por la planta eléctrica: él estaba dentro de la ciudad y desde esa perspectiva los hechos aparecían como él lo escribió. En realidad, las hostilidades habían empezado una hora y cuarto antes, porque después de advertir y repeler momentáneamente el avance de la columna de Castro los federales se habían retirado a sus trincheras en la carbonera y en la planta de luz a esperar la ofensiva rebelde. Descubierto su movimiento, que pretendía ser sorpresivo, Blanco decidió tomarse su tiempo para pensar mejor la posición de las otras columnas y para iniciar nuevamente el ataque de manera coordinada: ordenó la movilización inmediata de los Carabineros de San Luis y los Libres del Norte hacia el sur de la ciudad para atacar al mismo tiempo por la Plaza de Toros y por las garitas de San Fernando y de Puertas Verdes, donde estableció el Cuartel General;[7] y dispuso que los Patriotas de Tamaulipas a las órdenes del teniente coronel Luis Caballero se desplazaran hacia el oriente. Cuando todo estaba listo, a las 10:15, Blanco dio la voz de fuego a discreción y eso fue lo que escuchó Garibay y consideró como el inicio de la batalla. La batalla duró más de veinte horas, primero con una mañana de cielo luminoso y casi insolentemente azul, después con una tarde cada vez más nublada, y finalmente con una noche espantosamente densa y criminalmente desorganizada en ambos bandos.

Por el frente de la planta de luz, Emiliano Nafarrate, con un piquete de diez hombres del 21 de rurales, y el teniente coronel Porfirio González, con los Carabineros de Nuevo León, no obedecían las órdenes de su superior Cesáreo Castro. El ejemplo cundió, y se creó una situación favorable a los hechos heroicos individuales, y también a las muertes indignas.

Por la desobediencia y en la planta de luz fue acribillado en el vientre el teniente Pablo González (sin parentesco, que yo sepa, con el entonces coronel del mismo nombre); por la misma razón y en el mismo lugar, el capitán José Cantú tuvo que disparar contra varios soldados revolucionarios que daban media vuelta, soltaban sus armas y se aprestaban a huir. Antes que terminara la tarde, ya estaban heridos en ese frente todos los mejores oficiales.[8]

Por el sur y por el oriente los dinamiteros de Luis Caballero hicieron retroceder a los federales con sus bombas bien dirigidas, y los contingentes constitucionalistas muy pronto estaban ya luchando en las calles del puerto. Pero una vez allí tuvieron que destruir la defensa del alambrado electrizado dispuesto a la entrada de la Plaza de la Capilla, justo enfrente del cuartel del 10o. cuerpo rural. Un poco más al oriente se estaba peleando ya en la tarde a dos cuadras de la Aduana, y en el Parián se combatía cuerpo a cuerpo.[9] También en la tarde, la defensa en la planta de luz cedió y fue allí donde Blanco, ya caída la noche, instaló su cuartel general.

Sin embargo, en palabras de Lucio Blanco, "la defensa de las últimas posiciones enemigas era, al parecer, inexpugnable"; aunque no para los valientes que él tenía la honra de mandar; pues sin tomar alimento, y sólo apagada la sed con dos carros de sandías que él mismo mandó confiscar, pelearon toda la noche.[10]

En efecto, toda la noche se peleó y la resistencia, para entonces sobre todo de las defensas sociales, se localizaba principalmente alrededor de la plaza principal, de donde ni las bombas de los diestros dinamiteros tamaulipecos las podían desalojar. Para media noche todos los jefes del ejército federal habían huido —unos habían cruzado la frontera desde temprano en la batalla—, y sólo quedaban al mando de la tropa algunos cabecillas civiles que, por odio a los rebeldes, se habían incorporado a la defensa de la ciudad y entre los cuales destacaban los hermanos Echazarreta. Para entonces, también, la batalla había perdido cualquier aspecto, por disimulado que fuera, de contienda caballerosa. Todos los prisioneros, sin importar su grado, eran ejecutados sumariamente por órdenes de Francisco J. Múgica, jefe del estado mayor de Blanco; de tal manera que al final de la batalla los constitucionalistas podían decir que no tenían prisioneros.[11]

Finalmente, cerca de las seis de la mañana, los oficiales Nicolás Pedraza, Donaciano Cantú y Severo Rodríguez se apoderaron de la Aduana y la Parroquia, y ordenaron el toque de dianas y el repique de las campanas de la iglesia. Cuando llegó el Estado Mayor de Lucio Blanco a la plaza de armas, los tenientes Falcón y Garza Maldonado se acercaron a Múgica y le informaron que afortunadamente no había prisioneros. "¿Por qué?", preguntó Múgica. "¿Por qué? Porque todos fueron muertos", le contestaron. "Bien hecho", terminó él, al recordar que él mismo había dado la orden, siguiendo el decreto de Carranza que resucitaba la ley de Juárez del 25 de enero de 1862 y contrariando los deseos de su propio jefe. Según Múgica, al dar su orden de fusilar sumariamente a los prisioneros federales, estaba obedeciendo a las inclinaciones del pueblo mexicano de acabar con el militarismo; pero minaba, sin darse cuenta, la autoridad de Lucio Blanco, quien logró, a pesar de todo, salvar la vida de cuarenta federales.

Poco después le informaron a Múgica que la mayoría de los cadáveres enemigos estaba en el mercado, donde había ríos de sangre que se confundían con la sangre de las reses; y él, con intenciones de impedir que los norteamericanos de Brownsville contemplaran las ejecuciones, se dirigió al puente; pero ya era demasiado tarde, pues el coronel Saucedo había abierto la frontera ante la insistencia de varios grupos a un lado y otro del puente. A pesar de la hora temprana, gringos y gringas y mexicanos y mexicanas entraban a raudales a la ciudad con ansias de conocer a los nuevos dueños de Matamoros.[12] A pesar de su curiosidad morbosa, los turistas norteamericanos y mexicanos no lograron ver el mercado donde se amontonaban los cadáveres de federales y de reses. Por eso los informes que los espías enviaron al Departamento de Guerra norteamericano hablaban de la magnanimidad y la compasión de Blanco.

A pesar de todo, los esfuerzos de Blanco para salvar la vida de los federales causó mala impresión entre los jefes, quienes tuvieron por un momento la impresión de que su comandante era muy débil; pero también tenían que admitir, en contra de su voluntad, que gran parte del valor de sus propios soldados se debía a la admiración que le tenían a Lucio Blanco por su porte, por su gusto de anunciar la tierra prometida. El mismo día de la toma del puerto, se presentó ante Lucio un viejo conocido suyo llamado Bruno Treviño para proponerle que aceptara 300 mil pesos de Victoriano Huerta como regalo de bienvenida. Blanco rechazó la oferta, y no pudo salvar la vida de su amigo. En opinión de todos los jefes —Cesáreo Castro, Andrés Saucedo, Pedro Antonio de los Santos, Francisco Cosío Robelo, Daniel Ríos Zertuche, Abelardo Menchaca, Emiliano Nafarrate y hasta el recién incorporado Silvino García—, Bruno Treviño merecía la pena de muerte y esta opinión prevaleció.

El sábado 10 de junio se fusiló al soldado Tomás González por haber violado a una niña en la noche del asalto.[13] Y al día siguiente hubo dos ejecuciones más: la de Bruno Treviño y la de Antonio Echazarreta, uno de los jefes de las defensas sociales que había resistido más el asedio constitucionalista y que había sido capturado en su rancho, a cinco kilómetros al oeste de Matamoros.[14]

Estos dos últimos fusilamientos fueron bien concurridos, sobre todo el de Antonio: joven, guapo, rico, aventurero, temerario, y recién desposado con una joven de la región a quien, decían, dejaba encinta. Y sobre todo, sereno. Antes de su fusilamiento Antonio le confesó a Fausto Garibay que había peleado del lado de los federales sólo porque le apasionaba más arriesgar la vida que educarla en la seguridad de un hogar: "No sé por qué me gustan las revueltas", le dijo con aire convincente y con la resignación de que esa revolución sería su última revolución.[15] Unos minutos después vinieron a buscarlo para conducirlo al panteón. Echazarreta se extrañó que no lo llevaran a la plaza Hidalgo. Le habían dicho que lo matarían de espaldas al kiosko, donde estaría tocando la banda sus canciones favoritas; pero quien se lo dijo lo había engañado y había engañado a todo el pueblo que, desde las nueve de la mañana, se aglomeraba en la plaza en espera del reo. Cuando se supo que lo llevaban rumbo a la garita de Puertas Verdes, la multitud corrió hacia el panteón y en la entrada esperó que pasara el pelotón detrás del reo, quien iba de buen humor y con porte un poco indiferente, como si le estuvieran haciendo honores inmerecidos.

A las diez en punto de la mañana llegó al muro oriental del panteón y enfrente se formó el pelotón para el fusilamiento. Le preguntaron su última voluntad y Antonio pidió que no le dieran el tiro de gracia porque quería que su esposa lo siguiera viendo guapo después de muerto. Y luego se negó a que le vendaran los ojos.[16] El sol le daba en pleno rostro y, como no quería perderse ningún detalle de su ejecución, entrecerró los ojos y se tapó el sol con la mano izquierda para contemplar al teniente, a los soldados y a los curiosos. El reo movió la cabeza, con una sonrisa serena, como asintiendo a lo que alguien, invisible, le susurraba al oído sobre el espectáculo que se veía desde ese muro del panteón. Y todos los presentes, curiosos y verdugos, como si el gesto de Antonio Echazarreta los hubiera sorprendido en un acto inmoral, contuvieron violentamente un suspiro. Pero no se detuvo la descarga. El fusilado cayó hacia atrás, como empujado por una ráfaga de aire, y cuando el teniente se acercó pudo ver todavía en su rostro la última sonrisa del que aprueba el comentario que le están diciendo al oído sobre los mirones de muertes ajenas. En contra de la última voluntad de Antonio, el teniente le dio un tiro de gracia que destrozó el rostro del fusilado: el verdugo no aceptaba que nadie se burlara de él, y menos un muerto.

A la caída de Matamoros en manos de las tropas de Lucio Blanco, se iniciaron varias series de acontecimientos cuya dirección, cuyo alcance, cuya importancia nadie podía prever entonces. Y mejor. Ni el mismo Lucio Blanco percibió siquiera el simulacro de ese tejido cerrado, desordenado y extraño que empezó a tramarse en aquellos días iniciales de junio de 1913. Se lo impedía en buena medida su propio carácter y los reconocimientos hiperbólicos de su talento. El 5 de junio de 1913, él fue el primero de todos los revolucionarios en recibir el título de general por órdenes de Carranza.

El 5 de junio de 1913, el presidente de la República Francesa, M. Poincaré, recibió a las cinco de la tarde a todos los miembros del X Congreso Internacional de Mujeres que se había inaugurado el día anterior en París.

El 5 de junio de 1913, la señora Pankhurst y otras sufragettes fueron arrestadas en Londres por ataques a varios establecimientos comerciales.

El 5 de junio de 1913 llegó a La Habana, después de su expulsión de México, el poeta peruano José Santos Chocano.

El 5 de junio de 1913 Romain Rolland ganó en París el Gran Premio de Literatura por su novela *Juan Cristóbal*.

Blanco festejó su nombramiento de general con los demás jefes en el hotel que había tomado como residencia. La fiesta se convirtió muy pronto en una buena borrachera y en una buena orgía.[17] Unos días después, llegó a Matamoros un sonorense con voz de tenor y de mesura, y con un entusiasmo que le hacía captarse naturalmente las simpatías. Se llamaba Adolfo de la Huerta, y venía con la intención de conocer al nuevo héroe de la Revolución y de darle una relación de lo que se hacía de bien allá en Sonora.[18]

Jesús Acuña, secretario general del gobierno de Coahuila, llegó también al puerto para comunicar personalmente al nuevo general las instrucciones del Primer Jefe. Pero Blanco las rechazó porque consideraba que la tarea de tomar Nuevo Laredo, acción que estaba a punto de emprender el mismo Carranza, debía confiarse a tropas originarias de Tamaulipas e insistía en que las suyas, pertenecientes en su mayoría a Coahuila y Nuevo León, no aceptarían esa comisión de buena gana, sobre todo cuando la toma de Matamoros era tan reciente. El argumento era absurdo pues el mismo Blanco acababa de ocupar un puerto tamaulipeco con tropas de otro estado. Carranza se guardó su indignación. No obstante, Blanco envió a Carranza un mensaje conciliador: estaba dispuesto a permitir que Los Carabineros de Nuevo León, más otros grupos destacados entre Matamoros y Mier, acudieran a la acción militar si Cesáreo Castro, su jefe, así lo deseaba. Y él colaboraría con trescientos hombres de Tamaulipas que estaban bajo su mando personal. Pero este mensaje no lo envió con De la Huerta, ni con Acuña, sino con Francisco Múgica, el jefe de su Estado Mayor.

Blanco tenía que seguir los vientos del localismo, que eran fuertes. Los grupos no estaban dispuestos a combatir en zonas que no fueran las de su origen, y Blanco no tenía aún ninguna intención de hacerles entender a los jefes que la lucha era nacional y no regional. Además, los jefes como Cesáreo Castro, como Luis Caballero, como José Agustín Castro no estaban dispuestos a entender a Blanco mientras no les conviniera. En ellos había propósitos muy claros para su lucha regional y no renunciarían a ellos con el primer discurso. Contaban, por supuesto, con jefes de segundo orden a quienes en esa época movía más la ambición o la inercia que cualquier convicción ideológica o moral, y entre éstos se encontraba Andrés Saucedo... Blanco, por lo demás, no se imponía por su autoridad, sino por su simpatía, y sobre todo eran sus propios hombres, los Libres del Norte, quienes apreciaban mejor su personalidad.

Eran días propicios para encuentros dilatados y magníficos. Encuentros y reencuentros.

Cuando una noche se le acercó a Francisco J. Múgica un hombre de extraña mesura y le dijo su nombre, el Jefe del Estado Mayor de Blanco sintió que algo muy profundo se le removía, pero no supo qué. Fingió no haber escuchado el nombre y oyó de nuevo que le decían: "Antonio Rodríguez, mi general".

—No soy general, soy coronel —Y entonces Múgica palideció y con voz titubeante le preguntó al hombre aquél—: ¿El linchado?

—Sí, coronel, soy al que estuvieron a punto de linchar hace casi tres años.

Así imagino yo este encuentro que debió ser tan memorable como la manifestación misma en la que Múgica había participado para protestar por el linchamiento que no fue de Antonio Rodríguez.

Múgica lo acogió gustoso y recogió de él la ira de innumerables mexicanos que, a punto o no de ser linchados, habían sufrido humillaciones profundas de los texanos.[19]

Entre los grupos que se habían formado en el entorno de Blanco, había uno encabezado precisamente por Múgica, quien era menos un militar que un consejero intelectual de Blanco. Las ideas liberales bastante vagas de

Múgica estaban fundadas en una posición violentamente moral que no entendía de dobleces y mucho menos de libertinajes sexuales, ni de excepciones a la regla establecida, aunque sí tenía una idea muy precisa, quizás demasiado precisa, de la autoridad: de la autoridad, no de las jerarquías. A Múgica los superiores tenían que hablarle con firmeza y decisión para que él obedeciera sin titubeos. Cualquier muestra de duda era, para Múgica, una invitación a rebelarse; pero ante una autoridad dueña de su poder, podía ser el más dócil de los servidores. Y Carranza era la encarnación de esa autoridad: en agosto de 1912, cuando la Secretaría de Instrucción había decidido emprender el programa de educación rudimentaria de los indígenas, el gobernador de Coahuila, Venustiano Carranza, había protestado porque consideraba anticonstitucional ese programa, pues violaba la federalización de la educación. Para entonces, la Secretaría ya había enviado exploradores a todos los estados para que determinaran las necesidades locales, y levantaran planos de los lugares donde deberían construirse las escuelas. El explorador designado para Coahuila había sido el joven Francisco J. Múgica, quien al llegar a Saltillo se encontró con el rechazo del gobernador Carranza. Sin embargo, en vez de regresar a la capital a rendir informe de sus actividades o de su fracaso, Múgica se dejó convencer por la autoridad de Carranza para que se quedara a trabajar en su gobierno.[20] Desde entonces hasta la muerte de Carranza, Múgica mantendría esa conducta que oscilaba entre la obediencia ciega a las órdenes rotundas del Primer Jefe y la rebeldía ante los proyectos titubeantes de ese mismo jefe.

En su diario de campaña, el teniente coronel Múgica anotó para el 11 de junio de 1913, apenas ocho días después de la toma de Matamoros: "En los departamentos del Hotel que ocupan el Gral. y los Coroneles Cosío Robelo, Saucedo, Pedro Antonio [de los] Santos García y otros jefes ha habido orgías. Yo vivo en esta aduana entregado [al] enorme trabajo de organización".[21] Unos cuantos días después, Múgica llegó a una drástica decisión. Después de constatar que los concesionarios de los juegos de cartas le pasaban al general el 50% de las ganancias, y que de ello no entraba "un solo centavo a las cajas"; que Andrés Saucedo había vendido cueros de res para su beneficio personal; que Manuel Miranda, "alcahuete del General", había saqueado una tienda de licores y escandalizado impunemente la noche entera del jueves 19 de junio en diversos prostíbulos; que el círculo más íntimo del general lo había predispuesto contra él y que muchos asuntos se resolvían sin su conocimiento de Jefe de Estado Mayor, Múgica presentó su renuncia. Era el sábado 21 de junio.[22] Y también era obviamente una maniobra de Múgica en la que arriesgaba el todo por el todo: si perdía, le quedaba, por ejemplo, el recurso de incorporarse a cualquier regimiento de los que estaban preparando por entonces en

Matamoros Heriberto Jara, Cándido Aguilar y Vicente Segura para llevarlos al centro de la República; pero si ganaba, ganaba ante todos los jefes prestigio y la supremacía definitiva en el regimiento sobre Andrés Saucedo, su más cercano rival. Y era evidente el cálculo de Múgica porque otro jefe, Teodoro Elizondo, dejó testimonio definitivo de cómo Múgica defendió en varias ocasiones a oficiales indisciplinados.

Casi todos los jefes de tropas se opusieron a la renuncia de Múgica y se preocuparon por que Blanco supiera que aceptar esa renuncia le atraería muchos problemas. El general acató la decisión de sus jefes y Múgica ganó su reto; pero, como sucedería en otros momentos de su vida, no se sabía si el hecho de que Múgica hubiera ganado gracias al apoyo de los jefes que más despreciaba era una mera ironía del destino o una hipocresía de su astucia.

Dos días después partió Múgica a Piedras Negras para llevar a Carranza el mensaje conciliador de Blanco y además la preocupación de todos los jefes de Matamoros de que el Primer Jefe hubiera decidido dirigir personalmente la acción de guerra de Nuevo Laredo.

Cuando regresó Acuña a Piedras Negras, Carranza sin duda recibió de mal grado la desobediencia de Blanco; pero no adoptó ninguna represalia inmediata. Muchos de los oficiales de Carranza se molestaron profundamente con Blanco; por su parte, Pablo González y Jesús Carranza no le perdonaron nunca su negativa. El mensaje con el que llegó Múgica una semana después no cambió mucho el ánimo de los militares que rodeaban al Primer Jefe, a pesar de que Blanco tuviera razón.

Una semana antes no la había tenido, pero la tenía ahora, y todos sabían que en una semana no hubieran podido preparar el ataque a Nuevo Laredo. Blanco se había negado a colaborar por otras razones, es cierto, pero el 27 de junio ya Nuevo Laredo era una plaza que los revolucionarios no podían tomar sin arriesgar todo lo ganado hasta entonces. El general Guillermo Rubio Navarrete con una columna de ochocientos hombres había salido de Monterrey y se dirigía a Monclova, al mismo tiempo que reparaba la vía que llegaba a la frontera, desde donde las tropas del general Joaquín Téllez también reconstruían la vía para encontrarse con el otro grupo. El general Téllez era el jefe de la División del Bravo y de la guarnición de Nuevo Laredo, y el superior inmediato del general Rubio Navarrete; pero éste recibía sus órdenes directamente de la ciudad de México, ya del Secretario de Guerra, ya del de Gobernación; pero sobre todo de Victoriano Huerta.[23]

Huerta estaba ansioso de que el ejército federal se luciera en una empresa de su competencia, es decir, que lograra un triunfo rotundo contra los rebeldes; pero también estaba decidido a disponer personalmente la estrategia que debían seguir las distintas columnas, en vez de permitir que los jefes en los campos de operaciones decidieran la táctica global de la campaña. En el Noreste le quitó a Téllez, el jefe de la división, el mando de las columnas de Navarrete y de Maass; pero ni siquiera los consejos de éstos aceptó. Entre la creciente descomposición del ejército federal y la fatal prepotencia de Huerta, se fue abriendo la grieta de la derrota federal. Desde su llegada a Monterrey el 21 de junio Rubio Navarrete estaba en una animada disposición de entrar a combate, y lo primero que sugirió fue atacar Monclova. Pero Huerta lo había enviado para que recuperara Matamoros y no aceptó el cambio de planes que le proponía su subordinado; y en vez de reconfirmarle la orden de dirigirse a la recaptura de Matamoros, dejó a la columna de Rubio Navarrete casi inutilizada reconstruyendo la vía del tren entre Monterrey y Nuevo Laredo.

El restablecimiento del tráfico ferroviario entre esas dos ciudades era de importancia capital; pero la idea de Rubio Navarrete era mejor porque mataba dos pájaros de un tiro: tomar Monclova y reconstruir la vía... pues "excuso decir a usted la influencia moral que tiene la presencia del enemigo en Monclova a tres jornadas de Monterrey".[24]

Pero en la capital parecían estar en otros pensamientos y en el manejo de otros problemas. El mismo Rubio Navarrete se daba cuenta de que entre Blanquet, Secretario de Guerra, y el doctor Urrutia, Secretario de Gobernación, se libraba otra guerra de poder y de capacidad. A Blanquet se dirigía con la formalidad debida al caso, y a Urrutia le hablaba —por telégrafo— como a un buen amigo del Presidente que podía influir en él decisivamente. Y así, el 25 de junio, mientras Blanquet le ordenaba a Rubio Navarrete que no saliera de Monterrey pues probablemente tendría que salir a reforzar la plaza de Saltillo, Urrutia le aseguraba "con satisfacción que dispone usted de toda la confianza del señor Presidente. Y en acuerdo de hoy ordenó que se reforzara su columna, se proporcionen todos los elementos que usted necesite y ampliamente facultado siga su marcha hacia punto objetivo me indicó su telegrama de ayer. Indiqué a dicho señor su opinión acerca de los demás asuntos, y está enteramente conforme. Pronto quedará resuelto todo como usted lo indica, pero punto objetivo es triunfo sobre Monclova que usted tiene bien meditado y que esperamos con ansia".[25] Ya lo había dicho y lo seguía diciendo el presidente: "el gobierno está esperando una oportunidad de premiar a quien lo merece".[26] Y nadie le daba la oportunidad, pues el mismo gobierno frustraba las ocasiones de merecer un premio; aunque la iniciativa de Rubio Navarrete exigiera un premio, y más, porque su estacionamiento en Monterrey, ante la eventualidad de un ataque a Saltillo, era totalmente inútil. El mismo Rubio Navarrete averiguó con el general Casso López que no había "absolutamente ningún peligro en esa plaza, habiéndose retirado las pequeñas gavillas que merodeaban por los alrededores. Yo estoy en espera de órdenes de usted.

Toda mi brigada está embarcada y lista para marchar sea a Saltillo, a Candela o a Monclova [...] de 48 horas a esta parte aquí ha mejorado un poco la situación y creo que se ha escapado la oportunidad de dar un golpe decisivo", porque sus tropas ya habían reparado la vía en un trayecto más largo que la distancia de Monterrey a Monclova.[27]

Durante todo el 26 de junio, Rubio Navarrete envió telegrama tras telegrama para afirmar que su brigada, incluso sin los refuerzos que había pedido y que aún no le enviaban, podía tomar Monclova y bastaba únicamente que se lo ordenaran. Ya desesperado, el general federal le dijo a Urrutia que diera la orden "como si fuera idea de usted [...]".[28] Como la orden no llegó, Rubio Navarrete se ingenió un modo de forzar las operaciones sobre Monclova: para defender la vía que estaba reparando presentó batalla a los rebeldes en Romero Rubio y luego en Candela, a veinte kilómetros de la vía. El 3 de julio su brigada entró en Candela y desde allí el general envió un telegrama justificando sus acciones: "Mi misión es reparar la vía, y creo que la manera más eficaz de protegerla es castigar duramente a los núcleos que se hayan [sic] cerca de ella y son los que constantemente la destruyen. Por esta razón emprendí ayer operación, cuyo resultado comunico. Ahora espero que el C. Presidente designe esta brigada para tomar Monclova".[29] La última frase, expresión de una esperanza, apenas disfrazaba su verdadero rostro imperativo, pues daba por entendido, asimilado y aprobado el plan que tres días antes había enviado en un largo telegrama. Dicho plan proponía las operaciones que, según Rubio Navarrete, llevarían a la eliminación de la "revolución carrancista": Rubio Navarrete, después de tomar Candela y de proteger Lampazos con efectivos de la brigada del general Téllez, marcharía sobre Hermanas y así cortaría las líneas de comunicación entre Monclova y Porfirio Díaz (Piedras Negras para los carrancistas). De Hermanas caería sobre Monclova y arrojaría a los rebeldes hacia Cuatro Ciénegas, obligando la retirada del cuartel carrancista de Piedras Negras. Para estos movimientos, requería que la brigada del general Téllez se desprendiera de Nuevo Laredo, donde estaba inútilmente estacionada, según Rubio Navarrete, y protegiera la línea del Internacional, ya completamente reparada para entonces; requería también que se organizaran las brigadas de voluntarios y que éstas defendieran Monterrey y las entradas a Nuevo León, sobre todo Bustamante. Estos movimientos, según Rubio Navarrete, le darían al gobierno la posibilidad de operar con facilidad en dirección de Torreón o de Matamoros, ya que el enemigo quedaría encerrado entre Monclova y Cuatro Ciénegas.

Después del disfrazado imperativo enviado desde Candela, Rubio Navarrete mandó otro telegrama, éste ya sin disfraces ni rodeos: "Atentamente me permito insistir sobre la necesidad de que se sirva usted aprobar la operación que he tenido el honor de proponerle [...]" Este telegrama es el último del legajo 54 del archivo de Rubio Navarrete depositado en el Centro de Estudios de Historia de México-Condumex. En todo el archivo no hay otro documento que informe sobre la situación de la brigada Rubio Navarrete en ese mes de julio de 1913, ni sobre la decisión de Huerta ante el plan que le ofrecía su general.

Múgica aprovechó su estancia en Piedras Negras para ponerse al día en materia de acontecimientos, chismes, intrigas, proezas e hipocresías constitucionalistas. Desde la tarde del 27 de junio hasta el amanecer del día siguiente estuvo "de charla con la bola de amigos" y oyendo "chismes y quejas con el teniente coronel Jacinto Treviño y el diputado Gabriel Calzada".[30] Otros personajes que habían llegado a ese puerto fronterizo para unirse a Carranza se entusiasmaron con la presencia del joven lugarteniente de Blanco y con los planes del general de ejecutar sin demora reformas sociales de la Revolución. Cuando Múgica se despidió de ellos, varios prometieron unírsele pronto en Matamoros. Entre los que cumplieron su promesa estaban Luis G. Malváez, Manuel Urquidi y un oftalmólogo llamado Ramón Puente.

La presencia de estos personajes en Matamoros se hizo sentir inmediatamente. El más contento con su llegada fue sin duda el mismo Múgica, quien seguía en la pendiente de su desencanto de todos los jefes con quienes había combatido: ya Nafarrate le parecía un simple asesino; Saucedo era "apasionado y necio"; el doctor Ríos Zertuche, "tonto de buena fe"; y muchos otros revolucionarios, meros oportunistas de la ocasión para hacerse ricos o más ricos. En cambio, con Urquidi, joya de "radicalismo revolucionario", Múgica podía hablar de la repartición de tierras; y con Puente podía aprovechar su "gran erudición y claro talento".[31]

"Las intenciones", decía Samuel Johnson, "se deben extraer de los actos".[32] Y su frase me parece atinada para un problema constante de este libro: ¿cómo construir retratos legítimos, válidos, verídicos, de personajes cuyos datos biográficos son escasos y a veces casi inexistentes? Por supuesto, en la historiografía siempre es más seguro decir que algo, por pequeño que sea, existe; pues decir que algo no existe, por más inmensa que sea su ausencia, es casi siempre difícil de probar. ¿Cómo probar que no existen datos sobre este o aquel capitán o incluso coronel? Siempre está la posibilidad de acudir al Archivo de la Defensa Nacional, con el cabello teñido de rubio, fingiendo acento extranjero, y pedir el expediente del capitán o coronel cuyos datos necesito para el retrato. Aún así e incluso en el caso de tener una autobiografía detallada y meticulosa, siempre careceremos, por paradójico que sea, de los datos suficientes para afirmar que nuestro retrato es verídico.

Y la frase de Johnson señala el hecho fundamental de esa ambivalencia entre la escasez de datos y la imposibilidad de tener todos los datos: poseer los datos tiene, entre otros destinos, el de permitirnos llegar a las intenciones.

En historia las intenciones son siempre especulativas y ésa es una de sus diferencias con las novelas, donde las intenciones son siempre actos de la expresión y también son siempre actos de la especulación, incluso cuando el biografiado nos revela sus intenciones, porque en ese caso las intenciones se vuelven afirmaciones o imposiciones a nuestra credulidad, y por ello mismo dejan de ser intenciones.

"Las intenciones se deben extraer de los actos": éstos se conjugan con su realidad y con su virtualidad. Su realidad los vuelve datos, y la virtualidad es su sentido, la virtualidad es su fuerza. Nietzsche preguntaba: "¿Qué quiere un acto, qué desea, de qué quiere apoderarse?" Ese sentido y esa fuerza se confunden con la intención de Johnson. Desconocemos muchos datos, muchos actos se han perdido irremediablemente. Pero no sólo de datos vive el historiador; pues su alimento más precioso es esa pregunta: ¿qué quiere este hecho? El hecho extremo es el de la destrucción, pero es quizás también el de mayor fuerza. Cuando un personaje destruye *todos* los hechos que pueden permitir la reconstrucción de la historia; cuando un personaje quiere borrar *todos* los testimonios de los actos, muestra en su mayor desnudez el deseo de su destrucción: quiere apoderarse de nuestra memoria, quiere convertir a nuestra memoria en un lugar siempre vacío... Ante ese gesto de destrucción, la memoria nuestra se defiende opacándose, volviéndose un espejo que no refleja, y entonces nos ofrece su don más secreto y más preciado: hacernos sentir la radical diferencia del presente... En ese momento, gracias a la memoria, accedemos a la madurez del mediodía, al fruto del sol, a la fisura del relámpago: estamos presentes, siempre presentes, entre todos los muertos y toda la destrucción.

Un moralista de la Revolución

Ramón Puente nació el 13 de febrero de 1879 en Nieves, Zacatecas. En la ciudad de México siguió la carrera de medicina y se graduó como cirujano con especialización en enfermedades de los ojos. Como oftalmólogo practicó exitosamente en Chihuahua en su consultorio de la calle Victoria y como médico perteneció a diversas comisiones gubernamentales, entre ellas al Consejo de salubridad de Chihuahua, en 1910, donde compartió la responsabilidad de la salud pública del estado con el doctor Guillermo Shaw, con el profesor Pedro de Lille y con el licenciado Juan Prieto Quimper.[1] Su profesión y sus dotes artísticas —era buen pianista— le permitieron conocer y visitar a familias selectas de Chihuahua. Pero sus actividades sociales no parecen haber sido muy selectas, pues su nombre no aparecía en las listas de miembros de las sociedades prestigiosas de la capital del estado.

Con el nuevo siglo y con la afluencia de los capitales norteamericanos, se pusieron de moda en la capital de Chihuahua los clubes recreativos, los clubes literarios, los clubes deportivos. El Chihuahua Foreign Club y el Club de Tiradores eran los principales; pero también existía un club para solteros, el club Bohemio, fundado por algunos miembros jóvenes de las familias burguesas más influyentes. Al primero pertenecían todos los extranjeros distinguidos y los no muy distinguidos de la ciudad, y también los miembros de las nobles familias criollas chihuahuenses. Inscritos estaban jóvenes como Juan Prieto Quimper y leyendas vivientes como el general Terrazas, alemanes como Krakauer y norteamericanos como un sin fin de gerentes de compañías, comerciantes como Ketelsen y profesionistas como el doctor William Shaw (o Guillermo, cuando se trataba de nombrarlo para puestos oficiales).[2] El Club de Tiradores era el más exclusivo de todos, y las mismas caras del Foreign Club se veían en él, menos las de los extranjeros de medio pelo. El club se distinguía por su buen gusto, su buen dinero y su organización de excursiones de caza y competencias de tiro con las modernas armas automáticas y la nueva pólvora sin humo.[3] Al Club Bohemio, fundado en 1904, pertenecían los partidos más codiciados de la sociedad criolla, quienes con ayuda de sus prometidas, sus esposas y sus hermanas organizaban frecuentemente magníficos bailes y jamaicas de beneficencia para los menesterosos de la capital. Aunque en principio estaba reservada la membresía a los solteros, muchos socios fundadores ya casados seguían siendo en 1910 miembros activos del club por concesión especial. Entre éstos estaban un médico destacado de la comunidad, Manuel Balbás, y el licenciado Juan Prieto Quimper, compañero de Ramón Puente en el Consejo de salubridad.[4]

Para 1910, Ramón Puente era soltero, era profesional, y aparentemente también era un marginal de las actividades de esos clubs, aunque no un ajeno a las funciones públicas de su profesión como lo atestigua su nombramiento al Consejo de Salubridad. Gracias a su marginalidad se predispuso para percibir con agudeza el funcionamiento de aquella sociedad ilusionada con los signos más superficiales del progreso, y se dispuso a alimentar un profundo resentimiento contra muchas de aquellas figuras decisivas en la sociedad chihuahuense de su época. Y en ella, Ramón Puente se convirtió en un auténtico espectador de arraigados resentimientos y de firmes ideas jacobinas.

Además, probablemente fuera asiduo asistente de las reuniones del Club Benito Juárez, afiliado al antirreeleccionismo, y dirigido por Abraham González. Pocas manifestaciones tengo de su carácter en esos años, pero ésas bastan para dar fe de su entereza y de su sólido moralismo, que conservaría hasta su muerte. Quizás su antirreeleccionismo no era secreto para nadie y sí ayudaba a aislarlo de la sociedad que por sus méritos profesionales lo buscaba. Si fue maderista, no lo fue incondicionalmente, pues el 18 de mayo de 1911 le escribió una carta a Madero para criticarlo por haber nombrado a su hermano Gustavo Madero como Secretario de Hacienda en su gabinete provisional. De pasada le informaba, casi con aprobación, que en Chihuahua se decía que Madero estaba influído "despóticamente" por muchas personas de su familia.[5] Ese moralismo sin duda lo aisló de propios y ajenos, de amigos y de enemigos. Años después, con su personaje Juan Rivera, en la novela del mismo nombre, definiría claramente esta postura suya de moralista, marginal e iconoclasta.[6]

En marzo de 1912 estalló la rebelión orozquista en Chihuahua y en la ciudad de México Ramón Puente publicó ese mismo año uno de los libros clásicos de denuncia de ese movimiento: *Pascual Orozco y la revuelta de Chihuahua*.[7] Fue un libro que aprovechó el conocimiento personal que tenía Puente de muchos personajes inmiscuidos en la rebelión, entre ellos Manuel Balbás que había sido compañero suyo en el Consejo de Salubridad de la ciudad de Chihuahua dos años antes. A él y a Rodolfo Cruz, miembro éste distinguidísimo del Foreign Club, Puente se refirió con un dejo de menosprecio por actuar como embajadores de la plutocracia chihuahuense ante Pascual Orozco, cuando éste se disponía a competir con Abraham González por la gubernatura del estado.[8] Y sobre todo aludió con sorna y desprecio al orgullo que había manifestado Orozco al ser recibido como socio honorario del Casino y del Club: "el héroe entraba de lleno a una sociedad que estaba acostumbrado a mirar tan brillante y tan lejana como las estrellas de los cielos; a tratar con unos personajes a quienes en otro tiempo sólo hubiera podido hablarles de pie y con el sombrero entre las manos, presa de ese temor y de esa modestia que agarrota los miembros del palurdo y entumece su lengua, cuando está enfrente de un hombre civilizado o de más elevada jerarquía".[9]

Además de acendrado pequeño burgués, Puente era un jacobino puro y anacrónico, de aquellos que habían desnudado, hasta llegar a su raíz, la ecléctica ideología liberal. Es difícil saber si su moralismo lo llevó al jacobinismo o viceversa; pero no lo es percibir que la fuerza de su jacobinismo se alimentaba de su integridad moral, y que esa fuerza le impedía aceptar las ideas disfrazadas, híbridas, matizadas. Puente no concebía que en relación con las ideas verdaderas pudiera existir alguna discrepancia entre su expresión y su realización.

Por ello, Puente dejó de apreciar propósitos sociales muy afines a sus propias ideas, como algunos que se dejaban ver en la rebelión orozquista con fondo magonista; pero gracias a ello, también, pudo permanecer fiel, hasta la muerte, a Pancho Villa, cuando ya todos los defensores intelectuales del caudillo norteño lo habían abandonado.

A pesar de su visión certera de las actitudes morales, y de su inquebrantable fidelidad, o gracias a ellas, Puente no podía evitar un enorme desprecio por las actitudes de inferioridad que manifestaban los campesinos ante sus patrones. ¿Era un verdadero rechazo de la clase social más degradada o del uso que esa clase social hacía de su degradación?

En el verano de 1984, en su departamento de la esquina de José María Rico y Gabriel Mancera, entrevisté a Ramón Puente Moya, último hijo del oftalmólogo y novelista, quien me contó, sin mucha precisión, pues nació en Estados Unidos cuando la familia ya vivía en el exilio durante los años veinte, que su padre había sido médico de Pablo Martínez del Río en la fábrica La Hormiga, en la ciudad de México, pero no supo decirme en qué época: si cuando Puente se había recibido de doctor o si después del triunfo de Madero. También me dijo que su padre estaba en la ciudad de México, acompañado de Alberto J. Pani, cuando estalló la rebelión de Félix Díaz y Bernardo Reyes en febrero de 1913.

El mismo Pani recordó claramente en sus *Apuntes autobiográficos* que al mediodía de ese 9 de febrero él, su hermano Arturo y Manuel Urquidi, Subsecretario de Comunicaciones, se reunieron en las oficinas de éste para organizar los servicios de la Secretaría de Comunicaciones en aquellas críticas circunstancias. Y muy pronto "se nos agregaron, con el deseo de participar en nuestros trabajos y riesgos, otros funcionarios y particulares, entre los que recuerdo al Ing. don Juan F. Urquidi —hermano del referido

Subsecretario de Comunicaciones—, a mi hermano Julio, al Lic. don Miguel Alessio Robles, al diputado don Carlos Argüelles, al Dr. don Ramón Puente, a don Samuel Vázquez, a los ingenieros don Modesto C. Rolland, don Froilán Álvarez del Castillo y don Efraín R. Gómez, al Prof. don Enrique Peña, a don Luis M. Hernández, etcétera".[10]

Los dos hechos referidos por el hijo del doctor Puente no parecen tener ninguna relación lógica, pero tal vez sí existe la conexión entre ellos: la familia Pani. ¿Puente llegó a La Hormiga por intermedio de su amigo Alberto J. Pani o fue por Pablo Martínez del Río, el dueño de La Hormiga, que conoció a Alberto? Puente y Pani eran casi de la misma edad; y es probable que se hubieran conocido en la Escuela de Medicina, pues Pani había estudiado medicina antes de dedicarse a la ingeniería: "Inscrito en la Escuela Nacional de Medicina para cursar las tres materias del primer año —Anatomía, Histología y Farmacia— pronto me cercioré de que llevaba un camino equivocado".[11] Por otro lado, una tía de Alberto, Adelaida Pani de Darqui, era muy amiga de Pablo Martínez del Río, y no sería raro que a través de ella Ramón Puente hubiera entrado a trabajar en La Hormiga, donde parece haber cumplido la función de médico residente. Por el año de 1913, en La Hormiga, una fábrica de hilados y tejidos de algodón, con departamentos de blanqueo y tintorería, había 672 telares y ochocientos obreros (cien de ellos mujeres), y los obreros vivían en casas construidas por la empresa junto a la fábrica.[12] De tal manera, que ser médico de la fábrica significaba atender a los obreros en las horas de trabajo y fuera de ellas, y residir en la fábrica.

A pesar de sus reservas, Puente colaboró activamente en la defensa del maderismo durante la Decena Trágica, en labores de aprovisionamiento de tropas, de instalación de comunicaciones y de redacción de una *hoja suelta* diaria titulada *El honor nacional...*[13]

¿Después del golpe de estado de Victoriano Huerta, Puente se escondió en la ciudad de México o salió rumbo al norte? Por una carta que Venustiano Carranza le escribió a un sobrino suyo, el 16 de mayo de 1913 desde Piedras Negras, se puede deducir que Puente salió de la ciudad de México por el interior de la república, pues en la carta Carranza acusaba recibo de una recomendación que hacía de Ramón Puente un señor Juan García, dueño de una hacienda en el sur del estado de Coahuila, en las cercanías de Torreón. Entre mayo y julio de ese mismo año, Puente debió llegar a Piedras Negras a reunirse con la comitiva de Carranza. Y ahí lo conoció Múgica y de ahí lo atrajo a Matamoros.

De su estancia en Matamoros, lo que más le impresionó a Puente fue la persona de Lucio Blanco y la apertura de la ceremonia de repartición de tierras el 30 de agosto de 1913, en la Hacienda los Borregos. Fue un hecho que a la mayoría le pareció natural, y que de hecho lo era, pero que en el acendrado jacobinismo de Puente tuvo un efecto perenne. Al colocarse en la fila improvisada de autoridades constitucionalistas, Ramón Puente se sorprendió al escuchar, tocadas por los instrumentos mal afinados de la banda militar y con un brío que parecía venir de una tradición ajena a lo francés, las notas de La Marsellesa.

Nadie podía dudar de la pertinencia del himno revolucionario; era incluso como la realización de un sueño muchas veces repetido al leer páginas y páginas de novelas e historias de Víctor Hugo y de Lamartine. Pero Ramón Puente confirmó más que un sueño, confirmó su sospecha de que México estaba encontrando las fuentes originales de la Revolución, a secas. Al hablar de su sorpresa al escuchar La Marsellesa, no pretendo insinuar que Puente desconociera el programa de la ceremonia, pues él estaba anunciado como el segundo número del día con un "discurso oficial". Pienso en las relaciones que debió establecer el oftalmólogo y jacobino Puente entre sus lecturas y sus proyectos, y las lecturas y los proyectos de Lucio Blanco, de Francisco J. Múgica, de Silvino García y de tantos otros que ya conocía o que estaba conociendo poco a poco en esos días de exaltación histórica. Y pienso también que quizás sintió con intensidad el encuentro relampagueante, en las notas de un himno, de la vieja historia ajena y casi propia con ese presente que de pronto parecía que no terminaría nunca.

Como muchos otros visionarios de su época, Ramón Puente encontró la novedad de la historia mexicana en esos años volviendo la mirada a la Revolución francesa y a lo más profundo del siglo XIX, tratando de recuperar lo que se creía interrumpido por el porfirismo. Ese movimiento anacrónico no era raro, ni típico de México, era un movimiento necesario de la historia. Con La Marsellesa de aquella tarde fría de Matamoros, Puente tuvo la visión —quizás todavía sin imágenes, pero ya con la medida justa de sus pasiones— del final de su personaje Juan Rivera y de la novela con el mismo nombre, aunque tardaría muchos años en lograr la transformación de ese hecho en un personaje y en un núcleo narrativo. Cuando logró finalmente escribir la novela *Juan Rivera*, su interpretación fue magistral.

Juan Rivera es la culminación más talentosa y más honesta de la crítica moral a las clases sociales en la Revolución. Y mucho más: con esa novela finalmente se incorporó a la ficción ese gran mito (en el sentido de Sorel) que recorrió toda la Revolución montado en la imaginación de muchos revolucionarios: el mito de la repetición mexicana de la Revolución francesa.

Y no es extraño que fuese Ramón Puente quien mejor pudiera afirmar la posibilidad de esa repetición: como ya vimos, su carrera de médico en Chihuahua había sido ejercida al margen de la sociedad porfirista, aunque su especialidad de oftalmólogo (el único de la ciudad) le había dado muchas ocasiones de relación con la burguesía chihuahuense. Voluntaria, esa marginalidad le había permitido a Ramón Puente preservar su función de testigo, que a él le sentaba tan bien. Quién sabe si había alguna relación metonímica entre su profesión y su labor como escritor; de cualquier manera, él fue el mejor observador de todos los escritores de la Revolución, y como buen observador, sus personajes son siempre personajes únicos. Puente era un poco miope para la anécdota y la intriga narrativa, pero veía muy profundamente en las debilidades de los hombres; sus obras forman la galería de retratos más importante de personajes revolucionarios: Orozco (1912), Villa (1919), otra vez Villa (1932 y 1936), su gran personaje novelesco Juan Rivera (1936), las estampas magníficas de *La dictadura, la Revolución y sus hombres* (1938) y Calles (1940).[14]

No es nada extraño que su enorme percepción para captar y trasmitir los rasgos tangenciales de hombres como Orozco o como Villa coexistiera con su incapacidad para interpretar las evoluciones del carácter o la lógica de la psicología: su moralismo penetraba en los entresijos de la debilidad humana, pero no entendía las alternativas cotidianas. Por su parte, Rafael F. Muñoz, el involuntario e inconsciente continuador de Puente, tenía un gran talento para perseguir los engranajes internos de las pasiones, de las anécdotas, de las historias, de los acontecimientos.

Los personajes de Puente viven y maduran descifrando penosamente los disfraces de la moral y los rostros desnudos de la política. Los de Rafael F. Muñoz son animales incandescentes, vibrantes, hechos de elementos terrestres tan profundos que descubren las motivaciones divinas; son cuerpos inundados de pasiones y de intensidades que se confunden con los actos, con la tierra, con los momentos. En ellos no hay moralidad ninguna: son de psicologías tan puras que para entenderlos hay que tener la experiencia de un rastreador de bosques y desiertos.

Ninguno de los dos tiene personajes donde la psicología aparezca como un valor relativo; ninguno de los dos describe procesos de evolución imprevisible.

Juan Rivera, en la novela homónima de Ramón Puente, es un hombre derrotado que se levanta y alcanza la plenitud instantánea del héroe trágico: al final de su vida se convierte en Dantón. Tiburcio Maya, el protagonista de *¡Vámonos con Pancho Villa!*, vive sus instantes con velocidad inaudita, y no se plantea nunca preguntas morales. Al final, después de que Villa ha matado a su esposa y a su hija, Tiburcio Maya, torturado y amenazado de muerte, no siente ni por un momento duda alguna de su fidelidad a Pancho Villa.

De muchas maneras ha sido incomprendido Tiburcio Maya; de muchas maneras críticos mexicanos y estadunidenses siguen repitiendo, en última instancia, el juicio que hizo el soldado yanqui de Tiburcio antes de entregarlo a la muerte: "Tú estar loco".[15]

Unos hablan de machismo, otros hablan de esquematismo, otros de fanatismo. Pero Tiburcio Maya, no sólo al final sino a lo largo de toda la novela, está insistiendo que en la intensidad silenciosa del oprimido está el secreto de su supervivencia y su victoria: "Viendo a ciertos hombres de la columna, con sus miradas inquietas y torvas, sus recelos, sus gestos de odio, sus cicatrices, cabía preguntarse si eran luchadores que van voluntariamente hacia la muerte por una causa popular o prófugos para quienes la libertad existe solo en los desiertos y que defienden su vida como bestias perseguidas".[16] Villa y sus villistas eran ambas cosas: luchadores y prófugos. Nadie ha sabido decirlo mejor que Rafael F. Muñoz.

Juan Rivera se publicó en 1936 con un prólogo de Alfonso Toro y una advertencia del autor. En el primero, Toro aludía a la perspectiva moral de la novela al señalar su parecido con algunas de la Rusia zarista; y en la advertencia, el autor declaraba abiertamente cuán relevantes eran para él los actos moralmente condenables: "El porfirismo fue austero, casi místico en su adoración del poder. En sus últimos días llegaron a ser tan fielmente obedecidas sus consignas, que uno de sus más ilustres cortesanos pudo exclamar en un brindis que hará época en los anales del servilismo: 'Señor, contigo estamos dispuestos a ir hasta la ignominia'".[17] Es el servilismo lo que atrae la atención de Ramón Puente, el servilismo criminal de una clase traidora a los intereses de su propio país. En realidad, lo que se dijo fue: "Señor Presidente, ¡con usted, hasta la ignominia!", pero la versión de Puente enfatizaba el aspecto casi bíblico, casi ritual, que él le quería dar a la degeneración de la casta gobernante mexicana: hacia el pasado, era un juicio de médico; hacia el futuro, hacia nuestro presente, era un diagnóstico de profeta.

Juan Rivera pasa por todos los estadios morales típicos de una juventud ilustrada, ambiciosa; pero a fin de cuentas débilmente honesta, criada en la provincia mexicana a principios del siglo XX. Primero, el ardor revolucionario se expresa con arrebato y temeridad; luego, con la represión, la voluntad revolucionaria trata inicialmente de protegerse, de aislarse. Sin embargo, la corrupción social, las enfermedades, la mariguana, la soledad revolucionaria dirigen la fuerza de esa voluntad contra ella misma y la fuerza se vuelve destrucción: "se sentía bruscamente cambiado como si sus ideas y su sensibilidad se hubieran vuelto al revés; quería ser tan grosero y tan vicioso como todos los que le rodeaban".[18] La degradación se agudiza y llega hasta un grado insuperable: Juan Rivera renuncia no sólo a sus ideas sino también a su humanidad. Hasta aquí la novela no ha sido propiamente una narración, sino una caracterización de un personaje en búsqueda de su razón moral. Pero en este punto, Ramón Puente por primera vez atiende a la narración. Juan Rivera se encuentra con un antiguo condiscípulo y admirador suyo de cuando él era el mejor orador de Zacatecas. Carlos Luis Pinar le ofrece a Rivera un trabajo en un periódico y éste no duda en aceptar. En la tertulia periodística, Juan Rivera encuentra parientes de su desilusión, y con uno apellidado Calvillo inicia una complicidad de fracasados: "Este nuestro México, le decía Calvillo, es una casa de vecindad, y no te olvides, Juanito, el periódico es un observatorio de donde todo puedes ver si tienes ojos, y una feria de vanidades que te enseñará a distinguir lo verdadero de lo falso. Se acabaron los tiempos de tomarlo para defender nobles ideas, ahora es negocio que hay que saber organizar".[19]

La entrada al periódico significa para Juan regresar a la comunidad, y es ahí donde Juan escucha las voces jóvenes que anuncian una revolución: "¡Pero revolución, hermano! que dará al traste con todo este aparato de patrañas, de fariseos...".[20] Y la travesía regresa a su punto de partida, con escepticismo, pero con renovada esperanza y con renovado odio por el dictador: "Sus odios por él se habían apaciguado; pero de improviso volvía a odiarlo con frenesí, como recordando que a él le debía todo su desquiciamiento moral". Y se une a la multitud que se dirige a la casa de Porfirio Díaz aquel 11 de abril de 1911 a exigirle su renuncia, o simplemente a repudiarlo. Pero "cuando vio partir los automóviles y oyó las imprecaciones y los insultos del populacho sintió un alto desprecio por la cobardía de las multitudes, por su inconsciencia y volubilidad. Eran las mismas turbamultas que aplaudían ayer al caudillo y parecían contentas con la paz, y ahora reventaban de odio y de venganza".[21]

Puente no narra la revolución maderista, ni acontecimiento alguno de la presidencia de Madero. Se limita a mencionar que Juan, a imitación de muchos, se desilusiona muy pronto del nuevo régimen: "Haciendo un examen de conciencia encontraba justificada su conducta, porque también eran los mismos métodos, la misma protección a los paniaguados y parientes, las mismas vanidades, los mismos vicios en la justicia, en los códigos, en las cárceles; y por último, hasta el mismo ejército para poner a raya la verdadera rebelión que había sido sofocada en su cuna".[22]

Que Juan Rivera haga un examen de conciencia y llegue a esa conclusión, no significa que Ramón Puente esté necesariamente de acuerdo con él, por moralista que sea el autor. No obstante, en ese momento la prosa de Puente delata su nerviosismo, su ansia de terminar; es como si en ese momento se le hubiera escapado a Puente el dominio de la escritura y se desesperara por emitir un juicio propio, que desmintiera la lógica de su personaje: "Encerrado en el tugurio del periódico [...] no se daba cuenta del aire de libertad que se respiraba por todas partes [...]".[23] Es cierto, Juan Rivera no se daba cuenta, no se daba cuenta... ¿de qué? ¿No era

Puente acaso el que se engañaba? ¿Acaso no sabía de las imposiciones de gobernadores, de diputados, de senadores, del nepotismo obvio y descarado? Puente lo sabía, pero la veracidad de esos hechos, que desmentían la libertad "que se respiraba por todas partes", sólo era pertinente en un discurso: el de los fracasados. Y por verdadero que fuera este discurso, para Puente lo que importaba era el emisor, la validez moral del emisor.

Después de un largo y penoso recorrido, la vida de Juan Rivera regresa a su punto inicial, un punto inicial consumado: la revolución ha dejado de ser un deseo y se ha vuelto un hecho. No obstante, de regreso a la fuente de la esperanza, el personaje ya no puede recuperar su fuerza, ni siquiera para destruirse... Tiene que llegar el cuartelazo a derrumbar el repudiado régimen para que Juan Rivera regrese a su posición de rechazo e intente recuperar su dignidad moral: ante los festejos soeces de los asesinos de Francisco Madero, José María Pino Suárez, Gustavo Madero, Adolfo Bassó, la fuente moral de Juan Rivera se rebela y hace su último intento de reivindicación: en una cantina del centro se pelea con varios partidarios del golpe militar y los insulta e incluso mata a uno de ellos. Finalmente, Juan Rivera llega a su redención y su redención (no por nada muere como mártir) es cristiana al mismo tiempo que revolucionaria: en esos momentos últimos, antes de que lo fusilen como a un delincuente cualquiera, Juan Rivera piensa en la repetición de la Revolución francesa: "No quiere dar su verdadero nombre, se obstina aferradamente en llamarse Dantón [...]".[24] Se coloca serenamente en el lugar que le señalan en el patio y se regocija de que esté amaneciendo justo antes de que lo maten: "esa alborada era su extremaunción de idealismo, porque volvía a tener fe en que vendrían otros días mejores, no sólo para México, sino para todos los pueblos que sufrieran bajo la presión de cualquier tiranía, o de cualquier egoísmo: aristócrata, religioso, plutócrata. Sí, aquel iba a ser en el mundo el siglo de las revoluciones; como cuando Cristo redimió las conciencias, como cuando Francia proclamó los derechos humanos. ¡De buena gana entonaría una Marsellesa universal!"[25]

Veinte años después, para final de su novela, Ramón Puente recordó aquella Marsellesa del 30 de agosto de 1913 en Matamoros, con la que se había iniciado en serio su vida revolucionaria. El principio de su vida histórica fue el final que él escogió para su personaje: era como si, en retrospectiva, Puente reconociera que su personaje había sido finalmente la fuente de su propia fuerza moral y jacobina, que para él eran la misma cosa. Con su sacrificio, Juan Rivera le dio sentido a la intransigencia de su autor.

Paradójicamente, pocos como Ramón Puente fueron villistas hasta el final y más allá del final, y pocos como él se apegaron a la verdad histórica, incluso en sus datos más dolorosos.

El 30 de agosto de 1913

En 1781, por decreto real, se hizo "adjudicación y merced por vía de venta a Don Antonio de Urízar, de seiscientos cuarenta y ocho sitios de ganado mayor en la Colonia de Nuevo Santander, entre las villas de San Fernando y Reinosa [...]".[1] La transmisión de la propiedad de esos terrenos durante el siglo XIX fue muy complicada; pero esos vericuetos no afectan esta historia. En todo caso, podemos comenzar en 1884, cuando un notario, en un juicio de sucesión, aplicó los terrenos a los hermanos Antonio, Octavio y Carlos del Conde.[2] Menos de cinco años después, lo que llegó a conocerse como la La Sauteña empezó a desintegrarse y a pasar a manos de dueños más emprendedores que los hermanos Del Conde. En 1888, los hermanos Noriega, Indalecio Sánchez Gavito, Demetrio Salazar y M. Ibáñez y compañía compraron la tercera parte de los sitios. Fue una desintegración, sí; pero fue también una reintegración en otra concepción de la propiedad raíz. Los hermanos Del Conde parecían responder al prototipo del viejo rentista de manos muertas; mientras que los Noriega, los Sánchez Gavito, los Salazar y otros que se irían agregando querían incorporarse a un proceso de desarrollo capitalista de la tierra que se estaba ya anunciando del otro lado de la frontera.

En el lado mexicano, la compañía agrícola La Sauteña quiso emular las empresas de acaparamiento y de explotación que estaban proliferando en el lado norteamericano. El paralelismo con la empresa de Ed Lasater en el condado de Falfurrias, centro de la región del río Nueces, es sorprendente, pues ambos emporios se construyeron a partir de enormes adjudicaciones de tierras hechas por la corona española antes de la Independencia de México.

Y así como Ed Lasater se aprovechó de la bancarrota de los propietarios mexicanos acosados por el fisco estatal, que gravaba tendenciosamente las tierras para favorecer a los anglosajones, los compradores iniciales de los terrenos de La Sauteña no quitaron tampoco el dedo del renglón y aprovecharon todas las ocasiones que les dio la debilidad de los hermanos Del Conde, quienes tuvieron que ceder 35 sitios al estado de Tamaulipas por falta de pago de impuestos.[3] Pero después le prometieron al general Rómulo Cuéllar que le venderían seis sitios, y otros diez los comprometieron con el licenciado Sánchez Gavito, y así todos los compradores iban juntando sus predios para formar una nueva compañía. A fines del siglo XIX, la antigua hacienda La Sauteña se desmoronó y con sus mismos fragmentos se fue formando la compañía agrícola del mismo nombre. En 1904 llegó el tren a Brownsville y se prolongó por territorio mexicano, de Matamoros a Reinosa: precisamente por el centro de los predios recién adquiridos por los Noriega, por Sánchez Gavito, por Salazar y por Cuéllar. Y luego la línea del tren se prolongó de Reinosa hasta Monterrey y de ahí hasta la ciudad de México: súbitamente los fragmentos de La Sauteña se volvieron preciosos, y para reforzar su valor los socios decidieron apoderarse del resto de la propiedad, todavía en manos de los hermanos Del Conde. El 20 de mayo de 1907 se constituyó legalmente la sociedad anónima de La Sauteña y para entonces Íñigo Noriega ya había desplazado a sus propios hermanos y a Demetrio Salazar: entre él y Sánchez Gavito acapararon 99 500 acciones de las cien mil emitidas por la compañía, y las quinientas restantes las ofrecieron a Fernando Pimentel, a Luis Barroso Arias, a Íñigo García Borbolla y a otros dos socios.[4]

Dos años después, el 20 de octubre de 1909, estos socios celebraron un contrato con la compañía de Swanson, Brooks y Rowson para la construcción de canales de irrigación en la parte norte de la hacienda, es decir, a lo largo del río Bravo.[5] Este paso fue el decisivo en la apreciación de las tierras de La Sauteña colindantes con el río Bravo: al iniciarse las obras de irrigación y al asegurarse el apoyo de la Secretaría de Fomento —que concedió generosas dotaciones de aguas en el río Bravo, en el San Fernando o de las Conchas y en el San Juan—, los socios se prepararon para emprender el verdadero negocio: el fraccionamiento de terrenos de regadío para la colonización, de preferencia con propietarios extranjeros. El 15 de noviembre de 1910, cinco días antes del estallido de la revolución maderista, la compañía de La Sauteña cambió de nombre a Compañía Agrícola de Colombres y al mismo tiempo se creó la Compañía Agrícola del Río Bravo, S.A. Esta última se volvía dueña de la parte norte de los terrenos de La Sauteña, del 50% de las aguas que se le habían concedido a ésta en el río San Juan y de las obras de irrigación realizadas por contrato con Swanson, Brooks y Rowson.[6]

En esta nueva compañía, Íñigo Noriega, Fernando Pimentel e Indalecio Sánchez Gavito aceptaron la participación de tres nuevos socios: Telésforo García, Eutimio Cervantes y José Zubieta.

La revolución maderista no interrumpió el curso de los procedimientos legales que los socios continuaron presentando a la Secretaría de Fomento para afinar la dotación de agua, la distribución de los pueblos, la localización de las tomas de agua. El 27 de mayo de 1911, la Secretaría reconoció la legalidad de todos los documentos de la Compañía Agrícola del Río Bravo;[7] y el 19 de diciembre del mismo año, con Madero ya en el poder, la Secretaría ratificó "la aportación en la forma en que se ha aprobado".[8] Finalmente, el 30 de abril de 1912, el Secretario de Fomento, R. L. Hernández, tío de Madero, celebró un nuevo contrato con la compañía para "someter a cultivo de riego una superficie de cien mil hectáreas", de las cuales veinticinco mil se fraccionarían y venderían a colonos extranjeros o nacionales, según lo considerara la compañía, con previa autorización de la Secretaría de Fomento. Estas veinticinco mil hectáreas se pagarían, con créditos hipotecarios, al gobierno mexicano a razón de 225 pesos por hectárea; y a cambio de ello, el gobierno se comprometía a prestarle a la compañía cinco millones de pesos para la irrigación de las cien mil hectáreas; a eximirla durante diez años de gravámenes en la importación de aperos, útiles de labranza, herramienta, materiales de construcción, semillas y ganado reproductor y de trabajo; y a otorgarle otras concesiones menores.[9] El negocio era redondo, sobre todo porque al mismo tiempo la compañía estaba logrando del Banco Central Mexicano un préstamo de dieciséis millones de pesos.

Si durante los años de composición de la enorme empresa se incorporaron como socios Porfirio Díaz y su sobrino Félix, es un hecho del cual no tengo pruebas. Los documentos legales que conozco no dan ningún indicio de que ellos tuvieran intereses en la empresa.

Fuera como fuera, la *vox populi* decía que el Presidente, su hijo y su sobrino estaban involucrados en la empresa. Existe también la posibilidad de que éstos hubieran sido dueños de predios vendidos por la Compañía Agrícola del Río Bravo, aunque los convenios con el gobierno estipulaban que los terrenos no podían ser mayores de trescientas hectáreas. Y trescientas hectáreas era una dimensión ridícula de terreno para considerar a la familia Díaz como parte decisiva de la empresa. No se puede descartar la posibilidad de que los Díaz hubieran comprado una buena cantidad de esos lotes con prestanombres, para evitar así la sanción de la ley. ¿Con esos lotes Félix Díaz formó la llamada Hacienda de Los Borregos? ¿Y por qué Blanco pensó en la Hacienda del sobrino y no en los terrenos del tío para hacer su reparto agrario? El valor político y simbólico hubiera sido mayor. Pero también la *vox populi* decía que entre los dueños de La Sauteña estaban los hermanos Del Conde y los hermanos Noriega. Y la voz popular se equivocaba porque los primeros ya no eran dueños de casi nada en la hacienda: todo lo habían vendido a los socios de la Compañía Agrícola del Río Bravo; y de los segundos, Íñigo Noriega había quedado solo, pues había desplazado a sus hermanos Remigio e Ignacio. Si la voz popular se equivocaba en esas atribuciones de propiedad, no se equivocaba al señalar que las grandes haciendas del estado de Tamaulipas estaban todas en manos de españoles: excluyendo a los Díaz, el resto de los dueños de La Sauteña eran españoles puros; y también lo eran las familias Montesinos, Cuéllar, López, San Román y González, que poseían el resto de las grandes haciendas tamaulipecas.

Cuando terminé de contarle esta parte de la historia de La Sauteña, José Emilio, el amigo presente desde el inicio de este libro, se quedó en silencio por unos minutos. El cielo se había nublado y estábamos caminando por una calle de Coyoacán, a merced de la lluvia que insistía en cerrarnos el paso, ya muy cerca de lo que había sido el sanatorio Urrutia. Antes de cruzar una bocacalle, José Emilio me detuvo y me dijo: "Por lo que dices, parece deducirse que Íñigo Noriega fue el gran prestanombres de la familia Díaz. Sólo así se entiende la rapidez con la que adquiría haciendas en todas partes de la República. Además, ahora se sabe que él y el yerno Ignacio de la Torre pagaron el Cuartelazo de la Ciudadela, e incluso alquilaron todos los taxis del sitio de la Alameda. Hay que tener en cuenta, además, que en la época corría el rumor de que Félix Díaz no era sobrino, sino hijo de don Porfirio".

Su observación me dejó con la inquietud de revisar las relaciones familiares de la casta porfirista, de las que yo no sabía nada. Sin embargo, por ahora no he hecho nada de eso, y lo he pospuesto para otro momento...

La estación de Río Bravo, donde Blanco se había detenido para preparar su ataque a Matamoros, era mejor conocida en la región como Colombres, donde todos sabían que estaba uno de los principales cascos de la hacienda La Sauteña. Al crearse una nueva compañía, llamada Del Río Bravo, el nombre del pueblo había cambiado, y también la suerte de los rancheros de la región. Para regularizar los terrenos de La Sauteña, los socios de la compañía pidieron la confiscación de muchos terrenos y la expulsión de muchos pequeños propietarios que no tenían títulos de sus predios.

A principios del siglo XX estaban en litigio los 118 sitios de la orilla del río Bravo que formaban parte de la hacienda en 1798, los cien que estaban al sur y que la hacienda había vendido entre 1833 y 1844, justo antes de que se declarara la Independencia de Texas y durante el periodo de disputa sobre la región al norte del río Bravo; y todos los sitios colindantes con el perímetro de la misma Sauteña.[10] La "regularización" de los límites de La Sauteña no había sido sino un pretexto para despojar a los pequeños propietarios asentados a la orilla del río Bravo y en las cercanías de otras fuentes de agua importantes.

Pero La Sauteña no había perdido nunca un caso de litigio, y en eso también coincidían la realidad y la voz popular.

La Sauteña tenía aproximadamente 702 mil hectáreas de extensión, es decir, aproximadamente dos millones de acres o, lo que es lo mismo, entre siete y ocho mil kilómetros cuadrados. En otras palabras, ella solita ocupaba el diez por ciento del territorio del estado de Tamaulipas.[11] En 1910, la Compañía Agrícola del Río Bravo se convirtió en propietaria de cien mil hectáreas de La Sauteña, en el extremo norte de ésta, con el fin de introducir en ellas una agricultura industrializada gracias al sistema de riego que desde 1907 construía una compañía norteamericana. Los dueños de ambas compañías siguieron siendo los mismos y lo único que cambió fue el propósito de hacer un rápido negocio, y bueno.

Por supuesto, nada de esto hubiera sido pensable si no hubiera llegado el tren a Brownsville en 1904 y si la línea no se hubiera trazado de Matamoros hacia Monterrey, siguiendo el cauce del Bravo hasta Mier, donde la vía doblaba bruscamente hacia el sur, despues de pasar por Colombres.

Ésa era la situación de la región el 11 de mayo de 1913, cuando Lucio Blanco llegó a la población de Río Bravo, sede de la compañía agrícola del río Bravo. Un mes después ya había tomado Matamoros y estaba preparando el primer reparto agrario de la Revolución Constitucionalista, instalado como Aníbal en las delicias de Capua, según la certera expresión de Ramón Puente: "Efectivamente, una Capua hasta cierto punto fue Matamoros para Blanco. Se descansaba ahí con tanta placidez de aquel clima enervante; llegaban tantos amigos y partidarios que los días corrían insensibles; la mesa era abundante y la alegría reinaba en los corazones. Era tiempo hasta de pensar en algo grande que dejara marcada la huella de aquel triunfo. Entonces se tuvo el pensamiento de resolver prácticamente el problema agrario".[12]

Múgica, a su vez, anotó en la entrada de su diario correspondiente al 16 de julio de 1913 que Manuel Urquidi había llegado a Matamoros, procedente de Piedras Negras, donde unos días antes lo había encontrado y lo había invitado a colaborar con los proyectos de reforma de Lucio Blanco. "Es una joya de radicalismo revolucionario; muy trabajador y ardentísimo paladín de la repartición de tierras. Vamos a dividir la Sauteña, la Hda. de Rosendo Cuéllar y Río Bravo. Queremos que los pobres vean prácticamente cumplidos sus deseos de evolución económica. Quién pudiera darme el gozo de ir a mis montañas michoacanas y darles a mis indios sus bosques y a mis gañanes sus praderas. Está visto que lejos de mi pueblo es donde puedo tener alas y ser poderoso lejos de los míos."[13]

Blanco hizo el primer reparto agrario de la Revolución Constitucionalista. Venustiano Carranza se disgustó porque consideró violados los términos del Plan de Guadalupe; pero sobre todo porque se prescindía de su autoridad. Además del disgusto del Primer Jefe, Blanco se ganó la admiración y el respeto y la imitación de muchos revolucionarios. Aquel 30 de agosto de 1913, ya de noche, hubo serenata en Matamoros, y mientras la gente "llenaba los andadores del jardín" y en la cantina se emborrachaba la alegría, "Blanco tranquilamente se paseaba del brazo de su madre [...]".[14] Quería ser todo al mismo tiempo: hijo amoroso, espléndido hermano, revolucionario ejemplar, político honrado, militar audaz, cortés con las damas, complaciente con las putas, compasivo con sus soldados, juicioso con sus superiores, conciliador con sus enemigos.[15]

Fue el primer reparto agrario de la Revolución Constitucionalista, pero ¿su importancia se limitó a esa primacía? La leyenda oficial, gobiernista, de este hecho ha usado este argumento para exaltar su propia legitimidad revolucionaria. Quizás su importancia provino de que, al volverse ejemplar, se impuso a la iniciativa de otros comandantes como Eugenio Aguirre Benavides, a quien reprendió Carranza por repartir tierras en La Laguna. ¿O la capacidad ejemplar del hecho valió por sí misma, como símbolo de lo que fue capaz una revolución en sus inicios? Puede ser, eso es lo que parecen decir, mudamente, las expresiones de los militares y civiles que aparecen en las fotos de la ceremonia. Pero otros revolucionarios, y tan radicales como Lázaro Gutiérrez de Lara, parecieron darle más valor al hecho de que fueran tierras de Félix Díaz las confiscadas por Blanco.[16]

Quizás valió por sí mismo, sin consideraciones exteriores de ninguna clase: el reparto agrario de Blanco benefició a los campesinos que recibieron las tierras divididas de la hacienda de Los Borregos. Y punto. Pero ¿qué tanto repartió?, ¿cuántos fueron los beneficiados?, ¿qué proporción de la tierra de la hacienda pasó a manos de los campesinos?

En el Fondo Lucio Blanco que se conserva en el Archivo General de la Nación, y que parece contener todos los documentos pertinentes de ese reparto agrario, se pueden encontrar doce planos de tierras fechados el 30 de agosto de 1913. Parece, por ello, que fueron doce los beneficiados en el reparto de Blanco aquella tarde, aunque en una fotografía que lleva escrita la leyenda "los que recibieron los títulos" sólo aparezcan once.

Doce planos de tierras... Sin embargo, existen en el mismo fondo veinte cuestionarios fechados antes del 30 de agosto, y dos con fecha, respectivamente, de primero y 12 de septiembre del mismo año. Los cuestionarios servían para conocer las necesidades de los campesinos de la zona y como una forma de solicitud de tierras. ¿Se otorgaron terrenos a los otros diez solicitantes? No hay ninguna prueba de ello.

En uno de los cuestionarios se anotó que al solicitante se le concederían veinte hectáreas. Pero a ninguno de los doce beneficiados del 30 de agosto se le otorgaron más de trece y media, ni menos de once hectáreas. En total, ese día Lucio Blanco otorgó a los doce campesinos apenas 151.1 hectáreas.[17]

No tengo datos directos sobre la hacienda Los Borregos. En el censo de 1910 aparecía registrado un rancho Los Borregos, pero se le localizaba en el municipio de Reynosa, y no en el de Matamoros, y se consignaba que en ese rancho vivían solamente nueve personas.[18] En la lista del censo de propiedades rurales de aquel año no aparecía ninguna hacienda, ni rancho alguno con ese nombre. Por lo demás, tampoco aparece nada con ese nombre en numerosos mapas de la época que he consultado. ¿Quiere eso decir que Félix Díaz compró la hacienda después de 1910 o que simplemente estaba registrada con otro nombre? En el mismo censo, el nombre de Félix Díaz no estaba entre la lista de propietarios de la zona de Matamoros.

En varios cuestionarios se decía que la hacienda de Los Borregos se conocía también como La Canasta y Chiquihuites.[19] Y en el aviso de la Comisión Agraria nombrada por Blanco sobre la terminación de sus trabajos se establecía claramente que se repartiría una parte de la hacienda que se conocía también con el nombre de San Vicente del Chiquihuite y La Canasta.[20] Esta observación es importante. Justo al oriente de Matamoros había un enorme predio que pertenecía a La Sauteña llamado Vicente de los Chiquihuites, y según un mapa poseía doce sitios de ganado mayor.[21]

Así pues, la hacienda Los Borregos (a la que muchos campesinos insistían en llamarla también hacienda de Las Borregas) tenía dos predios distinguidos tradicionalmente por los labriegos de la zona y que aparecían con esos nombres en el registro de la propiedad del estado; estos dos predios sí formaban parte de La Sauteña, y todos coincidían en atribuir su posesión a Félix Díaz: el *Brownsville Herald* del lunes primero de septiembre de 1913 mencionaba con naturalidad, al describir la ceremonia del sábado anterior, que el rancho localizado a quince kilómetros al este de Matamoros pertenecía en efecto a Félix Díaz.[22]

En el censo de propiedades rurales de 1910 aparecía Antonio Longoria como dueño de un terreno de ochocientas hectáreas que aparentemente estaba dividido en tres partes: San Vicente, El Chiquihuite y La Canasta. Se atribuían estas tres propiedades al municipio de Matamoros, y lo más curioso es que a San Vicente se le clasificaba como hacienda y a La Canasta como rancho, pero éste tenía más habitantes que aquélla.[23]

Reunidos todos los datos que he encontrado hasta ahora, en los censos, en diversos mapas de la época, en el Fondo Lucio Blanco del Archivo General de la Nación, en el informe de la Comisión Agraria fundada por Pablo González en abril de 1914 y en las actas notariales de la hacienda La Sauteña hasta 1911, resulta probable que ciertas atribuciones de nombres no fueran muy precisas ni completas, y casi seguro que la hacienda Los Borregos era el predio llamado San Vicente de los Chiquihuites (según el censo de propiedades rurales) o la hacienda de San Vicente (en el censo de población). Todo indica, pues, que Félix Díaz sí pertenecía a la empresa de La Sauteña, y que cuando ésta se constituyó como compañía agrícola la familia Díaz se incorporó al negocio con distintos testaferros. ¿Longoria era el testaferro de Félix? Es muy probable. De lo que no cabe duda es que había varios Longoria con posesiones en la zona y que uno de ellos, llamado Mauricio Longoria, según queja del campesino Antonio Quintanilla, "hacía uso" ilegal de un rancho de éste, frente al río Bravo.

Por otro lado, la atribución de ochocientas hectáreas concuerda también con la atribución del mapa que se encuentra en el Archivo de Manuel W. González, en donde aparece anotado que ese predio tenía doce sitios de ganado mayor: la conclusión es que la hacienda Los Borregos no era muy grande y que las hectáreas repartidas por Blanco comprendían apenas la quinta parte de ella.

Si esto es cierto, entonces la importancia de la acción de Blanco, si tuvo alguna, no se debe buscar en las dimensiones de la tierra repartida, sino tal vez en las modalidades del reparto. En los títulos de propiedad se estipulaba que el beneficiario "no podrá enajenar, ni gravar de manera alguna el lote de terreno que en virtud de este título adquiere, sino en el tiempo, a las personas, y en los casos especiales que especificará la ley que al efecto se expida". Además, el recipiente, "en compensación a los beneficios que recibe de este fraccionamiento, conviene en devolver al Supremo Gobierno la cantidad que éste invierta en la porción de terreno a que este título se refiere". Finalmente, en la cláusula séptima, se establecía que el terreno era inembargable.[24]

¿Estas condiciones eran ya guías de una próxima legislación o se establecían de acuerdo a conceptos ya conocidos o previstos en la legislación vigente? Curiosamente, en su historia de la reforma agraria en México, Andrés Molina Enríquez no citó este reparto hecho por Blanco; y en cambio se atribuyó a sí mismo, como miembro de la Comisión Nacional Agraria, formada a partir del Decreto carrancista del 6 de enero de 1915, la iniciativa para otorgar el primer ejido de la Revolución: "[...] y unos cuantos días después de haber tomado [yo] posesión de ese cargo, la Comisión acordó se diera, en el Distrito Federal, en Ixtapalapa, el primer ejido de la Revolución".[25] Más importante aún, sobre todo para el agudo sociólogo que era Molina Enríquez, con ése y los siguientes ejidos —pocos en verdad— que la Comisión otorgó "se resolvieron todas las cuestiones de principios y de procedimientos que debían formar en lo sucesivo, la jurisprudencia de la materia agraria".[26]

Los repartos de Molina Enríquez —guiados por principios explícitos en el decreto carrancista— no pretendían de ninguna manera "revivir las antiguas comunidades, ni [...] crear otras semejantes".[27] Y para ello el decreto establecía con mucha claridad que "la propiedad de las tierras no pertenecerá al común del pueblo, sino que ha de quedar dividida en pleno dominio [...]".[28] En el horizonte estaba, pues, la ya vieja y muy practicada convicción liberal de que las comunidades indígenas eran un obstáculo para el desarrollo de la modernidad en el país, pues el sentido de propiedad indígena se oponía al individualismo básico liberal. Pero Luis Cabrera, el autor del decreto, y Molina Enríquez, quizás su inspirador y en todo caso su mejor comentarista, no tenían ninguna intención de olvidarse de las lecciones de la historia, por malas que éstas fueran: de hecho, no parecían entender nada de la solución de continuidad entre esa decisión liberal de individualizar la propiedad raíz y el despojo de las tierras que estaba en el fondo de la rebelión. No obstante, ambos recordaban muy bien, como lo señalaba el mismo decreto, que después de la Revolución de Ayutla al repartirse *"legalmente [...] los ejidos y fundos legales de los pueblos"* (eufemismo para hablar de la destrucción de la propiedad comunal en "divisiones en pleno dominio") sólo se había propiciado el acaparamiento de las tierras por ávidos especuladores, particularmente extranjeros.[29] En consecuencia, decidieron colocarse en un punto intermedio, inspirados por legislaciones agrarias de Europa y de los Estados Unidos, y no abandonaron la perspectiva de la devolución de los ejidos: esta postura no podía ser más ambigua, ya que los ejidos tenían sentido como propiedad comunal, y la nueva legislación carrancista no quería regresarle a la categoría del ejido su calidad comunitaria sino sólo su calidad de inembargable o inenajenable.

Cabrera y Molina Enríquez no sólo estaban, pues, en un punto intermedio de las legislaciones extranjeras, también estaban en un punto intermedio de la misma categoría que pretendían utilizar como remedio del problema agrario. Es decir, en un punto ambiguo. Y eso por varias razones: eran unos liberales demasiado tercos que no querían ir al fondo singular de la historia de la propiedad en México y la terquedad no les dejaba ver que no tenían una idea muy clara, históricamente, de lo que era el ejido, como lo demuestra Molina Enríquez en *La Revolución Agraria de México*; y por añadidura, tenían miedo de ser verdaderos reformadores, en vez de meros restauradores...

Así pues, Molina Enríquez no tenía por qué citar el reparto de Blanco porque éste se incluía en un proyecto común a varios planes de reforma agraria de la época que tenían como idea central *la creación de la pequeña propiedad*. Éste fue el límite conceptual que no pudo rebasar la mayoría de los reformadores. Y es a partir de ahí donde se debería comenzar el análisis de la reforma agraria durante la Revolución. Además de recuperar la historia del ejido (que nadie, ni Molina Enríquez, se propuso hacer en serio), habría que confrontar todos los proyectos, porque sólo de ese confrontamiento puede resurgir el movimiento de las ideas, de los conceptos y sobre todo de los deseos de los campesinos. Ese movimiento se detuvo, por así decirlo, con esa idea de la pequeña propiedad y con la copia de la ley del *homestead*. Por mi parte, ese confrontamiento lo dejo para otro momento.

Es cierto que las cláusulas de los títulos de propiedad que repartió Blanco fueron un antecedente de lo que la ley carrancista estipularía año y medio después. En ellas, se reafirmaban los principios básicos de la propiedad privada ("pleno dominio" y no propiedad del "común del pueblo") y además se establecía la calidad inembargable de los terrenos.

Sin embargo, en el reparto de Blanco había varios elementos decisivos que es necesario destacar. Comencemos por el menos radical: los terrenos repartidos se agregaban a los terrenos ya poseídos por los campesinos y por lo tanto éstos no eran propiamente beneficiarios sino "adquirentes", es decir, los campesinos tenían que pagar la tierra, aunque a precios muy reducidos y con grandes facilidades. Con ello, Blanco parecía reconocer que su reparto no era la salvación de campesinos carentes de tierras, sino un medio de mejorar su situación. De hecho, en los veintidós cuestionarios hechos a los interesados en recibir tierras y que se encuentran depositados en el Fondo Lucio Blanco, ninguno de los sujetos respondió afirmativamente a la pregunta explícita de si había sido despojado de sus tierras. La mayoría pedía un terreno que le permitiera sembrar en mejores condiciones y solucionar su situación precaria. Por eso era importante el dictamen del ingeniero Guillermo Castillo Tapia, quien en su informe a la Comisión Agraria, anotaba que se debía conceder a los campesinos "tierras de arriba y abajo", para sembrar algodón y maíz respectivamente. El informante seguía explicando que las tierras de abajo eran superiores porque en ellas la inundación se hacía suavemente, "aprovechándola la siembra sin regadío"; y concluía diciendo que se debía conceder a los campesinos lo que pedían y que los terrenos de monte se hicieran propiedad comunal.[30]

Este último punto era inusitado en la perspectiva liberal de la propiedad. Y con él tenía que ver un elemento fundamental del manifiesto en el que Lucio Blanco anunciaba el reparto de tierras; elemento que el autor mismo del manifiesto nunca volvió a mencionar, y elemento que nunca elaboró ninguno de los miembros de la Comisión Agraria, la cual no lo tuvo para nada en cuenta al elaborar los machotes de los títulos de propiedad.

En su manifiesto, Blanco señalaba los principios ya mencionados que aparecerían en la legislación carrancista del 6 de enero de 1915; pero iba más allá (o regresaba a una institución que estaba más atrás en el tiempo, según se quiera) al declarar que para la repartición "se ha designado un terreno en las márgenes del río Bravo que abarca una extensión considerable cuyos lindes se fijará muy pronto *y donde podrá establecerse una verdadera Colonia Militar que organice y proteja a los pequeños propietarios* [...]".[31] Con esta declaración, Blanco se incluía entre los jefes y los líderes que pretendían revitalizar una forma de organización social típicamente fronteriza. El más notable de todos esos jefes era Pancho Villa, cuyo sueño último —no debe olvidarse— era cubrir todo el territorio nacional con colonias militares. La propiedad de la tierra en las colonias militares tenía el régimen individual y el régimen comunal, pero la función del individuo en ellas era esencialmente colectiva, social: sin un comportamiento común, la Colonia Militar perdía su especificidad.

Finalmente, hay que señalar que la ceremonia del 30 de agosto pretendía ser, sin duda, meramente simbólica de lo que prometía ser un reparto de numerosos lotes. Ahora bien, en el Fondo Lucio Blanco sólo encontramos dos cuestionarios posteriores a esa fecha. ¿Se siguió repartiendo la hacienda Los Borregos? El aviso de la Comisión Agraria, en el cual ésta anunciaba el fin de sus actividades y el inicio del reparto, estaba fechado el primero de septiembre, es decir, se daba a entender que los doce títulos ya concedidos dos días antes eran apenas signos premonitorios del verdadero reparto, del verdadero acto trascendental con el que Blanco pretendía colaborar en la solución de "uno de los grandes problemas que será el eje de la prosperidad nacional: la repartición equitativa de la tierra".[32]

Así pues, la acción de Blanco fue más que todo simbólica, pues no hay noticia de que el reparto continuara en los meses siguientes. Aun así, introdujo categorías de enorme novedad e importancia, que por desgracia quedaron inadvertidas por los posteriores legisladores. Pero uno de los principales culpables de la infertilidad de esas ideas y de esos actos fue el mismo Blanco. Nunca quiso insistir en la claridad de los conceptos: su reparto no estaba incluido en la labor restauradora de la Revolución, pues no pretendía devolver los segmentos de tierra tradicionalmente asociados con el patrimonio de los pueblos (a pesar de que las leyes liberales hubieran decidido quitarles su carácter comunal). En ese sentido, Blanco proponía, indirectamente, la reflexión sobre los regímenes de propiedad y sobre las diferentes posibilidades de solución del problema agrario de acuerdo con los distintos tipos de terreno.

Desgraciadamente, esa reflexión no se realizó, y no fue excusa la distracción de la lucha armada, ya que se redactaron varios planes agrarios en los momentos más agudos de la contienda. Sin embargo, estos planes no fueron pensados como partes de la lucha, no fueron elaborados arrancando las ideas de los actos concretos de la guerra social donde el pueblo afirmaba sus deseos y sus venganzas.

El 7 de abril de 1914, Pablo González nombró a Luis G. Cervantes presidente del Comité Agrario del estado de Tamaulipas. Y Cervantes, a su vez, escogió como miembros de la comisión a, entre otros, Manuel Urquidi, Eduardo Beaven, Antonio Villarreal Cerda, Arturo Lazo de la Vega, Celestino Garay, Antonio Persiviche, Octaviano Sosa... En mes y medio de estudios y reuniones, la comisión llegó a tener una idea más o menos clara de la "situación económica" de las propiedades rurales del estado y pudo ofrecer conclusiones y proyectos de leyes.[33] Las consideraciones se reducían fundamentalmente a dos: la necesidad de fragmentar las grandes propiedades y la urgencia de "satisfacer el anhelo nacional de crear la pequeña propiedad". En esta última conclusión, la comisión introdujo la recomendación aún más urgente, "como una medida política de momento para ratificar las tendencias revolucionarias, de repartir tierras a los que las soliciten" y de hacerlo inmediatamente.[34]

Los proyectos de leyes no eran fruto de la mente colectiva de la comisión: ésta hacía suyos los proyectos sugeridos por dos de sus miembros, el ingeniero y topógrafo Eduardo Beaven y el también ingeniero Manuel Urquidi. Sin embargo, parece claro que éste último era el de mayor influencia política: ya lo había sido en el reparto de Blanco y lo sería de nuevo en la Comisión formada por Pablo González. A éste le interesaba probar de manera inmediata a los soldados constitucionalistas que las promesas de los jefes no eran en vano. En el caso de Blanco, la intención había sido la misma, pero había quizás una diferencia: la demagogia de Blanco era menos cínica que la de Pablo González, y una de las pruebas fue que ninguno de los doce recipientes de tierras del 30 de agosto era soldado, a pesar de que hubo varios soldados que sí solicitaron un predio. Y aunque Manuel Urquidi fue en ambas operaciones una figura decisiva, el estilo de la Comisión Agraria de 1914 siguió más el espíritu de su jefe superior, Pablo González.

González era un maestro de la mentira y de la manipulación en beneficio de la autoridad. También fue un maestro de la conspiración, y lo probaría dos años después, en 1916, con su apoyo desde Cuernavaca a la segunda etapa del Plan de San Diego. Pero nadie mejor que él, entre los jefes más importantes de la Revolución, para engañar a los soldados y para ocultar las debilidades de la autoridad. Todos los jefes importantes cometieron alguna falta grave de insubordinación contra su autoridad, todos. El caso de Jesús Agustín Castro fue especial, porque a propósito de él Pablo González dejó por escrito juicios reveladores de su actitud.

El 10 de enero de 1914, Pablo González le ordenó a Jesús Agustín Castro que le entregara el mando general de las tropas que asediaban Tampico a Luis Caballero y que él se retirara a Xicoténcatl, para darle descanso a sus tropas. A los pocos días de cumplir la orden, Castro, para compensar lo que él consideraba un desaire y seducido por las adulaciones de su estado mayor, se autoascendió a general de brigada. Enterado González del hecho, envió a Castro un telegrama ordenándole que se presentara en menos de tres días en el Cuartel General de Matamoros. Pero Castro no obedeció. El general en jefe se dirigió entonces a Luis Caballero y a Cándido

Aguilar para que por la fuerza pusieran a Castro en un tren si éste no lo hacía de propia voluntad. A su llegada al puerto fronterizo, Castro fue arrestado junto con su Estado Mayor, y el mando de sus tropas se confió al coronel Navarrete. Desde la cárcel Castro recurrió a Carranza, pero éste dejó en manos de González el asunto, aunque les informó a los arrestados que podían dirigirse a la Suprema Corte de Justicia Militar que se encontraba en Hermosillo. Para entonces, ya sólo había tres acusados: Castro, el teniente coronel Juan Jiménez y Méndez, y el mayor Zeferino Muñoz. Las pesquisas previas al juicio duraron cerca de diez días y las actas se entregaron a Pablo González, quien debía nombrar una comisión para que rindiera el dictamen... La comisión se integró y empezó inmediatamente a deliberar, pero antes de entregar su veredicto intervino Pablo González para aplicar la solución que siempre utilizó en los casos de indisciplina de sus generales.[35] Para cumplir con las formalidades y con sus prerrogativas de general en jefe, había ordenado inicialmente la investigación y hasta el juicio. Con eso quería demostrar su autoridad ante los rebeldes y ante los soldados. Obedeciendo su sentido de la autoridad, y sobre todo de la autoridad ante esas tropas formadas con miembros de la plebe y con campesinos primitivos, González no podía castigar a los generales que eran los jefes natos de esas tropas. Por lo tanto, actuaba con la mayor blandura posible contra los jefes insurreccionados, pues, como lo dijo en el caso de Castro, era la mente de su Cuartel General "simular solamente los correctivos radicales en los jefes que cometen falta, para evitar que la indisciplina y los malos precedentes vengan a perjudicar la severa organización militar que está procurando establecer en todos los miembros del Cuerpo de Ejército del Noreste". En consecuencia, se hizo de la vista gorda también en el caso de José Agustín Castro: González ordenó que se suspendieran todas las deliberaciones en contra de Castro, que se archivaran los documentos, que sólo se le amonestara y que se le devolviera su cargo. A los dos acusados menores, el teniente coronel y el mayor del Estado Mayor de Castro, sí los destituyó, ya que alguien tenía que ser culpable.[36]

Claramente, a González le parecía más tolerable el motín de un caudillo que una rebelión popular, y ejerció todos los medios para que las tendencias de la Revolución Constitucionalista y luego las de la carrancista se definieran en ese sentido: la promoción del poder del caudillo en detrimento de la autonomía de las tropas y de una toma de conciencia popular. No era un propósito puramente militar, era un programa social bien arraigado en Pablo González. Y así, lo mismo que había hecho en el caso de la insubordinación de Castro quiso hacerlo con la medida política de repartir tierras inmediatamente: engañar a las tropas y a los campesinos con acciones deliberadamente ambiguas y transitorias que después se podían revocar.

Entonces, como ahora, se simplificaban todos los elementos que concurrían a la solución del problema agrario: no se explicaba con claridad los regímenes de propiedad, los distintos tipos de terreno, históricos y geográficos. Se dejaba en la confusión los trámites de transferencia de la propiedad y el arreglo de muchos elementos auxiliares pero claves en la vida agraria. La simplificación era un método para ocultar la ignorancia y la incapacidad para resolver el problema.

Para los que estaban dispuestos a dejarse convencer por meras apariencias, bastaban las fotos y la propaganda de que en Matamoros se había hecho el primer reparto de tierras; para los campesinos, la realidad era otra: las tierras no se las habían regalado, las tenían que pagar, y el título de propiedad no les facilitaba ni los aperos de labranza, ni las semillas para la cosecha, ni dejaba con claridad estipulado el derecho sobre las aguas. El reparto había sido una mera venta de terreno en condiciones ventajosas.

La Revolución era todavía lo que los leguleyos, sobre todo capitalinos, decidían. Por lo demás, todos estaban dispuestos a dejarse engañar, todos querían engañarse, de muy buena gana, y seguir creyendo, siempre, que ahí comenzaba la verdadera reivindicación campesina de sus tierras y sus derechos. Hasta un radical anarquista como Lázaro Gutiérrez de Lara quiso engañarse, y no le costó trabajo exagerar. Al pie de la famosa foto en la que Blanco está firmando los títulos de propiedad mientras Urquidi le entrega el suyo a un campesino del que sólo vemos la espalda y entretanto Francisco Múgica toma notas o apunta nombres a espaldas del general, Gutiérrez de Lara escribió: "El general Blanco firmando títulos de los 73 mil acres de la hacienda confiscada a Félix Díaz, cerca de Matamoros". Sin embargo, no quería dejarse engañar tanto, pues agregó: "Después de confiscarla, se hizo el reconocimiento de esta hacienda y se dividió en parcelas que se vendieron a los peones a precios nominales".[37] Es discutible la última frase: "a precios nominales", pues no sabemos exactamente a cuánto compró, ni a cuánto vendió Lucio Blanco los predios repartidos. Pero no sólo esa frase era engañosa: todo el párrafo lo era, pues no existe ningún documento que pruebe que Blanco confiscó toda la hacienda, ni que se "dividió en parcelas" en su totalidad.

Lo triste de este hecho, sin embargo, es que apenas ocho meses después, el nombre de Lucio Blanco y la fecha del 30 de agosto de 1913 no aparecían ni por alusión, y ni por equivocación, en el dictamen de la Comisión Agraria de Tamaulipas, que se formó por orden de Pablo González. Más triste aún es que tampoco aparecieron en ninguno de los informes que rindieron los distintos comités de investigación al presidente de la Comisión. Era como si nunca hubiera sucedido nada. Era como si además esas omisiones anunciaran la conducta de todos los regímenes presidenciales del futuro, hasta la fecha: cínicos, olvidadizos, engañosos, autoritarios, investigan la historia y no encuentran los hechos que no quieren encontrar: así hizo la comisión de Pablo González.

Es cierto, a fines de 1915, Carranza ratificó el reparto de Blanco, pero se limitó a confirmar los doce títulos entregados ese 30 de agosto, y por lo tanto invalidó de un plumazo lo que se suponía que iba a ser el verdadero reparto. Este gesto confirmó en parte el carácter simbólico del acto de Blanco, y también confirmó su limitación real. A Carranza no le molestaba dar títulos de símbolos, lo que no quería dar eran los títulos de propiedad que rompieran con el régimen establecido. Por eso en esos días en que reconfirmaba el acto de Blanco también se preocupaba mucho para que se devolvieran todas las haciendas y propiedades confiscadas a sus "verdaderos dueños".

Sí, quizás la frase de Múgica en su diario fue un poco exagerada: "Vamos a dividir la Sauteña, la Hda. de Rosendo Cuéllar y Río Bravo. Queremos que los pobres vean prácticamente cumplidos sus deseos de evolución económica".[38] Era la medida de sus sueños, de sus deseos. Y también de su ignorancia.

232

La razón ideológica

Casi como una leyenda, se ha trasmitido de generación en generación de historiadores que Carranza destituyó a Lucio Blanco de su mando en Matamoros porque éste hizo el primer reparto de tierras de la Revolución Constitucionalista. Casi como leyenda, porque nadie ha querido probar tal aseveración. Extrañamente, a todos ha convenido. Y si los defensores incondicionales de Carranza, como Barragán, han rechazado la versión, el rechazo se ha considerado como una confirmación de la veracidad de la leyenda, porque estos defensores a su vez no han ofrecido razón alguna de la destitución de Blanco. A todos ha convenido; sobre todo a los historiadores serviles, que han querido justificar la propaganda de los gobiernos "revolucionarios" y demagogos, y han manipulado la leyenda para destacar la supuesta conquista de la reforma agraria (aunque por el tono de los sirvientes del régimen muchas veces parece que la repartición de tierras es más un favor que un derecho). No obstante, para los historiadores oficiales, la primera repartición de tierras se hizo en contra de los deseos mismos del inspirador político de la Revolución Constitucionalista. Y de esa manera, la falsa historia de la redención ha quedado siempre bien presentada: hubo reforma agraria y sigue habiendo reforma agraria, y la Revolución sigue en pie como lo estuvo desde el principio, a pesar de que supuestamente se hubiera opuesto a ella el mismísimo Primer Jefe. Así la reforma agraria se ha vuelto casi un proceso natural, como respirar. Y en Lucio Blanco se exalta la figura del visionario, del precursor, del redentor, del alma noble y justiciera... Pura palabrería, como la de Armando de Maria y Campos en su biografía del Boyardo de la Revolución.[1]

Pero los historiadores críticos y revisionistas también han caído en la trampa, y no porque se hayan dejado engañar por la demagogia, sino porque los cantos de las sirenas ideológicas los han fascinado. En la revisión de la leyenda revolucionaria, han hecho hincapié en la perspectiva conservadora de Carranza: éste no quería que se realizara ningún tipo de reforma social y Blanco fue contra la política del Primer Jefe al repartir las tierras de la hacienda Los Borregos. En consecuencia, Carranza le hizo pagar su desobediencia removiéndolo de su cargo. De estos historiadores el que más careció de sentido crítico fue Adolfo Gilly: "La reacción de Carranza fue violenta. Ordenó a Lucio Blanco suspender toda nueva medida de reparto de tierras, lo relevó de su mando trasladándolo a otra región y nombró en su lugar al general Pablo González, futuro masacrador de campesinos [...]".[2]   Pero la reacción de Carranza no fue violenta y no le ordenó a Lucio Blanco suspender nada porque Lucio Blanco ya no pensaba repartir más tierras. Además, Carranza no relevó a Blanco de su mando; le dio a Pablo González un puesto que Blanco no tenía y se lo dio *dos meses* después del reparto agrario. Y si luego Blanco perdió la jefatura de la plaza de Matamoros fue porque en Sonora ya andaba contemplando la posibilidad de quedarse. El nombramiento de Teodoro Elizondo como jefe de armas de Matamoros ¿fue parte de la causa de que Blanco se quedara en Sonora o fue una consecuencia de una decisión ya tomada por él? No lo sabemos. Pero sin duda, con ese nombramiento, a Blanco ya no le quedaba otra opción, si regresaba a Matamoros, que entrar directamente en campaña, pues por alguna extraña razón había suspendido todo tipo de actividad militar durante casi seis meses. Y eso sí le costó la pérdida de poder.

Al enjuiciar el caso Blanco, Arnaldo Córdova es más mesurado que Gilly, pero también se equivoca. Habla, sí, de la versión que en su *Historia del Ejército Constitucionalista* dio Barragán del resentimiento de Blanco por el nombramiento de Pablo González como Jefe del Cuerpo de Operaciones del Noreste, y no deja de agregar: "parece ser que Carranza no estuvo dispuesto a tolerar que sus subordinados pasasen en ningún momento sobre la línea política que se había trazado".[3] Y lo agrega a pesar de que unas líneas antes había citado otra declaración del mismo Barragán, transcrita —sin referencia bibliográfica alguna— por Armando de Maria y Campos en su biografía de Blanco, y que era una declaración en la cual Barragán dijo que, en efecto, a Carranza le pareció inaceptable la repartición de tierras. Pero Córdova no incluyó en su cita ni las líneas anteriores ni las posteriores a la declaración, ahí donde Barragán decía que Carranza "no quiso hacer ninguna declaración pública desaprobándolo, ni tampoco dirigió oficialmente documento alguno al general Blanco en ese sentido"; ni tampoco nulificó el acto: por el contrario, lo ratificó en noviembre de 1915.[4]

En un nivel inmediato, se puede ver que Córdova, con las fuentes que él mismo cita, podía poner al menos en duda su interpretación ideológica. En el libro de Barragán y en el de De Maria y Campos hay datos suficientes —aunque no directos— que apuntan a una explicación más concreta de la reacción de Carranza: el conflicto con la iniciativa de Blanco era de autoridad. Si Carranza quería formar un gobierno que tuviera credibilidad, las esferas de autoridad se tenían que respetar estrictamente. En ese sentido, la declaración de Barragán es muy clara: "Se limitó a enviar a uno de sus secretarios particulares, el licenciado Jesús Acuña, a entrevistar al general Blanco, para hacerle saber que no estaba en sus atribuciones, como jefe militar, abrogarse facultades que sólo eran del resorte de la Primera Jefatura [...]".[5]

Carranza acababa de llegar a Sonora, donde nadie le aseguraba que sería obedecido y donde las pugnas por el poder local estaban en un punto crítico y amenazaban con detener todas las operaciones militares. Una de las tareas urgentes de Carranza era crear un gobierno que pudiera presentarse como la autoridad legal y alternativa del gobierno de Huerta; y la primera configuración de ese gobierno no tenía en sí misma ninguna fuerza de autoridad: "Cuando en Hermosillo comenzaron a crearse las oficinas superiores de la Federación, parecía que aquello no era serio y que los ministros en embrión no llegarían nunca a desarrollarse".[6]

La explicación ideológica es uno de los síntomas de una enfermedad que rebasa con mucho el ámbito del caso Lucio Blanco. Es la enfermedad que se podría denominar "la razón de la supremacía ideológica". Muchas historias de la Revolución, escritas en libros llenos de referencias documentales o habladas en las mesas de cafés o proclamadas en discursos o insinuadas en artículos periodísticos o presupuestas en conversaciones incidentales, basan su lógica argumental en explicaciones que ya tienen un aire de evidencia natural. La pugna entre Villa y el mismo Carranza; la derrota villista en Celaya; la destitución de Blanco por Carranza, todos estos hechos tienen sus explicaciones legendarias que se perpetúan como se perpetúan las acciones reflejas y que se pueden trasmitir hasta genéticamente. Sin duda, el deseo de perpetuar esas leyendas tiene a su vez una razón —nada natural, en este caso— que se debería indagar.

Por ahora, me limito a señalar que la atribución a Carranza de una razón ideológica para destituir a Blanco es un síntoma inequívoco de que ciertas posiciones abstractas son más verosímiles que los hechos. En efecto, en el esquema de las explicaciones sociológicas más recientes es fundamental resaltar como motivaciones profundas de los hechos las actitudes derivadas del origen de clase, de las convicciones políticas y de los intereses económicos de los personajes. Por lo tanto, el silogismo sociológico, en este caso, es perfecto: Carranza no propuso reformas sociales en el Plan de Guadalupe; Lucio Blanco realizó un reparto de tierras sin permiso de Carranza; ergo, Carranza le retiró el mando a Blanco porque éste repartió tierras abusando del silencio de aquél. Es perfecto, pero falso. En este caso la sociología no puede ofrecer una explicación tan nítida del hecho. Es cierto, Carranza no estuvo de acuerdo con la decisión de Blanco de repartir tierras; es cierto también que le hizo saber su disgusto; pero es mentira que de ahí dedujera la necesidad de destituirlo. Las interpretaciones sociológicas sobre la ideología conservadora de Carranza son más o menos correctas, pero en la relación de éste con Blanco durante 1913 intervinieron muy secundariamente. Fueron causa de ciertas decisiones muy importantes del Primer Jefe, quizás más importantes que la remoción misma de Blanco, pero no fueron directamente la causa de ésta.

Carranza tuvo mucha paciencia con Blanco, y éste aprovechó esa paciencia para agotarla y burlarla con plena conciencia de lo que estaba haciendo.

Blanco, según parece, por todos los indicios de su actividad pública, tenía un grave defecto: no sabía incorporar sus convicciones políticas a sus decisiones militares. En el caso contrario, su incapacidad era mayor aún: aplicar sus decisiones militares a sus ideas fue siempre para él una tarea imposible, trágicamente imposible. Por separado, la política y la guerra le presentaban opiniones siempre muy claras: sabía cómo y cuándo emprender una batalla; sabía por qué y dónde realizar una reforma social. Pero su talento era incapaz de discernir qué se requería para que sus ideas políticas decidieran el curso de su actividad militar y cómo su carrera militar podía iniciar los trámites para realizar sus ideas. Esa doble incapacidad le dio la gloria y la perdición.

Comienzo de la dispersión

Y se hizo el reparto agrario. Militarmente, sin embargo, Blanco seguía inactivo y se estaba quedando solo. Su carisma personal le tenía ganada la incondicionalidad de sus tropas, es cierto; pero había perdido la íntima confianza de sus oficiales más cercanos, quienes sin dejar de admirarlo ya no le obedecían. Entre ellos estaban Francisco J. Múgica, Andrés Saucedo, Jesús Garza, Samuel S. Vázquez, los cuales, aunque muy diferentes entre sí, muy pronto demostraron todos su incapacidad militar... Además, el grupo de los políticos atraídos por la toma de Matamoros no tenía la cohesión necesaria para formar una verdadera fuerza de influencia, pues entre ellos mismos había diferencias básicas e insalvables: Fausto Garibay tenía inclinaciones anarquistas que Ramón Puente podía compartir mientras no se aplicaran a hechos o a planes o a grupos concretos y que Federico González Garza no aceptaba desde ningún punto de vista.[1] Luis G. Malváez era un liberal acendrado, y Guillermo Castillo Tapia podía ser cualquier cosa mientras sirviera para epatar a la concurrencia en turno. Por lo demás, el Caballero Tigre o el Último Mosquetero, como se le llamaba, era "el amigo predilecto del general Lucio Blanco, hermanados como parecían estar, por una misma y deliciosa espiritualidad".[2] La carrera revolucionaria de Castillo Tapia tendría momentos de inteligencia desconcertante, de ridiculez sublime y de inverosímil servilismo. Ojalá nos lo encontremos más adelante.

Este periodo de inactividad militar desesperó sobre todo a los jefes de brigada, que no necesitaron quejarse con Carranza para que éste reprendiera a Blanco en varias ocasiones.[3] En efecto, Lucio Blanco no sólo se había negado a participar con todas sus fuerzas en el ataque a Nuevo Laredo, también se había mantenido al margen de las operaciones llevadas a cabo por Pablo González y Jesús Carranza. Más aún, Blanco no parecía tener ningún interés en ampliar su zona de influencia militar: convirtió a Matamoros en una especie de pequeño universo para sus escasos experimentos sociales y abandonó todas las otras empresas. Y no le importó que fueran momentos críticos para la Revolución.

Ramón Puente, que lo conoció entonces y que supo percibir sus movimientos más secretos, definió magistralmente esta etapa de la vida de Blanco: de Napoleón mexicano para quien Matamoros hubiera podido ser como Marsella lo fue para el francés, se convirtió en un Aníbal, "que se perdía en las delicias de Capua". Vuelvo a citar la descripción de Puente:

"Efectivamente, una Capua hasta cierto punto fue Matamoros para Blanco. Se descansaba ahí con tanta placidez de aquel clima enervante; llegaban tantos amigos y partidarios que los días corrían insensibles; la mesa era abundosa y la alegría reinaba en los corazones. Era tiempo hasta de pensar en algo grande que dejara marcada la huella de aquel triunfo. Entonces se tuvo el pensamiento de resolver prácticamente el problema agrario".[4]

Y pasó otro mes y Blanco siguió desobedeciendo las órdenes cada vez más lejanas de Carranza de que reiniciara la campaña. Pues Carranza iba rumbo a la Sierra Madre Occidental con el fin de llegar a El Fuerte, Sinaloa, e iniciar una larga estadía en Sinaloa y Sonora, donde se necesitaba de su agudeza política para unificar las facciones del estado y para solidificar el gobierno nacional provisional.

A pesar de su inactividad, los contingentes de Blanco siguieron creciendo. A principios de septiembre se calculaba que en total había en el norte de Tamaulipas casi cuatro mil hombres, distribuidos de la siguiente manera: en Matamoros, Blanco tenía bajo sus órdenes directas mil trescientos; Caballero, seiscientos treinta; Cesáreo Castro, cuatrocientos cincuenta; y el teniente coronel Abelardo Menchaca, doscientos más. Cerca de Matamoros, en Las Rusias, el coronel Jesús Garza tenía doscientos. El coronel Saucedo tenía cuatrocientos cincuenta bajo su mando en Camargo, donde también estaba el mayor Gustavo Elizondo con doscientos. Y finalmente, en Mier estaba el mayor Teodoro Elizondo con ciento cincuenta y cinco. Según el testimonio de un norteamericano, Múgica había tenido doscientos hombres bajo sus órdenes, pero los habían despachado a reforzar el contingente de Jesús Carranza en Piedras Negras.[5]

Por desgracia, Blanco nunca quiso atravesar la barrera que se levantaba entre él y sus soldados y que estaba compuesta por jefes regionales como Cesáreo Castro, como Luis Caballero, como Abelardo Menchaca, como Teodoro Elizondo... Las relaciones de Blanco con todos ellos se habían deteriorado hasta un punto cercano a la ruptura violenta. Ni Cesáreo Castro, ni Teodoro Elizondo, ni Jesús Agustín Castro, ni Luis Caballero caminaban de acuerdo con Blanco por una razón común y por muchos motivos particulares.[6] Cada uno de ellos tenía ambiciones personales que se veían menoscabadas por la pasividad del general. Jesús Agustín Castro estaba ansioso por recibir el grado de general de brigada, después de habérsele concedido el de general brigadier; Luis Caballero quería apoderarse de la capital de su estado; Cesáreo Castro no ocultaba su deseo de militar independientemente con su brigada. Y la actitud de Blanco iba en contra de todas esas ambiciones.

La mayor desgracia era que Blanco había verdaderamente despertado la decisión de morir por una causa en muchos peones de las haciendas de Tamaulipas, en muchos trabajadores agrícolas mexicanos de los ranchos texanos y en otros tantos mexicano-texanos que rompieron con mayor convicción que nunca los límites de la frontera por seguir a Blanco.

Ese crecimiento le dio una fuerza a la estadía de Blanco en Matamoros que por desgracia ni siquiera él mismo percibió con claridad. Si él hubiera podido mantener coherente esa fuerza, se hubiera convertido en el general más importante de la Revolución. Pero esa función era demasiado definida para su indecisión. A Blanco nunca se le ocurrió que el mejor remedio para decidir en las situaciones que lo abrumaban era apoderarse de las situaciones e imponerse las alternativas que él podía dominar. Blanco nunca concibió qué tan cerca estaba el poder de él. Y lo dejó pasar.

De tal manera que cuando llegó la noticia a Matamoros, el 5 de octubre de 1913, no se desmoronó ningún poder, pues desde hacía tiempo Blanco lo había perdido: ese día Carranza nombró a Pablo González Jefe del Cuerpo de Ejército del Noreste.[7] Con ese nombramiento, Pablo González se convertía en el comandante de todas las tropas que operaban en Coahuila, Nuevo León y Tamaulipas. Si Blanco no la esperaba, la noticia de cualquier manera no podía sorprenderlo. Nadie mejor que él sabía el poco caso que había hecho a todas las reconvenciones de Carranza. Con una suerte de fatalidad, parecía que había esperado y atraído la noticia con desesperante pasividad.

Es cierto que sus oficiales pretendieron sorpresa y protestaron fidelidad absoluta a su liderazgo, pero él mismo había dejado escapar de sus manos el poder. No había nacido para entenderlo, ni para ejercerlo; había nacido, sin embargo, lo suficientemente orgulloso para no soportar la autoridad de un personaje tan mediocre, según él, como Pablo González. Y hacia Sonora se fue a remediar lo irremediable. O quizás se fue sabiendo desde el principio que estaba huyendo del desprestigio que ese nombramiento le causaba y que no volvería nunca a Matamoros si no recuperaba el poder que con tanta elegancia había paseado, del brazo de su madre, por las calles de Capua.

Blanco fue a Sonora pero no pudo convencer a Venustiano Carranza que le retirara a Pablo González su nombramiento como jefe del Cuerpo de Ejército del Noreste. Sus argumentos eran contundentes y premonitorios: González era un militar disciplinado, trabajador, empeñoso, terco; pero no tenía talento de estratega ni don de mando. Con ese talento y ese don se nacía, según Blanco; y González no los iba a adquirir por más poder que se le diera. Y nunca los adquirió, en efecto.

Carranza seguramente pensaba que Blanco estaba dotado naturalmente para ser un gran estratega, pero que no tenía don de mando: muchas quejas le habían llegado de la desorganización de las tropas de Blanco y de la indisciplina de los jefes que estaban bajo su mando en Matamoros. Prefería, pues, tener a un general poco talentoso, pero que al menos obedecía al pie de la letra las órdenes y que estaba dispuesto a disciplinar a sus subalternos pasara lo que pasara.

Blanco preparó su regreso a Matamoros con evidente enojo y Carranza se le adelantó enviándole una carta a Pablo González para reiterarle que Blanco quedaría bajo su mando, que Luis Caballero debía ser nombrado Comandante Militar y Gobernador de Tamaulipas y que Teodoro Elizondo debía asumir el mando de la guarnición de Matamoros. Blanco regresaba a Tamaulipas sin poder alguno y quedaba bajo la autoridad de González, de Caballero y de Teodoro Elizondo, en ese orden.[1]

Seguramente Blanco estaba todavía en Sonora cuando se enteró de los últimos nombramientos y le fue bastante claro que en Matamoros se volvería subalterno de los que muy poco antes recibían órdenes suyas. Entonces, a fines de noviembre decidió quedarse en Sonora y no regresar a Tamaulipas con su autoridad y su dignidad disminuidas; y, renunciando a su orgullo, le solicitó a Carranza que le permitiera "armar una fuerza para ir a expedicionar a Jalisco y algunos otros estados del centro".[2]

¿Esta fuerza expedicionaria fue formalmente independiente del Cuerpo de Ejército de Álvaro Obregón? En el Escalafón del Ejército Constitucionalista aparecía en efecto como una fuerza con atributos propios.[3] Aún así, no cabe la menor duda que la misma campaña la convirtió en una parte del Cuerpo de Ejército del Noroeste cuyo jefe superior era Obregón. Era sin duda un destacamento de vanguardia, y a veces muy de vanguardia, pero no dejaba de ser parte de aquel aparato militar. Esta situación ambigua en el mando de esa fuerza, que llegó a ser de muy importantes dimensiones, permitiría que Blanco tuviera esa función tan especial que cumplió durante los meses críticos de agosto y septiembre de 1914 en la ciudad de México.

Si Carranza se arrepintió de su decisión, no quedan pruebas directas de ello; sí quedan muchas indirectas de que quiso en lo posible corregir, sin dar su brazo a torcer y sin reconocer explícitamente su error, las debilidades de Pablo González. Por desgracia, Carranza recurrió inescrupulosamente a medidas drásticas que no afectaban al general, que era el culpable de la situación, sino a aquellos que no querían obedecer las órdenes de éste, muchas veces absurdas. Cuando Carranza instruyó a Pablo González que aplicara todo el rigor de la disciplina a contingentes que operaban libremente en el sur de Nuevo León y de Coahuila, y en San Luis Potosí; y que, dada la necesidad, los declarara fuera de la ley, estaba tratando de remediar la incapacidad de organización de Pablo González sin entrar en conflicto directo con él.

No sé si Blanco se arrepintió de la suya; sin embargo, muchas decisiones que tomó después indicaban que probablemente le halagaban las noticias de las dificultades que provocaba su antigua brigada a los planes de campaña de Pablo González y los rumores de las insubordinaciones de varios jefes que a él le hubieran obedecido sin chistar. Y es que a Blanco le gustaba que lo extrañaran. Consecuentemente, había en él una tendencia muy imperiosa a hacerse de rogar, a dejar que lo solicitaran con insistencia, a realzar su presencia con su ausencia. Era capaz de echar a perder una ceremonia o una campaña si de pronto le surgía la necesidad de ser extrañado. Se puede decir que su decisión de quedarse en Sonora obedeció en gran parte a esa necesidad: en determinado momento sintió que recibía más satisfacción pensando en todo lo que sus soldados iban a extrañarlo que actuando junto a ellos, pero bajo las órdenes de otro general en jefe. No hubiera sido raro que esperara un pliego petitorio firmado por todos los hombres de su tropa suplicándole que regresara. Tampoco hubiera sido raro que en algún delirio romántico imaginase que toda su brigada tamaulipeca, desobedeciendo a la superioridad, abandonaría su campo de operaciones y se presentaría en Nogales para ponerse a sus órdenes. Quizás por eso, antes de tomar la resolución de quedarse en Sonora, anunció varias veces su regreso a Matamoros y lo suspendió otras tantas para mostrar públicamente que su relación con Carranza era muy tensa;[4] y para manipular desde lejos los sentimientos de sus soldados. Ésos fueron siempre los recursos teatrales de Blanco para darse a querer o para solicitar de los otros declaraciones de fidelidad o de admiración. Como dijo Ramón Puente con entusiasmada economía: "Lo perdía una condescendencia y lo fascinaba una caricia".[5]

La decisión de Lucio Blanco de permanecer en Sonora causó en varios jefes que se habían unido a él por su prestigio y por su carisma un sentimiento de abandono, y hasta cierto punto de engaño. Y después, cuando Pablo González nombró a Andrés Saucedo jefe de la brigada, de irritación. No obstante, los pliegos firmados por cientos de soldados pidiéndole a Blanco que regresara nunca se redactaron y la brigada, en cambio, sí se fue descomponiendo poco a poco a causa de la irremediable mediocridad de su nuevo jefe.

En varias cartas a Carranza, donde daba cuenta de la desintegración de la brigada Blanco, Pablo González lamentaba el hecho. Pero muchos otros documentos prueban que sus palabras no eran siempre la expresión inequívoca de sus actitudes, ni de sus opiniones; y que era más importante el contraste de sus lamentos con la lista de fracasos, de actos de indisciplina y de fraudes del jefe de la brigada a quien él mismo había nombrado. Porque nadie que hubiera meditado sobre la mejor manera de destruir la brigada Blanco hubiera podido encontrar una medida más eficaz que el nombramiento de Andrés Saucedo como su nuevo jefe. A Saucedo nadie lo quería. O más bien nadie lo respetaba. Se parecía demasiado a Blanco en sus indecisiones; y se distinguía lo suficiente de él para que nadie pudiera admirarlo como a su antiguo jefe.

A principios de 1914, cuando varios destacamentos sitiaban Nuevo Laredo, la brigada Blanco dejó pasar por su territorio los refuerzos federales necesarios para que la plaza no cayera en manos constitucionalistas. Después de este fracaso, del cual Saucedo fue en gran parte responsable, ya ni Pablo González quería mantenerlo en el puesto que él mismo le había dado. Pero era demasiado tarde; ahora sólo le quedaba el remedio de convencer a Carranza para que éste le ordenara a Saucedo que se presentase en Sonora y de aprovechar su ausencia para suplirlo.

Si Pablo González era un desastroso estratega y organizador militar, su astucia lograba a veces sutilezas desconcertantes. ¿Era astuto o verdaderamente sincero cuando declaraba que, en vista de que él no había reclutado la brigada, no se sentía en libertad de disolverla? Con esa declaración de inocencia la dejaba en manos de Saucedo y sabía que el destino de ese cuerpo de dimensiones muy importantes era la disolución: González prefería perder una fuerza formidable a mantener un grupo virtualmente disidente que podía desenmascarar las deficiencias de sus planes.

Una semana después de la derrota en Laredo, Saucedo le informó a González sobre la nueva composición de la brigada Blanco: el regimiento Libres del Norte del teniente coronel Gustavo A. Elizondo tenía doscientos hombres; el regimiento Libres de la Frontera, bajo el mando del teniente coronel Abelardo Menchaca, tenía cien; el 2o. Cuerpo de Carabineros de San Luis Potosí, a las órdenes del mayor Prisciliano Flores, contaba con doscientos soldados; el regimiento Mariano Escobedo, con cincuenta plazas, bajo el mando del mayor José T Cantú; y finalmente un regimiento de artillería, que había desertado del ejército federal por iniciativa de su jefe, el mayor Federico Montes, tenía 72. En total, de la brigada Blanco quedaban 622.[6]

Mientras esperaba la respuesta de Carranza y antes de que Saucedo hiciera mal uso de la artillería, el general González decidió asignar al regimiento de Federico Montes otra comisión, con lo cual consumó la desintegración de la brigada.[7] Quiere decir que, para el 20 de enero de 1914, ya no quedaba sino la cuarta parte de lo que había sido una de las brigadas más poderosas del Ejército Constitucionalista.

La reorganización de la brigada Blanco indicaba que Saucedo se había distanciado definitivamente de Francisco Múgica; hecho nada raro, ya que éste, desde antes que Blanco partiera a Sonora, despreciaba a Saucedo, de quien decía que era "apasionado y necio" y a quien veladamente acusaba de robar los dineros de la Revolución.[8] Múgica, desde el nombramiento de Saucedo como nuevo jefe de la brigada, había fomentado los deseos separatistas de muchos jefes. Su labor culminó con la reorganización de otra brigada, anunciada el 10 de enero en una reunión que se realizó en su casa de ciudad Mier, el 29 de ese mismo mes. Este día, tres contingentes resolvieron su separación de la brigada Blanco y acordaron crear un regimiento al que llamaron Unidos de Nuevo León y Tamaulipas. Los contingentes fueron: el 2o. regimiento de Nuevo León (con cerca de cien hombres) bajo el mando del mayor José Cabrera; parte del primer regimiento de Nuevo León (con 130 hombres) a las órdenes del mayor Gregorio Morales Sánchez; y el regimiento Libres del Norte (con cien hombres) mandado por el capitán Antonio López. Para culminar la reunión, se nombró jefe "nato" del regimiento al teniente coronel Francisco J. Múgica y se aceptó depender del general brigadier Cesáreo Castro para su participación en las operaciones militares.

El nombramiento de Múgica estaba condicionado, por supuesto, a la aprobación de Pablo González; pero aun si éste no lo aceptaba, en el acta de la sesión se le advertía claramente que Múgica "de todos modos vigilará y se interesará por los intereses del Regimiento y sus miembros".[9]

La brigada Blanco había dependido de la presencia de su jefe nato para guardar su cohesión; y su actividad estaba condicionada por la naturaleza regional de la lucha. Cuando Blanco desapareció, cuando se hizo imposible limitar al estado de Tamaulipas las acciones militares y cuando un coahuilense asumió la jefatura de los planes de guerra, la brigada se desintegró.

Pero no fue sólo una desintegración, fue también como una descomposición orgánica en la que todos sus elementos degeneraron y algunos de ellos perecieron. Otros se transformaron y otros más entraron en un estado de vida latente.

Ésas fueron las condiciones que permitieron la formación de cuerpos militares que se identificaban con sus jefes aunque éstos operaran a cientos de kilómetros de distancia y con otras tropas; que mantenían complicidades subterráneas; que perpetuaban metas regionales, secretas y muchas veces utópicas, por encima o por debajo de los avatares de la lucha nacional.

El hecho fue de suma importancia, pues cuando Blanco llegó a la ciudad de México, en agosto de 1914, muchas de sus tropas de Tamaulipas se agregaron a su nueva Fuerza Expedicionaria reclutada por la orilla occidental del país. Y con esa reunión, Blanco se volvió otra vez una figura de capital importancia.

En 1913, Blanco se fue de Matamoros, para no volver. No volvió tampoco en 1915, cuando pudo haber iniciado casi otra revolución, en conjunción con la efervescencia que el Plan de San Diego preveía, adivinaba, sentía. Sí volvió en 1920, huyendo de los sonorenses que acababan de dar un golpe de estado al gobierno de Venustiano Carranza. Y cerca de ahí, víctima de sus indecisiones, de su inocencia política, casi de su ingenuidad, fue asesinado dos años después.

Silvino García

Silvino García fue herrero, ferrocarrilero, sindicalista, poeta, tribuno, periodista, militar. A casi todos los oficios llegó como por casualidad; pero los practicó todos con apasionamiento. Y con un sentido muy propio de la conformidad. El 12 de septiembre de 1875, nació Silvino en el rancho de la Peña, muy cerca de Saltillo. De su padre sabemos que se llamaba Diego García, y María Ignacia Alvarado su madre, de quien también se dice que era "muy, muy humilde".[1] Desde la adolescencia Silvino se inició en la herrería en un taller de carrocería de Saltillo; oficio que especializó cuando con la emigración de sus padres a Estados Unidos se incorporó a un taller de los ferrocarriles de Laredo, Texas.[2]

Silvino fue un hombre de frontera; y, en su caso, de una frontera turbulenta, presa de corrientes encontradas. A esa situación, Silvino respondió también con actitudes encontradas: desmesura, intensidad en la rebeldía y en el conformismo. Antes de los treinta años, Silvino ya era mecánico ferrocarrilero y ya era conocido como defensor de los derechos obreros. Al mismo tiempo, era un hábil orador jacobino, que en las ceremonias de las sociedades mutualistas lucía su devoción por los mitos y las imágenes de la Revolución francesa. No sé si participó en la fundación de la importante Unión de Mecánicos Mexicanos en 1900; pero sí es seguro que para 1908 era presidente de la sucursal número 9 de ese sindicato, sucursal que tenía su sede en Monterrey.[3] Para ese mismo año era también un decidido poeta cuyos versos exaltaban la condición del obrero y del oprimido: en la ceremonia realizada en Monterrey el 28 de agosto de 1908, para festejar el octavo aniversario de la fundación de la Unión de Mecánicos, Silvino leyó una poesía suya...[4]

Y difundía el periodismo de oposición vendiendo publicaciones antiporfiristas como *El Mundo* de Ignacio Martínez, y los periódicos de Paulino Martínez: *El Chinaco* y *El Monitor Democrático*; periódicos para los cuales también escribía. Más tarde llegó a ser editor de un periódico al que llamó *El Mañana*. Eleuterio Reyna patrocinó económicamente el periódico de Silvino, así como había apoyado *El Monitor Democrático* que Paulino Martínez editó en San Antonio, Texas, hasta poco antes de los tratados de Ciudad Juárez y después de que el régimen de Porfirio Díaz cerrara la imprenta de sus otros periódicos, *La voz de Juárez* y *El Chinaco* (segunda época).[5]

De periodista de oposición a correligionario maderista no había que dar ningún paso, era el mismo paso con diferente pie: así que en San Luis Potosí, Silvino fundó el club Mariano Jiménez para apoyar la candidatura de Madero y de Vázquez Gómez y, después, cuando fue necesario, "con espíritu de disciplina la modificó a Madero-Pino Suárez".[6]

Y nunca abandonó la poesía, a pesar de practicarla esporádicamente, pues su primero y único libro de poemas (con textos en prosa) lo publicó hasta 1912 en Brownsville. Se titulaba *Irradiación*, estaba dedicado "a todos los que de alguna manera tomaron parte en la gloriosa revolución maderista", y se había imprimido, muy adecuadamente, en una imprenta llamada El Porvenir.[7]

No puedo precisar en qué momento llegó Silvino a la actividad militar. Pero existe la posibilidad de que participara, todavía un adolescente que estaba a punto de cumplir dieciséis años, en la rebelión de Catarino Garza, que se inició el 15 de septiembre de 1891. La posibilidad depende de las actividades de un empeñoso oposicionista de Porfirio Díaz, el periodista Paulino Martínez, quien parece que sí colaboró con Catarino en su rebelión.

Los escasos y frágiles datos sobre Silvino García nos dicen que difundió los periódicos de Martínez *El Chinaco* y *El Monitor Democrático*. Pero, de creer el testimonio de la viuda de este último, *El Chinaco* tuvo dos épocas: una justo antes de la incursión armada de Catarino en 1892 y otra alrededor de 1909.[8] ¿En cuál de estas épocas colaboró Silvino con Martínez? La respuesta, tentativa, la daría otro dato: que Silvino también ayudó a la distribución de *El Monitor Democrático*, que tuvo sólo una época, la de San Antonio, Texas, entre fines de 1910 y principios de 1911.

Si el testimonio de la viuda de Paulino Martínez, transcrito por Rafael Sánchez Escobar en *El ocaso de los héroes*, no es falso, tampoco es completamente exacto. En una exposición somera de la situación política de la frontera entre Laredo y Brownsville, Jesús Recio le informó a Rafael Chousal, secretario particular de Porfirio Díaz, que por Laredo andaba Paulino Martínez junto con otros miembros de la rebelión de Catarino Garza y que el periodista de oposición había trasladado su periódico *El Chinaco* de Austin a la villa fronteriza por el convencimiento de una fuerte cantidad de dinero que le habían dado varios demócratas anglos de la región. La carta de Recio, director y propietario de *El bien público*, periódico de Camargo, estaba fechada el 19 de octubre de 1896.[9] Parece ser, entonces, que la primera época de *El Chinaco* se extendió más allá de la derrota de la rebelión armada de Catarino Garza en 1892. O sea, que Silvino pudo muy bien participar en la rebelión de Garza y después colaborar en el periódico de Martínez.

Por ello, no es tan seguro que la primera acción armada de Silvino no sucediera hasta la revolución maderista; pudo suceder, aunque improbablemente, cuando Silvino era un adolescente de dieciséis años.

De cualquier manera, durante la revolución maderista recibió el grado de capitán de caballería; luego colaboró en la campaña contra la rebelión orozquista a las órdenes del general Trucy Aubert hasta la derrota de los orozquistas en Ojinaga, cuando una enfermedad lo obligó a retirarse a San Luis Potosí. Aquí lo sorprendió la Decena Trágica;[10] y posteriormente se incorporó a la revolución constitucionalista, en la que tuvo su primera participación el 3 de junio de 1913 bajo las órdenes de Lucio Blanco en la toma de Matamoros.

Aunque no se destacó en ninguna de sus diversas actividades, Silvino demostró una incapacidad especial para las tareas burocráticas: durante el primer año del gobierno de Madero, tuvo a su cargo tres diferentes puestos: visitador de jefaturas en San Luis Potosí, jefe político del partido en Tancahuitz como ayudante del gobernador Cepeda, y cónsul mexicano en Brownsville, centro de la zona donde había vivido durante varios años a principios del siglo XX.[11] Su peor desempeño parece haberlo tenido como presidente de la Junta Constitucionalista de Brownsville en abril y mayo de 1913. Junto con José Peña, Silvino encabezó la Junta Constitucionalista en ese pueblo fronterizo y de hecho ayudó a muchos voluntarios a incorporarse a las fuerzas de Carranza. Uno de ellos se llamaba Jerónimo Siller, mecánico que tenía una fundición en Monterrey y que fue de gran ayuda en la fábrica de cañones —muy defectuosos— que instaló Carranza en Piedras Negras en mayo de 1913.[12] A José Peña, que había sido comandante del 52o. cuerpo de rurales y que conocía muy bien la orilla del Bravo entre Nuevo Laredo y Matamoros,[13] Carranza le había encargado la organización de fuerzas en el norte de Tamaulipas, pero Peña muy pronto entró en conflictos con Lucio Blanco, cuando éste se acercaba a la zona que le habían encomendado al primero. Probablemente las rencillas entre éste y Blanco venían de mucho tiempo antes, pues el tono de las cartas de ambos a Carranza así lo dejaba ver. Peña le escribió a Carranza, casi con insolencia, que la autorización suya para operar en Tamaulipas y Nuevo León no incluía el nombre del jefe a quien debía incorporarse y "por lo tanto, como no me pareció estar junto con Lucio, me pasé del lado americano".[14] Blanco trató de presentarlo ante un tribunal militar por insubordinación. Peña se desafilió de las fuerzas carrancistas y anunció al Primer Jefe, en mayo de 1913, que "como acabo de recibir despacho con grado superior al que se sirvió darme, para operar con mi general Zapata en el sur de México [...] salgo para New Orleans el día 17".[15] Y con su partida, se quedó solo Silvino García al frente de la Junta Constitucionalista de Brownsville. Pero su desempeño en ese cargo no recibió muchos elogios. El 10 de mayo de 1913, César López de Lara y José Rebollo le escribieron a Carranza una carta conjunta para quejarse de que "en lo que respecta a la

Junta nada encontramos formal, hay completa desorganización. El Presidente es el Señor Silvino M. García".[16]

Carranza, por recomendación de López de Lara y de Rebollo, nombró a Agustín Garza González su representante en Brownsville. Pero Silvino se quedó a esperar a Blanco, y a él se presentó cuando éste se instaló en la estación Río Bravo, antes Colombres, donde estaban los cuarteles generales de la Compañía de El Bravo, parte de las inmensas propiedades de la Hacienda de la Sauteña.

Blanco le reconoció a García su grado de teniente coronel y lo incorporó a sus tropas para el ataque al puerto de Matamoros. Después de la toma del puerto tamaulipeco, renacieron en Silvino las veleidades periodísticas. Con Everardo Torres, viejo conocido y confidente suyo, y con Fausto Garibay, fundó un periódico que Blanco apoyó más que gustosamente. Se llamaba *Tierra* y allí Silvino publicó gran parte de los artículos que luego reuniría en su libro *Vibraciones revolucionarias*.[17] Ésta fue sin duda la mejor época de Silvino.

El periódico dio voz a todas las violentas inquietudes de reforma social que muchos de los aliados de Blanco apenas podían contener y justificó con artículos encendidos los planes de repartir inmediatamente haciendas del enemigo en contra de las instrucciones de Carranza. Y en el caso particular de Silvino García, *Tierra* fue la tribuna más adecuada para su imaginación jacobina.

En el primero de sus artículos, Silvino García hizo una proclama cuyo acento venía de la Revolución Francesa y anunció una de las propuestas más inusitadas de la Revolución Mexicana:

No ha llegado aún a su apogeo la época del terror, no; las represalias empiezan y bien justificadas, pero todavía falta, porque, no os asombréis, se alzará LA GUILLOTINA frente al Palacio Nacional para decapitar a tanto descendiente de Luis Capeto.

Que ¿cómo?, ¿que es imposible?, ¿que estamos en una época muy diferente de aquella en que el Pueblo francés ensangrentó las plazas de París?

No; aquel Pueblo, como éste, se irguió al impulso del odio reconcentrado por muchos años e hizo de la matanza una ley y de la GUILLOTINA un instrumento de justicia![18]

Ésta fue la primera vez que en 1913 se hizo una declaración tan clara, tan rotunda y tan radical sobre la naturaleza de la justicia popular; ésta fue la primera vez en 1913 que alguien llamaba a la historia a repetirse y revelaba sin metáforas que la Revolución Francesa era el modelo de Revolución impreso en la imaginación de los rebeldes. Y sobre todo ésta fue la primera y última vez en 1913 y años siguientes en que el derecho del pueblo a ejercer su propia justicia y repetir la Revolución Francesa se dieron al mismo tiempo y en una sola frase: fue a través de la repetición que se crearon formas nuevas, propias, de justicia y rebelión: "¡Levántese la GUILLOTINA, y déjese en su puesto [...]".[19]

Fue notable que Silvino, para justificar la matanza, la matanza que Francisco J. Múgica había ordenado antes de tomar la ciudad de Matamoros,[20] no apelara a la otra ley, la del 2 de enero de 1869 que Carranza acababa de resucitar para darle una base legal a los fusilamientos de jefes y oficiales del ejército federal. Silvino García usó una ley histórica como si fuese una ley natural porque intuyó que el derecho popular sacaba su fuerza de la venganza, de la venganza a secas: "Aquel Pueblo, como éste, no pudo ya imponer otro castigo a los déspotas que el de la muerte, y aplastando de un golpe los sentimientos piadosos de su gran corazón, sólo hizo caso al supremo deseo de justa venganza, atizado por muchos siglos de sufrimientos y de resignación".[21] La razón es, quizás, que Silvino no sólo pensaba en los militares...

Todos los argumentos de que la venganza era una reacción irracional o un mero sentimiento arrebatado se desenmascaraban ante su uso popular: la racionalidad de un hecho no estaba ya en una determinación abstracta; la naturaleza política de una actitud dejaba de ser una naturaleza impuesta por una argumentación sociológica, científica. El pueblo hacía su razón y su política; y éstas dejaban de ser determinaciones de un pensamiento abstracto. Y además el pueblo no estaba solo: para ayudarse, recurría a la historia. La historia se repetía no porque hubiera una lógica repetitiva —de nuevo abstracta, o misteriosamente simbólica— sino porque precisamente ese pueblo *quería* repetir la historia. La reinstauración de la guillotina era el apoyo que daba la historia a esa ley de la venganza impuesta por el pueblo mismo. La historia adquiría un sentido luminoso, porque la repetición histórica demostraba su riqueza y su creatividad; y el 3 de junio de 1913 se volvía entonces la encarnación de toda la historia: de la historia como perspectiva, de la historia como postura del pasado, como postura de los cuerpos vivos y como postura de la esperanza. En la propuesta de Silvino, la historia se concentraba en un día, en un punto, en un solo vértice y alteraba radicalmente la manera de vivir el presente. Silvino no sólo expresó una imagen largamente guardada desde sus lecturas de Víctor Hugo y Lamartine; también hizo de su deseo una encarnación de la historia: sus lecturas y su deseo culminaban en su sueño de ver instalada la guillotina en el Zócalo. Y con ese sueño le daba a la justicia popular un instrumento inusitado y un Nuevo Mundo.

Y no estaba solo Silvino, pues de hecho interpretaba una fuerza secreta de la época. En la vida y el pensamiento de otro revolucionario norteño, aparecieron también explícitamente, con exacto sentido, las lecciones de la Revolución Francesa. Justo después de la Decena Trágica, Ildefonso Vázquez, mejor conocido como Poncho Vázquez, había escrito en una especie de diario: "Ahora recuerdo los libros de Lamartine que nos dice: 'para vencer es necesario que corra sangre'. Con razón la Revolución Francesa usó la guillotina; Madero usó la diplomacia y con ésta no se hacen revoluciones, sino con aquélla".[22]

La historia decidiría después que la guillotina era un aparato ya técnicamente obsoleto, y que al pueblo no le gustaba la inherente teatralidad de ese invento francés. Se prefirieron los fusilamientos sumarios con carabinas 30-30 o las horcas silenciosas.

A través del radicalismo de la Revolución Francesa se rescataba la historia mexicana y se invertía la perspectiva histórica impuesta por el discurso español, primero, y por el criollo después.

"No nos alucinemos en ideales políticos imposibles; y, encaucemos definitivamente nuestras fuerzas por la pendiente avasalladora y única capaz de salvar a la Patria: EL RADICALISMO!"[23] Parecía paradójico, ciertamente, que "los ideales políticos imposibles" fueran el espejismo de las doctrinas políticas de clase, o las doctrinas políticas sociológicas, o los planes históricos estrechos; y era coherente que La Revolución, "radical" en las palabras de Silvino García, fuera hasta el origen de la nación, y recuperara, no la identidad, como quería el discurso criollo liberal y conservador, sino la ruptura, la raíz que imponía otro principio: una contra-conquista.

Silvino García lo sintió con claridad cuando más adelante, en otro artículo, impuso a la Revolución la meta alucinante de reconquistar Tenochtitlán:[24] "Y con qué sonrisilla de contento y satisfacción nuestros héroes de ayer celebrarán la entrada a la gran Tenoxtitlán, de los que supieron defender y sostener la obra de redención".[25] No sólo todos los días de la historia se reunían en un solo día, también los héroes del pasado, todos, se encontraban en una sola frase. La historia se repetía, y su repetición rechazaba los falsos valores y los falsos héroes: no admitía valores abstractos sino pasiones concretas, corporales, como la venganza; y desaparecían los héroes falsos de los manuales de primaria, para dar cabida a los verdaderos héroes, los anónimos.

Enunciada en Matamoros, la consigna de la reconquista de Tenochtitlán se reflejaba, como si fuera su imagen gemela, en la declaración de Gonzalo de la Parra ante la llegada de las tropas constitucionalistas a la ciudad de México en agosto de 1915, declaración que no casualmente usaba también las imágenes de la Revolución francesa para imponerlas en la mexicana:

El pueblo de París, ebrio de santa cólera, había tomado la Bastilla en un asalto glorioso, y a Versalles llegaban las más contradictorias noticias respecto al movimiento popular iniciado en la capital. Luis XVI, el apático monarca, a pesar de las nuevas huracanadas que llegaban a cada instante, disponíase a dormir tranquilamente sin modificar en nada sus costumbres. Sentado en el borde del lecho y entre dos bostezos, preguntó al Duque de Liancourt, que trataba de explicarle la situación:

—Pero qué, ¿es un motín?

—Señor, ¡es una revolución!

La ciudad de México, no amodorrada ni somnolienta, pero sí profundamente desconcertada, y en parte casi enloquecida por el terror, pregunta también qué es lo que se acerca y qué va a suceder.

Y nosotros, como el Duque de Liancourt, le contestamos: no es un motín, ni una sublevación, ni una asonada: es una revolución.[26]

A una consigna le respondía otra; al mito de la reconquista de Tenochtitlán le hacía eco el modelo perenne de la Revolución Francesa; mito e historia se encontraban y de ellos nacían la acción, la salud, la nueva historia y los nuevos mitos.

Y unas pocas semanas después, dos figuras de talentos muy diferentes, pero de pasiones igualmente veloces, igualmente fulgurantes, reunieron las imágenes de Silvino García y Gonzalo de la Parra en una sola dinámica histórica y nacional, con una coherencia singular. El primero era pintor e ideólogo, y se llamaba Gerardo Murillo, mejor conocido como Doctor Atl, y el segundo era periodista o, mejor dicho, publicista ejemplar: Heriberto Frías.

Justo el día de la entrada del ejército constitucionalista a la ciudad de México, el 15 de agosto de 1914, el Dr. Atl hizo publicar en periódicos de la capital un llamamiento por lo menos inusitado "a todos los que directa o indirectamente han sostenido los principios de la Revolución [...] para que en una reunión pública se discutan las proposiciones que establezcan los preliminares de una Convención Revolucionaria, única forma que podrá poner en las manos del pueblo el fruto de sus grandes sacrificios [...]".[27]

No sólo era inusitado, el llamamiento era también peligroso, porque iba en contra de la convención de jefes militares, forma acordada por los carrancistas y los villistas en los Tratados de Torreón para designar al presidente provisional. El llamamiento del Dr. Atl insinuaba más bien una convención donde se confundían los militares con el tercer estado; y si se tenía en mente que muchos de esos militares se consideraban a sí mismos "ciudadanos armados", se puede pensar que Atl proponía la constitución de una singular Asamblea Nacional que, a diferencia de la francesa, ya había vencido militarmente a sus enemigos. La propuesta de Atl propiciaba la fusión de la pequeña burguesía y de los estratos populares, y con esa fusión despuntaba el horizonte donde el radicalismo verdaderamente popular podía apoderarse de su propio destino.

Al final de su llamamiento, el Dr. Atl prometía que en "un próximo manifiesto" fijaría la fecha y el lugar de la reunión. Que yo sepa, nunca lo hizo, y su propuesta fue ignorada y el mismo Atl parece haberla olvidado.

Sin embargo, dos meses después, Heriberto Frías volvió a recurrir al referente de la Revolución Francesa para traducir la trascendencia de otra Convención, la de Aguascalientes: "Para que se pueda comprender la grandeza de la Convención Revolucionaria surgida en Aguascalientes es condición urgente saber que, como la gran Convención Francesa, es hija de una revolución social, incubada ésta en México a través de muchos siglos de usurpación y de rapiña desde las épocas de Ahuizotl y Moctecuhzoma Ilhuicamina".[28] La raíz, otra vez.

El pensamiento mexicano de la época dejaba ver ansiedades auténticamente apocalípticas de una repetición cósmica cuyo fruto era *la salud histórica* o, mejor dicho, *la historia como salud*. Parecía anunciarse el fin de un mal ideológico orgánico a casi toda reflexión del México independiente: el eclecticismo.

La selección de ideas convertida en método único de pensamiento relativizaba todos los sistemas filosóficos y políticos y los convertía en caprichos del tiempo, siempre pasajero. Al pensar selectivamente se reconocía la omnipotencia de la historia como encarnación del tiempo, pero esa omnipotencia sólo podía dejarle al ecléctico un gusto escéptico: nada es absoluto, todo es pasajero, y por lo tanto la historia es una caja de resonancia que nos devuelve la ilusión de que nuestros fantasmas son reales, y si algo, alguna vez, se repite, no puede ser sino el señor de los espejismos: la pretensión de verdad con su absoluta vanidad. Con distintos contenidos —liberales, católicos, positivistas...—, el pensamiento del México independiente no había escapado de ese juego de espejismos sino en raras ocasiones. Pero la Revolución produjo frecuentes y relampagueantes atisbos de una nueva nación y de un nuevo pensamiento. La velocidad y la pasión de los hechos populares extrajo de la historia su naturaleza corporal, su cuerpo natural, y su secreto.

La visión radical de Silvino García fue concebir que la Revolución podía encarnar en una historia al mismo tiempo universal y mexicana y que en ella también podían resucitar, para sonreir "de contento y satisfacción", todos nuestros héroes: celebración y congreso, fiesta, sí, pero no fiesta de muertos, ni fiesta trágica, fiesta de historia, en donde todos, hasta los más anónimos y los más oscuros, hacían la historia y se volvían héroes.

En junio de 1913, en Matamoros, la Revolución Francesa encontró al fin la resurrección que desde hacía muchos años las lecturas de Víctor Hugo, de Lamartine, de Michelet, de Guizot, le estaban preparando en México. En aquel lugar resucitó un modelo que había recorrido el siglo XIX como un fantasma tan fascinante como aterrador... Desde los Ideólogos de la época bonapartista hasta los Idealistas de finales de siglo, los pensadores franceses del siglo XIX tuvieron como motivo central de reflexión, tácito o explícito, la vigencia de la Revolución... Los seguidores del pensamiento francés en América Latina lograban percibir, aunque difusamente, la presencia del fantasma revolucionario en los escritos de sus guías ideológicos. Pero la lectura de las obras de Hugo y Lamartine, difundidas ampliamente en el público latinoamericano, permitía que aquella presencia no fuera tan difusa, ni tan fantasmal. Si las élites intelectuales de América Latina leían a finales del siglo XIX y principios del siglo XX a los escritores simbolistas y decadentes, a los novelistas galantes franceses; si acudían a la filosofía de Renan, de Guyau o de Bergson, los lectores menos elitistas de las capitales estatales y de las provincias leían ávidamente *Los miserables, El 92* de Víctor Hugo; las novelas naturalistas de Zola; *Los misterios de París* de Eugenio Sue; las novelas históricas de Scott, la gran *Historia de los Girondinos* de Lamartine y también la cauda de novelas galantes francesas, lectura común a todos. Ni la revolución de 1848, ni la Comuna de París, ni la retórica anarquista, ni la socialista habían logrado crear todavía ningún mito histórico que pudiera sustituir las imágenes de las épicas jornadas de la Convención y del Terror revolucionario francés... Además, los mismos escritores franceses se empeñaban en recordarlas una y otra vez, sobre todo para vituperarlas y dar nuevos argumentos, ahora científicos, de su irracionalidad: Gustave Le Bon, con su libro *Las multitudes y la Revolución Francesa* y con su odio por toda perturbación social, dio a las imágenes épicas de la Revolución un nuevo halo de excelsitud describiendo cientificista y tendenciosamente los impulsos de la plebe. Para Le Bon las multitudes eran un ente irracional; pero a la caracterización de una agrupación meramente numérica, el sociólogo francés agregaba una implicación histórica: las multitudes eran, sobre todo, las turbas desposeídas, las hordas degeneradas de los barrios bajos de las ciudades modernas. Las multitudes no eran, pues, un componente de fuerza numérica, sino una categoría inherente a la existencia de la plebe. Una multitud burguesa, para decirlo rápido, era una *contradicción en sus términos*. La multitud, para Le Bon, era plebeya o no era multitud. Y el modelo histórico, el modelo que se repetía y reproducía cada vez con mayor frecuencia en las ciudades europeas de finales del siglo XIX, era el de la multitud durante la Revolución Francesa.

En español no existe una palabra exacta para traducir el término francés *foule*. La palabra *multitud* o la palabra *gentío* no tienen las connotaciones de violencia de la palabra francesa: *la foule* pisa, *la foule* pisotea, y figurativamente también oprime, porque *fouler*, el verbo, significa precisamente eso: pisar, pisotear, hollar, oprimir. *La foule* destruye y violenta, porque éstas son acciones inherentes a su existencia. Le Bon sabía que de antemano los burgueses lo entenderían muy bien cuando vieran el título de su libro: *La foule et la Révolution Française.*

Y para las élites que aspiraban a tener un pensamiento sociológico coherente —es decir, libresco—, los argumentos de Le Bon eran contundentes, pero también eran una advertencia del peligro latente de que aquellas jornadas resucitaran, porque se volvía a sentir un movimiento turbulento en las masas plebeyas a finales de siglo, años marcados y obsesionados por la Comuna de París. Para los que no aspiraban a ese conocimiento libresco de las leyes sociales —caso de la mayoría de la aristocracia latinoamericana—, los argumentos de Le Bon eran imágenes de terror que servían para comprobar científicamente el miedo que le tenían a la masa amorfa, a la chusma, a la gentuza.

Le Bon era el sociólogo más reciente y socorrido de la larga lista de lecturas de cualquier intelectual mexicano; pero más antigua y mucho más popular era *La historia de los girondinos* de Lamartine. Ésa es la obra que se cita una y otra vez en biografías, reportajes periodísticos, autobiografías y crónicas de la época revolucionaria. En personajes tan disímiles como el caudillo constitucionalista Poncho Vázquez y el periodista Gonzalo de la Parra, la lectura de Lamartine fue decisiva. Hablando de sus años de Preparatoria en la ciudad de México, Poncho Vázquez escribió en un cuaderno que le servía de diario: "Leí a Lamartine, *Historia de los Girondinos*; *Vida de Alejandro* de Curcio; *Historia de Roma* de Tito Livio [...] Plutarco, Balzac, Dostoievski, Hugo, Dickens [...]".[29]

A este cuerpo de referencias históricas y culturales, sólo le faltaba la aparición de un nuevo y moderno licenciado Borunda (pero ¿pueden acaso ser modernos los licenciados Borundas de nuestra historia?): uno que repitiera el gesto de aquel licenciado que unos días antes del 12 de diciembre de 1792, llenó la imaginación de fray Servando Teresa de Mier con interpretaciones alucinantes y proféticas del lienzo de la Virgen de Guadalupe; interpretaciones que luego, en manos de la genialidad de fray Servando, adquirirían, en un sermón, una velocidad asombrosa y disolvente de las seguridades españolas. Sólo se necesitaba otro licenciado Borunda que interpretara de nuevo nuestras raíces, y le diera al signo de los tiempos que corrían un sentido apocalíptico, un sentido trascendente, un sentido milagroso y salvador. Ese nuevo licenciado Borunda no tardaría en aparecer.

Silvino García no sólo participó en la toma de Matamoros, también estuvo presente cuando Blanco, en una ceremonia exagerada y conmovedora, repartió tierras de la hacienda Los Borregos; y luego, cuando éste se fue a Sonora para no volver, Silvino se colocó bajo el mando de Jesús Carranza, con quien bajó desde el norte a la reconquista de Tenochtitlán.

Una de las ironías de su vida fue que en agosto de 1914 no llegó a entrar con las tropas constitucionalistas a la ciudad de México, cuando se consumó la consigna que él había lanzado un año antes. Por órdenes de Pablo González, se le destacó a Puebla como parte de las tropas que debían intervenir en el desarme del ejército federal a lo largo de la vía del Mexicano.

Testimonios indirectos dan a entender que Silvino García no lamentó mucho haberse perdido la entrada a Tenochtitlán como reconquistador. No perdió su radicalismo: en Puebla se encargó de convertirse en el azote de muchos millonarios y la peste de la sociedad clerical. Entre los millonarios que sufrieron su radicalismo expropiador estaba León Raast, un ruso emigrado a México que era banquero, terrateniente, negociante de todo tipo de mercancía lucrativa, sobre todo armas, porque parece también haber sido prestanombres del banquero Rattner, millonario de gran influencia en la época.

Y parece que Silvino también adoptó la costumbre de castigar a los periodistas que eran tan intransigentes como él. En una ocasión, puso a barrer las calles de Puebla a Octavio Guzmán, periodista muy conocido con el nombre de Mateo Podan. Según Adolfo León Ossorio, en su autobiografía, Silvino aplicó el castigo a Guzmán por una insinuación homosexual que, en la cárcel, éste hizo a un compañero de celda.[30] Pero es más probable que la agresividad de sus artículos le haya ganado a Guzmán aquella humillación. En palabras de Gonzalo de la Parra, amigo suyo, Podan era "un tipo único en nuestra literatura, por el desenfado sin límites de su lenguaje, que a veces traspasa los linderos de la procacidad, y por el arrebato, la cólera, el odio que sus escritos parecen demostrar, sin que, en realidad, los mueva pasión alguna".[31]

Aparentemente Silvino fue presa de su propia intransigencia, pues para agosto de 1914 ya se había convertido en un ejemplar de esa rara especie de la época que eran los intransigentes constitucionalistas y al mismo tiempo era un disciplinado hombre de ejército. Más tarde, Silvino García se incorporó con entusiasmo a las compañas contra los convencionistas y contra los zapatistas.

Más allá de la Revolución francesa

En 1916, un periodista e historiador pensó, con una naturalidad esperada, que la Revolución era, si no el inicio de una época, sí el acontecimiento que le permitía al país tomar conciencia de qué época vivía. A través de la Revolución se llegaba a la conciencia histórica, y a la conciencia de la historia cuyo principio era la Revolución francesa.

Inspirado por el propósito "eminentemente nacionalista" de ofrecer a los mexicanos la posibilidad de perpetuar en el nombre de sus hijos el recuerdo "de los hombres de valía y de los más grandes humanistas, sin verse en el caso de memorar a personajes de los sombríos perfiles de un Pedro Corbuez, de un Ignacio de Loyola o de un Gregorio VIII", Federico de la Colina publicó en 1916 su *Almanaque Revolucionario* como obsequio del periódico *El Demócrata* a sus lectores.[1] Era sin duda nacionalista, y muchas cosas más: era el triunfo más sincero e involuntario del positivismo comteano, era un eco osado de la Revolución francesa, y era también la superación del positivismo y del jacobinismo.

Con el propósito de ofrecer nombres para los vástagos de la nación en triunfo revolucionario e imitando el nuevo calendario de la humanidad que Comte ofreció en su *Catecismo positivista*, Federico de la Colina escogió en su reforma calendárica doce temas para los meses. Pero a diferencia de Comte, que seguía una escala ascendente de la era teológica hasta la era positivista, o sea, desde Prometeo, Ulises, Rómulo, Buda, Manco Capac, etcétera... hasta los científicos más conspicuos de su tiempo, De la Colina no siguió una progresión definida, aunque sí una lógica claramente dialéctica: al mes de abril, que en 1916 tenía el dudoso y reciente honor de haber presenciado la invasión norteamericana a Veracruz, De la Colina le atribuyó el tema de "la autonomía nacional"; al mes de todos los santos y todos los muertos, noviembre, le dio el tema del martirio, pero del martirio civil; y al mes de diciembre le opuso el tema científico. En todos los meses, los temas fueron representados por personajes mexicanos, excepto el de julio, que no por nada se llamaba: "mes de la humanidad", pues cabían en él personajes positivistas como Jesús de Nazareth, Buda, Mahoma, Gutenberg, Platón, Spencer, Darwin, Marx, Shakespeare, Víctor Hugo.

Tan dialéctica era la lógica de De la Colina que en el mes de julio no aparecía el nombre de Comte (ni en ninguna otra parte del almanaque) y que en ninguna ocasión, ni siquiera cuando se comentaba la vida de Spencer, Stuart Mill o Gabino Barreda (ya que cada personaje era ilustrado

256

con una brevísima biografía) utilizó la palabra *positivismo*. Pero De la Colina le debía casi todo a éste y a Comte... y a la Revolución Francesa, de la que sí hablaba profusamente: si De la Colina recordaba puntualmente la reforma calendárica de Numa Pompilio y la del papa Gregorio XIII; sus elogios, en cambio, eran solamente para el Calendario Republicano de 1789.

Sin embargo, es inevitable señalar que este homenaje estaba sustentado en una paradoja previa, muy ajena a la voluntad del periodista mexicano. Esa paradoja había sido que la reforma revolucionaria francesa, al hacer un calendario científico con ambiciones de universalidad, difícilmente se podía aplicar en otro país que no fuera Francia, pues la revolución que había podido cambiar los sistemas políticos de muchos países nunca pudo cambiar sus climas. Los nombres climáticos de los nuevos meses ("lluvioso", "brumario"...) podían ser identificados por todo el mundo; pero no utilizados. En México no había estaciones nevadas, ni brumosas; y aun así, las ambiciones de universalidad de la reforma calendárica republicana nunca perdieron su virtualidad: quizás se perdieron los nombres de los meses; la fuerza que aquellos nombres llevaban dentro no se perdió. Comte se inspiró parcialmente en esa misma reforma y él, que buscaba la desaparición de la historia, amplificó el contenido del calendario hasta identificarlo con la historia de la humanidad. Y Federico de la Colina, quien quería imitar a la Revolución Francesa, aunque más humildemente que Comte, convirtió su imitación en una fuerza propia, en una fuerza creativa. Inventó, por así decirlo, una cosmogonía mexicana, única, original, que podía aspirar legítimamente a que se iniciara una nueva cuenta de los años, como en los viejos tiempos de los ciclos de 52 años. Quizás por eso su año se inauguraba con Cuauhtémoc, y el primer mes del año, dedicado a la raza, se clausuraba con Quetzalcóatl.

La mezcla de jacobinismo y positivismo no era rara en el México de aquel tiempo (quizás tampoco en el de ahora): con el movimiento revolucionario, esa combinación dio actos hermosos de intransigencia y de pureza, como muchos de la vida de Ramón Puente; y dio las condiciones para que De la Colina ideara este hermoso almanaque. Esa naturaleza ideológica híbrida de De la Colina aparece en el *Almanaque* de una manera curiosa y simbólica: lógicamente se podría pensar que ningún nombre debería aparecer dos veces...¿no es ese el sentido de atribuir los días a un numen que lo vigile y lo proteja? Sin embargo, en el *Almanaque* hay dos personajes que aparecen como patrones en dos días diferentes. El primero es el jacobino mexicano *par excellence*: Ignacio Ramírez, "El Nigromante", a quien le corresponde el 28 de marzo y el 12 de junio. Y el segundo es otro personaje típico, éste del positivismo: Porfirio Parra, quien aparece como patrón del 3 de octubre y del 3 de diciembre. Y repito: Comte nunca se nombra. El positivismo, tampoco.

Era comprensible, y tan comprensible que se terminaba lamentando que la Revolución no le ofreciera a De la Colina la suficiente conciencia histórica para tener el valor de declarar que el positivismo era una fuente de inspiración y que, a pesar de todo, a pesar del porfirismo y de toda la mala conciencia de personajes como Sierra, Vasconcelos y Antonio Caso, se podía usar para organizar racionalmente la sociedad mexicana.

Era comprensible también que De la Colina se negara a aceptar el positivismo, porque era el momento de la fiebre restauradora del liberalismo más puro: por eso la Revolución no era un principio sino la continuación de otra época, o la restauración de una continuidad perdida durante el porfirismo.

Continuidad: tradición liberal recuperada; pero la recuperación había costado tanta sangre y tantos muertos que ya había perdido su lugar, su inocencia, su sentido original: Federico de la Colina, contra cualquier especulación, contra toda la ortodoxia carrancista (a pesar de que el *Almanaque* fuera en cierto sentido un homenaje al triunfo carrancista), atribuía el martirio secular (del mes de noviembre) casi exclusivamente a los soldados muertos en combate de los Batallones Rojos, es decir, a los obreros anarquistas, miembros de la Casa del Obrero Mundial.[2]

Continuidad: tradición liberal recuperada; pero la recuperación fue una creación, fue un relámpago que destruyó el objeto recuperado... perdió su lugar, perdió su inocencia, perdió su sentido, y el liberalismo también se perdió...

Con la inocencia de los creadores de esas nuevas ideas, de esas nuevas instituciones y de esas nuevas identidades, quien verdaderamente se recuperó y perpetuó, en un triunfo sin nombre, en un triunfo inconscientemente censurado, fue Auguste Comte y su positivismo ortodoxo. En ningún momento estaría Comte más presente en las ideas mexicanas, más incluso que en la misma época de Gabino Barreda, como a partir de aquellos años... Caso y Vasconcelos lo harían sobrevivir en los años veinte con mayor fuerza cuando ya nadie se atrevía a pronunciar ni la palabra "positivismo", ni el nombre del filósofo francés. En la empresa de Caso y Vasconcelos había sin duda algo de hipocresía, pues ellos habían renegado públicamente de su fe positivista y ahora llevaban esa filosofía a su apogeo en nuestro país. Pero también había mucho de impotencia: el único recurso original de pensamiento que tenían, el eclecticismo, no les permitía pensar de otra manera la novedad de las ideas más que seleccionando de diversos sistemas lo mejor que éstos tuvieran, sin ninguna consideración de la validez histórica, ni de la coherencia que esos rasgos distintos y heterogéneos pudieran tener. Más que positivistas, fueron eclécticos; más que eclécticos, positivistas... Ésa fue la condena de la cultura mexicana en sus inicios modernos: no haberse liberado de la debilidad ecléctica y no haber asumido, por lo menos para mejor destruirla, la fuerza pagana de la filosofía positivista...

Ni Caso ni Vasconcelos podían reconocer que eran filósofos mediocres, para decirlo generosamente; pero sí hubieran podido reconocer, al menos, que la mejor virtud de su pensamiento residía quizás en la historicidad ecléctica o en el rigor autocrítico de un positivismo decantado. Desgraciadamente, tampoco se dieron este lujo, ni nos ofrecieron ese prodigioso espectáculo. Lástima: eran los mejor capacitados para dejarnos esas *imágenes* del pensamiento, ante las cuales Alfonso Reyes, primero, Jorge Cuesta después, y finalmente Octavio Paz hubieran tenido que reaccionar, perpetuando así un gesto al menos de autocrítica, un gesto al menos de conciencia historicista... Reaccionar ante esas imágenes hubiera de alguna manera dado salud al pensamiento de estos tres críticos. Alfonso Reyes hubiera escrito por lo menos una vez en su vida una página de pensamiento puro, de verdadera relatividad crítica; y Cuesta, por el contrario, hubiera encontrado alguna razón de ser en la historia. Y para Paz hubiera constituido un punto de relación, un punto de comparación, que le hubiera ayudado a evitar la megalomanía y el soliloquio desquiciado y narcisista.

Caso y Vasconcelos nunca quisieron reconocer esa encrucijada de su pensamiento... Es una lástima. Pero escrutar esa ceguera es una de las tareas más estimulantes de cualquier intento de pensar seriamente la cultura mexicana en este siglo XX.

Que ni Federico de la Colina, primero, ni Vasconcelos y Caso después, pronunciaran el nombre del positivismo con todas sus letras y sílabas, tuvo otra consecuencia, y funesta: no creo que el positivismo fuera el sistema más adecuado, ni el más pertinente; creo que era el más racional. Villa y Zapata, por decir sólo dos nombres, proponían otro modelo, menos racional y más fiel a la imagen del país. La ventaja del positivismo no era ni histórica, ni trascendente, era simplemente de claridad. Y no aceptarlo, no pronunciarlo, propició la mezcolanza del liberalismo con un positivismo disfrazado (como el de la conferencia de Vasconcelos sobre "las tres edades" el 10 de septiembre de 1921), permitiendo de esa manera que existieran puntos ciegos ideológicos, espacios vacíos de organización social, campos virtuales de explotación política, que los nuevos cabecillas mexicanos como Obregón y Calles, genios en el arte del oportunismo, utilizarían para su beneficio.

Al sur del río Nueces

·Se dice que la situación legal de las tierras en el extremo sureste de Texas, entre el curso del río Nueces y el del río Grande, siempre fue dudosa, incluso después del Tratado de Guadalupe Hidalgo. Para muchos mexicanos de la zona seguía siendo "medio México". Y cuando quedó claramente definido que pertenecía a Estados Unidos, muchos norteamericanos que la recorrían y que no podían encontrarle beneficio a ese paisaje de tierra árida, de escasos mezquites y de selvas de cactus, se preguntaban si después de haber peleado para apoderarse de la región no era necesario declararle otra vez la guerra a México para devolvérsela.[1]

El hecho es que los anglos que llegaron a la región se quedaron y los primeros de ellos pudieron crear ranchos que eran en realidad imperios como el rancho King. El hecho es que también se perpetuó en la región durante varias décadas, después de la guerra civil norteamericana, una situación radicalmente diferente a la prevaleciente en el resto del estado de Texas: aunque la acumulación de tierras en unas cuantas manos fue de proporciones inimaginables, las relaciones sociales y laborales, si no las económicas, se adaptaron a la tradición hispánica que mantenían muchos grandes terratenientes que descendían de familias españolas propietarias de la región. Estas relaciones eran paternalistas: los vaqueros vivían en los grandes ranchos como los peones mexicanos en algunas haciendas del otro lado del Bravo, creyéndose parte de una gran familia y en relación filial con el patrón.

No obstante, nada detuvo el proceso de desplazamiento de los propietarios de origen hispano y mexicano. Durante la última década del siglo XIX y la primera del XX, "el cambio de propiedad de los originales terratenientes mexicanos a los rancheros y ganaderos anglos se aceleró [...] Página tras página, en los archivos del catastro de los juzgados de la ciudad de Río Grande y de San Diego, aparecen los detalles de las transacciones que hacían pasar el título de los anteriores propietarios con apellidos como Gonzales, Sáenz, Izaguirre, Hinojosa, Falcón, Canales, Peña, Ramírez, Balboa, Martínez, Olivares, Moreno, Vela, Barrera, Leal, Del Valle, Solís, Caballero, Longoria, Montalvo, y Salinas, a Jones y Lasater".[2]

Es cierto que muchos de los mexicanos que estaban en bancarrota y muriéndose de hambre habían hecho malos cálculos comerciales o habían aceptado imprudentemente términos onerosos en los contratos de sus deudas, pero también es cierto que muchos anglos habían hecho cálculos igualmente malos y recibían mejores condiciones de las agencias financieras como la F. Smith and Co. o de banqueros como George Brackenbridge. Y aún más, cuando incluso éstos presionaban para cobrar sus intereses o recobrar su capital, los rancheros anglosajones tenían todavía otro apoyo: otros rancheros anglosajones, ricos, que preferían estimular a un competidor de su raza que tolerar a un pequeño propietario mexicano. Así le sucedió a Ed Lasater, quien en un momento de apuro había recibido ayuda de la viuda del famoso capitán King.[3] Y con esa ayuda, pudo comprar a precios de ganga los terrenos de muchos otros propietarios que no tenían ayuda posible; además, los pequeños banqueros que habían prestado a esos rancheros en quiebra estaban ansiosos de ofrecer su dinero a quien se lo solicitara siempre y cuando les asegurara un mínimo de ganancia.[4]

Muchos elementos explican los distintos resultados que tuvo a uno y otro lado de la frontera el mismo sistema de explotación: inversión de capital, dirección del capital, estructura de las unidades de producción, racismo, religión, implicación en los aparatos estatales, aplicación de avances tecnológicos, recursos legales, identidad ideológica... y todos están imbricados de tal manera que resulta imposible señalar uno de ellos como la causa y otro como el efecto... todos son causas y son efectos al mismo tiempo, con distinta naturaleza y función según el caso, pero siempre con la misma dualidad.

Para mi narración, destaco sin embargo dos factores como los decisivos en la configuración de la región a principios del siglo XX: la aparición del ferrocarril y el desarrollo de la irrigación con el aprovechamiento de las aguas de los dos ríos.

Durante las dos últimas décadas del siglo XIX diversos intentos de tender la vía de fierro fracasaron; mientras tanto el cacique político de la región, James Wells, dueño casi absoluto del gobierno municipal de Brownsville, mantenía muy bajos los impuestos municipales, aun en detrimento de la modernización y la sanidad del pueblo: a principios del siglo XX, en Brownsville no había drenaje, ni agua potable, ni electricidad, ni teléfono.[5]

Uriah Lott y Benjamin F. Yoakum formaron en 1903 la empresa del ferrocarril St. Louis, Brownsville y México, en la que participaban como socios también R. J. Kleberg y Robert Driscoll;[6] y en 1904 el tren finalmente llegó a Brownsville y un ramal de esa línea, que partía de Harlingen, veinte millas al norte de Brownsville, se tendió paralelo al río atravesando todo el condado de Hidalgo hasta la línea divisoria con el condado de Starr.[7]

Con la aparición del ferrocarril, el perímetro de la región no cambió, pues las dos líneas paralelas de vigas de fierro sobre volubles durmientes siguieron, de hecho, los límites naturales: de Brownsville a Corpus Christi, la línea de la costa; de Harlingen al condado de Starr, el cauce del Bravo; y de San Diego a Laredo, el cauce del Nueces, primero, y luego la huella natural de una pequeña cordillera. Sólo hasta después de la creación del condado de Brooks, se tendió un ramal de Falfurrias, la sede del condado, a Alice, en el condado Jim Wells. Y aunque Falfurrias estaba en el centro de la región, la línea recta de ese ramal originalmente no se conectaba ni con el tren de San Diego a Laredo, ni con el de Corpus Christi a Brownsville. Era una cicatriz en medio de la región que seguía dejando incomunicado el resto del territorio al sur de Falfurrias.

Al llegar el tren, Brownsville recuperó las ventajas de su posición fronteriza; creció el comercio, sin duda, pero sobre todo crecieron las empresas irrigadoras que le dieron un nuevo valor a la tierra. Llegaron en manadas inversionistas del norte de Estados Unidos y del extranjero dispuestos a invertir y a prestar todo lo que fuera necesario para promover las grandes empresas colonizadoras. Y así comenzaron a llegar los nuevos colonos, anglos y alemanes, en busca de milagros y en contra de la presencia de los sucios mexicanos. Por supuesto, los grandes hacendados ya habían cercado sus posesiones y el ganado bronco ya estaba marcado y reducido.

También surgieron los banqueros inescrupulosos que estaban dispuestos a correr riesgos y que apostaban en favor de las empresas de los rancheros más audaces: el coronel George W. Brackenridge, fundador del San Antonio National Bank, fue el caso más típico. En toda la década de 1870 fue él quien con su financiamiento le permitió a los grandes ganaderos de la región —sobre todo al legendario Richard King— realizar los enormes acarreos de ganado de la región hasta el mercado de Kansas; y fue también él quien propició la expulsión de los mexicanos debido a la política muy definida de conceder préstamos generosos sólo a los norteamericanos y gravosos sólo a los mexicanos.

Repito como muchas veces se lo repitieron entonces, a manera de ensalmo, anglos y mexicanos: en 1904 llegaron al valle del bajo río Bravo el tren y el capital.

Fue aparentemente súbito, y la apariencia en estos casos cuenta a veces más que la realidad: los primeros sorprendidos fueron los mismos norteamericanos. Pero los mexicanos sufrieron más porque eran los menos preparados. Muchos rancheros norteamericanos, como Richard King, Mifflin Kenedy, Shanghai Pierce, Charles Goodnight, J. R. Blocker, Lafayette Ward, Ed Lasater, Archie Parr, habían estado desde hacía tiempo estableciendo instintivamente las condiciones para la llegada del tren y de los nuevos colonos. Y la llegada de los nuevos colonos fue un golpe brutal para los peones y pequeños rancheros mexicanos: "Antes de que ellos llegaran, no había distingos raciales entre nosotros. Sus hijos se casaban con los nuestros y viceversa y todos estaban felices y orgullosos de esto. Pero al llegar la 'basura blanca' del norte y del medio oeste sentimos el cambio".[8] Antes, los anglos aprendían el español y hasta se convertían al catolicismo para casarse con las mexicanas.[9] Pero con los nuevos colonos, los mexicanos sintieron por primera vez que eran mexicanos y que eran inferiores.[10] Aquella declaración, de un peón mexicano de Roma, Texas, daba fe de una transformación en la estructura general de la sociedad de la región; pero era engañosa, porque la discriminación racial ya se ejercía, sólo que disfrazada por una convivencia, en la que el mexicano aceptaba su inferioridad a cambio de la impresión de participar en la formación de la gran familia del valle del río Nueces.

Laredo y Brownsville eran los lugares donde se empleaba más mexicanos con oficios específicos como el de la tipografía, la carpintería, etcétera; porque en otras concentraciones urbanas lejanas de la frontera, la estructura social "estaba más definida racialmente, y los patrones generalmente negaban a los mexicanos los empleos más atractivos".[11] De cualquier manera, fuera el oficio que fuera, y fuese la empresa que fuese, por el mismo tipo de trabajo siempre se le pagaba menos a un mexicano que a un norteamericano.

En los ranchos, a los peones mexicanos se les negaba casi siempre la oportunidad que a muchos peones norteamericanos se ofrecía: la oportunidad de volverse arrendatarios de tierras con la mira de convertirse con el tiempo en pequeños propietarios. Para 1915, "sólo dos arrendatarios mexicanos se habían convertido en granjeros",[12] y eso a pesar de que la población mexicana en Texas casi se había duplicado entre 1900 y 1910. Los nacidos en México habían pasado de 70 417 a 124 238; y los nacidos en Texas, según los cálculos de Richard Nostrand, de 94 527 a 155 076.[13]

La mayoría de esos mexicanos era requerida por las empresas ferrocarrileras, primero para construir la vía y luego para mantenerla en operación; por las haciendas algodoneras en ciertas épocas del año; y por los grandes ranchos ávidos de mano de obra barata para desbrozar las tierras que debían prepararse para el riego o convertirse en pastizales.

Aparentemente el ferrocarril traía fuentes de trabajo, y en realidad alejó para siempre de los mexicanos la posibilidad de recuperar su dominio de propietarios, e incluso de pequeños propietarios. La llegada de los nuevos colonos y la revalorización de las tierras fronterizas aceleró la tendencia al despojo y a la destitución, lo cual dejó a muchos mexicanos a disposición de las nuevas empresas.

Los anglos no hablaban en voz alta de la existencia de esta mano de obra barata; pero en los folletos de propaganda que se enviaban a las ciudades del norte sí se decía que era un atractivo más para la compra de tierras: "Ya desde 1885, el *Corpus Christi Caller* informaba que las inversiones en el cultivo del algodón prometían buenas ganancias debido a la 'abundante' y 'barata mano de obra' [...]. Los anuncios sugerentes y llenos de confianza de los contratistas de trabajadores desvanecían los temores de los potenciales compradores de tierras de no contar con mano de obra barata para sus cosechas. Uno de tales contratistas, de Corpus Christi, anunciaba en 1909: 'Abundancia de trabajo: ofrezco peones mexicanos para toda clase de labores, a precios razonables y en cualquier cantidad'".[14]

A este cambio en las relaciones sociales y de trabajo de los mexicanos con sus patrones anglos correspondió la aparición de organizaciones políticas y sindicales que buscaron, aunque muy ambiguamente, la participación de los obreros y los peones mexicanos: hasta ese último rincón de Estados Unidos estaban llegando los efectos de la muerte del último movimiento fronterizo de Estados Unidos en el siglo XIX. El Partido del Pueblo, con William Bryan de candidato a la presidencia de Estados Unidos, fue derrotado y desbandado en las elecciones de 1896. En palabras de Julius Wayland, fundador de *Appeal to Reason*, el periódico pionero de las ideas socialistas en el sudoeste de Estados Unidos, "el Partido del Pueblo ya dio todo de sí, cumplió con su función, y preparó el camino para el surgimiento de un partido de principios científicos [...] el Partido Socialista".[15]

Otro elemento definitivo en los acontecimientos que sucedieron entre 1882 y 1920 en este rincón del sureste de Texas fue el dominio de un cacique político del partido demócrata llamado James Wells.

James Wells nació en 1850 en la isla San José, en la costa de Texas; estudió leyes en la Universidad de Virginia y después de graduarse se estableció en Rockport, de donde se trasladó a Corpus Christi para combinar la práctica legal con la especulación de tierras. El entonces cacique demócrata, Stephen Powers, le propuso que se asociara con él cuando Wells ganó un importante litigio de tierras. Wells no lo defraudó: en poco tiempo ganó veinte demandas y perdió una ante la corte de distrito del condado de Cameron.[16] Con esos antecedentes, Powers lo convirtió en su lugarteniente y en esposo de una sobrina suya. Y en 1882, cuando Powers murió, Wells heredó la jefatura del partido demócrata y una posición destacada en una trama de familias terratenientes muy importantes del valle del Nueces.[17] Aunque con variable fortuna, la preponderancia de Wells duraría desde ese año hasta fines de la segunda década del siglo XX, cuando se dieron cambios decisivos en la composición étnica de la región que le quitaron al partido demócrata su monopolio en el dominio político de los condados de Cameron, Hidalgo, Starr y Duval.[18]

Una típica tragedia capitalista fue la historia del ascenso y caída de

Wells en esos cuarenta años: los elementos que el mismo Wells fomentó para consolidar y aumentar su poder lo llevaron finalmente a la ruina. De esa tragedia lo de menos fue el progreso que llegó al valle, porque lo de más fue la pérdida de miles de vidas de mexicanos, colaboradores del desarrollo capitalista de la región. Sus nombres quedaron en el anonimato y la mayor parte de ellos ni siquiera tuvo sepultura, tirados al río Bravo como reses apestadas o abandonados en los huizachales para consumo de los animales de carroña. Su vida, su trabajo, su lucha y su muerte no quedaron ni en la historia de Texas, ni en la historia de México; porque en una se les ha considerado como meros *greasers* o como simples bandidos y porque en la otra ni siquiera se les menciona.

Wells se encontró con una composición social que se había ido definiendo, aunque en un frágil equilibrio, desde el final de la guerra civil norteamericana: una minoría de vaqueros anglosajones, otra minoría de descendientes de ricos terratenientes españoles y una mayoría de mexicanos pobres para quienes la frontera establecida por los tratados de Guadalupe Hidalgo no había cambiado en nada el rostro ancestral del río Bravo, ni la plática inagotable y siempre misteriosa de sus dos riberas. Nada caracteriza mejor la situación de la zona en esa época que la famosa frase de Richard King: "La gente que viene a Texas en estos días son predicadores o fugitivos de la justicia o hijos de puta. ¿Usted a qué categoría pertenece?"[19]

La atribución legal de propiedad de la tierra en la región era en muchos casos tan problemática que ahuyentaba a los colonizadores anglosajones; sólo Richard King y Mifflin Kenedy habían comprado a mitad de siglo grandes porciones de tierra a propietarios criollos atemorizados por la nueva situación política y por las incursiones de los indios apaches. Posteriormente otro aventurero llamado James G. Browne seguiría los pasos de aquéllos. Pero muchos terratenientes hispanos se negaron a vender sus concesiones y en esos casos los colonizadores anglosajones buscaron otro modo de adquirir tierras: se casaron con las herederas y de esa manera perpetuaron el cacicazgo paternalista hispano en empresas de voluntad feudal conectadas con focos de auge capitalista. La maquinaria política también se volvió híbrida y mestiza: con estructuras y funciones de la administración norteamericana y de la tradición española, los demócratas lograron mantener su poder gracias a los mexicanos acarreados —"acorralados", como les decían en la región— que votaban según el gusto de sus patrones. Y sus patrones eran igual que los patrones mexicanos: mantenían el sistema de peonaje que ataba al trabajador mexicano por todos los conductos de su vida a la hacienda o al rancho. Los anglos del lado texano como los criollos del lado mexicano habían encontrado la fórmula perfecta para tener esclavos de hecho, sin preocuparse por la esclavitud de derecho.

El ascenso político de Wells coincidió con una catástrofe económica de la región: el tendido del camino de fierro desde San Antonio a Laredo que, pasando por Corpus Christi, rodeó toda la zona del Nueces y le quitó muy pronto a Brownsville su posición privilegiada como puerto de importación y exportación.[20] Las enormes empresas ganaderas de Richard King, de los Kenedy y de James G. Browne, que abarcaban más de la mitad del condado de Cameron, resultaron beneficiadas, pero no los pequeños ranchos (pequeños en comparación con los 300 mil acres que poseía cada uno de aquéllos) que quedaban ahogados en la franja sur de Cameron y los condados vecinos de Hidalgo y Starr.[21] Wells se apoyó en esos pequeños rancheros y en los comerciantes de Brownsville para convertirse en el cacique político de la región. Su programa político se reducía a atraer, por todos los medios posibles, capitales que permitieran la apertura de canales de irrigación que a su vez subieran el precio de la tierra y la hicieran más codiciada para las empresas ferrocarrileras, pues éstas recibirían a cambio de la vía porciones considerables de tierra.

Los mexicanos fueron durante estas décadas la mayoría de la población de estos condados: entre ellos había grandes y pequeños terratenientes, había peones asignados a las grandes empresas rancheras y trabajadores temporales en el acarreo de ganado, en las distintas cosechas, sobre todo la de algodón; en la construcción de canales de riego, y ya en el siglo XX en el tendido de vías.

Por su parte, los grandes terratenientes hispanos que, después de los tratados de Guadalupe Hidalgo, conservaron sus propiedades y que no tuvieron miedo de los apaches hicieron todo lo posible por integrarse a la nueva situación política: unos se aliaron por sangre con inversionistas anglosajones, y otros se aliaron políticamente con la maquinaria dominante del partido demócrata. Y todos establecieron con mucha claridad su distancia aristocrática frente a los pequeños propietarios y frente al resto de los mexicanos pobres. De esos terratenientes aristocráticos, Manuel Guerra fue el mejor aliado de James Wells en el condado de Starr.

Pero incluso los hispanos ricos y asimilados tuvieron siempre que sufrir la discriminación racial. La alianza con los anglosajones no garantizaba que éstos concedieran poder real alguno a los hispanos o a los mexicanos. Por supuesto, el número abrumador de mexicanos obligaba a los anglosajones a llenar con ellos los puestos intermedios de poder en los concejos municipales, en la policía, en el mismo partido; pero nunca en los puestos directivos.

Con la llegada a principios del siglo XX de nuevos colonos del norte de Estados Unidos y de Europa, sobre todo de Alemania, se agudizó y se extendió la discriminación. Los anglosajones asimilados al paternalismo hispano y los hispanos asimilados al capitalismo anglosajón resistieron al principio la posición tajante de los nuevos colonos que no querían fingir ningún paternalismo con los mexicanos, ni pretendían simular elecciones democráticas con los votos de los acorralados. Los hispanos y los anglosajones resistieron también políticamente los llamados contra la corrupción de estos nuevos fariseos que robaban, mataban y explotaban de la misma manera que ellos, aunque con mayor impaciencia y con mayor "limpieza", y sin recurrir a ningún tipo de ayuda o complicidad de los sucios mexicanos.

Un modelo y líder de ese nuevo tipo de colono que se generalizó a principios del siglo XX llegó en realidad a la región a principios de la década de 1890. Se llamaba Ed Lasater. Era un nuevo género de terrateniente: poco dispuesto a transigir con las recias complicidades que unían a los viejos terratenientes anglos con las familias hispanas y con sus peones mexicanos. Lasater fue el ejemplo más conspicuo del nuevo propietario que quería imponer en la región una explotación puramente capitalista de la tierra.

Aunque James Wells podía presentir que el poder se le escapaba, no podía quejarse porque su ambición política, social y económica había tenido siempre como fin que empresarios y colonizadores como Lasater se instalaran en la región para hacerla próspera, gringa y rendidora. Y Wells, en efecto, no se quejó, porque si había luchas de poder con los nuevos colonos, en el fondo existía una complicidad natural que se manifestaba en los momentos de crisis, cuando los mexicanos —o los negros, en otras ocasiones— se volvían una amenaza. Wells era benévolo con sus peones, ayudaba a sus criados y subordinados con dinero o sacándolos de la cárcel en casos de delitos leves. No obstante, cuando entendía que algún mexicano atentaba contra la superioridad blanca, él era el primero en condonar su linchamiento o su ejecución sumaria. Durante 1915 y 1916, cuando se produjo el levantamiento del Plan de San Diego, Wells fue uno de los más enérgicos sostenedores de las masacres de mexicanos a manos de los *rangers*; y fue uno de los primeros defensores de éstos cuando se intentó hacer una investigación de los posibles abusos de autoridad de ese cuerpo policiaco.

Para sostenerse, el cacicazgo de Wells dependía de la manipulación de los mexicanos en las elecciones. La movilización de peones, de albañiles, de obreros manuales, de vaqueros que podían residir o no en territorio norteamericano se burlaba de la división que la frontera supuestamente debía imponer. Mientras los abigeos gringos y mexicanos ignoraban la frontera atravesando a placer cabezas de ganado, Wells la desconocía doblemente porque al mismo tiempo que imponía la ley norteamericana la violaba para contrabandear mexicanos que con su voto comprado le permitieran imponer de nuevo la ley... para poder violarla otra vez con toda la práctica corrupta de su maquinaria política. En los últimos años del siglo XIX y en los primeros del XX, todas las leyes promovidas y declaradas por los enemigos de Wells con el fin de impedir que éste siguiera utilizando fraudulentamente el voto de los mexicanos se estrellaron impotentemente contra la tradición.

Sin la presencia de otros caciques en los otros condados vecinos al de Cameron, donde él personalmente reinaba, Wells no hubiera podido mantener el predominio de su maquinaria política en la región. En Hidalgo, Wells contó con el sheriff A. Y. Baker; en Starr, con Manuel Guerra; en Duval con Archer Parr; y en Zapata con el exsheriff Closner. Aunque se sabía que era el inspirador de muchos crímenes, James Wells nunca fue acusado legalmente de asesinato. Todos sus aliados, en cambio, tuvieron en alguna ocasión que defenderse del cargo de asesinato o complicidad en un crimen de primer grado. De los cuatro cómplices suyos citados, Closner fue el único que no pudo perpetuar familiarmente su dominio; pero los otros tres, en cambio, construyeron cacicazgos que duraron más que el de James Wells, su jefe y maestro.

En los años de la Revolución mexicana, todos ellos fueron personajes decisivos de la frontera de una u otra manera; y todos se aprovecharon de ella para incrementar sus negocios. Y si ninguno la entendió, no obstante todos supieron incorporarse a ella sin oponerse a su violencia, dejándose llevar por ella para poder dominarla cuando perdiera fuerza...

De extraña manera, paradójica por lo menos, iban apareciendo los elementos que definirían la singularidad de los movimientos rebeldes mexicanos en esa región: el primero (y decisivo, pues su sombra acompañaría e inspiraría a todos los demás por lo menos hasta 1915 y 1916) fue el de Catarino Garza en 1891, y el más inusitado y temerario fue sin duda el del Plan de San Diego, en 1915.

La familia Guerra

A fines del siglo XIX, la familia Guerra era una de las pocas familias españolas que habían sobrevivido los embates de la Reconstrucción y de los acaparamientos de tierras emprendidos por los nuevos propietarios anglosajones. Y debía su supervivencia en parte a la adaptación de algunos miembros suyos a la maquinaria política dominante en la región. El caso más ejemplar fue Manuel Guerra, quien era en más de un sentido un hombre fronterizo: había nacido en 1856, ocho años después del Tratado de Guadalupe Hidalgo, en Mier. A los catorce años se fue a Corpus Christi a estudiar inglés y a trabajar en el negocio de un gringo.[1]

Siete años después regresó a la frontera y se estableció en Roma, Texas, la población gemela de Mier, en México, y en Roma se casó con Virginia Cox, hija de padre anglosajón y de madre mexicana. Era alto, blanco, de pelo negro: entre los mexicanos del condado de Starr se le consideraba el único capaz de poner a los gringos en su lugar, entre los gringos de reciente inmigración se le veía con desconfianza; pero entre los caciques del partido demócrata se le consideraba uno de los suyos y un sólido aliado de James Wells, quien lo necesitaba para dominar los condados de Starr e Hidalgo, ambos de población mexicana mayoritaria.[2] Sin embargo, no le fue fácil a Manuel Guerra obtener ese sitio: tuvieron que ocurrir peligrosos conflictos sectarios y raciales en el Partido Demócrata en 1888, 1890 y 1892; y el poder de Ed Lasater tuvo que volverse amenazante para que Wells aceptara casi incondicionalmente la ayuda de Manuel Guerra.[3] Al principio, Guerra compartió el dominio de Starr con J. R. Monroe y con el sheriff Shely, pero cuando éste se retiró en 1905, Guerra pudo colocar en diferentes puestos públicos a tres parientes suyos: en la recolección de impuestos a su hijo, en la tesorería a su hermano, Jacobo, y en la oficina de sheriff a su primo, Deodoro.[4] Estos nombramientos fueron el origen de los más graves problemas a los que se enfrentaría Manuel Guerra en los años siguientes. Los republicanos y algunos demócratas, entre ellos Gregorio Duffy, consideraron inaceptable el monopolio de poder del nuevo cacique hispánico, y prepararon su ataque para las elecciones de 1906.

Todos los políticos de ambos bandos consideraron las elecciones de 1906 en el condado de Starr como críticas para toda la región del Nueces y se prepararon como si se tratara casi de una guerra civil. El día de las elecciones, Río Grande City estaba ocupada por grupos armados de los dos bandos. En la noche anterior a la votación, alguien se introdujo en la casa donde dormían el procurador John Kleiber y el juez de distrito Stanley Welch y, sin perturbar el sueño del procurador, puso a quemarropa una bala en la cabeza del juez. Kleiber no descubrió el asesinato hasta las ocho de la mañana del día siguiente. Cuando la noticia corrió por el pueblo, Gregorio Duffy con cincuenta hombres armados se apoderó del juzgado y ordenó que comenzara la votación. El asesinato del juez Welch desconcertó a los demócratas, quienes contaban con él como uno de sus más sólidos apoyos. Después de varias negociaciones y de varios acontecimientos que ahuyentaron a muchos votantes demócratas, se realizaron las elecciones. Durante los días siguientes, hubo varios enfrentamientos armados de los rangers con grupos de mexicanos fuertemente armados.

Aunque superados por los republicanos en Río Grande City, los demócratas lograron ganar con margen suficiente en Roma y sorpresivamente en Falfurrias para poder elegir a sus candidatos. Deodoro Guerra derrotó a Duffy por sesentaitrés votos para el puesto de sheriff del condado. La investigación del asesinato de Welch estaba detenida por falta de pistas, aunque corrían rumores que acusaban a Gregorio Duffy de ser por lo menos el instigador directo del crimen.

Después de perder las elecciones, los republicanos pudieron nombrar a Duffy inspector de aduanas de Roma (puesto federal que no dependía de las elecciones) para desde ahí obstaculizar los negocios de Manuel Guerra, grandemente dependientes del contrabando mexicano. Los rumores de la culpabilidad de Duffy continuaron, y su pugna con Manuel Guerra aumentó. En la noche del 26 de enero de 1907, el sheriff Deodoro Guerra y dos de sus ayudantes, los hermanos Juan y Gabriel Morales, siguieron a Duffy por su ronda de bares de Río Grande City. En uno de ellos, propiedad del medio hermano de Duffy, el sheriff abordó a su rival y provocó una discusión. Cuando Duffy salió por la puerta trasera del bar para orinar, el sheriff lo siguió. Unos minutos después, se oyeron varios disparos. Algunos rangers que estaban en el bar, al creerse atacados, comenzaron a disparar hacia la puerta. Cuando acabó la confusión y salieron del bar, los rangers se encontraron con Gregorio Duffy mortalmente herido de tres balazos.

Duffy no murió sin declarar; pero su declaración, las de los otros tres participantes y las pruebas encontradas en el lugar eran tan contradictorias que dieron oportunidad a los miembros del gran jurado, todos leales a Guerra y al Partido Demócrata, de postergar una decisión sobre el caso. Finalmente, amenazado con una apelación a la justicia federal, el jurado emitió dos acusaciones contra los hermanos Morales, pero se negó a involucrar a Deodoro Guerra y a su primo, Manuel, a quien muchos señalaban como el instigador del crimen.

Los avatares penales de la muerte de Duffy fueron innumerables. No obstante, los enemigos de James Wells y de su maquinaria política lograron en mayo de 1907 que los hermanos Guerra fueran acusados del asesinato. En esas mismas semanas, el caso del juez Welch estaba llegando también a su desenlace: después de varios meses de total desconcierto, la policía del condado de Starr emitió una orden de arresto contra Alberto Cabrera, militante del partido republicano y ex-empleado del medio hermano de Gregorio Duffy. Esta acusación se volvió sospechosa porque parecía una represalia por lo que los republicanos estaban haciendo en ese momento contra los hermanos Guerra. Y si no era represalia, al menos constituía una treta para distraer la atención del otro hecho, pues no era ninguna coincidencia que el policía que emitió la orden de arresto contra Alberto Cabrera fuera el hijo de Manuel Guerra. Posteriormente el jurado declaró culpable a Cabrera por el asesinato del juez Welch, pero los procedimientos dieron claramente a entender que se trataba de un juicio político en el que se hizo de Cabrera un chivo expiatorio. Además, a diferencia de los hermanos Guerra y de los hermanos Morales, que fueron exonerados gracias al poder de James Wells, Alberto Cabrera fue condenado a cadena perpetua.

En 1912 Cabrera se fugó de la cárcel y se refugió en México. Pocos meses después se incorporó al ejército de Venustiano Carranza y como teniente regresó a su terruño, entre otras cosas con un claro propósito de vengarse de los hermanos Guerra y de todos los que contribuyeron a su desgracia.[5] Para ello, Cabrera no encontró mejor manera que volverse hombre de confianza de Emiliano Nafarrate, jefe de la guarnición de Matamoros. Y no se equivocó en su elección.

Para Manuel Guerra, los problemas no terminaron con la absolución del jurado. En 1910, Lasater volvió a la carga y en esta ocasión don Manuel decidió que era hora ya de ceder a las presiones del ranchero en vez de arriesgar todo su poder en el condado. Así pues, en esta ocasión no se opuso a las gestiones que hizo Lasater para crear su propio condado. En 1911 se creó el condado de Brooks con partes del de Starr y del de Hidalgo, pero Lasater fracasó en su intento de quitarle territorio al condado Duval, en el norte, hasta donde se extendía su rancho: ahí dominaba un formidable enemigo de los nuevos rancheros. Se llamaba Archer Parr; y todos en la región lo conocían como Archie.

El triunfo de Lasater fue incentivo para que otro de los nuevos rancheros de la zona pidiera la creación de su propio condado. W. Jones también recibió su recompensa; en 1913 la legislatura de Texas creó el condado de Jim Hogg con partes de los condados de Starr y de Zapata.[6]

Ya para entonces, Manuel Guerra se sentía viejo y cansado. Y en realidad estaba enfermo: murió en 1915, cuando el movimiento del Plan de San Diego estaba en su apogeo.

Archie Parr

El condado Duval se creó por orden del Congreso del estado de Texas en el año de 1858. Pero las incursiones de los indios impidieron la formación de un gobierno local hasta 1876. El estacionamiento de tropas federales en el pueblo de San Diego influyó decisivamente para que este pueblo fuera designado sede del condado. En 1879 el condado atrajo la atención de rancheros anglosajones y europeos gracias a la construcción de un ramal del ferrocarril St.Louis-Brownsville, que lo comunicaba directamente con el puerto de Corpus Christi. Y así comenzó una época de prosperidad con la cría de ganado lanar. Pero la caída de los precios de la lana y la aparición de una epidemia en el ganado destruyeron esta prosperidad a mediados de los años ochenta. Los rancheros no se desanimaron: iniciaron la cría de ganado vacuno y dos décadas después el condado Duval estaba entre los diez primeros de todo el estado de Texas en número de cabezas: era el séptimo, con 39 420.[1] Pero su población no había crecido a la par de su riqueza comercial: de 1 083 habitantes que tenía en 1870 pasó a 8 483 en 1900 y apenas a 10 895 en 1910.[2] A pesar de ese débil crecimiento demográfico, los mexicanos siguieron dominando numéricamente, con un 90%. Ésa fue una proporción que se mantuvo estable.

También el dominio económico y político de los anglosajones se mantuvo inalterable. De hecho, esas últimas décadas del siglo XIX y la primera del XX vieron el refinamiento de los medios de explotación, coerción y manipulación de los mexicanos para beneficio de los intereses anglosajones en el condado Duval y en muchos otros condados texanos. Los mexicanos se convirtieron en peones, chivos expiatorios, víctimas propiciatorias y meros instrumentos de las luchas políticas entre el Partido Demócrata y el Republicano.

Nacido en la Isla Matagorda, en el litoral texano, el 25 de diciembre de 1860, Archer Parr había trabajado para varias compañías de ganado de la zona antes de establecerse en el condado Duval en 1882; y aquí se dio a conocer primero como un capataz inflexible y luego como un ranchero inescrupuloso.[3] Y no pasó mucho tiempo antes de que Archie se convirtiera en el símbolo de la corrupción, del asesinato, del fraude electoral, de la intransigencia política y de la arrogancia ranchera.[4] Su fama se la ganó a pulso y se puede decir que estaba orgulloso de haberla merecido. Hablaba español y practicaba el paternalismo con sus peones mexicanos, en la vieja tradición de la región.

Con el asesinato de John Cleary, dirigente demócrata que había organizado a los mexicanos del condado en el Partido del Guarache, los miembros del Partido Republicano, opuesto a que se utilizara el voto de los mexicanos, perdieron mucho prestigio; pero el Partido Demócrata en el condado de Duval quedó sin líder, si bien tan sólo momentáneamente, porque Archie Parr se encargó de sustituirlo y de sustituirlo bien.[5] A partir de ese momento, nadie pudo quitarle a Parr el dominio político del condado. Ed Lasater, su archienemigo, hizo cuanto estaba a su alcance en la legislatura y en las cortes del estado para destruirlo, pero nunca fue suficiente. En su propósito de crear un nuevo condado con el nombre de Falfurrias, Lasater pretendía quitarle territorio al de Duval, pero tuvo que conformarse con dos pedazos de los condados de Hidalgo y de Starr. En 1912, Lasater y sus aliados republicanos, e incluso algunos demócratas, iniciaron una dura lucha con la intención de que Parr fuera acusado de fraude en las elecciones del condado. Lasater llevó su caso hasta Washington, donde se entrevistó con el Procurador General de Justicia, a quien convenció de enviar a un fiscal extraordinario. Las acusaciones de Lasater contra Parr fueron corroboradas, pero el hecho de que no se hubiera violado ninguna ley federal impidió al fiscal formular acusaciones contra el cacique de Duval. Estos altercados legales entre Lasater y Parr coincidieron con la candidatura de éste para senador estatal y con el estallido de la rebelión de San Diego.

Irónica o significativamente, en los mismos días en que se difundía el Plan separatista de los mexicano-texanos, un gran jurado estatal hacía veinte cargos criminales precisamente contra Archie Parr, el dueño del condado de Duval, cuya sede era el pueblito de San Diego. Todo era obra del incansable Ed Lasater.

Y la Revolución pasó, pero no el poder, ni la riqueza, ni las maneras ilegales de Archie Parr.[6]

Un pequeño imperio

En contra de la creencia más general de la época, la Corona Española sólo otorgó cuatro mercedes de tierras en la región del Nueces, y las cuatro se hicieron entre 1798 y 1808, años de urgentes necesidades económicas del rey. Fue el estado soberano de Tamaulipas el que dio la mayor parte de las concesiones a ciudadanos mexicanos entre 1827 y 1835.[1] Una de éstas fue la que se le concedió, en 1831, a Ignacio de la Peña. Consistía en "diez leguas de tierra en las cañadas de Palo Blanco y San Antonio, y la Laguna de Loma Blanca, sesenta millas al sureste de Corpus Christi, sesentaiocho y media millas al norte, treintaidós grados al este de la Ciudad de Río Grande", como diría el título que en 1870 expidió el estado de Texas, con el cual se reconocía la concesión original del estado de Tamaulipas.[2] Poco tiempo después, esa concesión —Los Olmos y Loma Blanca— se convirtió en el territorio inicial del casi imperio que Ed Lasater levantaría durante más de cuarenta años.

Edward Cunningham Lasater nació en 1860 en un rancho de Texas llamado Valley Farm, a treinta kilómetros al norte de Goliad. Y ahí pasó los primeros cinco años de su vida, en los cuales "durante meses no veíamos a nadie. A papá le gustaba contarnos o leernos cuentos, y todas las noches nos sentaba en sus rodillas o se tendía frente a la chimenea con uno de nosotros en cada uno de sus brazos".[3] En 1865, la familia se mudó a Goliad, donde Edward Lasater asistió por primera vez a la escuela. La adolescencia de Edward se dividió entre los estudios y la vida de rancho, pero antes de que entrara a la Universidad a estudiar leyes, su padre enfermó seriamente y Lasater tuvo que abandonar para siempre sus propósitos universitarios.

A los veinte años, Lasater hizo un viaje de visita a casa de su hermana mayor, casada con Edward Caldwell, quien comenzaba a prosperar gracias a las nuevas condiciones de la colonización en la región del Nueces: la primera y más importante de estas condiciones era la carta blanca que tenían los rancheros para eliminar a los mexicanos de la manera que fuera más conveniente y expedita.[4] Edward Caldwell le aconsejó a su cuñado que era ya hora de comprar tierras en la zona: "Los precios forzosamente van a subir; se están levantando las cercas de alambre por todos lados y cada día resulta más difícil encontrar pastizales libres".[5] El rancho de Caldwell estaba situado en pleno condado de Duval, y en ocasión de esa visita, Lasater pudo conocer Los Olmos y Loma Blanca.

Con las cercas, llegó a la región el banquero inescrupuloso que estaba dispuesto a correr riesgos con los rancheros más audaces: el coronel George W. Brackenridge, fundador del San Antonio National Bank, fue el caso más típico de este banquero. En toda la década de 1870 fue él quien con su financiamiento les permitió a los grandes ganaderos de la región realizar los enormes acarreos de ganado de la región hasta el mercado de Kansas; y fue también él quien propició la expulsión de los mexicanos debido a la política muy definida de conceder préstamos generosos a los norteamericanos y gravosos a los mexicanos.

Cuando a principios de la década de 1880 el precio del ganado lanar declinó y una terrible sequía asoló el condado de Duval, muchos herederos de Ignacio de la Peña tuvieron que entregar sus propiedades al fisco por falta de pago de impuestos. Para 1883 ya sólo tres herederos de De la Peña tenían propiedades en Los Olmos y Loma Blanca. Uno de esos herederos era Tomasa Hinojosa, quien estaba casada con Matías García Saldaña, quien a su vez había comprado siete y media leguas en la propiedad del abuelo de su esposa.[6]

La pareja de Tomasa Hinojosa y Matías García no pudo conservar la propiedad familiar: después de hipotecar dos veces parte de su terreno, en 1887 pidieron otro préstamo para pagar los dos anteriores, pero esta vez incluyeron en la hipoteca todos sus bienes raíces. En 1895, acosados por los términos de sus deudas, Tomasa y su esposo tuvieron que vender su propiedad a Ed C. Lasater y al suegro de éste, John Bennett, a un dólar el acre. Otra de las organizaciones típicas de la época proveyó el dinero para la compra de la propiedad: la F. Smith and Co. se especializaba en invertir dinero extranjero, en este caso inglés, en el desarrollo de la región. Uno de los clientes consentidos de esta agencia era precisamente Ed Lasater.[7]

Cuando pidió el préstamo para comprar la tierra de Matías García y de Tomasa Hinojosa, Lasater poseía en sociedad con John Bennett 35 mil cabezas de ganado. En 1884 cada una de esas cabezas había valido veinticinco dólares, pero en 1895 su precio no pasaba de seis dólares. Ese mismo año, cada acre de Los Olmos y Loma Blanca le costó a Lasater un dólar, y apenas cincuenta centavos el acre de muchas otras propiedades compradas sobre todo a mexicanos que se estaban muriendo de hambre y que no tenían ninguna esperanza de recibir préstamos: y en menos de cinco años, con el paso del tren de San Antonio a Laredo, muchos miles de esos acres ya valían veinte y hasta veinticinco dólares.

A partir de ese momento se inició una época de acaparamiento de tierras de mexicanos en manos principalmente de dos recién llegados: Lasater y W. Jones.

En 1901, el rancho de Lasater tenía 286 mil acres, de los cuales 220 mil estaban titulados a su nombre, y los 66 mil restantes eran alquilados; grandes porciones de su propiedad estaban cercadas, había 34 casas y más de setenta pozos de agua.[8]

Para la misma época, Lasater estaba convencido de que sólo le faltaba el ferrocarril para hacer de su rancho una empresa sin límites de prosperidad. Las dos estaciones más cercanas de Falfurrias, centro de su imperio, estaban en Alice y Realitos. Aunque Realitos se encontraba en la frontera con el punto más septentrional de sus terrenos, el acarreo de ganado a esa estación exigía pasar por tierras ajenas, lo cual siempre era por lo menos un inconveniente, si no un serio problema.[9]

A principios de 1903, R. J. Kleberg, Robert Driscoll, Uriah Lott y Benjamin Yoakum obtuvieron los derechos para la construcción de la vía ferroviaria que conectaría Corpus Christi con Brownsville. Cuando en 1904 llegó el tren a Brownsville, se desprendió un ramal de Harlingen, una estación a quince millas de la frontera, y se extendió hacia el oeste hasta la línea divisoria con el condado de Starr. Al mismo tiempo, una compañía competidora de la empresa de Kleberg, Driscoll y Lott puso una vía desde la estación de Alice hasta el rancho de Falfurrias. Con estas innovaciones se siguieron consolidando las nuevas relaciones sociales y económicas en la región: los grandes rancheros como Lasater y W. Jones fraccionaron parte de sus inmensas haciendas para ofrecer terrenos en venta a nuevos colonos. En 1910 había ya miles de inmigrantes que, con su presencia, rompieron el equilibrio de la región, mantenido por dos décadas por el cacique Wells.[10] En general, como ya hemos dicho, estos nuevos inmigrantes se aliaron con Lasater y otros grandes rancheros para oponerse a la usanza paternalista de los caciques demócratas como Wells, Parr, Manuel Guerra... Esas luchas llevarían a la creación de nuevos condados como el de Brooks, del que prácticamente era dueño Ed Lasater; o el de Jim Hogg, cuyo dueño era W. Jones.

Así fue el triunfo inmediato de estos nuevos terratenientes. La otra victoria sería la expulsión de los viejos caciques paternalistas y el despojo total de las tierras de mexicanos. Esto se logró gracias a la rebelión del Plan de San Diego, ya que el pánico provocado entre los anglos produjo linchamientos innumerables de mexicanos y la consiguiente huida de los demás que no eran asesinados. Con la muerte y con la huida, los mexicanos dejaban en manos de estos terratenientes la última presa de su expansión; por ello se dijo muchas veces que detrás de los rebeldes que pretendían separar los estados de Texas, Nuevo México, Arizona y California de la Unión Americana había en realidad una conspiración de estos terratenientes. Nadie probó esta conspiración, pero lo cierto es que la rebelión, que fue un gran gesto de venganza por las décadas de linchamientos y de explotación, fue derrotada y los ganadores fueron los Lasater, los Jones... los anglos, pues.

En efecto, este resultado fue paradójico, porque concluyó una lucha popular que de ninguna manera se puede limitar a 1915, pues por lo menos se había iniciado un cuarto de siglo antes, con la famosa rebelión de Catarino Garza. Y aunque ésta dominó los casi veinticinco años desde su estallido hasta la aparición del Plan de San Diego, hay luchas intensas, de grupos, de individuos, de ciudades y pueblos, que no se pueden olvidar. Recordemos al solitario Gregorio Cortez, a los luchadores de la Renters' Union o Unión de Arrendatarios, a los habitantes de Laredo en su larga y denodada gesta por la dignidad de los mexicanos.

Catarino Garza

Conciudadanos:

El vergonzoso estado de abyección á que nos han reducido los hombres del poder, tratándonos no como ciudadanos de una República independiente y federal, sino como á despreciables esclavos;

Los fuertes impuestos y contribuciones á que nos han sujetado, haciendo del todo imposible que podamos honradamente vivir de nuestro trabajo;

La humillante disposición del Gobierno de que compañías extranjeras vengan á practicar medidas y á servir de jueces en el deslinde de nuestras tierras, ó á obligar á los propietarios que paguen una fuerte suma, como "Contenta" para no ser molestados;

La corrupción espantosa que hace años existe en los titulados gobierno Federal y de los Estados, en que los hombres más nulos que se prestan para dóciles instrumentos, los miserables que trafican con la honra de sus familias, y los traidores y criminales que han cometido espantosos hechos, son los de influencia, mando y valimiento;

El asesinato oficial que los Gobiernos de Chihuahua, Coahuila, Nuevo León, Tamaulipas, etc., han establecido como recurso ordinario, para deshacerse de los hombres que pueden con el transcurso del tiempo protestar contra tanta infamia;

La impunidad absoluta é irritante de que gozan los ladrones oficiales que se han apropiado millones del tesoro público [...]

Conciudadanos: Levantaos en masa para derrocar en unos cuantos días á los tiranos que con el nombre de Gobierno Federal y de los Estados nos oprimen; y salvemos á nuestra querida Patria que está próxima á desaparecer, víctima de la esclavitud, del robo, del asesinato y de la miseria. Levantaos en masa á nombre de la Libertad, de la Constitución de 1857 y de la conciencia pública.

El último de los periodistas independientes, el más humilde de todos, abandona hoy su pluma para empuñar la espada en defensa de los derechos del pueblo.

¡Abajo los tiranos! ¡Viva el pueblo mexicano!

Vuestro compañero de sacrificios y de peligros.

C. E. Garza

Jurisdicción de Matamoros, Tamaulipas, Septiembre de 1891.[1]

El 15 de septiembre de 1891, las tropas de Catarino Garza, periodista convertido en general, cruzaron el río Bravo y penetraron en territorio mexicano. En las semanas siguientes, los rebeldes tuvieron varios enfrentamientos con el ejército federal y no todos fueron exitosos. En varias ocasiones se dispersaron y se replegaron hasta territorio norteamericano. El 11 de noviembre, Catarino Garza sufrió una derrota muy importante que lo obligó a refugiarse de nuevo en Texas. Una semana después, el general Lojero, a cargo de la zona militar donde se desarrollaron las actividades de Garza, se quejaba de que las autoridades de Estados Unidos no hacían nada para atraparlo. Según Lojero, había ciertos hechos muy sospechosos en todo este asunto, y así se lo hizo saber a Bernardo Reyes, su superior, en una carta del 26 de noviembre de 1891: Catarino Garza no había robado ni un caballo en Texas para sus tropas, que estaban compuestas por gente "no perdida" y que estaban armadas con carabinas. Todo esto le hacía preguntarse al general Lojero por el patrocinador financiero de la empresa.[2]

Ni Lojero ni Reyes sabían que algunas figuras políticas mexicanas de primera importancia en aquel momento, como Sóstenes Rocha, Luis Terrazas, Francisco Naranjo y Luis E. Torres, apoyaban el movimiento rebelde.[3] El hecho de que tuviera cómplices tan importantes permite suponer que Catarino Garza había planeado su levantamiento con la seguridad de que recibiría la colaboración activa de todos ellos.

Quizás alguno de ellos sí llegó a darle un adelanto del apoyo económico prometido, pero ninguno parece haber mantenido su ayuda una vez iniciada la campaña militar de Catarino. Y eso explicaría las preguntas del general Lojero. Aunque no todas, viéndolo bien, pues a éste también le preocupaba que las autoridades de Texas no pusieran mucho empeño en perseguir a Catarino, ni en ayudar al sheriff de Laredo, Eugenio Yglesias, en su decisión de atraparlo a como diera lugar. Según estos argumentos, existía en la situación una evidente complicidad de muchos texanos, interesados en la turbulencia de la frontera.

Sin embargo, Lojero no sabía que si las autoridades del estado no hacían nada, las federales militares sí habían emprendido una despiadada persecución de la gavilla de Garza, que al replegarse hacia Texas había iniciado una nueva guerra, esta vez contra los anglos. Aparentemente Catarino estaba luchando para evitar que lo apresaran y lo mandaran a su muerte segura del otro lado de la frontera, pues ya era obvio para entonces que los importantes personajes mexicanos lo habían traicionado. Pero esa razón aparente fue rebasada por los hechos: muy pronto Catarino estaba luchando no sólo por sobrevivir sino por reivindicar el coraje y la ira de los mexicanos explotados y humillados en territorio norteamericano.

Como periodista, Catarino Garza había denunciado repetidamente los abusos de las autoridades mexicanas: justo antes de la rebelión había publicado una biografía de Bernardo Reyes que no era nada halagadora del nuevo jefe militar de la zona. Pero al mismo tiempo había denunciado las arbitrariedades de los anglos en el condado de Starr; y en 1885 había luchado para formar sociedades mutualistas de propietarios y obreros mexicanos precisamente en la región al sur del Nueces. Tres años después, en ocasión de las elecciones para sheriff de Río Grande City, un ex-sheriff del Partido Demócrata atacó a Catarino, lo hirió y provocó un motín popular. Se corrió entonces la voz de que los mexicanos de la región se estaban organizando en partidas armadas para apoderarse de varias urnas electorales en distritos demócratas. Se efectuaron las elecciones sin grandes perturbaciones y ganó el candidato a sheriff del Partido Republicano, que había postulado demagógicamente a un mexicano que no sabía hablar inglés. Con ese pretexto, los inspectores electorales, que pertenecían al Partido Demócrata, anularon la elección.

En noviembre de 1891, cuando Catarino Garza volvió su violencia contra territorio norteamericano, pensaba pues en arreglar viejas cuentas. Y su rebelión ayudó al Partido Republicano, el cual se benefició con los votos de los mexicanos que simpatizaban silenciosamente con la causa del rebelde. Pero al mismo tiempo, el Partido Demócrata comenzó a darle poder a los mexicano-texanos y surgió de esa manera como cacique del condado y del Club Rojo, es decir, del Partido Demócrata, Manuel Guerra, quien contaba, si no con la confianza, al menos con el apoyo tácito de James Wells, el gran cacique político del Partido Demócrata de la región.[4] En 1891, se llegó a decir que Guerra, comerciante de Roma, se había entrevistado con Catarino Garza y que además un año antes le había proporcionado a Ignacio Martínez diez mil pesos "para que hiciera alboroto en la frontera".[5] De cualquier manera, no dejaba de ser por lo menos irónico que Guerra fomentara y apoyara la rebelión de Catarino Garza que estaba inspirada en un Plan dirigido a acabar, entre otras cosas, con el poder del mismo Guerra y sus cómplices políticos en la zona.

En la rebelión de Catarino Garza sucedieron ciertos hechos que se pueden considerar paradigmáticos de la conducta histórica de la frontera, y especialmente de una frontera como la de esa región del valle inferior del río Bravo, adonde tardó mucho en llegar la violencia del capitalismo; y más especialmente aún de una frontera como la de México y Estados Unidos donde se enfrentaban y se enfrentan dos culturas desesperanzadamente irreconciliables.

Estos hechos paradigmáticos se reproducirían, como ecos, en la memoria y en los actos de muchos rebeldes de finales del siglo XIX y de principios del XX, hasta el movimiento final de resistencia contra el establecimiento del capitalismo, movimiento que se llamó la rebelión del Plan de San Diego.

El primer paradigma que se desprendió de estos hechos fue la conversión de una rebelión de mexicanos contra el gobierno mexicano en una rebelión en contra del gobierno mexicano y del norteamericano. Los mexicanos oprimidos de esta región terminaban reconociéndose como hombres sin país, o como hombres *desarraigados de ambos países*, hombres literalmente fronterizos. Justo en el inicio de la rebelión de Catarino, el cónsul norteamericano en Matamoros escribió un informe donde señalaba que "estos chaparrales de Texas están llenos de hombres desesperados que no tienen ninguna buena voluntad para ninguno de los dos países".[6] Precisamente de esos chaparrales, como se verá, surgirían los rebeldes del Plan de San Diego.

Del resentimiento contra el gobierno de México, los gringos hasta se congratulaban, pero el otro resentimiento no querían ni imaginarlo. Por eso causó pánico que la banda de rebeldes de Catarino Garza iniciara sus escaramuzas en territorio norteamericano con el grito: "Kill the damned gringos!".[7]

El segundo paradigma fue la rapidez de difusión de los rumores y de las noticias a lo largo de la frontera, y la capacidad extraordinaria de estos rumores y estas noticias para amplificarse. En el mismo informe del cónsul norteamericano que acabo de citar se decía que Matamoros "estaba anoche muy intranquilo. Corre todo tipo de rumor. Se dice que la banda de Garza cuenta ahora con 380 hombres y que se acerca a la ciudad. Se han encontrado municiones y se han hecho varios arrestos".[8] Y con la misma celeridad, al día siguiente aumentaría el número de rebeldes al doble y se hablaría de actos ignominiosos e inimaginables.

En 1915 también correrían los rumores descabellados y cada vez más alarmistas: el 20 de septiembre de 1915, el Procurador General de Estados Unidos le transcribió al Secretario de Guerra una carta de un amigo suyo de San Benito, Texas, en donde éste le decía que había cerca de cinco mil mexicanos desconocidos en Brownsville y San Benito, los cuales probablemente estaban en espera de alguna señal para levantarse en armas.[9] Y, aceleradamente, también, comenzaría a verse la ramificación de la rebelión por todo el estado.

No se puede dejar de citar la incredulidad de Bernardo Reyes cuando, a principios de septiembre de 1891, el gobernador de Tamaulipas, Alejandro Prieto, le comunicó que Catarino Garza había iniciado su rebelión y que se dirigía hacia México desde el condado Duval, es decir, desde San Diego. Bernardo Reyes no lo creyó porque, decía, unos pocos meses antes Catarino Garza, al publicar una biografía denigrante suya, se había ganado muchos enemigos que comenzaron a perseguirlo y aún se hallaba de huida.[10]

Pero tres días después, el general Lojero le aseguraba a Reyes que Catarino Garza había cruzado el río en las inmediaciones de Mier y se encontraba con su gavilla en territorio mexicano. Se dijo en los primeros días que también Ruiz Sandoval había entrado a territorio mexicano con su propio grupo rebelde: en un plan revolucionario, no el firmado por Catarino Garza, aparecía aquél como generalísimo. Y justo entonces se supo que Paulino Martínez, quien acababa de reiniciar la publicación de *El Chinaco*, acababa de ser aprehendido en San Antonio, seguramente por apoyar las rebeliones de Catarino y de Ruiz Sandoval. Con este último, Paulino Martínez compartía una acusación desde el año anterior y al resurgir con su campaña de incitación a la rebelión, el sheriff federal de Laredo, Eugenio Yglesias, se remontó hasta San Antonio para reabrir la denuncia contra los dos oposicionistas.[11] Sin embargo, muy pronto se supo también que Ruiz Sandoval no había iniciado ninguna revolución, ya que se encontraba en Nueva Orleans, pero no a salvo de ser extraditado por haber firmado un plan subversivo contra el gobierno de Porfirio Díaz.[12]

El tercer paradigma fue la complicidad entre el paisaje y los rebeldes. Y no era sólo la complicidad de la naturaleza la que protegía a los rebeldes, ni sólo la de la población mexicana la que los cubría: ellos mismos poseían un mimetismo de sobrevivencia que los confundía con la tierra y los huizaches, y que los hacía inencontrables.

Ante ese hecho, los aterrorizados e impotentes estadunidenses atacaban indiscriminadamente a la población mexicana o recurrían al amedrentamiento salvaje de los linchamientos, las ejecuciones sumarias y hasta las masacres. El 24 de diciembre de 1891, el comandante del fuerte Ringgold, en las afueras de Brownsville, informó que en La Grulla, un rancho de mexicanos, estaban varios "bandidos", pero que se debía dejarlos tranquilos mientras no le llegaran los refuerzos. Después iría, con uno o dos cañones, a la Grulla y a uno o dos lugares más "a arrasarlos si fuera necesario".[13] El comandante estaba desesperado pues sabía muy bien que en esa región era "casi imposible distinguir a un 'revolucionario' de un residente común y corriente".[14] Precisamente por ello, a pesar de los linchamientos y de las ejecuciones sumarias y de las masacres, Catarino Garza nunca fue capturado. Ni tampoco Luis de la Rosa, ni Aniceto Pizaña, los líderes de la Rebelión de San Diego en 1915. (Debo consignar, sin embargo, que en una semblanza del magonista Jesús H. Rangel, José C. Valadés afirma, sin más, que Catarino Garza sí fue aprehendido y recluido en prisión.)[15]

Gracias a la complicidad entre los rebeldes y el paisaje, el líder de la rebelión, Catarino Garza, no sólo evadió el acoso del ejército y los *ranchis* texanos, y evitó hasta la traición de su propia familia y de algunos cómplices suyos; también se volvió ubicuo. Eludía la persecución y aparecía en los lugares más distantes el mismo día y a la misma hora. Y entre más ubicuo se volvía, su evasión se hacía más irreal. El 18 de febrero de 1892, el comandante del fuerte Ringgold seguía las huellas de Catarino con una proximidad que le aseguraba la ineluctable captura del cabecilla. Pero con seguridad tenía bien presente lo que le había pasado poco antes con Juan Antonio Flores, otro de los jefes de la rebelión, cuando según él estaba a punto de atraparlo. Durante la noche, en su campamento, se le presentaron varios peones mexicanos y mientras calentaban su café platicaron con él de los avatares de cualquier ranchero. Pocas horas después, el comandante se enteró que uno de los peones era el hombre que él creía estar a punto de capturar.[16]

Y así sucedió también el 18 de febrero de 1892: las huellas de Catarino Garza condujeron al comandante a las inmediaciones de la casa de Alejandro González y de Manuel Cadena Canales, tío de Catarino. Y a pesar de que varios compinches de Catarino, que el comandante traía como rehenes, reconocieron las huellas y corroboraron que su ex-jefe debía estar en alguno de esos ranchos, Catarino se hizo humo. Y Manuel Cadena Canales negó una y otra vez que su sobrino hubiera estado en los últimos días en su rancho, y para probar su sinceridad se unió a la persecución de Garza y de su propio hijo, Epifanio Canales.[17]

El cuarto paradigma de las rebeliones de la zona fue el centro de gravedad, situado en el pueblo de San Diego, sede del condado de Duval. De ahí partió Catarino en dirección a México y posteriormente se desarrollaron allí sus operaciones, como si hubiera en ese pueblo una atracción secreta; además, en San Diego fue aprehendido el 18 de enero de 1892 un pariente suyo, Frank Garza, que surtió a Catarino de armas y víveres durante un mes, hasta que éste desbandó a su gente y continuó su huida con la única compañía de su hermano.[18]

Y casi veinticinco años después se promulgó un Plan llamado de San Diego y nadie hasta la fecha sabe por qué. Aunque en el volante confiscado a uno de sus firmantes se señalaba ese pueblo como el lugar de redacción, hasta donde sabemos el Plan no fue elaborado, ni firmado, ni divulgado en San Diego: fue redactado y concebido en Monterrey. Además, durante la campaña militar del Plan, nunca hubo una acción de guerra en ese pueblo, ni en el condado Duval. Por otro lado, no sabemos de dónde era Luis de la Rosa, pero el rancho de la familia Pizaña estaba lejos de San Diego. Sin embargo, el Plan se atribuía como origen San Diego: así lo quisieron sus firmantes y así quedará. ¿Qué unía a Catarino y a los firmantes del Plan de 1915 con San Diego?

La razón del nombre es un misterio; pero de los firmantes del Plan no sabemos si eran misteriosos o si son simplemente desconocidos para la historia. Esta última hipótesis es hasta ahora la más plausible. Pero con detenimiento se podrá percibir, poco a poco, que los nombres no eran insignificantes: al seguir su rastro a través de los acontecimientos más importantes de la zona, el sentido, aunque tenue, de su presencia en ese documento se revela preciso, exacto, inevitable.

¿Qué unía a Catarino y a los firmantes del Plan de 1915 con San Diego? Quizás algo muy simple, quizás el simple deseo de estos firmantes de rendir un homenaje a Catarino Garza, como precursor de su lucha y de su ilusión. Quizás otra cosa muy simple: la memoria. Hay hechos que por su fuerza se transforman en memoria y viven y se propagan y se trasmiten por herencia de padres a hijos, de primos a primos, de vecinos a vecinos, de boca a boca, y son difíciles de destruir... hasta que encarnan en otro hecho semejante a ellos y ese hecho hace de la memoria su sangre, su alimento para buscar a su vez convertirse en otra memoria, en otra imagen soterrada que perpetúa nuestro tiempo como un tiempo en perpetuo nacimiento. Así fue: la rebelión de Catarino Garza encarnó en la del Plan de San Diego, ésta mató a aquélla, y así sobrevive la historia.

El último paradigma es la imprecisión del origen y el oficio de los líderes de las rebeliones: en ambos casos aquéllos se pierden en la conjetura, aunque algunas versiones aisladas y casi casuales sobre sus actividades coinciden en atribuirles a Catarino Garza y a Luis de la Rosa el oficio de agentes viajeros. Por lo demás, las atribuciones son disparatadas o tan vagas que poco se puede hacer con ellas: en su manifiesto Catarino decía que era periodista; y además los rumores agregaban que era escritor político, historiador, organizador obrero, militante en la política de los partidos norteamericanos... Y de la misma manera se rumoró que Luis de la Rosa era comerciante, carnicero, etcétera...

Los hechos de la rebelión de Catarino Garza no fueron paradigmáticos sólo porque le dieran sentido y lógica a un comportamiento muy singular, el de Luis de la Rosa, veinticuatro años después; también fueron modelos porque muchos de los participantes y de los habitantes de la zona nunca olvidaron esa rebelión y lograron en poco tiempo madurar las lecciones de ese acontecimiento: la revolución de Catarino Garza se perpetuó en la memoria con una vigencia sorprendente. Los intentos magonistas de rebelión de 1906 y 1908, harían resurgir en la frontera oriental la figura de Catarino. Pero el hecho complementario y decisivo fue que las autoridades de ambos lados del río nunca se olvidaron de él. Cualquier posibilidad de rebelión en la zona siempre traía a la memoria aquella otra; y a la mente, la posibilidad de que fueran viejos catarinistas los participantes de la nueva rebelión.

Ambos lados de la guerra social permanente hicieron su parte para darle una vida duradera al recuerdo de Catarino. Durante la Revolución Constitucionalista y la Rebelión de San Diego un atributo frecuente que se encuentra en la descripción de varios personajes es: "participó en la revolución de Catarino Garza"; y la atribución no sólo distinguía, y no sólo contenía un dejo de orgullo, también parecía reproducir un eco ya mítico.

Librado Palacios, dueño de un ranchito en Stockdale, Texas, y a quien se nombró repetidamente como inmiscuido en varias de las tantas intrigas del Plan de San Diego, era hijo de Baldomero Palacios, "que perteneció a los rebeldes de Catarino de la Garza".[19]

Para la relación de Catarino Garza con las rebeliones magonistas de 1906 y 1908, existe un testimonio inusitadamente explícito: el extraordinario reportaje de José C. Valadés sobre la vida de Jesús María Rangel. En los preparativos del ataque a Jiménez, Coahuila, en 1906, "Jesús Rangel, ayudado por Simón Rodríguez y Casimiro Regalado, realizó una gira por la hacienda Porfirio Díaz, las congregaciones Haba, Chihuahua, Peñitas, y por los pueblos de Hidalgo, Texas; y Reynosa y San Ignacio, México.

"El prefecto político de San Ignacio simpatizó con el movimiento y ofreció al jefe revolucionario toda su ayuda.

"—Sí, señor Rangel, estoy dispuesto a combatir y creo que debemos formar dos compañías de veteranos de la gente del general Cortina y de Catarino Garza —dijo el prefecto de San Ignacio al jefe de la Tercera Zona [...]".[20]

Pero quizás el personaje más notable de todos fue Camilo Arriaga, pues con él se dio una continuidad asombrosa entre la rebelión de Catarino, los clubes liberales, la militancia de los magonistas, las rebeliones de Jiménez y Las Vacas, Coahuila, la Revolución maderista y, finalmente, la Rebelión de San Diego, ya que participó en todos esos hechos.

Más que modelo, más que lugar de la memoria colectiva, la rebelión de Catarino Garza fue para muchos mexicanos de la región del Nueces y de la frontera entre Laredo y Brownsville un hilo de continuidad, una forma de vida, una estrategia de supervivencia... En cierto sentido, Catarino Garza fue derrotado; en otro sentido, la victoria de Catarino fue magnífica, duradera y sorpresivamente vital. Porque es sorprendentemente vital y notable la presencia, incluso personal, de Catarino Garza durante más de veinticinco años y durante movimientos tan disímiles como los magonistas y los maderistas: un extraordinario testimonio nos dice que Catarino participó todavía en la Revolución de 1910.[21] Quizás no sea cierto, pero es saludable tenerlo presente. Mera cuestión de salud, sí.

Ante las evidencias de esta vitalidad y de la persistencia de la revolución catarinista, cabe preguntarse si en verdad terminó ésta alguna vez: quizás ella y el Plan de San Diego hayan sido la misma revolución, la misma rebelión. Siempre la misma, con los mismos medios y esperanzas distintas.

Mexicanos, al grito de guerra

Ya se acerca Basilio Ramos y se acerca el descubrimiento del Plan de San Diego. Es hora entonces que nos acerquemos nosotros a los hechos que prepararon, en los intersticios del cuerpo de la historia, la aparición de Basilio y del Plan.

Al caer Ojinaga en poder de Villa el 10 de enero de 1914, las pugnas entre los jefes colorados y el comandante federal, Salvador Mercado, convencieron a muchos orozquistas de que, de continuar su rebelión, tendrían que luchar solos o sin subordinarse a los mandos federales. Pero lo más irremediable, aunque menos evidente, fue la dispersión de muchos combatientes orozquistas. Los generales Orozco, Rojas, Salazar, etcétera, perdieron la fuerza y la fidelidad de sus contingentes. Sin embargo, esa fuerza, a pesar de su dispersión, no se extinguió; sólo perdió su sentido inmediato. Unos cuantos meses después, las tropas norteamericanas al invadir Veracruz devolvieron a muchos de ellos la claridad que la guerra civil les había opacado. El verdadero enemigo aparecía de nuevo con su verdadero rostro. Después de abril de 1914, a muchos federales y orozquistas los uniría, además de las retiradas en las que los colorados protegían a los pelones, la voluntad de combatir contra un enemigo común; y este enemigo común tenía además una virtud muy especial: la capacidad de unir no sólo a los orozquistas y federales, sino también a los villistas y a los carrancistas, en alianzas por lo menos inverosímiles.

En esta guerra civil se produjo una dialéctica que confirmaba la frase de Clausewitz: "La guerra es la continuación de la política, pero con otros medios". Mientras la unidad constitucionalista les daba a los federales y orozquistas un solo enemigo que combatir, la unidad de éstos se mantuvo más o menos sólidamente. Pero una vez que aparecieron las fisuras entre los constitucionalistas, la unidad de la alianza federales-orozquistas inició también su desmoronamiento.

Los orozquistas seguirían manteniendo su odio a los villistas: un odio más que político, visceral; un odio que parecía estar entonces más allá de toda reconciliación posible porque no se fundaba ya en proyectos políticos o sociales sino en profundas rencillas personales. Pero dentro de los mismos orozquistas se comenzaron a desprender grupos que provenían de raíces magonistas, los cuales ponían en segundo plano el odio contra los villistas, para ir en busca de nuevas empresas utópicas. El ejército federal no era un cuerpo unido por fidelidad a un caudillo, ni a una causa. La derrota de Ojinaga puso a prueba la lealtad de muchos soldados a la autoridad de su jefe nato, el presidente Huerta. Pero entre los que rompieron su juramento de fidelidad estuvo el mismo jefe de la División del Norte (federal): el general Salvador Mercado.

La derrota de Ojinaga obligó a casi todos los oficiales de esa División a cruzar el río hacia territorio estadunidense, donde fueron aprehendidos e internados en una prisión improvisada en el Fuerte Bliss. Muchos de ellos siguieron dirigiendo desde ahí las actividades de los subordinados que no se habían dejado atrapar por las autoridades norteamericanas. Otros soldados, en cambio, se retiraron completamente de la tutela de sus superiores: algunos se refugiaron en El Paso y otros en el rincón sudoriental de Texas. Uno de ellos, el capitán Barrera, gracias a sus amigos en distintos puestos fronterizos, se dirigió a Deodoro Guerra en Brownsville para tratar de unirse a algún grupo revolucionario.

Varios jefes orozquistas se fugaron de la vigilancia militar estadunidense. Salazar se volvió humo mientras en diversas poblaciones fronterizas corría el rumor de que estaba buscando aliarse con los carrancistas. Orozco se volvió un fantasma que inquietaba a todos los destacamentos militares de la frontera. Marcelo Caraveo y sus tropas se retiraron por el desierto en jornadas inverosímiles. Del ejército federal se desprendieron elementos magonistas que fueron en busca de antiguos conocidos y se encontraron con que muchos de ellos se habían unido al Constitucionalismo, algunos como reclutadores de soldados para el Cuerpo de Ejército de Oriente, cuando el jefe de la tropas en Tamaulipas era Blanco y no Pablo González. Aunque no tengo pruebas, sin duda otros se incorporaron después a González, dado que se conocían las juveniles simpatías magonistas de éste.

Cuando Blanco se trasladó a Sonora y se quedó en el Cuerpo de Ejército de Obregón, muchos de esos mexicano-texanos se unieron entonces a diversos destacamentos de la Primera División, en especial al de Caballero y, más al sur, al de Antonio I. Villarreal. Esta unión con un destacado exmagonista fue un hecho decisivo que influyó en el desarrollo de la Revolución a partir de aquel momento, y muy especialmente en el del Plan de San Diego.

Después de la invasión de Veracruz en abril de 1914, se difundió por toda la frontera norteamericana el miedo a la represalia mexicana. Muchas poblaciones se sintieron amenazadas por los ejércitos mexicanos, sobre todo ante la posibilidad de que los federales se unieran con los revolucionarios. En El Paso corrió con rapidez y con pánico la noticia de que Pancho Villa se dirigía de Chihuahua a Ciudad Juárez y de que iba acompañado de tropas. Pero en Piedras Negras los federales abandonaron la plaza el mismo día 21 de abril a las once de la mañana, casi en desbandada, por el temor de quedar atrapados entre dos frentes.[1]

En Río Grande, un pueblo donde la vía del tren pasaba entre el barrio mexicano al sur y el anglo al norte, la tensión racial llegó a extremos homicidas: a fines de abril un prominente anglo del pueblo mató en la calle principal a un mexicano y sólo la intervención del ejército norteamericano impidió que estallara una balacera entre los dos bandos.[2]

El miedo llegó a ser tan grande que se convirtió en un miedo hipócrita: a pesar de que los mexicanos se comportaban pacíficamente en la mayor parte de la frontera y de que no se veía la preparación de ninguna represalia, los anglos seguían fingiendo miedo para usarlo como un pretexto para amedrentar a los mexicanos residentes en Estados Unidos, quienes "en su ignorancia creen que en caso de guerra serán masacrados o en todo caso deportados, lo cual, para ellos, es lo mismo".[3] Y así muchos de los terratenientes norteamericanos que durante años habían tratado de quitar a los mexicanos de su camino de expansión aprovecharon la oportunidad para alimentar ese terror. Propiciaron las provocaciones, difundieron amenazas, corrieron la voz de posibles represalias e hicieron advertencias explícitas contra cualquier intención que tuvieran los mexicanos, peones o arrendatarios o propietarios, de unirse a organizaciones como la Renters' Union y la Land League.

Y era tanta la hipocresía que llegó también a convertirse en un arma de dos filos para los mismos norteamericanos, pues para justificar el miedo tenían que armar a los posibles enemigos y nadie estaba más dispuesto a armar a los mexicanos que los mismos comerciantes estadunidenses asustados por la amenaza mexicana. Hubo un caso típico: el alcalde de Donna, un pueblo a diez millas de Mercedes, llamó al comandante militar de la zona para pedirle que mandara tropas porque los mexicanos se estaban armando y estaban amenazando con matar a todos los gringos. Cuando el comandante le preguntó al alcalde quién era el dueño de la tienda que vendía las armas, el alcalde contestó: "Me, of course... Why are you asking such a thing?".[4]

Ante la posibilidad de que los mexicanos de uno y otro lado se armaran peligrosamente, las autoridades norteamericanas sopesaron la necesidad de ordenar el desarme de los mexicanos en territorio de Estados Unidos. Pero la medida hubiera podido desatar lo que se estaba tratando de evitar... Uno de los comandantes de la zona del bajo río Bravo escribió al Departamento de Guerra aconsejando que no se diera ninguna orden de desarme, pues "sólo serviría para excitar al pueblo, para destruir la opinión en favor de la paz que se está creando y para justificar la desconfianza de los mexicanos ante nuestras intenciones de proteger a los que no están en ningún bando".[5] Aunque la recomendación era muy arriesgada, el militar tenía razón, porque los ánimos —como los de los mexicanos en Río Grande— sólo esperaban una provocación para explotar. Pero si hubieran explotado, entonces la siguiente especulación del militar hubiera demostrado su ceguera: "En el caso de que el ataque de una pandilla de bandidos fuera inminente, estamos seguros que podríamos conseguir información sobre los líderes con anticipación pues tenemos los nombres y los sitios de residencia de todos".[6] Los norteamericanos podían conocer los nombres y los sitios de residencia de todos los mexicanos, pero no podían prever que, aun así, podían surgir otros líderes y que, aún después de conocer a esos líderes, todos sus rangers, todos sus sheriffes y todos sus regimientos de caballería serían incapaces de capturarlos. Y unos meses más tarde los acontecimientos lo probarían: después de conocer el Plan de San Diego, los anglos fueron incapaces de prever que de ese proyecto delirante iban a surgir líderes naturales que, por conocidos que fueran para los servicios de inteligencia, también serían inencontrables.

Pero sí hubo un caso de represalia directa contra el gobierno y los ciudadanos estadunidenses en la frontera con México. Ocurrió en Múzquiz, Coahuila, y fue empresa de un mayor federal, llamado Emilio Acosta. A causa de la invasión, el mayor imprimió una violenta proclama y para que se entendiera bien la difundió en inglés:

"TO ARMS! MEXICANS!

"Our beloved country, our dear Mexico, has been vilely insulted by the Yankee! Confiding in their patriotism, Mexico calls her sons to her defense! [...] TO ARMS! THIS IS THE MOMENT OF TRIAL! [...]" y así continuaba hasta terminar con la traducción de la primera estrofa del Himno Nacional...[7]

Además de repartir el volante, el mayor ordenó saquear la farmacia de un gringo y retuvo a éste como rehén durante cuatro días, en los cuales "lo trató como si fuera su criado".[8]

Es cierto, hubo muchos casos de jefes federales que trataron, con el pretexto de la ocupación de Veracruz, de convencer a otros jefes revolucionarios de unirse a ellos en la lucha contra el invasor. Pero los hechos probaron después que en el gobierno de Huerta no había ninguna intención de pactar con los revolucionarios para luchar unánimemente contra los norteamericanos. Por eso las intenciones del mayor Acosta eran dudosas.

Unos meses después, J.K. Wilson, el farmacéutico humillado por Acosta, se quejó ante el Departamento de Estado de que éste se encontrara en territorio norteamericano y que las autoridades no hicieran nada para aprehenderlo. La respuesta del Departamento de Estado fue que legalmente no era posible juzgarlo por delitos cometidos en México. Wilson quedó con toda razón extrañado de esta evasión de responsabilidades, porque en otras ocasiones cualquier ataque contra un ciudadano norteamericano era asumido por el Departamento de Estado para que los cónsules reclamaran ante las autoridades mexicanas competentes.[9] Y en este caso, contra Acosta no se siguió siquiera un juicio de expulsión. En efecto, el caso de Emilio Acosta era una anomalía.

Sin embargo, por dudosa que haya sido la honestidad del mayor Acosta, su proclama tenía la fuerza necesaria para despertar la indignación y la resolución de venganza en muchos mexicanos. Como resultado o no de esta proclama, hubo muchos incidentes a lo largo de la frontera a fines de abril y en el mes de mayo; entre los que destacan los ocurridos en el bajo río Bravo, desde Laredo hasta Matamoros. El 2 de mayo de 1914 explotó muy cerca de la Central de Bombas de San Benito una carga de dinamita. El centinela de la Central sorprendió a un mexicano que se alejaba del lugar y quiso detenerlo a balazos, pero no lo logró.[10] El 8 de mayo, dos miembros de una patrulla militar fueron expulsados a balazos de Tabasco, diez millas al oeste de Mission. Los dos soldados declararon que eran entre veinte y treinta mexicanos armados los que estaban en el pueblo. Cuando llegó un regimiento de caballería al rancho, se encontró con cincuenta o sesenta mexicanos, todos desarmados. Aunque durante la semana siguiente los agentes aduanales, con la ayuda de los ferrocarrileros, lograron confiscar cantidades considerables de municiones, nunca encontraron los rifles que según ellos estaban escondidos en el pueblo.[11]

Unos meses después, cuando acababa de caer el régimen huertista, ya la reacción netamente porfirista se estaba preparando para otra aventura por el poder, sólo que esta vez serían Félix Díaz y los felicistas quienes la dirigirían. Y sin tardanza enviaron a un mensajero a Pancho Villa.

Villa terminó fusilando a Bonales Sandoval a principios de noviembre de 1914, y entre sus objetos personales se le encontraron al muerto varias cartas. Una de ellas era significativa por los informes que le daba a Villa sobre la composición de una junta felicista de Nueva Orleáns, en la que se encontraban, entre otros, Francisco S. Carbajal, Aureliano Urrutia, los generales Joaquín Téllez y Luis Medina Barrón. La junta había designado, previsiblemente, a Félix Díaz como líder revolucionario... En San Antonio, agregaba la carta, había otra junta que estaba trabajando en coordinación con la de Nueva Orleáns, y en ésta se encontraban los generales Juvencio Robles y Joaquín Maas Águila... Más importante aún, la carta hablaba de los primeros planes de la junta: "Quieren comenzar su movimiento a través de los estados de Nuevo León, Tamaulipas, Coahuila, porque dicen que ahí las guarniciones carrancistas son débiles [...]".[12] Eran débiles y había muchos grupos federales en dispersión y sin mando por el oriente de la frontera. Y fue ahí donde, unos días después del fusilamiento de Bonales Sandoval, Francisco Álvarez Tostado proclamó "a los hijos de Cuauhtémoc, Hidalgo y Juárez en Texas" que había llegado la hora de levantarse en armas por la independencia de Texas para que, cuando en México se restaurara la Constitución de 1857, el estado se anexara de nuevo a México.[13]

Esta proclama, firmada el 26 de noviembre de 1914 en Texas, era un hecho singular. Pero nada se sabe de ella, excepto que Leonor Villegas de Magnon, residente en Laredo, Texas, no se la mandó a Carranza hasta el 10 de abril de 1915. ¿Fue entonces cuando realmente se difundió el volante de este plan? Leonor Villegas era una mujer recia, valiente, que no se dejaba impresionar por los títulos militares ni por las amedrentaciones de muchos prepotentes carrancistas. Había tenido muchos problemas con varios jefes carrancistas de Nuevo Laredo que querían imponer su autoridad en el cuidado de los heridos en contra de las recomendaciones de Leonor, quien estaba a cargo de la Cruz Blanca de Laredo. Por lo que parece, también, Leonor Villegas estaba separada o divorciada de su esposo, militar del ejército federal, y ¿el hecho de ser ella carrancista la mantenía igualmente separada de un hijo suyo, que era miembro de la defensa social huertista de Monterrey? Dadas esas circunstancias, ¿por qué Leonor Villegas se tardó cinco meses en enviar a Carranza la noticia del plan de Álvarez Tostado?

Para abril de 1915, nada se sabía aún de ese plan... y nada de Álvarez Tostado, pero no tardarían en arrestarlo por conspiración en contra del gobierno de los Estados Unidos, justo cuando otro plan, el de San Diego, se encontraba en sus días más violentos...[14]

Llegó Basilio Ramos

Todos en el condado de Starr y en los condados vecinos y muchos de más allá de la frontera conocían el almacén de don Deodoro Guerra. Se podía ver desde antes de entrar a Mc Allen, vinieras por tren de Edinburg o vinieras a caballo desde Río Grande. A pesar de que había nacido, crecido y envejecido en Texas, don Deodoro no había perdido ni su acento hispánico, ni la costumbre española de apilar las mercancías en abundancia desordenada para regocijar los sentidos del comprador antes de facilitarle su elección.

En la entrada del almacén, sobre la jamba superior de la entrada, reposaba un letrero tallado en madera que decía: "D. Guerra & Sons". En el vano de la puerta se amontonaban costales de granos o barriles de encurtidos, o se amarraban a uno de los pilares del alero que cubría el vestíbulo, colgando de las patas, los venados, carneros salvajes y hasta osos que don Deodoro cazaba con sus amigos los fines de semana.

En el interior del almacén, de altos techos de dos aguas, levantado todo en madera, siempre en penumbra porque la luz entraba sólo por tres pares de ventanas muy pequeñas colocadas en lo alto de la fachada y de las paredes laterales, se reunían noche y día los vaqueros de todas las haciendas que venían a surtir listas de comestibles o a reparar la sed; el sheriff del condado y sus ayudantes, los rangers de la parte baja del río Bravo, algunos militares de las patrullas de vigilancia y del fuerte Ringgold de Brownsville, peones y agricultores mexicanos, y todos los miembros del Partido Demócrata de la región, entre los que había alcaldes, jueces, miembros de ayuntamientos, hacendados, comerciantes y vendedores de bienes raíces.

Don Deodoro Guerra era bajo de estatura, muy recio, y en febrero de 1915 algo entrado en carnes. Su bigote canoso estilo prusiano lo hacía inconfundible y atractivo incluso para los colonos alemanes, que no lo querían.[1] Según se lo viera, don Deodoro tenía muy mala y muy buena fama. Los republicanos lo odiaban; y tanto, que muchos hacendados, entre ellos Ed Lasater, el dueño del condado de Falfurrias, no hubieran disimulado su alegría si alguien les hubiera dicho que lo habían matado.

De don Deodoro se decía que tenía varios muertos en su haber, y el más famoso de ellos era Gregorio Duffy. Se decía, también, que don Deodoro lo había matado por órdenes de su primo Manuel. Sin embargo, al mismo tiempo que le servía, también le hacía la competencia a Manuel en el negocio de contrabando; y lo que por un lado era una útil complicidad, por el otro era una acerba rivalidad.

En 1915 esa rivalidad se estaba extinguiendo quizá por cansancio: don Manuel ya se sentía viejo y estaba a punto de morir. Su lucha de años por dominar solitariamente el condado de Starr acababa de tener un desenlace paradójico: uno de sus peores enemigos, Ed Lasater, había logrado que la legislatura del estado creara un condado casi para él solo, Falfurrias, arrancándoles territorio a dos condados vecinos: Starr e Hidalgo. Esta aparente derrota de Manuel Guerra fue, en realidad, una larga victoria. Ed Lasater, después de la creación de Falfurrias, dirigió sus ambiciones de expansión hacia el norte, hacia el condado de Duval, dominado por uno de los hombres más corruptos de la región (lo cual en aquellos tiempos no era una hazaña despreciable): Archie Parr.[2] La rivalidad entre Lasater y Parr permitió que Manuel Guerra en Starr se dedicara tranquilamente a sus negocios, de los cuales uno de los más importantes era el contrabando.

A su muerte, sus hijos heredarían su pequeño imperio y lo conservarían hasta la segunda Guerra Mundial.

Deodoro Guerra, en cambio, no tenía el carácter dominante de su primo. Él era más bien propenso a seguir la conducta que le imponía la opinión de sus amigos gringos; y tenía un talento natural para entender los deseos implícitos de su primo y de otros caciques políticos aliados a él. Era también aficionado a departir en su almacén o en jornadas de cacería animal y humana con el sheriff Baker y su ayudante; con George Linesetter, Ernest Horn, Lee Welch, comerciantes al por menor y al por mayor; con Tom Mayfield, W. W. Sterling, O. D. Cardwell entre otros rangers; y con miembros de los distintos regimientos de caballería estacionados en la comarca.

Y en esta región estaban los condados fronterizos donde seguían resistiendo los últimos pequeños propietarios mexicanos la expansión cada vez más violenta de los grandes hacendados gringos y la invasión de un nuevo tipo de colono, ajeno e incluso contrario al paternalismo de los viejos caciques anglosajones.

El 19 de enero de 1915 fue aprehendido Basilio Ramos en el almacén de Deodoro Guerra. Ramos estaba repartiendo un volante que convocaba a los mexicanos de Texas a rebelarse con las armas en contra del gobierno de los Estados Unidos de América.

Con este hecho culminaba una multitud de acontecimientos, acontecimientos que parecían haberse despeñado desde la toma de Matamoros por Lucio Blanco y en las campañas revolucionarias; y que ahora finalmente caían en su sitio, como en un desenlace único y fatal. Con este hecho estaban a punto de desatarse las causalidades que harían suceder otra multitud de hechos, como si al movimiento de hechos iniciado con la toma de Matamoros le respondiera otro despeñadero de acontecimientos, otra secuencia dialéctica de efectos, cada vez más imprevisibles.

En realidad, esta imagen de una pluralidad confluyendo en una singularidad y esta singularidad padeciendo a su vez un desmoronamiento en miríadas de hechos es una imagen retórica, literaria, o un recurso terapéutico. En sí mismo, el suceso no fue muy diferente a otros miles de hechos ocurridos durante la Revolución: motivo de risa, causa de alarma, razón para la venganza, esbozo de un gran proyecto histórico... miles de hechos en esos años se apropiaron de todos esos sentidos a la vez, y quizás de más. La singularidad de la aprehensión de Basilio consistía en la desproporción de los elementos que la compusieron: un protagonista que tuvo sólo ese momento privilegiado para atar y desatar los acontecimientos pasados y futuros, pues nada o casi nada se sabe de él después de ese día; un plan monumental en contra del gobierno de Estados Unidos dirigido a destruir y desmembrar a ese país, ya para entonces el más poderoso del orbe; una situación absurda en la que un mexicano supuestamente de afiliación huertista repartía ejemplares del plan; el esbozo de una disensión profunda de las dos facciones antagónicas, disensión que separaría de los Convencionistas a muchos antiguos magonistas y de los carrancistas a otros tantos notables magonistas, como Antonio I. Villarreal: el hecho parecía poseer "esa profunda lógica que crea una íntima conexión entre todos los motivos" de una forma; esa profunda lógica que Jan Sibelius atribuía a las sinfonías.[3]

Pero hay aún más, porque eran días especialmente inauspiciosos en que los villistas —en lucha ya contra los carrancistas— venían acercándose para atacar Matamoros y un importante comisionado villista, el doctor Villarreal, que había sido jefe de la brigada sanitaria de la División del Norte, se encontraba ese mismo día de la aprehensión de Basilio Ramos en algún pueblo de la zona donde tenía amigos que le podían ayudar a contratar reclutas que se unieran al general Rodríguez, jefe de las tropas que se disponían a atacar Matamoros. Y no sólo eso: existe un singular testimonio que afirma que fue el mismo doctor Villarreal quien denunció a Basilio Ramos ante las autoridades norteamericanas. De ser esto cierto, entonces el doctor estaba aquel día en el almacén de Deodoro, de quien en efecto era amigo, pues unos días después saldría hacia México un contingente de hombres armados que enviaba Deodoro Guerra a los villistas de Tamaulipas.

El Plan de San Diego era un llamado a las armas para separar los estados de Texas, Nuevo México, Arizona, Colorado y California de la Unión y convertirlos en una nueva nación, predominantemente latina, que después decidiría si unía o no sus destinos a México; y también un llamado para preparar la secesión de otros seis estados —Oklahoma, Kansas, Nebraska, Dakota del Sur, Wyoming y Utah— con los cuales crear una nación negra que sirviera de muro de contención entre los latinos e indios, por un lado, y los sajones, por el otro.

El Plan se llamaba de San Diego porque supuestamente se había redactado y firmado en un pueblo del condado de Duval y estaba firmado con los siguientes nombres: L. Farrigno, presidente; A. Gonzales, secretario; A. A. Sáenz, E. Cisneros, Porfirio Santos, Agustín S. Garza, Manuel Flores, Basilio Ramos, Jr. y A. C. Almaraz.[4]

La fecha para el inicio del movimiento era el 20 de febrero de ese año.

Fue después del almuerzo que Basilio Ramos llegó al almacén de don Deodoro. Se sentó a una mesa ya ocupada por varios mexicanos y muy pronto la plática se animó. Más tarde, uno de los empleados mexicanos de don Deodoro llegó ante su patrón y le enseñó a éste una copia del plan que Basilio estaba repartiendo, como un secreto a voces. Don Deodoro conocía a Basilio porque éste había aparecido unos meses antes en su almacén como vendedor de una compañía cervecera de Kansas City.

Después de presentarse en el almacén como vendedor de cerveza, Basilio había regresado a San Diego, en el condado Duval, y de ahí había desaparecido el 29 de diciembre de 1914. Unos por ahí decían que andaba metido en una rebelión contra el gobierno de los Estados Unidos.[5] Y lo cierto es que la fecha de su desaparición coincidió con aquella asombrosa proclama de rebelión para independizar a Texas de la Unión y reintegrarlo a México que el 26 de noviembre de 1914 había firmado Francisco Álvarez Tostado.[6]

Es posible que Basilio Ramos haya cruzado la frontera y se haya reunido con el regimiento de mexicano-texanos que combatía bajo las órdenes del general Caballero en el puerto de Tampico. Allí en el puerto recibió probablemente una comisión secreta de ponerse en comunicación con otros mexicano-texanos que se encontraban en Monterrey. Esta ciudad era tierra de nadie justo en los primeros días de enero. Villarreal había abandonado la plaza, pero los villistas aún no la habían tomado: de hecho, ambos ejércitos estaban precisamente decidiendo en Ramos Arizpe, muy cerca de la ciudad, quién ocuparía la capital del estado. El 6 y el 7 de enero, mientras Felipe Ángeles derrotaba devastadoramente a los carrancistas encabezados por Villarreal, Monterrey vivía días muy extraños, y en una de sus cárceles se escribía el Plan de San Diego.

Por lo demás, la secuencia de hechos que ofreció Basilio en su declaración daba tantas cosas por sentadas que la narración resultaba contradictoria por momentos o al menos bastante confusa. Por supuesto, al inspector

Reynolds que lo interrogó sólo le interesaba fundar el cargo de conspiración contra el gobierno de Estados Unidos, y no se detuvo a pensar en las incongruencias de la declaración, ni tampoco a analizar una reveladora carta que se le encontró al detenido al registrarlo. Lo más extraño es que muchos años después varios historiadores, preocupados por encontrar la razón primera de este plan descabellado, siguieron utilizando el mismo criterio estrecho de aquel inspector.

La primera inconsistencia era muy reveladora: al principio Basilio declaró que el plan había sido redactado en la cárcel, en Monterrey, el 6 de enero de 1915; y más adelante afirmó que uno de los guardias o un sirviente había introducido secretamente copias del documento en la celda donde estaba él prisionero. La segunda y más importante resulta de un cotejo de su declaración con la carta que le encontraron al aprehenderlo.

Si Basilio era en efecto huertista, ¿por qué, precisamente después de su prisión y de su exilio, otro sedicioso le recomendaba en dicha carta que se acercara al general carrancista Emiliano Nafarrate para pedir su apoyo al Plan? El autor de la carta debía conocer muy bien las circunstancias recientes de Basilio, si es que no las había compartido, pues era A. S. Garza, uno de los firmantes del plan.

La carta, en este contexto, ofrecía datos mucho más reveladores que la declaración de Basilio, pues ponía en duda, por lo menos, la insistencia de éste en declararse huertista. Fechada el 15 de enero en Laredo, la carta empezaba con una autorización para que Basilio organizara juntas de apoyo al plan, y enseguida se le sugería la conveniencia de acercarse a Nafarrate, porque gentes como él seguramente aceptarían "una idea tan sublime". Pero lo más importante venía a continuación, cuando A. S. Garza agregaba que no podía ayudarlo con dinero porque se lo había dado todo al hermano del general Santos y hasta él mismo había tenido que empeñar su reloj para cruzar la frontera y pagar su cuarto en Laredo.[7] En el plan, A. S. Garza aparecía como Agustín S. Garza; y aunque sea casi completamente inverosímil considerar que este firmante del plan y el jefe carrancista Agustín S. Garza eran una y la misma persona, la coincidencia es demasiado grande y no se puede pasar por alto. Pero si el remitente de la carta no era el mismo general ¿quién era entonces?: ¿un homónimo suyo y nada más? Meses después, cuando las tropas del Plan de San Diego se encontraban en plena actividad militar, varios informes de inteligencia militar de los Estados Unidos y varias cartas de generales carrancistas a Jacinto B. Treviño, por entonces jefe del Cuerpo de Ejército de Oriente, señalaron al general Agustín S. Garza como el verdadero líder del movimiento. Había, además, un eslabón importante que hacía verosímiles los informes de inteligencia militar y las cartas de los generales carrancistas: a la misma división en la que operaba el general Agustín S. Garza estaba incorporado un general llamado José Santos y otro de los firmantes del Plan llamado Porfirio Santos podía ser muy bien ese hermano "del general Santos" al que aludía el remitente de la carta a Basilio Ramos. ¿Cómo probar que Porfirio Santos era hermano de José Santos y cómo determinar que había una relación más que casual entre Agustín S. Garza, el del plan, y el general del mismo nombre? No lo sé; no se me ocurre ninguna forma de hacerlo: ¿a qué archivo recurrir y qué puede dar la prueba irrefutable de esas relaciones? Había decenas de individuos apellidados Garza en las filas revolucionarias de aquellos años, y un buen número también, aunque no tan grande, que llevaban el apellido Santos.

Pensándolo bien, sin embargo, quizás lo más importante no sea encontrar la prueba de esa relación, sino corroborar la participación en el Plan de San Diego, *desde el principio*, de los generales Garza y Santos. Y esa corroboración parece que se obtiene con las alusiones *posteriores* a su función. Esa función, al principio, no fue, eso es obvio, de participación directa, pero sí de instigación, de inspiración, de ofrecimiento de ayuda (disfrazada, en todo caso): no es una coincidencia que a mediados de 1915 se asociara directa e inmediatamente al general Nafarrate con los ataques realizados a nombre del Plan de San Diego y que el mismo general fuera mencionado por A. S. Garza a Basilio Ramos, seis meses antes, como uno de los jefes que podían simpatizar con la rebelión. Y si la relación original del Plan con jefes carrancistas parece clara, ¿no se pueden atribuir entonces las declaraciones de Basilio Ramos de que los redactores y firmantes eran huertistas a una intención simplemente engañosa? Es obvio que Basilio Ramos se daba cuenta de que si el gobierno norteamericano identificaba a los autores del plan como carrancistas y, peor aún, generales importantes en el Cuerpo de Ejército de Treviño se crearía una situación muy grave para la causa no sólo Constitucionalista sino para la del mismo plan.

Hasta la fecha, todas las interpretaciones del plan como documento huertista aceptan literalmente la declaración de Basilio, porque la atribución de huertismo permite relacionarlo directamente con las gestiones que hacía Orozco en Estados Unidos para reorganizar un ejército de envergadura y, sobre todo, con el regreso de Huerta de Europa, quien traía la promesa de apoyo económico del servicio secreto alemán. No faltan datos para fundar esta relación, pero la mayoría de ellos son posteriores al origen del plan.

Después de la aprehensión de Basilio no parece haber sucedido nada directamente relacionado con el plan, excepto el arresto de Vicente Ramos, hermano de Basilio, el 6 de marzo en Alpine, Texas, acusado de distribuir armas.[8]

En mayo, un juez puso a Basilio en libertad bajo fianza, diciéndole que en vez de juzgarlo por conspirar contra los Estados Unidos, se le debía juzgar por loco. Basilio no esperó la continuación de su juicio y se fugó a territorio mexicano.

Poco después, Victoriano Huerta regresó de Europa a Estados Unidos y se reunió con Pascual Orozco a fines de junio, y el 27 de este mismo mes ambos fueron arrestados en Newman, Nuevo México. El 3 de julio, Orozco escapó de las autoridades estadunidenses y Huerta, en arresto domiciliario, fue internado en la prisión del fuerte Bliss.

El 30 de agosto, Pascual Orozco y cuatro mexicanos más fueron asesinados por un destacamento de ranchis, sheriffes y miembros del ejército norteamericano. Para entonces, sin embargo, las actividades militares del Plan de San Diego ya habían comenzado. En cambio, en esos meses de febrero a julio de 1915, los planes huertistas fracasaron: Huerta fue apresado y Orozco fue asesinado por los rangers.

Y para agosto de 1915, apareció de pronto un grupo de mexicanos armados que atacaron, en nombre del Plan de San Diego, varios ranchos de norteamericanos y se acercaron peligrosamente al casco del enorme rancho del capitán King. No ha sido difícil atribuir estas actividades militares del plan a la inspiración de comandantes carrancistas; de tal manera que entre la aprehensión de Basilio y la aparición de Luis de la Rosa y Aniceto Pizaña como cabecillas del plan parece haberse dado un cambio total de orientación. ¿Quiere esto decir que en esos seis meses no sucedió nada y que en algún momento a un carrancista se le ocurrió utilizar al Plan como señuelo para obtener otros fines?

¿En verdad no ocurrió nada entre febrero y agosto de 1915 y las operaciones encabezadas por Luis de la Rosa tenían la diabólica intención de provocar una guerra con Estados Unidos o la de chantajear a ese país para obtener el reconocimiento del gobierno constitucionalista? Quizás sí ocurrieron hechos, pero que no eran inmediatamente reconocibles como relacionados con el plan.

Ahora bien, atribuir a jefes del ejército carrancista o, en todo caso, a gentes muy cercanas a ellos la inspiración del plan de ninguna manera descarta la posibilidad de que hubiera elementos huertistas inmiscuidos en él; ni tampoco que hubiera agentes alemanes instigando su ejecución. La incorporación de estos motivos hace más coherentes aún las intenciones del plan; en otras palabras, lo hacen comprensible. Porque los historiadores extranjeros que han tratado el tema del plan piensan en el fondo, aunque sin sus prejuicios raciales, igual que el juez que oyó el caso de Basilio: es absurdo..., es descabellado...

Varios testimonios de la época, testimonios norteamericanos todos ellos, hablan de la actitud generosa de muchos rancheros y caciques políticos norteamericanos en la parte baja del río Bravo con sus peones mexicanos, en contraste con la discriminación y violencia aplicada a esos mismos peones por otros rancheros y por otros políticos y sobre todo por los rangers. Esa generosidad estaba acompañada, sin la menor sospecha de contradicción, por la asunción de que los mexicanos eran dóciles, humildes, tontos, sucios, carentes de iniciativa, dependientes de la mano civilizadora de sus patrones gringos. El famoso cacique político James Wells se consideraba a sí mismo uno de los gringos más generosos y comprensivos con los mexicanos, y no perturbaba en nada esa imagen que tenía de sí mismo el hecho de que repetidamente diera órdenes a los rangers de matar sin averiguación ni juicio a todo mexicano que se rebelara contra el despojo, el maltrato o la humillación; y ayudara desesperadamente a cualquier gringo que hubiera linchado a un mexicano. Durante los meses de los ataques armados a nombre del Plan de San Diego, no se podía esperar ningún intento de comprensión por parte de todos aquellos norteamericanos que discriminaban tajantemente a los mexicanos; pero, sin renunciar a las medidas de violencia extrema, los rancheros y políticos generosos, siguiendo los dictados de sus buenas conciencias, sí expresaron su estupor ante la rebelión. La expresión de uno de ellos, llamado Lon Hill, fue paradigmática: "¿Qué les pasa a ustedes, mexicanos? ¿Se han vuelto todos locos?".[9] Sin alegar, por supuesto, que los historiadores del Plan de San Diego comparten el racismo o la hipócrita generosidad de aquellos rancheros y políticos texanos, sí se puede afirmar que la visión de ese movimiento como huertista y como parte de un complot alemán tiene su origen en la misma incapacidad de comprensión que tenían los gringos de la región hace setenta años. Es cierto, los texanos de entonces respondieron con asesinatos en masa y los historiadores de ahora contestan con una forzada atribución de sentido, de sentido histórico; pero por lo que se refiere al Plan de San Diego, en ambos casos, por muy grandes y definitivas que sean las diferencias, se sigue ignorando lo fundamental: en efecto, el plan era descabellado, absurdo, redentor, irracional; y los mexicanos que tomaron las armas y murieron combatiendo contra los rangers y el ejército norteamericano no querían ser ni juiciosos, ni sensatos, ni compasivos, ni racionales; querían expresar simplemente una profunda indignación, querían decir simplemente que ya estaban hartos de morir mansamente a manos de sus verdugos texanos. No era nada racional, en efecto, y si se mide la importancia histórica de los puntos del plan por su realismo político, sencillamente se está dejando de ver la esencia del documento: sencillamente no se está viendo nada.

Sí, sin duda, es muy importante colocar el plan en una secuencia lógica con sentidos históricos delimitados. Pero en este caso, como en muchos otros, el sentido histórico fue muy secundario frente al absurdo también histórico que le dio fuerza y razón de ser a la rebelión.

Michael C. Meyer, en el período de 1967 a 1972, que va de la publicación de su biografía de Pascual Orozco a la de Victoriano Huerta, también suya, cambió significativamente su interpretación del Plan de San Diego. En la primera biografía, es cierto, no conocía aún la proclama de Álvarez Tostado a los hijos de Cuauhtémoc, Hidalgo y Juárez; ni tampoco incluía las gestiones del servicio secreto alemán ante Victoriano Huerta para ayudarlo en la empresa de recuperar el poder. Dadas esas omisiones, en *Mexican Rebel: Pascual Orozco*,[10] el Plan de San Diego aparecía como parte de las operaciones de los orozquistas para recuperar la iniciativa en su lucha contra villistas y carrancistas por igual. Después de hablar de los viajes de Orozco por Estados Unidos para recoger fondos, comprar armas y organizar la gran incursión a México, y después de relacionar esos viajes con la breve campaña de José Inés Salazar y de Roque Gómez en el norte de Chihuahua en diciembre de 1914, Meyer continúa su narración así: "A principios de 1915 los rebeldes iniciaron un segundo movimiento de distracción, supuestamente dirigido a sorprender al gobierno de los Estados Unidos. Este movimiento consistió fundamentalmente en una serie de incursiones en la frontera a lo largo de la parte baja del Río Bravo. El plan revolucionario se promulgó aparentemente en el pequeño pueblo de San Diego, Texas, y por eso se le conoce como el Plan de San Diego".[11]

En *Huerta: A Political Portrait*,[12] Meyer narró dos importantes visitas a Huerta en su retiro barcelonés: la primera de un alemán, el capitán Franz von Rintelen, quien le propuso la ayuda de su gobierno, interesado en distraer la atención de los Estados Unidos de la guerra europea, creando un grave conflicto en la frontera con México; y la segunda de Enrique Creel, el ex-gobernador de Chihuahua, quien en nombre de los exiliados mexicanos le pidió que encabezara el nuevo movimiento armado que ya preparaba en la frontera Pascual Orozco. En este nuevo proyecto la alianza de los exiliados con los mexicano-norteamericanos era un factor decisivo. Y, según Meyer, Creel le ofreció a Huerta el ejemplo de la proclama de Álvarez Tostado. Además, "para cuando Creel llegó a España, la idea estaba más avanzada; un grupo de mexicano-norteamericanos simpatizantes del huertismo había promulgado el más conocido Plan de San Diego".[13] En esta segunda interpretación, Meyer seguía más de cerca la letra de las declaraciones de Basilio de que se trataba de una empresa huertista (y no orozquista); y de que había la posibilidad de una alianza de los exiliados con grupos de texano-mexicanos.[14] Pero también colocaba el Plan en un contexto más vasto: "Las líneas de desarrollo que llevan hasta el famoso telegrama Zimmermann parecen comenzar con la declaración de noviembre de 1914, y pasar por el Plan de San Diego. Básicamente, la idea de recuperar las tierras perdidas durante la guerra mexicano-norteamericana fue una idea de los mexicano-norteamericanos y de los exiliados mexicanos que posteriormente fue aprovechada por los alemanes".[15]

En su libro, Meyer expresaba su convicción de que Huerta había discutido con los alemanes el movimiento de los exiliados mexicano-norteamericanos en la frontera;[16] pero ese hecho no prueba que el Plan fuera huertista, ni que Huerta viera con agrado las declaraciones separatistas de Álvarez Tostado y del Plan de San Diego. ¿Huerta acaso era tan ciego como para creer que un levantamiento militar en la frontera iba realmente a ayudarlo? No cabe duda que a los alemanes les convenía, pero no precisamente a Huerta, y menos si éste pensaba realizar su viaje a través de los Estados Unidos y preparar la invasión de México desde aquel mismo país. ¿Confiaba acaso en la ceguera de los gringos para que no se dieran cuenta de sus conversaciones con los alemanes en su hotel de Nueva York? ¿Realmente se puede pensar que Huerta saliera de España a fines de marzo de 1915 rumbo a Estados Unidos, creyendo que las autoridades estadunidenses, que habían hecho todo para sacarlo del poder apenas un año antes, lo recibirían en Nueva York sin aprensión alguna mientras en la frontera había un movimiento armado de rebelión contra el gobierno de Washington?

Es muy posible que Creel en Barcelona y los otros simpatizantes en Nueva York le mintieran para convencerlo de que emprendiera la aventura de una invasión de México. Y si no es una inferencia exorbitada de Meyer que Orozco le informó a Huerta que "José Inés Salazar y Emilio Campa habían iniciado una pequeña rebelión en el norte de Chihuahua que se estaba desarrollando mucho mejor de lo que se había esperado",[17] y si además Huerta consideró esa información como prueba de sus posibilidades de éxito en su aventura, entonces éste tenía demasiadas ganas de creer literalmente todo lo que le decían y no se daba cuenta que estaba rodeado de consejeros inútiles y engañosos, porque para abril de 1915 del movimiento de Salazar y de Campa ya no quedaban sino pequeñísimos grupos en desbandada. Según Meyer, a Huerta le dieron información sobre la existencia del Plan de San Diego.[18] Lo que no especifica Meyer es el tipo de información: ¿le dijeron más de lo que sabemos o le dijeron simplemente que Basilio Ramos había sido aprehendido por repartir una consigna subversiva? Fuese como fuese, Huerta no podía dejar de pensar, ya en territorio norteamericano, que un movimiento de rebelión contra el gobierno de los Estados Unidos iba más en contra que a favor de sus planes. Si hubiera conocido íntimamente las relaciones entre los distintos cuerpos de inteligencia de los Estados Unidos, Huerta hubiera podido confiar en que el gobierno de Wilson iba a dejarlo actuar. Pero es difícil creer que Huerta tuviera ese conocimiento; y entonces es también posible que hubiera decidido aprovechar, hasta donde se lo permitieran las circunstancias, las sutilezas en las interpretaciones de las leyes de neutralidad.

Uno de los exiliados huertistas más prestigiosos y activos (que Meyer no menciona en la larga lista que ofrece de ellos)[19] era Guillermo Porras. Y fue quizás él quien tuvo la idea de establecer esa alianza entre el huertismo y los grupos descontentos de mexicano-norteamericanos. Después de la retirada vergonzosa de las ricas familias chihuahuenses en diciembre de 1913, muchos de los políticos y miembros activos del huertismo en Chihuahua se desanimaron; pero no Guillermo Porras. Él siguió tratando de organizar la resistencia contra el gobierno villista; y muy pronto entró en conflictos con el ex-cónsul huertista en El Paso, Diebold. La opinión de Porras, alimentada y sustentada quizás por sus relaciones con José Inés Salazar y otros orozquistas de pasado magonista, era reclutar mexicano-norteamericanos ya politizados por las campañas de la organización obrera Industrial Workers of the World (IWW) y jornaleros mexicanos en busca de empleo. El fundamento de ese plan tenía muy en cuenta las diversas crisis económicas en algunos ramos de la agricultura y de la minería que estaban provocando el despido masivo de peones y obreros de origen mexicano. Porras decidió incorporarlos a su movimiento gracias a la identificación que muchos de ellos sentían con el plan orozquista y con jefes orozquistas que habían trabajado en las minas y en el campo en los Estados Unidos y que se habían afiliado a la política anarquista. Diebold, sin duda, concedía gran importancia militar y política a José Inés Salazar; pero la actividad contrarrevolucionaria del cónsul huertista dependía más de sus relaciones con los jefes del ejército federal, presos en el fuerte Bliss todavía en abril de 1914, que de las fuerzas irregulares. El 10 de marzo, Guillermo Porras decidió dirigirse a la ciudad de México para convencer a Huerta de que el método más auspicioso para reconstruir un ejército en Chihuahua era el reclutamiento de mexicano-norteamericanos de la IWW, a quienes se les prometería 160 acres de tierra y dos mil dólares.[20] Varios hechos daban sustento al proyecto de Porras: en primer lugar, después de la batalla de Ojinaga, parecía que sólo las tropas irregulares y sus jefes habían intentado evadir la reclusión preventiva impuesta por las autoridades norteamericanas a todos los que cruzaron la frontera aquel aciago 10 de enero de 1914; reclusión que los federales, en cambio, aceptaban aparentemente de buena gana, ya que no renunciaban a dirigir distintas conspiraciones desde ese campamento, rodeado de alambre de púas, que se había improvisado en el fuerte Bliss; en segundo lugar, a Porras seguía asombrándole que, al preguntar por la tosca cruz de madera que muchas tropas orozquistas llevaban como distintivo en el sombrero, le respondieran que era el emblema de los magonistas;[21] en tercer lugar, el confinamiento de José Inés Salazar se prolongaba más allá de lo previsto, y se estaba haciendo claro que el gobierno de Estados Unidos recurría a todas las argucias legales para no dejarlo en libertad, porque quería hacerle pagar la ejecución del norteamericano Fountain, apresado y fusilado en Parral. Y mientras Salazar estuviera recluido, no había nadie, a ojos de Porras, que pudiera reclutar con su presencia y su llamado a los mexicano-norteamericanos. La intuición de Porras no era mala, pues coincidía con el general Scott, quien a su manera pensaba igual que él, ya que, según él, Salazar era el único que sí podía causar problemas serios en la frontera, y por ello el general hacía todo lo posible para impedir la liberación del mexicano. En esos momentos, Salazar, según Scott, era "una figura importantísima en razón de su carácter y de su influencia en México".[22]

Para darle realidad a su plan, Guillermo Porras decidió trasladarse a la ciudad de México, donde inició una campaña de convencimiento. Para desgracia suya, se le cruzó en el camino la invasión de Veracruz. Porras entonces no lo sabía, pero lo que vio en abril de 1914 como un obstáculo para su plan, sería un año después el elemento que más ayudaría a ponerlo en movimiento.

A pesar de todo, la interpretación de Meyer quizás sea la más compleja de todas las que se han publicado, aunque sólo le interese el plan en sus contactos con Huerta y con Orozco. Existen versiones cronológicamente más completas, pero un poco más esquemáticas en sus especulaciones.

En "Conditions along the border, 1915. The Plan of San Diego" (1968), Allen Gerlach dice, sin ningún matiz dubitativo, que el Plan de San Diego formaba parte de la conspiración huertista-orozquista patrocinada en parte por el gobierno alemán.[23] Aún más, Gerlach considera que el plan puede definirse como un proyecto de Huerta y Orozco destinado "a distraer la atención de las autoridades norteamericanas y mexicanas del movimiento principal [de la invasión]".[24]

En 1972, James Sandos publicó un ensayo sobre el Plan de San Diego donde aludió tangencialmente a otras posibles fuentes de la rebelión: la desigualdad económica entre los anglos y los mexicanos de la región que creaba "resentimientos"; el tratamiento que los mexicanos recibían de los anglos, quienes, en su mayoría, "no hacían el menor intento de entenderlos".[25] La investigación documental de Sandos es más amplia que la de Gerlach, pero desgraciadamente comete errores casi inverosímiles: aludiendo a una de las versiones del plan, que, en camino a España, había sido interceptada por la censura postal en noviembre de 1915, Sandos comenta que esa versión del plan —firmada con puros seudónimos, entre los que se encontraba el famoso de León Caballo, del que hablaremos más adelante— iba dirigida a la organización llamada *Solidaridad Obrera*; y a continuación agrega: "Huerta estaba en España a principios de 1916, pero por lo que parece sin ninguna relación con la *Obrera*. Huerta salió de España en abril".[26] Extraño error, pero quizás definitivo para impedirle a

Sandos una interpretación más orgánica del plan: Orozco fue asesinado el 30 de agosto de *1915*, y para entonces Huerta ya estaba en la cárcel del fuerte Bliss, en El Paso, donde enfermó y murió *el 13 de enero de 1916*.

Charles H. Harris y Louis R. Sadler publicaron en 1978 la crónica más completa y coherente del plan, no sólo en su primera parte de 1915, sino en la menos conocida de 1916, aunque paradójicamente sea ésta la menos problemática en cuanto a su origen y autoría intelectual.

Harris y Sadler son los únicos que no toman al pie de la letra las declaraciones de Basilio Ramos; pero esta duda no los lleva a problematizar el conjunto de los acontecimientos, sino a reducirlos a un instrumento de la política carrancista para lograr el reconocimiento diplomático del gobierno norteamericano.[27] Después de negar la participación activa de los alemanes, los autores concluyen que "el lazo de unión de todas las fases del plan es la intervención carrancista. Carranza surge como el gran manipulador, que usó como peones a los mexicano-norteamericanos".[28]

Es natural que en un libro sobre "la guerra secreta" en México durante la Revolución, Friedrich Katz trate el tema del Plan de San Diego. Pero su interés se enfoca en la posible participación alemana, y en ese sentido parece seguir la tendencia de Harris y Sadler quienes, por otro lado, creen más en la intervención carrancista que en la alemana.[29]

Con excepción de Katz, para quien la consideración no es pertinente, todos los demás autores ignoran los motivos sociales, los antecedentes históricos de la región y el contexto inmediato del plan (los movimientos internos en Texas y los contiguos de la guerra civil en México). Pero es que era tan absurdo, era tan descabellado...

Ciudadanos armados

La Columna Expedicionaria de Jalisco se formó, oficialmente, el 7 de febrero de 1914. Su jefe era el general Lucio Blanco, quien tenía como lugartenientes al teniente coronel Miguel M. Acosta; y a los mayores Ramón Oyervides y Eduardo C. González.[1] Estos nombres indican que Blanco no se había ido de Matamoros tan solo como parecía, pues lo habían acompañado por lo menos dos hombres de su confianza solitaria: los mayores Oyervides y González; y quiere decir que en Sonora también encontró paisanos suyos dispuestos a colaborar con él, otra vez tan incondicionalmente como en Tamaulipas. El más importante de éstos era Miguel M. Acosta Guajardo, quien, nacido en Chihuahua, el 16 de septiembre de 1891, se había criado en Músquiz, Coahuila. Aquí Acosta hizo sus primeros estudios y luego se fue a trabajar a la Huasteca potosina. Fue antirreeleccionista, el 15 de febrero de 1911 se pronunció en favor del Plan de San Luis e hizo toda su campaña política en la Huasteca hasta el triunfo de Madero. En febrero de 1912 fue llamado de nuevo a las armas e incorporado al Cuerpo de Caballería Auxiliar del coronel Luis Alberto Guajardo, cuerpo dependiente del gobernador de Coahuila, Venustiano Carranza.[2] El apellido materno de Miguel Acosta apunta a un posible parentesco de éste con el coronel Guajardo, pero ninguna de las fuentes que he consultado lo confirma; ninguna dice tampoco cuándo conoció Acosta a Blanco: ¿Fue en 1912 cuando aquél se incorporó al cuerpo de Guajardo, al que Blanco también perteneció? ¿O desde antes, en Músquiz? ¿Cuándo fue?

Por los escasos datos que poseo, se puede decir que dos circunstancias al menos propiciaron el encuentro de Acosta y Blanco, mucho antes incluso de la Revolución. Primero, Músquiz fue una villa central en la infancia y adolescencia de ambos. Blanco le llevaba once años a Acosta, es cierto, pero en la villa residía toda la familia paterna de Blanco y probablemente sus propios padres y hermanos; y, segundo, por distintas fuentes sabemos que ambos colaboraron con Guajardo, al que seguramente ambos conocían desde antes de la Revolución, en su campaña contra los orozquistas.[3]

No hay testimonios de que Acosta hubiera colaborado en la campaña de 1913 de Blanco en Tamaulipas, pero seguramente al encontrarse en Sonora ninguno podía pedir mejor compañía. Y por lo que sabemos, así fue durante la campaña hasta la toma de la ciudad de México.

Por otra parte, todo da a entender que las relaciones de Blanco con Obregón, si no fueron nunca tensas, no fueron tampoco de espontánea cordialidad. Y el escalafón del ejército constitucionalista, además, indica que la situación de la fuerza de caballería de Blanco nunca fue totalmente clara dentro del Cuerpo de Ejército del Noroeste, cuyo jefe era Obregón. Su denominación en el documento oscila entre Cuerpo Expedicionario de Jalisco, nombre con el que se fundó, y simplemente Caballería del Cuerpo de Ejército del Noroeste.

Pero cuando se fundó, la caballería de hecho no estaba completa. "El 2 de febrero, la Primera División de Caballería consistía de dos Brigadas. La Primera Brigada sólo tenía un regimiento completo; el Segundo Regimiento estaba incompleto y le faltaban oficiales y suboficiales con algún conocimiento en materia militar. La Segunda Brigada se iba formando lentamente, pero le faltaban oficiales, suboficiales y, lo que es peor, armas. La Tercera Brigada estaba totalmente en formación, pero sólo en forma de esqueleto, con unos cuantos oficiales, por lo general, parientes o amigos de generales y políticos. Carecíamos de transporte; pero cada hombre de la Primera Brigada contaba con raciones para tres días, cien o doscientos tiros, carabina y sable o machete."[4]

El autor de esta descripción era un aventurero sueco llamado Thord-Gray, quien fue un personaje decisivo en la formación de este Cuerpo Expedicionario de Jalisco.

La campaña militar de esta caballería corresponde a otra historia; pero es importante señalar aquí que, en esos meses de 1914 en los que el Cuerpo de Ejército del Noroeste bajó hacia la ciudad de México, Blanco logró darle a sus jinetes una identidad propia, muy singular: mientras Obregón a su tropa le imbuía sentido de la disciplina militar y le infundía respeto por la jerarquía, Blanco le comunicaba a la suya una mística antimilitarista en la que cada soldado debía sentirse no un militar civil sino un ciudadano armado, "como [nosotros mismos] tenemos el orgullo de llamarnos..."[5] Precisamente con ese nombre, *Ciudadanos armados*, Manuel de la Peña escribió una novela para exponer, a través de un filósofo llamado Arteaga, la ideología de esta mística.[6] Y tendríamos que tomar literalmente el nombre de *ciudadano* para percibir el delgado telar de una rivalidad entre Obregón y Blanco que se pudo ir formando desde la campaña contra el ejército federal. Obregón no se consideraba en esa época un ciudadano; por el contrario, sus diatribas más violentas eran justamente contra la ciudad y sus habitantes, y en especial contra la ciudad de México, representación moderna para él de Sodoma y Gomorra. Ya en la ciudad, Obregón cedería a los llamados de las sirenas, y tanto que David Berlanga, en su famoso y larguísimo discurso del 3 de octubre de 1914, en el foro de la Convención capitalina, llamaría a Obregón personaje de comedia por su complacencia en ser recibido con flores y por señoritas, y por su gesto de darle a María Arias su pistola, después de haber sido él mismo el impugnador más constante de este "mefítico medio" que era la capital del país.[7]

Blanco no se libró de las acusaciones de Berlanga aquel primer sábado de octubre, pero al menos él nunca había publicado proclamas incendiarias contra la ciudad como ciudad. No por nada había cultivado esa mística del ciudadano levantado en armas para la defensa de la legalidad.

Las primeras tropas constitucionalistas en entrar a la capital de la república a mediados de agosto de 1914 fueron las caballerías de Lucio Blanco. A ese honor también le correspondió la tarea indeseable de contener a las hordas zapatistas en los puestos que el ejército federal había abandonado al sur de la ciudad. No fue una entrada gloriosa, de hecho eran sólo las avanzadas del Cuerpo de Ejército del Noroeste y cumplían con una mera necesidad táctica.

Su imprevisión política le impidió a Blanco percibir que al obedecer esa orden de Obregón o del mismo Carranza estaba él mismo propiciando otro de sus dilemas políticos, otro más, y que sería el decisivo para el resto de su vida. Aun así, desplegó sus tropas a lo largo del frente que iba desde Ixtapalapa hasta San Ángel.

El día 15 de agosto el doctor Atl publicó en la prensa de la capital un llamado a formar una asamblea popular, que, de haberse realizado, hubiera rebasado todos los proyectos ideados por los políticos y los militares de la época, pues hubiera entregado inmediatamente el poder a los tribunales populares y no al juicio de los militares y a la retórica de los políticos como Luis Cabrera. A reserva de que pueda comentarlo posteriormente, transcribo aquí sus partes esenciales: "Al Pueblo: Hago un llamamiento a todos los que directa o indirectamente han sostenido los principios de la Revolución [...] para que en una reunión pública se discutan las proposiciones que establezcan los preliminares de una Convención Revolucionaria, única forma que podrá poner en manos del pueblo el fruto de sus grandes sacrificios [...] La ciudad de México, inundada de temor ante las huestes victoriosas que están a sus puertas, nada tiene que temer [...] La Revolución cuyas diversas fases están constituidas por acciones violentas o razonadas es un movimiento contra el militarismo, contra el capitalismo y contra el clericalismo. Nuestra Revolución es una revolución social. Un próximo manifiesto fijará la fecha y el lugar de la reunión."[8]

No hubo otro manifiesto, y hasta donde sé no hubo esa reunión popular para formar la Convención. Lo que hubo fue una Convención, convocada por Carranza y que abrió sus sesiones el viernes 2 de octubre de ese mismo año de 1914.

Pero al día siguiente de su manifiesto de agosto, el doctor Atl dirigió magistralmente —porque fue como una escena teatral— un encuentro entre tropas zapatistas y carrancistas en Xochimilco. Al mediodía del domingo 16 de agosto, el doctor llegó acompañado de Blanco y algunos oficiales de éste a la línea carrancista; le dijo a Blanco que lo esperara y desapareció en la espesura de un maizal. A las 4 de la tarde, regresó con varios soldados zapatistas. Blanco no lo había esperado, pero el coronel Acosta sí estaba ahí para saludar a los compañeros campesinos en armas.

El manifiesto y la escena teatral del saludo eran gestos únicos y correspondían a la naturaleza teatral y visionaria del artista tapatío. Escenas como ésa seguiría él imaginando y recordando durante mucho tiempo; pero en agosto de 1914, sus propuestas querían apenas ser mínimamente fieles a la naturaleza extrema de esos momentos de turbulencia y de intensidad.[9]

Sin embargo, el saludo y el abrazo entre zapatistas y algunos "ciudadanos armados" de Blanco no impidió que en los días siguientes ocurrieran varios enfrentamientos en esa línea. Es por estos días que el capitán Antonio López Sáenz escuchó por casualidad una reveladora conversación de su jefe. En sus apuntes íntimos de campaña, López Sáenz escribió que "con el general Lucio Blanco permanecí hasta el mes de septiembre de 1914, fecha en que ya se rumoraba que Villa había roto las hostilidades con el Primer Jefe, cuando una vez me tocó observar que el general Lucio Blanco tenía una conferencia con el lic. José Sánchez Correa, quien había sido nombrado emisario de paz para con Zapata por parte del general Blanco; en esa conferencia le dijo Sánchez Correa al general que los negocios marchaban bien por parte de ellos; yo aunque en ese tiempo me encontraba algo enfermo de calenturas palúdicas pude observar bien la respuesta que el general Blanco dio al lic. Sánchez Correa (Palabras textuales): 'Como diez veces me ha ordenado el Jefe que ataque a Zapata y yo le digo que se espere, que los negocios marchan bien a favor nuestro'; en seguida siguió diciendo el gral. Blanco: 'Yo no peleo ni contra Zapata ni contra Villa', y al oir esto yo ya me di cuenta exacta de lo que pasaba y entonces, en lugar de marchar al norte, que era adonde me dirigía con objeto de ver a mi familia, me dirigí al hotel donde se encontraba hospedado el entonces coronel Francisco J. Múgica, diciéndole lo que había observado del general Blanco y que yo no quería ser traidor..."[10]

La tragedia era que Blanco desobedecía a Carranza al mismo tiempo que mantenía sus tropas frente a las avanzadas zapatistas. No las atacaba, cierto, pero de hecho les impedía el movimiento. Y aunque oponía obstáculos a su avance, no seguía las órdenes del Primer Jefe. Y así, a fin de cuentas, Blanco terminaba siendo sospechoso o estorboso para ambos bandos. Ni desconocía la autoridad, ni se unía a sus impugnadores. Ni proponía un camino nuevo.

Blanco quería creer que "los negocios marchaban bien" en sus tratos con los zapatistas, pero no marchaban bien con éstos, ni con los villistas, y él lo sabía pues era el centro de un movimiento para conciliar el villismo con el carrancismo. En su casa se reunió en el mes de septiembre un grupo de generales inclinados a encontrar una solución pacífica al enfrentamiento de la División del Norte con el autoritarismo de Carranza. Esta junta nombró a varios emisarios y comisiones para entrevistarse tanto con Villa como con Zapata, pero nunca definió, hasta donde yo sé, su autoridad en relación con la del Primer Jefe.

La historia de todas las discusiones y avatares del carrancismo en los meses de septiembre y parte de octubre está todavía por hacerse: es un enjambre de visiones políticas, de proyectos sociológicos, de ideas y de pasiones que importa mucho desmadejar, no tanto por el contenido de las visiones, de los proyectos, de las ideas, etc... sino por su disposición orgánica en el cuerpo agónico del país. Había contenidos que podemos llamar decisivos, pero su función en el contexto general de aquel país en armas era aún más relevante: era otro contenido más, y más trascendente. Cabrera y su astucia leguleya frente al socialismo de David Berlanga frente al pálido anarquismo de Marciano González frente a Blanco con su política conciliadora y redundante frente al dominio de la psicología moral de Venustiano Carranza frente a...

Quizás la junta de generales que se reunían en casa de Blanco estaba esperando la apertura de la Convención el 2 de octubre, según la convocatoria de Carranza. Quizás, pero mientras tanto sus comisiones ya estaban haciendo compromisos con Villa que volvían inútil la Convención de la capital. Obregón prometió a Villa que la Convención sería exclusivamente de generales y que se realizaría en Aguascalientes. Otra comisión de aquella junta, compuesta por Eduardo Hay, Andrés Saucedo y García Aragón, acordó lo mismo con el mismo Villa. Y una noche, en la casa de Blanco, se resolvió que la Convención debía reunirse en Aguascalientes.[11] Lucio Blanco, en cambio, afirmaba que él, en compañía de Andrés Saucedo y García Aragón, había visitado a Villa en Zacatecas y que era ahí donde se había acordado que fuera Aguascalientes la sede de la Convención, gracias a "una insinuación pensada con los jefes del Norte".[12]

En efecto, no es muy claro cómo se escogió la ciudad de Aguascalientes; en un mismo día se dieron varias versiones de esa decisión y nadie se molestó en contradecirlas.

Sin embargo, era revelador que los mismos protagonistas de las juntas en casa de Blanco no se pusieran de acuerdo en un tema tan decisivo. Como tampoco podían ponerse de acuerdo sobre quién debía asistir a la Convención. Cuando Obregón, presionado por Cabrera, declaró tajante y retadoramente que a la Convención asistirían generales y nada más, Blanco se apresuró a corregir que serían sólo generales, representantes de generales y los gobernadores.[13]

La aclaración de Blanco podía parecer meramente formal, y no lo era; pues la inclusión de los gobernadores dejaba de nuevo la puerta abierta a la discusión sobre el criterio para excluir a los civiles. Y eso era lo que Cabrera más quería.

Obregón había hecho su declaración provocadoramente y Cabrera sostenía sus convicciones más turbias con nitidez admirable; pero Blanco no sabía a qué atenerse. Su mala costumbre volvía a dominar su personalidad: los acontecimientos exigían una definición y Blanco pretendía mantenerse como protagonista en el corazón de la turbulencia, sin ninguna claridad ideológica, ni siquiera moral. Es cierto que su postura era moral, pero los hechos revelaban que su moral no tenía deseo alguno. Nada afirmaba Blanco con su voluntad de conciliación nacional, y sí quería negar la existencia de conflictos profundos e ineludibles.

Y ya desde el 3 de octubre, la Secretaría de Guerra estaba cambiando la composición de las tropas de Blanco, sustituyendo a sus jefes y hasta despachando a otros contingentes más confiables al frente de guerra con los zapatistas. Ese día la Secretaría ordenó la fusión de dos regimientos y para el 11 de octubre en Xochimilco, sitio del cuartel general de las tropas de Blanco, ya el batallón de yaquis comandados por el teniente coronel Lino Morales mantenía tiroteos con los zapatistas. Según el coronel Enrique Estrada, nuevo jefe de las fuerzas de Blanco y no casualmente hermano de Roque, próximo ministro de justicia en el gabinete de Carranza, estos tiroteos eran el resultado de la indisciplina en ambos lados de la línea de tregua.[14]

Estos fueron los días de la renuncia de Carranza y del gran miedo que se apoderó de todos los generales que en el campo de batalla ignoraban la muerte con serenidad y simpatía, pero que no soportaban verse sin autoridad moral, la autoridad moral que Carranza había ido poco a poco acumulando casi sin que nadie se diera cuenta. Como se sabe, la renuncia de Carranza no se aceptó, y no se supo muy bien qué hacer. Y ante ese desconcierto, los generales constitucionalistas más activos y más avanzados en ideas e iniciativas pospusieron cualquier decisión hasta la reunión de Aguascalientes.

En esos días de principios de octubre, durante la Convención de jefes carrancistas en la capital, inaugurada por el mismo Carranza en la tarde del viernes 2 de octubre, se discutieron públicamente las cuestiones formales de la reunión en Aguascalientes y el tema de la participación de los civiles en esa Convención; pero es asombroso que no hubiera ninguna discusión sobre los temas sociales, sobre las formas de gobierno, sobre los contenidos mismos de la revolución. Quizás porque no era revolución, quizás porque era una mera restauración constitucionalista. Francisco de P. Mariel dijo claramente, cuando alguien insinuó que en Aguascalientes se tendría que discutir la forma de gobierno, que "ellos, soldados constitucionalistas, no pueden cambiar la forma de gobierno, sólo quieren la forma que manda la Constitución".[15]

Y tangencialmente, casi ridículamente, se planteó el tema de la jerarquía, cuando Marciano González se quejó que en las reuniones secretas los generales abusaban de sus subordinados. El tema del abuso del poder, Obregón lo resolvió recurriendo a su propio poder, prefigurando una actitud que sería paradigmática en su presidencia: ante la negativa de Marciano González de asistir a una junta privada, Obregón le aseguró a éste que él lo defendería en el caso de que sucediera otro abuso del general Gertrudis Sánchez.[16]

En realidad, nadie parecía tener prisa de encarar los graves problemas que todos tenían enfrente y que nadie podía ya eludir. Sin duda, el más inmediato de los problemas era el del poder militar. Los generales que la Revolución había creado no sabían aún qué tanto poder tenían, ni qué sabiduría política les había dado el ejercicio de las armas. En todas las discusiones entre los jefes parece haber una gran parte de zozobra, de expectación, de inquietud, como si estuvieran esperando todos que apareciera un signo, un mensaje del Altísimo o del destino o de la inspiración que les revelara, de un golpe, como un relámpago, quiénes eran en su nueva identidad militar y política.

El mensaje no llegó, lo que llegó fue el miedo por boca de Hay, el gran miedo de quedarse huérfanos. La historia de ese miedo y de sus raíces profundas en las ideas de esa época y en la compleja historia del siglo XIX mexicano está por hacerse. Algún día se hará.

Para cuando comenzaron a disgregar la caballería de Blanco, éste ya estaba en Aguascalientes, y hasta allá se había llevado a Miguel Acosta, Vicente Salazar, Samuel M. de los Santos, Carlos Prieto, Gregorio Osuna y otros.[17] No sé si se había llevado a propósito a quienes podían mejor sustituirlo en el mando directo de las tropas y quienes hubieran podido impedir su disolución; o si fue otro cálculo suyo mal hecho.

Pero Blanco tenía suerte y su suerte le atraía la adhesión de muchos soldados. Esta popularidad lo ayudó, sin duda, a reconstituir rápidamente su fuerza de caballería.

Cuando Carranza se retiró de la ciudad de México, en plena desconfianza del cariz que tomaba la Convención en Aguascalientes, y cuando unas semanas después las tropas y los empleados de gobierno también abandonaron la capital para dirigirse a Veracruz, las tropas de Blanco quedaron en posesión de la ciudad. Y en este punto, de nuevo, Blanco dejó escapar la oportunidad de decidir su propia historia y de influir en la historia del país. Esta nueva indecisión era resultado directo de la anterior: sus tropas nunca fueron convencidas por nadie, ni por el mismo Blanco, quien hubiera sido el mejor indicado para hacerlo, de la justicia de la lucha zapatista. La actitud conciliadora nunca comprendió una voluntad de entendimiento o de conocimiento del otro. Y esa omisión la pagó muy cara Lucio Blanco, aunque fuera un desprendimiento natural de su manera de ser. Sólo que su manera de ser era el miedo a saber lo que quería ser. No obstante su indecisión ideológica, Blanco siempre fue elogiado por su minucioso respeto a las formalidades y a la salvaguarda del orden en la capital durante esas agitadas semanas.

Ante la próxima ocupación de la capital por las tropas zapatistas, Blanco optó por retirarse de la ciudad el 24 de noviembre de 1914 para evitar un enfrentamiento con ellas, a pesar de que Eulalio Gutiérrez, ya presidente de la Convención, a la que Blanco apoyaba, había anunciado que lo nombraría Secretario de Gobernación.[18] El general Eugenio Aguirre Benavides tuvo que ir a El Oro, estado de México, y a Salvatierra, Guanajuato, para convencerlo, en nombre del presidente, de que debía regresar a la ciudad con todas sus tropas; y lo logró.[19] Pero el gesto de Blanco era elocuente de su posición cada vez más indecisa, cada vez menos definida. Mientras los carrancistas iniciaban la guerra contra los villistas y zapatistas, Blanco perdía cada vez más el apoyo de su fundamento moral y su actitud se vaciaba más y más de cualquier deseo de influir en la historia. Y no renunciaba al mando de sus tropas. Por lo menos, el general Cabral, desesperado él también por su incapacidad de comprender y de tomar una posición bien definida, se había retirado de la contienda y se había refugiado en Estados Unidos. Blanco, sin embargo, no renunciaba al mando de sus tropas. Insistía en ordenar, en manejar a sus soldados con un fin que él mismo no quería vislumbrar.

Blanco regresó a la ciudad a mediados de diciembre, y para entonces contaba con 25 mil hombres: era un hombre poderoso que no sabía qué hacer con su fuerza. Apenas tres semanas después ya estaba huyendo otra vez, ahora en compañía de Eulalio Gutiérrez y del mismo hombre que lo había convencido de volver. Ese contingente se dispersaría, pero Blanco permanecería varios meses inactivo y en espera de encontrar la oportunidad de intervenir otra vez en los acontecimientos. Fueron ésos los meses que siguieron a la proclamación del Plan de San Diego, después del arresto de Basilio Ramos, el 7 de febrero, en un pueblito de Texas, muy cercano a Mier, Tamaulipas.

¿Acaso la indecisión de Blanco podía ser una de las causas activas del Plan? Por sí misma, no; pero si se mira en la perspectiva de un regreso

—tibio, vacilante, y quizás poderoso por lo desesperado o nostálgico— a antiguas convicciones magonistas que probablemente varios renegados del partido de Ricardo Flores Magón contemplaron como la única opción a los dilemas políticos de esos meses; dilemas que no estaban dispuestos a aceptar y que tampoco no sabían modificar, entonces la indecisión de Blanco sí pudo ser el detonante de una explosión latente. Hablo en plural porque pienso no sólo en él, sino también en Antonio I. Villarreal, quien aparentemente estaba en el bando opuesto de Blanco. En efecto, Blanco y Villarreal, enemigos a fines de 1914, se encontrarán tres meses después en el mismo bando de los desilusionados y desconcertados por la guerra civil y de los esperanzados en soluciones conciliadoras... o desesperadas.

La i no era de indeciso: Antonio I. Villarreal

Antonio I. Villarreal nació el 3 de julio de 1879 en Lampazos de Naranjo, Nuevo León, de la pareja formada por Próspero Villarreal e Ignacia González de Villarreal.

En su pueblo natal, Antonio Irineo cursó y terminó sus estudios primarios, y en 1894 su padre lo envió a continuarlos a la Escuela Normal Potosina. No iba solo: los padres de varios condiscípulos suyos habían decidido hacer lo mismo con sus hijos.[1]

Antonio I. Villarreal fue un hombre no siempre honesto, pero sí siempre indeciso. De niño, se dice, le gustaba recitar la perorata del Quijote sobre las armas y las letras;[2] y la verdad es que Antonio I. Villarreal nunca supo qué quería ser o para qué había nacido: si profesor o general.

A los quince años entró a la Escuela Normal Potosina y a los veinte salió de la Escuela Normalista de Nuevo León, en Monterrey, con el título de "Profesor de enseñanza" y con la comisión de dirigir una escuela primaria en Villaldama. Pero su dedicación a la enseñanza era tan sincera como su gusto por los duelos a pistola, de los cuales parece que tuvo dos en menos de un año: en el primero recibió un balazo en el pecho de uno que era y seguiría siendo su amigo, Elpidio C. Canales, mejor conocido como César Canales. Y el otro le costó la vida a José Flores, y eso que sólo se trataba, según un biógrafo de Villarreal, de una mera disputa literaria.[3] Seguramente no fue ésta la primera vez, ya que sin duda no fue tampoco la última en su vida, en que un hecho aparentemente banal adquiría una importancia descomunal, casi absurda. Por el homicidio de Flores, Villarreal pasó poco más de un año en la cárcel de Villaldama, donde siguió publicando el semanario *El liberal* que había comenzado a editar desde su llegada a esa villa, y cuatro años más en la de Monterrey; y se perdió las reuniones del congreso de clubes liberales que convocó el Club Ponciano Arriaga de San Luis Potosí, fundado por Camilo Arriaga, un veterano de la rebelión de Catarino Garza.[4]

Otra fuente dice que en la capital potosina, mientras seguía los cursos de la Normal, Villarreal se hizo secretario del club liberal "Ponciano Arriaga" entre 1896 y 1898; pero este dato es dudoso, ya que la misma fuente alega después que Villarreal fue encarcelado en Villaldama por publicar el periódico de oposición *El liberal*, lo cual es falso, pues la misma hermana de Antonio Irineo aceptó varios años después que su hermano había ido a la cárcel por haber matado a un hombre en una riña; y todavía aquella fuente afirma que Villarreal participó como uno de los principales dirigentes en el primer congreso de clubes liberales instalado en San Luis Potosí el 5 de febrero de 1901, lo cual parece también falso, pues entre la lista de asistentes al congreso que publicó *Regeneración* no aparece nunca el nombre de Villarreal.[5]

Aunque sea dudoso que Villarreal haya llegado a ser secretario del Club Ponciano Arriaga a los diecisiete años, no es inverosímil, y sí muy probable, que haya conocido a Camilo Arriaga, a Antonio Díaz Soto y Gama y a Vidal Garza Pérez. Y seguramente, estas nuevas relaciones fueron definitivas en sus ideas políticas, con las cuales se trasladó a Monterrey a terminar sus cursos para profesor de enseñanza.

La honestidad de Antonio I. Villarreal lo llevó a unirse al Partido Liberal de los hermanos Magón cuando era más intensa su represión. Fue organizador decisivo del levantamiento de Jiménez de 1906 y del ataque a Las Vacas, Coahuila, en septiembre de 1908. Pero los siguientes fracasos tocaron profundamente en su indecisión y terminó saliéndose del Partido Liberal. Se podría alegar que su salida respondió más a un realismo político que a una indecisión vital; y podría ser aún más verosímil el argumento si se agrega que el hecho coincidió con el inicio de la campaña electoral de Madero, a quien Villarreal conocía muy bien. En realidad su salida coincidió con una crisis en el Partido Liberal que pedía una visión política más profunda de sus dirigentes. Y sus dirigentes demostraron más honradez ideológica, más dedicación revolucionaria, más espíritu de sacrificio, pero no más agudeza política. Al salirse del partido, Villarreal ofreció su colaboración a Madero, y Madero se la aceptó. Y siguió siendo aliado de Madero hasta la Revolución, de la cual salió enamorado y con un nombramiento de coronel.

Sin embargo, en los momentos finales de la revolución maderista ocurrieron ciertos hechos que dan una imagen muy distinta del Villarreal siempre honesto y siempre conciliador y siempre indeciso y siempre equilibrado: en abril de 1911 publicó un manifiesto violentísimo en contra de sus antiguos compañeros magonistas, y no sólo eso, se ofreció a organizar una expedición armada para combatir a los magonistas que se habían apoderado de Tijuana, y la dirigió. En muchas cosas pudo haber sido mesurado Villarreal, pero su conversión del magonismo al maderismo fue la conversión de un hombre oportunista con naturaleza de traidor.[6]

Después del triunfo de Madero y de la derrota de los magonistas, Villarreal colaboró en el *Diario del Hogar*, en la ciudad de México, mientras ayudaba a cambiar a Vázquez Gómez por José María Pino Suárez para vicepresidente del Partido Antirreeleccionista. Al triunfo de Madero, pidió que le dieran un puesto diplomático, el que fuera, en España, porque allá estaba viviendo Blanca Sordo con sus padres y Villarreal estaba decidido a pedir su mano. Madero lo nombró cónsul de México en España con residencia en Barcelona, donde en efecto se casó y tuvo como invitados a su boda a los poetas Amado Nervo y Rubén Darío.[7]

En Barcelona y recién casado, Villarreal supo la noticia de la Decena Trágica. Se embarcó inmediatamente a Nueva York y de allí tomó el tren para la frontera. En la estación Hermanas, Coahuila, se unió a los constitucionalistas.[8] Y comenzó entonces la tercera etapa de su carrera militar: la más consistente, la más exitosa. Aun así, nada sucedió en ella que probara que Villarreal sí era un verdadero militar. En 1913 y 1914, hasta la caída del huertismo, Antonio I. Villarreal encabezó la Primera Brigada de la División del Noreste y dirigió el gobierno de Nuevo León como gobernador interino.

En Aguascalientes, lo eligieron presidente de la Convención los generales allí reunidos, y en vez de seguir una carrera política que parecía ofrecérsele con ese tipo de nombramientos, Villarreal regresó a la vida militar cuando estalló la guerra civil entre los carrancistas y los villistas.

La batalla de Ramos Arizpe, el 6 y 7 de enero de 1915, fue un momento crítico de la guerra civil entre villistas y carrancistas. En palabras de Emilio Salinas, uno de sus protagonistas, la batalla fue un desastre para las tropas carrancistas;[9] y en la apreciación de Ignacio Muñoz, soldado de las tropas villistas, la batalla fue un presente de la indecisión del general Antonio I. Villarreal al villismo: "¡Un espléndido *Regalo de Reyes*!"[10] Esa misma noche o madrugada, si creemos el testimonio de Basilio Ramos, se firmaba en una cárcel de Monterrey el Plan de San Diego.

Pero Emilio Salinas fue más allá de declarar la batalla un desastre: acusó directamente a Villarreal de propiciar la derrota en preparación de su traición.

En conclusión: desde mi llegada a Saltillo, noté el propósito de que mi Brigada fuese disgregada, restándome elementos que se enviaban a otros lugares, algunos de los cuales nunca pude conseguir se me volviesen a incorporar. La intencionada y absurda orden del Gral. Villarreal, de que marcharan mis tropas de Parras a San Isidro, antes de romperse las hostilidades con los villistas, para combatir a un poderoso enemigo, que ya sabía Villarreal avanzaba sobre nosotros, y que humanamente era imposible poder resistir, por su numérica superioridad, y por último, la de haberme ordenado el mismo Gral. Villarreal que avanzara a la vanguardia con mis desmoralizadas fuerzas, en el combate de Ramos Arizpe, a pesar de las oportunas observaciones que le hice en Hipólito, como he referido, y no obstante de haber muchos miles de hombres que no habían entrado a la campaña, y que bien pudo haber dispuesto de ellos para colocarlos a la vanguardia, con la seguridad que prestarían mejores servicios que mis agobiados soldados. Semejante actitud del Gral. Villarreal me hizo creer con fundamento que éste trataba de eliminarme por ser incapaz de traicionar al Constitucionalismo en ninguna forma, siendo, por tal concepto yo, un estorbo para la política obscura y artera que el Gral. Villarreal empezaba a desarrollar contra el C. Primer Jefe y que más tarde quiso hacer más activa, según se ha comprobado en la actualidad.[11]

El ejército carrancista del noreste se dispersó y no sólo por efecto de esta derrota y de otros embates villistas. Así como en el bando convencionista se presentía ya la escisión de Eulalio Gutiérrez y de sus aliados, en el bando constitucionalista también se presentaban los síntomas de la separación. Fue una doble dispersión: una en la Ciudad de México y otra en el Noreste, en distintos bandos, en distintas direcciones, como un doble reflejo, pero también como si muchos luchadores hubieran decidido regresar a sus postulados originales, como si de pronto hubiera necesidad de ser uno mismo, pasara lo que pasara. Y así pasó.

Sería difícil afirmar que una escisión provocó la otra; y no obstante hubo hechos que sin duda tuvieron una repercusión directa en el bando contrario, reforzando las tendencias separatistas. Así pues, cada escisión siguió su propio desarrollo y al mismo tiempo dependió de la otra. En los extremos quedaron los mandos convencionista y constitucionalista repentinamente mutilados de fuerzas indispensables para el desarrollo de los planes de la campaña. Pero el hecho de que la batalla de Ramos Arizpe sucediera a principios de enero, le dio una cierta ventaja al convencionismo.

Con excepción de ciertos puntos, los villistas dominaban, un mes después de la batalla de Ramos Arizpe, casi todo el oriente de la frontera internacional, en los estados de Coahuila, Nuevo León, Tamaulipas: además ocupaban Monterrey, Torreón y Saltillo. Entre los carrancistas, predominaba el desorden. Muchos destacamentos que unas semanas antes contaban por lo menos con mil elementos, bien armados y organizados, habían quedado reducidos a trescientos soldados, el que más. A principios de febrero, cuando Sebastián Carranza llegó a Piedras Negras a encabezar de nuevo su regimiento, se encontró que estaba totalmente desorganizado. En el camino a la frontera, además, había podido darse cuenta que el regimiento de Antonio I. Villarreal se había desbandado completamente, porque su jefe no le prestaba ninguna atención. La percepción de Sebastián Carranza era correcta. Pero incompleta: Antonio I. Villarreal era militarmente un inepto; y al mismo tiempo quería ser un político. Muchos decían, con razón, creo yo, que no se le había olvidado la Convención; y con las derrotas militares creadas por la confusión del mando superior carrancista, por la falta de convicción revolucionaria de muchos jefes de su bando, Villarreal volvió a pensar en que la decisión de unirse a Carranza había sido un error. Seguramente Villarreal estaba llegando a esa conclusión, cuando supo que Eulalio Gutiérrez había salido de la ciudad de México renegando de su alianza con Villa y Zapata.

Nominalmente, la Convención quedaba en manos de éstos, pero no es improbable que Villarreal haya concebido entonces la posibilidad de reanimar la tercera posición, la alternativa al "autoritarismo" de Carranza y al "salvajismo" de Villa y de Zapata. Y que con Gutiérrez viniera nada menos que Lucio Blanco fue sin duda para Villarreal una confirmación de que la historia le estaba dando la oportunidad de probar sus ideas. Nada raro sería que en esos momentos haya pensado en la posibilidad de resucitar los viejos proyectos magonistas por los que había luchado apenas unos años antes. Muchos de sus soldados traían todavía el distintivo de la cruz magonista y muchos otros simpatizaban con sus ideas "socialistas" porque habían luchado en los Estados Unidos contra los patrones esclavizadores, agrupados en asociaciones como la Renters' Union.

Además, nadie mejor que Villarreal sabía que el general Blanco nunca había estado totalmente conforme con la disyuntiva entre Carranza y la Convención villista-zapatista. Ocho años después de haber luchado por el magonismo, Villarreal y Blanco se reencontraban otra vez en la posición de minoría, de franco-tiradores, de revolucionarios contra la corriente.

Parece ser que Lucio se puso en contacto con su propio hermano y éste con Luis Alberto Guajardo, el que había sido jefe de Blanco en 1910 y 1912. El 4 de febrero Guajardo llegó a Eagle Pass y salió inmediatamente a San Antonio. Un agente del Departamento de Justicia norteamericano estacionado en la frontera recogió informaciones de que Guajardo tenía intenciones de organizar un movimiento para ayudar a Lucio Blanco en la toma de Piedras Negras.[12] Con esta información se podía ver claramente que entre las tropas que habían salido de la ciudad de México con Eulalio Gutiérrez se planeaba un doble movimiento que rompiera, como unas pinzas, la campaña del Noreste, quizás con la esperanza de provocar el desconcierto y la desintegración de los ejércitos de Villa y de Carranza en favor de esa tercera posición. La posible participación de Guajardo era un indicio más de que los veteranos magonistas de 1906 querían reagruparse, pues esta nueva colaboración borraba la enemistad que había existido entre Blanco y Guajardo durante 1913 y 1914, cuando Guajardo combatía del lado huertista.

Al inicio de la campaña contra el villismo había resurgido un problema siempre latente durante la primera fase del Constitucionalismo: el odio de muchos jefes contra el nepotismo de Carranza. Daniel Ríos Zertuche, viejo colaborador de Lucio Blanco, era uno de ellos, y llegó a odiarlo tanto que se había quedado en el gobierno de la Convención. Y a pesar de haber sido miembro de ésta, Antonio I. Villarreal mantenía sus relaciones con Ríos Zertuche, a quien sugirió que, en compañía de Serapio Aguirre y Miguel Barrera, se fuera a Piedras Negras a iniciar una campaña de propaganda contra Venustiano Carranza para atraerse la guarnición de ese puerto fronterizo. Estos tres personajes comenzaron a difundir abiertamente su indignación contra el poder que habían adquirido o incrementado los Carranza, los Salinas y los Múzquiz, todos miembros de una misma gran familia.[13]

Para Villarreal había otro elemento personal de incomodidad: él no era militar o era un pésimo militar. Se sentía a sus anchas en las funciones de organización política y de gobierno, y dejaba las tareas militares en manos de jefes subordinados suyos de su confianza. Dos de esos jefes eran los generales Jesús A. Garza y José Santos.

Por su parte, Blanco, para variar, fue incapaz de tomar una decisión. Después de abandonar la capital con el presidente Eulalio Gutiérrez y de romper con la Convención, se detuvo con sus tropas en San Luis Potosí, prisionero en cierta manera de las decisiones o indecisiones de Eulalio Gutiérrez. Villarreal a su vez pospuso su decisión de separarse del constitucionalismo, y cuando finalmente tomó la decisión, lo hizo en el peor momento, casi como si lo hubiera premeditado con alevosía: el 9 de marzo, en pleno ataque a Monterrey de los carrancistas, se dirigió al general en jefe, Pablo González, para pedirle licencia por dos meses.[14] Ésa y otras consideraciones hicieron que Pablo González temiera lo peor: la disgregación de muchos grupos que tenían subterráneas simpatías con la tercera posición convencionista. Además, el sitio que le ponía a Monterrey no era todo lo efectivo que él esperaba, porque sus fuerzas por la línea de San Luis Potosí eran muy débiles, y por allí los villistas del centro recibían las dotaciones de carbón indispensables para sus movimientos. Astutamente, entonces, Pablo González telegrafió a Carranza comunicándole la petición de Villarreal, pero ya antes de recibir la respuesta restableció contacto con Eulalio Gutiérrez para que, sin compromiso político, "todas sus fuerzas cooperen con nosotros".[15]

Villarreal había finalmente tomado su decisión en un momento crítico, quizás en el momento más crítico de todos: en el Bajío se preparaban las fuerzas de Villa para detener a Obregón; en El Ébano, Treviño resistía el empuje de Urbina; y en Monterrey, Ángeles se sostenía contra el ataque del Cuerpo de Ejército del Noreste.

El día 12 de marzo, en San Miguel, Nuevo León, Pablo González recibió la respuesta de Carranza otorgándole la licencia a Villarreal. Pero a éste casi nadie lo siguió, pues no había para qué seguirlo si él mismo no sabía lo que quería. Y además, ya entonces las fuerzas de Lucio Blanco, fuerzas que según los constitucionalistas estaban bajo el mando de Eulalio Gutiérrez, se encontraban colaborando con su enemigo y sin garantía ninguna de que su ayuda sería reconocida.[16]

Aunque no se había realizado ningún acuerdo formal entre Eulalio Gutiérrez y el mando carrancista, el primero quiso probar la autenticidad de su arrepentimiento y colaboró decisivamente para derrotar a los villistas, pues interrumpió las comunicaciones de éstos en un punto clave, casi central en la estrategia de Villa: la línea del ferrocarril entre San Luis Potosí y Saltillo. El centro de operaciones de Eulalio Gutiérrez era Concepción del Oro. Todas las posibilidades de conectar las batallas del Bajío con la de Monterrey y la del Ébano, en las proximidades de Tampico, se vinieron abajo para los villistas.[17] Y así siguieron durante meses. Mientras tanto, Lucio Blanco seguía indeciso.

Antonio I. Villarreal sí había probado entonces que era no sólo incapaz sino inepto en la táctica y la estrategia militares. Llevó al desastre a una brigada de más de siete mil hombres y en menos de dos meses la dejó desintegrada en pequeños grupos desmoralizados y otros hasta aterrorizados de tanta ineptitud e indecisión. Pero aún así la I. de su nombre no era la inicial de indeciso sino de Irineo.

Sí, hubo siempre contrastes en la vida de Antonio I. Villarreal, contrastes singulares y muy propios: a sus violentos altercados de juventud se opone su imagen del eterno conciliador. Estuvo en las reuniones de Torreón, en las que se trató de evitar la ruptura entre Carranza y Villa. En compañía de Luis Cabrera y como representante de Carranza tuvo pláticas con Zapata después de la toma de la ciudad de México en agosto de 1914. Fue un presidente conciliador de la Convención en Aguascalientes y delegado de ésta a negociar con Carranza cuando se nombró presidente a Eulalio Gutiérrez. Pero su imagen conciliadora contrasta a su vez con el hecho de que en todas esas gestiones nunca parecía estar defendiendo sus ideas, siempre daba la impresión de estar protegiendo las ideas de los otros, sin que de él se supiera lo que pensaba. Y esa aparente ausencia de sus ideas o de sus intereses en los momentos históricos, contrasta con su vida posterior, cuando participó en la rebelión delahuertista, cuando se afilió a Francisco Serrano y Arnulfo R. Gómez, cuando se unió a la rebelión escobarista y cuando se postuló para presidente en contra de Lázaro Cárdenas.

Y a esta secuencia de contrastes hay que agregar una continuidad asombrosa en la fidelidad hacia algunos amigos suyos: Elpidio César Canales, con quien tuvo un altercado a balazos y una amistad eterna; Antonio Díaz Soto y Gama, con quien tuvo muchas discusiones y diferencias políticas, pero de quien también tuvo apoyo hasta el final; con Cástulo Gómez, "viejo luchador que desde 1906 me ayudó en mis campañas contra la tiranía",[18] que murió en noviembre de 1913 en la toma de Ciudad Victoria contra los federales; y con Lázaro Alanís, quien con momentos de distancia y momentos de cercanía estuvo siempre con su admiración y fidelidad a su lado.

Por Lázaro Alanís hay que detenerse, por Lázaro Alanís valdría la pena hacer muchas cosas más que detenerse a narrar su muerte y su probable función en los tenues entramados de esta historia.

Pronto, condenado y soldados llegaron a las puertas del cementerio de Ixmiquilpan, y después, guiados por un sepulturero, siguieron hasta el lugar donde ya estaba cavada la fosa.

Todavía mudo, viendo en silencio cómo los soldados formaban el pelotón ejecutor, y al borde de la fosa que le iba a servir para que su cuerpo descansara para siempre, el general Alanís pidió que se le dieran unos minutos más de vida. Se quitó la americana, buscó en los bolsillos inferiores de la misma; sacó dos fotografías: una de su esposa y otra de sus hijos. Las aprisionó cariñosamente contra su pecho y seguidamente las hizo pedazos, viendo caer éstos a sus pies.

Colocó la americana sobre el suelo, pidiendo al jefe del pelotón que se le pusiera sobre la cara para que la librara de la tierra, y alzando la voz, gritó:

—Soldados, soy un viejo liberal...

El oficial le interrumpió, diciéndole que no tenía derecho para dirigirse a la tropa.

—Es mi única y última demanda —contestó Alanís, y dirigiéndose de nuevo a sus ejecutores, continuó:

—Soldados, vais a fusilar a un viejo liberal...

Por segunda vez, el oficial pretendió que el general callara.

—Tengo derecho a hablar —gritó Alanís.

Sin responder, el oficial puso a una pareja de soldados al lado de Alanís, diciéndoles:

—Si vuelve a intentar hablar, lo matan como a un perro...

—Soldados... —insistió el general.

Pero uno de los hombres a quienes se dirigía Alanís, levantando el marrazo de su fusil, lo hundió en la espalda del antiguo magonista.

Alanís volvióse rápido hacia su agresor, pero en ese mismo instante, el segundo soldado le dio otra puñalada.

—Miserables... —gimió el general [...].[19]

Era el año de 1924 y estaban cayendo los últimos jefes de la rebelión delahuertista. Y otra vez se mataba como antes había matado Francisco Murguía, sin balas, para no desperdiciarlas. Pero a Murguía ya lo habían fusilado, y sí le habían dado lo que él se había ahorrado con sus víctimas, muchas balas. Y el que a marrazos mataba era el supremo gobierno.

No sabemos si al general Lázaro Alanís le cumplieron su voluntad de enterrarlo con el rostro cubierto por su americana, para librarlo de la voracidad de la tierra... Pero sí sabemos que en sus últimos momentos Alanís se acordó de su esposa, de sus hijos, de sus cómplices eternos y liberales, los hermanos Magón, Antonio Villarreal, Rangel y otros. Y también, azares de la memoria, de Marcelo Caraveo, de cuyo Estado Mayor había sido jefe, y finalmente de Benjamín Argumedo.

En las últimas semanas del gobierno convencionista, cuando Argumedo escoltó al presidente Lagos Cházaro rumbo al norte, Alanís, que iba con él, le pidió varias veces a Argumedo que le repitiera el cuento del paliacate. Argumedo se le quedaba viendo y le preguntaba si no se confundía y quería el cuento de la bala que traía colgando del cuello, como un amuleto. Y Alanís siempre le contestaba que no, que él quería el cuento del paliacate. Pero el cuento del paliacate no es un cuento, insistía el general Argumedo. Pues no importa, decía Alanís. Y entonces Argumedo repetía que nada le daba más tristeza que los muertos con la boca abierta por donde revoloteaban las nubes de moscas y por donde entraban para comérselos por dentro. "No los dejan a solas con su muerte." Por eso él antes de entrar a combate siempre se amarraba la mandíbula con el paliacate, por si le tocaba la bala de su muerte, que no lo fueran a dejar tirado con la boca abierta como esos muertos que le daban tanta tristeza.[20]

Alanís pensaba y pensaba en la boca abierta de los muertos, y no le preocupaba tanto que se le metieran las moscas, como la tierra, porque sentía que no iba a poder soportar ahogarse con tierra ni siquiera después de muerto. Tierra en la boca... las paletadas de tierra en su boca y él, ya muerto, no podría cerrarla, ni voltearse boca abajo, ni pedir que lo cubrieran... Tierra en la boca, pensaba de nuevo, el sabor de la tierra... era como morirse para siempre antes de tiempo y él quería tener tiempo de entenderse con su muerte, los dos bien solos adentro de la tumba.

En marzo de 1915, el primer pedazo desgarrado y desgajado del gobierno de Eulalio Gutiérrez cruzó la frontera. Afortunadamente, en Matamoros, Nafarrate estaba distraído por el ataque de los villistas; pero después de aquel grupo siguieron pasando otros, hasta que el 7 de junio fue sorprendido un contingente más de gutierristas cerca de Los Alamos, Nuevo León; y por orden de Nafarrate todos sus integrantes fueron pasados por las armas. El incidente aumentó la tensión, ya de por sí bastante alta, en la frontera, porque entre los fusilados estaba Eugenio Aguirre Benavides, muy respetado por muchos generales en todos los bandos en contienda e incluso por los refugiados contrarrevolucionarios en Estados Unidos; contrarrevolucionarios que estaban ya en pláticas con Antonio I. Villarreal y con algunos gutierristas que sí habían logrado cruzar la frontera.

Pero toda descripción de las alianzas de estos meses no puede ser sino tentativa, pues para exponer bien los antecedentes de estos hechos hay que remontarse a la Convención de Aguascalientes y seguir ahí las alianzas sutiles de los distintos grupos, alianzas en su mayoría meramente inconscientes; y hay que introducirse en todas las reuniones secretas de los porfiristas y huertistas para distinguir la miríada de actitudes y posiciones. Esa pesquisa quedará para otro momento.

Ignorante o no de los complejos e intrincados matices ideológicos de ese momento entre los exiliados en la frontera norteamericana, el hecho es que, a fines de mayo de 1915, el general Caballero recibió noticias fidedignas de que en Estados Unidos, por la zona de Brownsville, se preparaba una invasión de "pacifistas unidos a villarrealistas".[21]

Caballero ordenó a Nafarrate, a cargo de la guarnición de Matamoros, que cubriera con sus tropas la línea de Laredo a Matamoros para garantizar el funcionamiento de la aduana en ambos puntos y para "evitar quejas de la secretaría de Relaciones a mi gobierno".[22] Pero, de realizar su invasión, era obvio que los villarrealistas no atacarían exclusivamente por el norte; pues había muchos indicios de que jefes de tropas fieles a Villarreal se preparaban en el mismo territorio carrancista, como en Nuevo León, donde el gobernador no parecía estar advertido, o si lo estaba no parecía darle mucha importancia a esos preparativos; o si se la daba, no hacía nada, quizá como manera de ofrecer su simpatía a Villarreal.[23] El gobernador era Pablo A. de la Garza, quien a principios de junio no había podido tomar posesión de su cargo a pesar de las órdenes de la Primera Jefatura. Muchas tropas acantonadas en la ciudad de Monterrey no ocultaban sus pugnas, ni tampoco contenían su ira cuando no recibían su paga a tiempo: ésa era la causa de los robos, saqueos, tiroteos que acontecían diariamente en la ciudad. Entretanto Pablo A. de la Garza seguía esperando que le dieran posesión de la gubernatura. En la frontera norte, Nafarrate mandaba, y exigía a los pueblos ganaderos que le entregaran miles de cabezas de ganado para reponerse de las pérdidas causadas por el acoso villista que finalmente había terminado a fines de abril. Los pueblos se quejaban con De la Garza y De la Garza se quejaba con Venustiano Carranza, pero todos seguían haciendo lo que les daba su regalada gana.[24] Con las nuevas quejas de De la Garza, en la primera semana de junio, Carranza decidió que ya era tiempo de que le hicieran caso y le mandó una orden a Ildefonso Vázquez de que pusiera al general de la Garza en posesión del gobierno inmediatamente.[25]

La invasión prevista por Caballero nunca se realizó; pero apenas unas semanas después, aparecieron los primeros combatientes del plan de San Diego: ¿los invasores "pacifistas y villarrealistas" y el grupo del Plan pertenecían al mismo movimiento?; ¿la invasión se frustró y se revirtió contra los norteamericanos, o la invasión se transformó en un movimiento de liberación pura y simple?; ¿o Nafarrate aprovechó la oportunidad para propiciar un movimiento propio de venganza con la cobertura de que todos creerían que eran los "pacifistas y villarrealistas"? Todas esas especulaciones tenían antecedentes: el movimiento de Catarino Garza en 1890 había fracasado en su invasión de México y se había volteado contra las autoridades norteamericanas cuando éstas habían tratado de aplastarlo. En 1911, los magonistas habían tomado Tijuana para liberarla de México y convertirla en la punta de una nueva república en esta tierra sin Dios y sin Amo.

Y el Plan de San Diego, tal y como aparecía en el manifiesto que le habían encontrado a Basilio Ramos a principios de 1915, ofrecía además distintas posibilidades de interpretación: se liberarían los territorios que habían sido mexicanos antes de 1848, y formarían un nuevo país; o se reunirían después de cierto tiempo a México.

A principios de junio se hablaba en toda la frontera del nacimiento de un nuevo partido político: el villarrealista. Y era voz pública que esta nueva corriente quería atraer la simpatía, la complicidad o la mera aceptación de Obregón y de Pablo González.[26] Y algunas noticias daban a entender la posibilidad de que Villarreal estuviera en pláticas con científicos e incluso con Orozco. A mediados de junio se reunieron en Los Ángeles, para la boda de Julio Madero, eminentes representantes del más puro porfirismo. El obispo Gillow ofició la misa y Juan Orcí fue el maestro de ceremonias de la fiesta.[27] Precisamente por esos días, Villarreal estuvo en Los Ángeles y todavía se hizo pasar como miembro del ejército constitucionalista, porque el cónsul carrancista le pagó gastos y después de su partida de la ciudad tuvo que pagar muchas de sus deudas.[28] A principios de mayo, Orozco había ido a Nueva York a preparar con Huerta los detalles de la invasión a México que se iniciaría el 28 de junio. Pero antes de fin de mes había regresado a El Paso. Desde principios del mes de junio, hasta el 27, fecha acordada para su reunión con Huerta en una estación de tren muy cercana a El Paso, Orozco se dedicó totalmente a ultimar los preparativos de la invasión. ¿Estuvo en Los Ángeles a mediados de ese mes? No lo sé. Pero su actividad febril de organización coincide con la actividad de Villarreal. Si no se entrevistaron en Los Ángeles, pudieron muy bien haberse encontrado en El Paso o en algún lugar intermedio. Justo antes de ese hecho, si ocurrió, Orozco tuvo que haberse preguntado si necesitaba la alianza con Villarreal. No conozco su respuesta. Si era políticamente sensato, tuvo que responderse que sí.

Matamoros, otra vez

Basilio Ramos fue aprehendido y mantenido preso hasta el 13 de mayo de 1915, día de su juicio, cuando el juez lo regañó como si el Plan de San Diego fuera sólo una broma de mal gusto. En su sentencia, el juez daba a entender claramente que consideraba a Basilio un desequilibrado y por lo tanto lo dejaba en libertad. El 20 de febrero, fecha que el plan daba para el estallido de la rebelión, había pasado y en esos tres meses nada había ocurrido que indicara la existencia de un ejército libertador de mexicanos: hubo tiempo suficiente para que los anglos y los colonos en general se olvidaran de la amenaza. ¿Nada había ocurrido? Nadie se había levantado sosteniendo la bandera del Plan de San Diego y parecía que con Basilio en la cárcel se había impedido el inicio de la rebelión. Pero una curiosa desviación en los propósitos de la historia estaba preparando, y mejor que antes, esa misma rebelión. La historia castigaba sin palo y sin cuarta, porque la agudización de la guerra civil en México ponía las condiciones para una repercusión inusitadamente violenta del otro lado de la frontera. Nada había ocurrido que indicara la existencia de un ejército libertador, porque los mexicanos estaban más divididos que nunca: en mayo de 1915 ya no peleaban sólo dos facciones, peleaban cuatro, casi cinco, bandos, y todos contra todos. Los villistas contra los carrancistas, los exconvencionistas contra los villistas; los huertistas-orozquistas contra los carrancistas; los carrancistas contra los zapatistas; y si los villistas no atacaban militarmente a los zapatistas, sí lo hacían de viva voz, pues los acusaban de permitir las derrotas que estaban sufriendo en el Bajío.

¿Nada había sucedido? Era el momento más crítico de la Revolución, aunque desde lejos se pueda decir con aire de suficiencia que ya los dados habían escogido a su ganador. Y es cierto: después de las primeras derrotas de Villa en Celaya no había otro posible ganador que el carrancismo, pero hubo unos días, unos cuantos días, en que nadie podía decir qué iba a suceder porque era imposible que alguien hubiera sabido y entendido todo lo que estaba ocurriendo, al mismo tiempo, entre Veracruz y Washington, pasando por la ciudad de México, Tula, Celaya, El Ébano, Monterrey, Matamoros, Brownsville, San Antonio y villas anexas.

Estaban pasando demasiadas cosas; pero quizás se podía entender la tranquilidad del sureste de Texas precisamente porque las cosas estaban *pasando*, y no se estaban atorando.

A principios de abril de 1915 los villistas habían tratado inútilmente de tomar Matamoros, que estaba fortificada para resistir muy especialmente las oleadas de caballería. Y así había sido: las ametralladoras habían segado las filas villistas con una eficacia aterradora. De ochocientos atacantes, murieron o quedaron heridos cerca de cuatrocientos. Y los heridos cruzaron el río y fueron atendidos en hospitales de Brownsville. En ese momento, las batallas del Bajío entre los villistas y los carrancistas no se habían decidido, y el gobierno de Woodrow Wilson creía aún que el bando más poderoso era el primero. Por eso, cuando el comandante militar de la zona pidió instrucciones a Washington sobre la petición del general villista derrotado de pasar a sus heridos a territorio norteamericano, el Secretario de Estado accedió casi sin titubeos. Pero el general carrancista victorioso, Emiliano Nafarrate, nunca perdonó ese favor. Y su rencor se lo cobraría muy caro.

Nafarrate había preparado la fortificación de Matamoros con mucha dedicación y mucha ciencia. Enterado de la defensa natural que Treviño había ideado en El Ébano, San Luis Potosí, él decidió utilizar el mismo recurso: inundó las afueras de la ciudad para dejarles a los atacantes sólo ciertas avenidas de aproximación, y en esas avenidas preparó zanjas y colocó sus baterías de ametralladoras. Nafarrate estaba ansioso de lograr una victoria rotunda para destacarse entre los generales carrancistas y la había logrado cuando el general Rodríguez ordenó la retirada; pero el gesto de las autoridades estadunidenses le había impedido a Nafarrate aniquilar el contingente villista, pues éste, sin el estorbo de sus heridos, se había podido replegar rápidamente hacia Monterrey.

¿Nafarrate realmente esperó que le llegara la oportunidad de vengarse de Estados Unidos o él mismo propició esa venganza? La situación histórica le ofreció la posibilidad de hacer ambas cosas, y por eso quizás hizo ambas tan mal. No era un hombre de sutilezas. Antiguo miembro del 21 Cuerpo de Rurales, que en marzo de 1913, bajo el mando de Jesús Agustín Castro, había abandonado su guarnición en Tlalnepantla y se había unido a Lucio Blanco en el norte después de un asombroso recorrido, Nafarrate había ido subiendo poco a poco por escalafón gracias a su gran habilidad para congraciarse en el momento exacto con el jefe adecuado. En un momento de la travesía del 21, en marzo de 1913, Jesús Agustín Castro se había separado temporalmente de sus hombres y había dejado a Manuel Navarrete y a Emiliano Nafarrate al mando de la tropa. Éste, muy hábilmente, se había unido a las tropas de Blanco en vez de incorporarse a los contingentes de Jesús Carranza o de Pablo González, quienes para mayo de 1913 no prometían todavía mucho como jefes revolucionarios. Blanco, en cambio, se preparaba para la toma de Matamoros, hecho que entonces sería la hazaña más relevante de los constitucionalistas en el noreste del país. Y aunque después de la ocupación de Matamoros, Nafarrate participó en la repartición de tierras de la hacienda Los Borregos, pues su firma aparece en el acta, los gestos revolucionarios de aquel jefe parecen haberlo tenido sin cuidado. Y cuando Blanco se fue a Sonora, para no regresar, Nafarrate supo acomodarse, ahora sí, bajo la nueva jefatura de Pablo González, y en buen momento, porque fue entonces cuando su jefe inmediato, que seguía siendo Jesús Agustín Castro, seducido quién sabe por qué aires de grandeza, decidió autoascenderse a general de brigada. El gran mérito de Nafarrate consistió en no haberse involucrado en ese embarazoso incidente, y de ahí en adelante pudo iniciar su propia carrera militar, desigual pero suya.

Y cuando llegó su única y gran oportunidad de mostrar sus cualidades militares con la defensa de Matamoros, los gringos le impidieron rematar a los villistas. Si Nafarrate supo aprovechar la oportunidad magnífica que le ofreció la historia, pues defendió la plaza admirablemente, y si supo al mismo tiempo esperar y propiciar su venganza, fue no tanto por perceptivo como por rencoroso. En Nafarrate se mezclaban el odio radical del revolucionario auténtico y la indiscreción ilimitada del ignorante de la política.

Es probable, por lo tanto, que Nafarrate no supiera mantener en secreto sus planes de venganza. No era muy sutil. Quizás, digo, porque algo debió pasar en mayo de 1915 para que del otro lado de la frontera se iniciara entre los anglos, como reguero de pólvora, un súbito terror, una súbita desconfianza hacia los mexicanos. ¿No se había olvidado entonces a Basilio Ramos y su plan? ¿Qué produjo entre los anglos el repentino recuerdo de la amenaza de una insurrección popular y general de los mexicanos? ¿Sin quererlo o queriéndolo y en secreto Nafarrate dejó ver sus intenciones de venganza, o quizás la situación crítica en México contaminó toda la frontera con aires apocalípticos? Quizás. Pero quizás también hay otra respuesta, quizás habría que volver la mirada hacia el norte, pero más al norte de la región, a San Antonio, donde estaba Antonio I. Villarreal; y quizás también habría que mirar hacia el sur, pero más al sur de Matamoros, hacia el fondo de Coahuila, donde estaban con un ejército formidable Eulalio Gutiérrez y Lucio Blanco, ya desafiliados de Villa y Zapata, y en espera de cumplir su función de francotiradores, de disidentes, de terceros en discordia. Sí, quizás se acercaban muchas cosas a la vez, y todas parecían dirigirse hacia un punto: Matamoros. Otra vez.

El miedo y el medio

Los texanos necesitaban el miedo porque con él justificaban la desaparición del paternalismo. Los nuevos inmigrantes anglosajones, polacos y alemanes lograron contagiarlos con el virus del capitalismo intransigente, y con el contagio de ese virus despertaron al otro, al siempre latente del racismo; y los texanos, para no dar su brazo a torcer ante el nuevo modelo de relaciones sociales, que rechazaba sin ninguna culpa y sin ningún prurito el lastre de la población mexicana, y para no enfrentarse directamente a su clientela de peones acostumbrados a vivir bajo un régimen de paternalismo, disimularon esa nueva enfermedad con la amenaza externa de un monstruo ingrato al que se debía exterminar.

¿Los mexicanos o los texano-mexicanos en verdad amenazaban la estabilidad de los anglos en la región del Nueces? No lo creo, pero no cabe duda de que amenazaban su tranquilidad.

A fines de 1914 llegó el momento de una exasperación racial, nacionalista, de clase: los linchamientos de mexicanos se estaban volviendo aconteceres comunes y corrientes en la zona, a pesar de todos los paternalismos, o quizás gracias a ellos, porque linchar era más familiar que ejecutar según las formalidades legales. Las amenazas de invasión habían provocado un enorme miedo en la población mexicana en ambos lados de la frontera, y también indignación, también conciencia de la impotencia y también esperanza de demostrar dignidad: nada extraño era que después de la invasión de Veracruz, en abril de 1914, cuando también hubo momentos de tensión en toda la frontera, el mayor Emilio Acosta del ejército federal publicara una proclama con el llamado: "¡A las armas, mexicanos!",[1] llamado que otra proclama repetiría año y medio después firmada por el "Grupo Alzado en Armas en Texas, USA.",[2] aunque ésta última mostraba, en plena rebelión militar de Luis de la Rosa, el interés de los anarquistas de incorporarse a esa lucha.

Ricardo Flores Magón no se equivocaba cuando, desde Los Ángeles, escribió que la rebelión del Plan de San Diego, "como se ve, [...] comenzó con la rebeldía de un puñado de hombres que no quisieron ser víctimas de la justicia imperante en ese Estado con las personas de nuestra raza, a cuyo puñado se agregaron todos aquellos que, cansados de ofrecer sus brazos a los burgueses para que se los exploten [...] encontraron en la actitud de los rebeldes una buena oportunidad para arrancar por la fuerza, de las manos de los capitalistas [...] un pedazo de pan para ellos y sus familias".

No era tampoco la verdad completa, pero él no tenía manera de saberlo, y quizás no tenía manera de saber tampoco qué tanto él mismo era el inspirador de todo lo que estaba sucediendo, o, dicho de manera más halagadora, qué tanto sus ideas habían germinado en muchos hombres tan honestos o impacientes como él.[3] Y habían germinado de dos maneras muy distintas: primero, a través de militantes anarquistas tanto mexicanos como texano-mexicanos, autores muchos de ellos de proclamas revolucionarias firmadas, por ejemplo, por el "Grupo Alzado en Armas en Texas, USA" y que el grupo encabezado por Luis de la Rosa probablemente ni siquiera conocía. Y después, a través de ex-compañeros suyos, particularmente del antiguo secretario del Partido Liberal, Antonio I. Villarreal.

¿En su viaje a Los Ángeles, Villarreal se acercó a sus viejos compañeros anarquistas? No lo sé, pero no sería extraño que lo hubiera hecho; como no es extraño que hubiera sostenido pláticas con Julio Madero así como las tuvo con Adolfo Carrillo, el cónsul constitucionalista, a quien Villarreal dejó, sin su conocimiento, como responsable de sus deudas y a quien timó con seiscientos dólares antes de partir a Texas.[4]

¿Y Villarreal entró en contacto con los orozquistas? Después de la prisión de Victoriano Huerta y de Pascual Orozco que frustró la invasión huertista a México justo unos días antes de la fecha ya fijada, no hubiera sido raro que algunos miembros de esa facción se hubieran dirigido a Villarreal para tantear una posible alianza. De parte de Villarreal no hubiera sido inverosímil que éste hubiera pensado que, a través de los orozquistas, retomaba alguna cercanía, si no con Ricardo Flores Magón, al menos sí con los ideales que ya entonces se llamaban "magonistas".

En junio de 1915, Roberto Pesqueira le escribió a Venustiano Carranza para decirle que California era el centro de los reaccionarios a favor de Villarreal y para darle al mismo tiempo informes de las actividades orozquistas en el mismo lugar. Y para completar su crónica, Pesqueira le decía a Carranza que Julio Madero se había casado en Los Ángeles, que el obispo Gillow había oficiado en su boda y que a la fiesta, donde Juan Orcí había actuado como maestro de ceremonias, habían asistido muchos científicos.[5]

Los texanos anglosajones e hispanos dejaron que creciera el terror. Pero si hubiera sido un terror animal de cuerpo oscuro, repugnante y gigantesco, hubiera sido evidente para todos que la crianza de ese monstruo carecía de justificación. Fue, en cambio, un terror sordo, que se transmitía como un virus, de rancho a rancho, con las sombras de los coyotes, con la desaparición de una vaca, un caballo o una cabra; con las presencias solitarias de jinetes mexicanos que pasaban apenas saludando y con el constante rumor del río que parecía proteger en sus médanos y en sus bosques de huizaches, a los merodeadores y a los ladrones de ganado. Era el virus del racismo y de la culpa: los rostros sumisos de los mexicanos se volvieron de pronto máscaras donde los texanos leían el anuncio de la venganza y después comenzaban a temer que la venganza supiera un poco de historia y se convirtiera entonces en una inmensa represalia. Y que el manifiesto inicial del Plan de San Diego hablara de recuperar Texas y demás estados anexados en 1848 ya indicaba, por lo pronto, que esas máscaras tenían algo de memoria histórica. Desde febrero de 1915 fue creciendo el miedo mes a mes. Y se fue acumulando, hasta que la tensión misma de los texanos exigió signos de que había razones para sostener ese terror, y las razones se fueron encontrando al contar el número de vacas o caballos o cabras que se robaban en todos los ranchos desde Brownsville hasta Laredo. Los reporteros de los periódicos no querían ser sorprendidos y hacían constar todos y cada uno de los hechos delictuosos ocurridos en la frontera, amplificando sus proporciones o insinuando una sórdida preparación para el ataque de los mexicanos.

En enero de 1915, después de la desastrosa derrota de Ramos Arizpe, de la que fue en parte responsable, el general Villarreal hizo un viaje apresurado y misterioso a Matamoros.[6] Y en febrero de 1915 se descubrió el Plan de San Diego, en el que probablemente estaban implicados dos de sus subalternos, los generales Garza y Santos. Luego, en marzo y principios de abril, los villistas atacaron Matamoros y la guarnición bajo el mando de Nafarrate resistió el embate. Pero los villistas heridos fueron transportados a hospitales y enfermerías improvisados en casas de particulares de Brownsville y Nafarrate no disimuló su ira. En el mismo mes de marzo Villarreal pidió una licencia, cruzó la frontera y realizó varios viajes a ciudades con refugiados políticos mexicanos, con el evidente propósito de formar una columna tan anticonvencionista como anticarrancista; en abril era un secreto a voces en la frontera que Orozco y Huerta preparaban una invasión de México.[7] Y a principios de mayo Orozco y Huerta se entrevistaron en el hotel Ansonia, de Nueva York, donde el segundo había parado a su regreso de Barcelona.[8] Finalmente, en junio diversos acontecimientos confluyeron en la frontera y provocaron un vértigo de inquietud y de desconcierto. Eran demasiados y tan diversos que resultaba casi imposible pensar en una relación coherente o en una relación cualquiera; sin embargo, su número y su diversidad no ocultaban que todos juntos, aun totalmente disparatados, auguraban muy viejos y muy nuevos tiempos en un solo movimiento, y el instinto de mexicanos y texanos no podía entender ese contraste de antigüedad con modernidad sin una transición literalmente catastrófica. Huerta y Orozco fueron apresados cuando llegaron a la frontera; mientras se preparaba su juicio fueron puestos en arresto domiciliario en El Paso, pero Orozco se fugó y entonces las autoridades norteamericanas internaron a Huerta en la cárcel. Los grupos anarquistas de mexicanos y norteamericanos incrementaron su propaganda entre los peones mexicanos y en las ciudades texanas, sobre todo en San Antonio. Aunque me es difícil probar que los grupos actuaban coordinadamente, existen demasiadas coincidencias para no relacionar a Ricardo García Treviño y Gumersinda Sánchez, editores de la revista *La lucha de clases*, con los hermanos Hernández, quienes eran activos militantes de la Renters' Union, y quienes habían participado en el famoso comité pro-Cline y Rangel.

En septiembre de 1913, Cline y Rangel habían intentado encabezar una invasión de México en nombre de los mismos principios anarquistas que habían impulsado a los mexicanos y filibusteros que tomaron Tijuana en 1912. Antes de pasar a territorio mexicano habían sido arrestados por los rangers.[9]

Rangel era Jesús María Rangel, el viejo luchador magonista que había encabezado el ataque a Las Vacas, Coahuila, en 1908, acompañado de valientes revolucionarios, entre los que se recuerda notablemente a Lázaro Alanís.[10]

En junio, después de haber renunciado al fin a su mando de tropas en el Ejército Constitucionalista, Villarreal parecía tener ya preparado un plan para invadir México en el cual, con mucha astucia, no sólo contaba con tropas reunidas en Estados Unidos sino también con destacamentos de algunas brigadas que habían estado bajo sus órdenes y que seguían activas en territorio mexicano como parte del ejército carrancista. Un hecho claro es que el primero de junio el general Luis Caballero estaba convencido de que grupos pacifistas unidos a los villarrealistas intentarían en los siguientes días la invasión de territorio mexicano.[11] Pero lo más temible de esa prevista invasión era que los grupos simpatizantes de Villarreal y aún participantes en operaciones decisivas contra Villa y Zapata, se le unieran y fueran a su vez seguidos por los restos de las brigadas de Eulalio Gutiérrez y Lucio Blanco; pues de esa manera se crearía un frente enemigo en la retaguardia de las tropas carrancistas de Nuevo León, Coahuila y Tamaulipas.

El miedo fue creciendo con esos acontecimientos contradictorios y abiertamente secretos, y finalmente el mismo miedo escogió el día más idóneo para materializarse: ¿qué mejor que el 4 de julio, día de la Independencia de los Estados Unidos, para imaginar que una banda de cuarenta mexicanos invadía el territorio norteamericano e iniciaba una contra-independencia o una nueva independencia, la de Texas, Nuevo México, Aririzona, California? Ese día, pues, se corrió la voz de que al fin se cumplían las amenazas del Plan de San Diego: se dijo que una banda de mexicanos había atacado un rancho cerca de Lyford y había matado a dos anglos. Los reporteros estacionados en Brownsville, ya listos desde hacía meses para iniciar la difusión de lo que parecía ser una fatal secuencia de acontecimientos, no se detuvieron un segundo a dudar del rumor y enviaron sus cables, exagerando los hechos con el permiso del miedo. Inmediatamente se organizaron patrullas de la policía, de la oficina del sheriff, del ejército, de asociaciones civiles y todas se dirigieron al lugar de los hechos.

A los varios días ya era obvio que nadie había muerto en Lyford o, más precisamente, en India; era obvio que el gran acontecimiento había sido el robo de un caballo de raza por una banda de, a lo mucho, cuatro mexicanos. No obstante, ninguna autoridad quería dar un desmentido, porque negar lo que todos de alguna manera querían que ya sucediera era la actitud más impopular del momento. Los jueces, los sheriffes, los jefes de policía, por la rivalidad aguda entre el partido republicano y el demócrata, arriesgaban sus puestos y los de su partido con cualquier movimiento en falso.

Pero los miembros del ejército no dependían del voto popular, y después de cuatro días sin noticias claras, el oficial de inteligencia militar F. B. Doherty decidió emprender un viaje de reconocimiento en compañía del coronel Blocksom y del gerente de las haciendas Silliman, junto a una de las cuales habían supuestamente ocurrido los asesinatos. Durante el viaje, el gerente, llamado Forto, venía explicándole a Doherty que en realidad junto al pastizal de Santa Rosa, perteneciente a Silliman, no había ningún rancho llamado Los Indios, sino India, y que le parecía extraño no haber recibido ningún informe de su administrador en la hacienda sobre un hecho tan violento, cuando se encontraron con un destacamento de veinte jinetes bajo el mando del teniente Burwell, quien les confirmó que no había habido ningún muerto, que en los alrededores de Lyford sí andaba merodeando una pequeña banda de mexicanos, pero que él no había podido encontrarla. Más adelante el sheriff Vann y varios de sus ayudantes pasaron junto al grupo de los dos militares y el administrador y no se detuvieron, quizás porque temían que los militares les pidieran explicaciones que no podían o no querían dar, y ya en el pastizal de Santa Rosa, Doherty, Blocksom y Forto reconocieron al jefe de policía Carr y dos de sus asistentes que buscaban inútilmente pistas para seguir a los mexicanos. Fue entonces cuando Doherty comentó sarcásticamente que se había iniciado una guerra y que nadie, excepto el miedo, sabía cómo.

El gerente Forto le pidió al administrador de la hacienda Santa Rosa que explicara lo que había sucedido y éste afirmó que sólo se había perdido un caballo fino y que uno de los mexicanos de la banda que andaba en los alrededores se había herido al rozarse con los alambres de púas y caerse del caballo. Por lo demás, ninguna banda había molestado a nadie; y eso era todo lo que había pasado, aparte de varias patrullas del sheriff Vann... y todos entendieron la suspensión en el acento del administrador, porque todos conocían el apuro del sheriff por su reelección, que estaba en peligro de perder por varios fracasos bastante notorios y recientes.[12]

Sin prueba alguna de los asesinatos del 4 de julio, los rumores no dejaban de crecer, pues "apenas se acaba de desmentir un rumor cuando ya apareció otro igualmente descabellado".[14] El 9 de julio alguien dio la noticia en Brownsville de que en Harlingen habían matado al sustituto del sheriff Vann llamado Longoria. Y ese mismo día, para hacer más desconcertante aún la situación, el sheriff Vann recibió una carta anónima diciéndole que varios personajes prominentes de Brownsville estaban coludidos con Victoriano Huerta para ayudar a éste a emprender su invasión de México. Y lo peor de todo fue que el sheriff le creyó al anónimo, porque sabía muy bien que la prisión de Huerta había provocado simpatía en la región en muchos que antes no hubieran defendido por ningún concepto al antiguo dictador mexicano, y porque se temía que Pascual Orozco, cuyo paradero era todavía un misterio, apareciera de un momento a otro para aprovechar esa nueva popularidad. Y Vann también sabía que un inglés llamado F.H.B. Palmer y su hijo mayor estaban activamente reclutando soldados para la invasión de Huerta, al mismo tiempo que desempeñaban la función de intermediarios en las compras de armas que hacía el general Nafarrate en Estados Unidos. Y quizás esto era lo más desconcertante: pues Nafarrate sabía de las actividades de los Palmer y aún así recibía al padre en Matamoros (pues el hijo sí estaba proscrito de territorio mexicano).[15]

Pero si Nafarrate estaba detrás de las fuerzas del Plan de San Diego, no era entonces nada raro que recibiera sin ninguna aprensión al inglés Palmer y que incluso lo alentara a seguir reclutando soldados en favor de Huerta, pues entre más crecieran los rumores de contingentes huertistas, más verosímil se volvía la versión de que los autores del Plan de San Diego eran huertistas, y más confusa se volvía la situación con los otros rumores de que Villarreal preparaba su propia invasión con peones mexicanos y militantes anarquistas de la Industrial Workers of the World.

Toda esa confusión servía para alejar las sospechas de que el movimiento era en realidad de inspiración carrancista. ¿Y lo era?

En realidad, poco sentido tiene decir que era huertista o carrancista o villista (muy improbable) o magonista (rasgo casi irreconocible, pero decisivo). Los intentos de clasificar el movimiento con una de esas denominaciones son eso: intentos de mera clasificación y de escasa comprensión.

Para el 10 de julio no había, pues, ninguna prueba de que la rebelión de San Diego se hubiera al fin iniciado, y todos los informes de aquella época y los ensayos más recientes de historiadores profesionales que dan el 4 de julio de 1915 como fecha de su verdadero inicio sólo responden a la desesperación simbólica del miedo anglosajón por el crecimiento en el número de mexicanos refugiados en una región "donde todos se conocen entre sí" y donde estos desconocidos que vivían en condiciones miserables constituyen "un problema para las personas caritativas y un peligro para los miembros aprensivos de la comunidad".[13]

El Plan de San Diego

Diversas fuentes coinciden en señalar que el 17 de julio de 1915, Bernard Boley fue asesinado cerca de la frontera norte del condado de Cameron por miembros del grupo armado del Plan de San Diego.[1] Este hecho parece ser el primero que se pueda atribuir directamente al grupo armado de Luis de la Rosa y Aniceto Pizaña.

Pero una semana antes y una semana después de la muerte de Boley ocurrieron otros hechos que ninguna crónica relaciona con el Plan de San Diego, y que fueron, sin embargo, decisivos para su desarrollo.

Si se tiene en cuenta que una de las motivaciones más fuertes para esta lucha era la venganza por los asesinatos impunes de pequeños propietarios mexicanos, lo que ocurrió a principios de julio en una zona al oriente del condado de Cameron fue decisivo. En esos días de julio de 1915, Frank Martin, ex-ranger y capataz del rancho La Andrea, decidió que ya era tiempo de atrapar al que, según él, le estaba robando cabezas de ganado cada vez con mayor frecuencia. El 10 de julio, Martin salió del rancho en su carreta y a mitad de camino regresó sigilosamente montado en uno de sus mejores caballos, que un vaquero suyo le tenía preparado en un sitio convenido. Según W. W. Sterling, quien era vecino de un pequeño propietario mexicano llamado Donaciano Sánchez, Frank Martin sorprendió poco antes de llegar a su rancho a Donaciano y a otro hombre, quienes estaban *a punto de* robarle varias cabezas de ganado. Como Martin estaba solo y apenas armado con una pistola, contra dos Winchester de los ladrones, no tuvo más remedio que huir. Pero en su fuga descargó su pistola y uno de los balazos le dio a Donaciano en la cabeza y lo mató. Según Sterling: "Su cómplice renunció a la persecución y puso pies en polvorosa rumbo a México. Hasta donde yo sé, se quedó en el otro lado durante cerca de cuarenta años antes de regresar a Texas".[2]

Este asesinato afectó sin duda alguna a Aniceto Pizaña, pues se realizó en las inmediaciones del rancho de su familia: justo al sur del arroyo Colorado. "Esta región merece que se le considere una zona siniestra y sangrienta, porque en el pasado fue la escena de numerosas emboscadas, tiroteos y robos de ganado. Una de las batallas más famosas y sanguinarias en los anales de los rangers sucedió cerca de ahí, cuando el capitán L. H. McNelly y su compañía aniquilaron una banda completa de merodeadores. Muchos descendientes de estos *bandidos*[3] asesinados vivían en los alrededores y su modo de vida se trasmitía por la sangre. Uno de los vástagos de esta región fue el cabecilla de los bandidos del Plan de San Diego, Aniceto Pizaña."[4] La descripción de Sterling es muy importante: muestra todos los prejuicios profundamente arraigados de los anglos y su miedo ancestral a lo que era un enemigo natural, ya que en éste todo se trasmitía por la sangre, hasta el modo de vida. ¿Cómo, si no era aniquilándolo, se podían los anglos defender de un enemigo tan *natural* y tan aliado de la naturaleza, tan sanguíneamente aliado con el desierto? Y la mención de Pizaña no viene sino a confirmar la relación de éste con la región al sur del río Colorado y, menos directamente, la muy probable indignación de Pizaña por el asesinato de Donaciano Sánchez a manos de Frank Martin. ¿Este asesinato fue la gota que derramó el vaso de la indignación de Aniceto? No cabe duda que fue un asesinato y probablemente a traición: el relato de Sterling ingenuamente muestra contradicciones que dejan entrever que Martin ni estaba solo ni contaba sólo con su revólver. En primer lugar, si ya estaba esperando encontrarse con los cuatreros que se llevaban su ganado ¿qué sentido tenía ir armado sólo con su revólver? En segundo lugar, ¿cómo creer que el criado que lo estaba esperando con su caballo no lo acompañara?

La narración de Sterling tiene la intención de exaltar el valor y la puntería del anglo, al mismo tiempo que degradar la personalidad del mexicano, aun a costa de la verosimilitud. Y no es éste el único caso en su libro donde aparece el mismo mecanismo. Lo más importante en el libro *Trails and Trials of a Texas Ranger* de W.W. Sterling no son tanto las versiones de los hechos como los datos de esos mismos hechos. Y en ese sentido, que Sterling haya registrado la muerte de Donaciano Sánchez a manos de Frank Martin es un elemento precioso para sostener con mayor firmeza la idea de la venganza como uno de los motores de la rebelión de San Diego y muy específicamente de Aniceto Pizaña.

La bomba de agua de Mercedes estaba a una milla aproximadamente de la orilla del río, enmedio de un terreno pantanoso y de una maleza muy densa de mezquites y de enormes girasoles. Al este, a milla y media, se encontraba el estanque de donde partía el sistema de acueductos de Mercedes. Más al este, a unas dos millas, estaban las construcciones de ladrillo y adobe —una tienda, una oficina de correos, y varias casas— que constituían el pueblo de Progreso en tierras pertenecientes a Florencio Sáenz. Al oeste de la bomba, a media milla, estaba el rancho de Ambrosio Argüelles, y de ahí, por el camino militar, a una milla, estaba Santa María. A varias millas al sur de la vía del tren, la zona era impenetrable si no se seguía el camino militar o algunas veredas que en general sólo eran conocidas por los mismos habitantes de la región. Para cruzar el río había dos chalupas, cuyo servicio era irregular, dependiendo de la crecida del río, que unían Progreso y Mercedes respectivamente con el lado mexicano.

En la noche del 24 de julio de 1915, Lorenzo Manríquez se tiró a dormir cerca de la bomba de agua de Mercedes. No se sabe si se dirigía a México o merodeaba por la zona para ponerse en comunicación con su hermano Gorgonio. En medio de su sueño lo sorprendió la voz ronca y victoriosa del sheriff del condado, Stokes Chaddick. Lorenzo sabía que lo buscaban por el asalto a la tienda de Florencio Sáenz a fines del año anterior, pero nunca supo que lo habían encontrado por casualidad. El sheriff le ordenó que se pusiera de pie y, cuando Lorenzo le obedecía, le disparó dos tiros a quemarropa. El sheriff Brennan y el inspector de aduanas J.D. White, que no habían desmontado, miraron con tranquilidad el asesinato. Esa misma noche los tres se apersonaron en casa de Gorgonio, hermano de Lorenzo, que vivía en el pueblo de Mercedes, pero allí fueron recibidos a balazos. Gorgonio se había arriesgado a visitar a su familia, y cuando oyó que se acercaban los jinetes sabía lo que le esperaba, aunque murió sin saber si era culpable o inocente, ni que ya habían matado a su hermano.

A esa misma hora, el general Nafarrate regresaba a Matamoros después de haber colaborado en la derrota de los villistas en la batalla de Icamole. Se tiró a dormir y no lo despertaron para darle la noticia de los asesinatos de los hermanos Manríquez, y a la mañana siguiente, cuando la supo, el general carrancista no se sorprendió de que continuaran las ejecuciones sumarias y los linchamientos de mexicanos en los condados texanos vecinos al distrito que mandaba. Menos de cinco días después sucedió el linchamiento de Adolfo Muñoz en San Benito. Una versión dice que una turba de anglos sacó a Muñoz de la cárcel con ayuda del sheriff y sus subordinados para colgarlo de un árbol que miraba hacia unas chozas de mexicanos. Y ahí lo dejaron para que los totaches se lo comieran.[5] Otra dice que los asistentes del sheriff de San Benito, Frank Carr y Daniel Hinojosa, transportaban a Muñoz a Brownsville para internarlo en la cárcel del condado cuando a dos millas de San Benito otro automóvil se cruzó en su camino y varios hombres (¿iban enmascarados o no era necesario que se cubrieran?) los obligaron a entregarles su prisionero, quien a las pocas horas apareció en ese mismo camino colgado de un mezquite y con varios balazos disparados a quemarropa en el rostro.[6] De acuerdo con la primera versión, Muñoz era uno de los cuatro que habían asaltado la tienda de Florencio Sáenz en Progreso, a fines de 1914.[7] Dos de ellos ya habían muerto, eran los hermanos Manríquez; y si Muñoz era el tercero, del cuarto implicado no sabemos su destino; pero a lo mejor le tocó morir confundido con los cientos de mexicanos asesinados a sangre fría por los sheriffes, los rangers y las patrullas improvisadas de granjeros anglos en

1915 y 1916, años especialmente críticos en la persecución y el despojo de mexicanos en el sureste de Texas.

La segunda versión señalaba que Muñoz estaba acusado de robo y de violación de una joven de los alrededores, pero no decía si estas imputaciones eran la causa de su linchamiento.[8]

Probablemente ni los hermanos Manríquez, ni Adolfo Muñoz eran parte del grupo de Luis de la Rosa; sin embargo, no es nada improbable que fueran conocidos y hasta amigos suyos, y de muchos de sus hombres, originarios de Mier y de Río Grande. Además, antes de su muerte, había razones para simpatizar con ellos, pues en los documentos de la época se señala, aunque indirectamente, a Florencio Sáenz como un colaborador de los anglos. Florencio Sáenz no era el único caso de mexicano colaborador de los anglos que se ganaba el odio de los mexicanos. Un año antes había ocurrido otro hecho muy comentado en la zona en relación con un mexicano-texano que no era muy bien visto por los mexicanos de ningún lado del río.[9]

La casa de Clemente Vergara miraba, desde un promontorio, a las dos riberas del río. En Palafox y en Hidalgo decían que la casa había llegado a parecerse tanto a su dueño que hasta los carrizos del techo encanecían con las preocupaciones de Clemente. Y desde el inicio de la Revolución Mexicana, las distintas operaciones de los rebeldes y del ejército federal eran para Clemente motivo de desvelo. Frente a su propiedad en Texas, una isla enmedio del río crecía pasmosamente de año en año: la disminución de caudal provocada por la intensa canalización de la zona se daba como explicación. Se decía también que Clemente había solicitado a la Comisión de Bienes Raíces de Texas el título de propiedad de la isla, pero que la Comisión se lo había negado señalando que la isla no pertenecía al estado. La respuesta debió preocupar a Clemente Vergara, y más le preocupó sin duda que fueran a enterarse los mexicanos del otro lado del río, porque era en la isla, en Isla Grande como la llamaban por ahí, donde pastaba la caballada que Clemente compraba en México y vendía a buen precio en Estados Unidos. Desde que existía, o desde que se recordaba su existencia, la isla había sido refugio de forajidos, de abigeos, de *desperados*, y ahora Clemente quería que fuera refugio de sus caballos nada más, y para ello la cercó. Pero la isla siguió creciendo y los forajidos siempre encontraban donde poner el pie para sus incursiones y sus escapadas: y eso quería decir que las cabezas de ganado y los caballos de Clemente no estaban seguros sin una vigilancia constante.

El jueves 12 de febrero de 1914, muy temprano en la mañana, Clemente salió de su rancho a Palafox para arreglar diversos asuntos antes del regreso de su esposa de San Antonio, anunciado para el día siguiente. A las nueve de la mañana, tres voluntarios del ejército federal mexicano atravesaron el río hasta Isla Grande, lazaron once caballos y regresaron con ellos a su campamento en Hidalgo. Apolonio Rodríguez, el jefe del regimiento federal, no se encontraba en la guarnición.

Dolores, la hija de Clemente, le mandó a su padre aviso del robo a Palafox con uno de los peones del rancho. Clemente no perdió tiempo y ahí mismo cruzó el río para dirigirse a Hidalgo, donde se encontró a Andrés Rodríguez, con quien Clemente mantenía relaciones de compra-venta de ganado y caballada. Rodríguez y dos hombres más, Nito Sierra y Juan Castillón, habían recogido los caballos de Isla Grande por órdenes del general Juan Garza Galán, quien tenía denuncia del robo de esos caballos. Vergara se encontró en una situación inesperada, aunque familiar: alegaba que los caballos no eran robados o que, al menos, él no lo sabía cuando los había comprado; pero sí sabía que Rodríguez le vendía a él ganado y caballos robados y Rodríguez sabía que Clemente se hacía de la vista gorda. Así pues, los once caballos que Rodríguez había recogido esa mañana de Isla Grande eran probablemente robados, pero esta vez su dueño tenía muy buenas relaciones con el general en jefe de las tropas que dominaban la zona.

Al día siguiente en la mañana, mientras Clemente Vergara, vestido él con sus mejores galas, esperaba que su hija Dolores terminara de acicalarse para ir a la estación de Laredo a recoger a su esposa, aparecieron en la otra orilla del río Rodríguez y sus dos acompañantes. Clemente decidió cruzar y concertar con ellos una cita para más tarde.

Cuando salió de la casa, Dolores ya no vio la discusión, sólo vio cuando su padre derribaba a Andrés Rodríguez de un puñetazo y cuando Nito Sierra y Juan Castillón respondían al ataque de Clemente. Poco después, la hija de éste vio, impotente, cómo se llevaban a su padre rumbo a Hidalgo.

La señora Vergara bajó del tren y en el andén la estaba esperando su hermano, S. J. Hill., con la noticia del secuestro de su esposo, a quien ella ya no pudo buscar ese viernes porque llegó demasiado tarde a Palafox. Pero al día siguiente, acompañada de su hija, con una canasta de comida y una frazada, cruzó el río y en el cuartel de Hidalgo pidió ver a su esposo.

Clemente Vergara estaba encerrado en un cuarto en una condición deplorable: había recibido varios golpes en la cabeza y en la cara. A las diez de la noche las dos mujeres se retiraron a casa de amigos en Hidalgo y al día siguiente, muy de mañana, un soldado federal llegó a la casa con la canasta y la frazada y con el anuncio de que el capitán había enviado al prisionero a Piedras Negras.

La siguiente vez que la señora Vergara y su hija vieron a Clemente fue el 7 de marzo, tendido en una burda camilla, con la camiseta sucia, con los calzoncillos sucios y con los calcetines sucios; el cabello lo tenía lleno de tierra y la tierra en su rostro le agregaba palidez a la palidez de la muerte. Los caballos nunca se recuperaron y los rangers, para curarse en salud, dijeron que río abajo habían atrapado, unos días después, a dos de los culpables de la muerte de Clemente; pero como nunca los presentaron ante la justicia alegaron que se habían escapado. Otros, conocedores de los métodos de los *ranchis*, afirmaban que los prisioneros habían encontrado su tumba en el río.

Todos estos hechos se repitieron en eco por toda la parte baja del río Bravo y provocaron un sordo desasosiego a lo largo de las dos riberas.

A fines de julio de 1915, después del linchamiento de Adolfo Muñoz, parecía pues que la guerra estaba declarada, y así le convenía entenderlo al comandante de la zona militar, el general Funston, quien después de haber invadido Veracruz, estaba ansioso de nuevo de dar un escarmiento a los mexicanos en su propio territorio, y aprovechó las circunstancias para provocar, contra los deseos del Secretario de Guerra, la intervención del ejército. Y entonces comenzaron a suceder los hechos que hicieron de la rebelión de San Diego un complejo nudo de condiciones sociales, ideológicas, económicas, políticas, culturales tanto del momento preciso de los sucesos como de toda la época comprendida entre 1880 y 1920, y tanto de la zona específica de Brownsville como de la frontera en su conjunto.

El 11 de agosto, David Warner presentó su renuncia al cargo de inspector de inmigración en Brownsville. Más que temeroso de las condiciones reinantes en la zona, Warner estaba indignado por varias medidas adoptadas en los últimos meses y que, según él, habían provocado el clima de violencia que se vivía entonces en los alrededores de Brownsville. Warner percibió claramente que el permiso concedido a los villistas de pasar sus heridos a Brownsville en abril de ese año era una de las causas principales del rencor explícito contra los norteamericanos. La otra causa era la cuarentena local decretada desde entonces y que afectaba sobre todo a los carrancistas, a quienes durante el ataque villista a Matamoros se les había negado el paso de heridos a Brownsville.[11]

Si Warner sabía que Nafarrate tenía sobrados motivos para apoyar la rebelión, entonces lo sabían también y mejor todos los anglos de la región acostumbrados desde hacía décadas a tratar a los mexicanos de ambos lados del río con desprecio, con irritación impaciente y con paternalismo. Y si les asombraba ese apoyo de Nafarrate, era sólo porque no tenían otra manera de ocultar el reconocimiento de su estupidez política. Era una estupidez política en relación a México, pero no a los intereses internos del partido demócrata y de la maquinaria del cacique Wells en la zona. Porque, en efecto, hay muchas pruebas de que Emiliano Nafarrate apoyaba con hombres, armas, provisiones y fondos a los rebeldes; y también hay indicaciones de que su actitud era compartida por gran parte de la población mexicana de la frontera entre Reinosa y Matamoros.

El líder inmediato de la rebelión era Luis de la Rosa, ya que Aniceto Pizaña siempre es mencionado como lugarteniente. Las versiones sobre los antecedentes personales de Luis de la Rosa y de Aniceto Pizaña variaban notablemente. La mayoría de los testimonios de la época coincidían en atribuirle al primero la propiedad de una tienda de abarrotes en Brownsville; por su parte, W.E.W. Mackingley, espía y reportero del *San Antonio Light*, aseguraba que De la Rosa había sido sheriff del condado Cameron, y otros testimonios afirmaban que era o había sido carnicero en Laredo.[12]

Del segundo se decía que era dueño de un rancho llamado Los Tulitos al oriente del mismo Brownsville, aunque otros atribuían al padre del mismo Aniceto la propiedad del rancho (al que llamaban también El Tule o Los Julitos, nombre éste último debido probablemente a errores tipográficos).[13]

Es significativo que la confusión se diera con los antecedentes del que era supuestamente el jefe de la rebelión, y aún más significativo que Luis de la Rosa apareciera sólo como una sombra en los documentos contemporáneos a los hechos, ya que nadie parece haberlo visto nunca.

En cambio a Aniceto Pizaña sí lo vieron en varias ocasiones; y el hecho de que lo hayan reconocido confirma que estaba muy ligado a la vida de la zona. Además, con él deben haber estado emparentados otros rebeldes: por ejemplo, Ricardo Gómez Pizaña, quien participó en las actividades del grupo por lo menos hasta el 10 de agosto, día en que aparentemente se separó de la banda cuando ésta se dirigió a México.[14] Pero sobre todo con Aniceto se encuentra íntimamente relacionada el área geográfica de los acontecimientos, pues éstos sorprendentemente giraron alrededor de su centro de gravedad que era precisamente el rancho Los Tulitos.

Ignacio Muñoz, entre otras cosas testigo de la despedida de Villa y autor de varios libros sobre la Revolución, extraños y confusos, pero ricos en datos, escribió una versión curiosa del inicio de la rebelión de San Diego. En *La verdad sobre los gringos*, Muñoz hizo una narración de los preparativos de invasión desde territorio mexicano y declaró tajantemente que Nafarrate era el principal apoyo de Luis de la Rosa y de Aniceto Pizaña; aseguró también que Nafarrate había informado a Carranza de la empresa y que había recibido de éste autorización para darle a la rebelión "una ayuda discreta".[15] Por desgracia, quizás sea esto todo lo que puede aprovecharse de su testimonio; pues Muñoz se guardó para sí y para siempre las fechas y los nombres.

Muñoz estaba entonces a cargo de la Administración de Bienes Intervenidos del estado de Tamaulipas con residencia en Matamoros; y, según su declaración, Pizaña fue a verlo al puerto fronterizo para exponerle el plan de invadir Texas. Con el permiso de Nafarrate, Muñoz les dio a los rebeldes veinticinco mil dólares que obtuvo de la venta de ganado orejano y cien caballos sacados de La Sauteña.[16] Por su parte, el mismo coronel Nafarrate les entregó cien máuser con doscientos cartuchos cada uno, operación en la que participó también, según Muñoz, el pagador de la Brigada Caballero, Teodoro Gómez, quien años más tarde sería oficial mayor de la Cámara de Diputados y casi asesino del general Manuel García Vigil.[17]

Los bandidos y los desesperados

De esta versión de los hechos casi se desprende que Muñoz fue el verdadero motor de la rebelión, pues Pizaña se dirigió a él para acercarse a Nafarrate. Por sí misma, esta atribución puede ser perfectamente verosímil: aunque no hay nada que la pruebe, no hay tampoco nada que la desmienta. Ciertos datos indirectos que ofrece Muñoz le dan incluso plausibilidad a su declaración: en los inicios de la rebelión, el grupo de Luis de la Rosa contaba aproximadamente con cincuenta hombres, como dice Muñoz, y estaban divididos también como él lo indica, es decir, cerca de treinta provenían de las tropas del mismo Nafarrate o del ejército carrancista, y veintitantos eran texano-mexicanos reclutados por Luis de la Rosa.

Asimismo es sumamente interesante y sugestiva su caracterización de Aniceto Pizaña como un descastado, abigeo, víctima de los cercamientos de los pastizales y de las tierras fértiles, y de la consiguiente apropiación privada del ganado que antes estaba a disposición del que lo marcara. Es decir, como uno más de los vaqueros del norte de México que a fines del siglo XIX se vieron de pronto fuera de la ley por la decisión arbitraria de los grandes hacendados. Perseguido por la justicia mexicana, Pizaña cruzó la frontera para iniciar una nueva vida. Pero se encontró que en el sur de Texas estaba ocurriendo lo mismo que en México y en forma más brutal aún y más acelerada.[1] Ésta es la versión de Muñoz, que hace énfasis en el hecho de que la rebelión de San Diego era en buena medida una respuesta de los mexicanos de Texas al despojo de sus tierras, cometido durante varias décadas por los grandes rancheros anglosajones. En este retrato de Pizaña, Muñoz coincidía punto por punto con apreciaciones contemporáneas hechas por muchos anglos residentes en la región.

Sin embargo, en varios casos, Muñoz se equivocó rotundamente o fue tan ambiguo que la veracidad de su narración se vuelve sospechosa: según él, Pizaña ni siquiera conoció a sus padres. Pero se sabe por fuentes de la época que en el rancho Los Tulitos, varias millas al norte de Brownsville, vivía el padre de Aniceto. No se sabe si su familia era originaria de la región o si emigró de México (y si lo hizo, se desconoce cuándo), pero que en la región vivieran el padre de Aniceto y otros que parecían sus parientes como Ricardo Gómez Pizaña parece negar la afirmación de Muñoz según la cual Pizaña cruzó el Bravo solo, sin pariente alguno.[2]

Muñoz también declaraba que el primer ataque de los rebeldes había sido contra la guarnición militar de Hidalgo, y no existe ningún testimonio de ese ataque.[3] Este error es más grave y provoca otra vez dudas muy serias sobre la veracidad de su narración.

Además, en una descripción tangencial, Muñoz hablaba del "tren de Laredo [que] caminaba con regularidad hacia la población de Brownsville".[4] Si esta descripción se puede calificar simplemente de torpe, su torpeza se acerca peligrosamente a la ignorancia, pues nadie en la época podía decir que había un tren de Laredo a Brownsville, aunque sí estuvieran conectadas ambas ciudades por el tren, que pasaba por Corpus Christi.

¿Hay que dudar entonces también de la descripción que hizo Muñoz de los dos cabecillas del grupo?

A Pizaña lo describió así: "Hombre magro de carnes, nervudo, ágil y denodado, vivió desde pequeño la vida turbulenta del contrabandista y del abigeo. Mezcla extraña de aventurero y de capataz, de pendenciero y de conquistador, bien pronto se hizo popular entre los más temidos ladrones de ganado".[5] Sin quererlo, Muñoz estaba describiendo también a Pancho Villa y a miles de mexicanos más que lo siguieron y participaron en la Revolución como si fuera la última oportunidad de dejar su huella en la memoria colectiva.

De Luis de la Rosa, Muñoz escribió que era un "hombre de estatura gigantesca [...], nariz aquilina y ojos claros".[6] Había sido estudiante en Monterrey, donde había tenido una mediana posición y luego había abandonado todo para seguir una novia.[7] Para 1915 se había hecho muy conocido en la región de Brownsville entre los contrabandistas de licor.[8]

Son las únicas descripciones que conozco de la apariencia física de Pizaña y de Luis de la Rosa, y por lo tanto no es fácil descartarlas. Bien fieles pudieran ser, aunque las torpezas de Muñoz pongan en peligro la credibilidad de todas sus narraciones.

Hay que tomar en cuenta, sin embargo, la naturaleza de la historia que Ignacio Muñoz escribía: como muchos, y muy activos, participantes en la Revolución, Muñoz no pudo formarse una imagen coherente de los hechos mismos que le tocaron vivir o presenciar. Y como muchos, también, ni siquiera podía escribir una hoja de servicios escueta y contundente. Su actividad revolucionaria lo llevó de bando a bando, de enemigo en enemigo. Siempre supo por quién luchaba, pero los hechos no le permitieron saber a dónde lo llevaba la lucha.

Alrededor del rancho de los Pizaña, y a principios de agosto, sucedieron hechos muy extraños. Y la primera extrañeza surgía, paradójicamente, *en los textos que daban testimonio de esos hechos*. Porque la narración de los acontecimientos que determinaron y aceleraron la guerra, con la participación activa del ejército norteamericano, era una crónica de incursiones militares en una zona muy específica: los alrededores de ese rancho llamado

Los Tulitos, de donde salía Aniceto Pizaña; pero la crónica era tan escueta que ignoraba cualquier explicación de las causas; de manera que daba la impresión de que los desplazamientos de los texanos "en persecución de los bandidos" se llevaban a cabo por mera inspiración, o por impulsos instintivos: "El 2 de agosto de 1915, diez soldados del destacamento A, 12o. batallón de caballería, acompañados por el asistente del sheriff y por civiles, se dirigieron apresuradamente al rancho Tule a unas veinticinco millas al norte de Brownsville, en busca de los bandidos. En el enfrentamiento murió el cabo McGuire y quedaron heridos Monohan y Joe Longoria, ayudantes del sheriff."[9] Extrañamente, ni el ejército, ni la policía, ni los grupos civiles, ni los rangers siguieron al grupo con el que se tuvo ese enfrentamiento. Pero también hay un dato que explicaría este hecho, pues en otros documentos se dice que esta balacera ocurrió el 3 y no el 2 de agosto, es decir, el mismo día en que fue asesinado Desiderio Flores. Esto daría a entender que en vez de ir en persecución de los rebeldes, los rangers y los sheriffes se dirigieron al rancho de Desiderio Flores, cerca de Paso Real, sobre el arroyo Colorado. Pero no es así: los anglos participantes en esta otra balacera no fueron los mismos que estuvieron en el rancho de Los Tulitos (o Tule, según el texto) el día anterior.

Y también las versiones de lo ocurrido con Flores tienen esa misma fatalidad del hecho, como si todo hubiera ocurrido naturalmente, sin necesidad de motivación o explicación del motivo:

> Algunos rangers y varios ayudantes del sheriff del condado de Cameron rodearon un rancho cerca de Paso Real, sobre el Arroyo Colorado. Atacaron la casa y mataron a dos hombres. Varios de ellos se metieron a la casa. Desiderio Flores se escondió debajo de la cama. El ranger Joe Anders, que después sería capitán, se asomó debajo de ella. Flores le disparó con una pistola 44 English Bulldog. Anders tenía una nariz enorme, que le había merecido el apodo de El narizón. La pólvora le quemó su parte distinguida de la cara y le dejó una cicatriz para toda la vida. Charles W Price, quien después fue durante veintiséis años sheriff del condado Jim Wells, participó en el incidente. Pertenecía entonces a los rangers.
>
> El ex-ranger Joe (Pinkie) Taylor agarró la cama, la apartó y acribilló a Flores.[10]

William Warren Sterling, el autor de esta narración, era ranger en aquella época y su versión era un ejemplo típico de la perspectiva "natural" de los hechos: narraba que los rangers y los ayudantes del sheriff rodearon la casa de Desiderio Flores y no consideraba necesario molestarse en dar una explicación del ataque. Frank C. Pierce, en *A Brief History of the Lower Río Gran-*

de Valley, historia publicada en 1917 y, como he podido comprobar, muy exacta en temas importantes de la región, sí ofrecía una especie de explicación al final de su versión del hecho narrado por Sterling: "El 3 de agosto de 1915, algunos rangers y varios ayudantes del sheriff atacaron un rancho cerca de Paso Real, a unas 32 millas al norte de Brownsville, y mataron a Desiderio Flores y a sus dos hijos, los tres mexicanos y supuestamente colaboradores de los bandidos".[11] Esta suposición, sin embargo, no está apoyada por ninguna prueba, y mucho menos por una explicación concreta de la relación de la familia Flores con los bandidos.

Pero quizás no sea tan extraña esta manera de narrar, quizás la ausencia de causa explícita era sólo uno de los signos de que para los texanos de la época la causa era demasiado evidente; y tanto, que resultaba superfluo expresarla. Superfluo o peligroso, porque los movimientos y los objetivos de los rebeldes eran tan precisos que por sí mismos constituían una acusación. A diferencia del plan original, el Plan de San Diego reformulado a mediados de año, y firmado por De la Rosa y Pizaña, hacía particular énfasis en los despojos y las agresiones sufridas por los mexicanos residentes en Texas. Se denunciaban también "los crímenes y atropellos que a diario se están cometiendo en indefensas mujeres, ancianos y niños de nuestra raza, por los bandidos y miserables rangers que vigilan las riberas del Río Bravo [...]".[12] Y de esta manera se hacía evidente que del primero a este segundo plan muchas cosas habían cambiado; sobre todo la incorporación de mexicano-texanos con quejas muy específicas que expresar y con venganzas muy reales que cumplir.

Lo que se decía era significativo, tan significativo como lo que no se decía o simplemente se ignoraba, pero no puede ser casualidad que el día 5 de agosto, a unas cuantas millas de la zona de combate, en la estación del tren llamada Sebastián, Francisco Álvarez Tostado realizara actos que unos meses después un fiscal norteamericano calificó de conspiratorios en contra del gobierno de los Estados Unidos. Sebastián era la estación que seguía a Harlingen saliendo de Brownsville hacia Kingsville, hacia donde seguramente se dirigían las fuerzas de Luis de la Rosa, pues por allá aparecieron poco después.

Parece entonces que la continuidad de los planes no era fortuita y que Álvarez Tostado andaba ya confundido con las tropas de los rebeldes de San Diego.

¿La presencia de Álvarez Tostado tuvo alguna consecuencia en la formación y desarrollo del Plan de San Diego? No lo sé. Lo cierto es que para entonces Luis de la Rosa y Aniceto Pizaña daban en una proclama consignas diferentes al plan que se le había encontrado a Basilio Ramos. El contenido de su llamado "a nuestros compatriotas, los mexicanos de Texas" era "un grito de verdadera indignación y de ira" para vengar los linchamientos y atropellos de los rangers y "gringos" en general, y finalmente era un llamado a la independencia, en recuerdo de las consignas del primer plan. Sin embargo, Luis de la Rosa y Aniceto Pizaña terminaban con la consigna: "¡Viva la Independencia! Tierra y Libertad", que insinuaba la presencia de ideas magonistas.[13]

También en la geografía sucedían cosas extrañas: tomando el rancho Los Tulitos como centro, se podía trazar una circunferencia de aproximadamente cincuenta millas de diámetro que abarcaba los puntos donde estaban ocurriendo los hechos sobresalientes de la rebelión de San Diego. Dada la movilización de las fuerzas represivas, los rangers, las patrullas de los sheriffs y sus ayudantes, las bandas de civiles armados y el ejército norteamericano, sorprende que en un terreno tan reducido se hayan podido mover los rebeldes con tanta facilidad y con tan pocas bajas. Además, el terreno no sólo era reducido, los ataques siguieron una línea muy clara: la del ferrocarril que iba de Brownsville hacia el norte. En esa línea, lo más al norte que llegaron los rebeldes fue Las Norias, en el centro del condado Willacy, justo al cruzar la línea divisoria del condado Cameron; y hacia el sur llegaron a un punto que estaba apenas a seis millas de Brownsville. Casi todas las balaceras que sucedieron en las orillas del río Bravo entre Matamoros y Mier se pueden entender como incursiones de las tropas carrancistas enviadas por Nafarrate para desconcertar a los rangers y al ejército de Estados Unidos.

El hecho de que la zona de la campaña rebelde fuera una tierra agreste de cactus gigantes, de mezquites, de huizaches; de páramos de girasoles y de víboras de cascabel, por donde ningún recién llegado se atrevía a aventurarse, justificaba que los residentes de la región no encontraran a los bandidos a los que, según ellos, perseguían con tanto ahínco. Los mexicanos se confundían con el paisaje y sus perseguidores se confundían con tanto mimetismo; y preferían esperar los ataques que, de acuerdo con las circunstancias, eran generalmente más fáciles de repeler si se daban contra el casco de algún rancho; o escogían adelantarse a los acontecimientos y eliminar a todos los mexicanos que, conocidos por su amistad con Pizaña o con Benavides o cualquier otro rebelde, podían volverse cómplices de ellos. Ese fue el caso de Donaciano López y el de Desiderio Flores. Por eso, los ataques de los anglos a los ranchos de mexicanos y los ataques de los rebeldes a los ranchos de los gringos parecen complementarse: sí, los rebeldes luchaban para cobrarse injurias, humillaciones, asesinatos, linchamientos, despojos, violaciones de sus esposas e hijas, explotación de sus hijos, etcétera. Y en ese sentido, contra todas las opiniones científicas y morales, la lucha de Aniceto Pizaña y la de Luis de la Rosa era profundamente revolucionaria, aunque no tuvieran ellos idea de un plan estructurado de ataque o de una campaña de movilización al mismo tiempo militar y política. Tenían objetivos precisos: ejecutar a los verdugos que ultimaban mexicanos, acabar con varios pistoleros que, cubiertos con el título de rangers o de sheriffes, se dedicaban a eliminar a los rancheros mexicanos que impedían el crecimiento o la unificación de las haciendas de Kleberg, Armstrong, McAllen, Lasater, etcétera. No era raro, entonces, que los ataques anglos supuestamente preventivos en la zona rebelde y muchos otros que se dieron fuera de esa zona estuvieran dirigidos principalmente contra propietarios mexicanos, a quienes se hacía huir sólo por el terror de estar a merced de cualquier ranger o a quienes se obligaba a vender sus tierras a precios irrisorios.

Sí, la rebelión del Plan de San Diego fue un buen negocio para los grandes terratenientes. Costó la vida de cientos de mexicanos y la de decenas de norteamericanos, pero el gasto de vidas era lo más barato; lo caro fue el susto de muchos potenciales compradores o colonos de tierras.

Las primeras batallas

Es en esta perspectiva que adquiere entonces sentido y fundamento un extraño rumor de aquellos meses. Se decía que un prominente ciudadano estadunidense era el verdadero instigador de la rebelión, y no los alemanes, ni Carranza, ni mucho menos los campesinos mexicanos oprimidos. Sospechosamente, el nombre del estadunidense sólo se dejaba caer en momentos críticos en pequeños círculos norteamericanos, como no queriendo la cosa o con la aclaración de que era un secreto y con la exigencia de una promesa de silencio, exigencia que más parecía invitación velada a difundir el secreto. Esos momentos críticos eran aquellos en que algunos texanos ingenuos reflexionaban en voz alta que la rebelión iba a ser o estaba siendo el mejor negocio que jamás se hubieran podido imaginar los grandes terratenientes de la región, entre los cuales estaban Kleberg, Mc Allen, Armstrong, etcétera. Kleberg estaba casado con la hija del capitán King, el dueño del rancho más grande del mundo; James Mc Allen era coheredero de la inmensa concesión que la Corona española le había hecho a Juan José Balli, llamada San Salvador del Tule, de donde sacaba por metonimia diminutiva su nombre el rancho de los Pizaña, Los Tulitos. Mc Allen había participado en la matanza de mexicanos que se había extendido por la región en 1891, aprovechando la rebelión de Catarino Garza, y cuando supo del plan de San Diego no perdió la oportunidad de advertirles a los mexicanos, con tono paternal, que esta vez la purga iba a ser peor; George W. Armstrong era un ganadero que poseía un enorme pastizal llamado Los Indios, el cual, digámoslo de pasada, Kleberg deseaba incorporar a su rancho Santa Fe. Si Kleberg y Mc Allen podían considerarse como parte de la vieja cepa de texanos que toleraban la presencia de los mexicanos porque eran buena mano de obra, y barata, y sin ambiciones desmedidas de competencia, Armstrong era de la nueva cepa que no aceptaba ningún trato, y mucho menos paternalista, con los *greasers*, y que no ocultaba sus convicciones racistas, puestas en práctica tiempo después en Mississippi, donde se convirtió en un abogado notable del racismo de los blancos.[1]

Mencionar los beneficios que estaban logrando los grandes terratenientes al consolidar aún más sus inmensas posesiones era sumamente peligroso. Por eso se prefería insinuar, de pasada, como en secreto, que W. M. Hanson era el verdadero instigador de la rebelión. La razón que se atribuía a Hanson para involucrarse en el Plan de San Diego era demasiado ridícula y contradictoria, dada la gravedad de los hechos: se decía que Carranza lo había expulsado de México (lo cual era cierto) y que él en venganza de su destierro forzoso y de la pérdida de un rancho había fraguado la rebelión para crearle problemas a los revolucionarios y ayudar a la causa huertista, con la cual simpatizaba.[2] Pero si Hanson quería dañar la causa de Carranza, hubiera podido mejor ayudar a los villistas poniéndose de acuerdo con el doctor Andrés Villarreal, cuando éste en febrero de 1915 anduvo por la región de Brownsville, Progreso, Hidalgo, en misión de reclutamiento de soldados para Villa. Y en cambio sucedió todo lo contrario: una de las tantas versiones del arresto de Basilio Ramos señalaba que había sido el mismo doctor Villarreal quien lo había denunciado a las autoridades norteamericanas.[3] Además, muchos texanos poderosos de la región que simpatizaban con Villa y odiaban a Carranza fueron de los más activos participantes en la represión indiscriminada de mexicano-texanos durante los meses más violentos de la rebelión. De haber sido Hanson ese instigador secreto de la rebelión, su nombramiento nada menos que de capitán de los rangers justo después de los disturbios hubiera sido imposible, y más imposible aún su relación servil con R. J. Kleberg.[4]

No. Es obvio que el rumor era una falsa pista, falsa pista sólo necesaria cuando se volvían evidentes las manipulaciones de los grandes terratenientes que utilizaban a todas las organizaciones represivas, desde los rangers hasta el ejército, para desalojar a los propietarios y a los arrendatarios mexicanos que obstaculizaban sus caminos de hegemonía y de superioridad en la competencia contra los otros terratenientes.

El mismo William Warren Sterling, quien en la época era un vaquero al servicio del ranchero Armstrong y quien en su libro *Trails and Trials of a Texas Ranger* acusa a Hanson, sin nombrarlo, de haber redactado el texto original del Plan, ofrece los mejores argumentos para apuntar en una dirección diferente, en dirección de sus propios patrones: el mismo libro suyo sobre las hazañas de los rangers ofrece prueba tras prueba de la voracidad de los terratenientes.

Nada extraño es, entonces, que la mayoría de los ataques de los rebeldes mexicanos se realizaran contra los grandes ranchos como el de King o de Mc Allen; contra los instrumentos de agresión de estos grandes terratenientes, o contra ciertos rancheros que representaban la nueva cepa de colonos despectivos de los mexicanos. Y por ello es también importante confirmar la participación de mexicano-texanos en la campaña del Plan.

Cuando se corrió la sospecha de que la familia Pizaña estaba involucrada en la rebelión, se organizó entre los texanos toda una expedición de aniquilamiento contra el rancho donde había vivido Aniceto Pizaña y donde aún residía su padre. En la expedición iban varios sheriffes con sus asistentes, voluntarios civiles, rangers y, por primera vez, miembros de un batallón de caballería del ejército norteamericano.

El rancho Los Tulitos estaba al este de la vía del tren y justo al sur del Arroyo Colorado, entre San Benito y Harlingen, apenas a veinte millas de Brownsville; pero más importante aún, estaba en una zona de pequeños ranchos, incluyendo al de Donaciano Sánchez, encerrada entre el rancho Los Indios de Armstrong y el Santa Fe de Kleberg.

La batalla del 3 de agosto tuvo que ser feroz: aunque de los atacados no sabemos nada, si eran o no miembros de la familia Pizaña, si murieron o no; sí sabemos que los atacantes tuvieron un muerto, y tres heridos, uno de los cuales fue el sheriff Longoria, aquel cuya supuesta muerte, anunciada a principios de julio, había contribuido a incrementar el miedo que se apoderó de la región. Y el muerto fue G.W. Mc Guire, soldado del ejército norteamericano. Eso bastó para que el general Funston, el comandante militar de la zona, se convenciera de que ya era hora de intervenir con toda la fuerza a su disposición y no sólo con patrullas y pequeños destacamentos. Cuando esto sucedía, corría la noticia en Brownsville de que durante la noche, cerca de San Benito, habían cruzado entre veinte y treinta jinetes mexicanos y que ya había ocurrido un enfrentamiento con ellos cerca de Alice Road.[5] Con el ataque al rancho Los Tulitos y con este enfrentamiento en Alice Road, se inició la participación directa del ejército norteamericano.

Tres días depués, en Sebastián, catorce mexicanos bien armados asaltaron una tienda para surtirse de víveres y de útiles para sus caballos. Luego se dirigieron a las afueras del pueblo, decididos a cumplir con otra de sus venganzas: secuestraron a A.L.Austin y a su hijo Charlie, que estaban trabajando en el granero, junto a la vía del tren; los llevaron a su propia casa y cuando un hombre llamado Millard pasó con una carreta, lo detuvieron. Montaron en la carreta a los dos Austin y le ordenaron a Millard que se dirigiera hacia la maleza de nopales y mezquites. Los mexicanos no esperaron mucho. A los veinte minutos de travesía detuvieron la carreta, ordenaron a los Austin que bajaran y, mientras Millard ni siquiera volteaba a ver lo que pasaba detrás de su carreta, los ejecutaron sumariamente en nombre del Plan de San Diego y de su venganza. A Millard lo dejaron inmóvil en el estribo de la carreta sin hacerle nada.

Ese mismo día, al sur del Arroyo Colorado y al este de la vía del tren, un grupo de mexicanos atacó un automóvil de hombres armados y en la balacera fue herido Sonny Huff.[6]

Al día siguiente, presumiblemente el mismo grupo que había matado a los Austin asaltó un almacén en Lyford, unas cuantas millas al norte de Sebastián, y en la balacera quedó herido Charles Jensen, el velador.

Después de estos acontecimientos, según el informe de un capitán de caballería, varios mexicanos fueron asesinados "por sospechosos".[7]

Unas horas más tarde, muy de mañana, en El Saúz, casco del rancho de King en la frontera del condado de Cameron con el de Willacy, se presentaron ocho jinetes mexicanos y secuestraron a Manuel Rincones, encargado de la estación de Nopall.

Todos estos hechos de principios de agosto mostraban que los rebeldes estaban actuando en grupos separados y aparentemente no coordinados. Pero la dispersión fue un arma, quizás involuntaria, de suma efectividad contra los anglos: la aparición el 7 de agosto de un grupo armado bien al norte del condado de Willacy, en pleno rancho King, provocó el desconcierto, pues de pronto los rebeldes parecían estar infiltrados a todo lo largo de la línea del ferrocarril desde Brownsville hasta Yturria (El Saúz no estaba en la línea del tren), es decir, en más de setenta millas.

Fuston, Krumm Heller, Orozco y otros personajes

Por el testimonio de Manuel Rincones, el secuestrado en El Saúz, se conocen los movimientos del grupo de rebeldes que se internó más en territorio norteamericano. Este grupo parecía estar comandado por Luis de la Rosa y Aniceto Pizaña, aunque ciertos indicios destacan la presencia de un primo de Aniceto, Ricardo Gómez Pizaña, y un probable pariente de Basilio Ramos, Evaristo Ramos, residente, según Rincones, de Sebastián. El grupo secuestró a Rincones para que le sirviera de guía no tanto en el terreno como en las propiedades de los King, pues Rincones había trabajado durante años levantando las cercas de alambre de muchas propiedades del difunto capitán King y de Kleberg, el nuevo patrón.

Parece ser que Luis de la Rosa y Aniceto Pizaña estaban determinados a hacer sentir su presencia en pleno corazón del territorio de Kleberg, de Armstrong y de Mc Allen, tres de los hombres más odiados por ellos; determinados también a saciar sus venganzas y, de pasada, según la idea de Ricardo Gómez Pizaña, a conseguir útiles para descarrilar trenes: el objetivo natural era entonces Las Norias, viejo rancho y subestación de tren que estaba enmedio del condado Willacy, a unas cuantas millas de la estación Amstrong, y donde se encontraba Frank Martin, el exranger que unas semanas antes había asesinado a Donaciano Pérez.

El día 8, el grupo llegó a Yturria, donde robaron caballos de repuesto; y de ahí se dirigieron directamente hacia Las Norias. Luis de la Rosa ordenó el ataque sin ningún reconocimiento del terreno. Los estaban esperando varios soldados de caballería, tropas de la guardia nacional de Texas, el capitán Fox y sus diez rangers, el capitán H.L. Ransom y sus rangers, y el sheriff Vann y sus ayudantes.[1] El asalto duró dos horas, en las cuales murieron cinco rebeldes; días después murieron otros dos, heridos en la balacera, y, según Manuel Rincones, cuatro más desertaron.[2]

Pero los rebeldes habían logrado en parte su objetivo: no sabemos cuántos defensores del rancho murieron, pero sí que Frank Martin fue gravemente herido. Hechos posteriores confirmaron que los rebeldes consiguieron instrumentos para descarrilar trenes y las proporciones de la rebelión, reales o imaginarias a ojos de los anglos, crecieron amenazadoramente.[3] El general Funston retiró dos batallones de infantería de Laredo y los envió inmediatamente al distrito de Brownsville, donde se concentraron tres compañías de infantería y partes de cuatro destacamentos de caballería (el resto lo tenía en los condados de Hidalgo, Starr, Willacy y Kleberg).[4]

La extensión que cubrían los rebeldes (70 millas o 112 kilómetros) era enorme relativamente al número de rebeldes que de hecho actuaban (no más de cien); pero ante la imposibilidad de contarlos y ante las versiones contradictorias y exageradas, los anglos imaginaron lo peor o creyeron que al fin el miedo de los últimos meses había encontrado una realidad a su medida: David Warner, el inspector de Inmigración que renunció a su cargo por las condiciones explosivas de la zona, no fue un caso aislado;[5] muchos otros anglos escribieron cartas aterrorizadas al Presidente Wilson, al Secretario de Guerra y al de Estado urgiéndolos a mandar refuerzos para el ejército y a declarar la zona en estado de emergencia. El miedo de los anglos, ya con un objeto definido, aunque elusivo por lo ubicuo, se estaba volviendo pánico: "Hay un sentido muy vago de aprensión aquí [...] que no parece tener fundamento, *pero existe.* Hay muchos mexicanos refugiados y pobres en este lado del río. En una región donde todos se conocen este elemento desconocido es un problema para las personas caritarivas y un peligro para los miembros aprensivos de la comunidad".[6]

El 3 de agosto, el ejército intervino, pero no intervino para atacar mexicanos, sino para detener turbas de anglos que querían linchar a un mexicano.[7] Eran pura hipocresía, pues, las manifestaciones de indignación y las de pánico por la inminente sublevación de los mexicanos. O pura mala conciencia, ya que por cada linchamiento que se evitaba, se ejecutaban dos mexicanos.

A pesar de la intervención del ejército, el general Funston no tenía autorización para utilizar todos los recursos a su alcance. Funston, que ya había mandado las tropas de tierra en la invasión a Veracruz un año antes, estaba realmente ansioso por atravesar la frontera y atacar las bases que, según él, tenían los rebeldes en México. Nada le hubiera gustado más que dar otro escarmiento a los mexicanos, a los que no podía despreciar más. Sin embargo, después del ataque a Las Norias, hubo una semana de calma absoluta, que le hizo pensar al general que los rebeldes eran soldados y oficiales del ejército carrancista que operaban en Texas sin autorización de sus jefes y que durante esos días habían regresado a territorio mexicano a reincorporarse a sus cuerpos.[8] El razonamiento de Funston no tenía ninguna lógica, excepto la de eximir sus propias incoherencias, que resultaban de sus exuberantes ganas de matar mexicanos y en territorio mexicano de preferencia, pues apenas tres días antes, el 10 de agosto, había cablegrafiado al Secretario de Guerra de EU reconociendo el hecho de que la mayoría de "los bandidos" eran residentes de Estados Unidos.[9]

La oscilación en sus juicios era también resultado de la ignorancia y de la decisión de seguir permaneciendo ignorante: si hubiera visto los informes y se hubiera detenido más de un momento en la declaración de Manuel Rincones, viejo de 75 años, que aún trabajaba como vaquero del

King's Ranch en El Saúz y a quien los rebeldes tuvieron secuestrado desde el 7 hasta la medianoche del 10 de agosto, el general se hubiera convencido de que en efecto gran parte de "los bandidos" eran mexicano-texanos y la mayoría de ellos con motivos muy serios de resentimiento y de venganza: Evaristo Ramos vivía en Sebastián, una estación de tren, bien adentro de la región donde hicieron su campaña los rebeldes; José Benavides era peón del rancho Los Indios y vivía en el rancho Bonita de su suegro Prehelis (sic) Rodríguez. Ricardo Gómez Pizaña era de Rancho Viejo, al sur de Arroyo Colorado, cerca de Paso Real (donde vivían Desiderio Flores y sus dos hijos, asesinados el 3 de agosto de 1915); Juan Romero era peón del rancho Los Lipanes; David Mercado también trabajaba de peón, en el Rancho Pío, cerca de Sebastián; Antonio Rocha había sido empleado del King's Ranch...[10] Fue el viejo Rincones quien nos dio a conocer a estos hombres, y según él mismo la banda que lo había secuestrado consistía en un comandante, un mayor y veinticinco soldados.

Sin embargo, a pesar de ese reconocimiento, Funston continuó durante el mes de agosto enviando indirectas a Washington y recurriendo a la alarma de Ferguson, gobernador de Texas, quien a mediados de agosto sentía que la situación estaba fuera de control y recomendaba que se decretara la ley marcial en los condados de Cameron, Hidalgo, Starr, Willacy y Kleberg.[11]

Garrison, secretario de guerra, no cedía a las presiones de Funston: sus instrucciones del 12 de agosto prohibían el uso del ejército a menos que la insurrección adquiriera graves proporciones, y aun así, no se debía hacer uso excesivo de las tropas. Además, le recordaba a Funston que el gobernador tenía que pedir ayuda directamente al Presidente Wilson.[12]

Fue al día siguiente cuando Funston envió su telegrama en donde manifestaba un cambio de opinión sobre el origen de los rebeldes. Dos semanas después, el 30 de agosto, Funston volvió a recurrir a sus advertencias y chantajes: "Si la población mexicana se levanta, habrá cientos de muertos, millones de dólares en pérdidas y mayor pérdida de prestigio".[13] Cuando ya lo había enviado, Funston releyó el telegrama y sintió que se le había ido la mano. Le ordenó a su telegrafista que tachara la palabra "mayor", pero el telegrama ya había salido, así que Funston mismo cablegrafió al Departamento de Guerra para informarle que retiraba esa palabra de su mensaje. Pero aprovechaba para agregar que no tenía suficiente tropa para contener un levantamiento de mexicanos en la frontera, porque el número de éstos superaba con mucho sus efectivos, porque los mexicanos tenían un carácter muy irascible y porque los norteamericanos andaban con deseos de venganza a flor de piel a causa de las últimas incursiones de los rebeldes.[14]

Pero en más de dos semanas no había habido ningún enfrentamiento. ¿Por qué entonces Funston, en vez de mitigar su tono, lo exacerbaba?

Más que prestigio, los anglos estaban perdiendo credibilidad, porque sin provocación ninguna continuaban su cacería indiscriminada de mexicanos. Y estaban provocando lo que aparentemente querían impedir: la diseminación del espíritu rebelde y la extensión de sus actividades.

A partir de esos días de mediados de agosto en que todos los texanos de la región se habían lanzado a perseguir a los rebeldes y se preguntaban por qué no los encontraban, surgieron en el interior de Texas y en la zona fronteriza mexicana entusiasmos de lucha nacionalista, de lucha de clases y por supuesto de lucha racial. Sin duda, muchos jefes carrancistas decidieron prestar su apoyo a la rebelión, aunque sólo fuera enviando pequeños destacamentos al otro lado del río a distraer las fuerzas de texanos; sin duda, también, varios grupos anarquistas del interior de Texas consideraron oportuno el momento para movilizar a los peones y arrendatarios mexicanos en favor de los rebeldes.

El 26 de agosto, el cónsul norteamericano en Piedras Negras, William P. Blocker, se enteró de que cuatro días antes distintos grupos de mexicanos se habían reunido en Eagle Pass para discutir su apoyo al Plan de San Diego. A la reunión había asistido un agente del Plan para reclutamiento de nuevos soldados llamado Domingo Peña.[15] Pero más alarmante aún era que grupos anarquistas, asociados a la IWW, o grupos radicales desprendidos del Partido Socialista de Texas, o meros grupos mexicanos de revolucionarios, seguidores, muchos de ellos, de los hermanos Flores Magón, fueran los convocantes de las reuniones.

El 8 de agosto, el doctor Krumm Heller, oficial del ejército carrancista, había dado una conferencia en el teatro de la ciudad de Monterrey en la que denunciaba los planes de intervención de los Estados Unidos, pero también exhortaba a los mexicanos a deshacerse de cualquier miedo a la invasión, pues según él los soldados que invadirían México serían de descendencia alemana y ellos no matarían a sus hermanos latinos. En otra parte del mismo discurso decía que, a pesar de todo, la intervención de Estados Unidos en México era muy improbable ya que el ejército norteamericano estaba compuesto por muchas razas.[16]

Como argumentos raciales, los de Krumm Heller no eran muy buenos. De hecho, era obvio que su discurso quería imprimir en su público la imagen de una Alemania con buenas intenciones; y como argumento social era falso también, porque la invasión de Pershing en 1916 con batallones negros y blancos probaría que Krumm Heller se equivocaba. Lo importante, a pesar de todo, era que detrás de Krumm Heller venía el doctor Atl. Y con éste, una propaganda dirigida a reclutar miembros para la Casa del Obrero Mundial y a reforzar el espíritu combativo de muchos miembros de esa misma Casa que se encontraban estacionados en Monterrey, diezmados en varias batallas por la ineptitud de muchos jefes carrancistas. Y al mismo tiempo que el Doctor Atl hacía esa labor de proselitismo y estímulo, mantenía relaciones con algunos representantes de la IWW en México y en Estados Unidos.

La presencia de Krumm Heller en Monterrey coincidía también con la inquietud de muchos jefes carrancistas, estacionados en el mismo Monterrey y en otras guarniciones de la región, que aún esperaban una definición de Antonio I. Villarreal, su jefe, quien seguía activo en los Estados Unidos, a favor de una tercera posición; esa tercera posición que aún no hallaba una cabeza que la dirigiera y la articulara convincentemente. Muchos otros estaban, como Villarreal, activos del otro lado de la frontera: entre ellos había incluso conocidos villistas como Felipe Ángeles y Miguel Díaz Lombardo; exconvencionistas como Vasconcelos que eran aliados de Gutiérrez y Blanco, más que de Villa o Zapata.

Las actividades de Krumm Heller y las del Doctor Atl dieron fuerza en el ánimo de los norteamericanos a la sospecha, aún tácita, pero que empezaba a traducirse en inquietud, de que en todo esto andaban metidos los alemanes, los alemanes de Alemania. Y el peligro era que, como decía Krumm Heller, los alemanes de Estados Unidos, súbitamente atraídos por sus raíces, decidieran servir a los intereses de la madre patria y no a los de la adoptiva. Sobre todo, por el momento, en esa zona explosiva de Texas, donde había cientos de colonos alemanes de reciente establecimiento y con muy vivas insatisfacciones.

Había texanos a los que no les convenía que se hablara mucho de la posibilidad de la conspiración germana: temían perder más colonos y que la zona se volviera repulsiva para los posibles compradores. Sin embargo, había otros que iban en camino de la acumulación de tierras, a imitación de los recientes latifundistas como Lasater y como W. Jones, que veían en la rebelión y en disturbios aún más violentos la ganancia de los pescadores, en menoscabo de los propietarios mexicanos que estaban huyendo por cientos.

Y el 30 de agosto fue asesinado Pascual Orozco. Esta muerte provocó en toda la frontera reacciones muy violentas contra los Estados Unidos, pero también contra Villa y los Madero, a quienes muchos rumores acusaron de colaborar con las autoridades norteamericanas para asesinarlo. En consecuencia, muchos *colorados* manifestaron su deseo de afiliarse a los carrancistas.[17]

En San Antonio se realizó, en protesta por el asesinato y en apoyo a la rebelión del Plan de San Diego, una manifestación pública que fue disuelta por la policía. En el tumulto quedaron arrestados veintiséis mexicanos. Sólo a un mexicano de apellido Hernández se le acusó de delitos federales.[18] Este mexicano y un hermano suyo eran bien conocidos por las autoridades estatales y federales, y también por los mexicanos de San Antonio y por los campesinos de todos los condados vecinos. Eran de los miembros más activos de la Renters' Union, que luchaba para proteger los derechos de los mexicanos que poseían pequeños predios y de los que arrendaban tierras, y para defenderlos de los abusos de los grandes terratenientes y de las compañías de bienes raíces. Ambos hermanos se habían destacado también en el comité que había tomado la defensa de Cline y Rangel, aquél anarquista y éste magonista, que habían sido apresados cuando estaban a punto de internarse en territorio mexicano con varios soldados que habían reclutado en Estados Unidos.[19]

Los magonistas y los reaparecidos

La policía no dejó de advertir que dos individuos identificados como Ricardo García Treviño y Gumersinda Sánchez habían repartido durante la manifestación de San Antonio ejemplares de un periódico anarquista, del cual eran editores, llamado *Lucha de clases*; y ejemplares de un panfleto de apoyo al Plan.[1]

Unos días después, un tal mister Whitt, regiomontano de nacimiento, empleado durante veinticinco años del gobierno del estado de Nuevo León, y quien desde la caída de Huerta había emigrado a San Antonio, donde había abierto un expendio de periódicos, declaró al Servicio de Espionaje Militar de EU que poco antes de la manifestación en San Antonio un mexicano, conocido suyo de Monterrey, había llegado a su tienda buscando el periódico *Regeneración* y le había comentado que Aniceto Pesana (sic) y Luis de la Rosa eran sus "hermanos", es decir, que pertenecían a la Industrial Workers of the World.[2]

Esta declaración fue motivo de grave preocupación, pues indicaba que en el Plan de San Diego se estaban introduciendo elementos que podían darle una base campesina muy sólida en todo el estado. Y la alarma fue mayor cuando poco después apareció en varias ciudades texanas un volante firmado por el "Grupo Alzado en Armas en Texas, USA". No fue fácil identificar al autor o los autores de este volante. Aunque sin pruebas, se atribuyó a Ricardo García Treviño y a Gumersinda Sánchez en colaboración, probablemente, con otros connotados anarquistas de la región, como los mismos hermanos Hernández.

Este nuevo volante no se olvidaba de las declaraciones de venganza del manifiesto de Luis de la Rosa y de Aniceto Pizaña, pero sí del objetivo de separar a Texas, Nuevo México, Arizona y California de los Estados Unidos. Para compensar esta omisión, proponía la meta anarquista de formar con la clase trabajadora "una sola familia, la familia Universal, en donde reine la paz y la justicia"; llamaba a levantarse en armas al grito de "mueran los gringos burgueses y viva el comunismo libertario". Después de la firma se agregaba una nota que incluía cuatro puntos, todos con reminiscencias muy directas y casi literales de las consignas del Partido Liberal magonista:

1. Abolición de todo gobierno del hombre por el hombre.
2. Eliminación del capitalista.

3. Exterminio del clericalismo.

4. Que la tierra pase a propiedad común de los productores de la riqueza social.[3]

Estos anarquistas —con posibles relaciones magonistas— trataron de hacerse pasar, ante las organizaciones filiales en Europa sobre todo, como inspiradores o participantes de la rebelión. En una carta, dirigida a la organización catalana llamada Solidaridad Obrera y que acompañaba a un ejemplar del nuevo plan, se decía que el movimiento se iniciaría en noviembre de 1915 y se advertía que el tono nacionalista debía entenderse como resultado de las condiciones en las que se daba la lucha.

El plan estaba firmado por J.Z. Walcker, presidente; J.R. Becker, secretario; J. N. Nagazaqui, F.F. Lippi, P. Veeni, Jonas Bub, W. Córcega y León Caballo. Y la carta por L. Gante.[4]

Entre todos estos nombres falsos, inventados para burlarse de la policía, había uno, León Caballo, que las informaciones del servicio de espionaje militar norteamericano identificaban como el pseudónimo de un general carrancista: Agustín Garza. Con esa identificación, lo que parecía una larga desviación por terrenos ajenos a la rebelión regresaba a la fuente original, al plan descubierto entre las pertenencias de Basilio Ramos en febrero de 1915, donde aparecía Agustín S. Garza como uno de los firmantes.

La burla de los nombres extranjeros tenía un objetivo muy preciso: los redactores del plan estaban advertidos de los temores del gobierno estadunidense de que detrás de todos los disturbios hubiera intereses extranjeros, sobre todo alemanes y japoneses, y el uso de nombres de ese origen era su instrumento de sorna. Además, la inclusión de un nombre italiano como F. F. Lippi tenía la clara intención de apuntar a la polisemia del pseudónimo "León Caballo".

De manera inmediata, este nombre se leía como una conjunción de dos animales, bastante pertinentes para el momento y para la definición de los rebeldes mexicanos. Pero el espacio semántico italinizante también indicaba que León Caballo se debía leer en italiano, o sea, como Leoncavallo, el nombre del autor de *Los payasos*.

Todos estos signos lograron convencer a los texanos de que Nafarrate, Carranza por encima de él y en última instancia los alemanes, eran los culpables de la "guerra". Pero a muchos de los mismos texanos no les convenía insistir en la culpabilidad alemana porque un número muy alto de nuevos colonos en la región eran alemanes, y aunque a los demócratas les interesaba desprestigiar a los republicanos y debilitar el apoyo que éstos recibían de los nuevos colonos, no querían llegar a usar el recurso del nacionalismo o patriotismo con posibles inversionistas, a pesar de que fueran alemanes. Era más fácil culpar solamente a Carranza, y si algún rumor aparecía de intervención alemana en la rebelión de San Diego estaba condenado a caer inmediatamente en el olvido. A menos que... a menos que ser alemán fuera una cuestión de vida o muerte frente a los vengadores mexicanos... como llegó a suceder muy pronto, según los rumores de la región.

Asimismo, había rumores que negaban esa responsabilidad de los carrancistas y de Carranza, pero éstos también eran menospreciados, desatendidos y olvidados. Frank C. Pierce es el único cronista contemporáneo de los hechos que cuenta un caso en el que los rebeldes perdonaron la vida de un anglo porque había ayudado a salvar la vida de un villista.[5] Sin embargo, la versión de ese mismo hecho que aparece en la mayoría de los documentos y en las reconstrucciones de los historiadores actuales dice que los rebeldes le perdonaron la vida al anglo porque se habían enterado que era alemán.

El caso, en la versión de Pierce, obligaba a reconsiderar la creencia general de que los rebeldes eran carrancistas; pero muchos de los rangers, de los sheriffes y de los comerciantes de la zona se habían comprometido demasiado con los villistas para cambiar de opinión a estas alturas de la guerra.

Lo que a nadie le convenía ver directamente, más incontrovertible aún que la culpabilidad carrancista, era el origen texano de la mayoría de los mexicanos rebeldes de Luis de la Rosa.

Fue en esos días cuando apareció en Matamoros un viejo conocido de los residentes de la zona. Era un personaje de muy mala fama llamado Alberto Cabrera. En 1906, cuando la rivalidad entre Ed Lasater y Manuel Guerra estaba en su época más violenta, Cabrera había sido acusado de asesinar al juez Welch, había sido juzgado, declarado culpable y condenado a cadena perpetua. Seis años después, se supo que Cabrera se había fugado de la cárcel y que había huido a México. Y desapareció por un tiempo.

En agosto de 1915, Cabrera reapareció en Matamoros, en una cantina; y alguien le oyó decir que pertenecía al ejército carrancista y que había entrado en combate en la zona de Reynosa. Y pocos días después un periódico anunció que Cabrera comandaba una banda de mexicanos que había hecho incursiones en el condado de Falfurrias, y que en una de ellas había muerto.[6] Después de esos rumores, su nombre desaparece de los documentos.

¿Había realmente muerto Alberto Cabrera? ¿No era cierto que en la misma noticia en que se hablaba de su reaparición se decía que ya se le creía muerto en una batalla entre carrancistas y villistas varios meses antes? Ahora, para hacerlo desaparecer, se hablaba de un enfrentamiento con tropas estadunidenses en el corazón mismo de Falfurrias, el condado donde había vivido diez años antes. Era el eterno ciclo de los aparecidos y reaparecidos...

Porque el caso de Cabrera no era único: al distinguir la presencia de ese mexicano-texano en la zona, muchos anglos de mala conciencia daban fe de su miedo a la reaparición de los fantasmas de varias décadas, que venían al fin a cobrar lo que a ellos se debía: Catarino Garza, Gregorio Cortez, Alberto Cabrera, y todos los Antonio Rodríguez, linchados que no fueron...

El fin de la rebelión

En septiembre, se produjeron ataques en distintos puntos de la región, pero sobre todo aumentaron las escaramuzas de grupos que cruzaban el río entre Matamoros y Reinosa con las patrullas del ejército de Estados Unidos.

El primero de septiembre, treinta mexicanos atacaron las instalaciones de la segunda esclusa de la Fresnos Canal Company, a unos veinte kilómetros al oeste de Brownsville. Tomaron prisioneros a dos norteamericanos, de apellidos Dodd y Smith, y a dos mexicanos. En el camino al pueblo de Fresnos se toparon con otro norteamericano, llamado Donaldson. En una resaca, al final de uno de los canales de la compañía de riego, mataron a Smith y a Donaldson, y dejaron libre a Dodd, después de que los mexicanos prisioneros que llevaban les aseguraron que Dodd había salvado la vida de un villista herido durante la batalla de Matamoros unos meses antes. Los destacamentos de rangers, sheriffes, militares y civiles que acudieron a Fresnos cuando se recibió la noticia del ataque en Brownsville encontraron a los mexicanos acampados al este del pueblo. En la balacera, murió un mexicano; los demás cruzaron el río y se perdieron en el chaparral.[1]

Al día siguiente, amaneció quemado un puente de caballete del ferrocarril entre Brownsville y Harlingen; y Funston comunicó a la Secretaría de Guerra que había dado el mando de las operaciones militares en la región al general James Parker. Funston confiaba en Parker, al que consideraba el más capaz para la situación; en cambio, la Secretaría de Guerra temía que este general tomara medidas drásticas que provocaran problemas internacionales.[2] Sin embargo, los telegramas de Funston hablaban de una situación tan desesperada que una posición conciliadora de la Secretaría de Guerra hubiera parecido una traición. Funston, además, manejaba su información con mucho cuidado: en otro telegrama, del mismo 2 de septiembre, daba noticia de la muerte de dos soldados norteamericanos en un enfrentamiento con mexicanos y agregaba, con mucha astucia, que un tercer soldado se había salvado cuando los mexicanos supieron que era alemán.[3] Así pues, con los discursos de Krumm Heller, por un lado, y con la creciente paranoia norteamericana, por el otro, se iba dando verosimilitud o credibilidad a la conspiración alemana.

El 3 de septiembre, un grupo de mexicanos saqueó el pueblo de Ojo de Agua, justo al sur de Mission y justo en la orilla del río. Al día siguiente, el capitán Frank McCoy al mando de un destacamento del 3er batallón de caballería, más el sheriff A.Y.Baker y sus ayudantes Tom Mayfield y George Edwards, acudieron de Mission a Ojo de Agua para alcanzar a los mexicanos, pero éstos ya habían atravesado el río por el paso de Cavazos. Poco tiempo después se inició una balacera bastante nutrida desde las dos orillas.[4]

No fue ésta la primera balacera que sucedería en ese paso, uno de los preferidos de los mexicanos para sus incursiones en territorio estadunidense. No obstante, las versiones sobre este acontecimiento del 3 de septiembre son reveladoras de un vicio nada sorprendente de las fuentes norteamericanas: el de la exageración. Sobre el resultado del enfrentamiento, Sterling escribió que "Más de una docena del enemigo murió y treinta o cuarenta fueron heridos. Del lado estadunidense sólo hubo un herido". No es raro encontrar este tipo de balance en los testimonios de Sterling, quien en la época era vaquero y pistolero a sueldo del terrateniente Armstrong. Tampoco era raro que Pierce ofreciera en su libro cifras desproporcionadas: "Fue herido un soldado norteamericano y once mexicanos murieron, y cuarenta quedaron heridos". En cambio, Sandos, basado en fuentes oficiales, da la siguiente versión sobre el resultado de la balacera: "En la noche del 2 de septiembre, de la Rosa y Pizaña hicieron cuatro ataques en Texas contra soldados y civiles, en los que quemaron propiedades cerca de Brownsville, San Benito y Ojo de Agua: destruyeron doce pies de la vía del tren, mataron a dos civiles y quemaron un almacén de una compañía constructora en la bomba de Fresnos, cerca de Harlingen. Entre el 4 y el 5 de septiembre, los atacantes tuvieron un fuerte enfrentamiento con soldados norteamericanos en el Paso de Cavazos, en el que perdieron tres hombres, dos muertos y uno herido, y mataron a un soldado".[5]

La versión de Sandos parece indicar que los rebeldes se dirigían hacia Progreso, a la orilla del río;[6] pero ése no fue el caso, ya que, una semana después, los rebeldes atacaron una patrulla militar cerca de Lyford, sobre la vía de Brownsville a Kingsville, y al norte de Sebastián. El 13 de septiembre, se produjo un "severo encuentro entre mexicanos y un destacamento del 12o. regimiento de caballería" en el rancho Galveston, cerca del rancho Los Indios, a unos cuarenta kilómetros al oeste de Brownsville.[7] Un soldado murió y dos más fueron heridos.[8] Otra fuente indica que dos fueron los muertos y uno solo el herido.[9]

De cualquier manera, los destacamentos enviados de refuerzo no pudieron seguir el rastro de los atacantes, aunque sí se vengaron con varios mexicanos residentes en el rancho, a quienes apresaron y entregaron al sheriff de San Benito. Esa noche, los asistentes del sheriff salieron con tres de sus prisioneros rumbo a Harlingen y al día siguiente se encontró en el camino los cadáveres de los tres mexicanos: se les había aplicado la ley fuga texana.[10]

Once días más tarde, el 24 de septiembre, cerca de ochenta jinetes cruzaron el río cerca de Progreso, donde saquearon una tienda, pero no era una tienda cualquiera: era aquélla que los hermanos Manríquez supuestamente habían atracado en 1914, era la tienda de Florencio Sáenz. En este nuevo asalto a la tienda, los rebeldes mataron a un soldado e hirieron a dos; y se llevaron a otro prisionero, el cabo Richard Johnson, al que ejecutaron en territorio mexicano y luego degollaron. Colocaron su cabeza en una pica, como para burlarse de los soldados estadunidenses, que no podían hacer nada.[11] Este último incidente provocó una protesta directa de Washington ante Carranza, y éste respondió (con un doble gesto muy suyo) ascendiendo a Nafarrate a general brigadier y destituyéndolo de su cargo de comandante de Matamoros.

Ya para estos días la paranoia de la población texana estaba llegando a un momento explosivo. Primero corrió el rumor de que los pizcadores de algodón en el condado de Fredericksburg estaban comprando armas para unirse a la rebelión de San Diego y de que los mexicanos andaban diciendo: "Este verano recogeremos algodón para ustedes, y el próximo para nosotros".[12] Y luego se comenzaron a ver grupos numerosos de desconocidos (mexicanos, por supuesto) en las calles de Brownsville y San Benito.[13] De los fantasmas con nombre a los fantasmas anónimos no había más que un miedo, el miedo a la propia ignorancia de los anglos.

Y la amenaza de un levantamiento general por toda la frontera texana se volvió una realidad. Carothers envió un telegrama cifrado y confidencial para prevenir de posibles disturbios en El Paso, y esta vez el Secretario de Guerra no dudó en ordenar un reforzamiento de esa guarnición: la agudización de los disturbios en la región del Nueces coincidía con la explosividad de los ánimos del villismo.[14]

En ese momento se inició un duelo entre el gobierno de Estados Unidos y el de Carranza en México que era más bien una comedia de equivocaciones que ningún bando podía reconocer como tal porque cada uno estaba demasiado atento a los posibles movimientos del otro. Parecía un duelo de resistencia y de tímidos ataques que trataba de probar la paciencia y la tolerancia del contrincante. Pero mientras cada uno atacaba, también cedía, sin que el otro lo supiera.

La actitud de Carranza parece indicar que los acontecimientos del Plan de San Diego lo sorprendieron y que al principio no supo cómo interpretarlos. ¿Eran otra vez los magonistas, eran simpatizantes de Antonio I. Villarreal aliados con radicales de Estados Unidos, eran todos ellos y además los exiliados porfiristas? A Obregón, sólo interesado, por el momento, en aplastar a Villa, todo lo que pasaba en los alrededores de Matamoros le parecía un estorbo.

Carranza muy pronto se repuso de la sorpresa y del desconcierto, y su-

366

po aprovechar magistralmente las circunstancias; quizás porque para entonces ya era evidente que gran parte de las actividades del Plan se podían atribuir a la inspiración directa de Emiliano Nafarrate, el comandante de Matamoros.

Carranza ascendió a Nafarrate, al mismo tiempo que la Secretaría de Guerra le recomendaba a Jacinto B. Treviño que ordenara a la prensa de Nuevo León abstenerse "de publicar noticias que manifiesten parcialidad en la cuestión de los disturbios en Texas".[15] Ese mismo día, el 21 de septiembre, Treviño le anunciaba a Carranza desde Monterrey que acababa de regresar de Matamoros y que según él eran las tropas norteamericanas las responsables de los acontecimientos.[16]

En el otro lado, mientras el gobierno protestaba y reforzaba guarniciones, también admitía que los disturbios acabarían si se reconocía a Carranza.[17]

Pero si Carranza estaba probando la paciencia de Estados Unidos y esperando que Wilson tomara la decisión de reconocerlo, Obregón no parecía estar de acuerdo, pues se enfureció cuando supo que la aduana norteamericana en Laredo había detenido un cargamento de armas destinadas a su Cuerpo de Ejército con el argumento de que Nafarrate fomentaba los disturbios en Texas. Desde San Pedro de las Colonias, Obregón telegrafió a Treviño: "Es conveniente que conforme lo había recomendado antes, releve Ud. a Nafarrate y sus fuerzas que necesariamente tienen predisposición contra americanos, que sólo nos están acarreando complicaciones".[18]

No sé si Treviño obedeció a este telegrama de Obregón o a otro de Carranza, que desconozco; sí sé que ese día Treviño telegrafió a Luis Caballero, en Ciudad Victoria, para decirle que "por disposición superior ordene Ud. que la brigada de infantería del gral. Eugenio López releve al gral. Nafarrate".[19]

Fue un doble golpe para Nafarrate: después del ascenso, vino el relevo; y a sustituirlo vino el hermano de César López de Lara, uno de sus peores enemigos. Cuatro días pasaron y no había llegado el relevo, ni Nafarrate recibía instrucciones de dirigirse a otro lugar. Finalmente el 3 de octubre llegó Eugenio López a Matamoros, pero no las instrucciones. A los dos días, cuando todavía estaba en Matamoros, le informaron a Nafarrate que el coronel federal Pomposo Cantú había sido asesinado entre Mission y Reynosa cuando trataba de cruzar el río. La expedición de Cantú era parte de los restos de la invasión que Orozco y Huerta habían estado a punto de emprender apenas cuatro meses antes. Hasta el 7 de octubre se decidió que Nafarrate se fuera a Ciudad Victoria a prepararse para iniciar una campaña contra Alberto Carrera Torres, villista que amenazaba el distrito de Tula, Tamaulipas.[20]

Unos días después se embarcó Carranza en Veracruz para recorrer la zona oriental de operaciones y el 12 de octubre llegó a Tampico. Los norteamericanos en Texas se felicitaban de que todo estaba en calma desde que se había anunciado el relevo de Nafarrate. La cercanía de Carranza era un buen augurio.

El 18 de octubre se anunció en Washington que finalmente la conferencia panamericana había llegado al acuerdo de reconocer a Carranza como líder de un gobierno *de facto*. Se esperaba que al día siguiente los países representados en la conferencia y Estados Unidos hicieran el reconocimiento oficial. Y esa noche precisamente, después de varios días de tranquilidad absoluta, ocurrió un hecho perturbador: el tren que debía llegar a Brownsville a las 10:50 de la noche, custodiado por el ejército, fue descarrilado apenas siete millas al norte del puerto fronterizo. Cerca de veinte hombres al grito de: ¡Viva Luis de la Rosa!, ¡Viva Venustiano Carranza!, se lanzaron sobre el carro de pasajeros. En el ataque murieron varios soldados norteamericanos, quienes no pudieron impedir el asalto al carro de pasajeros.[21]

¿Fue una provocación? ¿Luis de la Rosa se había convertido en anticarrancista que quería boicotear el reconocimiento de los constitucionalistas? Es curioso, a este respecto, que tres días después el general Funston señalara con énfasis que en el ataque al tren los "bandidos" llevaban como estandarte la bandera magonista, usaban los colores nacionales mexicanos en el sombrero y proclamaban la independencia de Texas.[22]

¿O fue una celebración de un triunfo irreversible? Probablemente, pues a los tres días Luis de la Rosa andaba por Reynosa y nadie intentó detenerlo. Es cierto, andaba disfrazado, pero era obviamente conocido por todos los carrancistas de la zona.[23] ¿Con el descarrilamiento del tren había terminado la conspiración de Luis de la Rosa? Si éste seguía siendo carrancista, es muy probable que hubiera recibido órdenes tajantes de suspender sus actividades inmediatamente. De cualquier manera, el descarrilamiento no deja de ser un misterio y, además, uno de los hechos más audaces de la rebelión de 1915.

Sin embargo, un extenso informe escrito meses después por un capitán de caballería muy cercano a los hechos afirma que en el descarrilamiento del tren no iba al mando de los rebeldes Luis de la Rosa sino un personaje cuyo nombre aparece por primera vez en los documentos: Julián Cortés.[24]

El 19 de octubre de 1915, en el Hotel Salvador de Monterrey, le informaron oficialmente a Carranza que el gobierno de Estados Unidos reconocía al suyo como gobierno *de facto* mexicano. Don Venustiano recibió la noticia con la ecuanimidad del que veía realizado un hecho inevitable.[25] Parecía todo consumado, pero no fue así: justo al día siguiente, el 20 de octubre, Luis de la Rosa atacó un campamento militar cerca de Ojo de Agua: murieron tres soldados y ocho fueron heridos. Para entonces comenzaba a correr ya otro rumor: en las tropas de Luis de la Rosa había japoneses... El Plan de San Diego seguía despertando los miedos históricos más agudos de los Estados Unidos: los enemigos de ultramar aparecían en la frontera, rondaban en los alrededores de sus casas por el chaparral... Las actividades rebeldes de Luis de la Rosa y Aniceto Pizaña terminaron, ahora sí, aquel día; los miedos no terminaron... De hecho, todavía faltaba otra etapa del plan, una etapa menos indefinible, menos imprecisa... pero unida a un hecho inusitado: el saqueo de Columbus, Nuevo México, por tropas de Villa. Y en esa segunda etapa, sí hay pruebas de que Carranza conocía en detalle el desarrollo del complot.

Más definible, más precisa, más clara en sus contornos, la segunda etapa tuvo sin embargo hechos perturbadores y bastante intrigantes, pues fue en ella donde parece que tuvo más importancia esa figura ambigua e híbrida llamada León Caballo, el alias del elusivo Agustín Garza... Más definible, repito, porque en esta segunda etapa figuraría Esteban Fierros como encargado directamente por Pablo González de encabezar una brigada para la invasión de Estados Unidos, por la zona de Laredo, en combinación con brigadas regulares del ejército carrancista. Pero a pesar de que las instrucciones le llegaban a Fierros de Pablo González, parece ser que el nombramiento como jefe de la brigada fue firmado, el 30 de mayo de 1916, por León Caballo.[26] Mientras, en Chihuahua, Pershing y su llamada Expedición Punitiva iban en persecución de Villa y sufrían la expulsión de Parral.

El plan de la invasión fue cancelado, pero en su lugar se recurrió a la táctica de incursiones sorpresivas, esporádicas y de dimensiones reducidas para no dar motivo a otra invasión masiva de los Estados Unidos. Una de esas incursiones fue realizada por el coronel Isabel de los Santos el 15 de junio. Otra, al día siguiente, llevada a cabo por Abel Sandoval con veinte hombres, tuvo consecuencias inesperadas: un cuerpo de caballería norteamericano siguió a los atacantes bien adentro del territorio mexicano. Esta invasión estuvo a punto de provocar un enfrentamiento entre los dos ejércitos. El comandante de la caballería estadunidense, el general James Parker, ordenó el retiro de sus tropas después de dispersar a los hombres de Sandoval, y el encuentro se evitó.[27]

En realidad, la batalla se realizó a cientos de kilómetros de ahí, en un pequeño pueblo de Chihuahua llamado El Carrizal, donde un destacamento de la caballería de Pershing fue violentamente rechazado no sin antes perder 39 hombres, catorce de ellos muertos y el resto, heridos.

Dentro de su secreto, la secuencia de hechos en esta segunda etapa, que los investigadores Charles H. Harris y Louis R. Sadler describen con tanto rigor en su artículo sobre el plan, parece bastante clara en sus motivaciones y en su desarrollo.[28] Y sin embargo, no lo fue: a pesar de que los objetivos de Carranza y de Pablo González pudieron haber sido lo más admirablemente maquiavélicos que se quiera, la situación en la que se encontraba México con la invasión en Chihuahua y la posibilidad de escisiones muy peligrosas como la de Obregón (sobre la que corrían muchos rumores, no todos gratuitos) era muy crítica. ¿Cuál era entonces el objetivo de esta conspiración?

Hubo en esta segunda etapa elementos que volvían a establecer la continuidad de las rebeliones con el levantamiento de Catarino Garza. En primer lugar, Antonio I. Villarreal seguía planeando, quizás más mal que bien, una invasión a México; y en segundo lugar, la masacre de mexicanos seguía en pleno en la región del Nueces.

Antes de la planeada invasión y antes quizás de que se organizara la brigada de Fierros, se hablaba con bastante insistencia de varios planes para acabar con los mexicanos en los condados de Hidalgo y Cameron. El primero de mayo de 1916, el cónsul de Matamoros envió un informe confidencial al Departamento de Estado para informar que los espías del general Ricaut, jefe carrancista de la zona de operaciones, habían descubierto el plan de un sheriff del condado de Hidalgo, con el apoyo de Deodoro y Fidel Guerra, para armar a quinientos mercenarios y "acabar con todos los mexicanos en buena parte de Texas".[29] Pero el plan no acababa ahí, pues también se proyectaba que esos hombres se unirían al general Villarreal para invadir México.[30]

Y así, por clara que fuera la conspiración de Pablo González a través de Fierros, quedaba por definir la fidelidad de Agustín Garza y de otro personaje importante en los meses de transición entre la primera y la segunda etapas del plan: Maurilio Rodríguez.

Según Sandos, Maurilio Rodríguez fue el hombre a quien Carranza le dio el dinero para aplacar a los líderes del Plan de San Diego después del reconocimiento del gobierno norteamericano en octubre de 1915.[31] La información de Sandos puede ser correcta, pero por desgracia Sandos comete dos errores, de esos errores que recorren continuamente no sólo los documentos norteamericanos de la época, sino también algunos estudios actuales hechos por norteamericanos: confusión de nombres, atribución de títulos ficticios e identificación de los personajes por el apellido materno.

El primer error de Sandos es atribuirle a Rodríguez el grado de general. No era general, era teniente coronel. En segundo lugar no se llamaba Maurillo, sino Maurilio.

A pesar de lo que dice Sandos, el 9 de diciembre de 1915, el gobernador de Nuevo León, Pablo A. de la Garza, mandó aprehender a Rodríguez por estar preparando la deserción de varios regimientos carrancistas, para unirse a Villarreal del otro lado del río. En un telegrama del 9 de diciembre de 1915, el gobernador le decía a Carranza que el teniente coronel Maurilio Rodríguez había obtenido baja de las fuerzas del general José Santos para aceptar grado de general brigadier en el Congreso Revolucionario de San Antonio, Texas. El telegrama seguía informando que Rodríguez se encontraba en el estado de Nuevo León

esperando que se le unan facciones que están en Salinas, Carmen, Abasolo y Mina pertenecientes al Gral. Manero quien se encuentra operando con el Gral. Murguía que también espera la llegada de fuerzas del Gral. José Santos, quien se encuentra en la Laguna. Se sabe que ante el Gral. Santos han obtenido sus bajas varios jefes y oficiales para irse al extranjero siendo dichos individuos simpatizadores del Gral. Villarreal. A Maurilio Rodríguez y sus seis o siete hombres ya los mandé aprehender.[32]

Eran exactamente los mismos días en que el servicio de inteligencia norteamericano informaba que el nuevo jefe del movimiento que se organizaba en México para invadir Texas se llamaba León Caballo: "Tiene más o menos 35 años, alto, delgado, pálido, tiene un ojo de vidrio, pómulos salidos y de porte elegante".[33] Asimismo se sabía que Garza había visitado muchos puntos a lo largo de la frontera entre Matamoros y El Paso, que tenía muchos simpatizantes entre los oficiales y soldados villistas (y también entre muchos carrancistas): "Vive en Monterrey en el Hotel Iturbide. Se recibió recientemente una orden de Venustiano Carranza de arrestar a Garza".[34] Advertido de la orden de arresto, parece que Garza se fue a Matamoros a ver a Ricaut para solicitar su ayuda. El informe aseguraba que León Caballo había ya nombrado a Maurilio Rodríguez jefe de la división del noreste (desde Matamoros hasta Eagle Pass). La parte final del informe se refería a Rodríguez y daba los siguientes datos: había sido comandante de la brigada Osuna y tenía trescientos hombres en Monterrey; contaba también con muchos "confederados" que vivían del lado norteamericano. El 6 de diciembre de 1915, Rodríguez estaba en una hacienda cercana a Bustamante, de donde había salido a San Antonio a entrevistarse con varios simpatizantes del plan.[35]

Entre lo más desconcertante está un elemento que, por otro lado, era ya natural en la frontera: el ritmo contradictorio de la voluntad guerrera: por un lado, el movimiento de invasión de Texas y por el otro el de la invasión de México; estos dos movimientos, aparentemente opuestos, no hacían sino confirmar la naturaleza paradójica y turbulenta de la frontera: el enfrentamiento de las dos orillas del río producía una energía inusitada, una violencia incontenible que parecía imbricarse, encerrarse en sí misma y contra sí misma. Ahí estaba la grandeza y la miseria de todos los que sentían ese movimiento y se dejaban llevar por él con la voluntad a vuelo, con la voluntad sin límite... La frontera parecía borrarse, pero la trayectoria reflexiva que imponía a la fuerza de sus habitantes más oprimidos era una manera final de imponerse otra vez, y con mayor violencia.

Carrancista o huertista, finalmente la rebelión del Plan de San Diego resultaba ser más villista que cualquier otra cosa: había en su fondo la intensidad pura de la venganza, de la larga venganza de los oprimidos, expresada en gestos últimos, gestos extremos, gestos suicidas.

Luis de la Rosa y Aniceto Pizaña pudieron recibir dinero de Nafarrate o de Carranza directamente; no obstante, sus gestos mismos superan la categoría en la que parece encerrarlos el dinero que tal vez recibieron para sostener su rebelión.

Por un lado, estaba la rebelión de Catarino Garza cubriendo con su sombra estos actos desesperados, y a lo largo de esa sombra estaba la lucha perpetua contra la tiranía emprendida a principios de siglo por el movimiento magonista: Catarino Garza y Ricardo Flores Magón estaban más presentes de lo que ellos mismos hubieran creído.

Y por otro lado, estaba la venganza pura, la venganza de tantos linchamientos, humillaciones, desprecios, explotaciones.

Ya ha sido insinuada de muchas maneras la presencia de Flores Magón; vayamos entonces a encontrarnos con la ubicuidad de Villa.

La venganza, nomás la venganza

Muchos hombres y mujeres entraron a la Revolución para cobrarse afrentas personales. Son innumerables los testimonios de revolucionarios que dan fe del deseo de venganza. Pero esta venganza, al fracasar en su búsqueda del responsable específico, se convertía en una represalia a secas; en la ejecución de cualquier enemigo o amigo como elemento, si no simbólico, al menos contaminado, de un mundo necesitado de una justicia aplicada por todos y cada uno de sus habitantes.

Muchos, es cierto, tenían además conciencia social, que les permitía generalizar, abstraer sus agravios para convertirlos en ejemplos de un comportamiento sistemático. Pero de los combatientes, éstos eran los menos. El caudillo estaba precisamente para eso: representarlos a todos, dar la cara ante los otros, ante el Estado, ante la historia. En el caudillo no había tanto una delegación de poder como una representación de los límites que hacían posible el contacto con las entidades abstractas. El ejemplo más conocido de esta función se encuentra en *Los de abajo* de Mariano Azuela, cuando Demetrio Macías le dice al general Natera: "Mire, a mí no me haga preguntas, que no soy escuelante...La aguilita que traigo en el sombrero usté me la dio...Bueno, pos ya sabe que no más me dice: 'Demetrio, haces esto y esto'...¡y se acabó el cuento!".[1]

Villa tuvo su agravio original, el agravio a partir del cual crecería el árbol de la rebelión: el hacendado López Negrete violó a su hermana Micaela y Villa cobró venganza de la afrenta. Que otras versiones señalen que no fue el patrón sino el hijo de éste quien ofendió a su hermana; y otras que fue el mayordomo de la hacienda, nada cambia al hecho básico de la afrenta.

Todas estas diferencias son valoraciones distintas que se disputan el hecho para dos campos opuestos: en unos casos se quiere hacer de Villa un rebelde resentido que proyectó su ofensa a toda la sociedad de manera desproporcionada; en otros, se busca conceder al hecho una cualidad simbólica, hacerlo el germen a partir del cual se desarrolló toda la vida de Villa. En ambos casos la afrenta original siempre es *menor* que sus consecuencias y esa consideración permite, subrepticiamente, juzgar su vida *de perseguido* o como castigo o como terquedad.

Sin embargo, la pérdida de las huellas que conducían al establecimiento inequívoco del hecho, atestiguada por las diferentes versiones, señala otro problema profundo: que Villa tuviera como consigna privada la venganza social de esa afrenta personal no convierte a ese hecho solo en la fuente de resentimiento o en la semilla de rebeldía. Otros factores intervienen para convertirlo en un *hecho anónimo* en el cual se puede ver una multiplicidad de hechos, una perspectiva infinita de hechos acumulados, distintos y al mismo tiempo confundibles. No fue un hecho simbólico que representara, para Villa y para los demás que sabían de él, un principio cuyo desarrollo y culminación estarían en las acciones de venganza (ése sería el sentido del símbolo en este caso). Es decir, no era de ninguna manera un principio, ni simbólico, ni psicológico. La paradoja del anonimato de su nombre indicaba una perspectiva infinita de seres sin nombre, y esta afrenta se hundía en un pozo sin fondo donde no hay origen, no hay una "primera" afrenta. El nacimiento de Villa ya presuponía otra afrenta (recuérdese que probablemente era hijo bastardo: ¿por una violación?) y así hasta el infinito.

En ese pozo no hay principio; lo que hay es un valor de diferenciación, hay una desviación siempre infinitesimal que separa radicalmente el mundo del oprimido y el del opresor; como si los enemigos que estaban a punto de enfrentarse en la Revolución hubieran estado desde siempre en dos espacios cualitativamente distintos, inasimilables entre sí, y apenas separados por un delgadísimo muro, qué va, por una transparentísima membrana.

Y es que en la memoria de Villa no había propiamente ninguna continuidad entre su mundo y el mundo del opresor; no había en él una secuencia que "construía" su identidad, su biografía, su historia. En su memoria los hechos se construían por superposición, por vacíos y por ramificaciones, como una red infinita de relaciones que no tenían causas, ni fines propiamente dichos. En su memoria los hechos eran tensiones, lugares de infinito dolor y de infinita in-diferencia. El dolor era la diferencia, y la in-diferencia era la repetición, como el punto de fuga donde él se reunía con sus "hermanitos de raza".

La última frontera

Y Villa era también hombre de frontera. De una frontera que servía al mismo tiempo de muro de contención y de filtro; pero que no cumplía, al menos en uno de sus lados, con la función que su etimología y la razón de Estado les asignan tradicionalmente a las fronteras: la de límite.

Aunque desde el tratado de Guadalupe-Hidalgo el gobierno de los Estados Unidos se había preocupado por tomar posesión de los nuevos territorios de la Unión, la definición de la frontera como un límite real, como una línea dominada con efectividad, tardaría muchas décadas en conseguirse. La Guerra Civil no contribuyó a ese propósito; y la guerra contra los indios tampoco. De hecho, esta última sólo acentuó la capacidad porosa, por así decirlo, de la frontera. Para la primera década de este siglo había todavía extensas regiones expuestas a la decisión de los más osados y una de ellas, la llamada del *Big Bend*, sigue siendo hasta la fecha un lugar en cierto sentido inalcanzable para los fines de una plena integración u homogeneización del territorio.

Para México, la pérdida de más de la mitad de su territorio tuvo, entre otras, esta importante consecuencia: hacer tangible, por así decirlo, la inexistencia de la nación. Mariano Otero lo expresó mejor que nadie: *"En México, no hay ni ha podido haber eso que se llama espíritu nacional, porque no hay nación"*.[1] Dialécticamente, al mismo tiempo se hizo *pensable* la unidad geográfica de esa nación inexistente: el presidente José Joaquín Herrera aprobó en julio de 1848 una ley que restablecía las compañías presidiales y fundaba las colonias militares. Dividida la frontera en tres porciones (la de Oriente, la de Chihuahua y la de Occidente), se asignó a cada una, respectivamente, siete, cinco y seis colonias. Sin embargo, a pesar de que teóricamente esta ley daba fe de las intenciones de definir la frontera, en la práctica resulta descorazonador observar que el presidente y sus ministros tuvieran un conocimiento tan pobre de la geografía del país que pretendían gobernar: por ejemplo, al referirse a la colonia militar de Jano, vecina a la villa de Janos, Chihuahua, la situaban *al este de la capital del estado, y no al oeste* donde verdaderamente se encontraba la villa.

Con esa ley, el gobierno mexicano, en vez de construir un verdadero límite, decidió levantar un muro de contención contra las tribus de indios nómadas o acorraladas por la expansión blanca hacia el Oeste. Fue un muro que, desde el principio, estaba condenado al fracaso, pero que tendría aun así consecuencias duraderas.

Estas colonias quedaron en la mente de muchos como modelos de organización social: grupos pequeños capaces de autodefensa, en cierta medida de autogobierno y en otra cierta medida autosuficientes. Y no sólo eso: también eran puntos de relevo en los itinerarios del ganado hacia la frontera norteamericana y enclaves de propiedades ganadas con sacrificios y con el riesgo constante de la vida. La revolución maderista, la amenaza de una nueva invasión de los Estados Unidos y las exigencias armadas de los campesinos de una reforma agraria volvieron a actualizar, en 1912 y 1913, la idea de las colonias militares a lo largo de la frontera. Además del proyecto villista, hubo entre 1911 y 1914 por lo menos otras dos propuestas muy concretas y definidas de cubrir el país con esas colonias militares y otras comunidades campesinas parecidas: la de Paulino Martínez y la de Zeferino Domínguez.

Al continuar la Revolución y crecer las tropas irregulares en todos los bandos, al afianzarse la convicción de que era inevitable hacer una reforma agraria, y ante la evidencia de la invasión norteamericana de Veracruz en abril de 1914, más la tangible posibilidad de una invasión general, se renovaron los proyectos de las colonias militares: se pensó en diseminarlas por todo el país, con lo cual, se creía, se matarían dos o tres pájaros de un tiro, si no es que más; se crearía una defensa nacional, se desmovilizarían tropas sin pasar por la peligrosa operación de desarmarlas y se les cumplirían las promesas de repartición de tierras (la desmovilización de las tropas era un problema para la facción carrancista). Francisco L. Urquizo, consejero cercano de Carranza, elaboró un plan de este tipo.[2] Otro de los que pensaban así era Pancho Villa, aunque en su caso no hubiera ningún propósito de instrumentar una desmovilización; él más bien quería que la Revolución cristalizara naturalmente en la fundación de colonias militares por todo el territorio nacional. Éste fue uno de los pocos proyectos sociales de los que él habló personal y explícitamente.

Es precisamente en este punto en que se puede percibir que Villa descuidaba mucho la razón política: el 19 de agosto de 1914 él hizo por primera vez (según yo) una declaración pública sobre esa ilusión de su vida. En el contexto general de sus expresiones públicas, esta declaración fue única porque nunca la repitió y porque fue inequívoca. Y sólo cinco días después, Manuel Bonilla, el jefe de la comisión encargada de redactar las leyes de reforma agraria del estado de Chihuahua, rechazó indirecta pero claramente la propuesta de Villa al responder una pregunta de Federico González Garza sobre las ideas de reforma agraria de Zeferino Domínguez, quien era autor precisamente de un interesante libro sobre la creación de colonias agrícola-militares: *El servicio militar agrario y la pequeña propiedad* (1913).[3]

Sigue la frontera: Villa conocía, tan bien como la palma de su mano, los puntos débiles de buena parte de la frontera; tenía todos los datos para evaluar la composición étnica y social; intuía además la percepción norteamericana de su propia persona. Los Estados Unidos eran, en su perspectiva, un punto de fuga absoluto; en cambio, todo lo que ignoraba o no entendía de México podía quedar comprendido dentro de su visión de un México cósmico. Su nacionalismo era como la imagen refleja del mapa de las estrellas y como la culminación más sincera del viejo mito del cuerno de la abundancia representado por el perfil geográfico del país:

> México es muy rico, es una de las naciones más ricas del mundo, me decía el Jorobado [...] Yo escuchaba todos aquellos relatos con la boca abierta y con el orgullo de haber nacido en un país en el que había tantas grandezas [...] Para Porfirio Díaz la vida de los pobres no vale nada, añadía. ¿No ves cómo ha inventado la ley fuga que manejan a su antojo los gobernadores y los jefes políticos? Y yo, que me había visto en las orillas de ser "fugado", cuando oía estas palabras hasta se me enchinaba el cuerpo,[4]

Estas son las palabras del propio Villa en el relato de su vida que le hizo a Ramón Puente.

Al mismo tiempo que fundaba las colonias militares a lo largo de la nueva frontera con los Estados Unidos, el presidente José Joaquín Herrera reconocía otra frontera, interna ésta, creada por la insumisión de pueblos indígenas. Específicamente se ordenaba la creación de colonias militares en la Sierra Gorda, en el estado de Querétaro, para contener las incursiones de los indios rebeldes. En Chihuahua y otros estados norteños existían también fronteras internas, puntos ciegos donde el Estado no podía reclamar autoridad. Uno de esos lugares era el barrio de la Virgen del Rayo en Parral, donde se volvían a encontrar las funciones de filtro y muro de contención, sólo que aquí el exterior y los puntos de fuga de las perspectivas se encontraban reducidos a dimensiones más asequibles individualmente. Aquí fue donde Villa puso su negocio de venta de carne, donde desarrolló su odio por los españoles y los criollos porfiristas (muchas veces confundidos); y fue aquí también donde encontró otra figura paternal decisiva en su vida: la del famoso minero Pedro de Alvarado.

Entre las dos fronteras estaban la sierra y el desierto. Los innumerables caminos y los recorridos estelares. Entre las dos fronteras estaban también las incursiones indias:

Yo por mi parte me fijaba en todo, y mi afán de aprender me hacía no quitar la vista de los caminos cuando salíamos a excursionar o cuando me despachaban al mandado, y así, pronto aprendí a distinguir las huellas de todas las cosas [...] Y no nada más las cosas de la tierra me interesaban, sino que también me fijaba en el cielo, y pronto aprendí igualmente a distinguir el rumbo de los vientos, las nubes que traían agua y el de las que sólo iban a pasar sin dejar la bendición de la lluvia: conocía con toda exactitud la hora del día por la altura del sol, y por la observación de las estrellas y la luna, sobre todo de las "guardias" del carro, me guiaba por la noche.

Todos estos conocimientos se me quedaban tan bien grabados, que mis compañeros acabaron por consultarme y recurrir a mí, cuando necesitaban algún dato, lo cual me llenaba de orgullo, porque me hacía columbrar la esperanza de que algún día saldría de la oscuridad en que había nacido y del infierno en que seguía viviendo.[5]

Villa expresaba así la correspondencia entre el mapa estelar y el mapa terrenal, y de ahí derivaba su nacionalismo cósmico: más que histórico, era hombre geográfico; más que mítico, cartográfico; recorrido por los veneros del diablo y de la virgen, petróleo y vetas de plata; caminos en el bosque que se bifurcan infinitamente, como la relación de las estrellas en el cielo; constelaciones que guían ahí donde no hay caminos, donde todos los caminos se inventan y que le daban al fugitivo la esperanza de su redención, "de que algún día saldría de la oscuridad en que había nacido y del infierno en que seguía viviendo".

Seguramente, el estilo no es invención de Villa; pero las oscilaciones del caudillo, sus idas y venidas de la perspectiva propiamente caudillesca a la de un vaquero atraído por las "luces" de las ciudades y de los Estados Unidos sí están captadas en esa "transcripción" que hizo Ramón Puente de la vida de Villa y que publicó por primera vez en 1919. En estas oscilaciones es difícil seguir a Villa, si se quiere obtener de él una imagen unívoca, coherente. En el terreno de la educación, en su concepción de las clases sociales, de la tecnología y de la política, cambiaba constantemente de opinión negando unas veces sus principios básicos, y otras expresándolos en la forma más simple y sentimental.

Esto no quiere decir que su perspectiva de caudillo se opusiera a su calidad de vaquero; todo lo contrario, pues en muchos sentidos ambas naturalezas eran una y la misma. Quiere decir que algunos rasgos de ambas naturalezas escapaban a la identificación. Por ejemplo, un elemento de su vida de vaquero que no entraba en la perspectiva del caudillo eran las carnicerías. Como dueño de carnicería había logrado establecerse en Parral y como dueño de todas las carnicerías de la ciudad de Chihuahua cumplió una de sus promesas de político, no de caudillo: abaratar la carne y hacerla accesible. En efecto, por órdenes suyas se construyeron 45 carnicerías en 1914 sólo en la ciudad de Chihuahua, que, aunque mal hechas, daban el servicio necesario; y 45 carnicerías eran más que todas las panaderías, lecherías, farmacias y tiendas de abarrotes juntas.

Otro elemento de su vida de vaquero que se oponía a su calidad de caudillo era su atracción por los valores norteamericanos de la frontera: su fascinación por las piscinas, por la ropa militar, por los avances tecnológicos y su respeto ante la fama de ciertas autoridades militares como el general Hugh L. Scott. En sus memorias, este general transcribe de la siguiente manera parte de su primera entrevista con Villa en el puente internacional de Ciudad Juárez-El Paso:

—La gente civilizada lo ve a usted como un tigre o un lobo.
—¿A mí? —exclamó él con gran sorpresa.
—Sí —le dije-, a usted.
—¿Por qué? —preguntó él.
—¿Por qué? Por la manera en que usted ha matado prisioneros heridos y desarmados. ¿No mató el otro día a ciento veinticinco prisioneros indefensos en Casas Grandes?
—Claro, eran mis enemigos —exclamó con naturalidad, como si los enemigos fueran para eso.
—Ahí tiene —le dije—. La gente civilizada no hace eso. Haciendo eso usted se hace merecedor del desprecio de la gente civilizada.
Y él contestó: Bueno, haré lo que usted me diga.[6]

En este caso particular, Scott le dio a Villa un manual del ejército inglés sobre el tratamiento a los prisioneros de guerra, manual que, según el agente especial Carothers, Villa utilizó en su siguiente batalla, la de Torreón.[7]

Por supuesto, Villa con sus acciones contestaba que él no mataba como la gente "civilizada": ambos procedimientos terminaban en la misma cosa, la muerte. Y entonces ¿no eran para eso los prisioneros? ¿Los prisioneros no eran acaso sus presas de captura? Pero algo también que desconocían los "civilizados" era el sentido de justicia que tenía Villa. Su justicia no estaba sustentada en un principio legal, es decir, abstracto, general, que se aplica siempre y cada una de las veces en que se produce el mismo hecho. De ninguna manera: la captura de prisioneros dependía de qué tipo de prisioneros eran. Los federales y los colorados eran muy distintos para Villa. Si en muchos casos perdonó e incorporó federales a sus tropas, a los colorados en cambio nunca los perdonó. Los colorados, es decir, los orozquistas eran culpables de un crimen imperdonable: la traición personal. La justicia de Villa pasaba por la persona, pasaba por los afectos, pasaba por la fidelidad individual que él había jurado a Abraham González y a Madero. En esa justicia se basaba gran parte de su poder, pues sus tropas confiaban ciegamente en él gracias a que sabían que su odio por Huerta *era personal*. Un espía norteamericano, Edwin Emerson, pudo ver esto con mucha lucidez: en su informe al general Wood señala que la "carta más fuerte" de Villa es su "conocido e irreconciliable odio por Huerta, y el conocido e irreconciliable odio de Huerta por Villa, en términos íntimos e individuales; lo que elimina toda posibilidad de que Villa pueda vender sus hombres al gobierno [...] Por eso los seguidores de Villa saben que pueden confiar en él hasta la muerte".[8]

Regresemos a la imagen de "tigre" o "lobo" que Scott le atribuía a Villa: éste, en efecto, era un animal porque había interiorizado los puntos de referencia del animal para conocer su entorno, para atacar y para sobrevivir. Sin embargo, hablar de su animalidad no es un juicio de valor, como muchos han querido hacerlo; es simplemente una caracterización de su perspectiva. A la animalidad, en este caso, no se puede oponer la "humanidad" de sus enemigos; pues ni una ni otra son categorías inmutables, ni valores *per se*. Son formas de intensidad, son perspectivas sobre la vida donde se resumen todas las posiciones ideológicas de un personaje. En el caso de Villa la animalidad era una función esencial de su modo de vida, porque su modo de vida era la *sobrevivencia*.

En ese sentido guardaba una relación muy curiosa con los indios contra los cuales se habían levantado las colonias militares. Estos indios, perseguidos, acosados, habían interiorizado la acción del animal, y quizás con mayor conciencia que el mismo Villa, ya que en muchos de esos casos la apropiación del movimiento animal era una mera prolongación de su propia religión, de sus mitos, y de la forma de vivir esa religión y de darle vida a esos mitos. Villa adquirió, de los mismos indios a los que tanto persiguió en sus andanzas de abigeo, esa perspectiva del movimiento animal.

Pero los indios les dieron muchas cosas más, a él y a todos los vaqueros que luego lo seguirían fielmente; y entre las más importantes, les dieron el sentido del caballo y el sentido de las armas.

Uno de los hechos dialécticos más interesantes en el proceso de exterminio de los indios fue el uso inmejorable que éstos hicieron de las armas de sus exterminadores. Se apropiaron del rifle y supieron utilizarlo como un instrumento mortífero de larga distancia mejor que ninguno de sus enemigos. Y lo mismo hicieron con el caballo: con él aceleraron, literalmente, su proceso de seminomadismo y de huida. La movilidad que había sido siempre suya se volvió todavía más vertiginosa y alcanzó un punto de agudeza extrema no sólo en la identificación con el caballo (se volvieron "centauros"), sino también en la consolidación y en la ruptura de los límites de sus propias fronteras (se volvieron "nacionalistas" y se volvieron tránsfugas al mismo tiempo). Este proceso dialéctico tuvo todavía otro desarrollo sorprendente: el uso de las armas y del caballo que tenían los indios fue a su vez asimilado por los blancos. Aunque difícil de reconocer por la historiografía blanca y por los mismos estrategas militares, la efectividad que volvió tristemente famosos a los Rough Riders de Teodoro Roosevelt le debía casi todo a los mismos indios. Esta ceguera no es rara; es de hecho, muy comprensible, a pesar de que llegara a tener consecuencias ridículas: cuando Villa comenzó a asombrar a los estrategas norteamericanos, muchos de éstos se preguntaron dónde había aprendido este oscuro bandolero tantas cosas notables. Muchos de esos estrategas se pusieron a buscar en las listas de reclutamiento para ver si corroboraban su sospecha de que Villa había pertenecido al destacamento de Roosevelt o a cualquier otro del ejército norteamericano. Clarence Clendenen habla en su libro sobre los Estados Unidos y Villa del rumor, "improbable", de que éste había tenido su primera experiencia militar formal como miembro de los Rough Riders durante la guerra Hispano-Americana. No se daban cuenta que Villa no tenía que haber ido a ningún lado para aprender sus tácticas: las había recogido de la misma fuente que había utilizado el ejército norteamericano.[9]

Porque Villa y muchos como él participaron, tangencial o directamente, en ese larguísimo proceso de colonización en el norte de México que a principios del siglo XX no había terminado aún. La historia de este proceso está por hacerse; no obstante, se puede afirmar que mucho de lo que vivió Villa no fue sino la culminación de por lo menos dos siglos de contacto (casi siempre bélico) de los indios con los blancos (latinos y sajones), y sobre todo de mestizaje, no sólo racial, ya que la apropiación y superación de las armas y los animales de los conquistadores fue en realidad una forma *tangencial* de mestizaje, dirigida en este caso hacia la supervivencia. Por el momento, basta señalar que dentro de las fronteras del Virreinato y luego de la República, el proceso de apropiación y superación se dio, mirando hacia el norte, desde la Sierra Gorda hasta la Alta California. La definición de la nueva frontera nacional en 1848 y la siguiente definición de fronteras de las haciendas acentuó un proceso interno de rebelión, de fuga, de supervivencia; proceso que no se puede concebir completo sin su combinación, paradójica, con una lucha a muerte contra aquellas tribus indígenas que seguían insistiendo en desplazarse.

Otro elemento importante en esta guerra de exterminio contra los indios (que en el caso de los apaches tuvo a los mexicanos y a los norteamericanos del mismo lado) fue la decisión de los gobiernos de México y de Estados Unidos de establecer tratados anuales que permitían a los ejércitos de ambos países atravesar la frontera, según el caso y la necesidad, en persecución de los indios. En 1896, se agregó una enmienda al tratado, que se renovaba anualmente, con el fin de mantenerlo en vigencia hasta la captura o la destrucción de la última banda importante de apaches, la del jefe llamado The Kid o El Chico.

Además, Villa nació exactamente en el centro de esa región ocupada por los pueblos llamados chichimecas y que, desde el siglo XVI, fue escenario de una colonización muy particular. Los pueblos chichimecas se dividían en tribus (tepehuanes, zacatecos, guachichiles, salineros-cabezas, tobosos, chisos, etcétera) y en bandas (tepehuanes, matarajes, tusares, babozarigames, baborimamas, etcétera) distribuidas por el norte de Durango y Zacatecas, por todo Coahuila y por la mitad sur del estado de Chihuahua. El descubrimiento de los yacimientos mineros obligó a los españoles a tratar de aprovechar en la medida de lo posible la mano de obra de esos pueblos (y cuando no fue posible se recurrió al trabajo forzado de indios del centro). Ni hubo un gran esfuerzo de evangelización por parte de los españoles, ni hubo por parte de los indios un gran deseo de integración: las fronteras siempre fueron movedizas en ese territorio, aunque los centros mineros se volvieran con el tiempo puntos de atracción, de gravedad. Más al norte, además de las amenazas de rebelión de los tarahumaras, se desarrolló una guerra de siglos entre blancos e indios, entre indios e indios, de particularidades muy complejas.[10]

Curiosa naturaleza de muchos villistas y quizás de Villa mismo: fueron perseguidos por la justicia, fueron perseguidores de los apaches y no dejaron de ser nunca perseguidos, oprimidos, fugitivos, despojados. Esa doble presión les dio su violencia y su efectividad. Y a Villa le dio, directa o indirectamente, la posibilidad de ofrecernos la imagen de un país abierto, la imagen de México como la negación de la clausura de las cárceles, del exilio, del destierro, de las tumbas. Si Lázaro Gutiérrez de Lara supo retratar magistralmente en *Los bribones* la naturaleza carcelaria del México construido por el porfiriato, Villa propuso su esperanza y su imagen de la nación mexicana cubierta de colonias militares como una íntima vía láctea de estrellas desparramadas por toda la geografía de la tierra amada.

La gran cárcel mexicana

Si *La ruina de la casona* de Esteban Maqueo Castellanos hizo de una vecindad del centro de la ciudad de México la imagen a escala de la misma ciudad y finalmente de todo el país, *Los bribones* de Lázaro Gutiérrez de Lara hizo de un pueblo minero, y de una cárcel inmunda, los símbolos patéticos y empobrecidos de este mismo país.[1]

Según parece, esta fue la única novela de Gutiérrez de Lara, pues no hay noticia de las otras que se anunciaban en la primera página del libro como de próxima publicación: *Amor de tudesca* y *Mujer valiente*, continuación esta última de *Los bribones*; y finalmente *La huelga* que, se decía, estaba "en preparación".

Los bribones está construida con tres escenas únicamente, pero la primera y la tercera están narradas con tal intensidad que hacen olvidar la simpleza de la historia.

En la primera un magnate gringo llamado "El Rey", dueño de haciendas y minas, contempla su imperio a un lado y otro de la frontera desde su oficina en un mineral de cobre que no se puede dejar de asociar a Cananea en Sonora.

El Rey recibe a dos de sus principales instrumentos, gringos también, en su explotación de los obreros y en su fabricación de negocios sucios. Con ellos decide ejecutar su plan de acusar a cualquier habitante de Cananea de robo para explicar de esa manera a sus socios en Nueva York las pérdidas de la compañía, pérdidas que en realidad son fondos que El Rey emplea en inversiones propias. Al final de la escena llegan dos personajes abyectos y corruptos, los monigotes mexicanos indispensables para la consumación del plan: uno es el juez del distrito y el otro es el abogado de la compañía. La escena finaliza con el acuerdo de todos para realizar las falsas acusaciones inmediatamente y con el juez pidiéndole dinero al Rey con sucia humildad.[2]

La segunda escena, un baile en un salón del Palacio Municipal, sólo es el pretexto para presentar, y muy someramente, a las víctimas (tres hermanas y un joven matrimonio donde el marido es el débil de carácter y la mujer posee la fuerza de voluntad que sostiene viva la relación).[3]

En la última escena se narra, en una secuencia continua, la degradación impuesta a la joven pareja por el juez y el abogado. Mientras el marido cree en las calumnias de éstos, según las cuales su esposa ha robado mercancías del almacén del mineral, ella rechaza las insinuaciones de la abyecta pareja de leguleyos de que su esposo es un ladrón y de que ella tiene que firmar una confesión para salvarlo a él. Al final es el marido quien firma la confesión para librar de la cárcel a su esposa, según las falsas declaraciones de los peleles del Rey.[4]

En esta escena de horror, de horror simple pero indescifrable, Gutiérrez de Lara llegó a los límites de su compasión, de su desesperación y de su capacidad simbólica. Al describir la sociedad de la cárcel, al describir los movimientos de varias decenas de presos en un patio de seis por seis metros, las celdas sórdidas y las bartolinas aún más degradantes, Gutiérrez de Lara no pudo contener un diagnóstico muy lúcido y muy sobriamente desesperado:

> El alma que flotaba sobre aquellas gentes se condensaba en la indolencia fatal que caracteriza a veces la maldita idiosincrasia de la raza. Indolencia que trasciende en las preocupaciones que en las clases superiores se traducen en el derecho insulso de nacimiento y, en las intelectuales, en esa miserable inclinación a la mentira, a la adulación y a la bribonada, que corroe nuestro cuerpo social como una maldición y que nos hace tan cobardes para la lucha y tan infelices para enfrentarnos y desafiar el destino [...].[5]

El lamento por la indolencia fatal de la raza no era nuevo, tampoco era rara su maldición de la idiosincrasia; ya en libros como *La parra, la perra y la porra* se encontraban expresiones semejantes de rabia y desesperación:

> ¿Por qué es esto? ¿Existe pues tanta maldad en nuestros criollos? No. Ni siquiera hay aversión por esos infelices. Es la costumbre, la maldita costumbre, la desidia, el "qué sé yo" que deja a los pueblos estancarse mientras otros mejoran todos los días sus condiciones. Es el *malentendido*: "El indio es vicioso, perezoso, ingrato". La injusta leyenda está petrificada en las conciencias.[6]

Pirra-Purra fue el seudónimo que utilizó Pedro Lamicq para publicar este libro tan lúcido en muchos aspectos: su diagnóstico de la crueldad de los criollos definía un tema fundamental de esos años, no sólo en México, sino en toda Latinoamérica: ¿los criollos habían cumplido con su función histórica o habían fracasado irresponsablemente en el siglo que llevaban gobernando a los países latinoamericanos? De 1910 a 1920 se publicaron varios libros capitales en el pensamiento latinoamericano que se enfrentaron a esa pregunta: *Les démocraties latines de l'Amerique* (1912) y *La creación de un continente* (1913) del peruano Francisco García Calderón, ambos escritos en París; *La evolución política y social de Hispanoamérica* (1911) del venezolano Rufino Blanco Fombona; *El porvenir de la América española* (1910) de Manuel Ugarte; *Creación de la pedagogía nacional* (1910) de Franz Tamayo en Bolivia; *La Parra, la Perra y la Porra* de Pirra-Purra (1913); *El Payador* (1915) de Leopoldo Lugones en Argentina; *La primera centuria. Causas geográficas, políticas y económicas que han detenido el progreso moral y material del Perú en el primer siglo de su vida independiente* (1919) de Pedro Dávalos y Lissón, etcétera... Con sus respuestas ambiguas —y algunas también complejas, como las de Lugones y Tamayo—, todos estos publicistas, como se decía entonces, daban a entender que el inicial optimismo de libros como *Ariel* de Rodó o *Nuestra América* de Octavio Bunge no era del todo evidente, ni orgánico en la vida social de los países latinoamericanos.

Si no era nueva la maldición de Gutiérrez de Lara, si se incorporaba a la naciente crítica radical del criollismo mexicano, pues en resumidas cuentas también él afirmaba como "Pirra-Purra" que los criollos mexicanos "sólo a los de casa muerden" y son inverosímilmente serviles con los extranjeros, su metáfora del país como una cárcel inmunda hundida en un mineral cuya riqueza se iba directamente a los Estados Unidos era, en cambio, profética, reveladora y única.

En el mundo porfiriano había un lugar privilegiado que parecía corroborar día con día la metáfora de Gutiérrez de Lara, convirtiéndola en un espacio real, tangible, trágico: la cárcel de Belén.

Antes de la Revolución, en los juzgados aledaños a la cárcel, se formaron los mejores oradores de México, Jesús Urueta y el "Príncipe de la palabra", José María Lozano; antes de la Revolución en esa cárcel estuvieron y de ella salieron, después de purgar su condena, el tenebroso personaje llamado León Raast y el general Gustavo Adolfo Maas; y salieron también, sin purgar condena, pero agradeciendo los cañonazos disparados desde la Ciudadela durante la Decena Trágica que abrieron los muros de la cárcel, el "Gaucho" Múgica, que intentó después asesinar a Pancho Villa, y Antonio Manero, quien se encontraba recluido por defraudar a un banco y se convirtió posteriormente en uno de los hacedores de la política bancaria de Carranza; y antes de la Revolución de ahí salió también Jesús Negrete, "El tigre de Santa Julia", pero muerto; y durante la dictadura huertista, el general Gabriel Hernández salió también, pero en cenizas, pues fue quemado vivo.

Las vidas de muchos de estos huéspedes de la cárcel de Belén se volverían a cruzar y a trabar de maneras inusitadas e inesperadas en los años de la Revolución. Y quizás entonces muchos de ellos se dieron cuenta que se habían visto durante años en las crujías, en la enfermería, en los talleres, en los juzgados de Belén, y el recuerdo común de la reclusión los unió como si pertenecieran a una fraternidad secreta.

La imagen del país como una cárcel inmunda que Gutiérrez de Lara describió en *Los bribones* era única no porque apuntara al hecho de que en la cárcel se reproducían —en escala— las relaciones de opresión de la sociedad en su conjunto, pues en el discurso sociológico de la época se volvió, si no un lugar común, al menos una explicación muy socorrida, la metáfora de la cárcel para referirse a la sociedad en su conjunto.

En cambio, la imagen de Gutiérrez de Lara decía algo más, y decisivo: decía que la cárcel era el destino mismo de la sociedad. Y con esa afirmación invertía la relación proporcional de la sociedad como el todo y la cárcel como la parte ejemplar: la cárcel se volvía el *medio*, la *función* misma de una sociedad injusta. Por ello la cárcel había dejado de ser, para las clases oprimidas, un ámbito de corrección, e incluso había perdido su capacidad de castigo. La cárcel se enaltecía en la misma medida en que la sociedad de afuera se degradaba. Alguien que describió muy bien esta inversión de funciones fue el banquero ruso León Raast. Raast estaba en una situación privilegiada: era un inmigrante ruso, codicioso, cazador de fortunas, inescrupuloso, dispuesto a venderse al mejor postor con el mayor cinismo imaginable, y tan servil con los poderosos que hasta éstos lo encontraban repugnante. Dueño de varios negocios y haciendas en el estado de Puebla, Raast fue acusado de fraude antes de la Revolución y fue a parar a Belén, donde lo conoció el periodista Guillermo Mellado, quien en una de las tantas crónicas que escribió contando sus visitas a esa cárcel perduró una imagen de León Raast generoso, filósofo e injustamente agraviado. Mellado, quien era fácilmente impresionable y también bastante servil, como lo demostraría después en la Revolución, escuchó admirado una conversación de Raast con el alcaide de la prisión, Antonio Villavicencio. Así reprodujo Mellado las palabras del banquero:

Tal vez, don Antonio, tal vez fuera preferible comer ese rancho, sufrir toda clase de penalidades físicas, como esos infelices, y no tener demasiado conocimiento, demasiada conciencia de nuestra responsabilidad social, de la dignidad y del honor [...] Yo preferiría comer un año entero ese "rancho" nocivo, si mi estancia en la Cárcel no hubiera de dejarme, como me dejará, una huella indeleble, para toda la vida. Esos infelices sufren privaciones, desaseo, malos tratos, que les son menos duros porque ya están acostumbrados desde pequeños. Luego, salen de la Cárcel y o siguen en su vida de maldad o se ponen a trabajar honradamente. Y no les pesa mucho el recuerdo de la Cárcel. En cambio a nosotros, a casi todos los que estamos alojados en la distinción, jamás se nos quitará la vergüenza de haber estado presos, así podamos estar seguros de que se nos trajo injustamente. Perderemos la satisfacción de estrechar efusivamente la mano del amigo, de besar a la esposa, porque al hacerlo tendremos siempre el temor de que el amigo, de que la esposa duden de nuestra honorabilidad y que, aun cuando nos sonrían, en el fondo de su alma sientan un incontenible asco hacia nosotros, gente de presidio... El destino es mucho más inteligente de lo que creemos; da a cada uno la felicidad y la desgracia que es capaz de sufrir. Piensen ustedes en lo que ocurriría si aquellos infelices, acostumbrados a comer mal (o a no comer, muchas veces), a dormir a la intemperie, a vestirse en hilachos, se les trajera a una cárcel para que contaran con amplias habitaciones, ropa buena y comida mejor; el castigo se convertiría en un premio y su desequilibrada moral les llevaría a querer delinquir [...].[7]

Mejor no se podía decir: una cárcel con mejores condiciones de vida que las encontradas por los miserables en su vida cotidiana era una recompensa al delito, y no un castigo; una cárcel con las mismas condiciones era sólo una prolongación de la vida cotidiana de los miserables, y no un castigo. Para ser castigo, la cárcel debía ofrecer una vida de mayor degradación que la vida cotidiana de los miserables. Pero como la degradación exterior no tenía límites —"acostumbrados a comer mal (o a no comer, muchas veces)"—, las cárceles siempre serían mejores que aquélla: es decir, se volvían "un destino" de la sociedad, pues el destino "es mucho más inteligente de lo que creemos; da a cada uno la felicidad y la desgracia que es capaz de sufrir".

Mientras Raast reflexionaba de esta manera en una de las crujías de la cárcel de Belén, afuera, un brillante abogado tabasqueño, de apenas 32 años de edad y ya dos veces diputado al Congreso de la Unión, parecía estar escuchando la preocupación del banquero ruso por el destino de los miserables; parecía estar escuchando de hecho una inquietud cada vez más general en las clases decentes, ya que por algo Ramón Corral, Vicepresidente de la República, le había encargado a ese joven abogado que redactara una ley que resolviera el problema de la *delincuencia menor*.

En el Código Penal mexicano ya había leyes para todo tipo de delincuencia. La comisión de actos ilícitos estaba plenamente contemplada en el Código, pero aún así la sociedad decente no se sentía tranquila: las calles de la ciudad de México estaban llenas de rateros, infestadas de viciosos y "alcoholistas" consuetudinarios, ocupadas por rufianes y prostitutas escandalosos, atestadas de vagos, encubridores de profesión y mendigos válidos.

El joven abogado, de nombre Querido Moheno, buscó y encontró en las teorías científicas de su época la inspiración para una idea genial: la delincuencia no se acabaría con el castigo de los que cometían actos ilícitos si no se acababa antes con la raíz de todo mal; y el origen de todos los delitos estaba en "las gentes de *mala vida*", a quienes la ley no consideraba delincuentes, pero quienes "a la luz de la moderna ciencia penal" eran de hecho criminales y "más nocivos" aún que muchos delincuentes, que habían cometido actos delictivos en momentos de ofuscación.[8]

Querido Moheno observaba en su exposición de motivos a su *Proyecto de Ley sobre Colonias Penales* que el artículo 376 del Código Penal, que castigaba los robos sin violencia, es decir, a los rateros, ya había sido reformado tres veces y siempre "en el sentido de agravar la pena": las fechas de las reformas al artículo 376 cubrían toda la época porfirista, desde 1884 hasta 1903. Con ese solo artículo como símbolo se podía ver que la represión porfirista en el campo y en la ciudad no había logrado sino aumentar la proliferación de rateros y de gente de *mala vida* en general, que constituía "un verdadero azote de nuestra culta capital".[9] Y con este proyecto de Moheno en 1906 quería cerrarse el círculo de las reformas, yendo hasta el fondo del problema y hasta los recursos más extremos, pues en realidad, más que de una ley, se trataba de un mecanismo de destierro. Era una medida radical de "limpieza" de la ciudad. En consonancia con los destierros masivos de indios y de campesinos, Moheno contemplaba una cuerda de miles de vagos, de alcohólicos, de mendigos; y también de prostitutas, pues así se castigaba este comercio ilícito y además se "nivelaban" los sexos en las colonias (disminuyendo con ello la práctica de actos antinaturales y bestiales).[10]

Aunque la ley daba en apariencia términos a las condenas, el destierro era solapadamente perpetuo, ya que el artículo 9o. establecía que al terminar la pena, los delincuentes tenían que quedarse todavía un plazo pertinente que el Ejecutivo debería determinar según las particularidades de cada caso: con este plazo se le permitía al Ejecutivo comprobar si la regeneración del malviviente era real. Dadas las condiciones contempladas para estas colonias, nadie iba a imaginar que serían lugares de regeneración: era inconcebible que alguien llegara al término de su condena sin haber cometido otro delito que prolongara la pena; y si llegaba a ocurrir, para eso estaba el artículo 9o., con el cual se extendía el destierro indefinidamente sin otra justificación que el deseo del Ejecutivo.

La idea de Querido Moheno era brillante, sin duda; pero sólo había un obstáculo para su aprobación: iba en contra de todo lo estipulado por los códigos penales de la época y contra los derechos más elementales de los malvivientes. En otras palabras, Querido Moheno sabía que la aprobación de su proyecto dependía de una reforma de la Constitución.

El Vicepresidente Corral, quien también era Secretario de Gobernación, entregó el proyecto a una comisión para que ésta determinara su pertinencia. Antes del dictamen de la comisión, Querido Moheno publicó el proyecto. ¿Era una medida para presionar al Vicepresidente, con la que le demostraba al mismo tiempo qué tan importantes eran para él sus ideas sobre la descomposición social? ¿O era un reconocimiento de que su proyecto nunca se convertiría en ley y de que aun así la sociedad en general debía conocer los recursos extremos que algún día se vería obligada a usar? ¿O ambas cosas a la vez? No lo sé: el proyecto, en todo caso, nunca se aprobó.

El porfirismo usó otros medios menos espectacularmente genocidas de resolver el problema: mayor severidad de las penas, mayor extensión y comprensión de la ley, menor misericordia para los delincuentes. Con el magnífico pretexto del Centenario de la Independencia, el porfirismo recurrió también a una redistribución geográfica de las clases sociales en la ciudad de México y a la disposición simbólica de los monumentos y de los valores del Estado en esta culta ciudad capital.

Pero Querido Moheno tenía razón, según el cristal con el que él veía los problemas: si no se arrancaba del corazón de la ciudad, el cáncer de la mala vida iba a extenderse e intensificarse. En 1909, el alcoholismo se había convertido en una enfermedad epidémica que atacaba con la misma violencia a los adultos y a los niños. En ese año, se creó una Liga Infantil Antialcohólica, "Miguel Hidalgo y Costilla", anexa a la Sociedad Infantil Mutualista "Jesús Porchini". En su campaña contra el alcoholismo infantil, este Jesús Porchini organizaba en las escuelas públicas ceremonias en las que los niños prometían colectivamente no beber pulque ni alcohol.[11]

Por supuesto que Moheno no le atribuía a la sociedad decente ninguna responsabilidad por la condición de la gente de mala vida. Le era impensable que el régimen porfirista tuviera alguna culpa. Y le era impensable porque recurría al argumento de la ciencia para separar a las clases sociales en ámbitos incomunicables.

La amenaza de la plebe era una cuestión de guerra social, no de relación sociológica de causa-efecto. Esta relación era sólo biológica, antropológica y psiquiátrica, ya que estas disciplinas probaban que la reincidencia en los actos asociales transformaba al "agente" en un ente deforme anatómica y psíquicamente.

El pensamiento conservador era complementario del liberal, y ambos eran paradójicos. El primero reconocía la guerra social como una condición esencial de la sociedad contemporánea; pero separaba, asépticamente, el ámbito de acción de las clases con el recurso de "las degeneraciones anatómicas funcionales y psíquicas" de la plebe.[12] El segundo creía en una disputa ideológica, se consideraba víctima de un escamoteo porfirista que debía ser denunciado y huía de la imagen de la sociedad como un organismo en perpetua guerra; por otro lado, el mismo pensamiento liberal atribuía al despojo de tierras y de derechos causas sociales, económicas y políticas, pero sin tocar nunca la naturaleza de las clases sociales. Por eso el manifiesto de 1906 del Partido Liberal de los hermanos Flores Magón, de Antonio I. Villarreal, de Lázaro Gutiérrez de Lara y otros, fue una ruptura decisiva de la complicidad intrínseca de conservadores y liberales, y de las paradojas de sus argumentos.

Con ese nuevo liberalismo, sin embargo, surgió otra complicidad y otra paradoja: al insistir el Partido Liberal en la autogestión y en la desaparición del Estado, provocó en muchos de sus seguidores más fervientes una reacción ciega en favor del autoritarismo y la centralización; y al desconocer el Partido Liberal la justificación racista subyacente en las definiciones que daban conservadores y liberales de las clases sociales, le dio vitalidad, por reacción, a la lógica protofascista que usaba rasgos raciales como explicaciones históricas y que atribuía a los judíos una función decisiva en la conspiración mundial del comunismo y del capitalismo totalitarios. Esta última reacción es muy importante porque era el síntoma de una transformación asombrosa: el discurso científico que usaban los conservadores para justificar su racismo se convirtió en discurso ideológico, y de este discurso ideológico surgieron los primeros fascistas mexicanos como el Doctor Atl y algunos reivindicadores de la esencia india de la nación mexicana.

El racismo científico y decimonónico de los conservadores estaba muy lejos del agotamiento; de hecho, tendría resurgencias inesperadas en libros como *La raza cósmica* de Vasconcelos; pero el nuevo racismo era esquizofrénico: por un lado, no ocultaba su paranoia, su pánico de la conspiración judía (comunista o capitalista o ambas a la vez); por otro lado, era obsesivamente redentor de los indios oprimidos y despojados, y reivindicador de una esencia indígena.

Y así Gutiérrez de Lara, el hombre tan compadecido de los males de la raza de bronce, estaba también obsesionado por el origen judío de Francisco I. Madero:

Francisco Madero era, como ya dijimos, miembro de la acaudalada y poderosa familia Madero, de judíos mexicanos, cuyos intereses financieros abarcaban todos los campos de la explotación, incluyendo ranchos ganaderos, plantaciones de algodón, minas, fábricas, y bancos [...] Una sociedad basada en el despojo, la esclavitud y la explotación ilimitada de las masas, exige como forma de gobierno una severa dictadura militar, y así, todo el peso de mantener a la familia Madero en el poder quedó en manos de un ejército, para cuyos sacrificios no había recompensa adecuada concebible. Día tras día, semana tras semana, mes tras mes, los soldados tenían que hacer esfuerzos sobrehumanos y soportar las peores privaciones contra las guerrillas incansables de la Revolución. Miles de ellos perecieron miserablemente en las batallas y en las emboscadas, y de insolación, de hambre y de sed en las marchas. Los que sobrevivían no entendían que hubiera otro futuro para ellos que el exterminio. En sus oídos resonaba la voz chillona, histérica de Francisco Madero exigiéndoles: "Adelante, adelante, supriman la revolución"; y sabían que mientras sufrían en los desiertos o caían muertos en las trincheras, todos los miembros de la familia Madero —a quienes odiaban por ser civiles y judíos, y de los cuales ninguno era soldado, ni compartía los sacrificios de los soldados— se regodeaban disfrutando la posesión del tesoro de la nación y aprovechando sus puestos para enriquecerse.[13]

La raza, que podía ser un concepto liberador de la cárcel ideológica porfirista, y también un detonador de la fuerza avasallante de los muros de la mazmorra concreta y asfixiante, estaba en la orilla inminente de convertirse en otra prisión: la de la paranoia.

Fue Villa quien supo combinar magistralmente el concepto de raza con la naturaleza de eterno perseguido y quien supo darle a esta combinación una fuerza de liberación sin resentimiento, sin peligro de caída en la cárcel adecuada a sus miedos propios.

El último fugitivo

Por supuesto que Villa no escogió convertirse en un fugitivo de la justicia, pero su perpetua fuga le permitió un conocimiento de la máquina social que no hubiera tenido como soldado de leva, ni como campesino puro. De todos modos, la elección y la obligación se negaban mutuamente, y al mismo tiempo se mantenían en una solidaridad indestructible, pues de los reclutados en la leva forzosa se puede decir lo mismo que decimos de Villa, sólo que al revés: no fueron obligados sino en la medida en que no tuvieron otra opción que esa forma de vida. Y así fue como se formó la solidez del ejército federal porfirista. Pero cuando a ese ejército de villistas virtuales se le presentó, en 1914, su propia imagen en espejo al grito de ¡Viva Villa!, la obligación descubrió su cara oculta, la posibilidad de elección, y el ejército se desmoronó (en *Tropa vieja*, Francisco L. Urquizo trata este problema).

Se necesitaban, sin embargo, otros factores para hacer de Villa el personaje inolvidable que conocemos. Su sentido de la distancia es uno de ellos. En una de las primeras biografías de Villa, que en realidad es la primera autobiografía suya que apareció, se narra así su fuga de la cárcel de Durango, después de haber sido sentenciado en Canatlán por el ataque al hijo del hacendado que había ofendido a su hermana:

No obstante lo mucho que pensaba sobre la manera de efectuar mi fuga, no encontraba la manera de realizar mi idea.

Ponía mucha atención a todos los relatos célebres sobre cómo se habían fugado determinados prisioneros y quería a todo trance imitarlos. Cuidadosa y detenidamente examinaba todos los agujeros, puertas y paredes de la cárcel, pero necesitaba algo más que mis pensamientos y deseos para poder penetrar aquellos muros. Estaba desesperado cuando dieron órdenes de que me sacaran junto con otros prisioneros a trabajar en las calles.

Cada vez que salía me fijaba muy bien en los distintos lugares de la ciudad y la parte más apropiada para efectuar mi fuga. Y mis planes empezaron a madurar. Antes de poner mis pensamientos en práctica, me hice amigo de una mujer que vivía cerca de un matadero, el cual daba frente a una calle solitaria y triste. Casi todos los días íbamos al rastro para conseguir un pedazo de carne para nuestro almuerzo diario. En una de estas visitas me escondí del sargento y volé hacia la casa de aquella bondadosa mujer. La puerta de la casa estaba abierta y la buena mujer supo esconderme bien, sin temor de que me encontraran.

Pasaron días enteros y nadie sospechaba que yo estaba tan cerca y al mismo tiempo tan lejos. Permanecí allí varias semanas con el propósito de que se cansaran buscándome y me distraía al ayudar a hacer ciertos trabajos domésticos. Otras veces me subía a la azotea de la casa y pensaba: "Estaré libre algún día y entonces podré contar esta aventura".

Este pasatiempo de espiar me puso al corriente de todos los secretos del rastro [...].[1]

Esto ocurría, aproximadamente, en el año 1896.

Así como se decía que Villa oscilaba entre la extrema crueldad y la ternura absoluta, se podría decir que también alternaba entre la cercanía más inmediata y la lejanía más total. O disperso e irreparable en un inmenso territorio, o concentrado y absolutamente inmediato en un punto fijo del terreno enemigo. O era como las letras del nombre de un país regadas en un gran mapa y por lo tanto difíciles de leer, o era como la famosa carta robada de Edgar Allan Poe que nadie podía encontrar porque estaba precisamente a la vista. Además del uso de los seudónimos, ésta fue otra de las formas que tuvo de ocultar su rastro, de confundir sus huellas.

Varios hechos muestran su manejo sorprendente de las distancias: durante los largos años de su fuga, Villa vivió entre la lejanía del abigeo que recorría miles de kilómetros desde Durango hasta la costa del Pacífico o hasta la frontera con los Estados Unidos, y la cercanía del comerciante con tiendas de carne y otros negocios sedentarios en Parral.

En diciembre de 1913 logró la toma de Ciudad Juárez gracias al procedimiento de fingir que atacaba "infructuosamente" la capital del estado al mismo tiempo que tomaba el tren hacia la frontera.

En 1915, para capturar a su compadre Tomás Urbina que estaba refugiado en la Hacienda de Canutillo, le ordenó a su secretario Pérez Rul que mantuviera una conversación telegráfica con Urbina fingiendo que era el mismo Villa el que estaba al otro lado de la línea, mientras él y otros dorados cabalgaban a marchas forzadas para atacar de sorpresa la hacienda.

A fines de ese mismo año utilizó otra vez la velocidad para cruzar la Sierra y aparecer súbitamente en Sonora.

Según muchos testimonios, en 1916, cuando Pershing lo perseguía, Villa se escondió justo en las proximidades del campamento norteamericano y hasta podía escuchar las órdenes del mismísimo general Pershing enviando patrullas en busca del fugitivo.

Y al término de su carrera militar hizo la proeza de cruzar el desierto para apoderarse de Sabinas, Coahuila, cuando todos pensaban que estaba en Chihuahua.

Pero, ya fuera que hiciera mapas complejos con sus recorridos por el desierto y por la sierra (que conocía como la palma de su mano) o que se hundiera profundamente en un solo punto (o en los puntos de sus afectos obsesivos: San Andrés, Parral...), técnicamente Villa estaba *fugado*. Era la fuga de una presa que no quiere ser aniquilada; y también la de una presa que se mantiene siempre al alcance de la mira, pero lejos del tiro del perseguidor. Villa asimiló, por un lado, todos los valores de la sobrevivencia: vivió para sobrevivir; y por otro, incorporó todos los valores del mismo cazador que lo perseguía. En otras palabras, no quiso dejar de ser presa, no quiso escaparse definitivamente del alcance de su cazador; pero nunca fue una presa pasiva, pues siempre atacó, y atacó como presa acorralada que lucha por su vida. Tenía, sin embargo, un gran cuidado de no aniquilar al enemigo, como si cuidara de perpetuar infinitamente la persecución y la fuga. Con este mecanismo operaría siempre Villa, en la guerra y en la paz.

Dos casos notabilísimos que muestran cómo Villa usó armas de agresores convirtiéndolas en instrumentos de sobrevivencia fueron el caballo y la carabina.

Nadie mejor que los apaches supieron aprovechar las armas de sus exterminadores para volverlas contra ellos mejoradas en su uso: los perseguidos se volvieron jinetes únicos y tiradores privilegiados.

De su lucha contra los apaches, muchos carabineros que pelearon bajo el mando de Joaquín Terrazas, el famoso exterminador de apaches, sacaron su destreza en el manejo del caballo y su habilidad en el tiro de carabina desde la montura.

En ese sentido, el caballo y la carabina no eran instrumentos *per se*, es decir, no eran insustituibles: en realidad, eran la manifestación de dos categorías que Villa sabía utilizar con maestría adaptándoles los instrumentos apropiados y a la mano. Con el caballo: la velocidad; y con el rifle y la pistola: la distancia. Y no se trataba de que sólo Villa personalmente usara de ambas categorías con maestría; de alguna manera, su genio fue aprovechar la maestría intuitiva de gran parte de sus tropas en el uso de ambas categorías. La velocidad de Villa no equivalía necesariamente a la rapidez, sino del movimiento constante; la distancia no lo era de la lejanía, sino de la relación espacial que permite a la presa estar al mismo tiempo protegida del cazador y en control de él por medio del arma con alcance de media distancia. La rapidez como la lentitud eran opciones que Villa usó, pero que no lo definieron; y asimismo, la lejanía y la cercanía eran los valores subjetivos del espacio que *él creaba*. Villa logró salvar la batalla de Tierra Blanca gracias a que recurrió en el momento crítico al movimiento constante, y a la distancia relativa, olvidando el uso de la sorpresa y del movimiento regulado (por el lado de la rapidez), y de la artillería y la lucha de trincheras (por el lado de la distancia).

El ejemplo más notable de este uso de la distancia es el encuentro entre los dorados y los dragones del general Reina en la segunda batalla de Torreón. Nadie lo ha descrito mejor que Joaquín V. Vargas, que era dorado en esa época:

> En esos precisos momentos, con la rapidez del rayo, llegamos nosotros y cargamos a nuestra vez sobre los *pelones* de Reina, atacando su flanco derecho. Aquel movimiento de sorpresa, causó desconcierto entre los federales y con él logramos mezclarnos con ellos. Pero mientras los federales usaban su sable, que blandían fieramente contra nosotros, nosotros sacábamos a relucir nuestras pistolas. El momento fue decisivo y sangriento. Se entabló una lucha feroz del pasado contra el presente, es decir, los federales blandiendo sus sables pretendían destrozarnos; pero se necesitaba que se aproximaran demasiado para herirnos o matarnos, en cambio nosotros a distancia blanqueábamos sus filas disparando nuestras pistolas 44, haciendo alarde del manejo de las cabalgaduras y la terrible puntería de nuestras armas.[2]

La velocidad que Villa no sabía usar: la rapidez; la distancia que no entendía: la lejanía absoluta. Instrumentos inútiles para él: las señales de larga distancia y la artillería. Villa, en efecto, no tenía ningún servicio de señales; y la artillería, decisiva en el ataque a Zacatecas, estaba ya para entonces en manos de Felipe Ángeles.

A mediados de mayo de 1914, Edwin Emerson, espía del ejército norteamericano, envió un amplio informe al general Wood sobre el ejército federal y el ejército villista del que ya hemos hablado. Emerson había convivido con las tropas de Villa durante dos meses, en los que se dieron dos hechos de guerra decisivos: la toma de Torreón y la batalla de San Pedro de las Colonias. Sus observaciones son fundamentales para entender el comportamiento militar villista.

En primer lugar la composición de la División del Norte ya era reveladora de las inclinaciones de Villa: a mediados de marzo, se componía de quince mil hombres aproximadamente, de los cuales tres mil se habían unido a él en Mapimí y Lerdo procedentes de Durango. Del total, once mil eran de caballería; sólo dos mil de infantería, mil de artillería (donde estaban comisionados la mayoría de los aventureros gringos que se habían unido al ejército villista) y mil en diversos puestos: ferrocarrileros, enfermeros, sirvientes, etcétera. Otro testigo norteamericano de la toma de Torreón, George C. Carothers, señaló también el desequilibrio entre la caballería y la infantería: de hecho, según éste la infantería era para Villa el resto de la caballería... sin caballos.

Junto a esa inclinación, estaba también el cuidado que Villa tenía de proveer adecuadamente a sus jinetes. Los espías no dejaban de notar que éstos eran los mejor vestidos de todos los ejércitos entonces en lucha: botas de calidad, mitazas de cuero, camisas de franela, y las mejores sillas de montar norteamericanas "en cantidades sorprendentemente grandes".[3]

La caballería era, sin duda, el elemento decisivo en la guerra villista, y junto con ella estaba la fama de Villa de ser un jinete insuperable. Nadie mejor que esos jinetes podían representar al mismo Villa y podían gritar con legitimidad y efectividad: ¡Viva Villa! Con la caballería éste dominaba la velocidad para convertirla en movimiento constante y guardaba la distancia media que era, para su forma de pelear, la más adecuada.

De la función y del uso de la artillería de larga distancia Villa no sabía nada. Quizás pensaba, en todo caso, que sólo servía para hacer ruido y asustar al enemigo. Esto, por supuesto, puede parecer una exageración; pero Ivor Thord-Gray en la batalla de Tierra Blanca y luego Edwin Emerson en la toma de Torreón observaron el descuido casi desastroso de la artillería en los planes de Villa.[4]

En Torreón, éste contaba con 42 cañones cuya efectividad se reducía al ruido que hacían y al hecho de que los federales creyeran que estaban al mando del respetado general Felipe Ángeles. Y no era así: a pesar de tener ya el nombramiento de jefe de artillería, Ángeles no participó completamente en esta batalla. Era el coronel Servín, discípulo suyo en Chapultepec, quien dirigía las baterías. Aunque talentoso y valiente, el coronel Servín no podía dedicarse a preparar adecuadamente la posición de la artillería porque la carencia de subordinados capaces lo obligaba a cuidar él solo todos los detalles: en consecuencia los cañones fueron mal colocados, las piezas sueltas estaban separadas de sus baterías e incluso de sus cajas de municiones. En Gómez Palacio, donde entró en acción la artillería por primera vez, los cañones disparaban sin coordinación y eran desplazados separadamente, en plena noche, en busca de una posición adecuada. Al amanecer se pudo comprobar que los movimientos nocturnos habían sido desastrosos, pues las piezas se encontraban en lugares inusitados e inútiles, y a veces totalmente expuestas al fuego de los federales. Emerson observó: "Afortunadamente para ellos, el enemigo no podía disparar en línea recta, porque si no, los hubiera destruido inmediatamente."[5] Además, las municiones de los cañones eran de pésima calidad: o estallaban en lo más alto de su trayectoria o muy cerca de la boca del cañón, o simplemente se cebaban y se quedaban atoradas dentro del cañón. En cambio, las ametralladoras, armas de media distancia, tenían mejor uso, aunque constantemente se trabaran o se descompusieran: a cargo de ellas Villa comisionaba a los soldados mexicanos más capaces y a los aventureros norteamericanos de mayor experiencia. La ametralladora, pues, define mejor que nada el sentido del espacio villista: de alcance limitado pero intenso; de alcance limitado pero sensible. La ametralladora no escoge a su víctima, y aniquila todo lo que está en su radio de tiro; pero su enemigo puede aprovechar esa intensidad de la máquina para burlarla. Así acabó Obregón con la fuga perpetua de Villa en las batallas del Bajío.

El último fusilado

Pero los muertos no me olvidan.

Los fusilados habrán sido, probablemente, un paradigma, como lo quería Torri; o un emblema, como lo quisieron muchos fotógrafos obsesos; pero fueron sobre todo, según yo, la afirmación de la intensidad revolucionaria, y después su reafirmación, y también su desintegración.

En la intensidad deslumbra el relámpago pudoroso... pudoroso quizás por incomprendido, porque junto al fogonazo de la descarga y el fogonazo del magnesio, también refulgía, por un segundo, el último gesto del condenado, su grito, su mirada, su inermidad; y junto a la impresión de la imagen en la placa, estaba la lenta caída del cuerpo atravesado hacia la nada.

De muchos no hubo placa. Pero hubo fogonazo, hubo caída y hubo relámpago, relámpago pudoroso.

También refulgía, por un segundo, el último gesto del condenado, su grito, su mirada lúcida y opaca: y entonces la coherencia de una vida se develaba, se descubría ante nosotros y nos dejaba ciegos, nos dejaba atónitos, sin voz, como si de pronto la coherencia fulgurante de esa vida y la coherencia inaprensible de esa vida que se iba con la velocidad de las balas fueran la herida instantánea de nuestra mirada contemplando los harapos incoherentes de otra vida, la nuestra.

Y en ese momento el lenguaje encontraba, con los límites de la vida de un hombre, su exactitud.

Me gustaría perseguir esa línea fina de la exactitud del lenguaje; línea fina, a veces luminoso filo...

Pero me digo que el lenguaje puede esperar, siempre ha esperado: el lenguaje es la espera misma. Siempre atento al suceder del acontecimiento, el lenguaje se anticipa a la memoria y también la espera. El acontecimiento sucede, y en él no hay memoria, y en él sólo hay cuerpo de hecho, fuste de tiempo. Pero viene el lenguaje y corona el fuste, vienen las palabras y visten el cuerpo: y entonces, otra razón de que hubiera relámpago aparece: el hecho se transfigura y al transformarse se vuelve luz, es por un instante pura luz, pura frontera, puro rayo, y en esa luz, en esa frontera se sustentan los hechos de una vida. Algo nos dice: esa frase es lo único que tenemos, pero esa frase tiene sentido.

¿Seguimos esperando con el lenguaje? ¿Esperamos el hecho? El lenguaje estuvo antes, y estará después. Mas he aquí el hecho.

A Santiago Ramírez lo fusilaron en Saltillo. Lo fusilaron en Saltillo. Y cuando le ofrecieron un licorcito, cuando le ofrecieron un cognac, cuando le obsequiaron su última voluntad, muy generosos los verdugos, Ramírez replicó: "No quiero licor, me hace daño al hígado". Era la naturalidad, era la perfecta naturaleza.

Y luego, cuando ya era inminente el fogonazo, cuando ya lo requería el paredón, se volvió a una señorita de Saltillo que hasta allí lo había acompañado: "No muero como un reo, muero traicionado", le dijo. Y así murió.

Después de ese hecho ¿importa saber quién era Santiago Ramírez? No puedo lamentar suficiente que apenas tenga datos de su vida. Quisiera saber más de él, mucho más: su vida debe corresponder al cuidado que tenía de su hígado, a ese cariño por su cuerpo. Fue un hombre excepcional, y le bastó una frase.

Había sido un villista, un villista convicto que aceptó el nombramiento de gobernador de Coahuila; y después de la derrota, en 1915, prefirió emigrar a rendirse. Pero cuando Villa atacó Columbus y Pershing invadió México, Ramírez rechazó la casi imperativa petición de las autoridades norteamericanas de volverse guía de la Expedición Punitiva y se dejó convencer por la nueva amnistía de Carranza y las declaraciones siempre ruidosas de Obregón. Cruzó la frontera y se presentó a un destacamento carrancista para luchar contra el invasor. Fue apresado, conducido a Saltillo y fusilado.[1]

Para mí, Santiago Ramírez fue el último fusilado.

El último título

¡Y la pólvora fue, de pronto, nada, cruzándose los signos y los sellos, y a la explosión salióle al paso un paso, y al vuelo a cuatro patas, otro paso y al cielo apocalíptico, otro paso y a los siete metales, la unidad, sencilla, justa, colectiva, eterna![1]

Quedó el título del libro para el final y fui a buscarlo, como siempre, a la poesía de César Vallejo. No sólo porque tal vez sea el mejor poeta de este siglo, en cualquier idioma; sino porque mi discurso, aunque lejano de la poesía, quiere estar muy cerca del suyo, aunque el suyo estuviera lejos de México; quiere estar cerca del suyo como su discípulo, como su hijo convaleciente.

Vallejo es más actual que nunca: nadie como él, en la literatura latinoamericana de este siglo, ha sabido hacer de su escritura una forma de vida; y de su vida, una forma de escritura. Y nadie como él tan lúcido para percibir y colocar en sus posturas más hirientes y reveladoras los falsos valores de la fama, del dinero, de la ciencia, de la filosofía, de la demagogia. Se ayudó de Nietzsche para ser un hombre afirmativo y, peruanísimo, se ayudó de las claras orejas de su burro para ser un magnífico *animal de blanca nieve*: intenso, gran profesor del sollozo, único en la vida hasta vivirla en todos sus límites "como un hombre que soy y que he sufrido".[2]

El lenguaje de Vallejo es salud, y más salud que nunca, ahora que los lenguajes de las ideologías y de las utopías han claudicado ante las necesidades naturales del bienestar, del capital, de la democracia, de la obvia actitud de "mejor ser colonizado por el explotador eficiente, aunque sea extranjero, que explotado por el burócrata corrupto, aunque sea nacional", o viceversa.

Vallejo supo colocarse en un límite que no participaba de las alternativas "naturales": no se dejó seducir por su propio discurso, ni se dejó enfermar por el dogmatismo de esa seducción; ni creyó que las ideas son naturalmente precisas, penetrantes y proféticas; ni se volvió convicto y esclavo de la desesperanza cuando fracasaron las utopías, las saludables voluntades de cambio, los espejismos de nuevos mundos.

Curiosamente, cuando los pensadores de los países subdesarrollados declaran haber llegado al fin a la modernidad, a la contemporaneidad de la historia, los pensadores de los países explotadores van más allá y anuncian el final de la historia.

La sociedad global que hace unos años fue vislumbrada por un profesor canadiense en la homogeneidad de los medios de comunicación ha resucitado ahora —con el diagnóstico autosuficiente de Francis Fukuyama en un presuntuoso artículo titulado "The End of History"— como la sociedad universal del consumo capitalista y del ejercicio democrático gracias al acceso ilimitado (en todas las geografías y en todos los niveles sociales) a videocaseteras y a estéreos.

Según esta última visión, sólo los países subdesarrollados se encuentran aún en el proceso histórico, pues los países altamente desarrollados han llegado al final de la historia, y viven ahora en una sincronía de la abundancia y de los beneficios del capital sin fronteras. Y con este final, o correspondiente con él, están otros finales: el de la Guerra Fría, el de la Era de las Revoluciones, el de la hegemonía norteamericana, hasta el del Comunismo.

Este optimismo de los finales, si no fuera porque procede de una autosuficiencia de la abundancia (de la abundancia hasta de ignorancia), se podría congratular de haber puesto al marxismo de cabeza, así como el marxismo se congratulaba de haberlo hecho con Hegel; y se podría felicitar de haber cumplido con creces todos los argumentos de Nietzsche sobre la superación de la moral, si no fuera porque está alimentado por un miedo profundo a la vida y por un soberbio resentimiento.

Lo importante, pues, no es el discurso colonizador mismo sino el mecanismo que le permite volverse íntimo, interior, al discurso que oprime; y más importante aún, en este momento en que hasta el concepto de crisis parece estar en crisis, más importante aún es aceptar, con escasas excepciones, la esterilidad de los discursos de liberación de los colonizados y en una autocrítica inmisericorde diagnosticar su hueco conocimiento. Y quizás lo más saludable sea escuchar los latidos diminutos de la enfermedad oscura que se propaga en los espejismos del triunfo de la democracia, que se confunde con la naturalidad de la desastrosa modernidad, que se establece como la razonable manera de vivir, en un silencio absoluto.

Un silencio absoluto: inmovilidad de la presa a la escucha de los movimientos del enemigo, precisión estática del enemigo a la espera de la minuciosa delación de la presa; silencio absoluto, pero no pasividad absoluta.

Silencio absoluto para escuchar las palabras en su verdadera naturaleza: tenemos que leernos de nuevo, y hablarnos como parte de lo que llevamos vivido, ni siquiera como parte de lo que podemos pretender haber vivido o de lo que podemos pretender conocer. Nos tenemos que leer de nuevo en nuestras vidas, en nuestras ilusiones, en nuestras utopías, para diagnosticar sus debilidades, su dogmatismo, su soberbia y su falsedad. Y su vitalidad.

Absoluto silencio: un paso, y otro paso, y otro paso. La unidad.

A la destrucción y la explosión de la pólvora que dispersa el cuerpo en innumerables fragmentos por imprevisibles sitios, oponemos la entereza, la integridad, la unidad del cuerpo a la escucha permanente del enemigo. A la explosión, según Vallejo, le salió al paso, un paso, nada más un paso para atajarla, nada más un paso para negar la naturaleza de la explosión que dispersa al paso en infinidad de fragmentos. Pero no le salió al paso nada más así, *salióle* al paso, dice Vallejo, *salióle* al paso: en contraste con el lenguaje natural, coloquial, de Vallejo, el enclítico es una sorpresa violenta y es admirable porque, al formar una unidad con el verbo, y al "cerrar" la forma verbal (por definición el enclítico va pegado al final del verbo), emite signos de convicción, de terquedad, de oposición intransigente.

Salióle ya anuncia la unidad que se opondrá a los siete metales de las bombas, de la abundancia, del resentimiento, del miedo a la vida, del dogmatismo.

Sencilla: porque es una, porque la unidad sólo necesita ser una, nada más, singular, nada más; singular e inconfundible como los muertos que no mueren, como ellos que son singulares, que son únicos.

Justa: a diferencia de los innumerables fragmentos que desparrama la explosión, la unidad es precisa, tiene su lugar exacto, y ese lugar lo ocupa sin fisuras, sin espacios sobrantes, y sin salida. Silencio absoluto: la forma más justa de ocupar el espacio para escuchar los pasos a lo lejos, los pasos de los que ya se fueron sin haber estado nunca aquí. Y para reconocer los pasos del que vendrá.

Colectiva: el verdadero silencio absoluto siempre es colectivo, así como es singular. Singular no se opone a colectivo, se opone al individuo autosuficiente; colectivo no es opuesto a singular, es opuesto a las castas soberbias y a la masa resentida.

Eterna: la unidad siempre deseada, que está ahí resistiendo la explosión, se pregunta si quiere que ese momento se repita eternamente y para escucharse a sí misma respondiéndose se vuelve eterna, y en esa eternidad que es ella encuentra a su propia sombra y la ve de frente.

Los muertos que he encontrado y querido en este trayecto eran así: sencillos, justos, colectivos, eternos. He dejado fuera del título el calificativo de "colectivos", por la mera razón de que si me he acercado a la sencillez, a la justeza y a la eternidad de los muertos (y de ellos, sólo a los fusilados), no me acerqué a su colectividad. Lo haré en otra ocasión, en otro texto, en otro recorrido por la unidad de los muertos.

—Por eso no fue Lucio Blanco lo que te atrajo para que escribieras el libro —me dijo Evelyn, con quien he compartido la redacción de este libro desde hace tres años y quien está detrás de muchas de sus páginas y de todos sus días, y continuó—: Los fusilados te hicieron escribir y por eso es de ellos el título.

Yo estaba leyendo el libro de Vallejo cuando ella terminó de hablar. Levanté la mirada de los versos y la vi, sentada, parada, caminando, recostada, confundiéndose una y otra vez con la vida, con los segundos, con las palabras. Le pedí que me repitiera lo que había dicho, aunque yo lo hubiera escuchado y, creo, entendido. Me lo repitió. La miré mientras me lo decía: estaba de perfil, mirándose en la luna del tocador y haciéndose una trenza y preparándose para dormir. Oíamos unos estudios de Liszt y nada nos trascendía. Todo estaba encerrado en ese cuarto y estaba también más lejos. El cielo estaba amorosamente apocalíptico y al fin este texto terminaba.

Notas

La historia de los trece césares

1. Gilles Deleuze, *Différence et répétition*, pp. 7-11, 152-53, 366-67.
2. Hernán Rosales, *La niñez de personalidades mexicanas*, pp. 109-10.
3. Loc. cit.
4. Ibid., p. 117.

Los muertos, con nosotros

1. Laura Riding, "Respect for the dead", en *The Poems of Laura Riding*, p. 168.
2. Nellie Campobello, *Cartucho*, p. 83.
3. *La violencia en Guatemala*, p. 17.
4. Mijail Bakhtine, *La poétique de Dostoievski*, Aux Éditions du Seuil, París, 1970, pp. 59, 61. (Subrayado en el original.)
5. Gilles Deleuze, op. cit., p. 259. (Subrayado en el original.)

Primero una novela y al final un ensayo

1. Ricardo Ortega y Pérez Gallardo, *Estudios genealógicos*, Imprenta de Eduardo Dublán, México, 1902, e *Historia genealógica de las familias más antiguas de México*, Imprenta de A. Carranza, México, 1905-1910.
2. José López Portillo y Rojas, *La raza indígena (breves reflexiones)*, Imprenta Mariano Viamonte, México, 1904; y en *Revista Positiva*, tomo VI, México, 1906, n. 64, pp. 25-32; n. 65, pp. 73-80; n. 66, pp. 121-25; n. 67, pp. 170-75; n. 68, pp. 252-55; y n. 70, pp. 362-72.
3. Ricardo Ortega y Pérez Gallardo, *Estudios genealógicos*, p. 10.
4. Ibid., p. 11.
5. Ibid., p. 13 y p. 17.
6. Ezequiel A. Chávez, "Ensayo sobre los rasgos distintivos de la sensibilidad como factor del carácter mexicano", *Revista Positiva*, t. I, n. 3, marzo de 1901, México, pp. 82-99.
7. Ibid., p. 84.
8. Loc. cit.
9. Ibid., p. 88.
10. Ibid., p. 99
11. Ibid., p. 98.
12. José Vasconcelos, *La tormenta*, en *Obras completas*, t. I, p. 750.

13. Juan Bautista Alberdi, "Ideas para un curso de filosofía contemporánea", en Raymundo Ramos, *El ensayo político latinoamericano en la formación nacional*, p. 107.

14. Vasconcelos, op. cit., p. 745.

15. Loc. cit.

16. Francisco R. Almada, *Diccionario de Historia, Geografía y Biografía Chihuahuenses*, p. 312.

17. NAW, RG 165, MID 9140, documento 358. Entrada: "Knopff, Dr. C.L."

18. Silvestre Terrazas, *El verdadero Pancho Villa*, p. 22.

19. Teodoro Torres, *Pancho Villa. Una vida de romance y tragedia*, p. 72.

20. Silvestre Terrazas, op. cit., p. 13.

21. Nellie Campobello, op. cit., p. 83. (Mayúsculas en el original.)

22. Adalbert Dessau, *La novela de la Revolución Mexicana*, p. 347.

23. Rafael F. Muñoz, *Relatos de la Revolución*, pp. 192-93.

24. Julio Torri, *De fusilamientos*, p. 49.

25. Loc. cit.

26. Francisco Monterde, "Los de arriba y *Los de abajo*", *El Universal*, 2 de febrero de 1925, citado por Dessau, op. cit., p. 264.

27. Julio Jiménez Rueda, "El afeminamiento en la literatura mexicana", *El Universal Ilustrado*, 20 de diciembre de 1924, citado por Dessau, op. cit., p. 262.

28. Victoriano Salado Álvarez, "Las Obras del Dr. Azuela", *Excélsior*, 4 de febrero de 1925, citado por Dessau, op. cit., p. 265.

29. Victoriano Salado Álvarez, "¿Existe una literatura mexicana moderna?", *Excélsior*, 12 de enero de 1925, citado por Dessau, op. cit., pp. 263-64.

30. Stanley L. Robe, *Azuela and the Mexican Underdogs*, p. 103.

31. Ibid., p. 106.

32. Mariano Azuela, *Los de abajo*, p. 128.

33. Ibid., p. 72.

34. Stanley L. Robe, op. cit., p. 167. Transcripción literal.

35. Ibid., p. 121.

36. Ibid., p. 82.

37. Ibid., p. 67.

38. Alberto Calzadíaz Barrera, *El fin de la División del Norte*, pp. 79-81.

39. Ibid., p. 83.

40. Stanley L. Robe, op. cit., p. 68.

41. Mariano Azuela, op. cit., en Stanley L. Robe, op. cit., p. 165.

42. Mariano Azuela, *Los de abajo*, p. 124.

43. Ibid., p. 82.

44. Friedrich Katz, *Pancho Villa y el ataque a Columbus, Nuevo México*, pp. 29-30.

45. Rafael F. Muñoz, *Pancho Villa, rayo y azote*, p. 95.

46. Alberto Calzadíaz Barrera, op. cit., p. 184.

47. Friedrich Katz, op. cit., p. 33.

48. Francisco Monterde, sobre Azuela, en *Biblos*, I, 21, 1919, pp. 2 ss.; citado por Dessau, op. cit., p. 263.

49. Francisco Monterde, loc. cit.

50. Jorge Cuesta, ed., *Antología de la poesía mexicana moderna*, p. 157.

El nombre de Pancho Villa

1. Martín Luis Guzmán, *Memorias de Pancho Villa*, p. 11.
2. Ramón Puente, "Francisco Villa", en José T. Meléndez, *Historia de la Revolución Mexicana*, t. 1, p. 239.
3. Antonio Castellanos, *Francisco Villa, su vida y su muerte*, p. 22.
4. Benjamín Herrera Vargas, "Pancho Villa era Pancho López", *X Congreso Nacional de Historia de la Revolución Mexicana*, p. 133 (mecanografiado).
5. Ibid., p. 138.
6. Loc. cit.
7. Ibid., p. 134.
8. Juan B. Vargas, *A sangre y fuego con Pancho Villa*, pp. 79, 62, 81, 98.
9. Jim Tuck, *Pancho Villa and John Reed, two faces of Romantic Revolution*, p. 29.

La pólvora y su claridad

1. Jean de Bloch, *La guerre*, vol. I, p. 9, n. 2.
2. Alexis Philonenko, *Essais sur la philosophie de la guerre*, p. 17.
3. Citado por Alexis Philonenko, op. cit., p. 108.
4. Citado por Alexis Philonenko, op. cit., p. 112.
5. Ludwig Feuerbach, *Principios de la filosofía del futuro*, citado por Georg Lukács, "Moses Hess and the Problems of Idealist Dialectics", en *Political Writings, 1919-1929*, p. 204.
6. Mariano Azuela, op. cit., p. 72.
7. Loc. cit.
8. Citado por Alexis Philonenko, op. cit., p. 107.
9. Carlos Monsiváis, "Notas sobre la cultura mexicana en el siglo XX", en *Historia General de México*, t. 4, p. 383.
10. Adalbert Dessau, op. cit., p. 347.
11. Agustín Aragón, "Papel social de la guerra", *Revista Positiva*, t. IV, n. 46, agosto de 1904, México, pp. 349-52; y Querido Moheno, *Proyecto de Ley sobre Colonias Penales y Exposición de Motivos del mismo. Formulado por encargo del ministro de gobernación, Sr. D. Ramón Corral, Vice-Presidente de la República.*

Lo malo no es que entren

1. Juan B. Vargas, op. cit, pp. 96-100.
2. Ramón Fuente, *Juan Rivera*, pp. 199-200.
3. Adolfo León Osorio, *Mis memorias*, pp. 12-13.
4. Rafael Martínez (Rip Rip) et al., *La dictadura y sus hombres*, pp. 45-46.
5. Armando de Maria y Campos, *Múgica, Crónica biográfica*, pp. 36-37.
6. Ramón Puente, *Juan Rivera*, Botas, México, 1936; Carlos González Peña, *La fuga de la quimera*, Ediciones México Moderno, México, 1919; Esteban Maqueo

Castellanos, *La ruina de la casona,* Eusebio Gómez de la Puente editor, México, 1921; Antonio Ancona Albertos, *En el sendero de las mandrágoras,* [Oficina del Gobierno del Estado, Mérida, 1920].

7. Mariano Azuela, op. cit., p. 96.

8. Carlos González Peña, *La fuga de la quimera,* pp. 230-31.

9. Loc. cit.

10. Balzac, *Secrets de la princesse de Cadignan, La Comédie Humaine,* t. VI, Gallimard, París, 1950, p. 14. (Bibliotéque de la Pléiade)

11. Pablo Zayas Guarneros, *Herencias de bienes robados. Cuestión de honra en la lucha por la vida,* 1a. parte, p. 10.

12. Loc. cit.

13. Carlos González Peña, op. cit., p. 231.

14. Esteban Maqueo Castellanos, op. cit., p. 348.

15. Ibid., p. 344.

16. Ibid., pp. 338-39 (subrayado en el original).

17. Paul Ricoeur, *Temps et Récit, II: La configuration dans le récit de fiction,* Éditions du Seuil, París, 1984, p. 40.

18. Francisco L. Urquizo, *Páginas de la Revolución,* en *Obras escogidas,* p. 391.

19. Loc. cit.

20. Francisco L. Urquizo, *Tropa vieja,* pp. 220-21.

21. Gabriel Saide (pseud. de Diego Arenas Guzmán), *El señor diputado,* pp. 127-28.

22. Francisco L. Urquizo, *Fui soldado de levita de esos de caballería,* en *Obras escogidas,* p. 740.

La calle que tú amaste

1. Adolfo León Ossorio, *Mis confesiones,* p. 34.

2. Ibid., p. 33.

3. Xavier Icaza, *Dilema,* Botas, México, 1921.

Las ruinas de la casona

1. Esteban Maqueo Castellanos, op. cit., p. 3.

2. John Rutherford, *An Annotated Bibliography of the Novels of the Mexican Revolution of 1910-1917. In English and Spanish,* p. 105.

3. Juan B. Iguiniz, *Bibliografía de novelistas mexicanos,* p. 26.

4. Antonio Ancona Albertos, op. cit., p. vi.

5. Ibid., p. viii.

6. Loc. cit.

7. Esteban Maqueo Castellanos, op. cit., p. 37.

8. Ramón Puente, *Juan Rivera,* pp. 28-29.

9. Estevan Maqueo Castellanos, op. cit., p. 38.

10. Ramón Puente, *Juan Rivera,* p. 194.

11. Francisco García Calderón, *Las democracias latinas de América*, Biblioteca Ayacucho, Caracas, 1979, p. 151.

12. Ponson du Terrail, *Rocambole. Le Club des Valets-de-Coeur*, citado por Michel Nathan, *Anthologie du roman populaire 1836-1918*, 10/18, París, 1985, pp. 131-32.

13. *Vida Nueva*, n. 230, Chihuahua, 1o. de enero de 1915, p. 2.

14. José de Jesús Núñez y Domínguez, *El imaginero del amor. Prosas deshilvanadas*, pp. 23-24.

15. Carlos Noriega Hope, *El honor del ridículo*, p. 78.

16. Gilberto F. Aguilar, *Carne y alma*, p. 38.

17. Gilberto F. Aguilar, op. cit., p. 48.

18. Juan B. Iguíniz, op. cit., entrada "Francisca Betanzos".

19. Loc. cit.

¿Qué es un mes de agosto si no es eso?

1. Sergio Fernández, *En tela de juicio*, Joaquín Mortiz, México, 1964, pp. 106-07.

2. Sergio Fernández, *Las grandes figuras españolas del Renacimiento y el Barroco*, Pomarca, México, 1966.

3. Laura Riding, "Respect for the dead", en *The poems of Laura Riding*, p. 184.

A Chihuahua... siempre al Norte

1. VC 1990.

2. Ignacio Fuentes, "Mis andanzas contra Villa", en *X Congreso Nacional de Historia de la Revolución Mexicana*, p. 124.

3. Ibid., p. 127. Mayúsculas en el original.

4. Jorge Luis Borges, "El Inmortal", en *El Aleph*, p. 27.

5. Ibid., p. 28.

6. Ignacio Fuentes, art. cit., p. 130.

7. Francisco Jordán, *Crónica de un país bárbaro*, p. 9.

8. Salvador Prieto Quimper, *El Parral de mis recuerdos*, Jus, México, 1948.

9. Francisco Naranjo, *Diccionario biográfico y revolucionario*, p. 171; *Album del Centenario de Chihuahua*, p. 94; *El Correo de Chihuahua*, 4 de enero de 1910, p. 1.

10. Para la conspiración de Villa, véase MID 8321-123, MID 8321-138, MID 8321-140, MID 9700-702, MID 9700-856. Para la enfermedad de Obregón, véase MID 8536-246; y para su traición, MID 8231-44. Y esperemos que estos documentos no desaparezcan, como tantos otros del Archivo General de la Nación que fueron entregados al ciudadano Obregón y que éste nunca regresó. Véase AGN, Ramo Presidentes, Obregón/Calles.

11. David Pastrana Jaimes, "El problema agrario", *El nacionalista*, año I, n. 5, martes 4 de agosto de 1914, México, p. 2: 5-6.

12. Loc. cit.

La despedida de Villa

1. Ignacio Muñoz, *Verdad y mito de la Revolución Mexicana*, t. I, p. 404.
2. Loc. cit.
3. Alberto Calzadíaz Barrera, op. cit., p. 183.
4. Emmanuel Carballo, *19 protagonistas de la literatura mexicana del siglo XX*, p. 273.
5. *Verdad y mito de la Revolución Mexicana*, 4 tomos, Ediciones Populares, México, t. I: 1960; t. II: 1961; t. III: 1962; t. IV: [1965]; *La verdad sobre los gringos*, Ediciones Populares, México, 1961 (4a. ed., corregida y aumentada); *Defendámonos*, Ediciones Populares, México, s. f.
6. Ignacio Muñoz, *Defendámonos*, p. 48.
7. Ignacio Muñoz, *Verdad y mito de la Revolución Mexicana*, t. I, p. 404.
8. Ibid., pp. 404-06.
9. Friedrich Katz, *Pancho Villa y el ataque a Columbus, Nuevo México*, Sociedad Chihuahuense de Estudios Históricos, Chichuahua, 1979.
10. Rafael F. Muñoz, *Pancho Villa, rayo y azote*, p. 95.
11. Rafael F. Muñoz, *Se llevaron el cañón para Bachimba*, p. 9.
12. Véase Charles H. Harris y Louis R. Sadler, "The 'Underside' of the Mexican Revolution: El Paso, 1912", *The Americas*, XXXIX, n. 1, julio de 1982.
13. Salvador S. Resendis, "El combate de Bachimba", *La revolución mexicana*, I, n. 2, julio de 1934, México, p. 20.
14. VC, copiador, B-25, documento 54.
15. JBT 960-963.
16. Antolín Monge, "La narrativa de Rafael Muñoz", p. 28.
17. Francisco Almada, *Diccionario de Historia, Geografía y Biografía Chihuahuenses*, p. 350.
18. Ibid., pp. 353-54.
19. Ibid., pp. 352-53.
20. Francisco Antolín Monge, op. cit., p. 28.
21. Francisco Antolín Monge, op, cit., p. 28; y Francisco Almada, op. cit., p. 350.
22. Francisco Antolín Monge, op. cit., p. 30.
23. Emmanuel Carballo, op. cit., p. 349.
24. Rafael F. Muñoz, *Se llevaron el cañón para Bachimba*, p. 158.
25. Loc. cit.
26. Ibid., p. 162.
27. Ibid., p. 163.
28. Ramón Puente, *Pascual Orozco y la revuelta de Chihuahua*, Eusebio Gómez de la Puente editor, México, 1912.
29. Emmanuel Carballo, op. cit., p. 349.
30. Rafael F. Muñoz, *Pancho Villa, rayo y azote*, Populibros La Prensa, México, 1955.
31. AACH, Acta de la sesión del Ayuntamiento de Chihuahua, 21 de diciembre de 1915.
32. Loc. cit.

El guajolote

1. Anselmo Mancisidor, *Sucedió en la Revolución*, pp. 59-62.
2. Miguel Villegas Oropeza, "Tapando agujeritos de la historia de la Revolución", en *Mi pueblo durante la Revolución*, III, pp. 246-47.
3. Loc. cit.

No saben para quién mueren

1. Carlos Noriega Hope, *La inútil curiosidad*, pp. 85-86.
2. Loc. cit.
3. Mariano Azuela, op. cit., p. 128.
4. Daniel Cosío Villegas, *Memorias*, p. 94, citado por José Emilio Pacheco, "Nota sobre la vanguardia", *Revista Iberoamericana*, n. 106-7, enero-junio de 1979, p. 327, nota 3.
5. Rafael López, *La bestia de oro y otros poemas*, p. 17 (subrayado en el original).
6. Ramón Mena, "La obsesión del trapecio", *América Española*, año 1, n. 4, 15 de junio de 1921, México, pp. 268-70.
7. Nina Cabrera de Tablada, *José Juan Tablada en la intimidad (con cartas y poemas inéditos)*, carta del 19 de marzo de 1925 al "Abate" Mendoza, p. 163.
8. Ezequiel A. Chávez a Pedro Henríquez Ureña, 24 de mayo de 1924, citado por Álvaro Matute, "Pedro Henríquez Ureña y la Universidad de México", *Revista de la UNAM*, XL, n. 42, octubre de 1984, México, p. 18.
9. Nemesio García Naranjo, *Memorias de... Mi segundo destierro,* p. 56.
10. Ibid., p. 79.
11. Nicola Chiaromonte, *The Paradox of History*, pp. 86-87.
12. Francisco L. Urquizo, *Tropa vieja*, en *Obras escogidas*, p. 179.
13. Gilles Deleuze, *La logique du sens*, p. 122.
14. Michel Foucault, "Résponse au Cercle d'Épistemologie", *Cahiers pour l'analyse*, n. 9, verano de 1968, citado en Denis Hollier, ed., *Panorama des Sciences Humaines*, pp. 614-16.
15. Hegel, *La razón en la historia*, citado en Hollier, op. cit., pp. 598-99.
16. Carlos Noriega Hope, op. cit., pp. 85-86.
17. Rafael F. Muñoz, *¡Vámonos con Pancho Villa!*, en Antonio Castro Leal, ed., *La novela de la Revolución Mexicana*, t. II, p. 775.
18. Juan B. Vargas, *A sangre y fuego con Pancho Villa*, pp. 27-111.

Ése que se llama Villa, ésos que se llaman dorados

1. Ramón Puente, "Francisco Villa", en José T. Meléndez, ed., *Historia de la Revolución Mexicana*, t. 1., p. 244.
2. Silvestre Terrazas, op. cit., p. 202.
3. Celia Hernández, *Pancho Villa ante la historia*, s.p.i., México, 1939; y Nellie Campobello, *La vida militar del general Francisco Villa*, EDIAPSA, México, 1940.

4. Gilles Deleuze y Félix Guattari, *Mille Plateaux, Capitalisme et Schizophrénie*, p. 435.

5. NAW, RG 165, MID 5761-1091/37. Informe de Edwin Emerson.

6. Miguel A. Sánchez Lamego, *Historia militar de la Revolución Constitucionalista*, 2a. parte, t. III, pp. 258-59.

7. E. Brondo Whitt, *La División del Norte (1914)*, p. 201 (entrada del 22 de junio de 1914).

8. NAW, RG 165, MID 5761-1091/37. Informe de Edwin Emerson.

9. *Vida Nueva*, Chihuahua, 20 de abril de 1914, p. 1:4 y p. 2:7.

10. GM, sin número de clasificación. Testimonio de Mariano Estrada Ramírez.

11. *Documentos relativos al general Felipe Ángeles*, p. 279.

12. GM, ibid.

13. Miguel A. Sánchez Lamego, op. cit., p. 83.

14. Ramón Puente, "Pancho Villa", en José T. Meléndez, op. cit., p. 272.

15. Enrique Krauze, *Francisco Villa. Entre el ángel y el fierro*, p. 51.

16. *Vida Nueva*, Chihuahua, 24 de abril de 1914, p. 1:4.

17. Georges Sorel, *Réflexions sur la violence*, p. 179.

18. [Ramón Puente], *Memorias de Pancho Villa*, p. 20.

Lucio Blanco

1. Ramón Puente, *La dictadura, la Revolución y sus hombres*, p. 253.

2. Fausto Garibay, *Apuntes para la historia. Asalto y toma de Matamoros el 3 y 4 de junio de 1913 por el general Lucio Blanco (narración verídica)*, p. 41; y Ramón Puente, *La dictadura, la Revolución y sus hombres*, p. 251.

3. Armando de Maria y Campos, *La vida del general Lucio Blanco*, p. 19.

4. Armando de Maria y Campos, op. cit., p. 11; Ramón Puente, ibid.; Fausto Garibay, ibid.

5. Ramón Puente, op. cit., p. 252.

6. Fortunato Lozano, *Antonio Villarreal, vida de un gran mexicano*, p. 18.

7. Fausto Garibay, op. cit., p. 42.

8. Armando de Maria y Campos, op. cit., p. 20; Ramón Puente, ibid.

La travesía

1. Juan Barragán, *Historia del Ejército y de la Revolución Constitucionalista (Primera Época)*, p. 96.

2. NAW, RG 165, MID 5761-735.

3. Francisco J. Múgica, *Diario de campaña del general...*, p. 18.

4. Ibid., p. 19.

5. NAW, RG 165, MID 5761-735.

6. Miguel A. Sánchez Lamego, op. cit., p. 20.

7. Juan Barragán, op. cit., p. 96.

8. Francisco J. Múgica, op. cit., p. 14.

9. Ibid., p. 18.
10. Juan Barragán, op. cit., p. 76.

El gran miedo

1. Francisco J. Múgica, op. cit., p. 22.
2. Ibid., p. 22.
3. Manuel Aguirre Berlanga, *Revolución y Reforma. Génesis legal de la Revolución Constitucionalista*, t. I, p. 27.
4. Francisco J. Múgica, op. cit., p. 23.
5. Loc. cit.
6. Juan Barragán, op. cit., p. 98.
7. Ibid., p. 97.
8. Manuel Aguirre Berlanga, op. cit., p. 27.
9. Francisco J. Múgica, op. cit., p. 23.
10. Aguirre Berlanga, op. cit., pp. 27-28.
11. Ibid., p. 28.
12. Ibid., pp. 137-38.
13. "Plan de Guadalupe", *El legionario*, vol. V, n. 57, México, 15 de noviembre de 1955, p. 76.
14. Thomas B. Davis y Amado Ricon Virulegio, *The Political Plans of Mexico*, p. xv.
15. T. F. Serrano y C. del Vando, *Ratas y ratones o Carranza y los carrancistas*, s.p.i., El Paso, 1914.
16. Thomas B. Davis y Amado Ricon Virulegio, op. cit., p. 54.
17. BR 7949.
18. *El pueblo*, 4 de octubre de 1914, México, p. 1:1-7.
19. Ibid., p. 1:2.
20. Ibid., p. 1:6.
21. Ibid., p. 1:7.
22. Ibid., p. 5:1.
23. Ibid., p. 5:3.
24. Loc. cit.
25. "Adiciones al Plan de Guadalupe y decretos dictados conforme a las mismas", pp. 7-13.

Continúa la travesía

1. Francisco J. Múgica, op. cit., p. 24.
2. Ibid., p. 25.
3. Ibid., p. 28.
4. Ibid., p. 29.
5. Ibid., pp. 24-35.
6. Miguel A. Sánchez Lamego, *Historia Militar de la Revolución Constitucionalista*, 1a. parte, Anexos, t. II, pp. 38-39.

7. Francisco J. Múgica, op. cit., p. 36; Miguel A. Sánchez Lamego, op. cit., p. 39.
8. Francisco J. Múgica, ibid.
9. Miguel A. Sánchez Lamego, op. cit., p. 40.
10. Francisco J. Múgica, op. cit., p. 37.
11. Ibid., pp. 37-38.
12. Ibid., p. 40.

Esa frontera

1. Citado en Justo Sierra, *Evolución política del pueblo mexicano*, p. 394.
2. Ibid., p. 290.
3. Ibid., p. 265.
4. Percy H. Boynton, *The Rediscovery of the Frontier*, p. 5.
5. Ibid., p. 17.
6. Ibid., pp. 20-24.

Tamaulipas

1. MWG 2298.
2. Adalberto J. Argüelles, *Reseña del Estado de Tamaulipas. 1810-1910*, p. 200.
3. *División Territorial de los Estados Unidos Mexicanos formada por la Dirección General de Estadística, a cargo del ingeniero Salvador Echegaray. Estado de Tamaulipas*, Imprenta y Fototipia de la Secretaría de Fomento, México, 1913.
4. MWG 2386.
5. MWG 2298 y Andrés Molina Enríquez, *La Revolución Agraria de México*, t. II, "Aspectos criollos de la historia de México".
6. MWG 2386.
7. Argüelles, op. cit., pp. 186-88.
8. Argüelles, op. cit., pp. 255-62 (especialmente p. 261).

Matamoros

1. NAW, RG 165, MID 8526-20.
2. *Memorias administrativas del Estado de Tamaulipas presentadas a la honorable legislatura por el ciudadano gobernador Ing. Alejandro Prieto*, pp. 226.
3. Ibid., p. xxviii.
4. NAW, RG 165, MID 8526-20.
5. Loc. cit.
6. Loc. cit.

El hecho y sus hechos

1. VC 259.
2. VC 198.
3. Francisco J. Múgica, op. cit., p. 62.
4. Armando de Maria y Campos, op. cit., p. 42.
5. Ibid., p. 41.
6. Fausto Garibay, op. cit., p. 15.
7. Armando de Maria y Campos, op. cit., p. 42.
8. Francisco J. Múgica, op. cit., pp. 62-64.
9. Fausto Garibay, op. cit., p. 17.
10. Armando de Maria y Campos, op. cit., p. 43.
11. Francisco J. Múgica, op. cit., p. 65.
12. Loc. cit.
13. Ibid., p. 68.
14. Francisco J. Múgica op. cit., pp. 68-69; Fausto Garibay, op. cit., pp. 24-26.
15. Fausto Garibay, op. cit., p. 24.
16. Ibid., p. 26.
17. Francisco J. Múgica, op. cit., pp. 68-69.
18. VC 428.
19. Armando de Maria y Campos, *Múgica. Crónica biográfica*, p. 36.
20. Véase los artículos sobre la educación rudimentaria en *La Verdad*, México, del 20 de marzo al 13 de abril de 1912, o el expediente sobre la Educación rudimentaria que se encuentra en la Biblioteca Brioso y Candiani, Oaxaca, Oax.
21. Francisco J. Múgica, op. cit., pp. 68-69.
22. Ibid., p. 71.
23. GRN 54. Varios telegramas.
24. GRN 54. Telegrama del 24 de junio de 1913. De Rubio Navarrete al Secretario de Gobernación.
25. GRN 54. Telegrama del 25 de junio de 1913. Urrutia a Rubio Navarrete.
26. GRN 54. Telegrama del 22 de junio de 1913. Huerta a Rubio Navarrete.
27. GRN 54. Telegramas del 25 y del 26 de junio de 1913. Rubio Navarrete a Blanquet.
28. GRN 54. Telegrama del 26 de junio de 1913. Rubio Navarrete a Urrutia.
29. GRN 54. Telegrama del 3 de julio de 1913. Rubio Navarrete a Urrutia.
30. Francisco J. Múgica, op. cit., p. 74.
31. Ibid., pp. 76-77.
32. Citado en John Lukacs, *Historical Consciousness or The Remembered Past*, p. 163.

Un moralista de la Revolución

1. Francisco Naranjo, op. cit., p. 171; *Álbum del Centenario de Chihuahua. Chihuahua en 1910*, p. 94; *El Correo de Chihuahua*, Chihuahua, 4 de enero de 1910, p. 1.
2. *Álbum del Centenario de Chihuahua. Chihuahua en 1910*, pp. 45-50.
3. Ibid., p. 21.

4. Ibid., p. 58.

5. Carta en posesión de Ramón Puente Moya.

6. Ramón Puente, *Juan Rivera*, Botas, México, 1936.

7. Ramón Puente, *Pascual Orozco y la revuelta de Chihuahua*, Eusebio Gómez de la Puente editor-librero, México, 1912.

8. Ramón Puente, op. cit., pp. 34-35.

9. Ibid., pp. 74-75.

10. Adalberto J. Pani, *Apuntes autobiográficos*, t. I, p. 154.

11. Ibid., p. 40.

12. *El Heraldo Nacional*, año 1, n. 1, México, 1o. de octubre de 1913, p. 2:4.

13. Alberto J. Pani, op. cit., pp. 154-55.

14. *Pascual Orozco y la revuelta de Chihuahua*, cit.; *Vida de Francisco Villa contada por él mismo*, O. Paz y compañía editores, Los Ángeles, California, 1919; *Hombres de la Revolución. Villa. (Sus auténticas memorias)*, Spanish-American Print, Los Ángeles, California, 1931; *Hombres de la Revolución. Calles*, s.p.i., Los Ángeles, California, 1933; *Juan Rivera*, Botas, México, 1936; *Francisco Villa*, en José T. Meléndez, ed., *Historia de la Revolución Mexicana*, t. I, Talleres Gráficos de la Nación, México, 1936, pp. 239-74; *Villa en pie*, Editorial México Nuevo, México, 1937; *La dictadura, la Revolución y sus hombres*, Imprenta de Manuel León Sánchez, México, 1938.

15. Rafael F. Muñoz, *Vámonos con Pancho Villa*, p. 775.

16. Ibid., p. 735.

17. Ramón Puente, op. cit., p. 16.

18. Ibid., p. 111.

19. Ibid., p. 141.

20. Ibid., p. 169.

21. Ibid., p. 178.

22. Ibid., p. 179.

23. Ibid., p. 180.

24. Ibid., p. 199.

25. Ibid., p. 200.

El 30 de agosto de 1913

1. *Compañía Agrícola del Río Bravo, S.A., antes Compañía Agrícola de Colombres, S.A.*, p. 185.

2. Ibid., p. 192.

3. Ibid., p. 194.

4. Ibid., p. 201.

5. Ibid., p. 36.

6. Ibid., pp. 3-44.

7. Ibid., p. 77.

8. Ibid., p. 79.

9. Ibid., pp. 85-95.

10. MWG 2386.

11. MWG 2224 y 2398.

12. Ramón Puente, *La dictadura, la revolución y sus hombres*, p. 253.

13. Francisco J. Múgica, op. cit., p. 77.

14. Armando de Maria y Campos, *La vida del general Lucio Blanco*, p. 64.

15. Loc. cit.

16. Lázaro Gutiérrez de Lara y Edgcumb Pinchon, *The Mexican People. Their Struggle for Freedom*, pie de foto entre las pp. 42-43.

17. Armando de Maria y Campos, op. cit., pp. 55, 56, 57 y 70, y AGN-FLB.

18. *División territorial de los Estados Unidos Mexicanos formada por la Dirección General de Estadística a cargo del ingeniero Salvador Echegaray. Estado de Tamaulipas*, p. 16.

19. Armando de Maria y Campos, op. cit.

20. AGN-FLB.

21. MWG 2224.

22. AGN-FLB.

23. *División territorial de los Estados Unidos Mexicanos... Estado de Tamaulipas*, pp. 17 y 61.

24. Ibid., p. 61 y AGN-FLB.

25. Andrés Molina Enríquez, *La Revolución Agraria de México*, vol. 5, p. 162.

26. Loc. cit.

27. "Decreto de 6 de enero de 1915", citado por Molina Enríquez, ibid., p. 159 (subrayado en el original).

28. Loc. cit. (subrayado en el original).

29. Loc. cit.

30. AGN-FLB y De Maria y Campos, op. cit., p. 56.

31. "Manifiesto de Lucio Blanco, Matamoros, Agosto de 1913", AGN-FLB (yo subrayo).

32. "Aviso de la Comisión Agraria, Matamoros, 1o. de septiembre de 1913" y "Manifiesto de Lucio Blanco...", AGN-FLB.

33. MWG 2298. Dictamen, p. 3.

34. Loc. cit.

35. MWG 2804.

36. Ibid.

37. Lázaro Gutiérrez de Lara y Edgcumb Pinchon, op. cit., foto entre pp. 42-43.

38. Francisco J. Múgica, op. cit., p. 77.

La razón ideológica

1. Armando de Maria y Campos, *La vida del general Lucio Blanco*, B.I.N.E.H.-R.M., México, 1963.

2. Adolfo Gilly, *La revolución interrumpida*, p. 93.

3. Arnaldo Córdova, *La ideología de la Revolución Mexicana*, p. 197.

4. Armando de Maria y Campos, op. cit., p. 68.

5. Loc. cit.

6. Ojed Bórquez, *Crónica del Constituyente*, p. 64.

Comienzo de la dispersión

1. Armando de Maria y Campos, *La vida del general Lucio Blanco*, p. 63.
2. Juan Barragán, op. cit., p. 177.
3. MWG 785.
4. Ramón Puente, *La dictadura, la revolución y sus hombres*, p. 253.
5. NAW, RG 165, AGO 2008188/A159.
6. MWG 3118.
7. VC. Telegrama. Hermosillo, 5 de octubre de 1913.

Se fue para no volver. Sí, volvió para morir

1. MWG 785.
2. MWG 846.
3. VC, Escalafón del Ejército Constitucionalista.
4. VC. Telegramas.
5. Ramón Puente, *La dictadura, la revolución y sus hombres*, p. 252.
6. MWG 939.
7. MWG 1049.
8. Francisco J. Múgica, op. cit., pp. 71 y 78.
9. MWG 1176.

Silvino García

1. José Fernández Rojas e I. Melgarejo Randolf, *Hombres y hechos del Constitucionalismo, "Patria, verdad y justicia"*, p. 220.
2. Ibid., p. 221.
3. Servando Alzati, *Historia de los ferrocarriles*, p. 95.
4. Loc. cit.
5. MWG 2774, Fernández Rojas e I. Melgarejo Randolf, op. cit., p. 222, y Rafael Sánchez Escobar, *El ocaso de los héroes*, pp. 112-13.
6. José Fernández Rojas e I. Melgarejo Randolf, op. cit., p. 226.
7. Fernández Rojas y Melgarejo Randolf, op. cit., p. 224; e Ignacio B. del Castillo, *Bibliografía de la Revolución Mexicana de 1910-1916*, ficha 375.
8. Rafael Sánchez Escobar, ibid.
9. RCH, caja 14, expediente 166.
10. José Fernández Rojas e I. Melgarejo Randolf, op. cit., p. 229.
11. Ibid., p. 227.
12. VC 145.
13. VC 100.
14. VC 139 y VC 434.
15. VC 139.
16. VC 142.

17. Silvino García, *Vibraciones revolucionarias (Prensa y Tribuna)*, [Imprenta Victoria], México, 1916.

18. Silvino García, op. cit., p. 10 (suyas las mayúsculas).

19. Ibid., p. 11

20. Francisco J. Múgica, op. cit., p. 65.

21. Loc. cit.

22. Ricardo L. Vázquez, *Poncho Vázquez*, p. 91.

23. Silvino García, op. cit., p. 26 (suyas las mayúsculas).

24. Ibid., p. 29.

25. Loc. cit.

26. Gonzalo de la Parra, *De cómo se hizo revolucionario un hombre de buena fe*, s.p.i., México, 1915.

27. *El Nacionalista*, México, sábado 15 de agosto de 1914, pp. 1:3-4.

28. Heriberto Frías, "El triple enigma. La victoria de la Convención", *Vida Nueva*, domingo 3 de enero de 1915, Chihuahua, p. 4:3.

29. Ricardo L. Vázquez, op. cit., p. 80.

30. Adolfo León Ossorio, *Mis confesiones*, p. 60.

31. Citado por Teodoro Torres, *Periodismo*, p. 192.

Más allá de la Revolución Francesa

1. Federico de la Colina, *Almanaque Revolucionario para el año LVI de la era de nuestra libertad*, p. I.

2. Ibid., pp. 39-42.

Al sur del río Nueces

1. Dale Lasater, *Falfurrias. Ed Lasater and the Development of South Texas*, p. 4.

2. Ibid., pp. 40 y 42.

3. Ibid., p. 52.

4. Ibid., p. 50.

5. ibid., p. 12.

6. Ibid., p. 75.

7. Loc. cit.

8. Emilio Zamora, *El movimiento obrero mexicano en el sur de Texas, 1900-1920*, p. 53.

9. Ibid., p. 52.

10. Ibid., p. 53.

11. Ibid., p. 45.

12. Ibid., p. 50.

13. Richard Nostrand, *The Hispanic American Borderland; A Regional Historical Geography*, p. 149, citado por Zamora, p. 37.

14. Emilio Zamora, op. cit., pp. 50-51.

15. James R. Green, *Grass-Roots Socialism*, p. 18.
16. Evans Anders, *Boss Rule in South Texas. The Progressive Era*, pp. 5-6.
17. Loc. cit.
18. Evans Anders, op. cit., p. 283.
19. Dale Lasater, op. cit., p. 3.
20 Evans Anders, op. cit., p. 11.
21. Ibid., p. 6.

La familia Guerra

1. Evans Anders, op. cit., p. 44.
2. Dale Lasater, op. cit., p. 99.
3. Evans Anders, op. cit., p. 44.
4. Ibid., p. 47.
5. Ibid., pp. 50-57.
6. Dale Lasater, op. cit., pp. 113-14, 116n.

Archie Parr

1. Evans Anders, op. cit., p. 171; y *Texas Almanac and State Industrial Guide. 1910*, p. 136.
2. Evans Anders, ibid, y *Texas Almanac*, p. 132.
3. Evans Anders, op. cit., p. 173.
4. Ibid., p. 174.
5. Ibid., pp. 174-75.
6. Dale Lasater, op. cit., p. 118.

Un pequeño imperio

1. Virginia Taylor, *Index to Spanish and Mexican Land Grants*, citado en Dale Lasater, op. cit., p. 6.
2. Dale Lasater, op. cit., pp. 5 y 7.
3. Ibid., p. 9.
4. Ibid., p. 13.
5. Ibid., p. 23.
6. Ibid., p. 34.
7. Ibid., p. 49.
8. Ibid., p. 51.
9. Ibid., p. 75.
10. Evans Anders, op. cit., p. 41.

Catarino Garza

1. NAW, RG 393 Part I. E. 4877. Garza Revolution 3794.
2. BR, copiador 2, documentos 1146, 1193, 1247, 1263.
3. Véase, Gabriel Saldívar, "Documentos de la rebelión de Catarino E. Garza, en la frontera de Tamaulipas y sur de Texas, 1891-1892. Los presenta el VI Congreso Mexicano de historia...", s.p.i., México, 1943.
4. Evans Anders, op. cit., p. 44.
5. BR, copiador 2, documento 1286.
6. NAW, RG 393 Part I. E. 4877. Garza Revolution 3428.
7. NAW, RG 393 Part I. E. 4877. Garza Revolution W/L.R. 4-1892, p. 23.
8. Loc. cit.
9. NAW, RG 165, AGO 2328234.
10. BR, copiador 2, documento 1144.
11. BR, copiador 2, documentos 1147, 1148, 1166, 1172.
12. BR, copiador 2, documento 1162.
13. NAW, RG 393 Part I. E. 4877. Garza Revolution W/L.R. 4-1982, p. 23.
14. NAW, RG 393 Part I. E. 4877. Garza Revolution, 3726.
15. José C. Valadés, "Jesús María Rangel: el brazo armado del magonismo fronterizo", 1a. parte, *La cultura en México*, # 1315, 18 de junio de 1987, México, pp. 36-37.
16. NAW, RG 393 Part I. E. 4877. Garza Revolution, 1790.
17. NAW, RG 393 Part I. E. 4877. Garza Revolution, W/L.R. 4-1892.
18. NAW, RG 393 Part I. E. 4877. Garza Revolution, W/L.R. 4-1892.
19. NAW, RG 165, MID 5761-1111.
20. José C. Valadés, art. cit., p. 37.
21. Loc. cit.

Mexicanos, al grito de guerra

1. NAW, RG 165, AGO 2024012/A36. Informe de la frontera n. 58.
2. NAW, RG 165, AGO 2024012/A37. Informe de la frontera n. 59.
3. NAW, RG 165, AGO 2024012/A36. Informe de la frontera n. 58.
4. Ibid.
5. NAW, RG 165, AGO 2024012/A38. Informe de la frontera n. 60.
6. Loc. cit.
7. NAW, RG 165, AGO 2150480-R.
8. NAW, RG 165, AGO 2179517.
9. Ibid.
10. NAW, RG 165, AGO 2024012/A37. Informe de la frontera n. 59.
11. NAW, RG 165, AGO 2024012/A38. Informe de la frontera n. 60.
12. NAW, RG 165, AGO 2226503.
13. VC 4263.
14. Charles H. Harris III y Louis R. Sadler, "The Plan of San Diego and the

Mexican United States War Crisis of 1916: A Reexamination", *Hispanic American Historical Review*, 58, n. 3, 1978, p. 382.

Llegó Basilio Ramos

1. William Warren Sterling, *Trails and Trials of a Texas Ranger*, pp. 25, 31.
2. Dale Lasater, op. cit., pp. 113-14.
3. Lionel Pike, *Beethoven, Sibelius and "The Profound Logic"*, p. 1.
4. NAW, RG 165, AGO 2320068/A,B.
5. Walter Prescott Webb, *The Texas Rangers. A Century of Frontier Defense*, p. 484.
6. VC 4263.
7. Walter Prescott Webb, op. cit., p. 485.
8. Allen Gerlach, "Conditions along the border —1915. The Plan de San Diego", pp. 198-99.
9. Walter Prescott Webb, op, cit., p. 483.
10. Michael C. Meyer, *Mexican Rebel: Pascual Orozco*, p. 121.
11. Loc. cit.
12. Michael C. Meyer, *Huerta: A Political Portrait*, pp. 213-15.
13. Ibid., p. 215.
14. Ibid., p. 217, n. 22.
15. Loc. cit.
16. Loc. cit.
17. Ibid., p. 218.
18. Loc. cit.
19. Ibid., p. 214.
20. NAW, RG 165, AGO 2024012 A30/ Informe de la frontera n. 51.
21. NAW, RG 165, AGO 2024012 A31/ Informe de la frontera n. 53.
22. NAW, RG 165, AGO 2024012 A32/ Informe de la frontera n. 54.
23. Allen Gerlach, art. cit., pp. 197-98.
24. Ibid., p. 204.
25. James A. Sandos, "The Plan of San Diego. War and diplomacy on the Texas Border. 1915-1916", pp. 6 y 7.
26. Ibid., p. 10, n. 8.
27. Charles H. Harris y Louis R. Sadler, "The Plan of San Diego and the Mexican-United States War Crisis of 1916: A Reexamination", p. 390.
28. Ibid., p. 405.
29. Friedrich Katz, *La guerra secreta en México*, II, pp. 24-28.

Ciudadanos armados

1. VC Escalafón del Ejército Constitucionalista.
2. *Así fue la Revolución Mexicana*, t. 8, 1a. parte, p. 1531.
3. Ramón Puente, *La dictadura, la Revolución y sus hombres*, p. 252; y *Así fue la Revolución Mexicana*, ibid.

4. Ivor Thord-Gray, *Gringo Rebelde*, pp. 100-101.

5. Manuel de la Peña, *Ciudadanos Armados*, p. 18.

6. Manuel de la Peña, *Ciudadanos Armados*, Marcel Etaix imprimeur, Le Havre, s.f.

7. *El Pueblo*, México, domingo 4 de octubre de 1914, p. 5:4.

8. *El Nacionalista*, México, sábado 15 de agosto de 1914, p. 1:3-4.

9. *El Nacionalista*, lunes 17 de agosto de 1914, p. 1:1.

10. VC 6859. "Apuntes íntimos de campaña del capitán 1o. Antonio López Sáenz Pardo. H. Veracruz, noviembre de 1915".

11. *El Pueblo*, México, 5 de octubre de 1914, p. 4:3.

12. Loc. cit.

13. Loc. cit.

14. Ibid., pp. 3:2 y 1:2.

15. Ibid., p. 4:3.

16. Ibid., p. 4:6.

17. Ibid., pp. 1:5-7.

18. *El Monitor*, México, 14 de diciembre de 1914, p. 3:3.

19. *El Monitor*, México, 10 de diciembre de 1914, p. 3:5.

La i no era de indeciso: Antonio I. Villarreal

1. Fortunato Lozano, *Antonio Villarreal, vida de un gran mexicano*, p. 5.

2. Ibid., p. 15.

3. Ibid., p. 9.

4. Ibid., p. 11.

5. La fuente dudosa: *Así fue la Revolución Mexicana. Los protagonistas*, t. 8, p. 1727. Para el testimonio de la hermana de Villarreal, véase: Samuel Kaplan, *Combatimos la tiranía. Conversaciones con Enrique Flores Magón. Un pionero revolucionario cuenta su historia a...*, p. 150. Y para la lista de participantes en el primer congreso de clubs liberales, véase: *El programa del Partido Liberal Mexicano de 1906 y sus antecedentes*, pp. 37-41. Para el testimonio del homicidio en una riña, véase: Fortunato Lozano, op. cit., p. 9.

6. AM 1888, 2336.

7. Fortunato Lozano, op. cit., pp. 22-23.

8. Ibid., p. 26.

9. Emilio Salinas, *El desastre de Ramos Arizpe. Responsabilidades que resultan*, p. 3.

10. Ignacio Muñoz, *Verdad y mito de la Revolución*, t. II, p. 327.

11. Emilio Salinas, op. cit., pp. 19-20.

12. NAW, RG 165, AGO sin número. Informe de la frontera n. 99.

13. VC 2785.

14. VC. Telegrama. Pablo González a Venustiano Carranza, Montemorelos, 9 de marzo de 1915.

15. VC. Telegrama. Pablo González a Venustiano Carranza, San Juan, 10 de marzo de 1915.

16. VC. Telegrama. Pablo González a Venustiano Carranza, San Miguel, 12 de marzo de 1915.

17. VC. Telegrama. Espinosa Mireles a Venustiano Carranza, Monterrey, 17 de agosto de 1915.

18. MWG 834.

19. José Luz Alanís, *Los marrazos no hacen ruido*, pp. 54-55.

20. Juan B. Vargas, op. cit., pp. 346-47.

21. VC. Telegrama. Luis Caballero a Venustiano Carranza, Monterrey, 1o. de junio de 1915.

22. Loc. cit.

23. Loc. cit.

24. VC. Telegrama. Pablo A. de la Garza a Venustiano Carranza, Monterrey, 3 de junio de 1915.

25. Loc. cit.

26. VC 4510.

27. VC 5083.

28. VC 4897.

El miedo y el medio

1. NAW, RG 165, AGO 2150480-R.

2. NAW, RG 165, MID 5761-1038.

3. Ricardo Flores Magón, "Los levantamientos en Texas", en Ricardo Flores Magón et al., *Regeneración*, p. 437.

4. VC 4897.

5. VC 5083.

6. Arturo P. Montemayor, "El general de división Ildefonso V. Vázquez Tamez. Datos biográficos y su actuación revolucionaria", *El legionario*, vol. V, n. 50, México, 30 de abril de 1955, p. 49.

7. NAW, RG 165, AGO 2224757/X. Informe de la frontera n. 108.

8. VC 4460.

9. James R. Green, *Grass Roots Socialism*, pp. 329-32 y Mario Longoria, "Revolution, visionary plan and marketplace: a San Antonio incident", *Aztlán*, vol. 12, n. 2, otoño de 1981, pp. 211-26.

10. Véase José C. Valadés, "Jesús María Rangel: el brazo armado del magonismo fronterizo", dos partes, *La cultura en México*, nos. 1315 y 1316, 18 y 25 de junio de 1987, México, pp. 36-41 y 42-51.

11. MWG 2769 y VC, Telegrama. Luis Caballero a Venustiano Carranza, Monterrey, 1o. de junio de 1915.

12. NAW, RG 165, MID 8526-24.

13. Loc. cit.

14. Ibid., p. 2.

15. Loc. cit.

El Plan de San Diego

1. Frank C. Pierce, *A Brief History of the Lower Rio Grande Valley*, p. 89; W. W. Sterling, *Trails and Trials of a Texas Ranger*, p. 32.
2. W. W. Sterling, op. cit., pp. 30-31.
3. En español en el original. Subrayado del autor.
4. W. W. Sterling, op. cit., p. 172.
5. NAW, RG 165, MID 5761-1063.
6. Pierce, op. cit., p. 90.
7. NAW, RG 165, MID 5761-1063.
8. Frank C. Pierce, ibid.
9. NAW, RG 165, AGO 2024012/ A28.
10. NAW, RG 165, AGO 2024012/A27. Informe de la forntera n. 50; y Walter Prescott Webb, op. cit., pp. 489-95.
11. NAW, RG 165, AGO 2318194.
12. NAW, RG 165, MID 5761-1048, y James A. Sandos,, "The Plan de San Diego. War and Diplomacy on the Texas Border. 1915-1916", *Arizona and the West*, vol. 14, n. 1, primavera de 1972, p. 13.
13. Evans Anders, op. cit., p. 221.
14. NAW, RG 165, AGO 2311838/Q. Declaración de Manuel Rincones.
15. Ignacio Muñoz, *La verdad sobre los gringos*, p. 90.
16. Ibid., p. 86.
17. Ibid., pp. 120 y 121.

Los bandidos y los desesperados

1. Ignacio Muñoz, *La verdad sobre los gringos*, pp. 66-69.
2. Ibid., p. 69.
3. ibid., p. 104.
4. Ibid., p. 106.
5. Ibid., p. 68.
6. Ibid., p. 71.
7. Ibid., p. 78.
8. Ibid., p. 71.
9. Frank C. Pierce, op. cit., p. 90.
10. W. W. Sterling, op. cit., pp. 32-33.
11. Frank C. Pierce, op. cit., p. 90.
12. Véase reproducción del documento en James A. Sandos, art. cit., entre pp. 8 y 9.
13. Loc. cit.

Las primeras batallas

1. W. W. Sterling, op. cit., pp. 29-30.
2. W. W. Sterling, op. cit., p. 28; Walter Prescott Webb, op. cit., p. 486.

3. James A. Sandos, art. cit., p. 9, n. 7.
4. W. W. Sterling, op. cit., p. 467, y Charles H. Harris y Louis R. Sadler, art. cit., p. 382.
5. NAW, RG 165, AGO 2311838.
6. Frank C. Pierce, op. cit., p. 91.
7. NAW, RG 165, MID 5761-1063.

Funston, Krumm Heller, Orozco y otros personajes

1. Frank C. Pierce, op. cit., p. 91.
2. NAW, RG 165, AGO 2311838/Q (Declaración de Manuel Rincones).
3. Frank C. Pierce, ibid., pp. 91-92, y NAW, RG 165, AGO 2311838/Q (Declaración de Manuel Rincones).
4. NAW, RG 165, AGO 2311838/P.
5. NAW, RG 165, AGO 2318194.
6. NAW, RG 165, MID 8526-24. Subrayado en el original.
7. NAW, RG 165, AGO 2311838/A.
8. NAW, RG 165, AGO 2311838/H.
9. NAW, RG 165, AGO 2311838/G.
10. NAW, RG 165, AGO 2311838/Q (Declaración de Manuel Rincones). Véase también Frank C. Pierce, op. cit., p. 90.
11. NAW, RG 165, AGO 2311838/E.
12. Loc. cit.
13. NAW, RG 165, AGO 2311838/A6.
14. Loc. cit.
15. NAW, RG 165, AGO 2319404 y James A. Sandos, art. cit., p. 17.
16. James A. Sandos, art. cit., p. 12.
17. VC 5841.
18. Mario Longoria, art. cit., p. 219.
19. James R. Green, op. cit., pp. 303 y 332.

Los magonistas y los reaparecidos

1. NAW, RG 165, MID 8321-53.
2. NAW, RG 165, MID 5761-144.
3. NAW, RG 165, MID 5761-1038.
4. James A. Sandos, art. cit., p. 10.
5. Frank C. Pierce, op. cit., p. 93.
6. NAW, RG 165, MID 5761-1036.

El fin de la rebelión

1. Frank C. Pierce, op. cit., p. 93.

2. NAW, RG 165, AGO 2311838/A15 y AGO 2311838/A16.

3. NAW, RG 165, AGO 2311838/A18.

4. Frank C. Pierce, op. cit., pp. 93-94; W. W. Sterling, op. cit., pp. 37-38; y James A. Sandos, art. cit., p. 17.

5. James A. Sandos, art. cit., p. 15.

6. Loc. cit.

7. NAW, RG 165, AGO 2311838/A32.

8. Frank C. Pierce, op. cit., p. 94.

9. Charles H. Harris y Louis R. Sadler, art. cit., p. 389.

10. Frank C. Pierce, op. cit., p. 94.

11. NAW, RG 165, MID 5761-1063.

12. NAW, RG 165, MID 5761-1015.

13. NAW, RG 165, AGO 2328234.

14. NAW, RG 165, AGO 2326231.

15. JBT 471 (incompleto).

16. VC. Telegrama, 21 de septiembre de 1915.

17. NAW, RG 165, AGO 2328234.

18. JBT 603.

19. JBT 593.

20. NAW, RG 165, MID 5761-1032.

21. NAW, RG 165, AGO 2311838.

22. NAW, RG 165, AGO 2311838/A57.

23. NAW, RG 165, AGO 2311838/A5 y MID 5761-1045.

24. NAW, RG 165, MID 5761-1063.

25. Larry D. Hill, *Emissaries to a Revolution*, p. 363.

26. Charles H. Harris y Louis R. Sadler, art. cit., pp. 396-98.

27. Ibid., pp. 397-400.

28. Ibid., pp. 381-408.

29. NAW, RG 165, MID 8526-39.

30. Loc. cit.

31. James A. Sandos, art. cit., p. 20, nota 36.

32. VC. Telegrama del 9 de diciembre, Pablo A. de la Garza a Venustiano Carranza.

33. NAW, RG 165, AGO 2224757/A35, Informe de la frontera n. 144.

34. Ibid.

35. Ibid.

La venganza, nomás la venganza

1. Mariano Azuela, op. cit., p. 122.

La última frontera

1. [Mariano Otero], *Consideraciones sobre la situación política y social de la Re-*

pública Mexicana en el año 1847, p. 42, citado por Charles A. Hale, *El liberalismo mexicano en la época de Mora (1821-1853)*, pp. 16-17.

2. Francisco L. Urquizo, *Colonias Militares*, Talleres Gráficos de la Secretaría de Guerra y Marina, México, 1916.

3. *Vida Nueva*, nos. 117 y 122, 20 y 25 de agosto de 1914, Chihuahua. Zeferino Domínguez, *El servicio militar agrario y la pequeña propiedad*, Imprenta y Papelería Helvetia, México, 1913.

4. [Ramón Puente], *Memorias de Pancho Villa*, p. 5.

5. Loc. cit.

6. Hugh L. Scott, *Some Memories of a Soldier*, p. 501.

7. MID 9700-327. Diario de Carothers, del 18 de marzo al 7 de abril de 1914 en Torreón.

8. NAW, RG 165, MID 5761-1091/37. Informe de Edwin Emerson.

9. Clarence C. Clendenen, *The United States and Pancho Villa: a Study in Unconventional Diplomacy*, p. 13.

10. Véase Max L. Moorhead, *The Apache Frontier, Jacobo Ugarte and Spanish-Indian Relations in Northern New Spain, 1769-1791*, University of Oklahoma Press, Norman, 1968; y William B. Griffen, *Culture Change and Shifting Populations in Central Northern Mexico*, University of Arizona Press, Tucson, 1969 (Anthropological Papers of the University of Arizona, 13).

La gran cárcel mexicana

1. Lázaro Gutiérrez de Lara, *Los bribones*, Imprenta de El Popular, Los Ángeles, California, s.f.

2. Lázaro Gutiérrez de Lara, op. cit., cap. I, pp. 4-30.

3. Ibid., caps. II-IV, pp. 31-97.

4. Ibid., caps. V-VIII, pp. 98-207.

5. Ibid., pp. 171-72.

6. Pirra-Purra, "Criollos, indios y mestizos", en *La parra, la perra y la porra*, p. 8.

7. Guillermo Mellado, *Belén por dentro y por fuera*, pp. 111-13.

8. Querido Moheno, *Proyecto de Ley sobre Colonias Penales y Exposición de Motivos del mismo. Formulado por encargo del ministro de gobernación, Sr. D. Ramón Corral, Vice-Presidente de la República*, pp. 6-7.

9. Ibid., p. 3.

10. Ibid., p. 21.

11. Jesús Porchini, *Gran Enemigo. Conferencia Demostrativa. Elecciones* (Volante), s.p.i., 12 de octubre de 1909, México.

12. Querido Moheno, op. cit., p. 15.

13. Lázaro Gutiérrez de Lara y Edgcumb Pinchon, *The Mexican People. Their Struggle for Freedom*, pp. 344, 346 y 351.

El último fugitivo

1. Rafael F. Muñoz [y Ramón Puente], *Memorias de Pancho Villa*, p. 4.
2. Juan B. Vargas, op. cit., p. 30.
3. NAW, RG 165, MID 5761-1091/31. Informe de Edwin Emerson, p. 7.
4. Ivor Thord-Gray, *Gringo Rebelde*, pp. 53-54; y NAW, RG 165, MID 5761-1091/31. Informe de Emerson.
5. NAW, RG 165, MID 5761-1091/31. Informe de Emerson. p. 8.

El último fusilado

1. *Revista Mexicana*, vol. III, n. 56, septiembre de 1916, San Antonio, sin paginación.

El último título

1. César Vallejo, [En Madrid, en Bilbao, en Santander], en *Poesía completa*, p. 731.
2. César Vallejo, "Ello es que el lugar donde me pongo", en ibid., p. 676.

Documentos en archivos

[Las abreviaturas usadas en las notas van entre paréntesis]

CIUDAD DE MÉXICO

Centro de Estudios de Historia de México (Condumex)

Fondo XXI-1. Manuscritos de Venustiano Carranza. (VC)
Fondo XXI. Telegramas. Sin número de clasificación. (VC)
Fondo XXI. Escalafón del Ejército Constitucionalista. Documento único. (VC)
Fondo LXVIII-1. Manuel W. González. (MWG)
Fondo DLI. Manuscritos y Copiadores de Bernardo Reyes. (BR)
Fondo DLXXIII. Manuscritos de Guillermo Rubio Navarrete. (GRN)

Centro de Estudios sobre la Universidad (CESU). Biblioteca Nacional (UNAM)

Archivo Jacinto B. Treviño. (JBT)
Archivo Gildardo Magaña. (GM)
Archivo Rafael Chousal. (RCH)

Archivo Histórico de la Universidad Nacional Autónoma de México

Archivo Madero (AM)

Archivo General de la Nación (AGN)

Fondo Lucio Blanco. (FLB) (sin números de clasificación)

CHIHUAHUA, CHIHUAHUA

Archivo Municipal de la Ciudad de Chihuahua. (AMCCH)

WASHINGTON, D.C, ESTADOS UNIDOS

National Archives (NAW)

Old Military Files, Record Group 165. (RG 165)
Adjutant General's Office. (AGO)
Military Intelligence Division. (MID)

Records of United States Army Continental Commands, 1821-1920, Record Group 393. (RG 393)

LIBROS, FOLLETOS, ARTÍCULOS, TESIS, BIBLIOGRAFÍAS...

"Adiciones al Plan de Guadalupe y decretos dictados conforme a las mismas", [Secretaría de Instrucción Pública y Bellas Artes], Veracruz, 1915.

Aguilar, Gilberto F., *Carne y alma*, Imprenta Artística, México, 1921.

Aguirre Berlanga, Manuel, *Revolución y Reforma. Génesis legal de la Revolución Constitucionalista*, t. I, Imprenta Nacional, México, 1918.

Alanís, José Luz, *Los marrazos no hacen ruido*, s.p.i., [México, 1979].

Almada, Francisco R., *Diccionario de Historia, Geografía y Biografía Chihuahuenses*, Universidad de Chihuahua, Ciudad Juárez, 1968 (2a. edición, revisada y aumentada).

Álvarez Soto, Ramón, *Las profecías de la madre Matiana*, [El Paladín], México, 1914.

Alzati, Servando A., *Historia de la mexicanización de los ferrocariles nacionales de México*, s.p.i., México, 1946.

Ancona Albertos, Antonio, *En el sendero de las mandrágoras*, [Oficina del Gobierno de Estado, Mérida], s.f.

Anders, Evans, *Boss Rule in South Texas. The Progressive Era*, University of Texas Press, Austin, 1982.

Antolín Monge, Francisco, "La narrativa de Rafael F. Muñoz", Tesis de Maestría, Facultad de Filosofía y Letras (Escuela para Extranjeros), UNAM, 1975.

Aragón, Agustín, "Papel social de la guerra", *Revista Positiva*, t. IV, n. 46, agosto de 1904, México, pp. 439-52.

Argüelles, Adalberto J., *Reseña del Estado de Tamaulipas. 1810-1910*, Imprenta del Gobierno del Estado, Ciudad Victoria, 1910.

Así fue la Revolución Mexicana. Los protagonistas, t. 8, Consejo Nacional de Fomento Educativo, México, 1985.

Azuela, Mariano, *Los de abajo*, FCE, México, 1960 (Col. Popular, 13).

Bakhtine, Mijail, *La poétique de Dostoievski*, Aux Editions du Seuil, París, 1970.

Barragán, Juan, *Historia del Ejército y de la Revolución Constitucionalista (Primera época)*, Talleres de la Editorial Stylo, México, 1946.

Barragán, Juan, *Historia del Ejército y de la Revolución Constitucionalista (Segunda época)*, Talleres de la Editorial Stylo, México, 1946.

431

Bloch, Jean de (Ivan Bliokh), *La Guerre*, t. I, Garland Publishing, Nueva York y Londres, 1973 (reimpresión de la edición de Guillaumin, París, 1898-1900).

Borges, Jorge Luis, *El Aleph*, Alianza/Emecé, Madrid, 1971.

Boynton, Percy H., *The Rediscovery of the Frontier*, The University of Chicago Press, Chicago, 1931.

Brading, D. A. ed., *Caudillo and peasant in the Mexican Revolution*, Cambridge University Press, Cambridge, 1980.

Brondo Whitt, E., *La División del Norte (1914)*, Editorial Lumen, México, 1940.

Cabrera de Tablada, Nina, *José Juan Tablada en la intimidad (con cartas y poemas inéditos)*, Imprenta Universitaria, México, 1954.

Calzadíaz Barrera, Alberto, *El fin de la División del Norte*, Editores Mexicanos Unidos, México, 1965.

Campobello, Nellie, *Cartucho*, Ediciones Integrales, México, 1932.

Campobello, Nellie, *La vida militar del general Francisco Villa*, EDIAPSA, México, 1940.

Carballo, Emmanuel, *19 protagonistas de la literatura mexicana del siglo XX*, SEP, México, 1986 (Lecturas Mexicanas, 2a. serie, 48).

Castellanos, Antonio, *Francisco Villa, su vida y su muerte*, Librería Renacimiento, San Antonio, 1923.

Chiaromonte, Nicola, *The Paradox of History*, University of Pennsylvania Press, Filadelfia, 1985.

Clendenen, Clarence C., *The United States and Pancho Villa: a Study in Unconventional Diplomacy*, Cornell Universtiy Press, Ithaca, 1961.

Compañía Agrícola del Río Bravo, S.A., antes Compañía Agrícola de Colombres, S.A., Imprenta I. E. Aguilar, México, 1212 [i.e. 1912].

Córdova, Arnaldo, *La ideología de la Revolución Mexicana. La formación del nuevo régimen*, Era/UNAM, México, 1973.

Cuesta, Jorge, *Antología de la poesía mexicana moderna*, FCE/SEP, México, 1985 (Lecturas Mexicanas, 99).

Davis, Thomas B. y Amado Ricon Virulegio, *The Political Plans of Mexico*, University Press of America, Lanham, Maryland, 1897.

X Congreso Nacional de Historia de la Revolución Mexicana, [Sociedad Chihuahuense de Estudios Históricos, Chihuahua, 1979] (mecanografiado).

De la Colina, Federico, *Almanaque Revolucionario para el año LVI de la era de nuestra libertad*, El Demócrata, México, 1916.

De la Parra, Gonzalo, *De cómo se hizo revolucionario un hombre de buena fe*, s.p.i., México, 1915.

Del Castillo, Ignacio B., *Bibliografía de la Revolución Mexicana de 1910-1916*, Taller Gráfico de la Secretaría de Comunicaciones y Obras Públicas, México, 1918.

Deleuze, Gilles y Félix Guattari, *Mille Plateaux, Capitalisme et Schizophrénie*, Minuit, Paris, 1980.

Deleuze, Gilles, *Différence et répétition*, P.U.F., París, 1968.

Deleuze, Gilles, *La logique du sens*, Minuit, París, 1969.

Dessau, Adalbert, *La novela de la Revolución Mexicana*, FCE, México, 1972 (Col. Popular, 117).

División Territorial de los Estados Unidos Mexicanos formada por la Dirección General de Estadística, a cargo del ingeniero Salvador Echegaray. Estado de Tamaulipas, Imprenta y Fototipia de la Secretaría de Fomento, México, 1913.

Djed Bórquez (pseud. de Juan de Dios Bojórquez), *Crónica del Constituyente*, Botas, México, 1938.

Documentos relativos al general Felipe Ángeles, Domés, México, 1982.

El programa del partido liberal mexicano de 1906 y sus antecedentes, Ediciones Antorcha, México, 1985.

Fernández, Sergio, *En tela de juicio*, Mortiz, México, 1964.

Fernández, Sergio, *Las grandes figuras españolas del Renacimiento y el Barroco*, Pomarca, México, 1966.

Fernández Rojas, José e I. Melgarejo Randolf, *Hombres y hechos del Constitucionalismo, "Patria, verdad y justicia"*, vol. I, Ediciones "Vida Mexicana", México, 1916.

Flores Magón, Ricardo, et al., *Regeneración. 1910-1918*, HADISE, México, 1972 (Prólogo, selección y notas de Armando Bartra) [Reedición en Ediciones Era, 1977].

Frías, Heriberto, "El triple enigma. La victoria de la Convención", *Vida Nueva*, domingo 3 de enero de 1915, Chihuahua, p. 4.

García Calderón, Francisco, *Las democracias latinas de América*, Biblioteca Ayacucho, Caracas, 1979.

García, Silvino, *Vibraciones revolucionarias (Prensa y Tribuna)*, [Imprenta Victoria], México, 1916.

García Naranjo, Nemesio, *Memorias de... Mi segundo destierro*, 9o. tomo, Talleres El Porvenir, Monterrey, Nuevo Laredo, s.f.

Garibay, Fausto, *Apuntes para la historia. Asalto y toma de Matamoros el 3 y 4 de junio de 1913 por el general Lucio Blanco (narración verídica)*, Imprenta de El Porvernir, Brownsville, Texas, 1913.

Gerlach, Allen, "Conditions along the Border—1915. The Plan de San Diego", *New Mexico Historical Review*, vol. 43, n. 3, julio de 1968, pp. 195-212.

Gilly, Adolfo, *La revolución interrumpida*, Ediciones El Caballito, México, 1974.

González Peña, Carlos, *La fuga de la quimera*, Ediciones de México Moderno, México, 1919.

Green, James R., *Grass-Roots Socialism. Radical Movements in the Southwest. 1895-1943*, Louisiana State University Press, Baton Rouge, 1978.

Griffen, William B., *Culture Change and Shifting Populations in Central Northern Mexico*, University of Arizona Press, Tucson, 1969 (Anthropological Papers of the University of Arizona, 13).

Gutiérrez de Lara, Lázaro y Edgcumb Pinchon, *The Mexican People. Their Struggle for Freedom*, Doubleday, Page and Co., Garden City-Nueva York, 1914.

Gutiérrez de Lara, Lázaro, *Los bribones*, Imprenta de El Popular, Los Ángeles, California, s.f.

Guzmán, Martín Luis, *Memorias de Pancho Villa*, Porrúa, México, 1984 (Col. Sepan Cuántos, 438).

Hale, Charles A., *El liberalismo mexicano en la época de Mora (1821-1853)*, Siglo XXI, México, 1972.

Harris, Charles H. y Louis R. Sadler, "The 'Underside' of the Mexican Revolution: El Paso, 1912", *The Americas*, XXXIX, no. 1, julio de 1982.

Harris, Charles H. y Louis R. Sadler, "The Plan of San Diego and the Mexican United States War Crisis of 1916: A Reexamination", *Hispanic American Historical Review*, vol. 58, n. 3, 1978, pp. 381-408.

Herrera, Celia, *Pancho Villa ante la historia*, s.p.i., México, 1939.

Hill, Larry D., *Emissaries to a Revolution. Woodrow Wilson's Executive Agents in Mexico*, Louisiana State University Press, Baton Rouge, 1973.

Hollier, Denis, ed., *Panorama des Sciences Humaines*, Gallimard, París, 1973 (Le Point du Jour).

Icaza, Xavier, *Dilema*, Botas, México, 1921.

Iguíniz, Juan B., *Bibliografía de novelistas mexicanos. Ensayo biográfico, bibliográfico y crítico*, Secretaría de Relaciones Exteriores, México, 1926.

Jordán, Francisco, *Crónica de un país bárbaro*, Centro Librero La Prensa, Chihuahua, 1981.

Kaplan, Samuel, *Combatimos la tiranía. Conversaciones con Enrique Flores Magón. Un pionero revolucionario cuenta su historia a...*, B.I.N.E.H.R.M., México, 1958.

Katz, Friedrich, *La guerra secreta en México*, 2 tomos, ed. Era, México, 1982.

Katz, Friedrich, *Pancho Villa y el ataque a Columbus, Nuevo México*, Sociedad Chihuahuense de Estudios Históricos, Chihuahua, 1979.

Krauze, Enrique, *Francisco Villa. Entre el ángel y el fierro*, FCE, México, 1987 (Biografía del Poder, 4)

La violencia en Guatemala, Ediciones Hora Cero, México, 1967.

Lasater, Dale, *Falfurrias. Ed Lasater and the Development of South Texas*, Texas A & M University Press, College Station, 1985.

León Ossorio, Adolfo, *Mis confesiones*, s.p.i., México, 1946.

León Ossorio, Adolfo, *Memorias. Balance de la Revolución. 1910-1981*, s.p.i., México, 1981.

Longoria, Mario, "Revolution, Visionary Plan and Marketplace: a San Antonio incident", *Aztlán*, vol. 12, n. 2, otoño de 1981, University of California y Los Angeles Chicano Studies Research Center, pp. 211-26.

López, Rafael, *La bestia de oro y otros poemas*, Libros mexicanos, [México], s.f.

Lozano, Fortunato, *Antonio Villarreal, vida de un gran mexicano*, [Impresora Monterrey, Monterrey, 1959].

Lukács, Georg, *Political Writings, 1919-1929*, New Left Books, Londres, 1972.

Lukacs, John, *Historical Consciousness or The Remembered Past*, Schocken Books, Nueva York, 1985.

Mancisidor, Anselmo, *Sucedió en la Revolución*, [Talleres Gráficos de la Nación], México, 1962.

Maqueo Castellanos, Esteban, *La ruina de la casona*, Eusebio Gómez de la Puente, editor, México, 1921.

Maria y Campos, Armando de, *La vida del general Lucio Blanco*, B.I.N.E.-H.R.M., México, 1963.

Maria y Campos, Armando de, *Múgica. Crónica biográfica*, Compañía de Ediciones Populares S.A., México, 1939.

María Josefa de la Pasión de Jesús, "Profecías de Matiana, sirvienta que fue en el convento de San Gerónimo de México, sobre los sucesos que han de acontecer en la espresada capital", s.p.i., [México, 1837].

Martínez, Rafael (pseud. Rip Rip), Carlos M. Samper y Gral. José P. Lomelín, *La dictadura y sus hombres*, Talleres Tipográficos de El Tiempo, México, 1912.

Matute, Álvaro, "Pedro Henríquez Ureña y la Universidad de México", *Revista de la UNAM*, XL, n. 42, octubre de 1984, México.

Meléndez, José T., ed., *Historia de la Revolución Mexicana*, dos tomos, Ediciones Águilas, México, 1936-1940.

Mellado, Guillermo, *Belén por dentro y por fuera*, Botas, México, 1959 (Cuadernos "Criminalia", 21)

Memorias administrativas del Estado de Tamaulipas presentadas a la honorable legislatura por el ciudadano gobernador Ing. Alejandro Prieto, Imprenta del Gobierno del Estado en Palacio, Victoria, 1895.

Memorias de los Congresos Nacionales de Historia de la Revolución Mexicana, Chihuahua.

Mena, Ramón, "La obsesión del trapecio", *América Española*, año 1, n. 4, 15 de junio de 1921, México, pp. 268-70.

Meyer, Michael C., *Huerta: A Political Portrait*, University of Nebraska Press, Lincoln, 1972.

Meyer, Michael C., *Mexican Rebel: Pascual Orozco*, University of Nebraska Press, Lincoln, 1967.

Moheno, Querido, "Proyecto de Ley sobre Colonias Penales y Exposición de Motivos del mismo. Formulado por encargo del ministro de gobernación, Sr. D. Ramón Corral, Vice-Presidente de la República", Imprenta y Encuadernación de R. Amelien Lacaud, México, 1906.

Monsiváis, Carlos, "Notas sobre la cultura mexicana en el siglo XX", en *Historia General de México*, t. IV, El Colegio de México, México, 1976.

Moorhead, Max. L, *The Apache Frontier, Jacobo Ugarte and Spanish-Indian Relations in Northern New Spain, 1769-1791*, University of Oklahoma Press, Norman, 1968.

Múgica, Francisco J., *Diario de campaña del general...*, Universidad Juárez Autónoma de Tabasco, Villahermosa, 1984.

Muñoz, Ignacio, *Defendámonos*, Ediciones Populares, México, s.f.

Muñoz, Ignacio, *La verdad sobre los gringos*, Ediciones Populares, México, 1961 (4a. ed., corregida y aumentada).

Muñoz, Ignacio, *Verdad y mito de la Revolución Mexicana*, 4 tomos, Ediciones Populares, México. t. I: 1960; t. II: 1961; t. III: 1962; t. IV: [1965].

Muñoz, Rafael F., *Pancho Villa, rayo y azote*, Populibros La Prensa, México, 1955.

Muñoz, Rafael F., *Relatos de la Revolución*, SEP, México, 1974 (Col. SEP-Setentas, 151).

Muñoz, Rafael F., *Se llevaron el cañón para Bachimba*, Espasa-Calpe, Madrid, 1941 (Col. Austral, 178).

Muñoz, Rafael F., *¡Vámonos con Pancho Villa!*, en Antonio Castro Leal, ed., *La novela de la Revolución Mexicana*, t. I, Aguilar, México, 1981.

Muñoz, Rafael F. [y Ramón Puente], *Memorias de Pancho Villa*, [El Universal Gráfico, México, 1923].

Naranjo, Francisco, *Diccionario biográfico de la Revolución Mexicana*, Imprenta ediciones Cosmos, [1935] (edición facsimilar).

Nathan, Michel, *Anthologie du roman populaire 1836-1918*, 10/18, París, 1985.

Noriega Hope, Carlos, *El honor del ridículo*, Talleres de "El Universal Ilustrado", México, 1924.

Noriega Hope, Carlos, *La inútil curiosidad*, Talleres de "El Universal Ilustrado", México, 1923 (con un colofón lírico de Francisco Monterde García Icazbalceta).

Núñez y Domínguez, José de Jesús, *El imaginero del amor. Prosas deshilvanadas*, Herrero Hermanos, México, 1926.

Ortega y Pérez Gallardo, Ricardo, *Estudios genealógicos*, Imprenta de Eduardo Dublán, México, 1902.

Ortega y Pérez Gallardo, Ricardo, *Historia genealógica de las familias más antiguas de México*, tres tomos, Imprenta de A. Carranza, México, 1905-1910.

Pani, Alberto J., *Apuntes autobiográficos*, t. I, Librería de Manuel Porrúa, México, 1951.

Pastrana Jaimes, David, "El problema agrario", *El nacionalista*, año I, n. 5, martes 5 de agosto de 1914, México, p. 2.

Philonenko, Alexis, *Essais sur la philosophie de la guerre*, Vrin, París, 1976.

Pierce, Frank C., *A Brief History of the Lower Rio Grande Valley*, The Collegiate Press, Menasha, Wisconsin, 1917.

Pike, Lionel, *Beethoven, Sibelius and 'the Profound Logic'*, The Athlone Press, Londres, 1978.

Pirra-Purra (pseudónimo de Pedro Lamicq), *La parra, la perra y la porra* (incluye, con numeración separada: "Madero", "El dolor mexicano" y "Criollos, indios y mestizos"), Oficina Editorial Azteca, México, s.f.

[Ponce de León, José M., Manuel Aguilar Sáenz y Manuel Rocha y Chabre], *Album del Centenario de Chihuahua. Chihuahua en 1910*, s.p.i., [Chihuahua, 1910].

Porchini, Jesús, "Gran Enemigo. Conferencia Demostrativa. Elecciones" (volante), s.p.i., 12 de octubre de 1909, México.

Prieto Quimper, Salvador, *El Parral de mis recuerdos*, Jus, México, 1948.

"Profecías completas de la Madre Matiana según documento histórico auténtico, copiado y arreglado de los calendarios de la madre Matiana y del nigromántico, editado por Blanquet en 1867", Gutemberg, México, 1914.

Puente, Ramón, *Francisco Villa*, en José T. Meléndez (ed.), *Historia de la Revolución Mexicana*, t. I, Talleres Gráficos de la Nación, México, 1936, pp. 239-74.

Puente, Ramón, *Hombres de la Revolución. Calles.*, s.p.i., Los Ángeles, California, 1933.

Puente, Ramón, *Hombres de la Revolución. Villa. (Sus auténticas memorias)*, Spanish-American Print, Los Ángeles, California, 1931.

Puente, Ramón, *Juan Rivera*, Botas, México, 1936.

Puente, Ramón, *La dictadura, la Revolución y sus hombres*, s.p.i., México, 1938.

Puente, Ramón, *Pascual Orozco y la revuelta de Chihuahua*, Eusebio Gómez de la Puente editor-librero, México, 1912.

Puente, Ramón, *Vida de Francisco Villa contada por él mismo*, O. Paz y compañía editores, Los Ángeles, California. 1919.

Puente, Ramón, *Villa en pie*, Editorial México Nuevo, México, 1937.

Ramos, Raymundo ed., *El ensayo político latinoamericano en la formación nacional*, Instituto de Capacitación Política, México, 1981.

Resendis, Salvador S., "El combate de Bachimba", *La revolución mexicana*, I, n. 2, julio de 1934, México, pp. 20-23.

Ricoeur, Paul, *Temps et Récit, II: La configuration dans le récit de fiction*, Editions du Seuil, París, 1984.

Riding, Laura, *The Poems of Laura Riding*, Persea Books, Nueva York, 1980.

Robe, Stanley L., *Azuela and the Mexican Underdogs*, University of California Press, Berkeley-Los Angeles, 1979.

Rosales, Hernán, *La niñez de personalidades mexicanas*, [Talleres Gráficos de la Nación], México, 1934.

Rutherford, John, *An Annotated Bibliography of the Novels of the Mexican Revolution of 1910-1917. In English and Spanish*, The Whitston Publishing Company, Troy, Nueva York, 1972.

Saide, Gabriel (seud. de Diego Arenas Guzmán), *El señor diputado*, Biblioteca de El Hombre Libre, México, 1930 [i.e. 1931].

Saldívar, Gabriel, "Documentos de la rebelión de Catarino E. Garza, en la frontera de Tamaulipas y sur de Texas, 1891-1892. Los presenta al VI Congreso mexicano de historia...", s.p.i., México, 1943.

Salinas, Emilio, *El desastre de Ramos Arizpe. Responsabilidades que resultan*, s.p.i., s.l., s.f.

Sánchez Lamego, Miguel A., *Historia Militar de la Revolución Constitucionalista*, t. II, 1a parte, Anexos, B.I.N.E.H.R.M., México, 1957.

Sánchez Lamego, Miguel A., *Historia militar de la Revolución Constitucionalista*, t. III, segunda parte, B.I.N.E.H.R.M., México, 1957.

Sánchez Escobar, Rafael, *El ocaso de los héroes*, Talleres Tipográficos de la Casa de Orientación para Varones, México, 1934.

Sandos, James A., "The Plan of San Diego. War and Diplomacy on the Texas border. 1915-1916", *Arizona and the West*, vol. 14, n. 1, primavera de 1972, pp. 5-22.

Scott, Hugh L., *Some Memories of a Soldier*, The Century, Nueva York-Londres, 1928.

Serrano, T. F., y C. del Vando, *Ratas y ratones o Carranza y los carrancistas*, s.p.i., El Paso, 1914.

Sierra, Justo, *Evolución política del pueblo mexicano*, Ayacucho, Caracas, 1977.

Sorel, Georges, *Réflexions sur la violence*, Librairie Marcel Rivière et Cie, París, 1950.

Sterling, William Warren, *Trails and Trials of a Texas Ranger*, University of Oklahoma Press, Norman, 1959.

Terrazas, Silvestre, *El verdadero Pancho Villa*, Talleres Gráficos del Gobierno del Estado de Chihuahua, Chihuahua, 1984.

Texas Almanac and State Industrial Guide. 1910., A. H. Bello and Co., [Galveston-Dallas, 1910].

Thord-Gray, Ivor, *Gringo Rebelde. Historias de un aventurero en la Revolución Mexicana (1913-1914)*, Era, México, 1985.

Torres, Teodoro, jr., *Pancho Villa. Una vida de romance y tragedia*, Casa Editorial Lozano, San Antonio, Texas, 1924.

Torres, Teodoro, *Periodismo*, Botas, México, 1937.

Torri, Julio, *De fusilamientos*, FCE/SEP, México, 1984 (Col. Letras Mexicanas, 17).

Tuck, Jim, *Pancho Villa and John Reed, two faces of Romantic Revolution*, The University of Arizona Press, Tucson, 1984.

Urquizo, Francisco L., "Colonias Militares", Talleres Gráficos de la Secretaría de Guerra y Marina, México, 1916.

Urquizo, Francisco L., *Obras escogidas*, Fondo de Cultura Económica, México, 1987.

Valadés, José C., "Jesús María Rangel, el brazo armado del magonismo fronterizo", 2 partes, *La cultura en México*, nos. 1315 y 1316, 18 y 25 de junio de 1987, México, pp. 36-41 y 42-51.

Vallejo, César, *Poesía completa*, Barral Editores, Barcelona, 1978.

Vargas Arreola, Juan B., *A sangre y fuego con Pancho Villa*, FCE, México, 1988.

Vasconcelos, José, *La tormenta* en *Obras completas*, t. I, Libreros Mexicanos Unidos, México, 1957.

Vázquez, Ricardo L., *Poncho Vázquez*, Botas, México, 1940.

Villegas Oropeza, Miguel, et al., *Mi pueblo durante la Revolución*, III, Instituto Nacional de Antropología e Historia, México, 1985.

Webb, Walter Prescott, *The Texas Rangers. A Century of Frontier Defense*, University of Texas Press, Austin, 1965.

Zamora, Emilio, *El movimiento obrero mexicano en el sur de Texas. 1900-1920*, SEP, México, 1986 (Col. Frontera).

Zayas Guarneros, Pablo, *Herencia de bienes robados. Cuestión de honra en la lucha por la vida*, tres tomos, Tipografía La Española, México, 1899.

PUBLICACIONES PERIÓDICAS

América Española, ciudad de México, 1921-1922.
Biblos, ciudad de México, 1919.
El Correo de Chihuahua, Chihuahua, 1910.
El Heraldo Nacional, ciudad de México, octubre de 1913.
El Monitor, ciudad de México, octubre de 1914.
El Nacionalista, ciudad de México, agosto de 1914.
El Pueblo, ciudad de México, octubre de 1914.
La Verdad, ciudad de México, marzo y abril de 1912.
Revista Mexicana, San Antonio, 1916.
Revista Positiva, ciudad de México, 1901-1912.
Vida Nueva, Chihuahua, 1914-1915.

Fotocomposición:
Alejandro Valles Santo Tomás
Impresión:
Editorial Melo, S. A.
Av. Año de Juárez 226-D
09070 México, D. F.
25-IX-1990
Edición de 3 000 ejemplares